ཕོ་བྲང་པོ་ཏ་ལ།

拉薩布達拉宮

ལྷ་སའི་ཇོ་ཁང་གི་གསེར་གྱི་རྒྱ་ཕིབས།

拉薩大昭寺金頂

མངའ་རིས་གུ་གེའི་རྒྱལ་རབས་དུས་ཀྱི་དགོན་སྡེ།
阿里古格王朝寺廟群

国家出版基金项目
NATIONAL PUBLICATION FOUNDATION

甘肅藏敦煌藏文文獻

④

敦煌市博物館卷

Db.t.0316 — 0581

主　編
馬　德　勘措吉

編　纂
甘肅省文物局
敦 煌 研 究 院

上海古籍出版社
上海 2019

主　編

馬　德　勘措吉

副主編

盛岩海　萬瑪項傑　張海博　完麽才讓

編　輯

勘措吉　萬瑪項傑　葉旦才讓　扎西拉傑　隆英忠　完麽才讓　索南達傑

昂卻本　南拉才讓　斗本加　吴榮國　張海博　石明秀　馬　德

攝　影

盛岩海　蕭　巍　周生霞　瞿繼娟　黄立霞　陳文斌　朱　憲

責任編輯

府憲展　曾曉紅

༄༅།།ཀན་སུའུ་ས་ཁུལ་དུ་ཉར་བའི་ཏུན་ཧོང་བོད་ཡིག་ཡིག་རྙིང་།

④

ཏུན་ཧོང་གྲོང་ཁྱེར་རྟེན་རྫས་བཤམས་མཛོད་ཁང་གི་གླེགས་བམ།

Db.t.0316 — 0581

གཙོ་སྒྲིག་པ།

མཱ་ཏེ།　ཁམས་འཚོ་སྐྱིད།

སྒྲིག་སྦྱོར་སྡེ་ཁག

ཀན་སུའུ་ཞིང་ཆེན་རིག་དངོས་ཅུའུ།

ཏུན་ཧོང་ཞིབ་འཇུག་གླིང་།

ཧྲང་ཧེ་དཔེ་རྙིང་དཔེ་སྐྲུན་ཁང་།

2019 ལོར་ཧྲང་ཧེ་ནས།

གཙོ་སྒྲིག་པ།
ལྷ་ཏེ། མཁས་འཚོ་སྐྱིད།
གཙོ་སྒྲིག་གཞོན་པ།
ཧྲིན་ཡན་ཏེ། གཡུ་རྡོག་པདྨ་དབང་རྒྱལ། ཀྲང་ཏེ་པའོ། པདྨ་ཚེ་རིང་།

རྩོམ་སྒྲིག་ཁོངས་མི།
མཁས་འཚོ་སྐྱིད། གཡུ་རྡོག་པདྨ་དབང་རྒྱལ། མགར་རྩེ་ཡི་དམ་ཚེ་རིང་། བཀྲ་ཤིས་ལྷ་རྒྱལ།
ལུང་གཡུང་དྲུང་། པདྨ་ཚེ་རིང་། གཡུ་སྲས་བསོད་ནམས་དར་རྒྱས། དབང་མཆོག་འབུམ། གྲོང་ང་གནམ་ལྷ་ཚེ་རིང་།
ཁ་སྣང་སྟག་འབུམ་རྒྱལ། པའོ་རོང་གོའོ། ཀྲང་ཏེ་པའོ། ཧི་མེན་ཕྱུག ལྷ་ཏེ།

པར་ལེན་པ།
ཧྲིན་ཡན་ཏེ། ཞའོ་པེའུ། ཀྲིག་ཧྲིན་ཞ། ཆུའུ་ཙའེ་ཅོན། ཧོང་ལའེ་ཞ། ཁྲུན་བྲུན་པིན། ཀྲོའུ་ཞན།

རྩོམ་སྒྲིག་འགན་ཁུར་པ།
ཧྲུའུ་ཞན་ཀྲན། བཙུན་ཞོ་རྟོང་།

TIBETAN DOCUMENTS FROM DUNHUANG IN GANSU

④

Collected in Dunhuang Museum
Db.t.0316 — 0581

CHIEF EDITORS

Ma De　　Khamsvtshoskyid

PARTICIPATING INSTITUTION

Cultural Heritage Bureau of Gansu Province
Dunhuang Academy

SHANGHAI CHINESE CLASSICS PUBLISHING HOUSE
Shanghai 2019

CHIEF EDITORS

Ma De Khamsvtshoskyid

VICE EDITORS IN CHIEF

Sheng Yanhai Gyurngogpadmadbangrgyal Zhang Haibo Padmatshering

EDITOR COMMISSION

Khamsvtshoskyid Gyurngogpadmadbangrgyal Mgarrtseyidamtshering

Bkrashislhargyal Lunggyungdrung Padmatshering

Gyusrasbsodnamsdarrgyae Dbangmchogabum Gnamlhatshering Khasgangstagvbumrgyl

Wu Rongguo Zhang Haibo Shi Mingxiu Ma De

PHOTOGRAPHERS

Sheng Yanhai Xiao Wei Zhou Shengxia Qu Jijuan

Huang Lixia Chen Wenbin Zhu Xian

EDITORS IN CHARGE

Fu Xianzhan Zeng Xiaohong

目　録

Db.t.0316 — 0581

དཀར་ཆག

Db.t.0316 — 0581

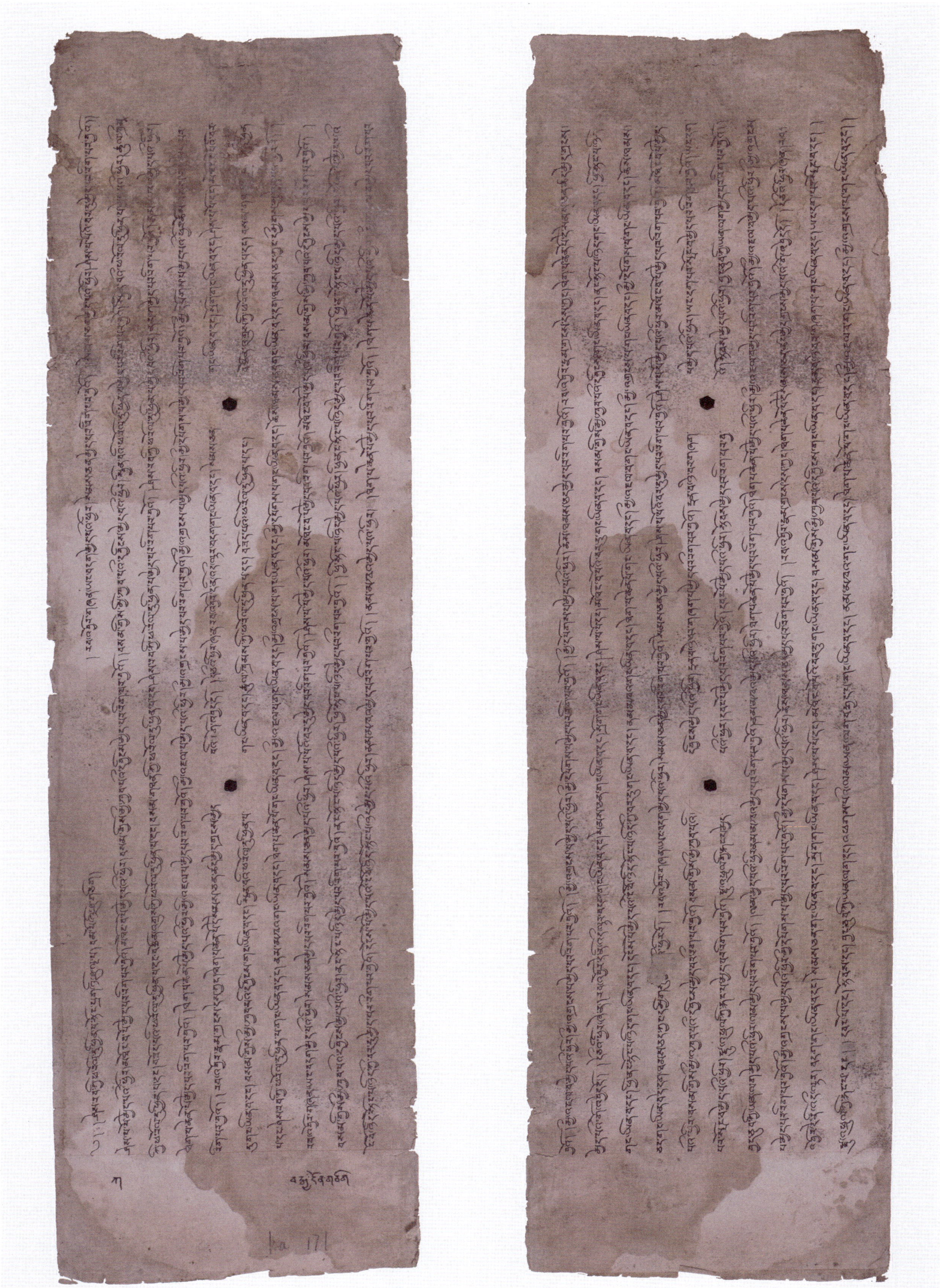

敦博 Db.t.0316 (R-V) ཤེས་རབ་ཀྱི་ཕ་རོལ་ཏུ་ཕྱིན་པ་སྟོང་ཕྲག་ཉི་ཤུ་ལྔ་པ་བམ་པོ་ཉི་ཤུ་གཅིག།

二萬五千頌般若波羅蜜多經第二十一品 (6—1)

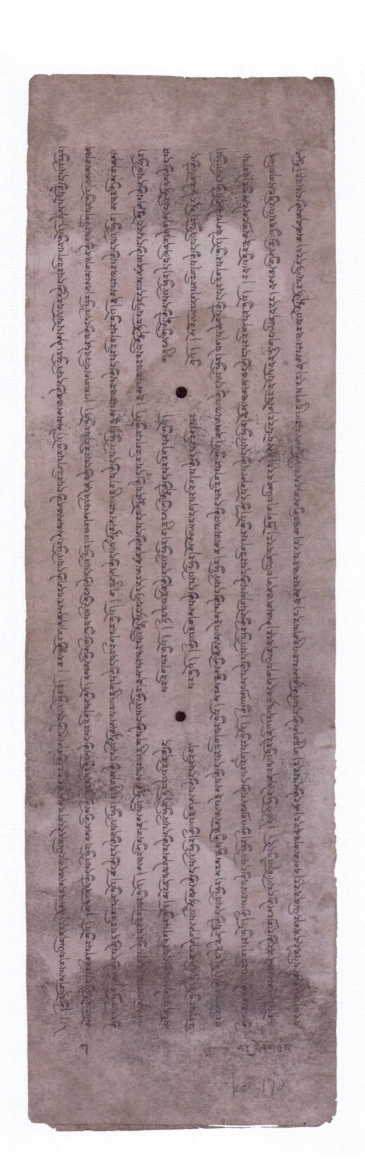

敦博 Db.t.0316 (R-V) ཤེས་རབ་ཀྱི་ཕ་རོལ་ཏུ་ཕྱིན་པ་སྟོང་ཕྲག་ཉི་ཤུ་ལྔ་པ་བམ་པོ་ཉི་ཤུ་གཅིག།།
二萬五千頌般若波羅蜜多經第二十一品 (6—2)

敦博 Db.t.0316 (R-V) ཤེས་རབ་ཀྱི་ཕ་རོལ་ཏུ་ཕྱིན་པ་སྟོང་ཕྲག་ཉི་ཤུ་ལྔ་པ་བམ་པོ་ཉི་ཤུ་གཅིག།།

二萬五千頌般若波羅蜜多經第二十一品 (6—3)

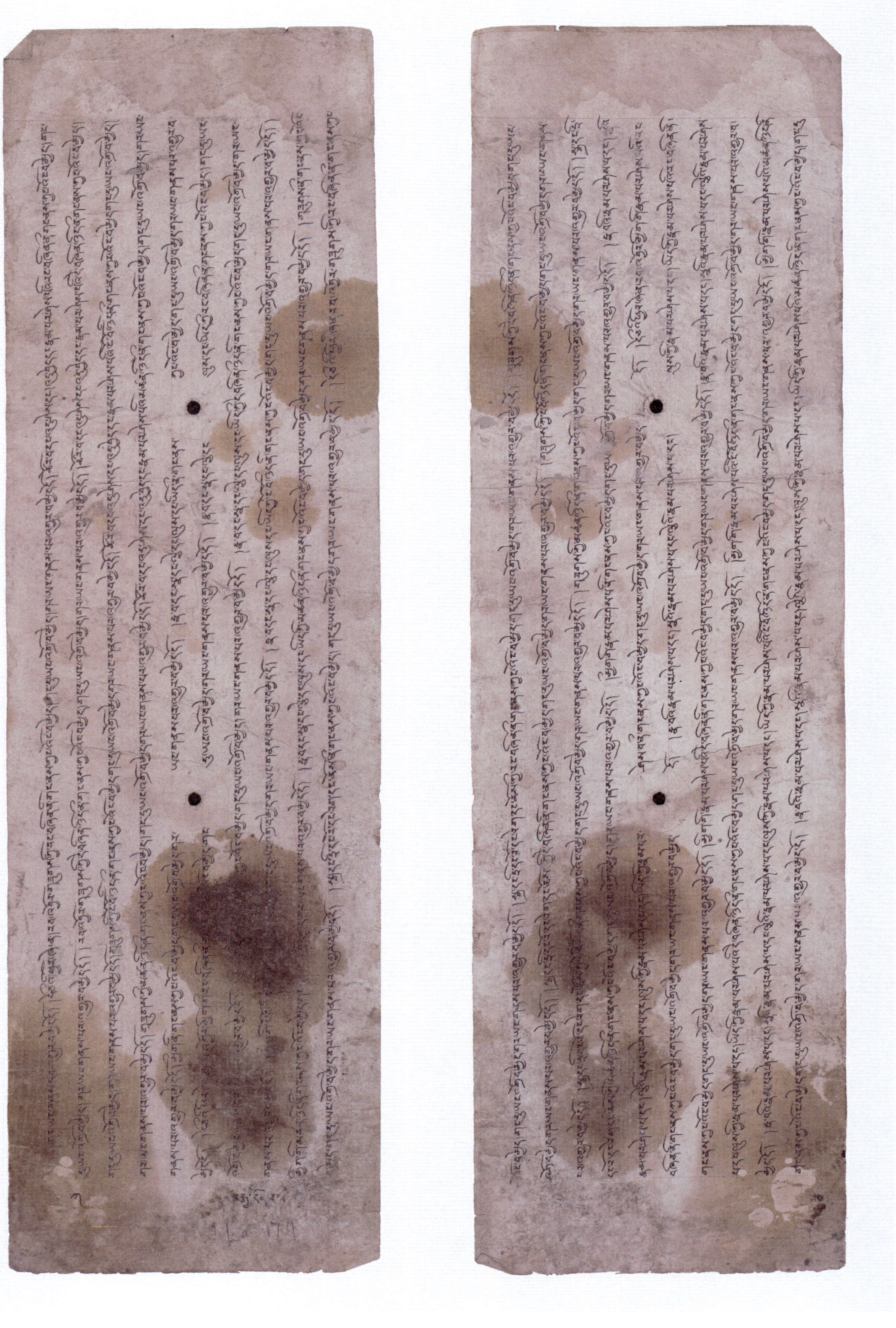

敦博 Db.t.0316 (R-V) ཤེས་རབ་ཀྱི་ཕ་རོལ་ཏུ་ཕྱིན་པ་སྟོང་ཕྲག་ཉི་ཤུ་ལྔ་པ་བམ་པོ་ཉི་ཤུ་གཅིག།

二萬五千頌般若波羅蜜多經第二十一品 (6—4)

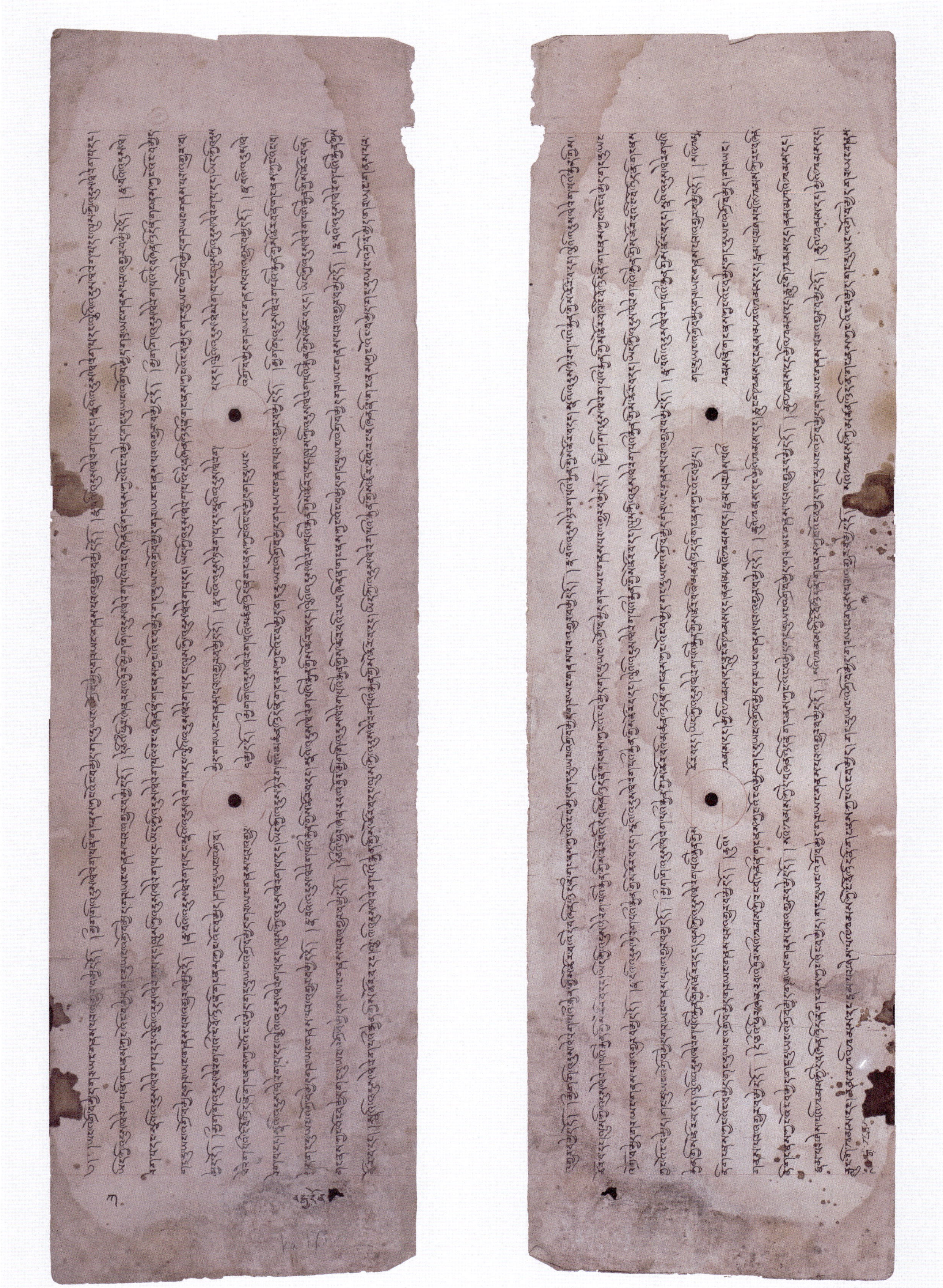

敦博 Db.t.0316 (R-V) ཤེས་རབ་ཀྱི་པ་རོལ་ཏུ་ཕྱིན་པ་སྟོང་ཕྲག་ཉི་ཤུ་ལྔ་པ་བམ་པོ་ཉི་ཤུ་གཅིག།

二萬五千頌般若波羅蜜多經第二十一品 (6—5)

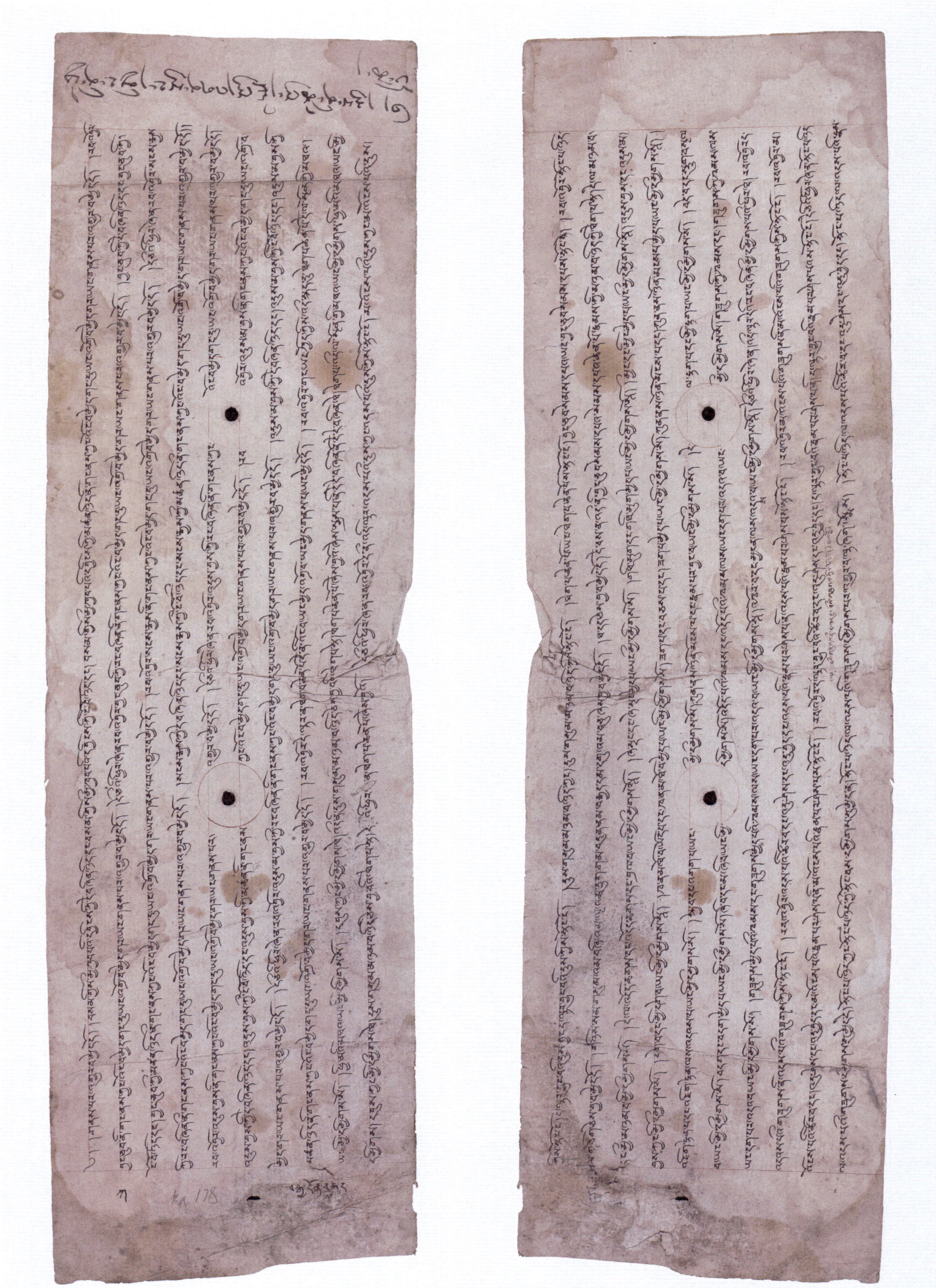

敦博 Db.t.0316 (R-V) ཤེས་རབ་ཀྱི་ཕ་རོལ་ཏུ་ཕྱིན་པ་སྟོང་ཕྲག་ཉི་ཤུ་ལྔ་པ་བམ་པོ་ཉི་ཤུ་གཅིག||

二萬五千頌般若波羅蜜多經第二十一品 (6—6)

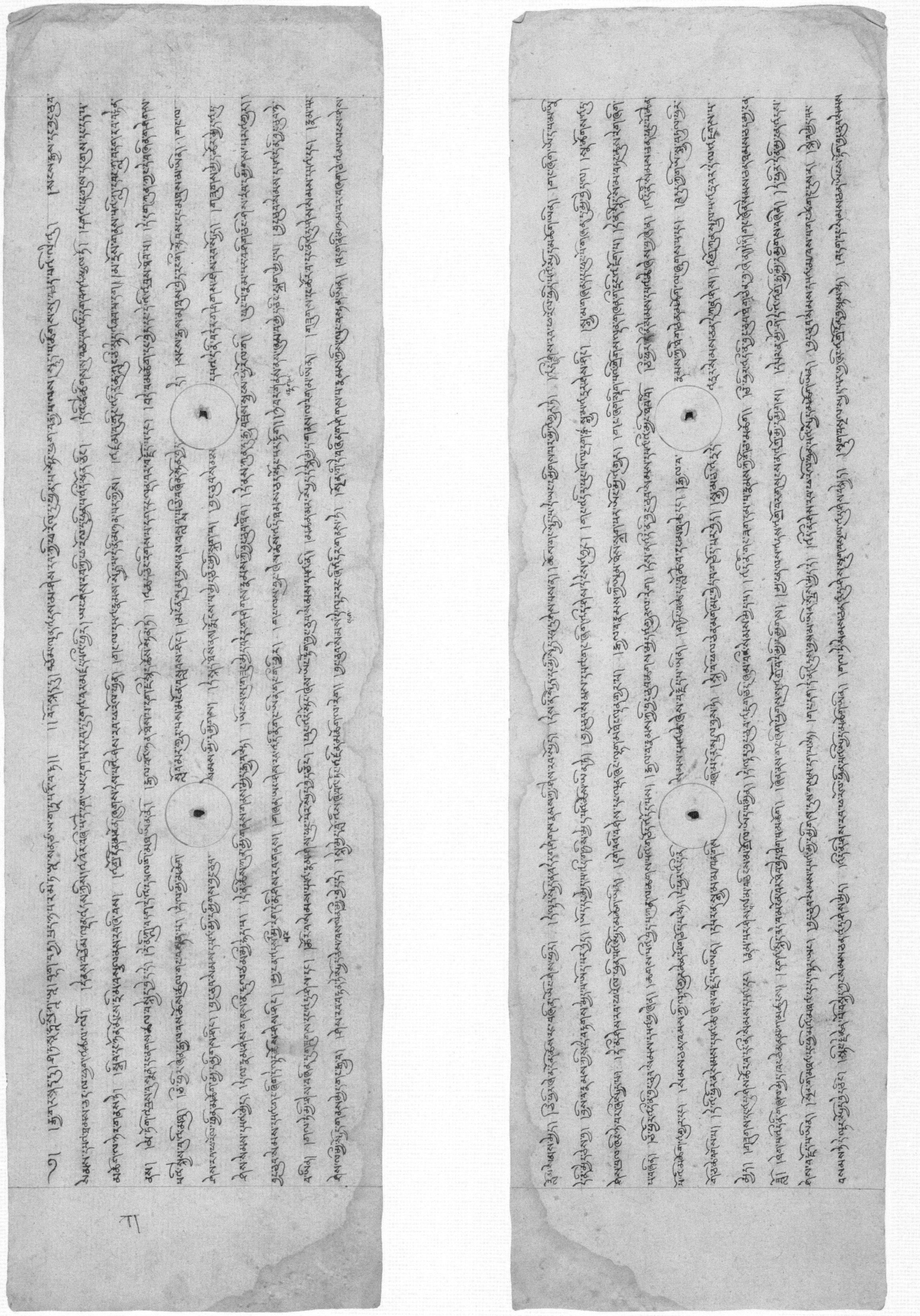

敦博 Db.t.0317 (R-V) ཤེས་རབ་ཀྱི་ཕ་རོལ་ཏུ་ཕྱིན་པ་སྟོང་ཕྲག་བརྒྱ་པ་ལས་སྡུད་པ་ཚིགས་སུ་བཅད་པའི་ལེ་འུ།།
薄伽梵母十萬頌般若波羅蜜多經之攝頌品 (12—1)

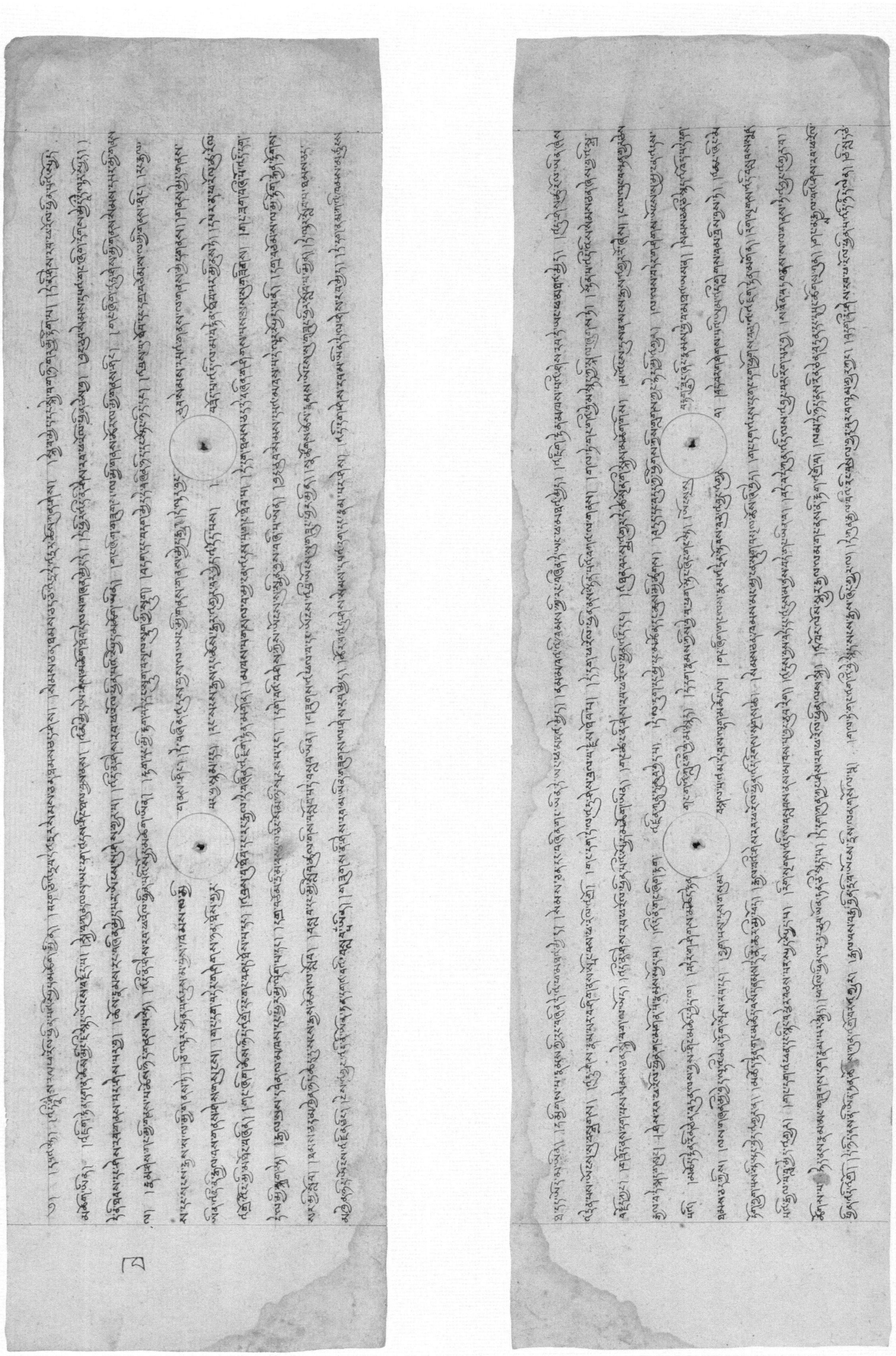

敦博 Db.t.0317 (R-V)　ཤེས་རབ་ཀྱི་ཕ་རོལ་ཏུ་ཕྱིན་པ་སྟོང་ཕྲག་བརྒྱ་པ་ལས་སྡུད་པ་ཚིགས་སུ་བཅད་པའི་ལེའུ།།

薄伽梵母十萬頌般若波羅蜜多經之攝頌品　(12—2)

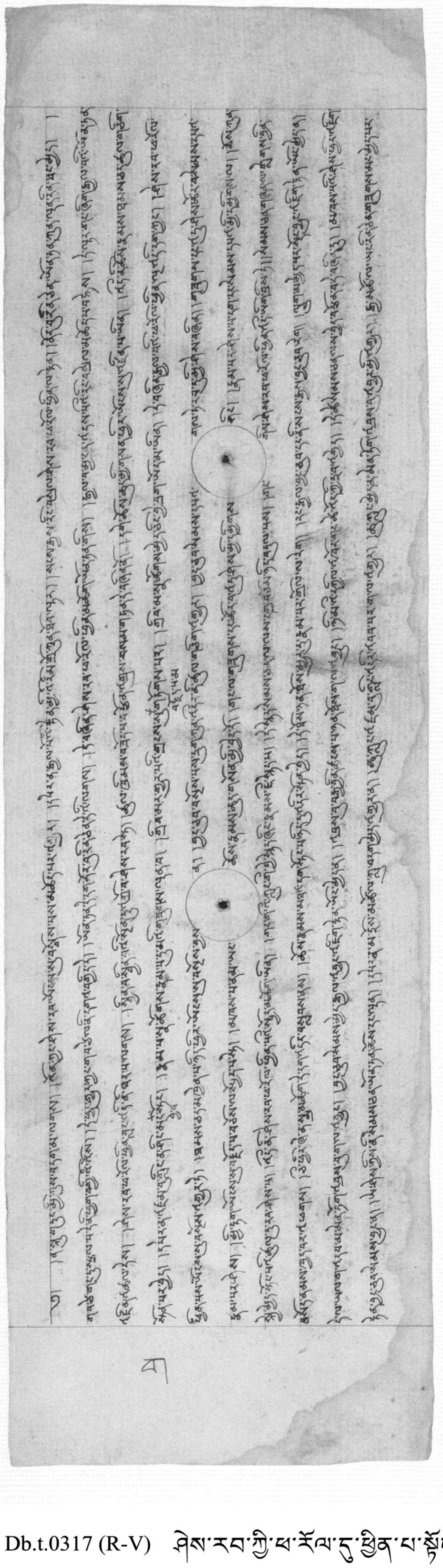

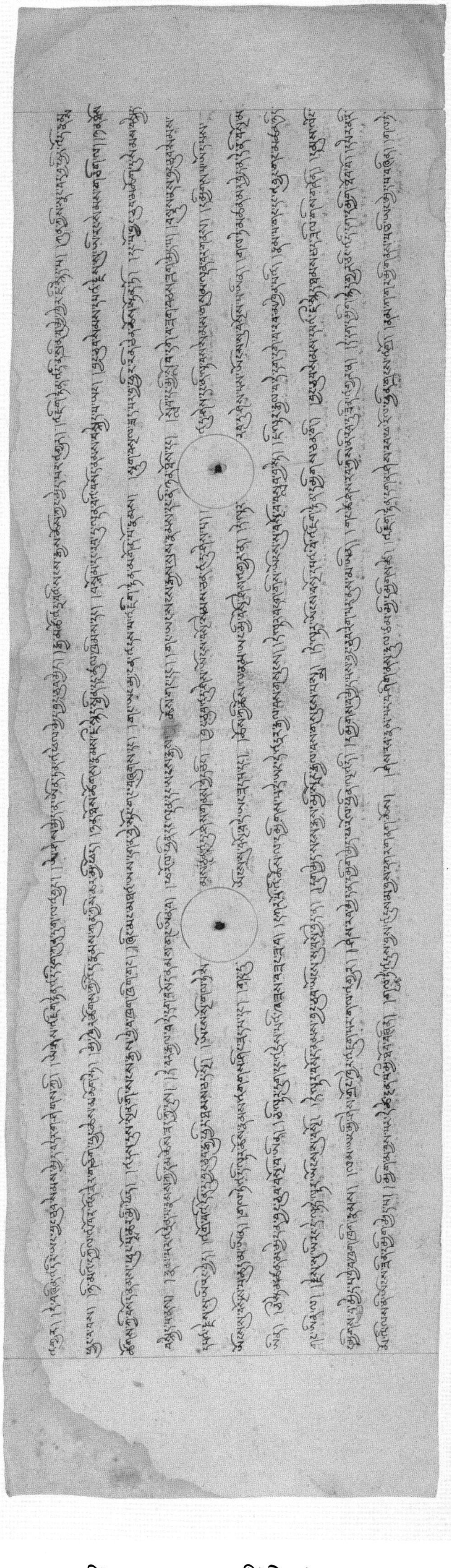

敦博 Db.t.0317 (R-V) ཤེས་རབ་ཀྱི་ཕ་རོལ་ཏུ་ཕྱིན་པ་སྟོང་ཕྲག་བརྒྱ་པ་ལས་སྡུད་པ་ཚིགས་སུ་བཅད་པའི་ལེ་འུ།།
薄伽梵母十萬頌般若波羅蜜多經之攝頌品 (12—3)

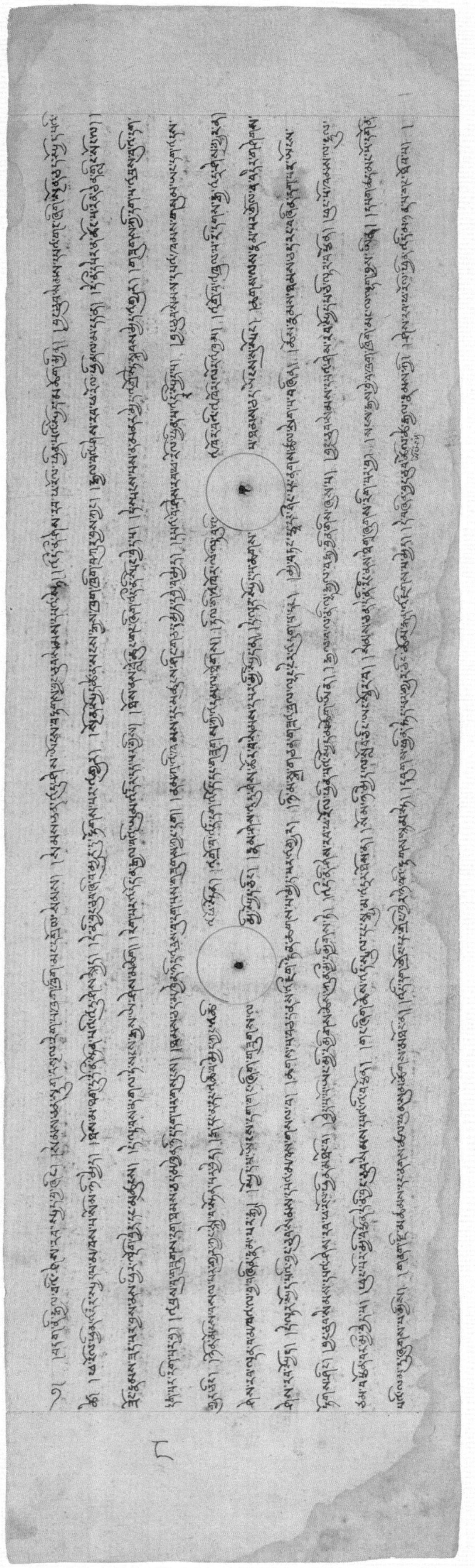

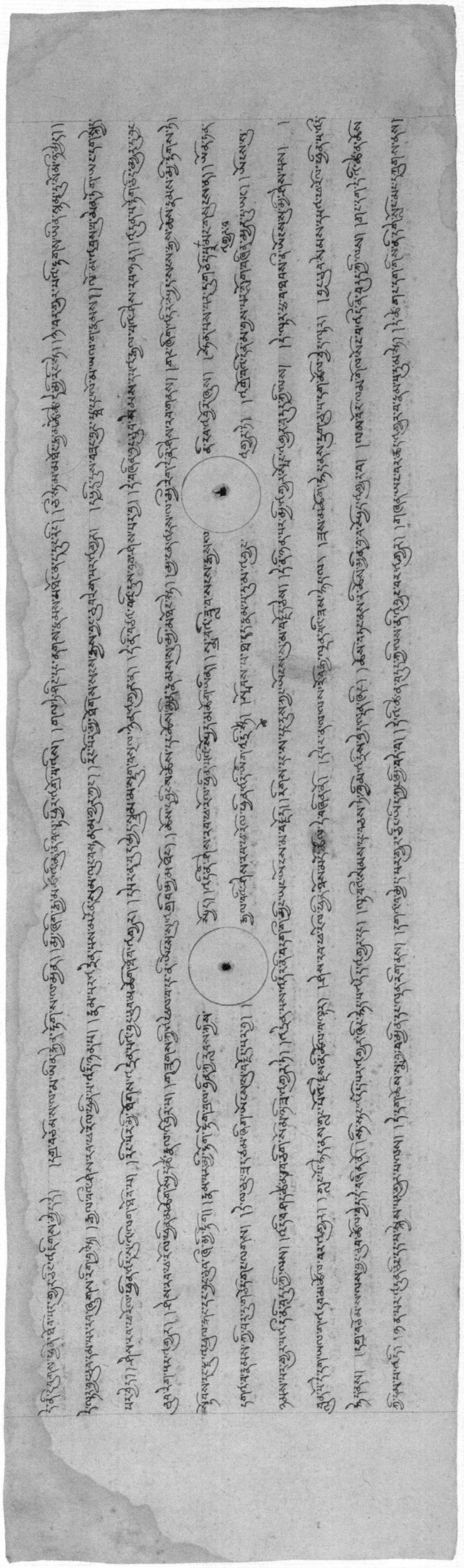

敦博 Db.t.0317 (R-V) ཤེས་རབ་ཀྱི་ཕ་རོལ་ཏུ་ཕྱིན་པ་སྟོང་ཕྲག་བརྒྱ་པ་ལས་སྡུད་པ་ཚིགས་སུ་བཅད་པའི་ལེ་འུ།།
薄伽梵母十萬頌般若波羅蜜多經之攝頌品 (12—4)

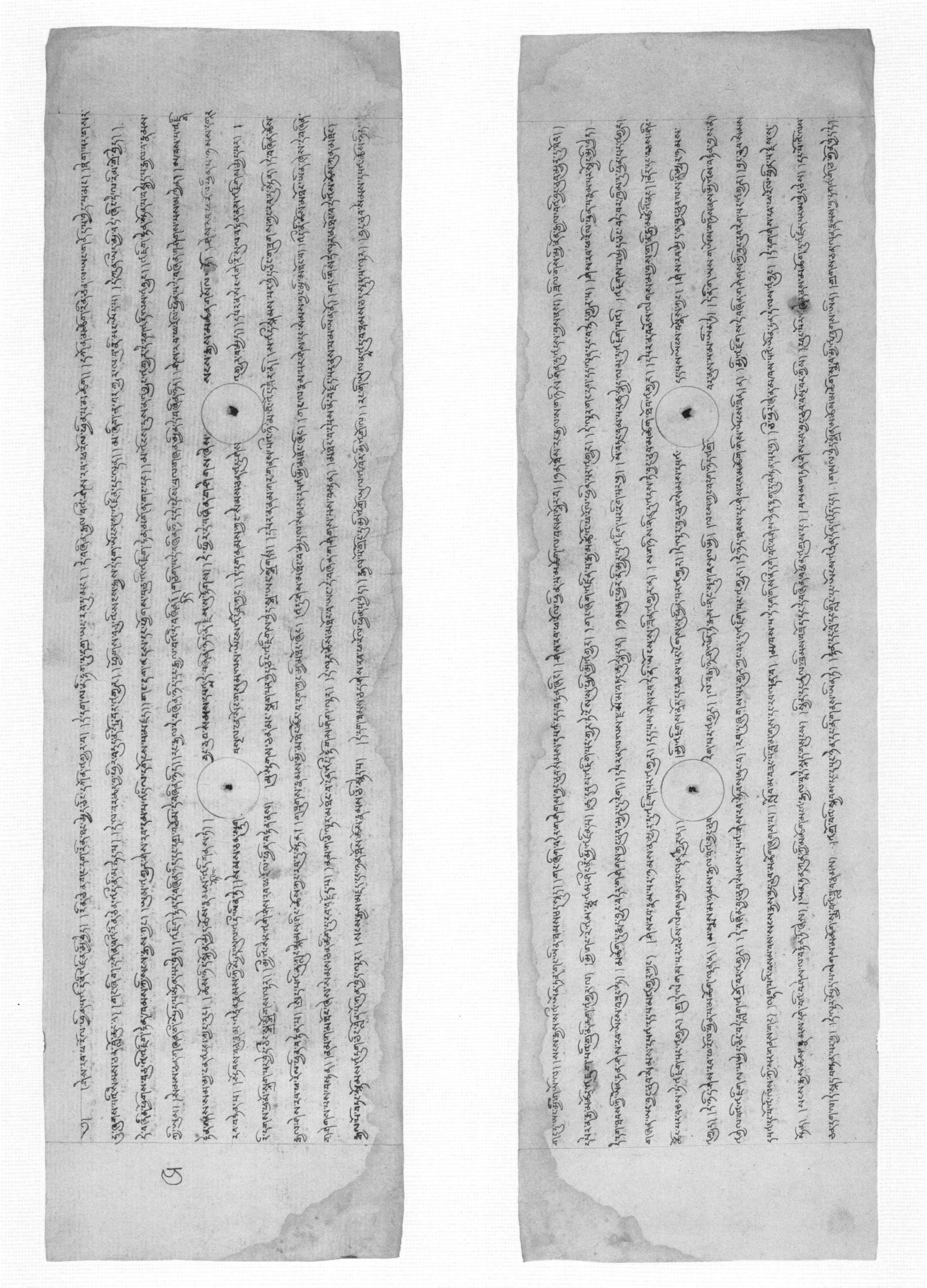

敦博 Db.t.0317 (R-V) ཤེས་རབ་ཀྱི་ཕ་རོལ་དུ་ཕྱིན་པ་སྟོང་ཕྲག་བརྒྱ་པ་ལས་སྡུད་པ་ཚིགས་སུ་བཅད་པའི་ལེ་ཨུ།།

薄伽梵母十萬頌般若波羅蜜多經之攝頌品 (12—5)

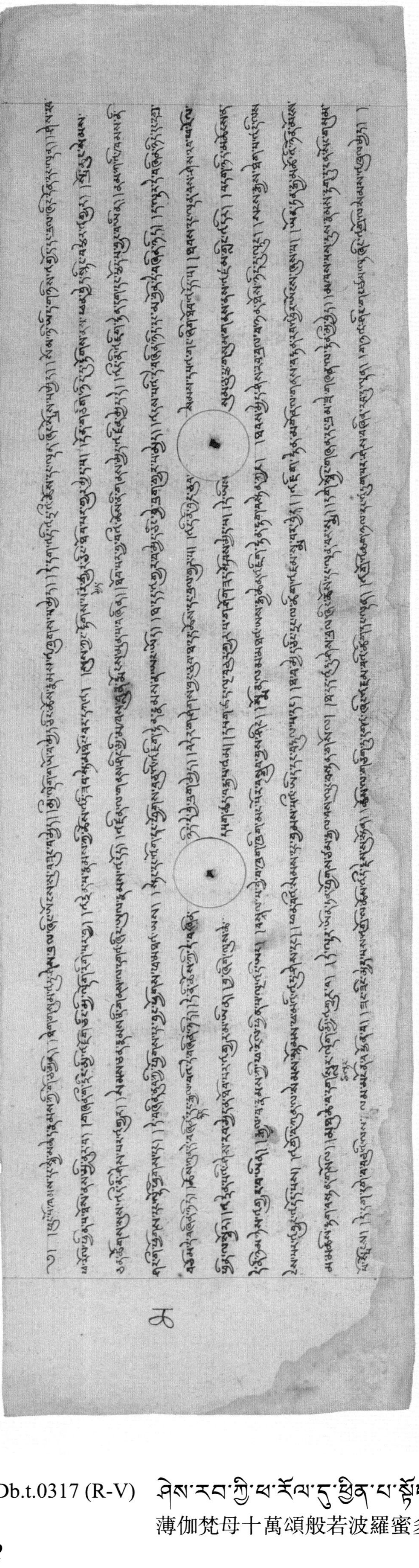

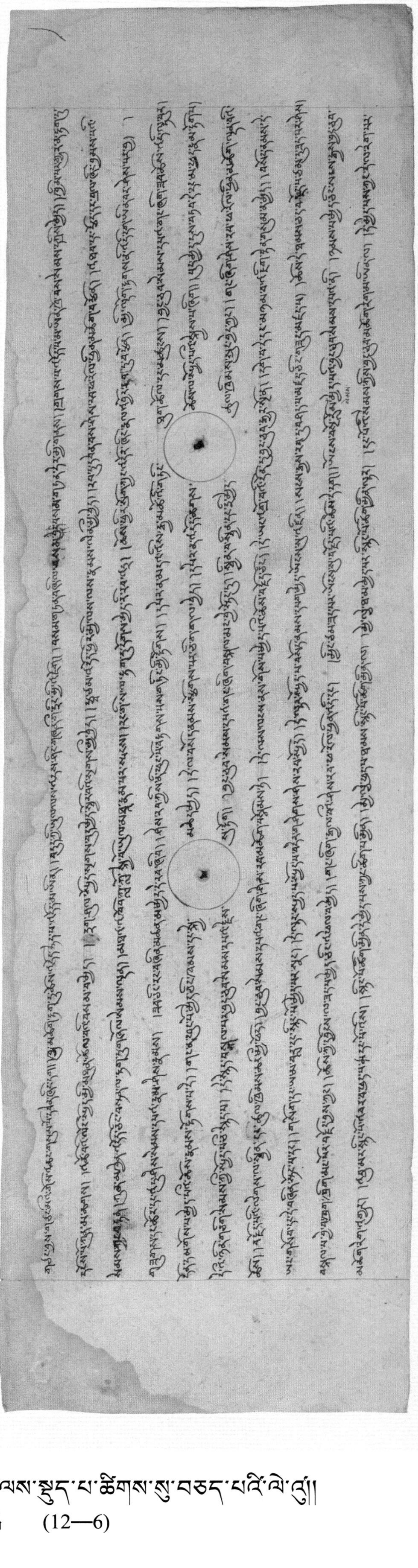

敦博 Db.t.0317 (R-V) ཤེས་རབ་ཀྱི་ཕ་རོལ་ཏུ་ཕྱིན་པ་སྟོང་ཕྲག་བརྒྱ་པ་ལས་སྡུད་པ་ཚིགས་སུ་བཅད་པའི་ལེ་འུ།།

薄伽梵母十萬頌般若波羅蜜多經之攝頌品 (12—6)

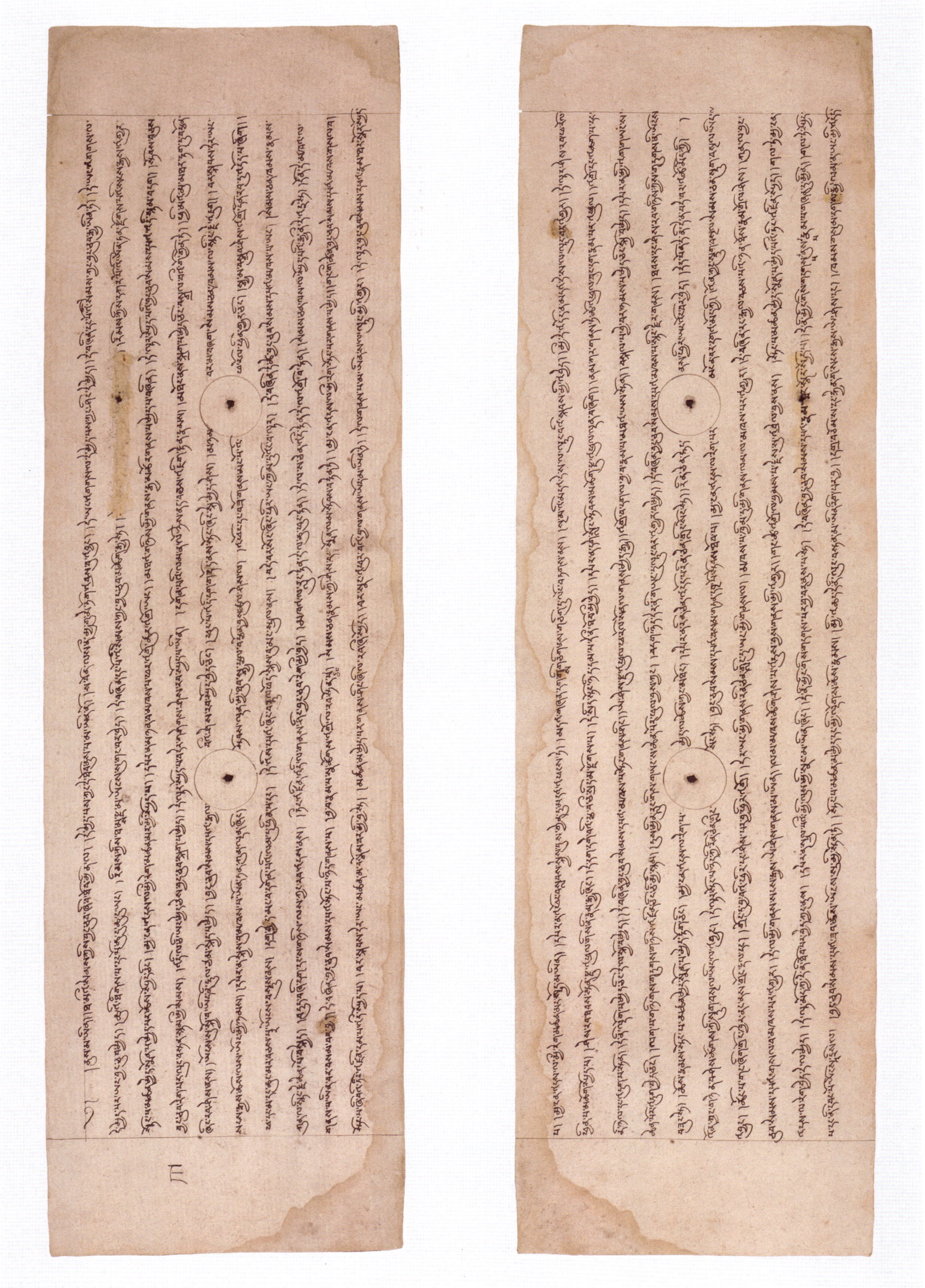

敦博 Db.t.0317 (R-V) ཤེས་རབ་ཀྱི་ཕ་རོལ་ཏུ་ཕྱིན་པ་སྟོང་ཕྲག་བརྒྱ་པ་ལས་སྡུད་པ་ཚིགས་སུ་བཅད་པའི་ལེ་ཝུ།།
薄伽梵母十萬頌般若波羅蜜多經之攝頌品　　(12—7)

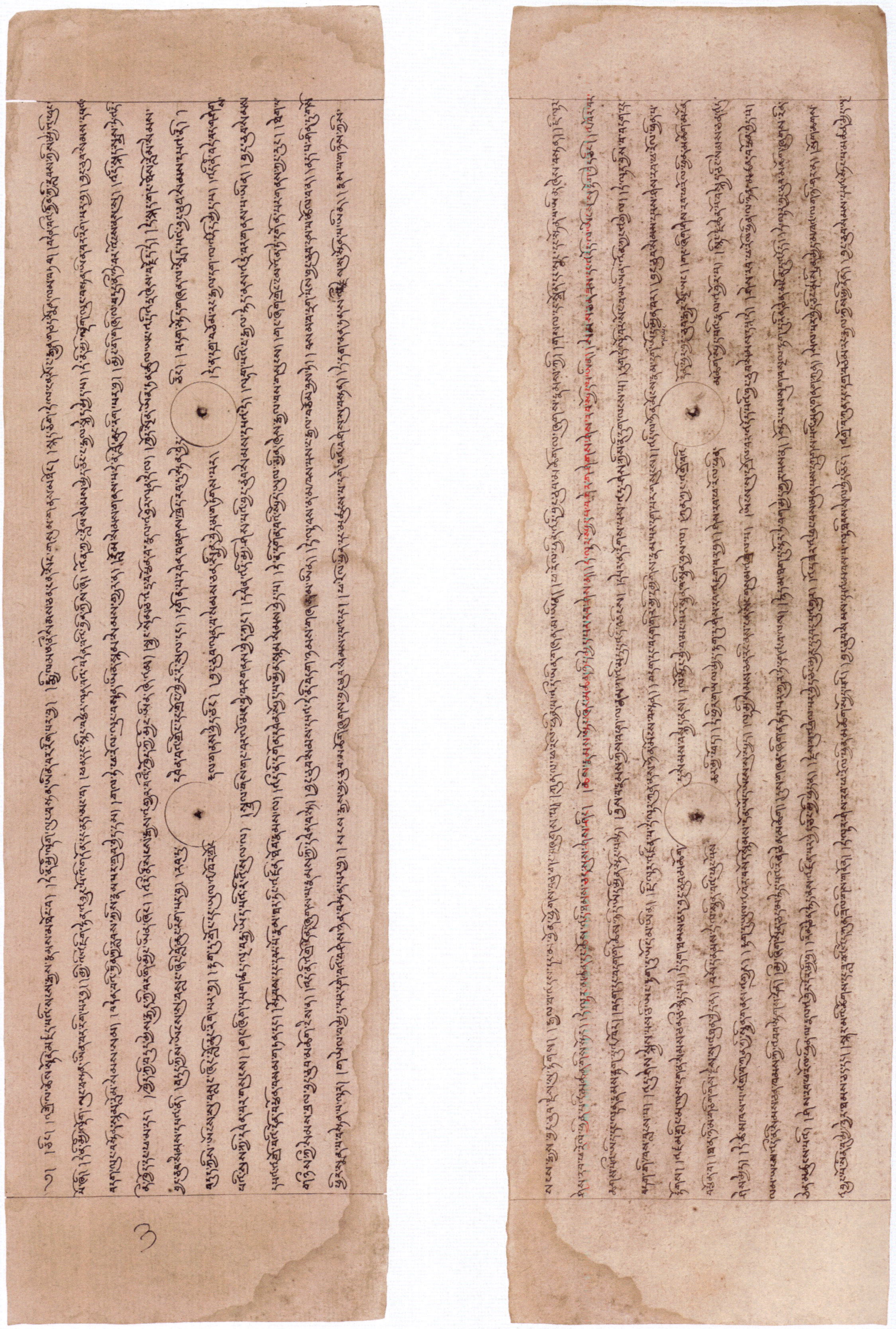

敦博 Db.t.0317 (R-V) ཤེས་རབ་ཀྱི་ཕ་རོལ་ཏུ་ཕྱིན་པ་སྟོང་ཕྲག་བརྒྱ་པ་ལས་སྡུད་པ་ཚིགས་སུ་བཅད་པའི་ལེ་འུ།།
薄伽梵母十萬頌般若波羅蜜多經之攝頌品 (12—8)

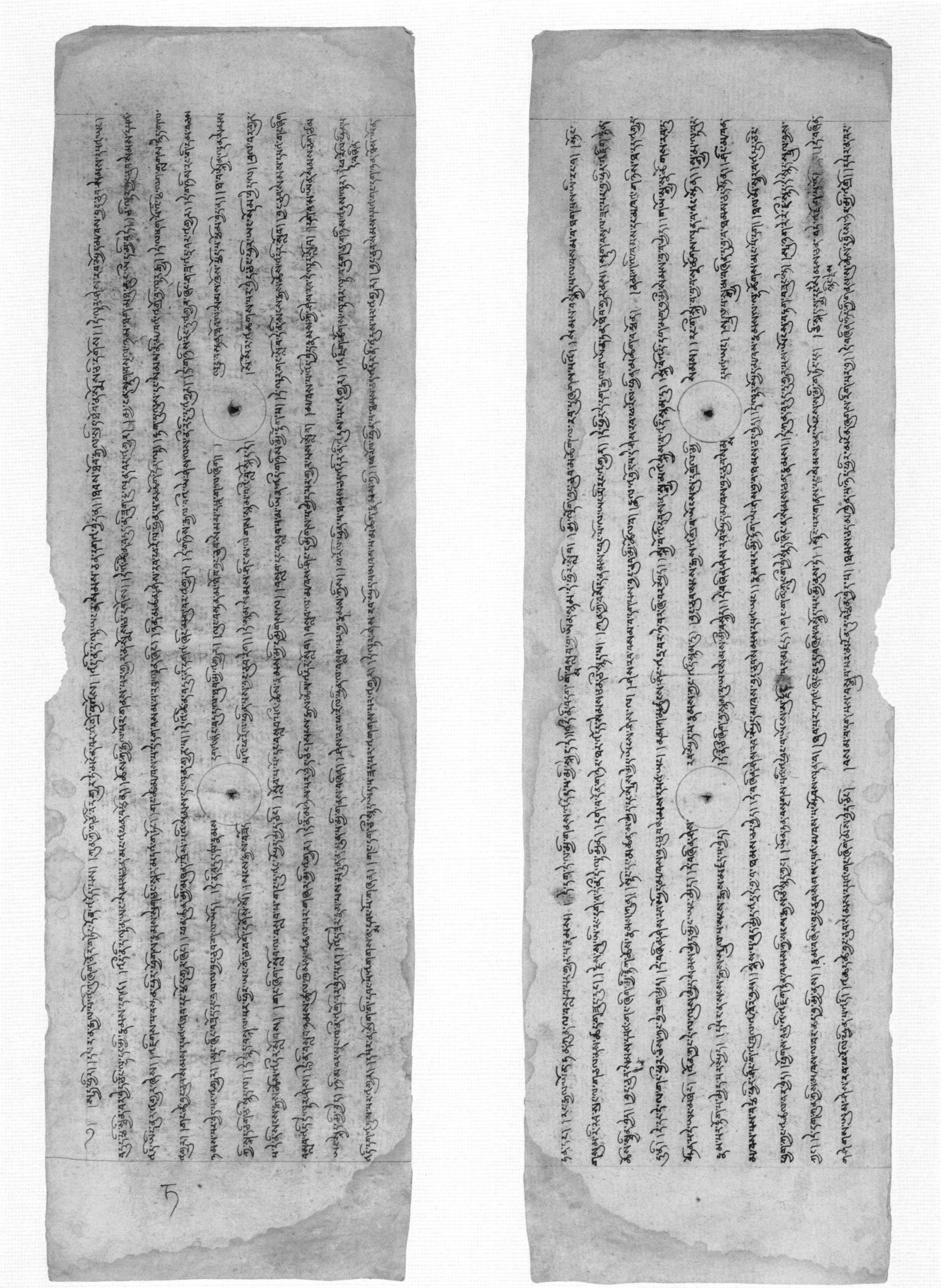

敦博 Db.t.0317 (R-V) ཤེས་རབ་ཀྱི་ཕ་རོལ་ཏུ་ཕྱིན་པ་སྟོང་ཕྲག་བརྒྱ་པ་ལས་སྡུད་པ་ཚིགས་སུ་བཅད་པའི་ལེ་འུ།།
薄伽梵母十萬頌般若波羅蜜多經之攝頌品 (12—9)

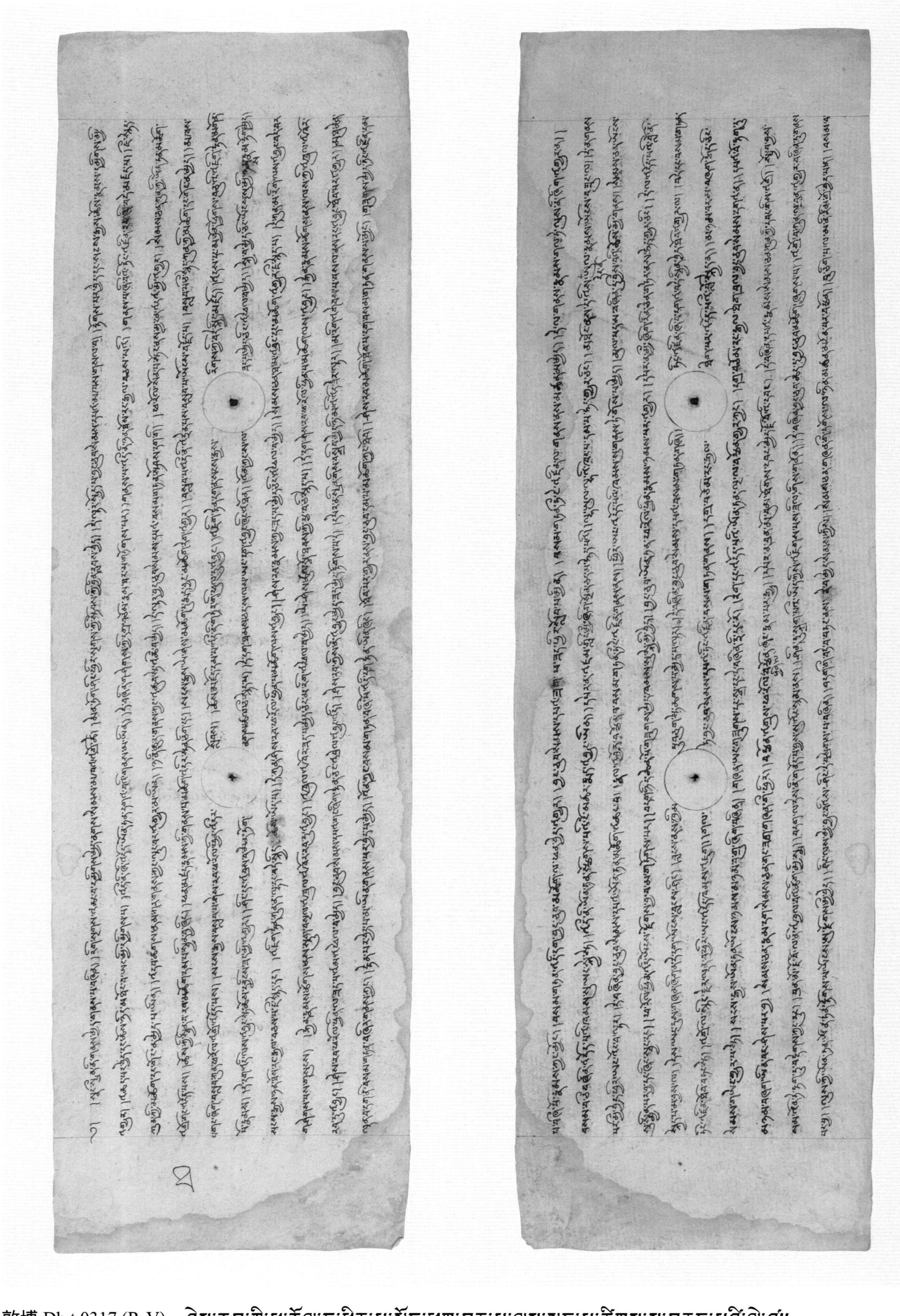

敦博 Db.t.0317 (R-V) ཤེས་རབ་ཀྱི་ཕ་རོལ་ཏུ་ཕྱིན་པ་སྟོང་ཕྲག་བརྒྱ་པ་ལས་སྡུད་པ་ཚིགས་སུ་བཅད་པའི་ལེ་འུ།།

薄伽梵母十萬頌般若波羅蜜多經之攝頌品　　(12—10)

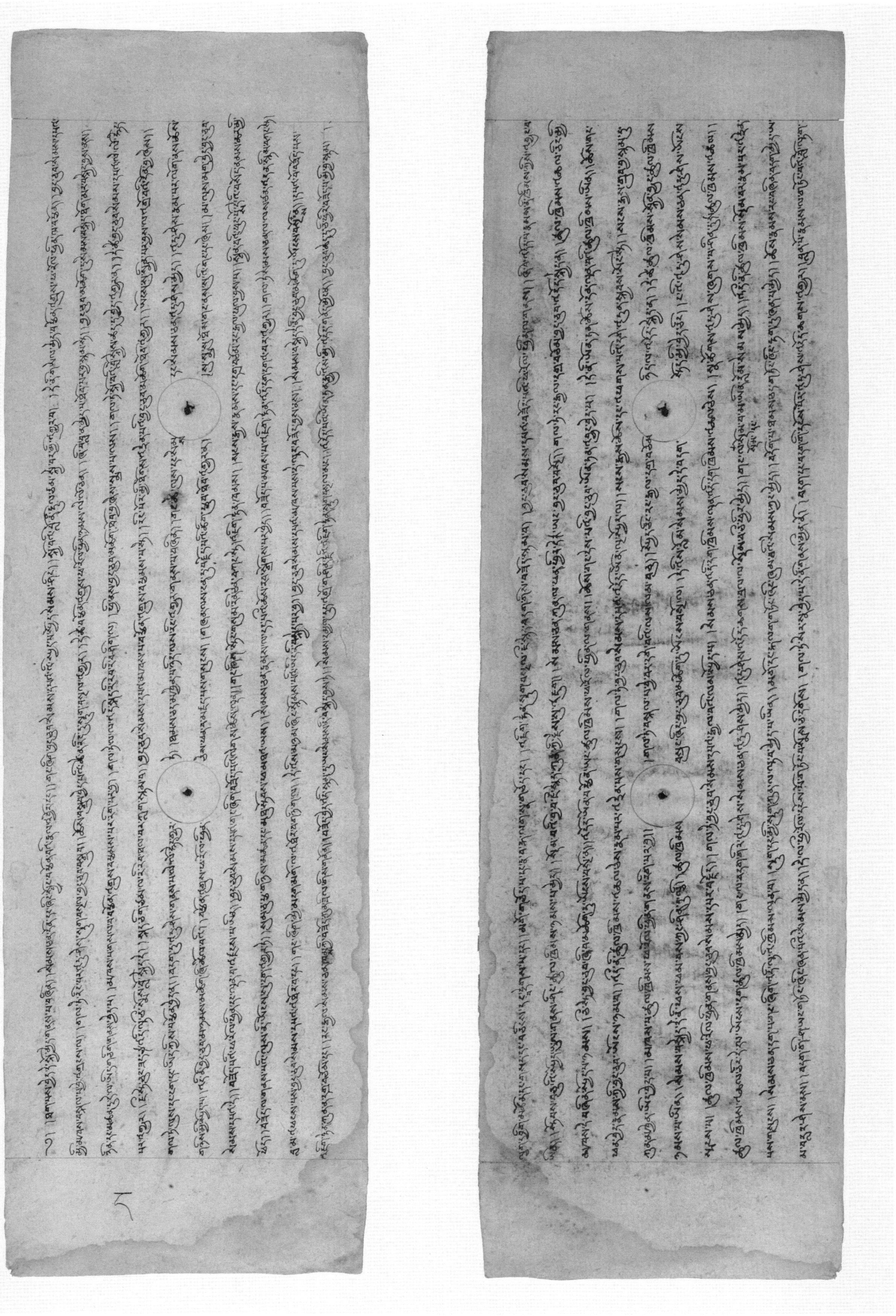

敦博 Db.t.0317 (R-V) ཤེས་རབ་ཀྱི་ཕ་རོལ་ཏུ་ཕྱིན་པ་སྟོང་ཕྲག་བརྒྱ་པ་ལས་སྡུད་པ་ཚིགས་སུ་བཅད་པའི་ལེ་འུ།།
薄伽梵母十萬頌般若波羅蜜多經之攝頌品 (12—11)

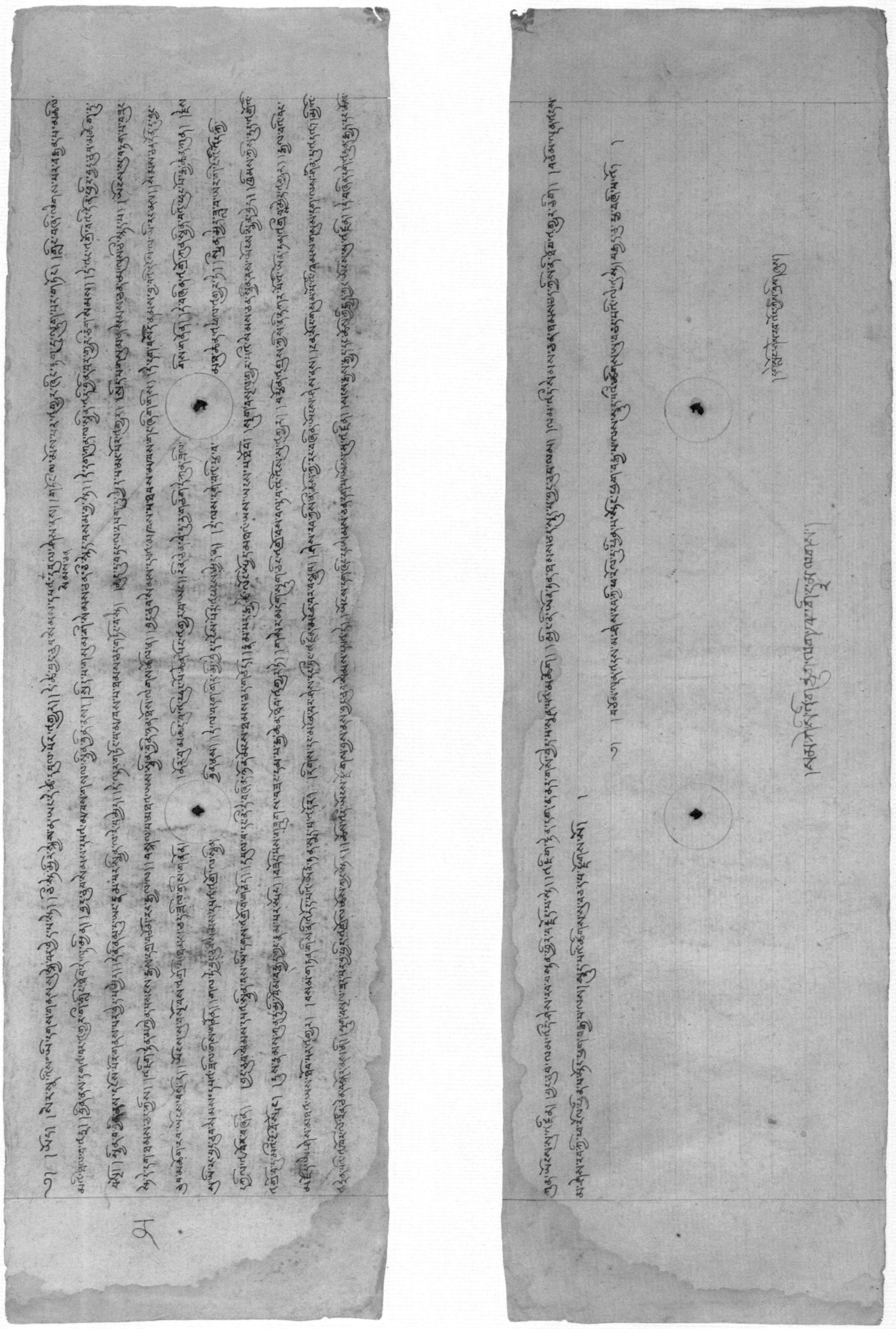

敦博 Db.t.0317 (R-V) ཤེས་རབ་ཀྱི་ཕ་རོལ་ཏུ་ཕྱིན་པ་སྟོང་ཕྲག་བརྒྱ་པ་ལས་སྡུད་པ་ཚིགས་སུ་བཅད་པའི་ལེའུ།།
薄伽梵母十萬頌般若波羅蜜多經之攝頌品 (12—12)

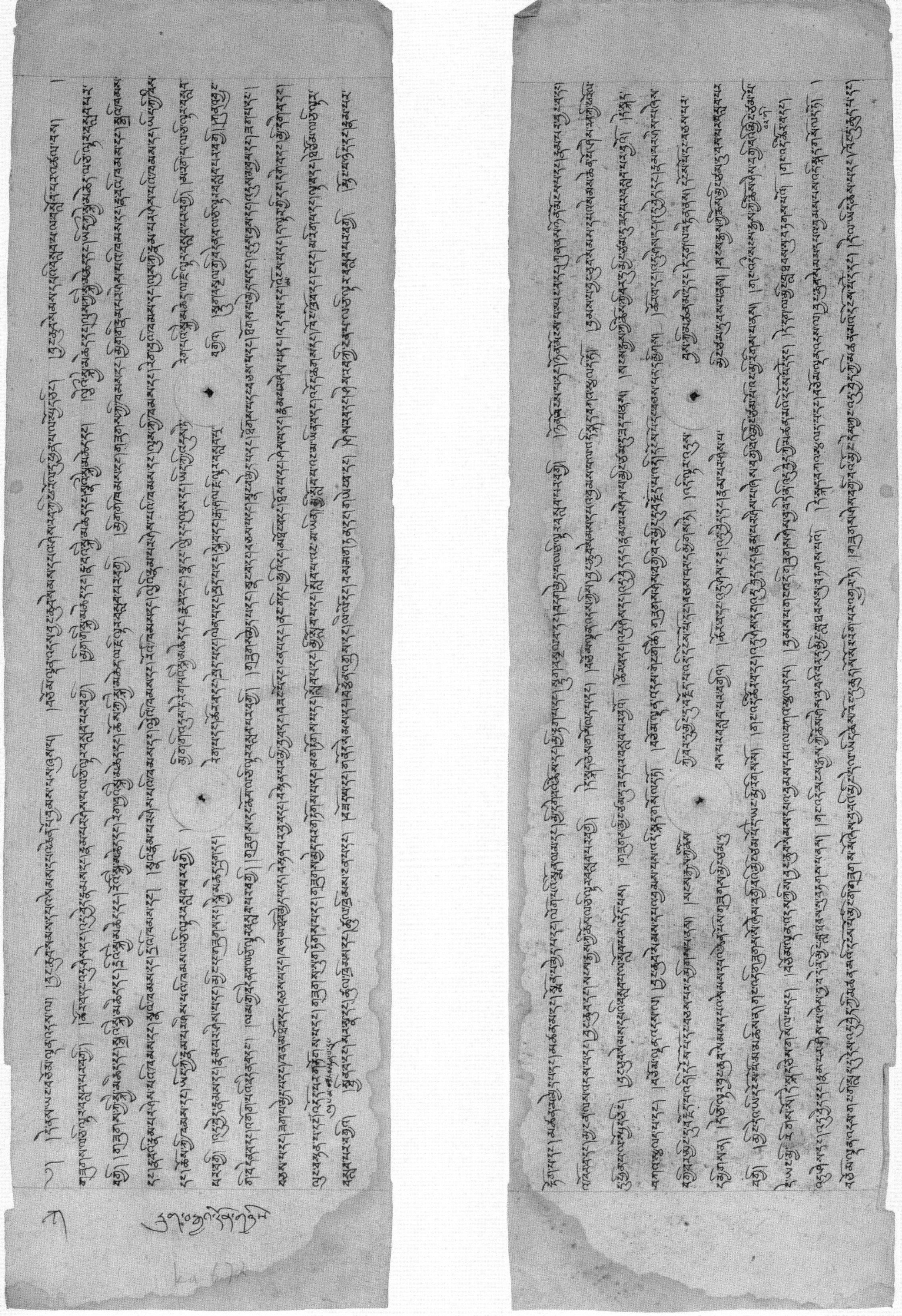

敦博 Db.t.0318 (R-V) ཤེས་རབ་ཀྱི་ཕ་རོལ་ཏུ་ཕྱིན་པ་སྟོང་ཕྲག་ཉི་ཤུ་ལྔ་པ།།
二萬五千頌般若波羅蜜多經 (23—1)

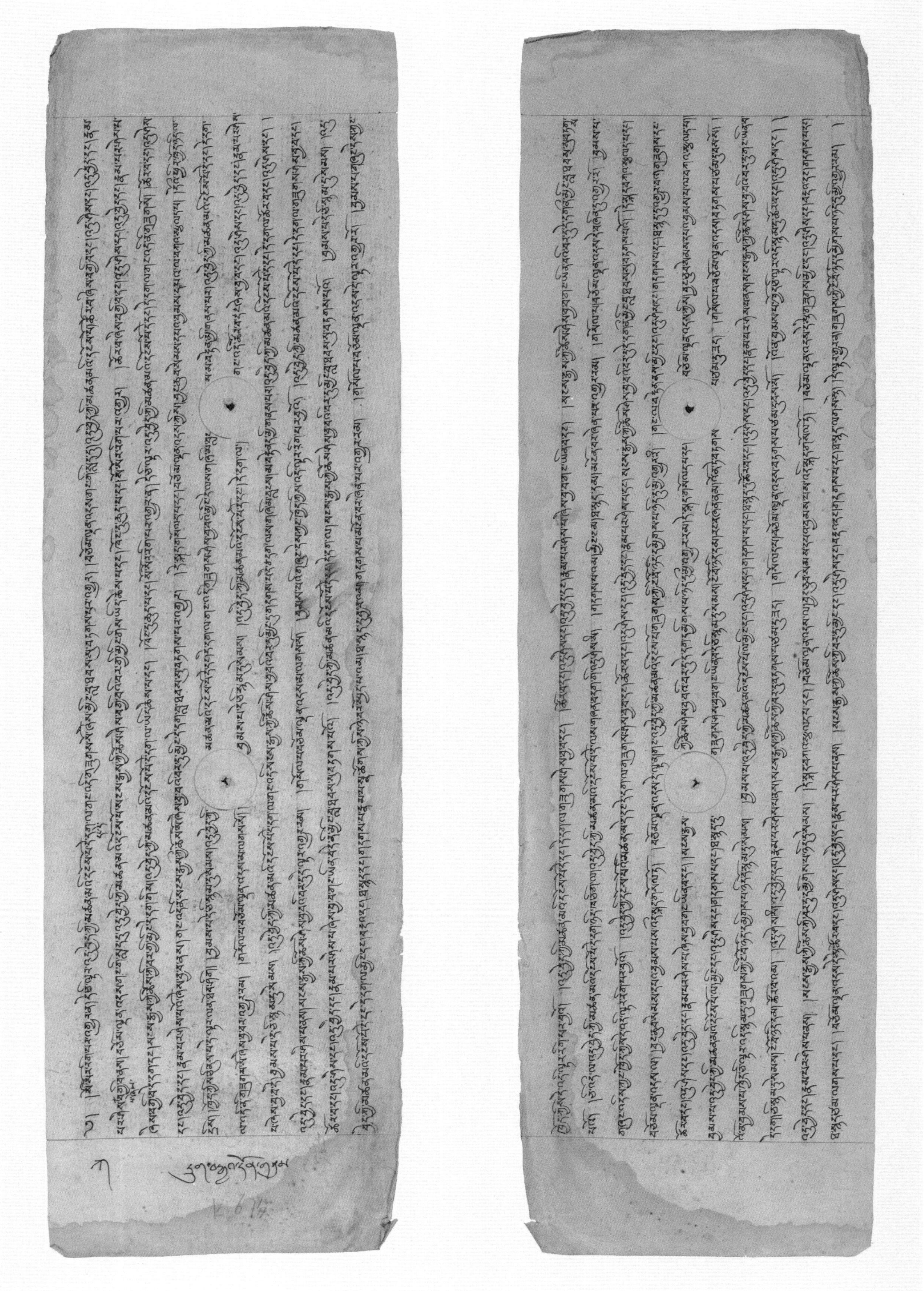

敦博 Db.t.0318 (R-V) ཤེས་རབ་ཀྱི་ཕ་རོལ་ཏུ་ཕྱིན་པ་སྟོང་ཕྲག་ཉི་ཤུ་ལྔ་པ།།

二萬五千頌般若波羅蜜多經 (23—2)

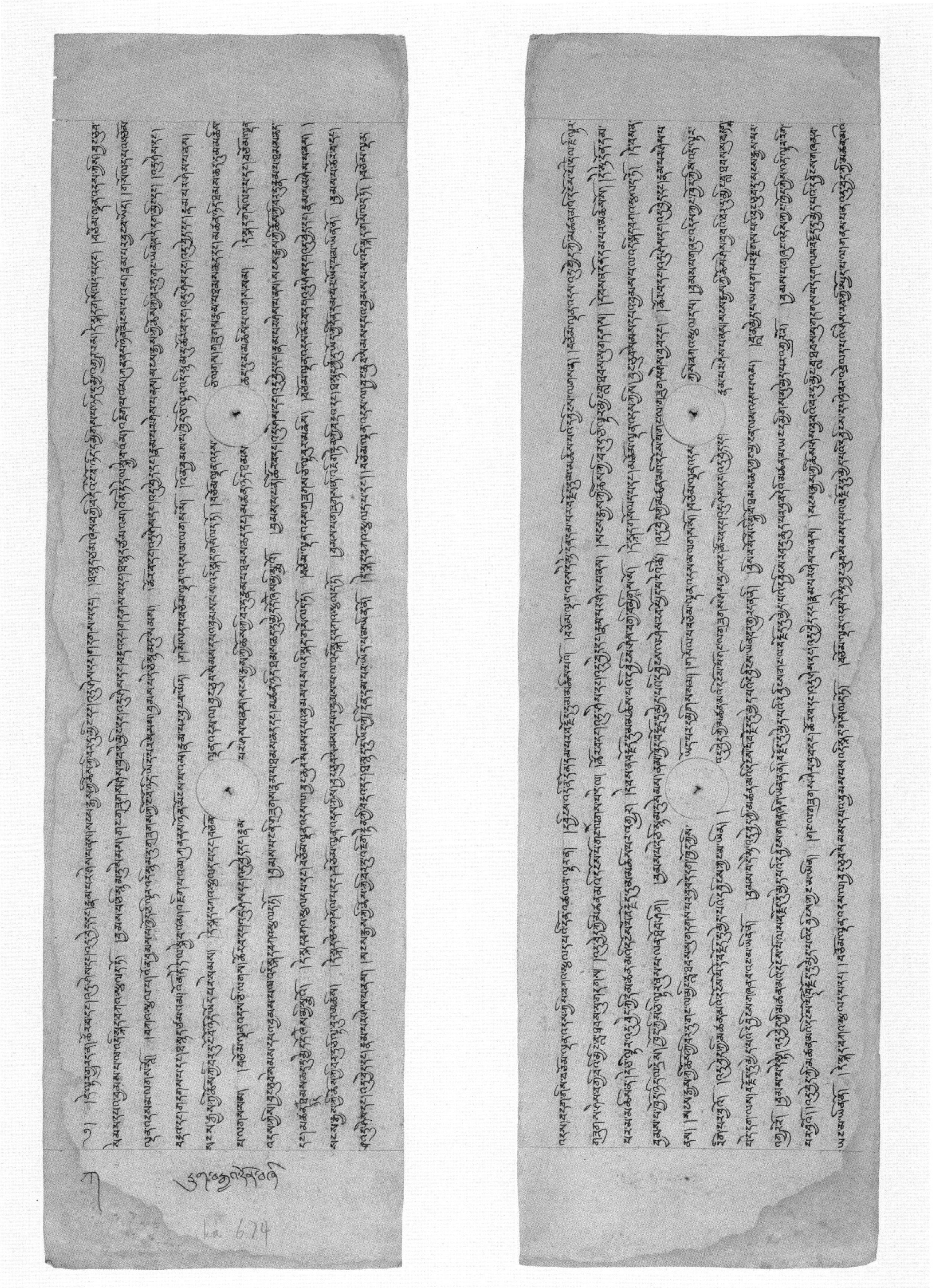

敦博 Db.t.0318 (R-V) ཤེས་རབ་ཀྱི་ཕ་རོལ་ཏུ་ཕྱིན་པ་སྟོང་ཕྲག་ཉི་ཤུ་ལྔ་པ།།
二萬五千頌般若波羅蜜多經 (23—3)

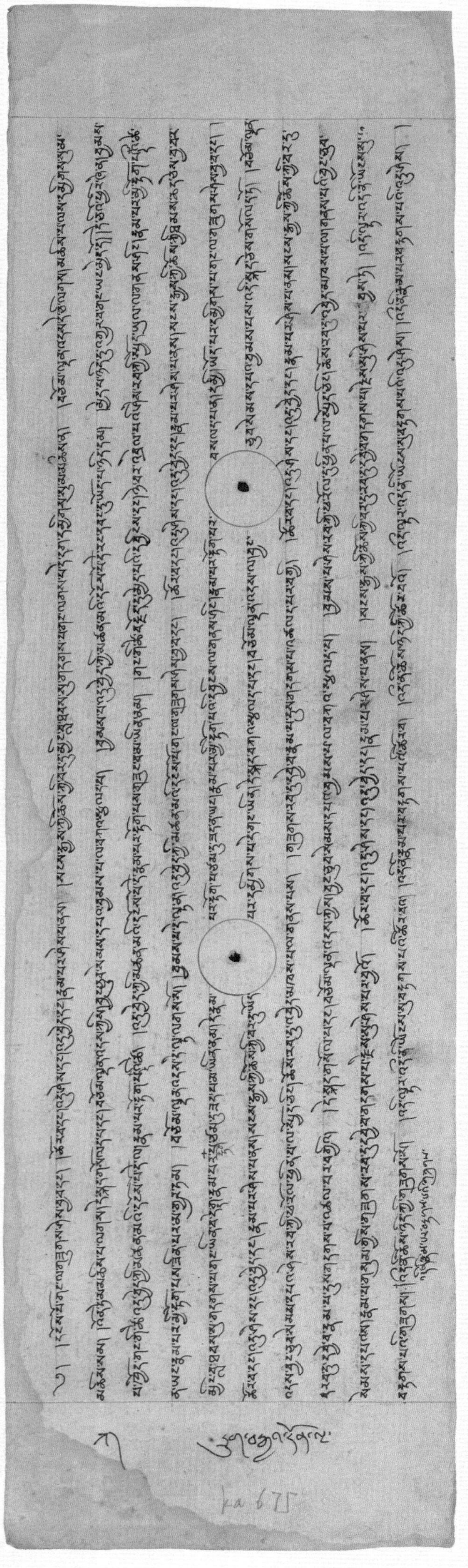

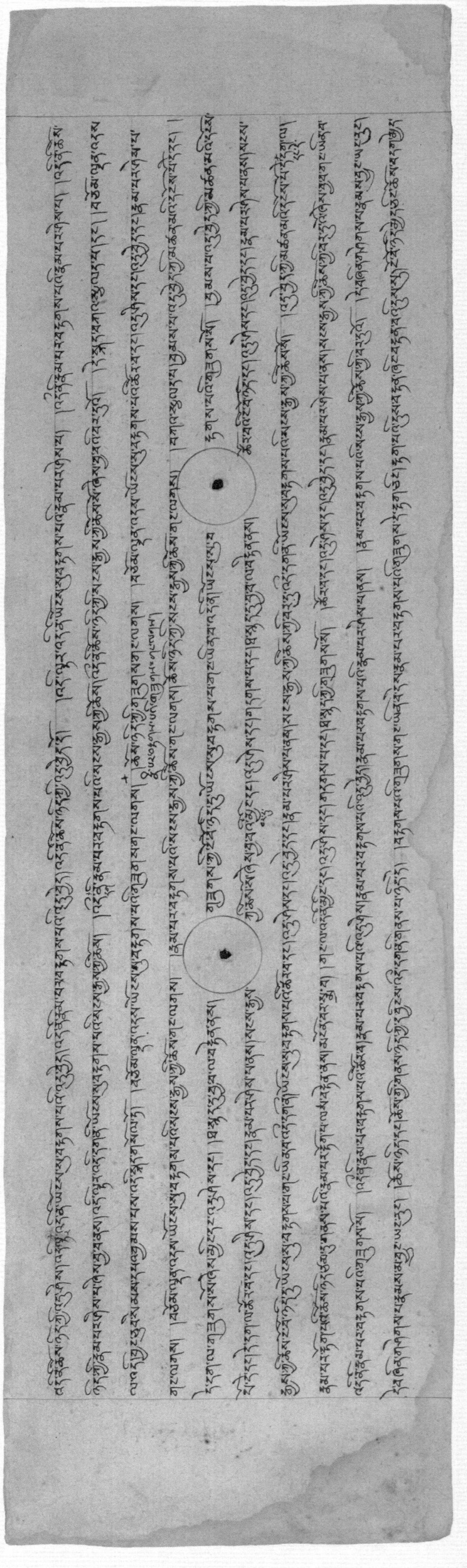

敦博 Db.t.0318 (R-V) ཤེས་རབ་ཀྱི་ཕ་རོལ་ཏུ་ཕྱིན་པ་སྟོང་ཕྲག་ཉི་ཤུ་ལྔ་པ།།
二萬五千頌般若波羅蜜多經 (23—4)

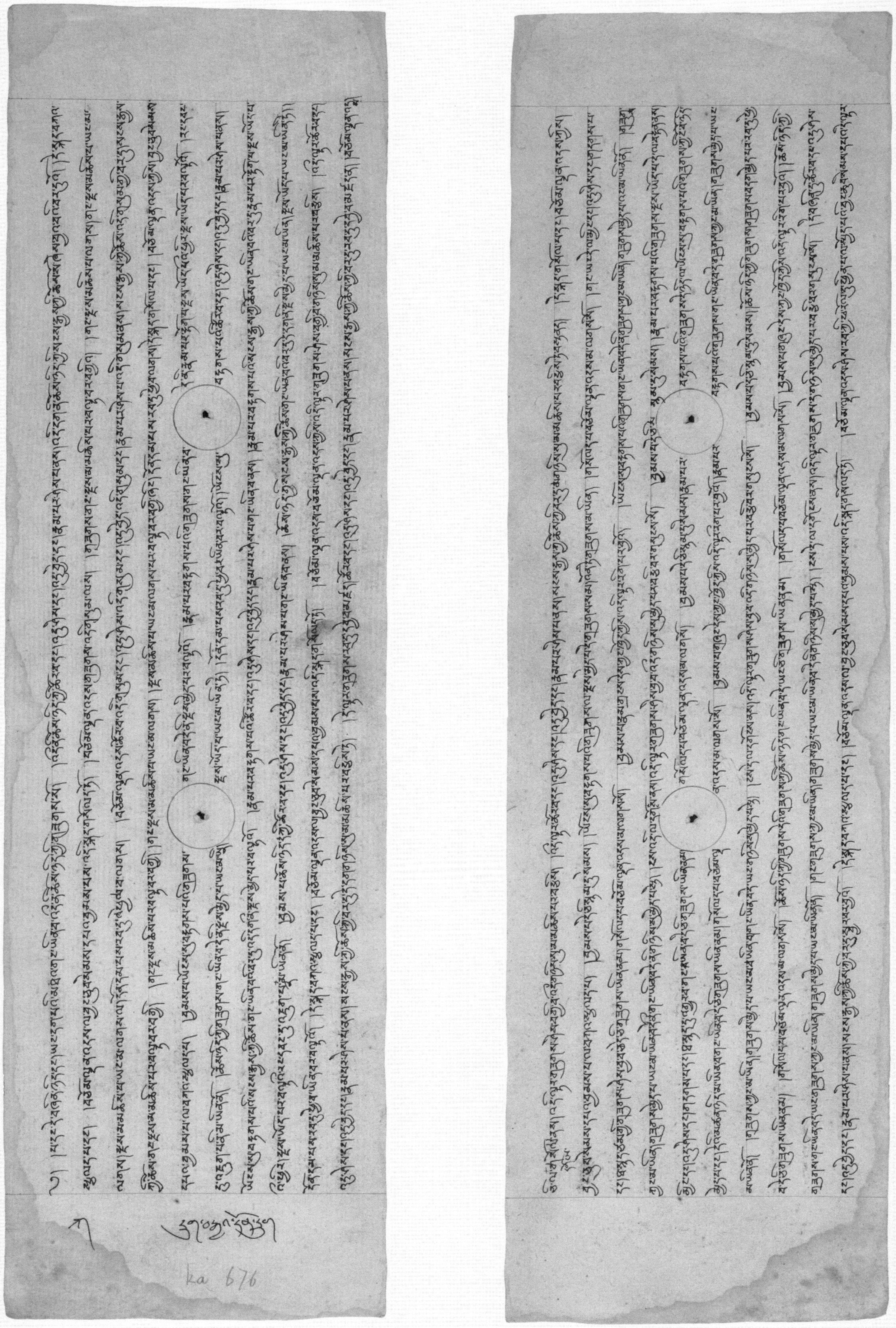

敦博 Db.t.0318 (R-V) ཤེས་རབ་ཀྱི་ཕ་རོལ་ཏུ་ཕྱིན་པ་སྟོང་ཕྲག་ཉི་ཤུ་ལྔ་པ།།
二萬五千頌般若波羅蜜多經 (23—5)

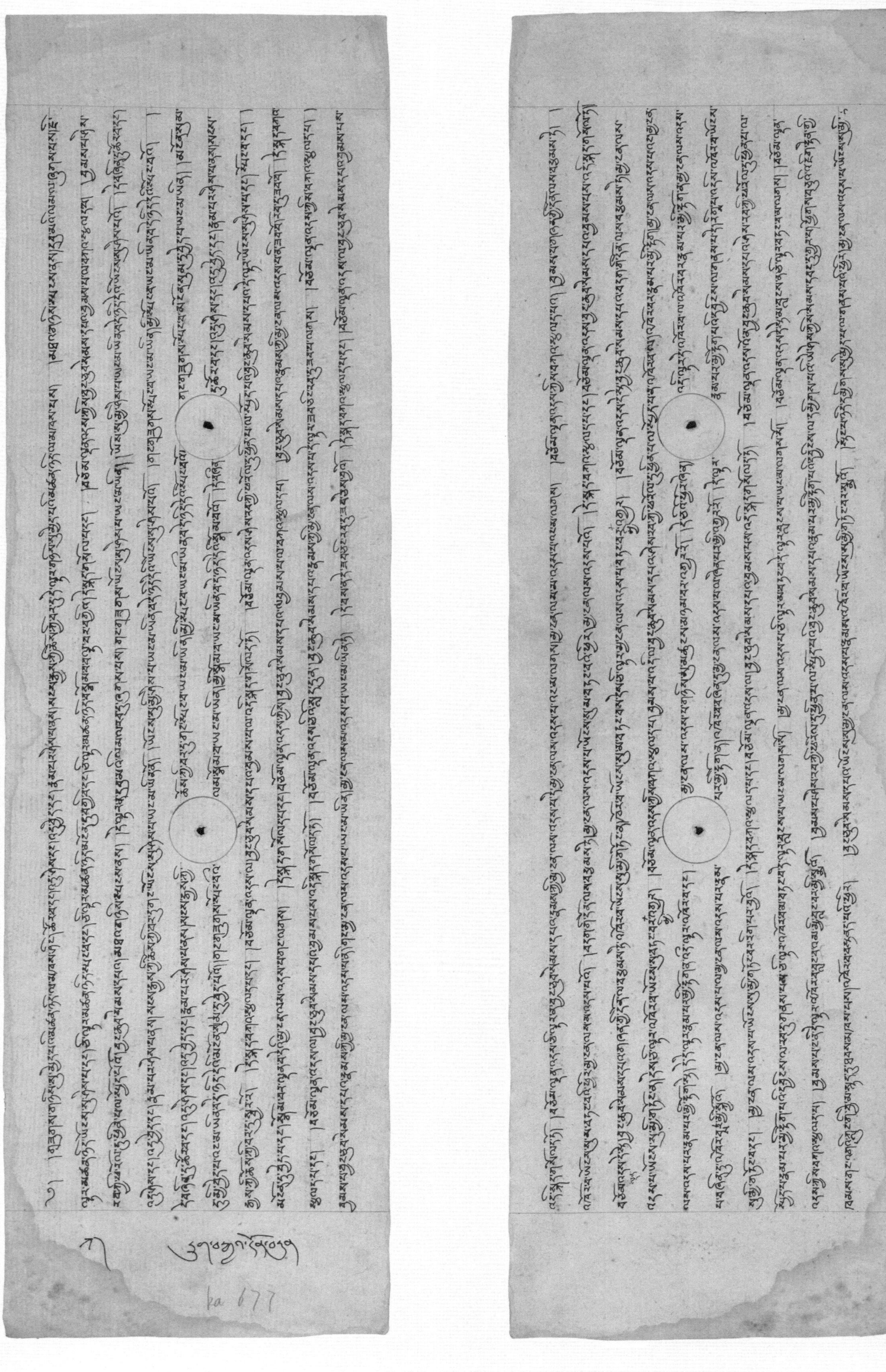

敦博 Db.t.0318 (R-V) ཤེས་རབ་ཀྱི་ཕ་རོལ་ཏུ་ཕྱིན་པ་སྟོང་ཕྲག་ཉི་ཤུ་ལྔ་པ།།

二萬五千頌般若波羅蜜多經 (23—6)

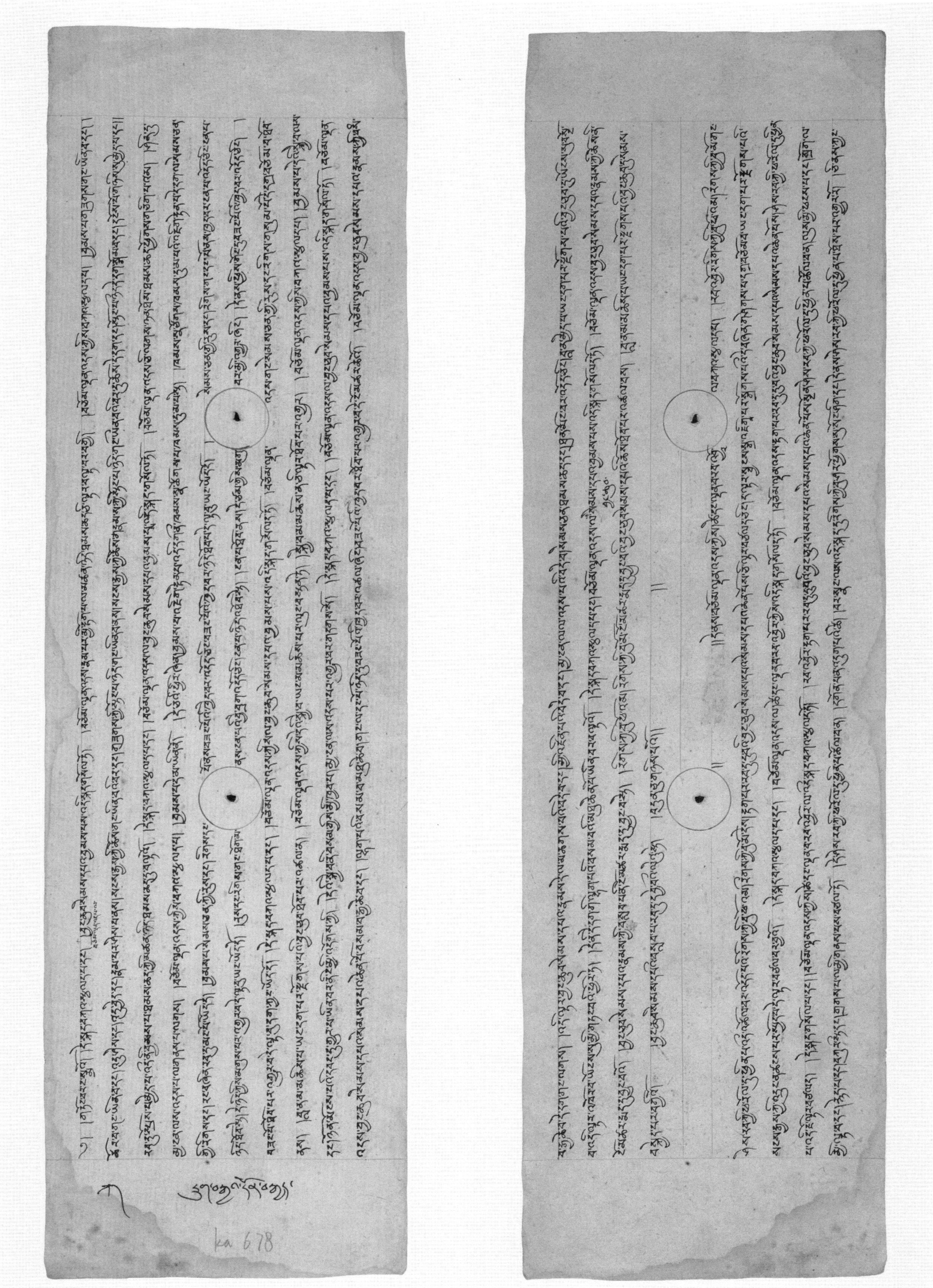

敦博 Db.t.0318 (R-V) ཤེས་རབ་ཀྱི་ཕ་རོལ་ཏུ་ཕྱིན་པ་སྟོང་ཕྲག་ཉི་ཤུ་ལྔ་པ།།
二萬五千頌般若波羅蜜多經 (23—7)

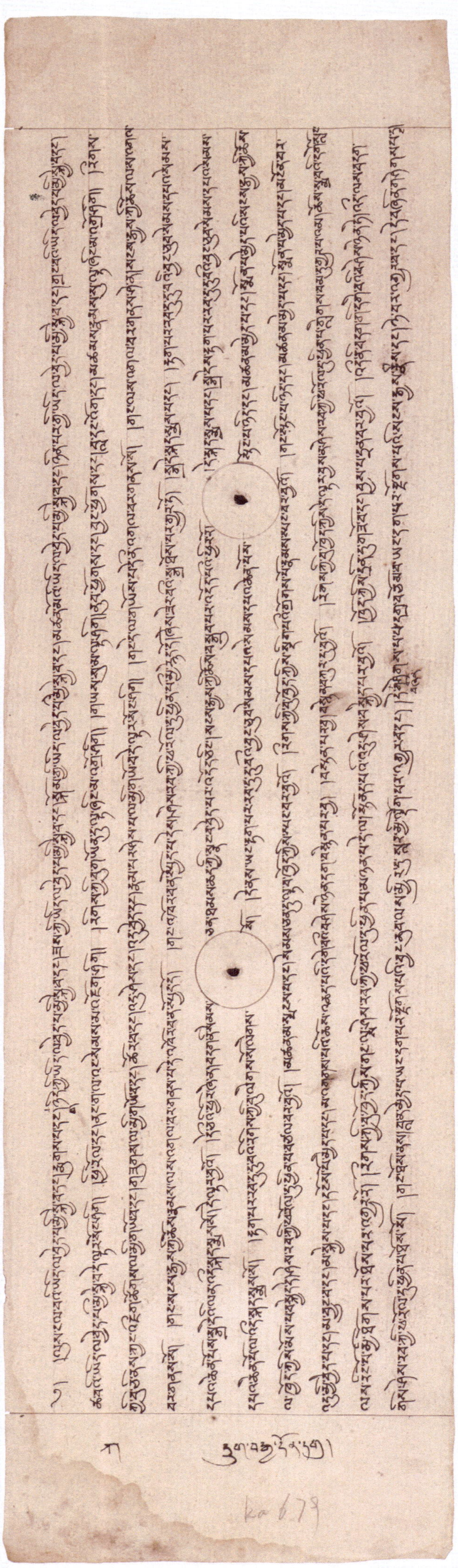

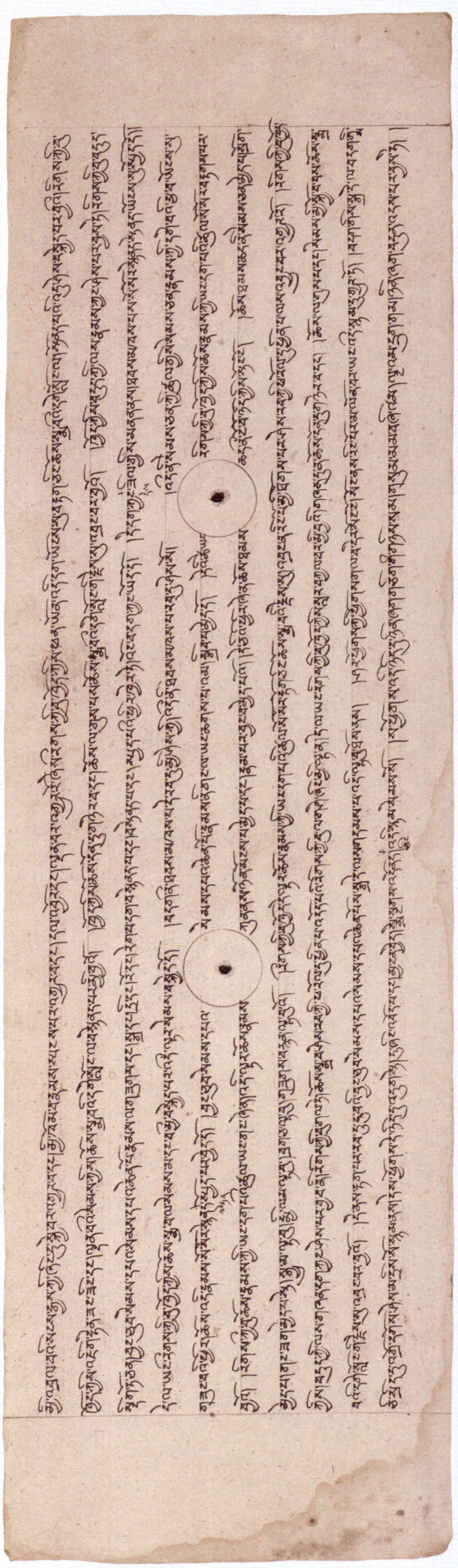

敦博 Db.t.0318 (R-V) ཤེས་རབ་ཀྱི་ཕ་རོལ་ཏུ་ཕྱིན་པ་སྟོང་ཕྲག་ཉི་ཤུ་ལྔ་པ།།
二萬五千頌般若波羅蜜多經 (23—8)

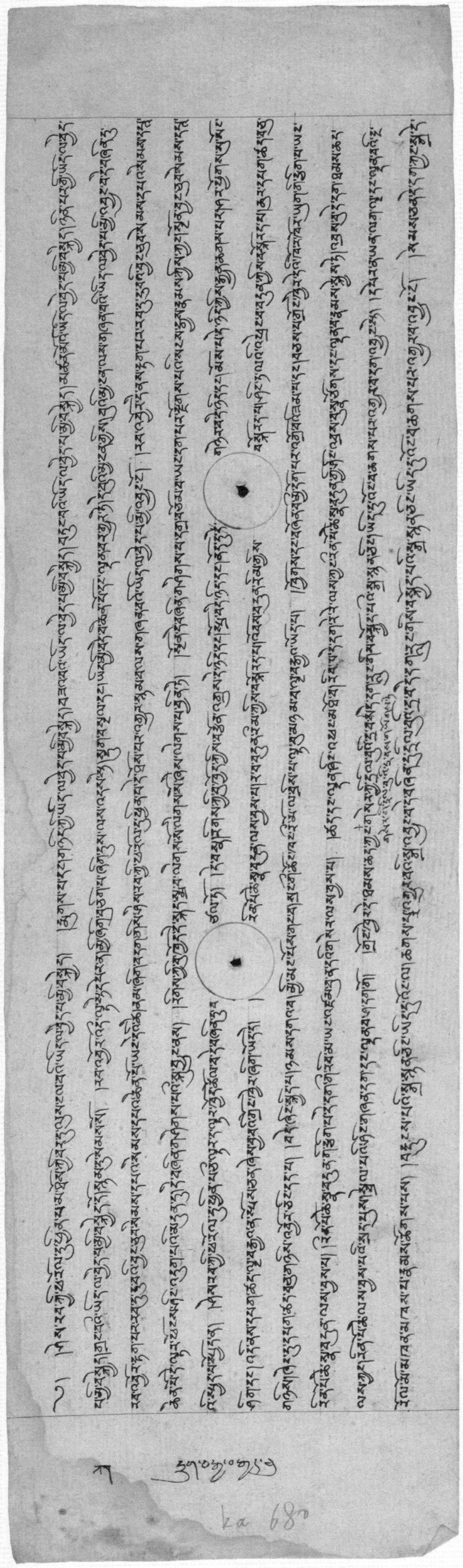

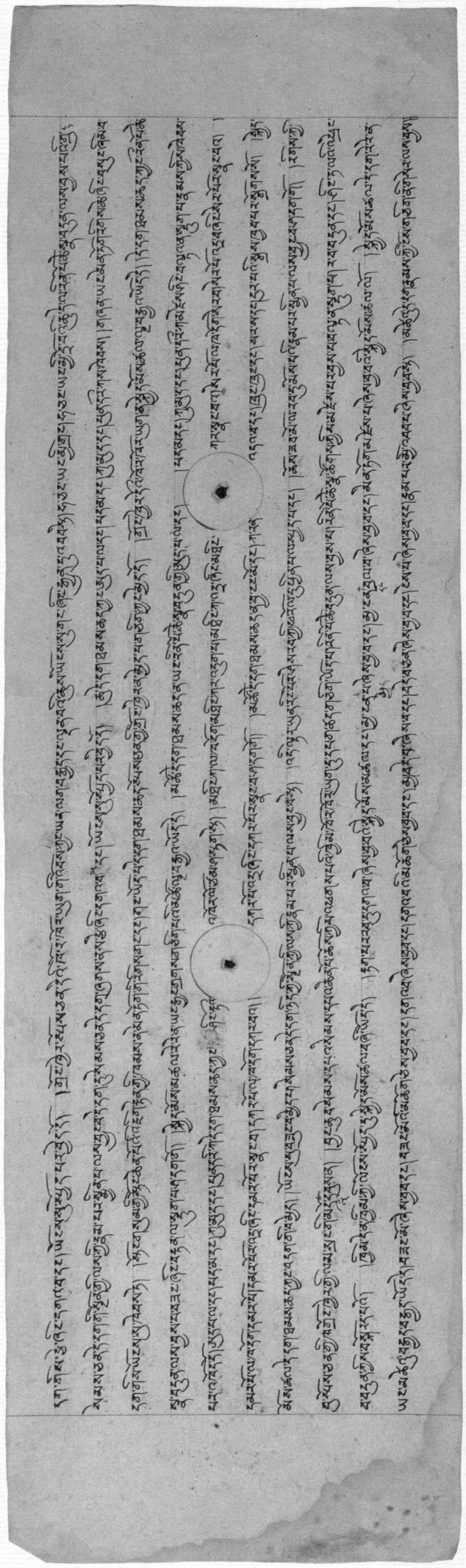

敦博 Db.t.0318 (R-V) ཤེས་རབ་ཀྱི་ཕ་རོལ་ཏུ་ཕྱིན་པ་སྟོང་ཕྲག་ཉི་ཤུ་ལྔ་པ།།
二萬五千頌般若波羅蜜多經 (23—9)

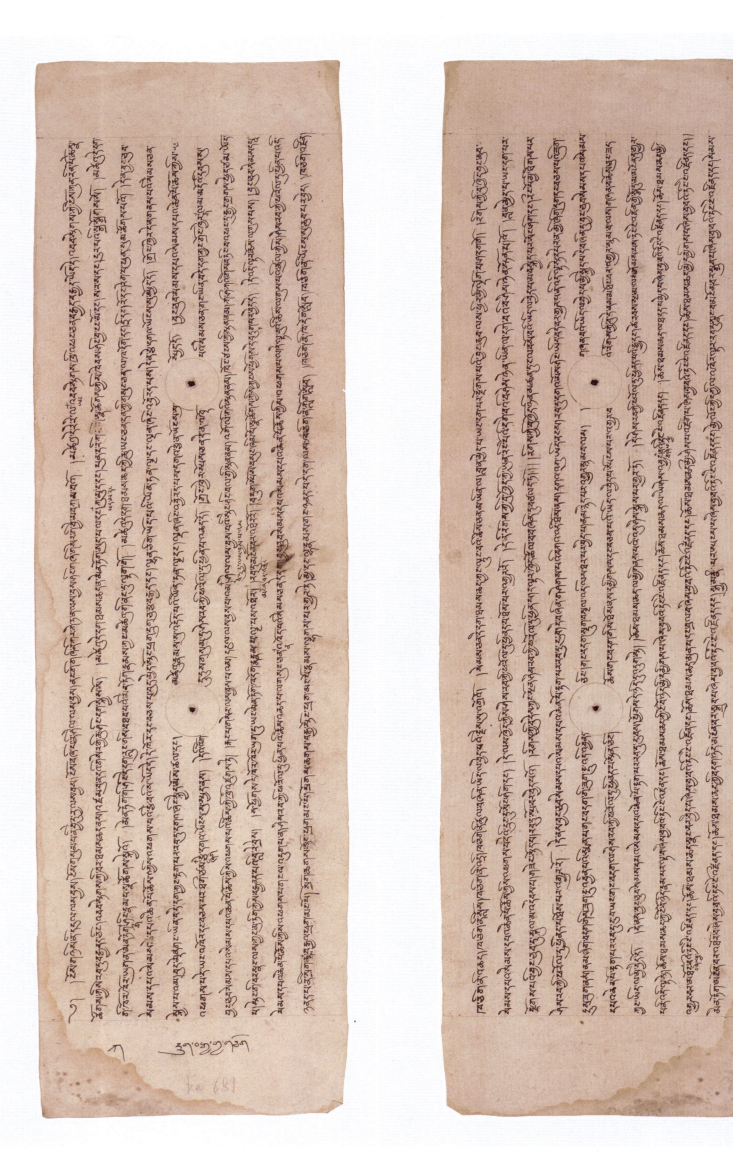

敦博 Db.t.0318 (R-V) ཤེས་རབ་ཀྱི་ཕ་རོལ་ཏུ་ཕྱིན་པ་སྟོང་ཕྲག་ཉི་ཤུ་ལྔ་པ།།

二萬五千頌般若波羅蜜多經　　(23—10)

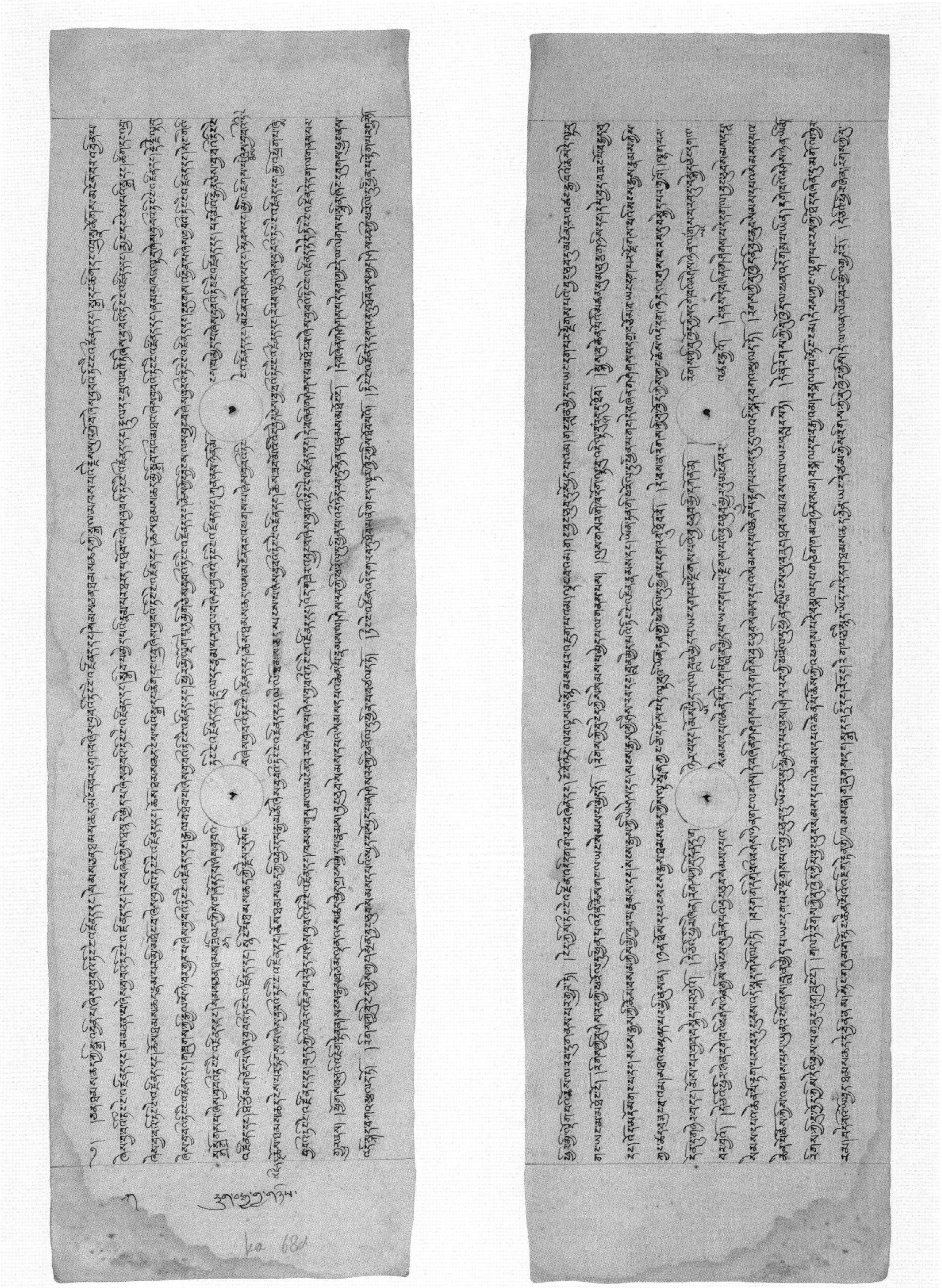

敦博 Db.t.0318 (R-V) ཤེས་རབ་ཀྱི་ཕ་རོལ་ཏུ་ཕྱིན་པ་སྟོང་ཕྲག་ཉི་ཤུ་ལྔ་པ།།

二萬五千頌般若波羅蜜多經 (23—11)

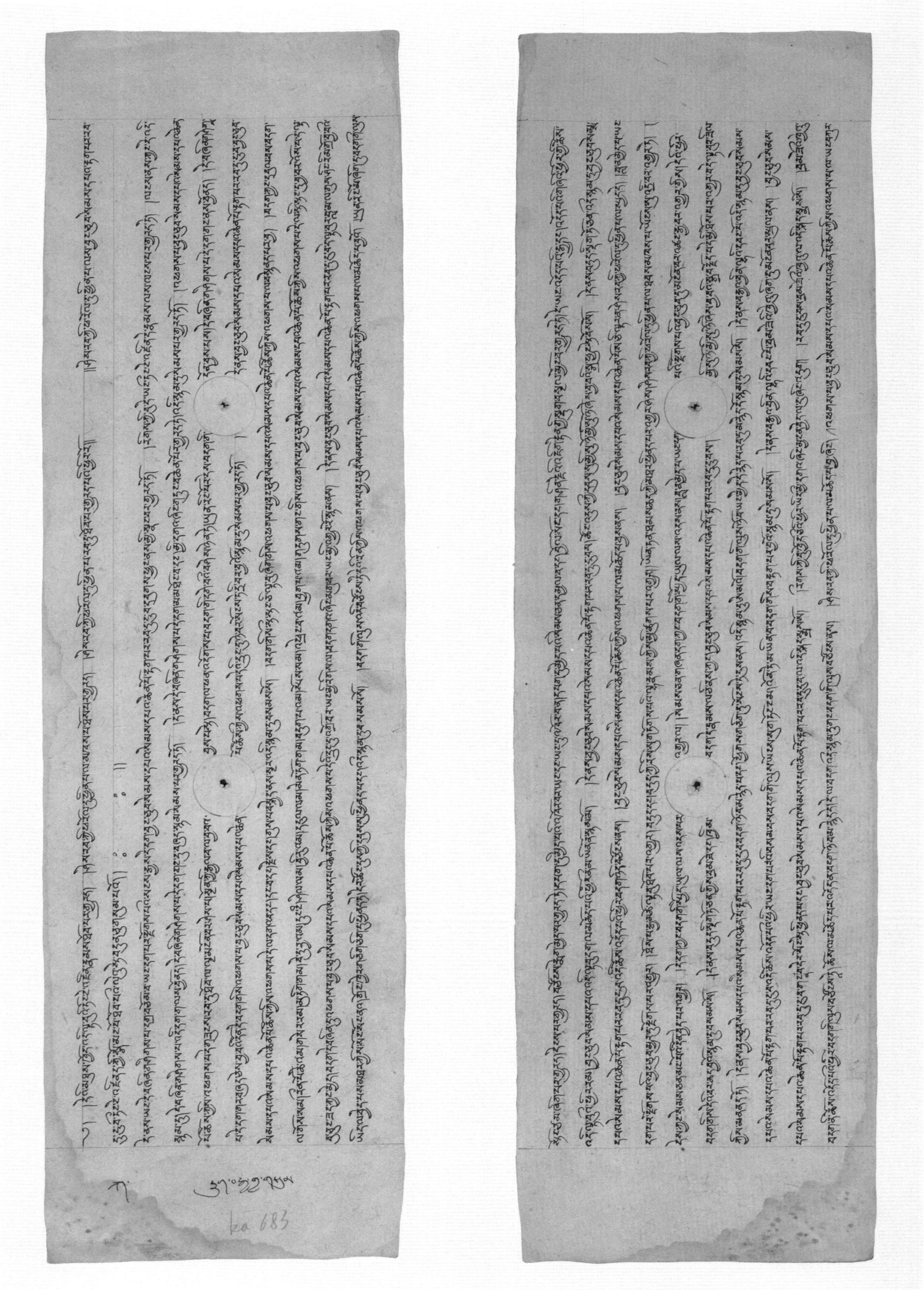

敦博 Db.t.0318 (R-V) ཤེས་རབ་ཀྱི་ཕ་རོལ་ཏུ་ཕྱིན་པ་སྟོང་ཕྲག་ཉི་ཤུ་ལྔ་པ།།
二萬五千頌般若波羅蜜多經 (23—12)

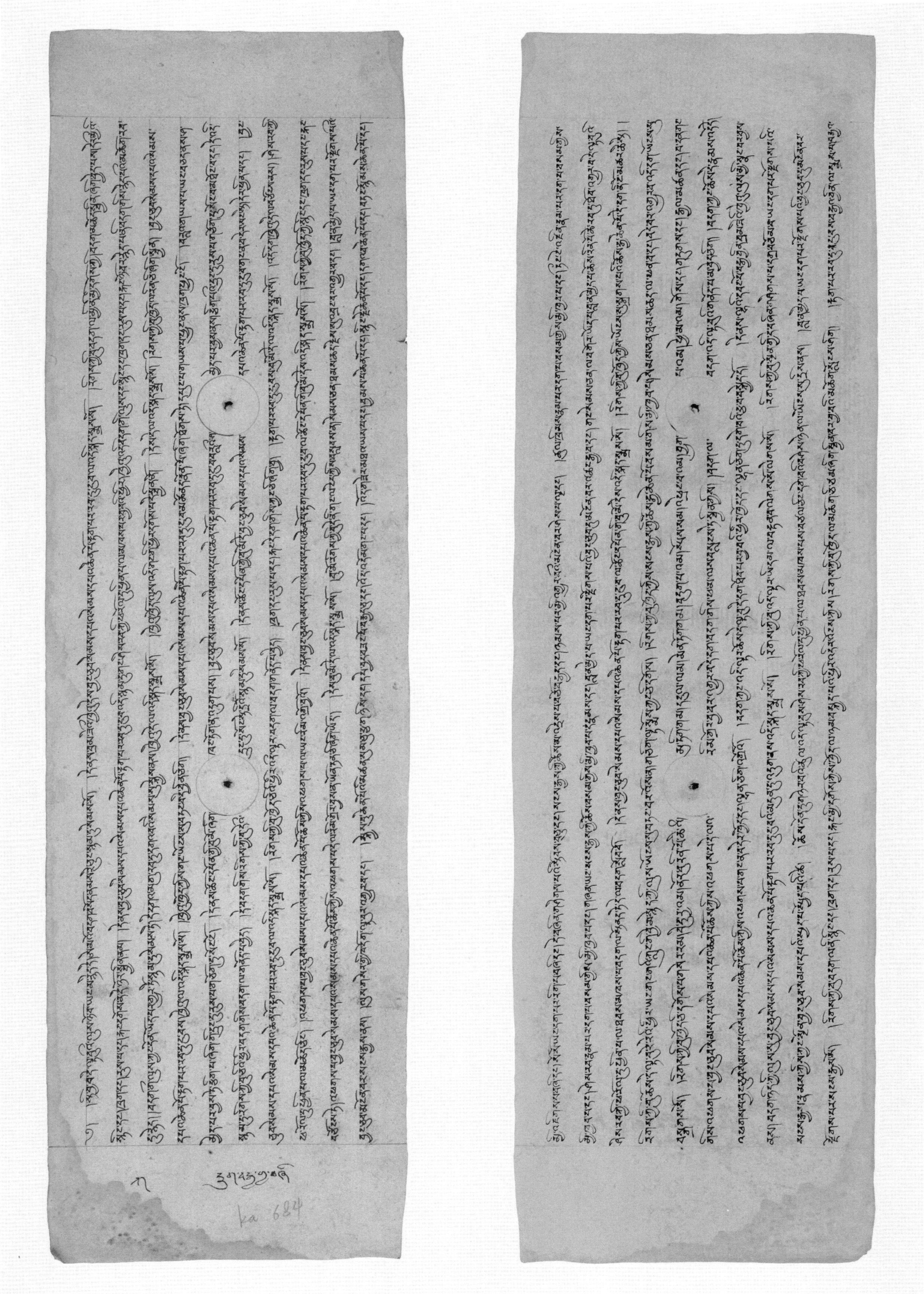

敦博 Db.t.0318 (R-V) ཤེས་རབ་ཀྱི་ཕ་རོལ་ཏུ་ཕྱིན་པ་སྟོང་ཕྲག་ཉི་ཤུ་ལྔ་པ།།
二萬五千頌般若波羅蜜多經 (23—13)

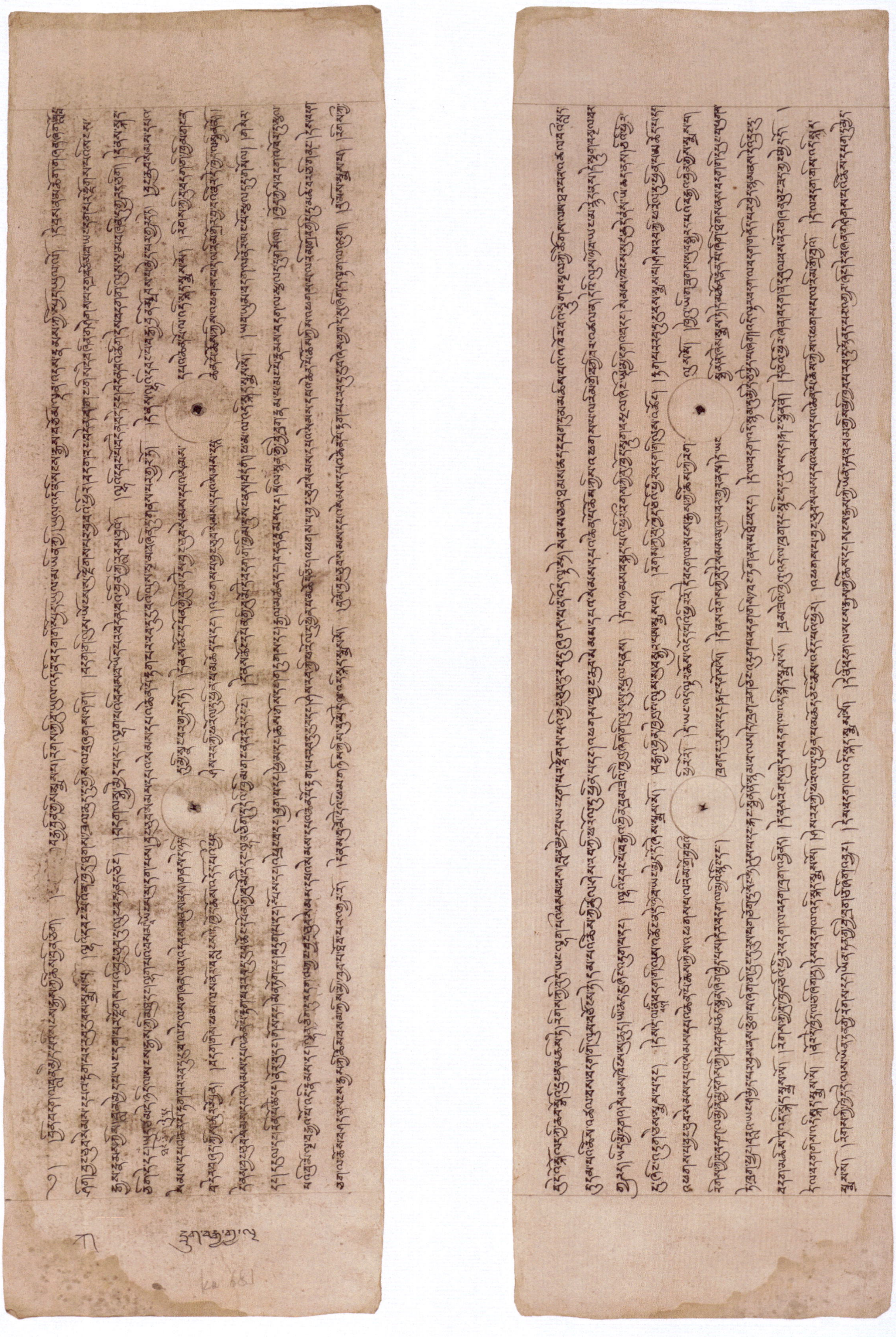

敦博 Db.t.0318 (R-V) ཤེས་རབ་ཀྱི་ཕ་རོལ་ཏུ་ཕྱིན་པ་སྟོང་ཕྲག་ཉི་ཤུ་ལྔ་པ།།

二萬五千頌般若波羅蜜多經 (23—14)

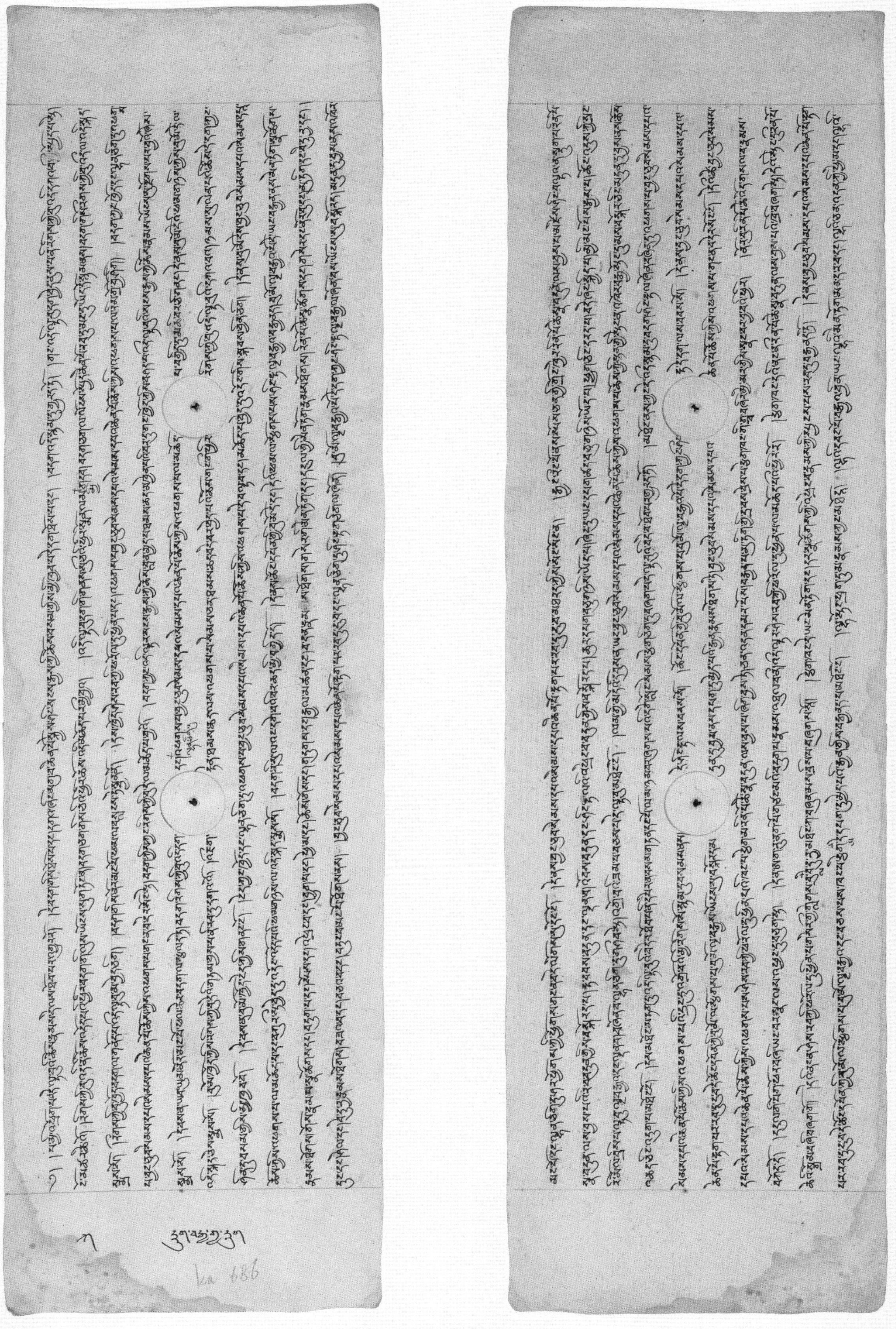

敦博 Db.t.0318 (R-V) ཤེས་རབ་ཀྱི་ཕ་རོལ་ཏུ་ཕྱིན་པ་སྟོང་ཕྲག་ཉི་ཤུ་ལྔ་པ།།
二萬五千頌般若波羅蜜多經 (23—15)

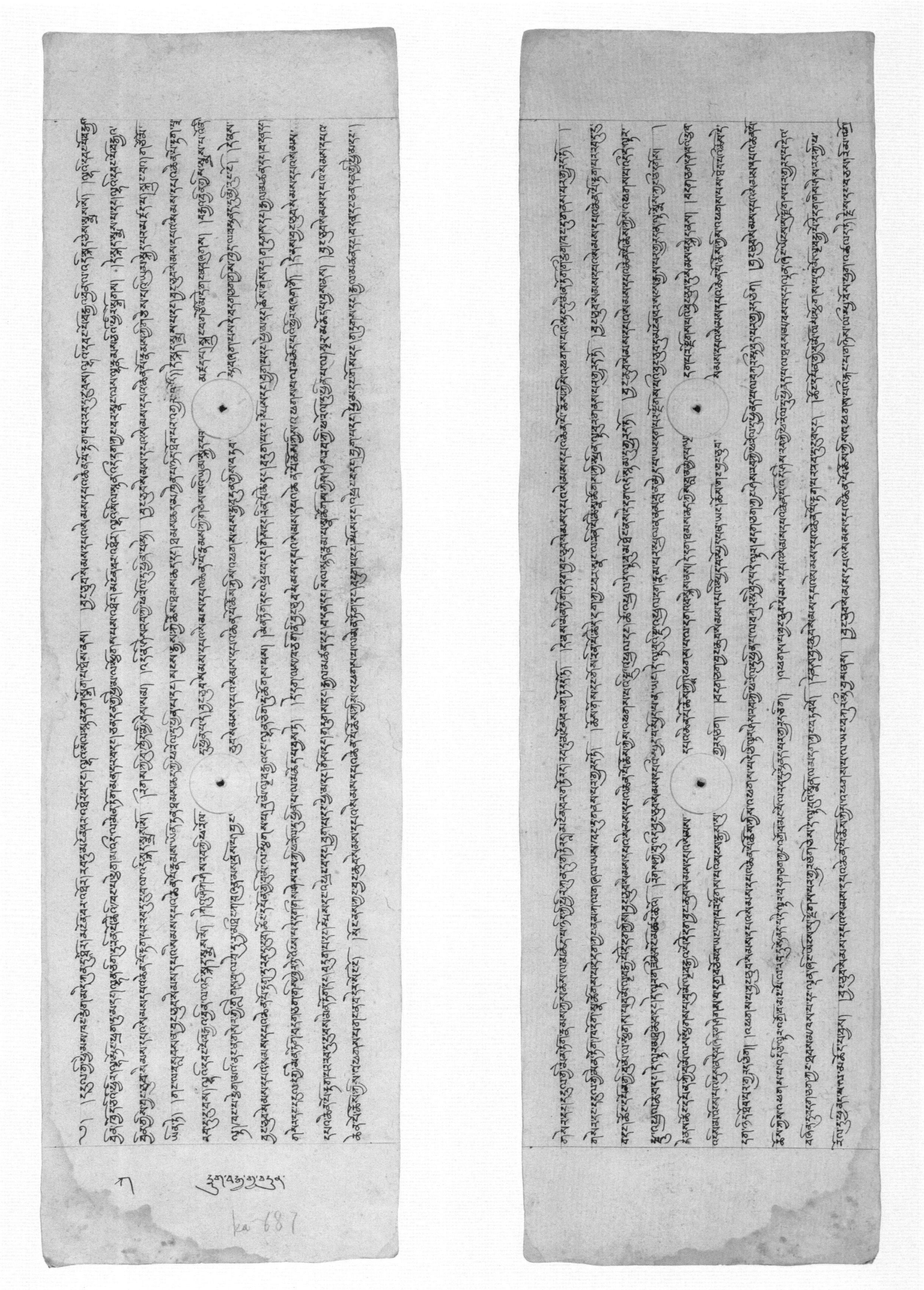

敦博 Db.t.0318 (R-V) ཤེས་རབ་ཀྱི་ཕ་རོལ་ཏུ་ཕྱིན་པ་སྟོང་ཕྲག་ཉི་ཤུ་ལྔ་པ།།
二萬五千頌般若波羅蜜多經 (23—16)

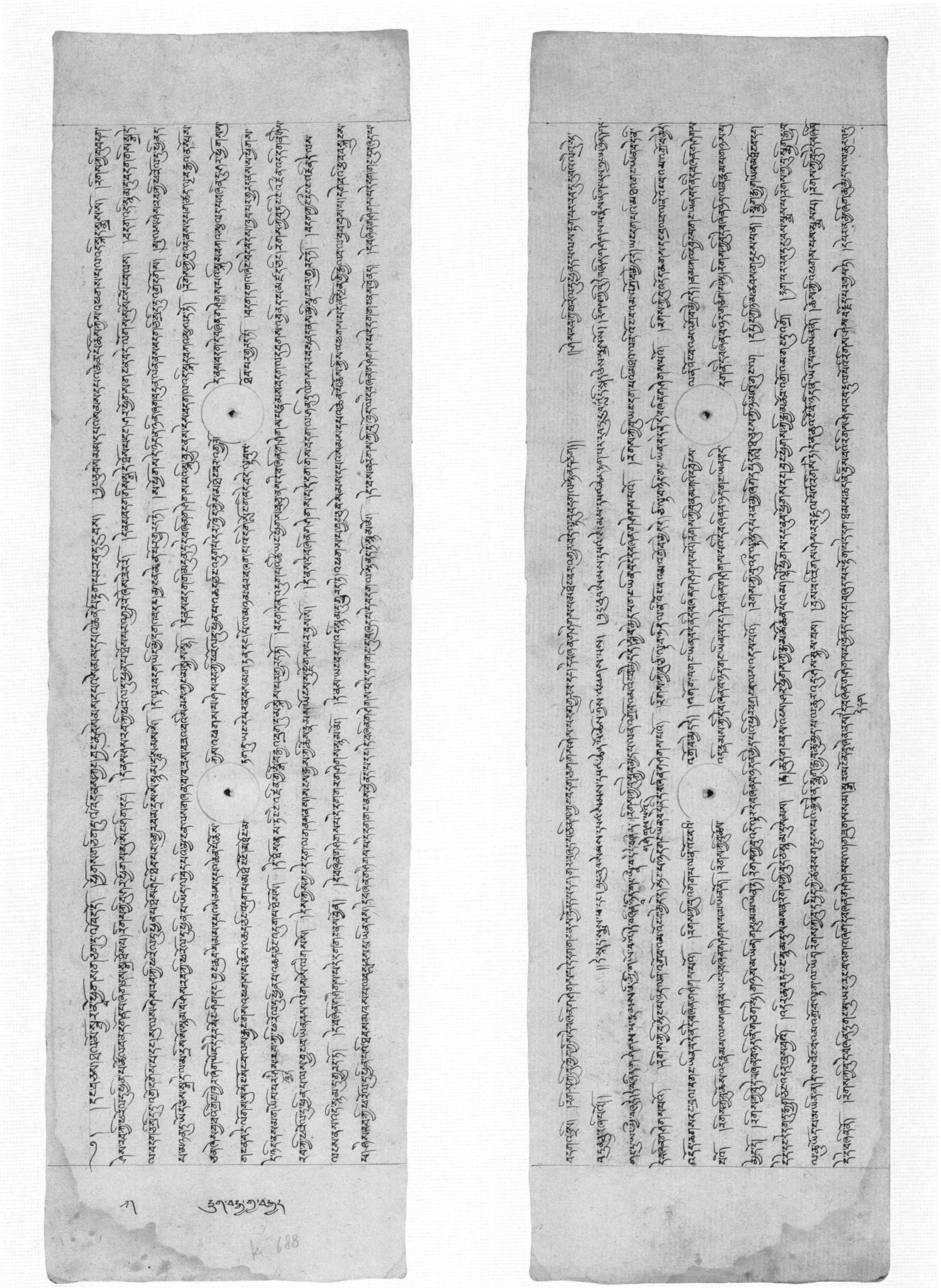

敦博 Db.t.0318 (R-V) ཤེས་རབ་ཀྱི་ཕ་རོལ་ཏུ་ཕྱིན་པ་སྟོང་ཕྲག་ཉི་ཤུ་ལྔ་པ།།
二萬五千頌般若波羅蜜多經 (23—17)

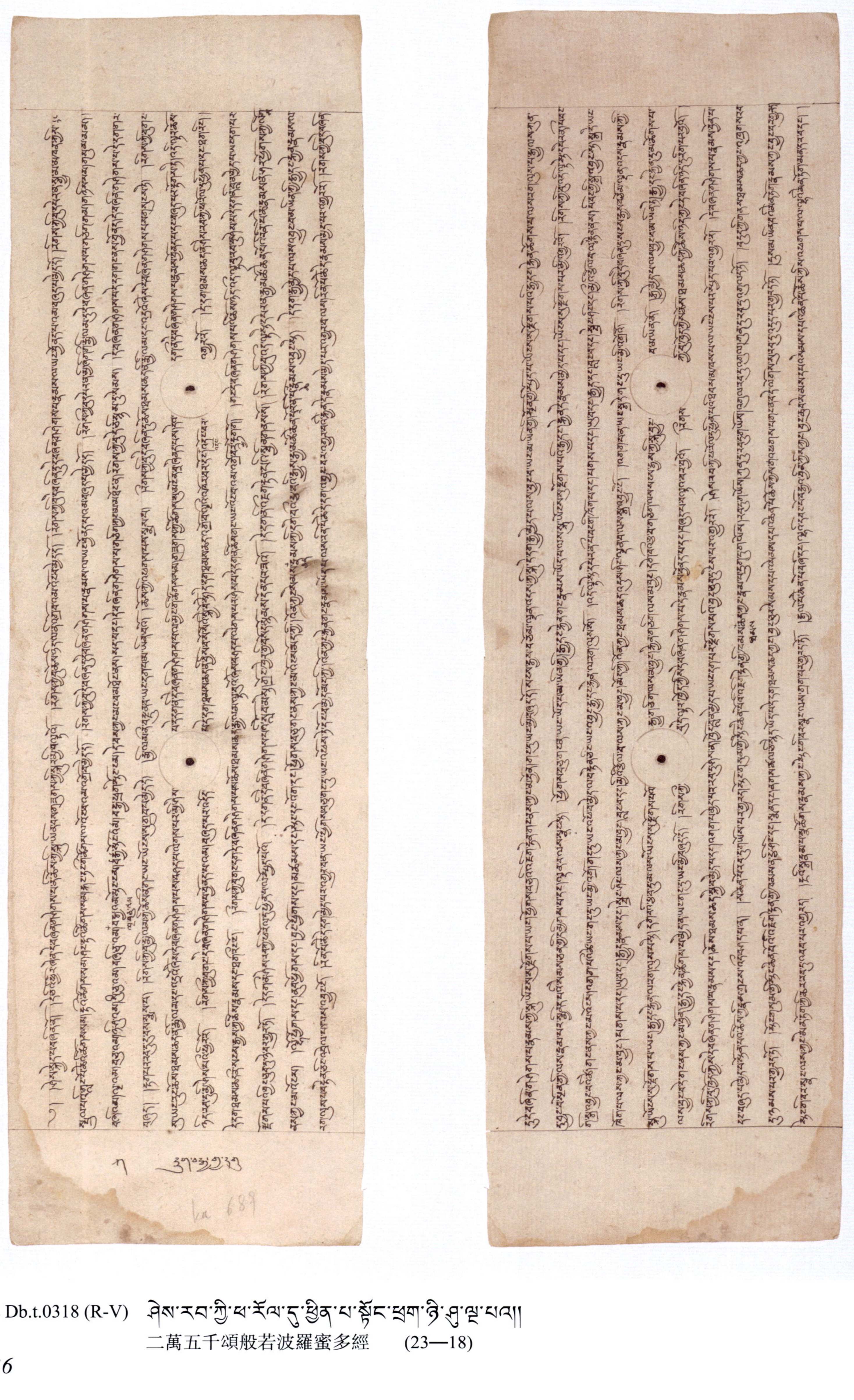

敦博 Db.t.0318 (R-V) ཤེས་རབ་ཀྱི་ཕ་རོལ་ཏུ་ཕྱིན་པ་སྟོང་ཕྲག་ཉི་ཤུ་ལྔ་པ།།

二萬五千頌般若波羅蜜多經 (23—18)

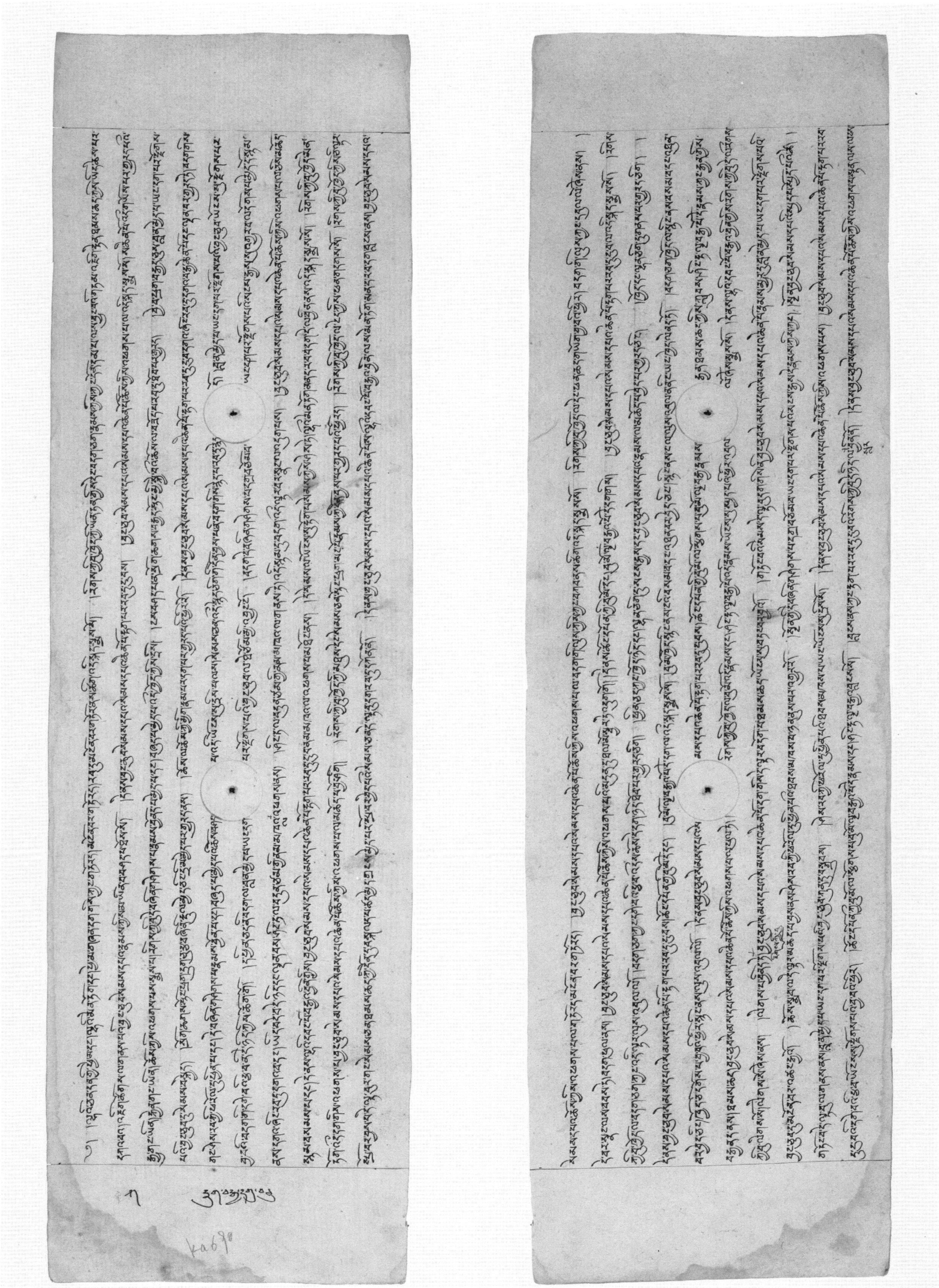

敦博 Db.t.0318 (R-V) ཤེས་རབ་ཀྱི་ཕ་རོལ་ཏུ་ཕྱིན་པ་སྟོང་ཕྲག་ཉི་ཤུ་ལྔ་པ།།
二萬五千頌般若波羅蜜多經 (23—19)

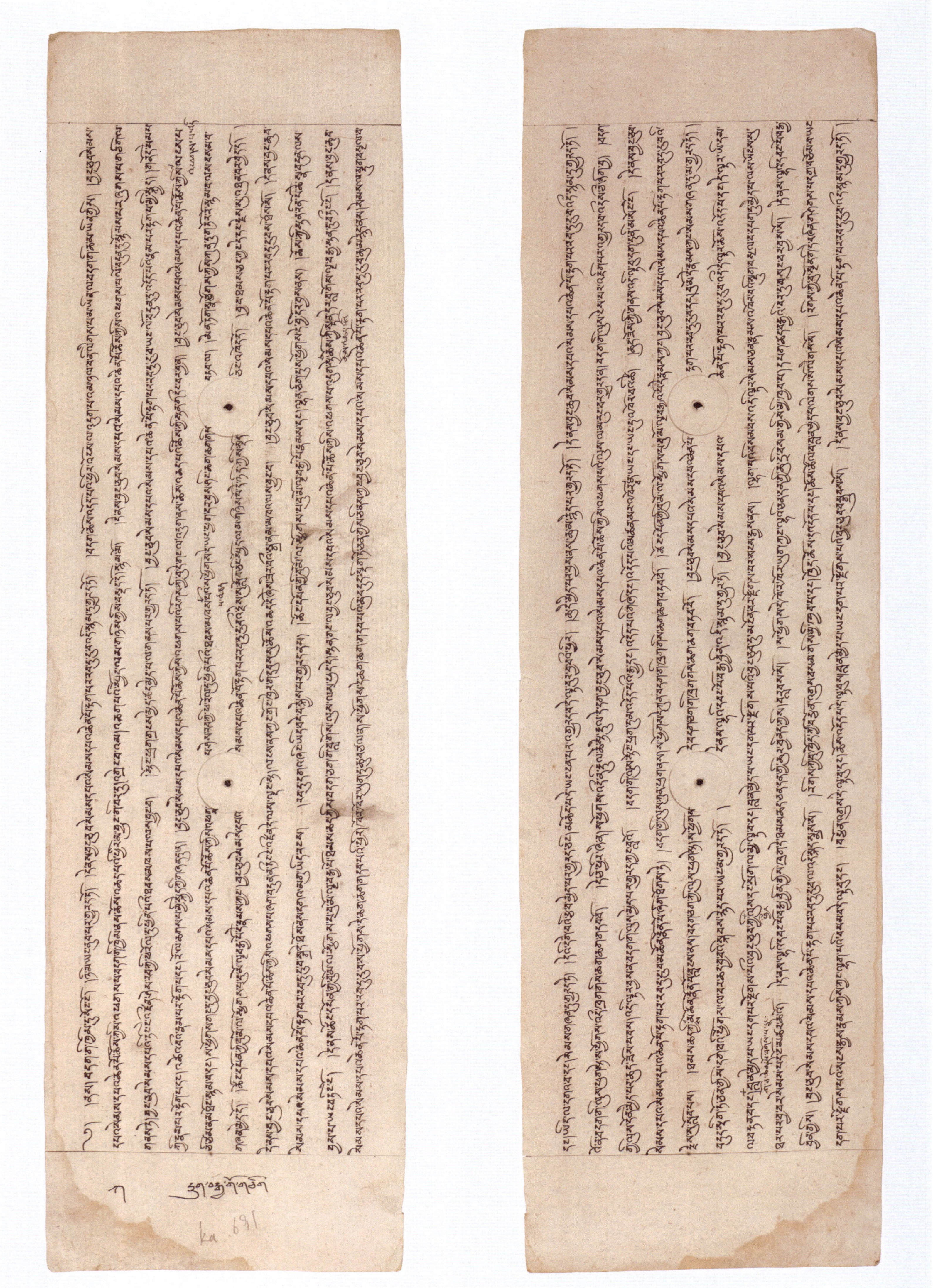

敦博 Db.t.0318 (R-V) ཤེས་རབ་ཀྱི་ཕ་རོལ་ཏུ་ཕྱིན་པ་སྟོང་ཕྲག་ཉི་ཤུ་ལྔ་པ།།
二萬五千頌般若波羅蜜多經 (23—20)

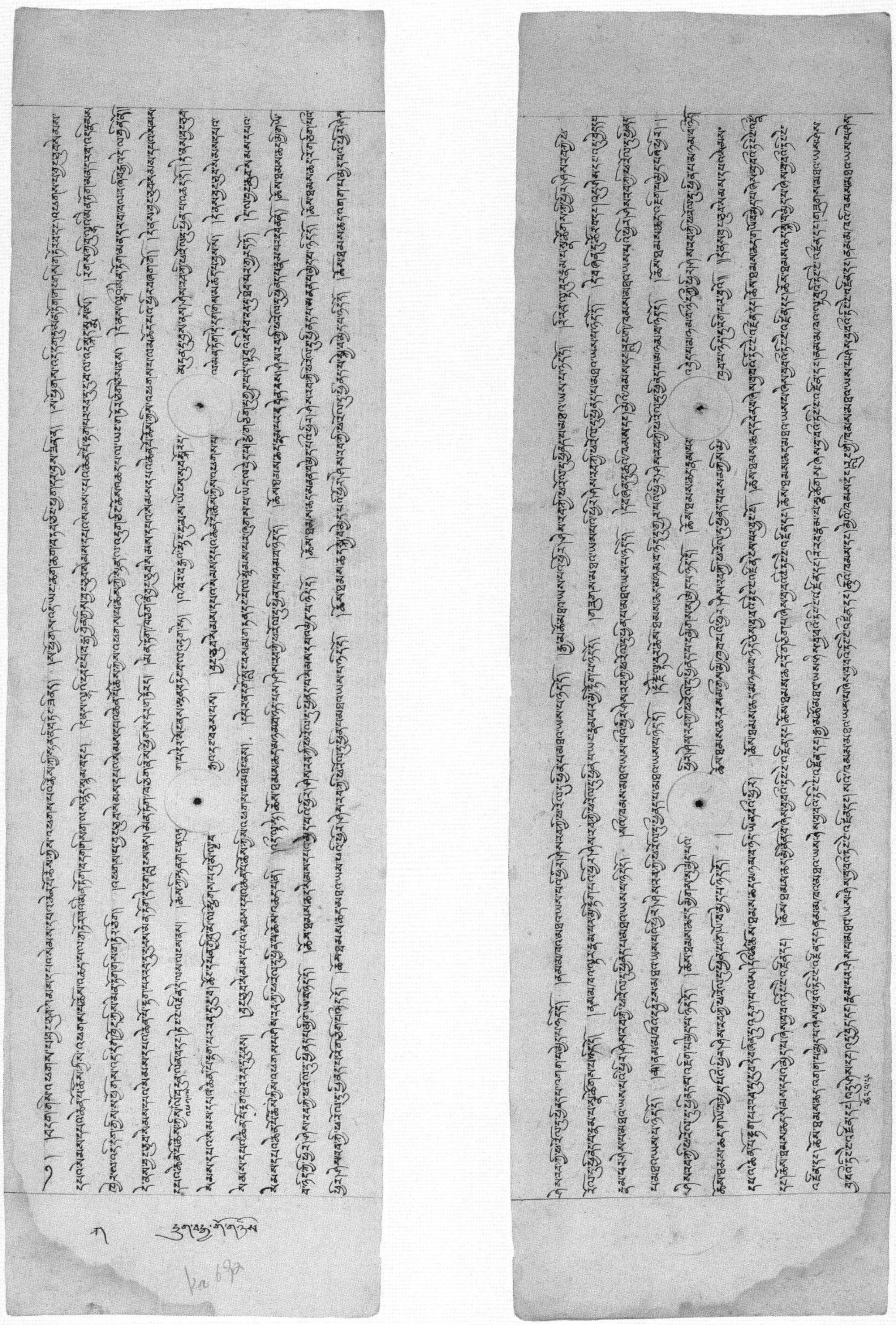

敦博 Db.t.0318 (R-V) ཤེས་རབ་ཀྱི་ཕ་རོལ་ཏུ་ཕྱིན་པ་སྟོང་ཕྲག་ཉི་ཤུ་ལྔ་པ།།

二萬五千頌般若波羅蜜多經 (23—21)

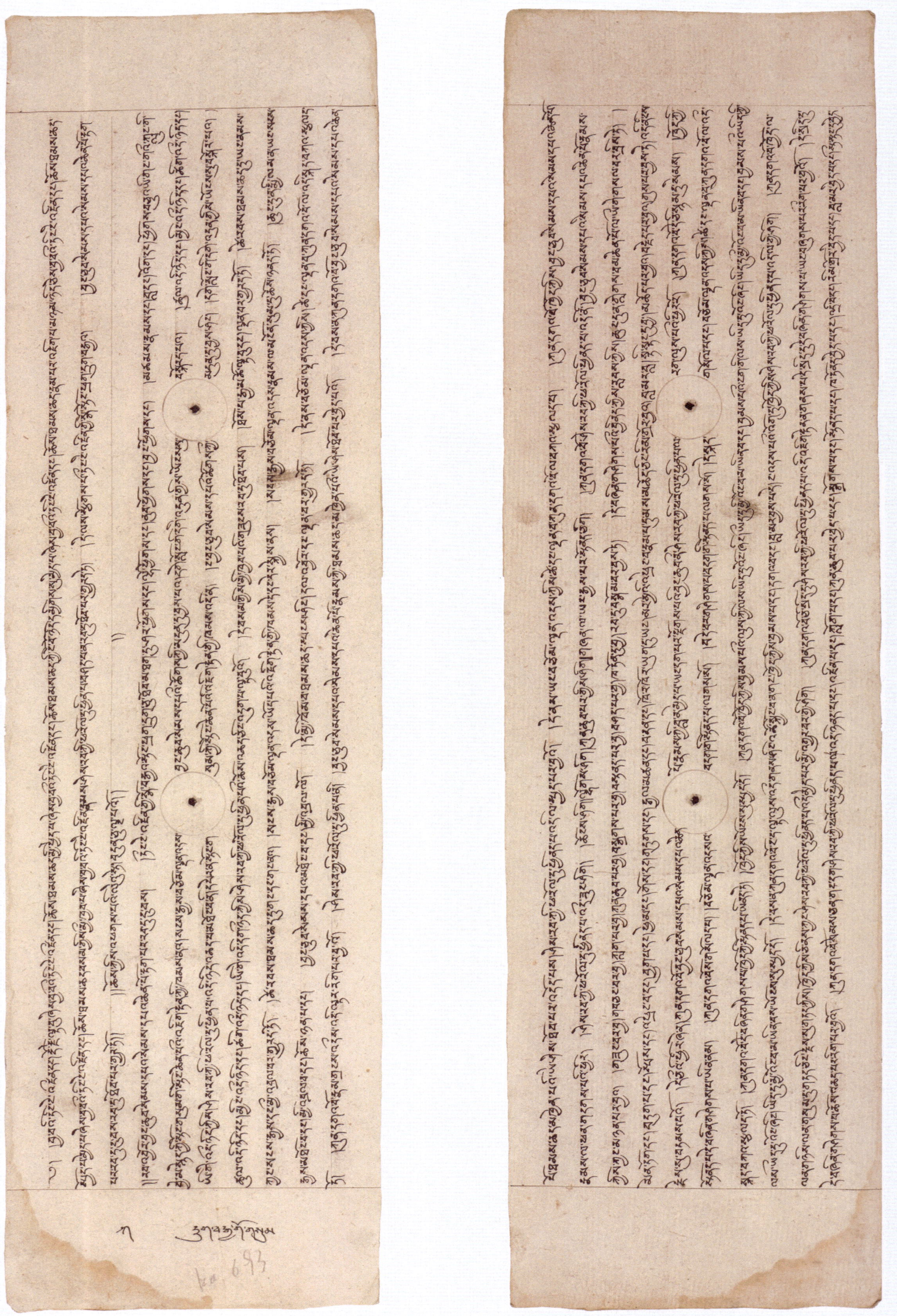

敦博 Db.t.0318 (R-V) ཤེས་རབ་ཀྱི་ཕ་རོལ་ཏུ་ཕྱིན་པ་སྟོང་ཕྲག་ཉི་ཤུ་ལྔ་པ།།
二萬五千頌般若波羅蜜多經 (23—22)

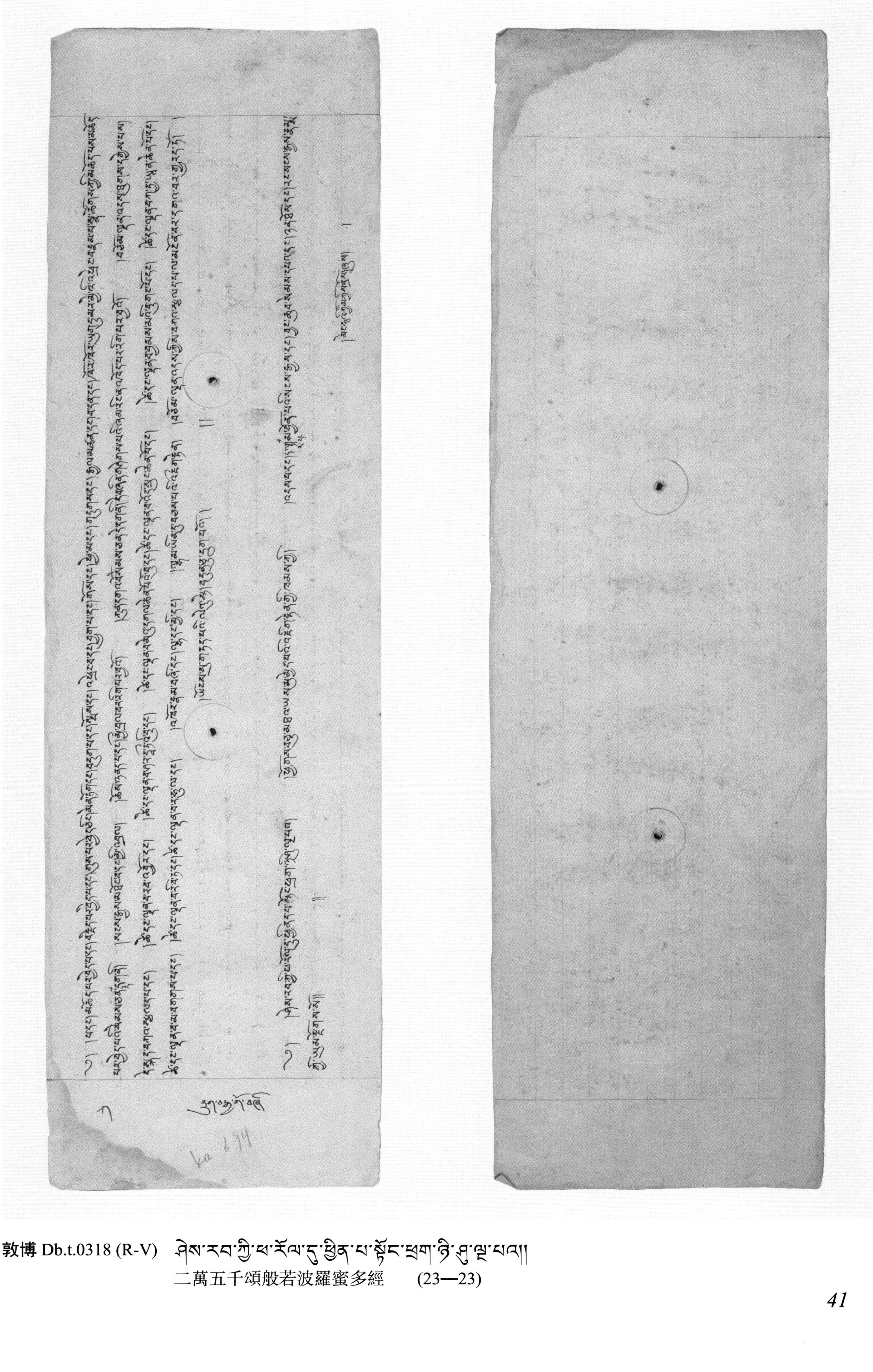

敦博 Db.t.0318 (R-V) ཤེས་རབ་ཀྱི་ཕ་རོལ་ཏུ་ཕྱིན་པ་སྟོང་ཕྲག་ཉི་ཤུ་ལྔ་པ།།
二萬五千頌般若波羅蜜多經 (23—23)

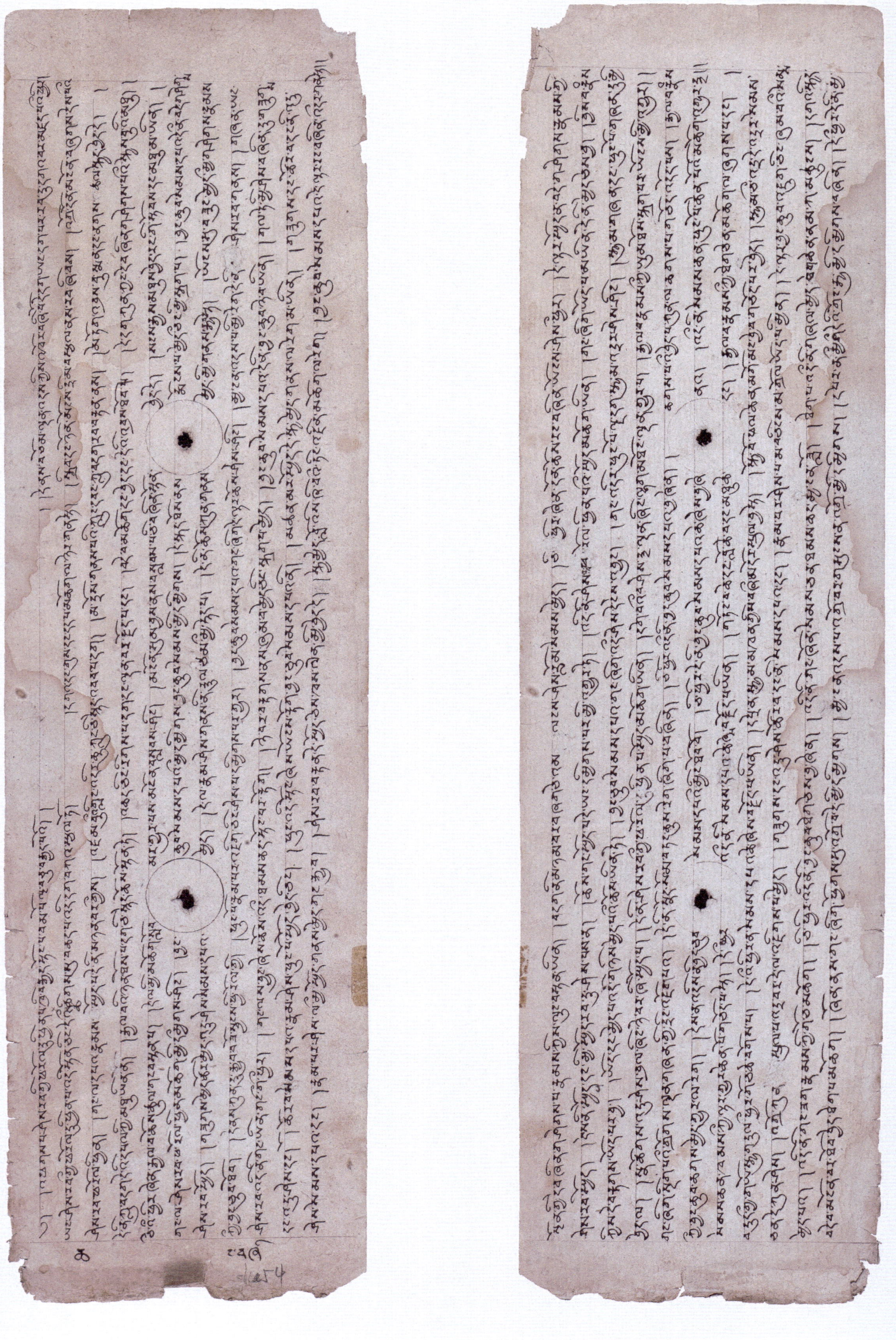

敦博 Db.t.0319 (R-V) ཤེས་རབ་ཀྱི་ཕ་རོལ་ཏུ་ཕྱིན་པ་ཁྲི་བརྒྱད་སྟོང་པ་བམ་པོ་ལྔ་བཅུ་བརྒྱད་པའོ།།

一萬八千頌般若波羅蜜多經第五十八品 (14—1)

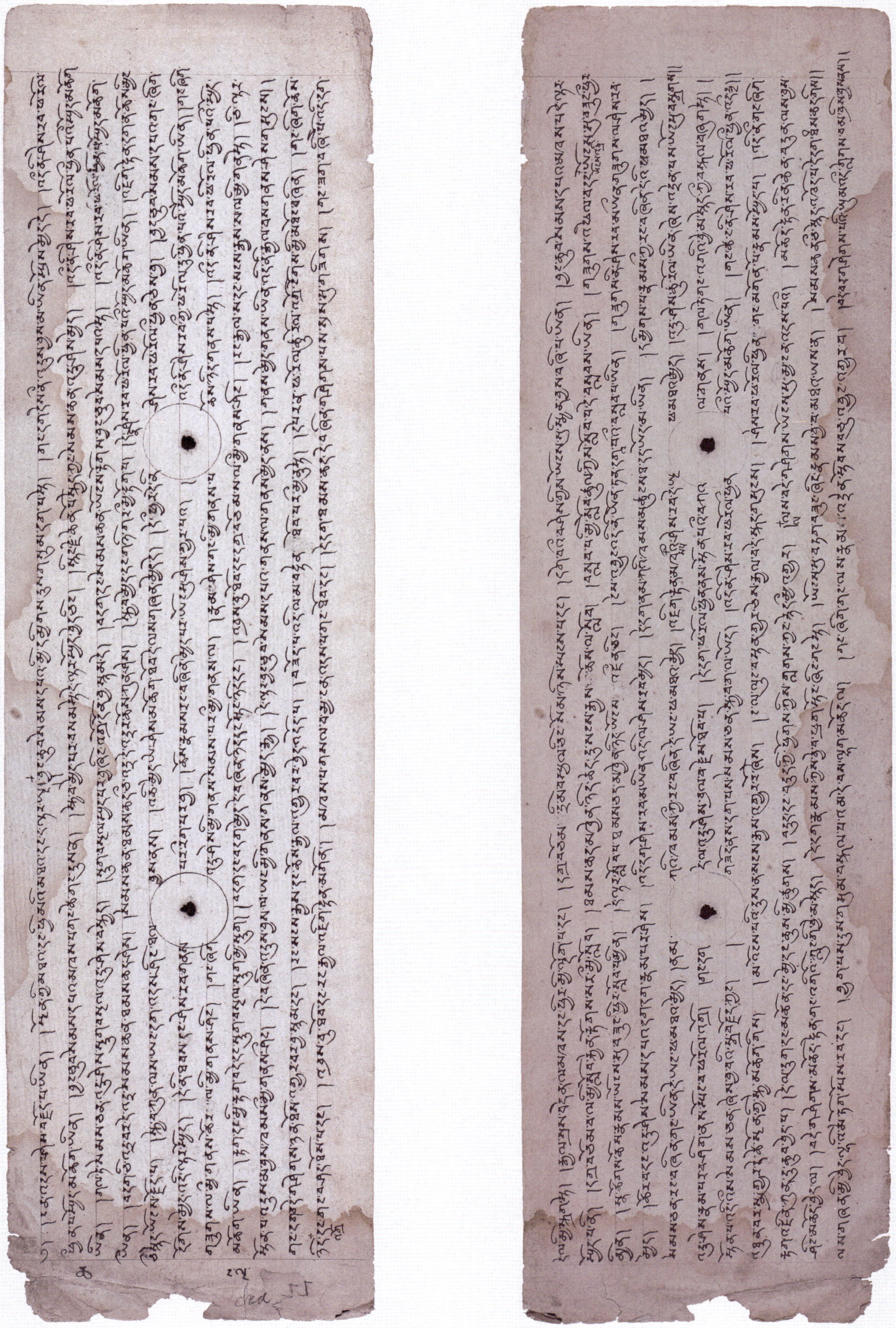

敦博 Db.t.0319 (R-V) ཤེས་རབ་ཀྱི་ཕ་རོལ་ཏུ་ཕྱིན་པ་ཁྲི་བརྒྱད་སྟོང་པ་བམ་པོ་ལྔ་བཅུ་བརྒྱད་པའོ།།

一萬八千頌般若波羅蜜多經第五十八品 (14—2)

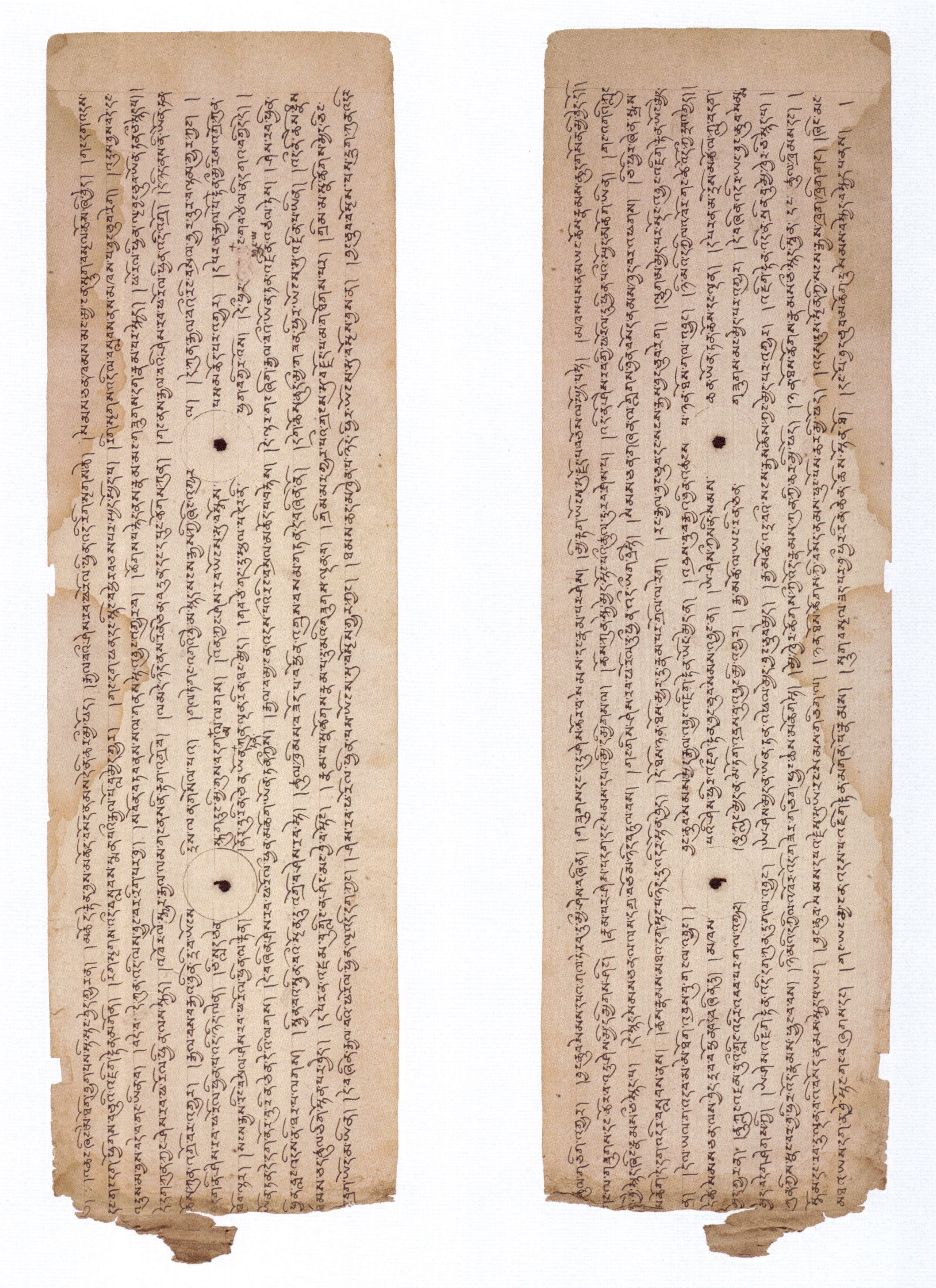

敦博 Db.t.0319 (R-V) ཤེས་རབ་ཀྱི་ཕ་རོལ་ཏུ་ཕྱིན་པ་ཁྲི་བརྒྱད་སྟོང་པ་བམ་པོ་ལྔ་བཅུ་བརྒྱད་པའོ།།
一萬八千頌般若波羅蜜多經第五十八品　　(14—3)

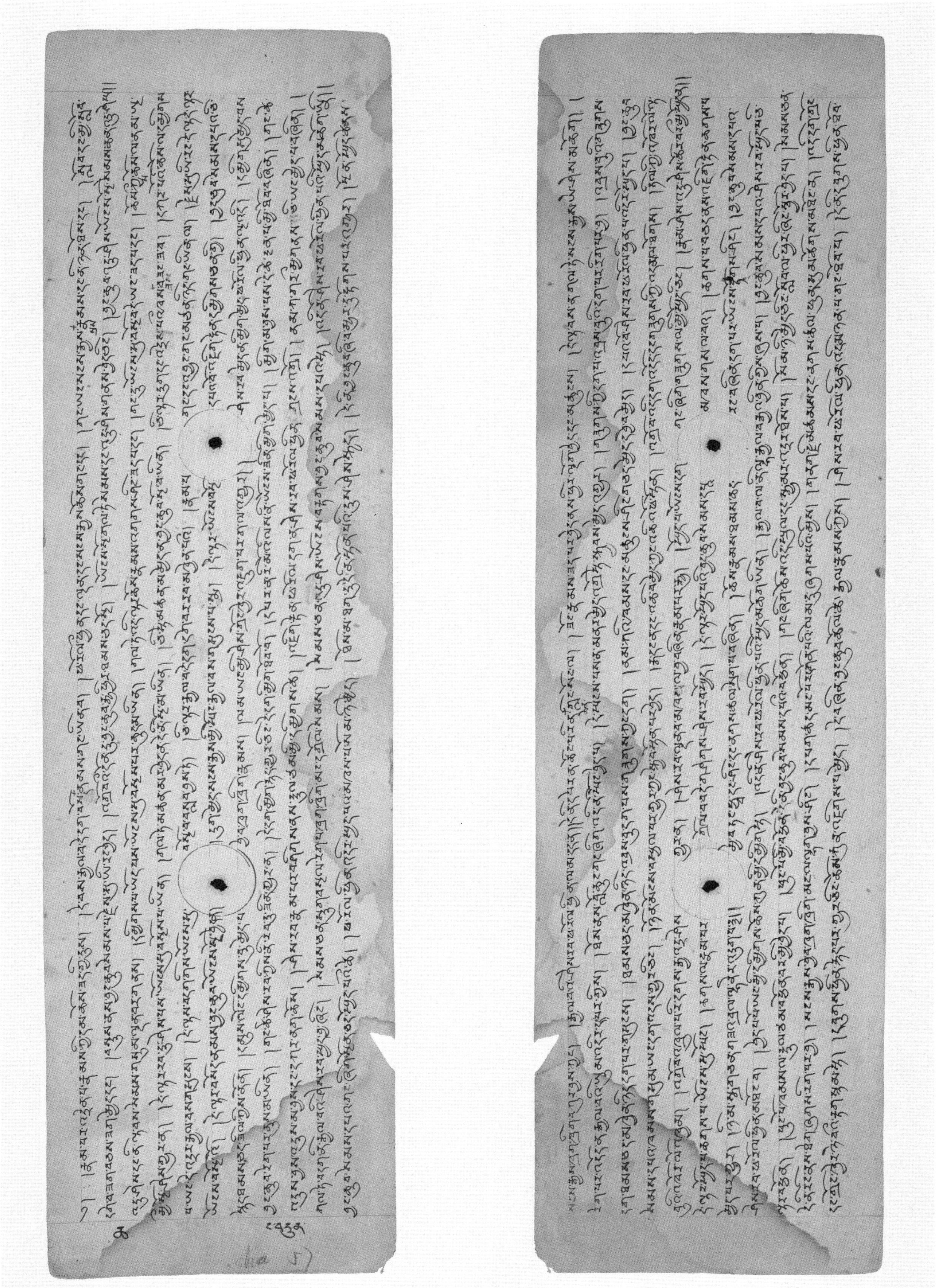

敦博 Db.t.0319 (R-V) ཤེས་རབ་ཀྱི་ཕ་རོལ་ཏུ་ཕྱིན་པ་ཁྲི་བརྒྱད་སྟོང་པ་བམ་པོ་ལྔ་བཅུ་བརྒྱད་པའོ།།

一萬八千頌般若波羅蜜多經第五十八品　　(14—4)

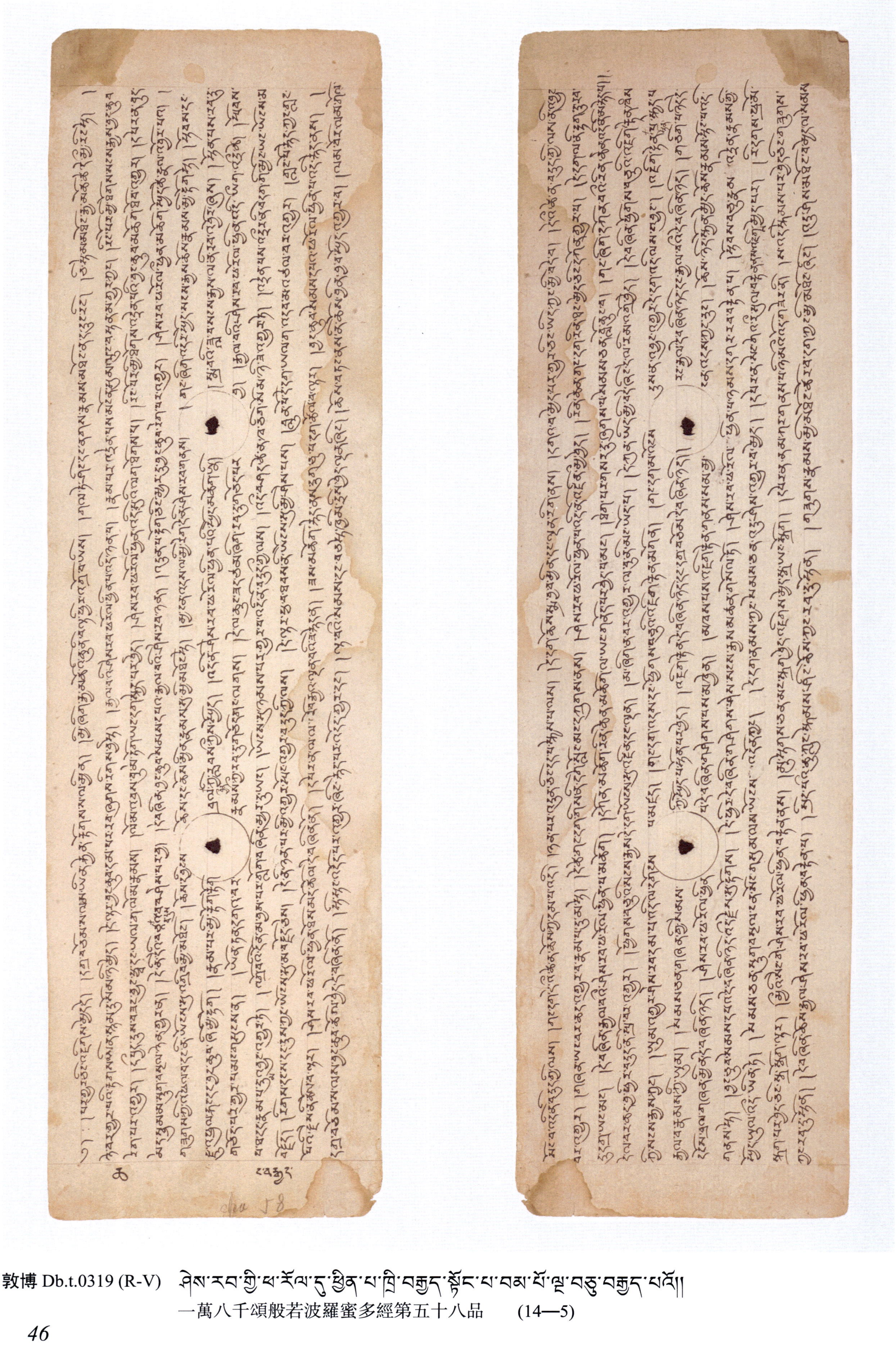

敦博 Db.t.0319 (R-V) ཤེས་རབ་ཀྱི་ཕ་རོལ་ཏུ་ཕྱིན་པ་ཁྲི་བརྒྱད་སྟོང་པ་བམ་པོ་ལྔ་བཅུ་བརྒྱད་པའོ།།

一萬八千頌般若波羅蜜多經第五十八品 (14—5)

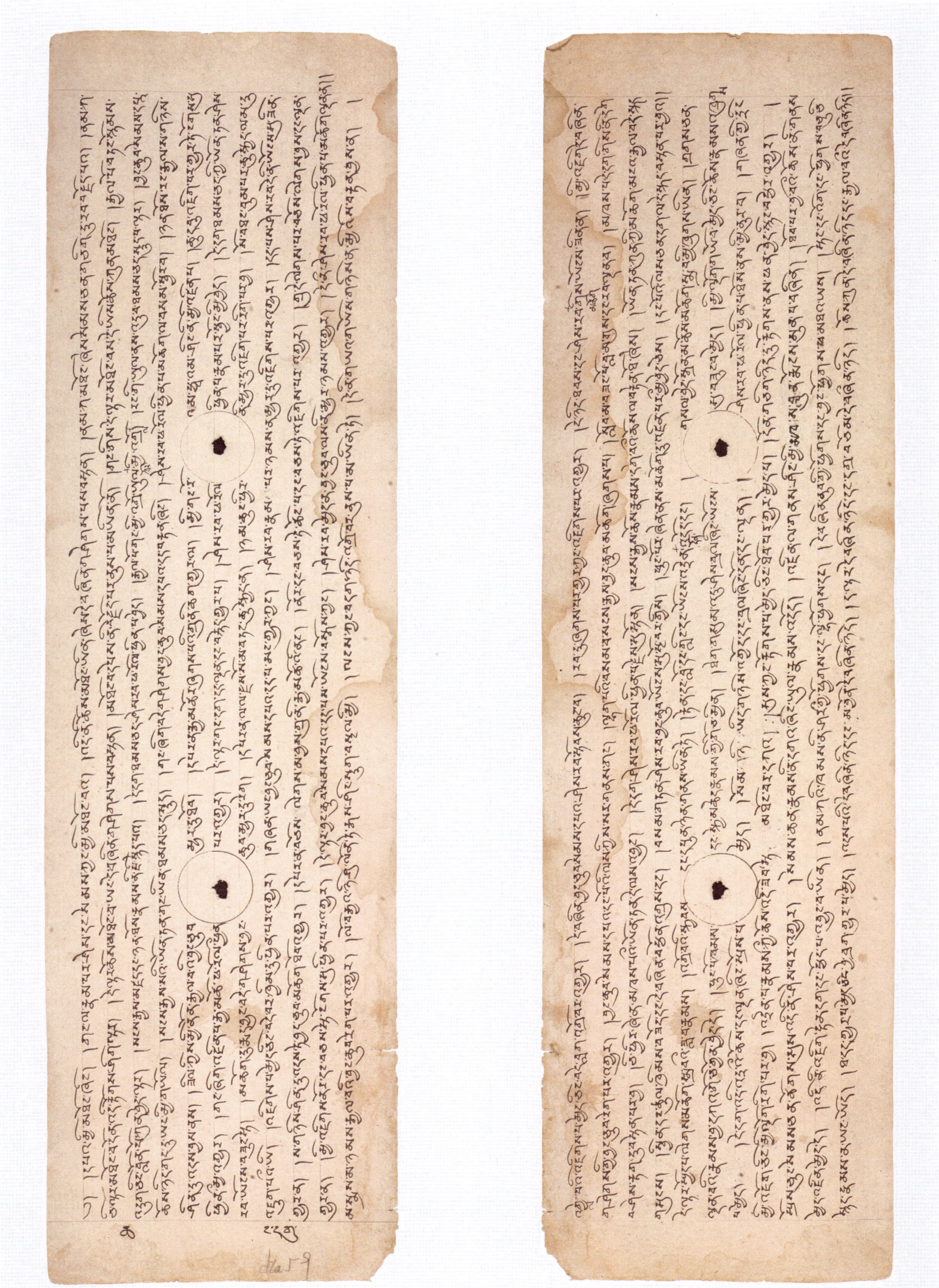

敦博 Db.t.0319 (R-V) ཤེས་རབ་ཀྱི་ཕ་རོལ་ཏུ་ཕྱིན་པ་ཁྲི་བརྒྱད་སྟོང་པ་བམ་པོ་ལྔ་བཅུ་བརྒྱད་པའོ།།
一萬八千頌般若波羅蜜多經第五十八品 (14—6)

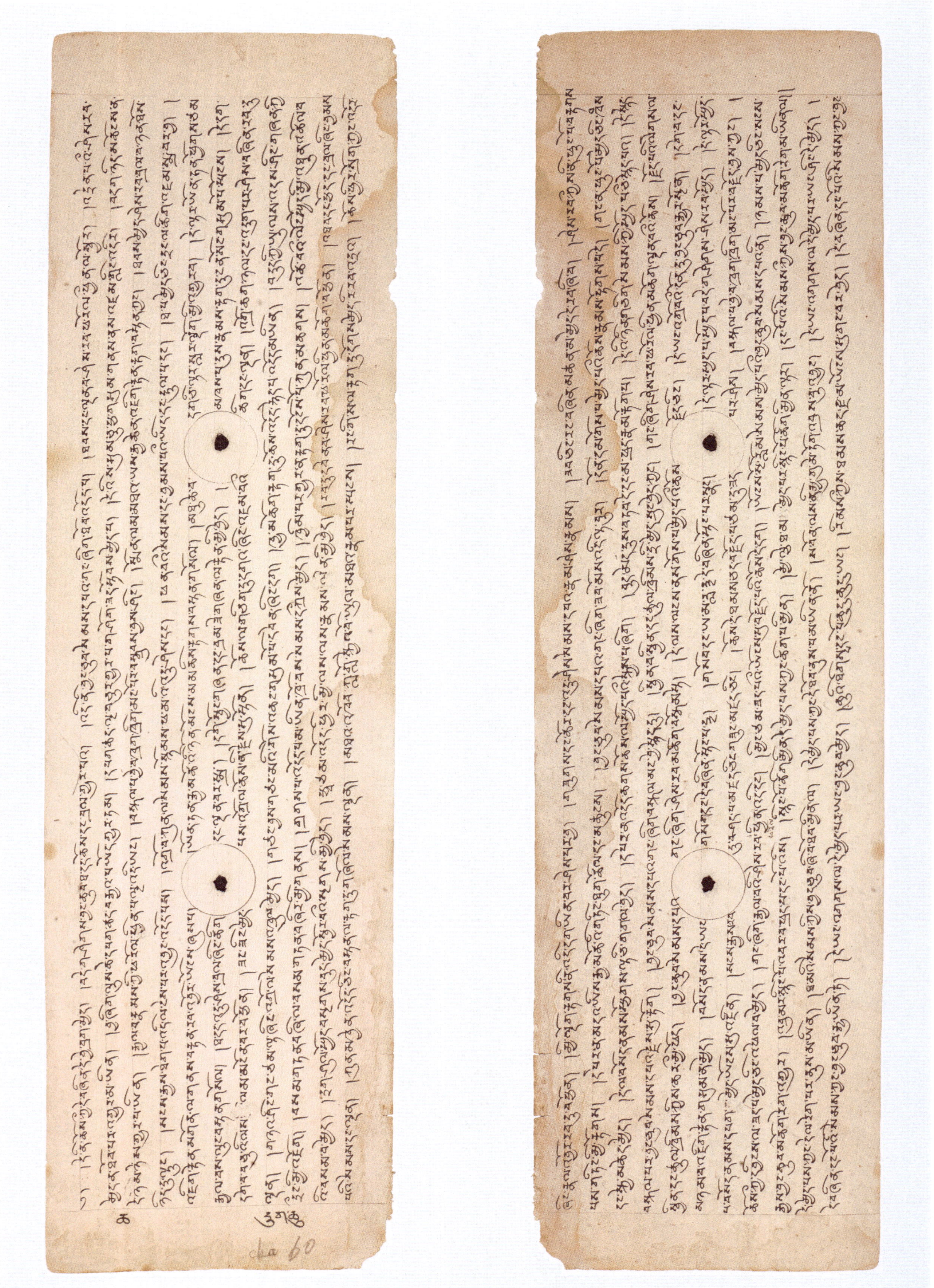

敦博 Db.t.0319 (R-V) ཤེས་རབ་ཀྱི་ཕ་རོལ་ཏུ་ཕྱིན་པ་ཁྲི་བརྒྱད་སྟོང་པ་བམ་པོ་ལྔ་བཅུ་བརྒྱད་པའོ།།
一萬八千頌般若波羅蜜多經第五十八品 (14—7)

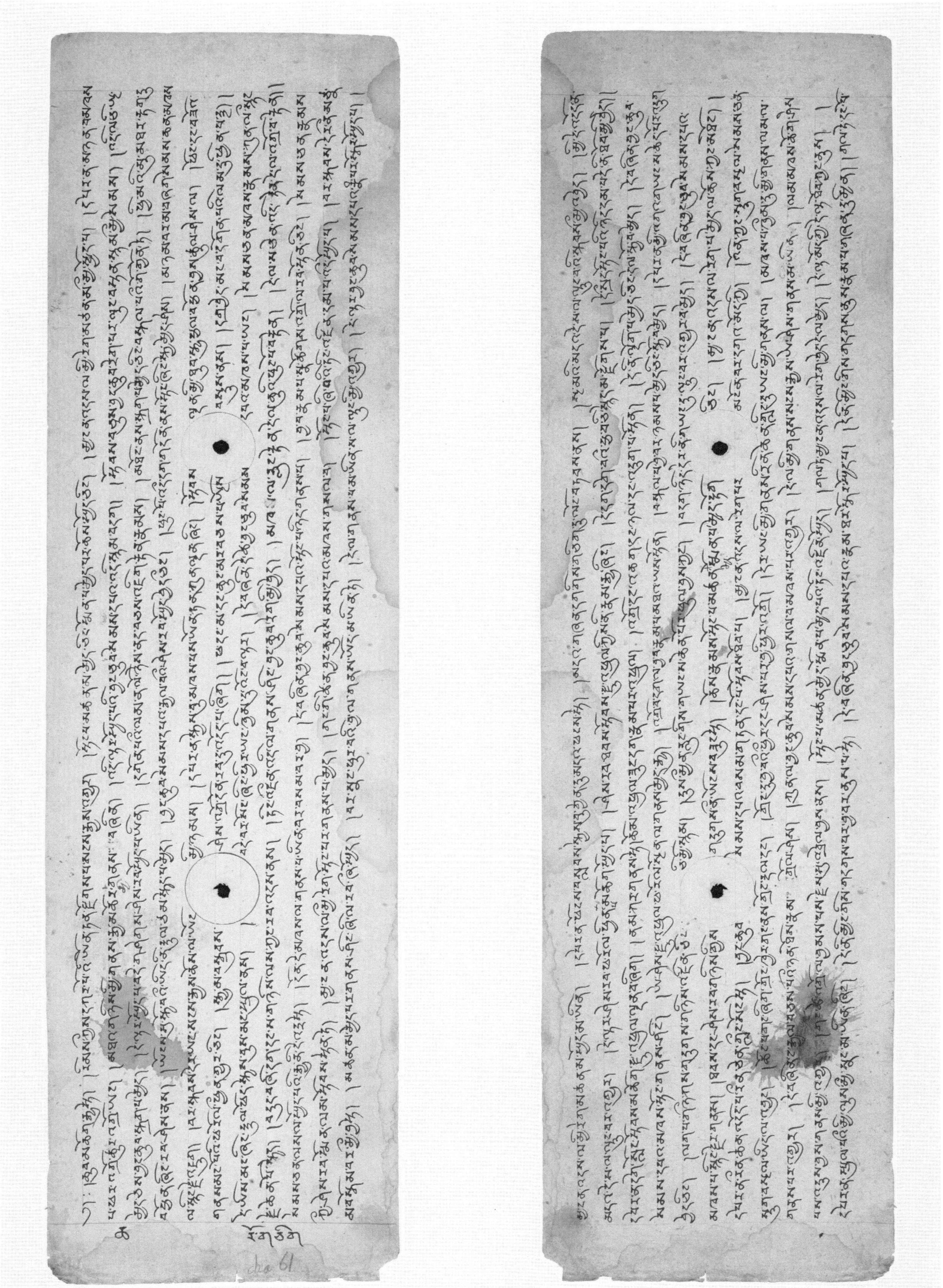

敦博 Db.t.0319 (R-V) ཤེས་རབ་ཀྱི་ཕ་རོལ་ཏུ་ཕྱིན་པ་ཁྲི་བརྒྱད་སྟོང་པ་བམ་པོ་ལྔ་བཅུ་བརྒྱད་པའོ།།
一萬八千頌般若波羅蜜多經第五十八品 (14—8)

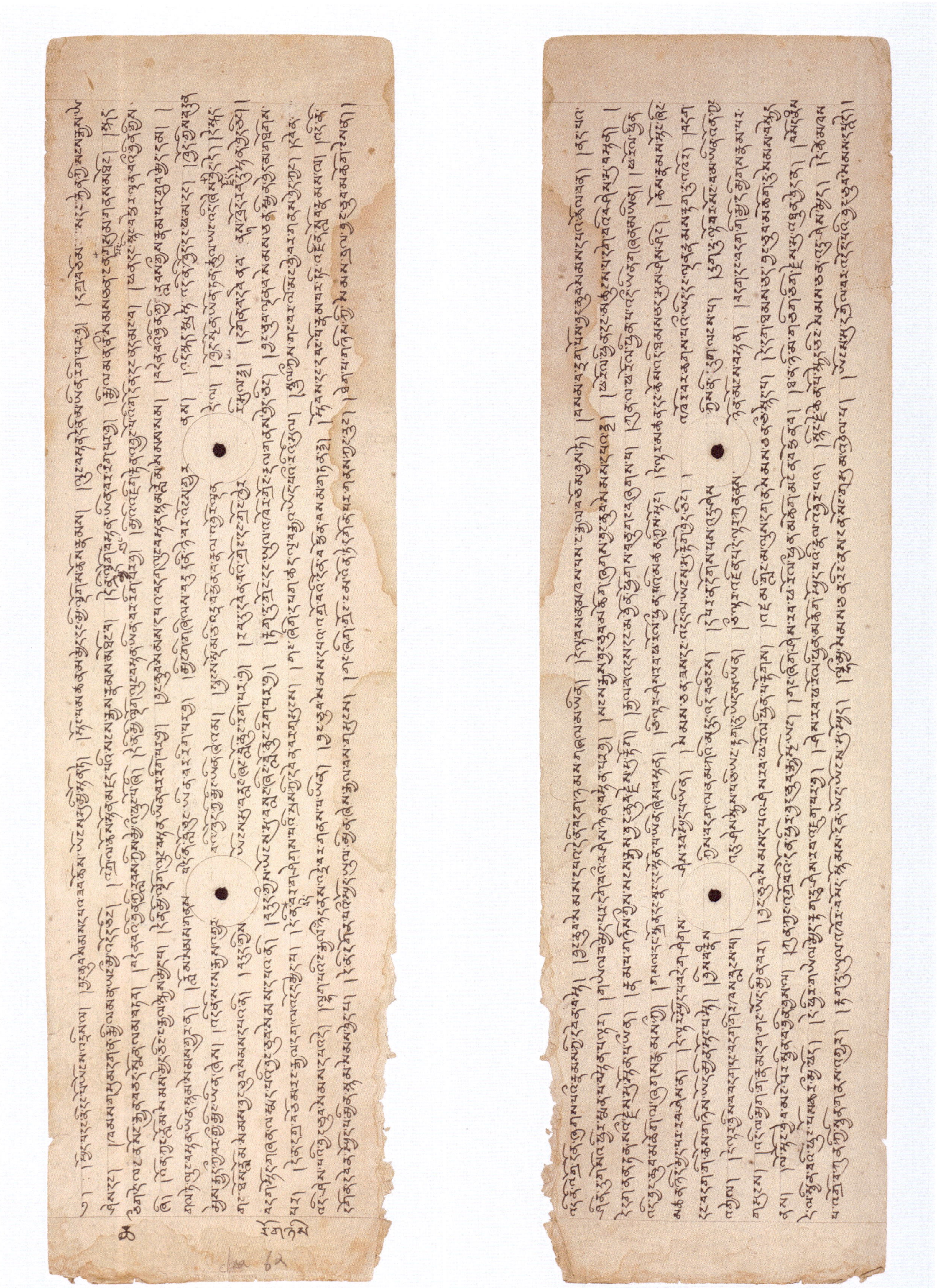

敦博 Db.t.0319 (R-V) ཤེས་རབ་ཀྱི་ཕ་རོལ་ཏུ་ཕྱིན་པ་ཁྲི་བརྒྱད་སྟོང་པ་བམ་པོ་ལྔ་བཅུ་བརྒྱད་པའོ།།
一萬八千頌般若波羅蜜多經第五十八品 (14—9)

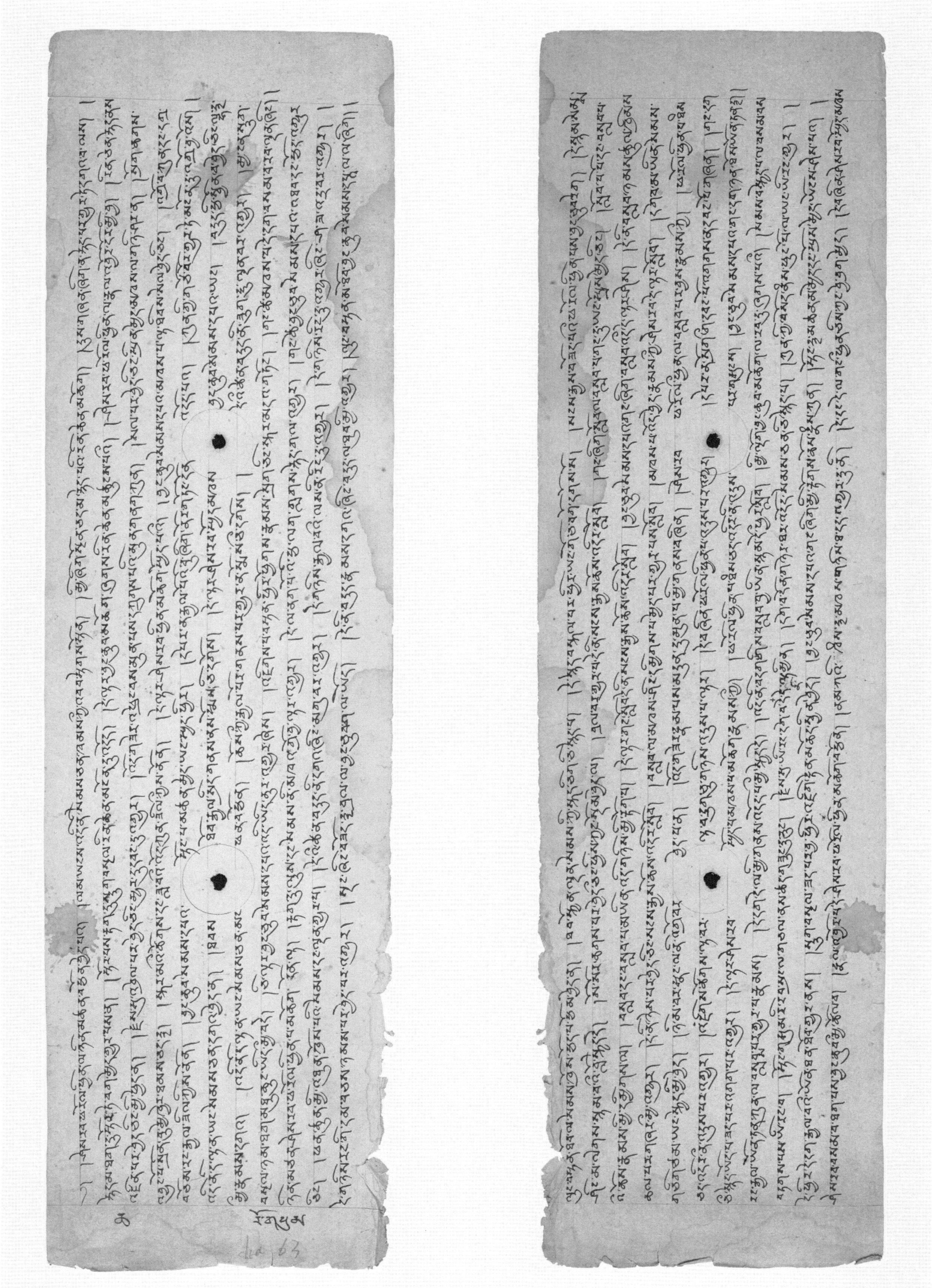

敦博 Db.t.0319 (R-V)　ཤེས་རབ་ཀྱི་ཕ་རོལ་ཏུ་ཕྱིན་པ་ཁྲི་བརྒྱད་སྟོང་པ་བམ་པོ་ལྔ་བཅུ་བརྒྱད་པའོ།།

一萬八千頌般若波羅蜜多經第五十八品　　(14—10)

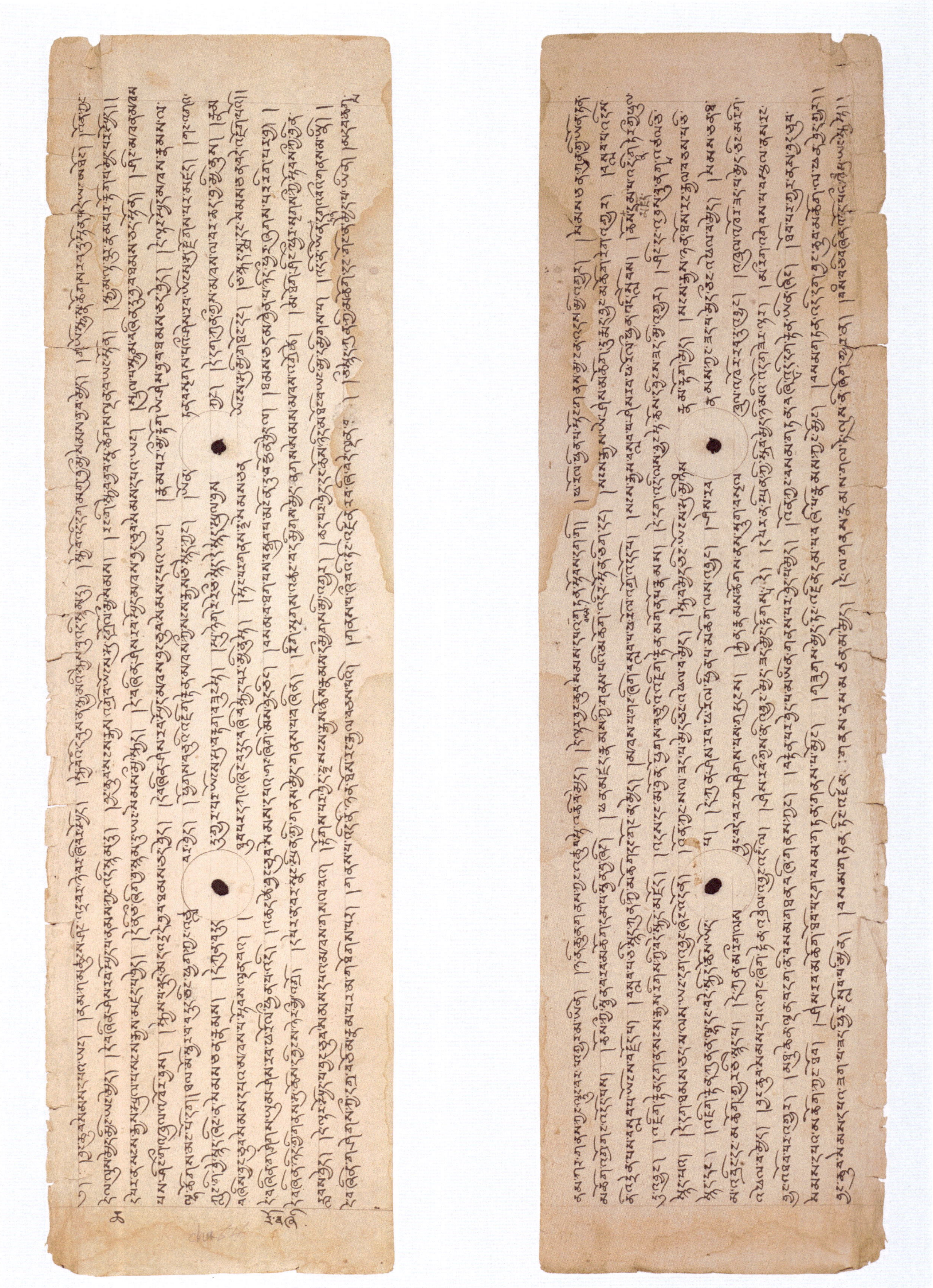

敦博 Db.t.0319 (R-V)　ཤེས་རབ་ཀྱི་ཕ་རོལ་ཏུ་ཕྱིན་པ་ཁྲི་བརྒྱད་སྟོང་པ་བམ་པོ་ལྔ་བཅུ་བརྒྱད་པའོ།།

一萬八千頌般若波羅蜜多經第五十八品　　(14—11)

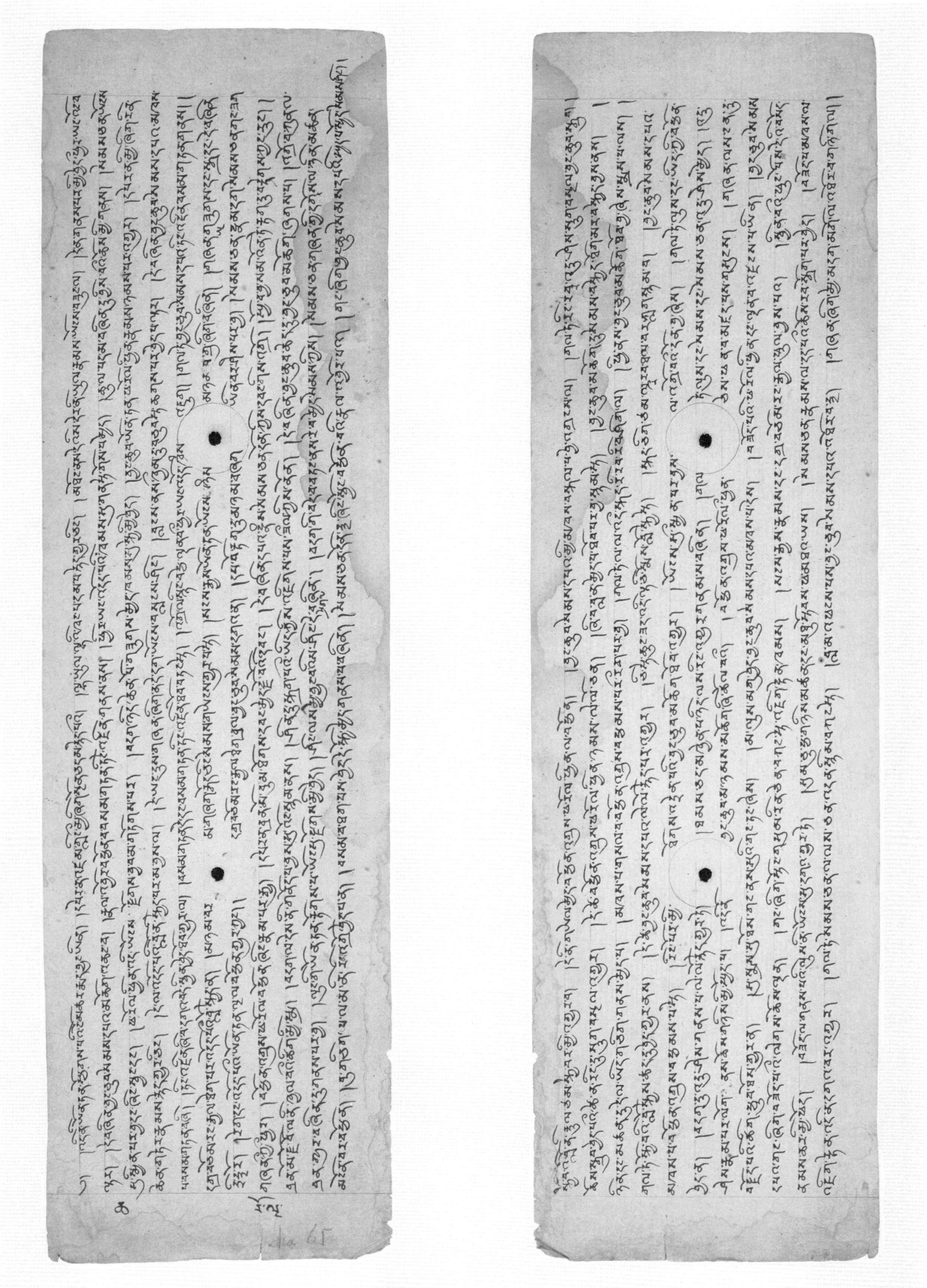

敦博 Db.t.0319 (R-V) ཤེས་རབ་ཀྱི་ཕ་རོལ་ཏུ་ཕྱིན་པ་ཁྲི་བརྒྱད་སྟོང་པ་བམ་པོ་ལྔ་བཅུ་བརྒྱད་པའོ།།

一萬八千頌般若波羅蜜多經第五十八品　(14—12)

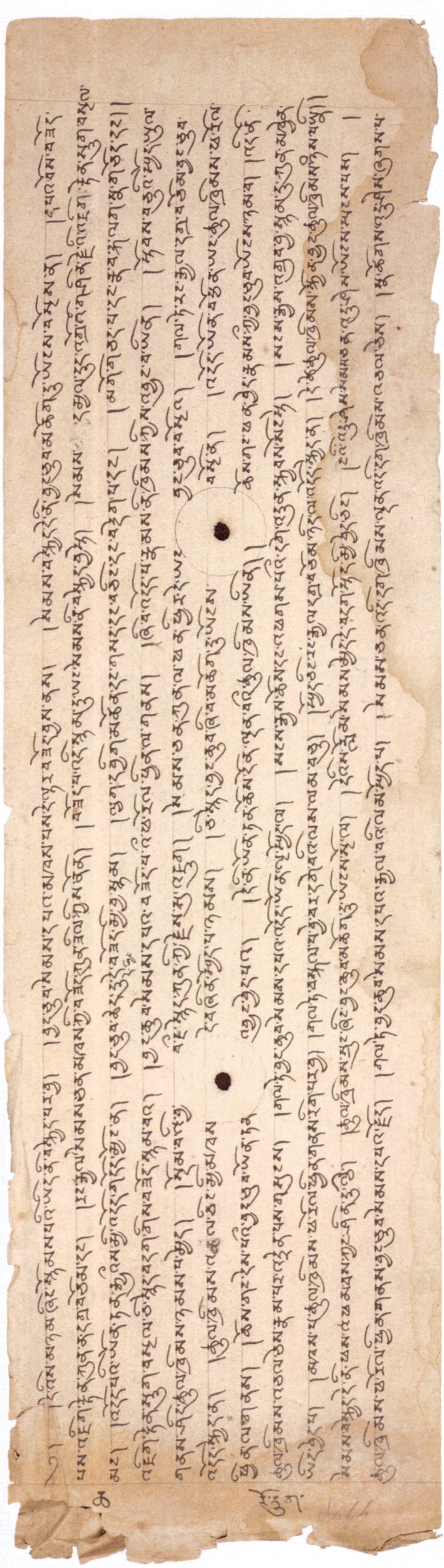

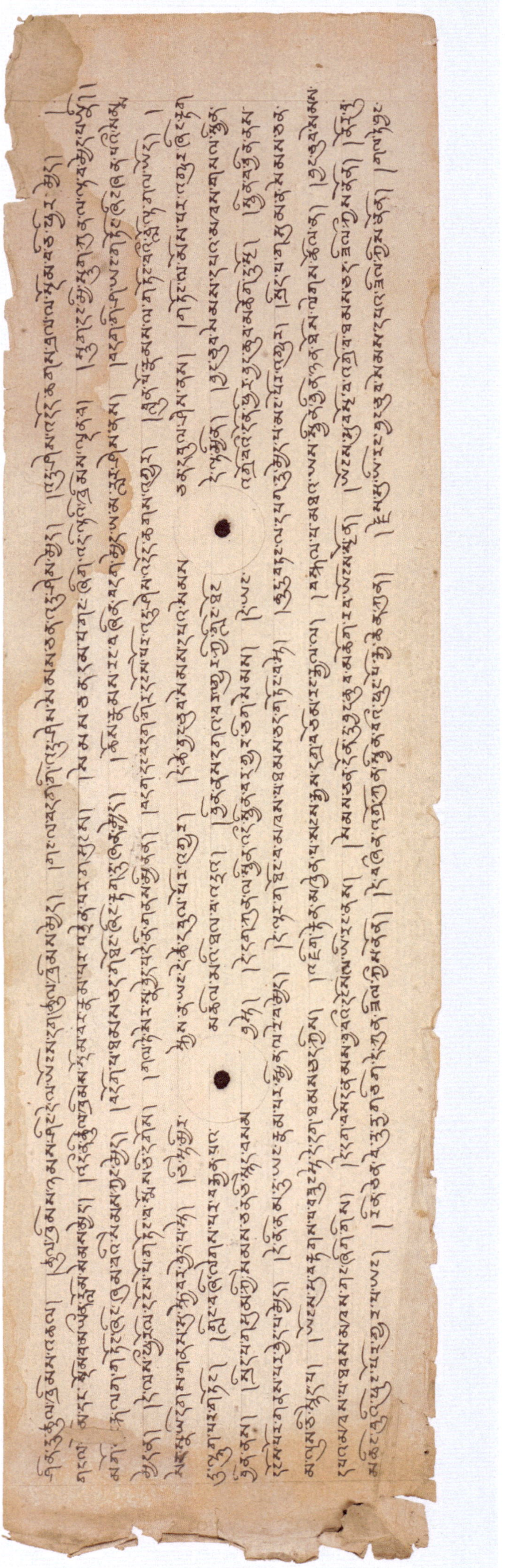

敦博 Db.t.0319 (R-V) ཤེས་རབ་ཀྱི་ཕ་རོལ་ཏུ་ཕྱིན་པ་ཁྲི་བརྒྱད་སྟོང་པ་བམ་པོ་ལྔ་བཅུ་བརྒྱད་པའོ།།
一萬八千頌般若波羅蜜多經第五十八品 (14—13)

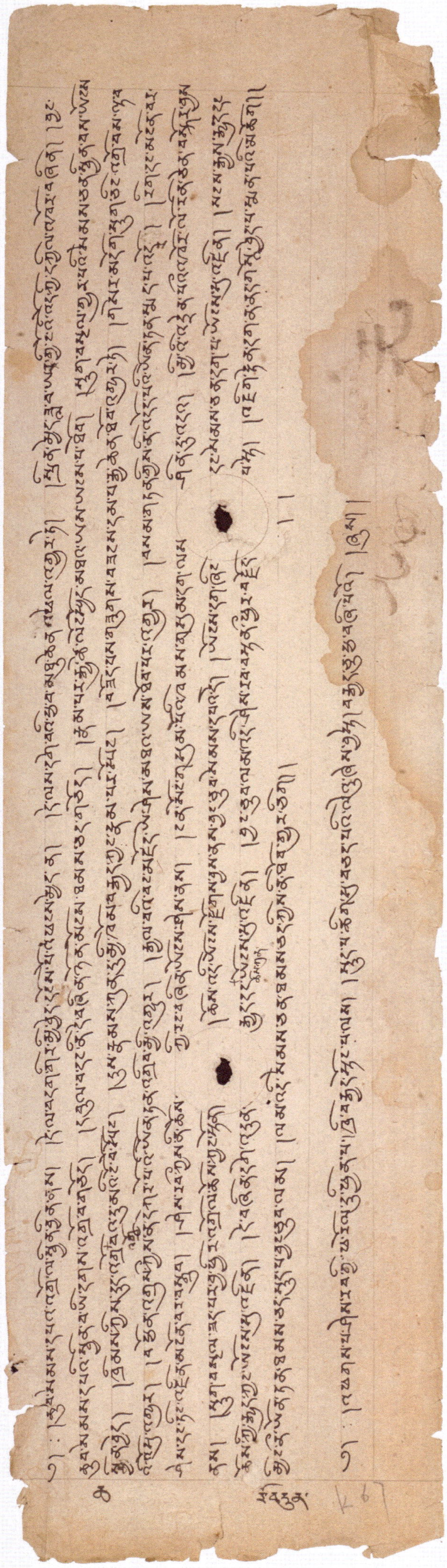

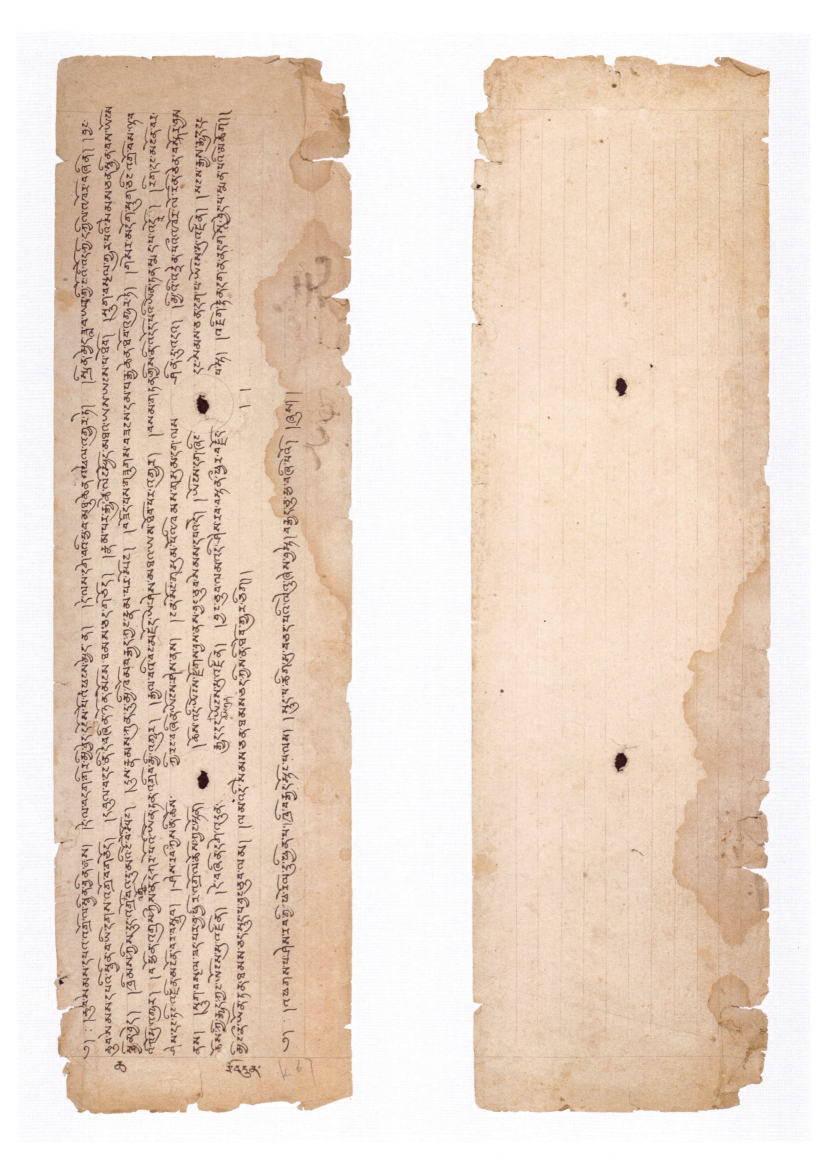

敦博 Db.t.0319 (R-V) ཤེས་རབ་ཀྱི་ཕ་རོལ་ཏུ་ཕྱིན་པ་ཁྲི་བརྒྱད་སྟོང་པ་བམ་པོ་ལྔ་བཅུ་བརྒྱད་པའོ།།

一萬八千頌般若波羅蜜多經第五十八品　(14—14)

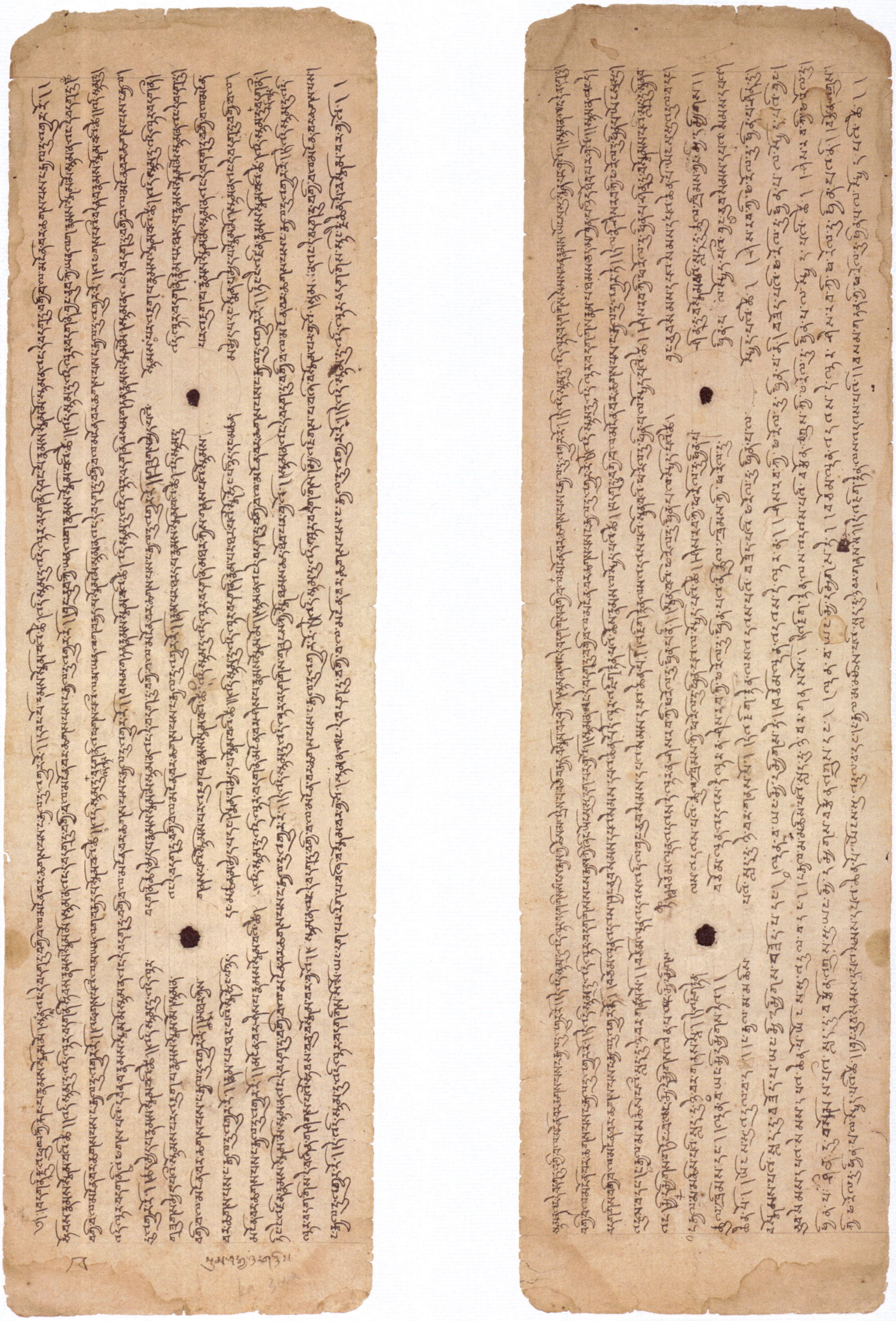

敦博 Db.t.0320 (R-V) ཤེས་རབ་ཀྱི་ཕ་རོལ་ཏུ་ཕྱིན་པ་སྟོང་ཕྲག་བརྒྱ་པ་ཉི་ཤུ་ལྔ་པ་ལས་ལེའུ་བཞི་བཅུ་ལྔ་པའོ།།
二萬五千頌般若波羅蜜多經 (4—1)

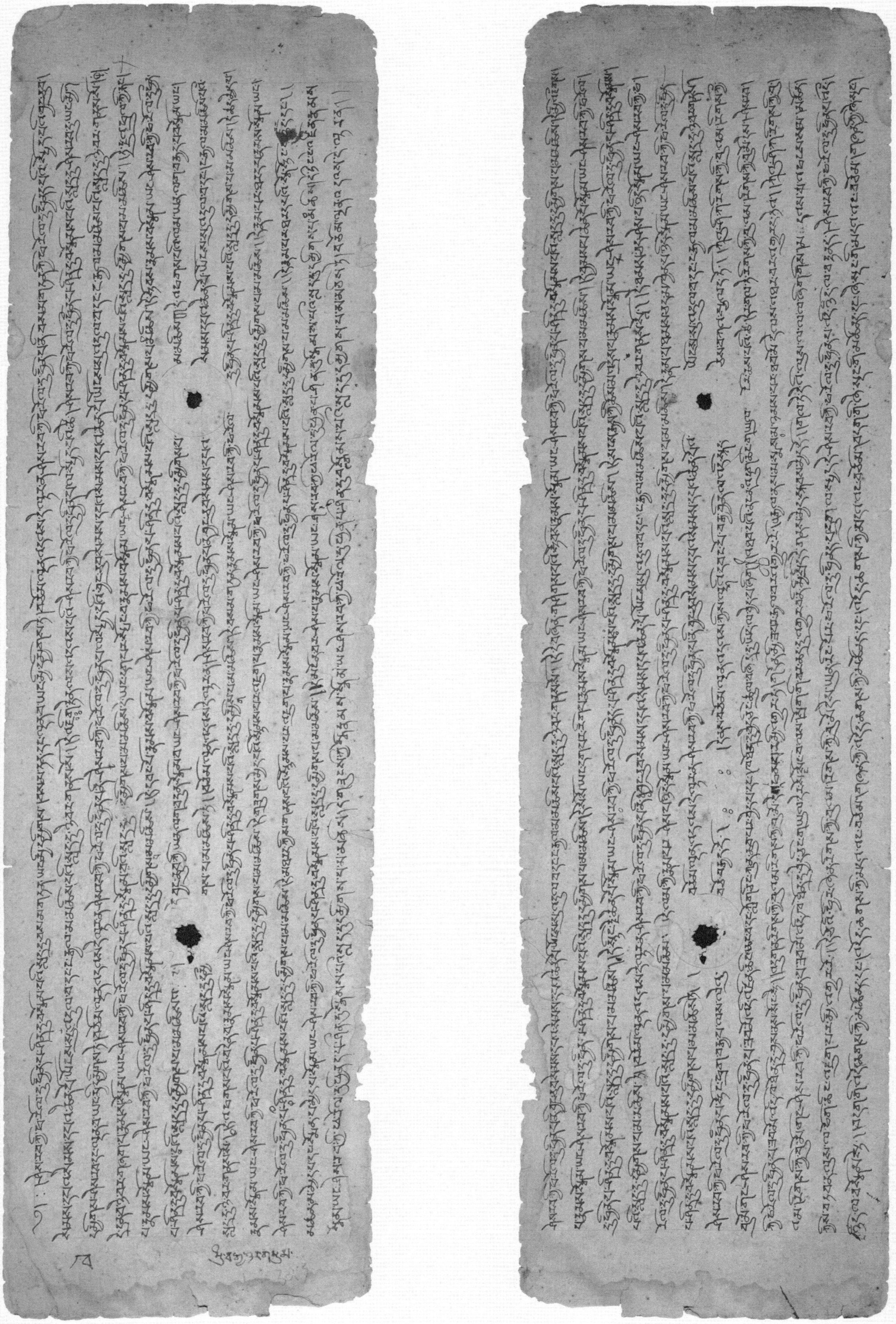

敦博 Db.t.0320 (R-V) ཤེས་རབ་ཀྱི་ཕ་རོལ་ཏུ་ཕྱིན་པ་སྟོང་ཕྲག་བརྒྱ་པ་ཉི་ཤུ་ལྔ་པ་ལས་ལེའུ་བཞི་བཅུ་ལྔ་པའོ།།
二萬五千頌般若波羅蜜多經 (4—2)

敦博 Db.t.0320 (R-V) ཤེས་རབ་ཀྱི་ཕ་རོལ་ཏུ་ཕྱིན་པ་སྟོང་ཕྲག་བརྒྱ་པ་ཉི་ཤུ་ལྔ་པ་ལས་ལེའུ་བཞི་བཅུ་ལྔ་པའོ།།
二萬五千頌般若波羅蜜多經 (4—3)

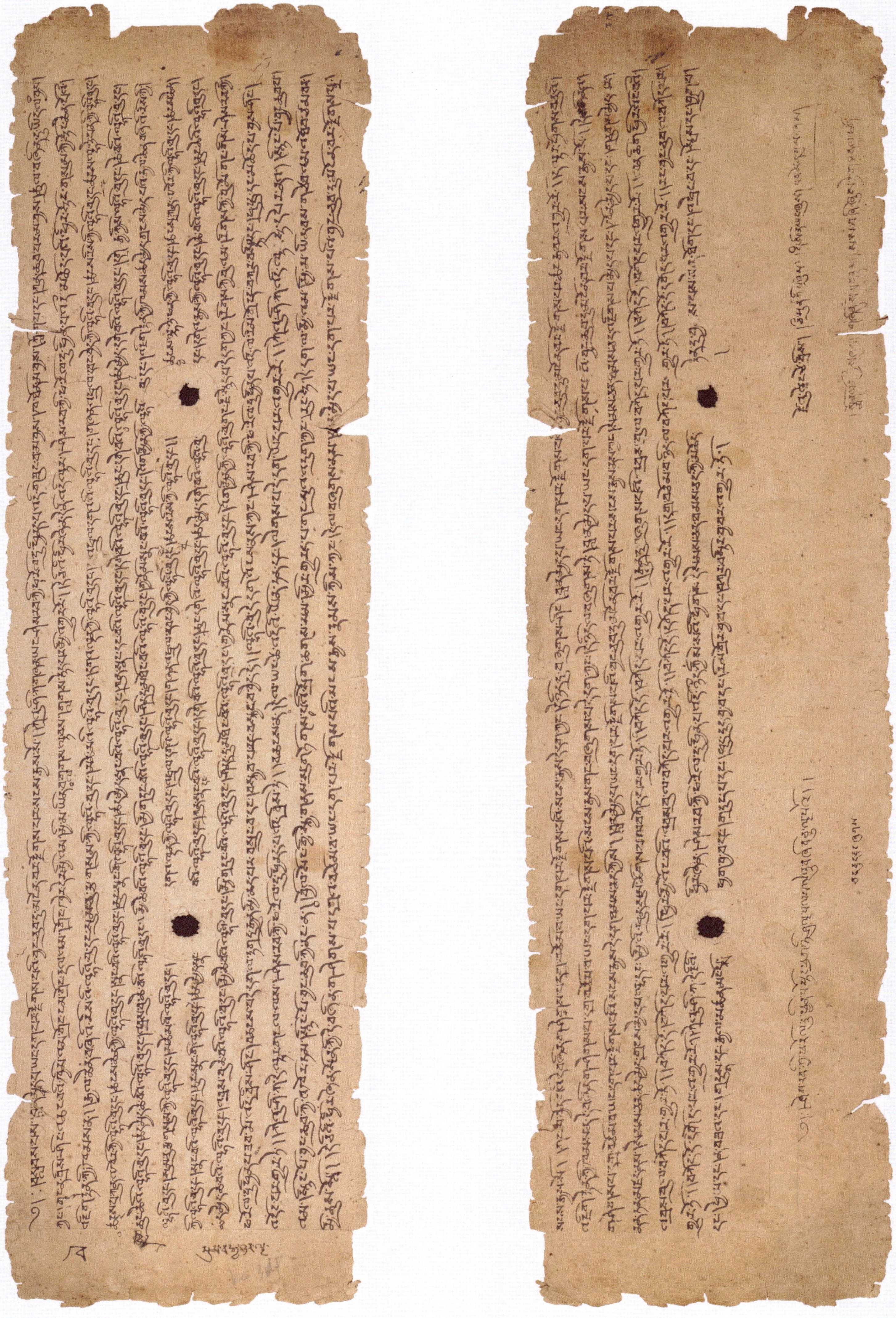

敦博 Db.t.0320 (R-V) ཤེས་རབ་ཀྱི་ཕ་རོལ་ཏུ་ཕྱིན་པ་སྟོང་ཕྲག་བརྒྱ་པ་ཉི་ཤུ་ལྔ་པ་ལས་ལེའུ་བཞི་བཅུ་ལྔ་པའོ།།
二萬五千頌般若波羅蜜多經 (4—4)

敦博 Db.t.0321 (R-V)　འཕགས་པ་དཀོན་མཆོག་བརྩེགས་པ་ཆེན་པོའི་མདོ་བམ་པོ་བརྒྱ་ཉི་ཤུ་གསུམ་པ།།
佛說大寶積經第一百二十三品

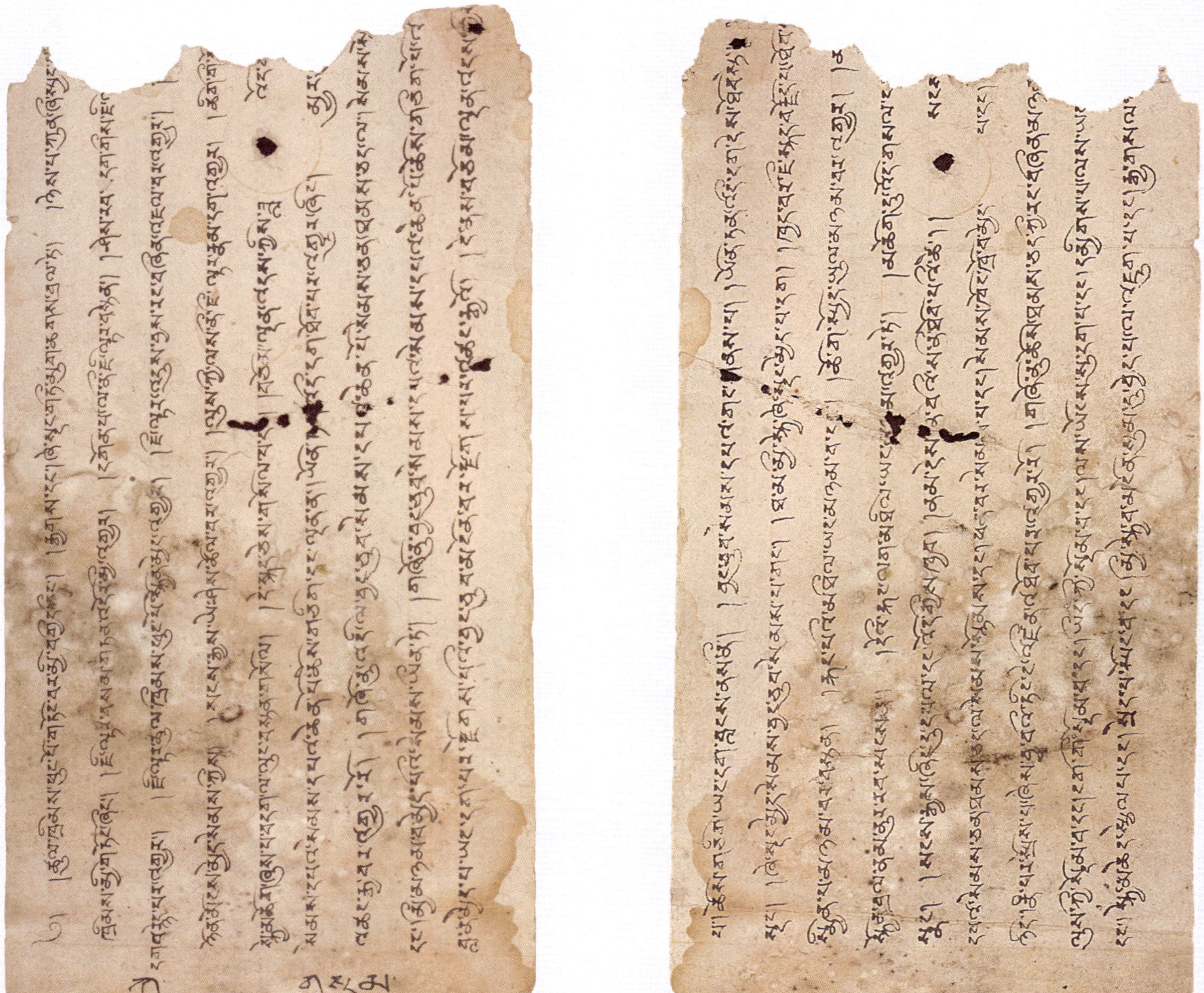

敦博 Db.t.0322 (R-V) འཕགས་པ་ཆོས་ཐམས་ཅད་ཀྱི་རང་བཞིན་མཉམ་པ་ཉིད་རྣམ་པར་སྤྲོས་པར་ཏིང་ངེ་འཛིན་གྱི་རྒྱལ་པོ་ཞེས་བྱ་བ་ཐེག་པ་ཆེན་པོའི་མདོ།།

佛說月燈三昧經

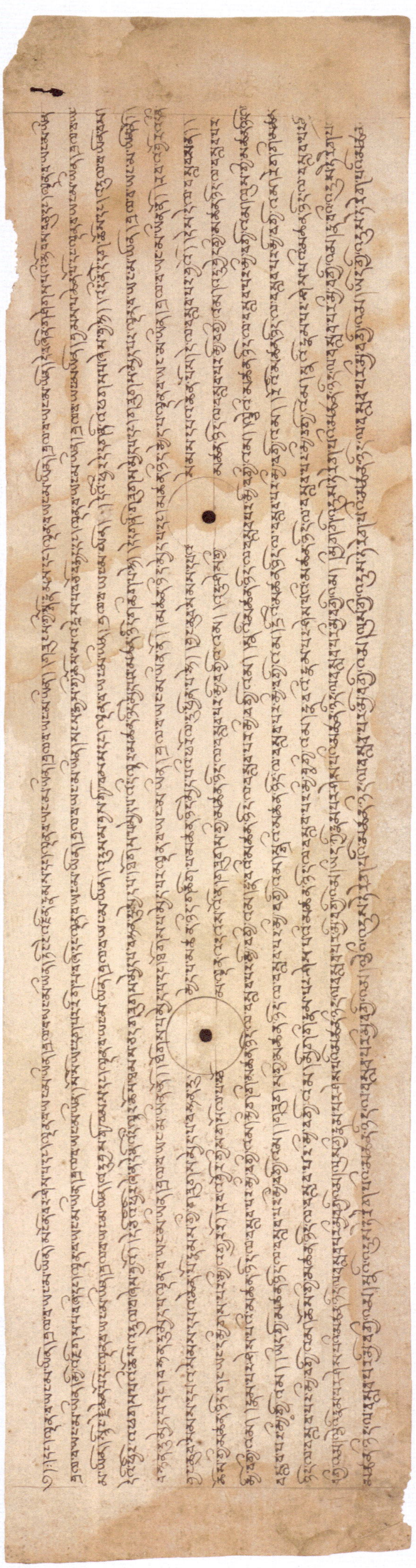
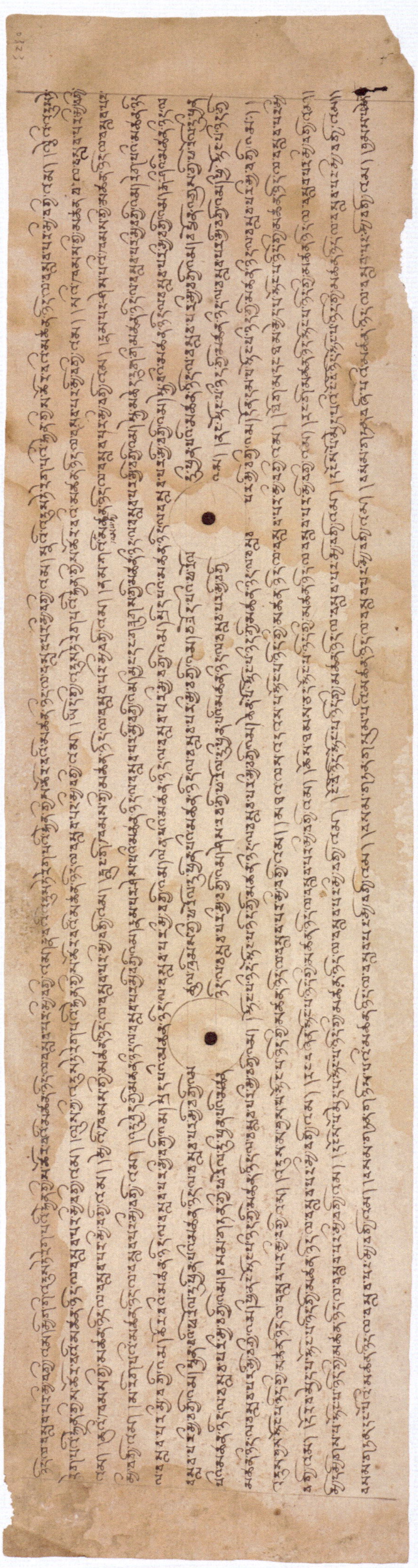

敦博 Db.t.0323 (R-V) ཤེས་རབ་ཀྱི་ཕ་རོལ་ཏུ་ཕྱིན་པ་སྟོང་ཕྲག་བརྒྱ་པ།
十萬頌般若波羅蜜多經

敦博 Db.t.0324 (R-V)　ཤེས་རབ་ཀྱི་ཕ་རོལ་ཏུ་ཕྱིན་པ་སྟོང་ཕྲག་བརྒྱ་པ།
十萬頌般若波羅蜜多經　(2—1)

敦博 Db.t.0324 (R-V) ཤེས་རབ་ཀྱི་ཕ་རོལ་ཏུ་ཕྱིན་པ་སྟོང་ཕྲག་བརྒྱ་པ།
十萬頌般若波羅蜜多經 (2—2)

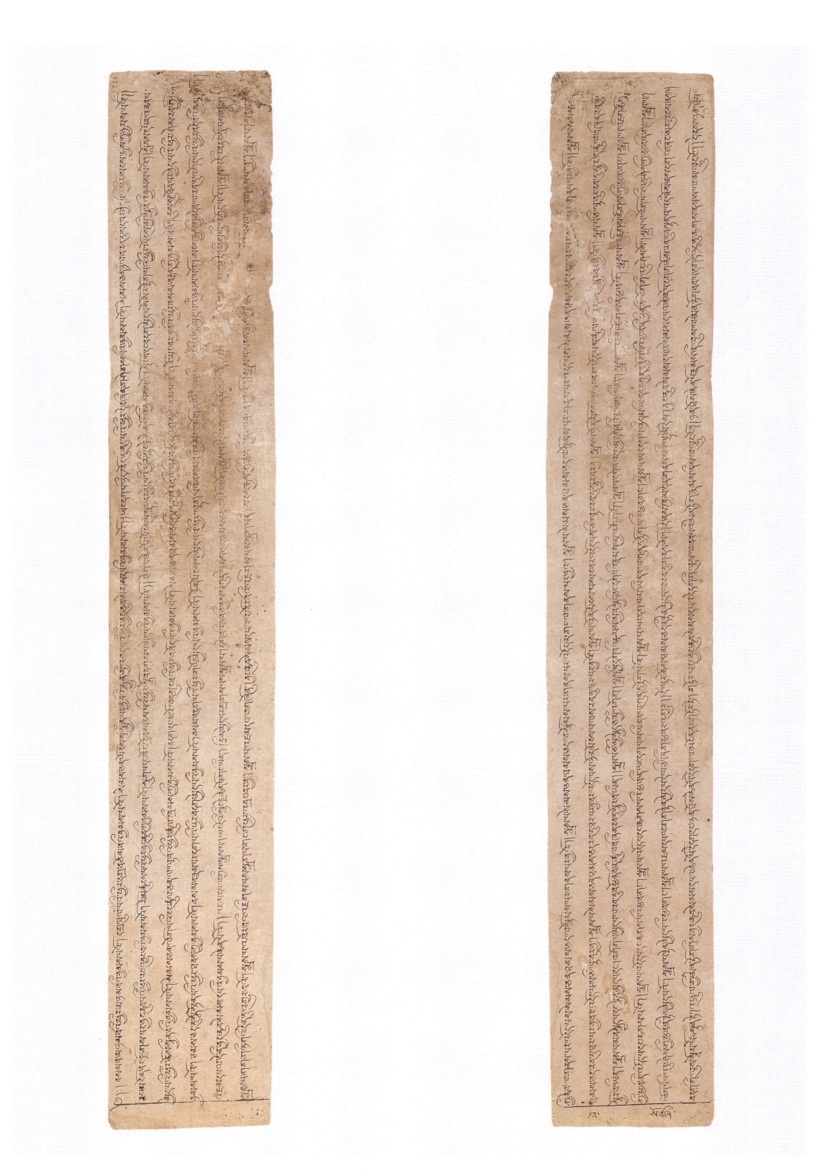

敦博 Db.t.0325 (R-V)　འཕགས་པ་དྲི་མ་མེད་པར་གྲགས་པས་བསྟན་པ་ཞེས་བྱ་བ་ཐེག་པ་ཆེན་པོའི་མདོ།།
佛説維摩詰經　(3—1)

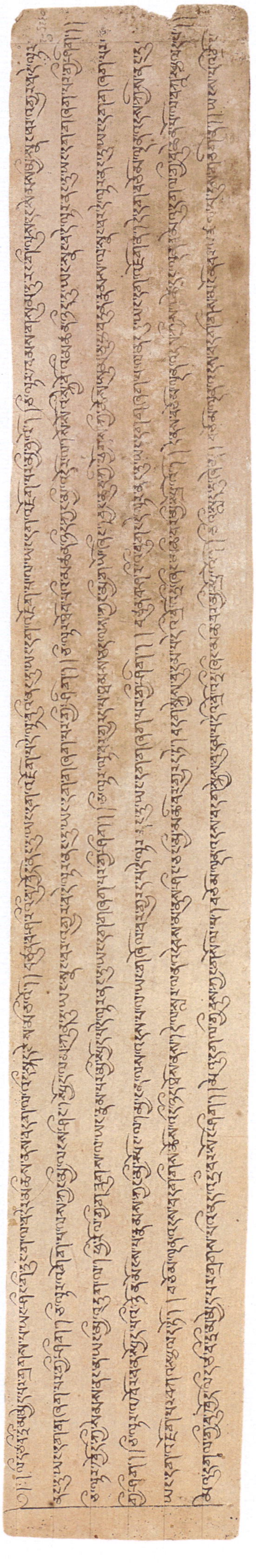

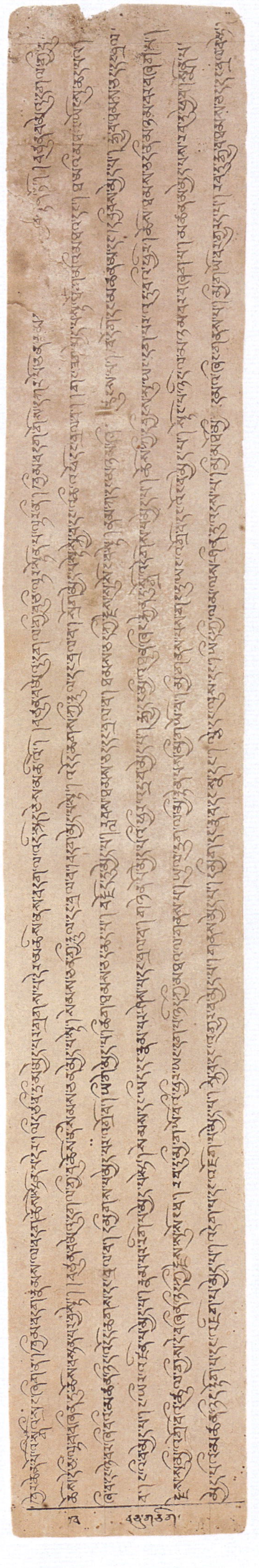

敦博 Db.t.0325 (R-V) འཕགས་པ་དྲི་མ་མེད་པར་གྲགས་པས་བསྟན་པ་ཞེས་བྱ་བ་ཐེག་པ་ཆེན་པོའི་མདོ།།
佛說維摩詰經 (3—2)

敦博 Db.t.0325 (R-V)　འཕགས་པ་དྲི་མ་མེད་པར་གྲགས་པས་བསྟན་པ་ཞེས་བྱ་བ་ཐེག་པ་ཆེན་པོའི་མདོ།།

佛説維摩詰經　(3—3)

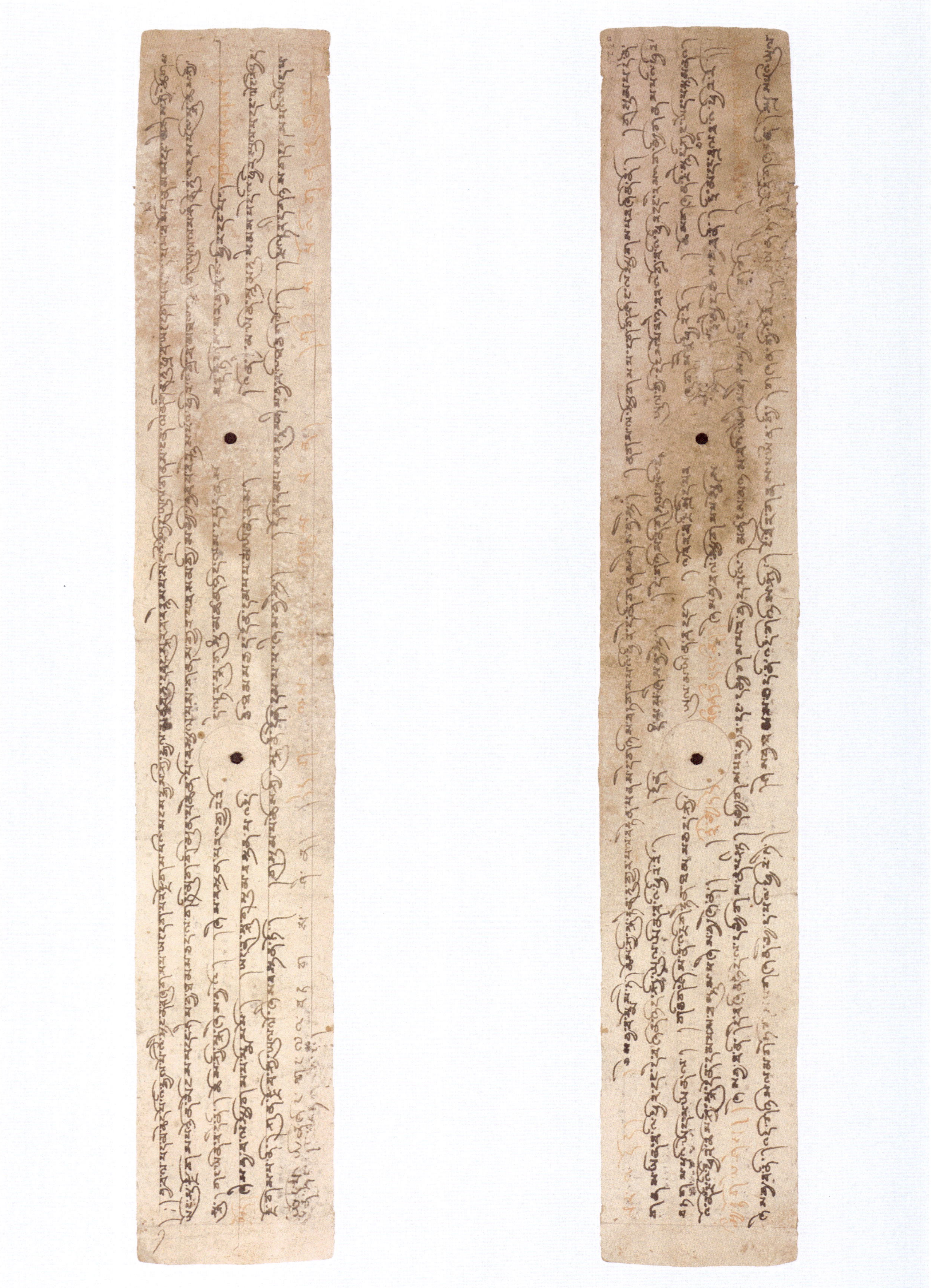

敦博 Db.t.0326 (R-V) སྐུ་གསུམ་འགྲེལ་པ།
三身注

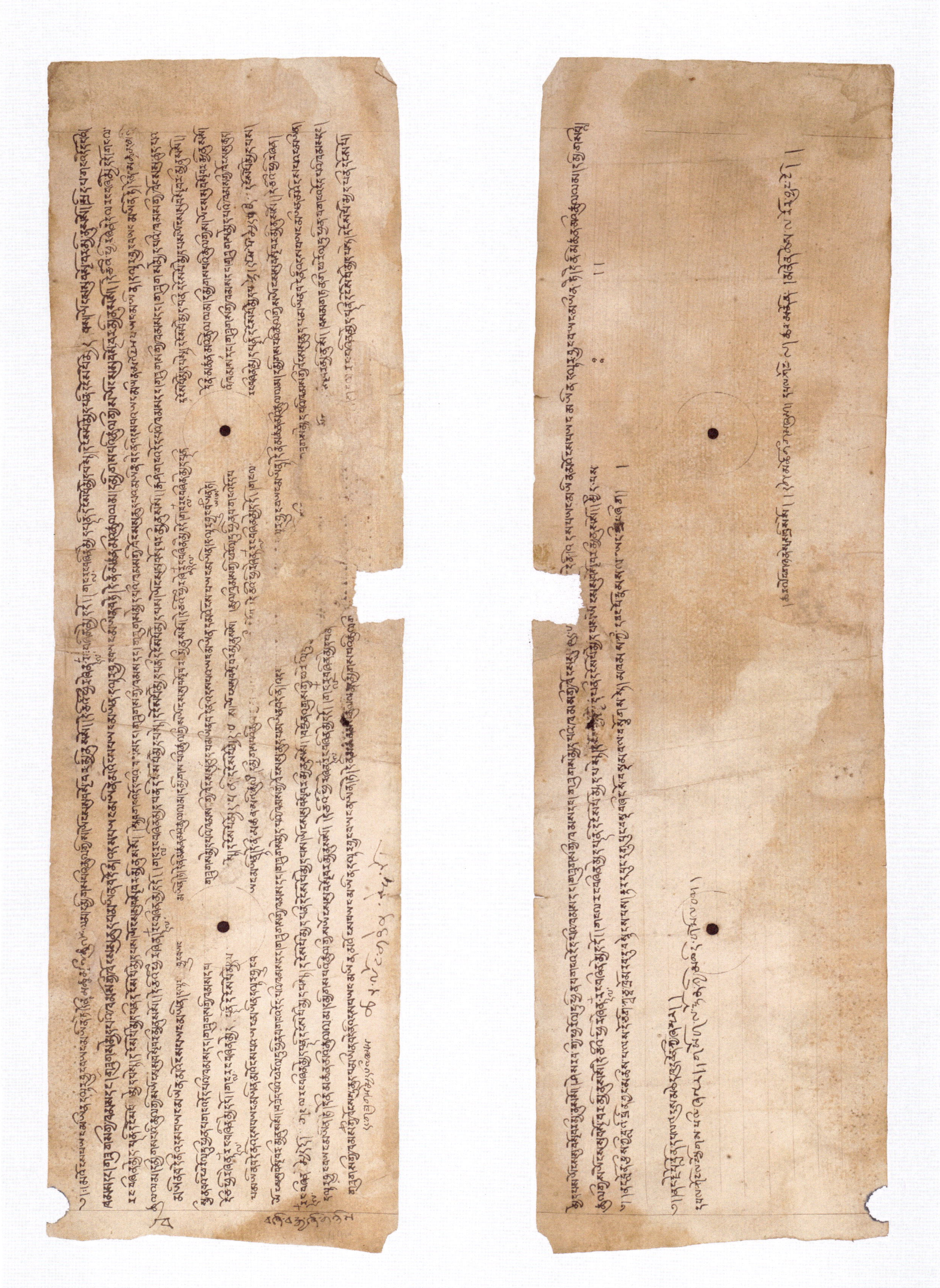

敦博 Db.t.0327 (R-V)　1.ཤེས་རབ་ཀྱི་ཕ་རོལ་ཏུ་ཕྱིན་པ་སྟོང་ཕྲག་བརྒྱ་པ།　2.འཕྲིན་ཡིག

1. 十萬頌般若波羅蜜多經　2. 書信

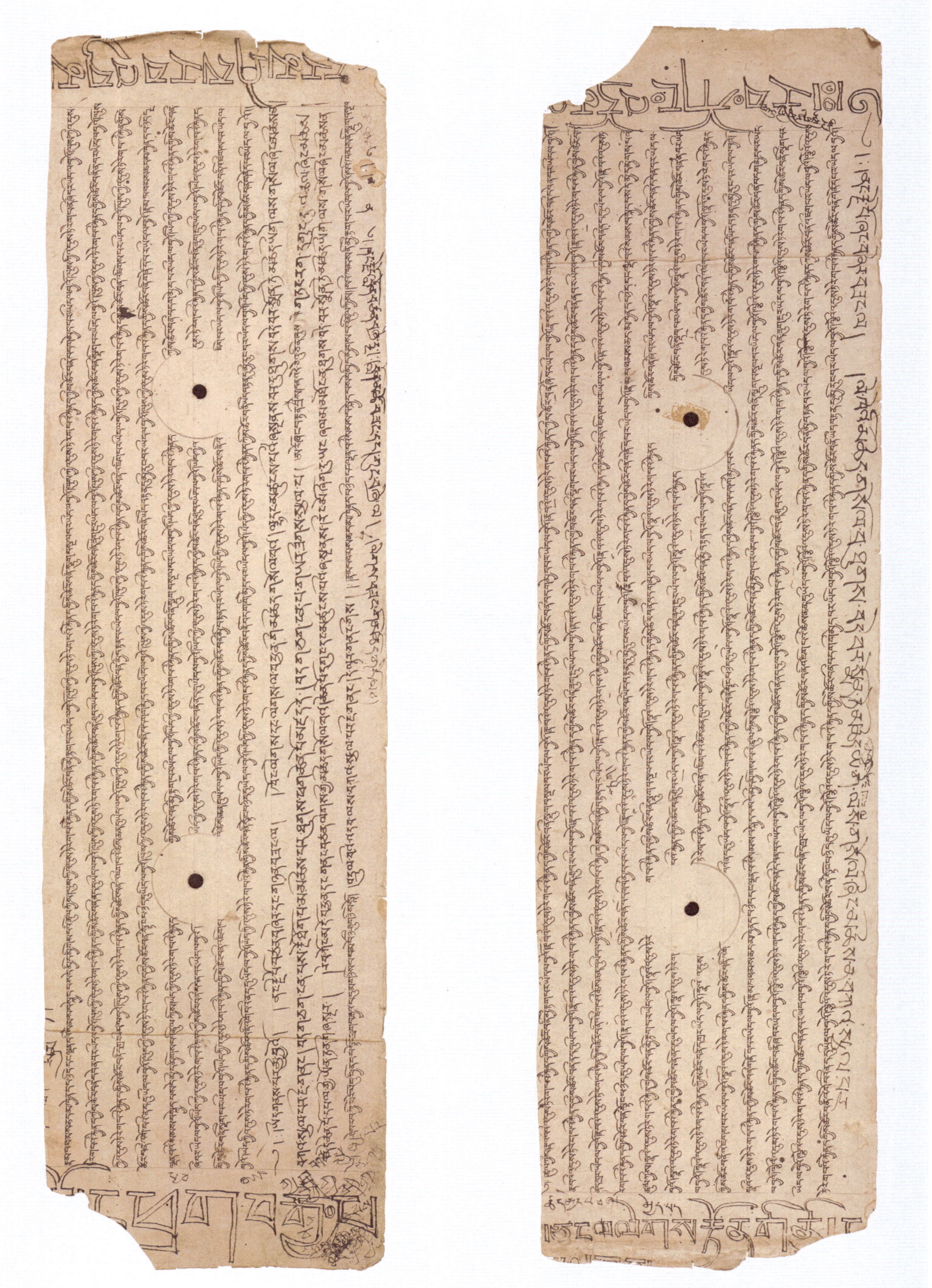

敦博 Db.t.0328 (R-V) 1.ཤེས་རབ་ཀྱི་ཕ་རོལ་ཏུ་ཕྱིན་པ་སྟོང་ཕྲག་བརྒྱ་པ། 2.འཕྲིན་ཡིག

1. 十萬頌般若波羅蜜多經 2. 書信

敦博 Db.t.0329 (R-V)　1.ཤེས་རབ་ཀྱི་ཕ་རོལ་ཏུ་ཕྱིན་པ་སྟོང་ཕྲག་བརྒྱ་པ།　2.འཕྲིན་ཡིག

1. 十萬頌般若波羅蜜多經　2. 書信

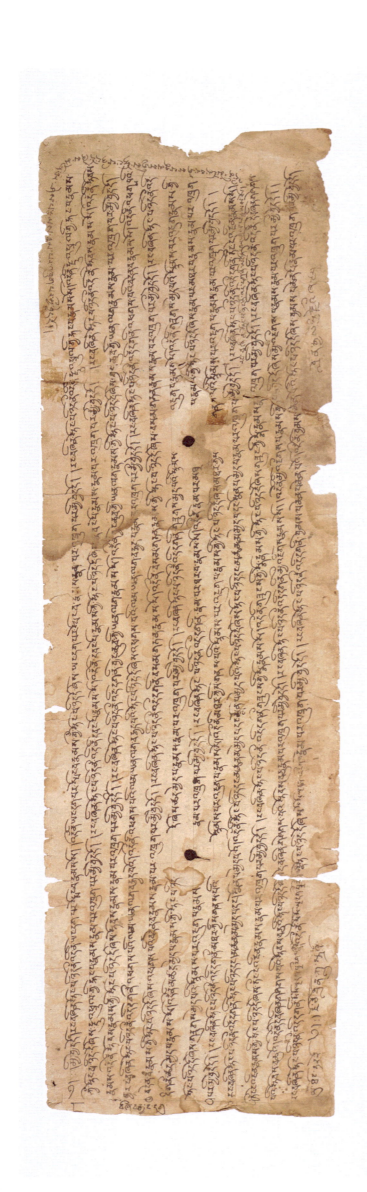

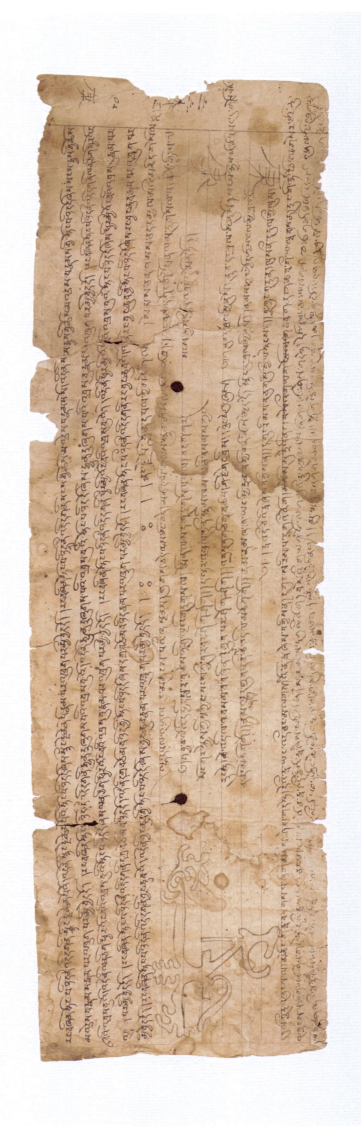

敦博 Db.t.0330 (R-V)　1.ཤེས་རབ་ཀྱི་ཕ་རོལ་ཏུ་ཕྱིན་པ་སྟོང་ཕྲག་བརྒྱ་པ།　2.འཕྲིན་ཡིག

1. 十萬頌般若波羅蜜多經　2. 書信

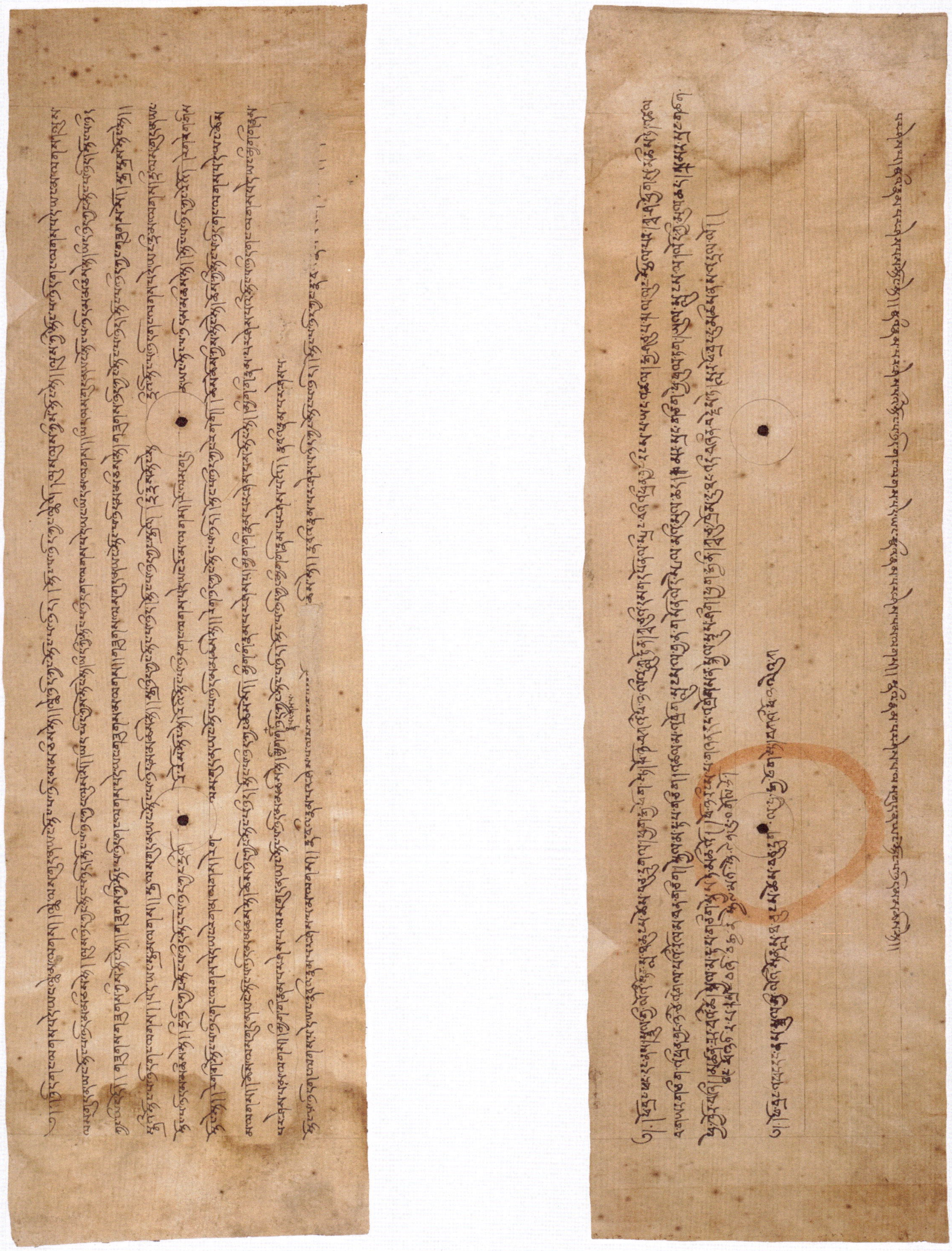

敦博 Db.t.0331 (R-V)　1.ཤེས་རབ་ཀྱི་ཕ་རོལ་ཏུ་ཕྱིན་པ་སྟོང་ཕྲག་བརྒྱ་པ།　2.འཕྲིན་ཡིག

1. 十萬頌般若波羅蜜多經　2. 書信

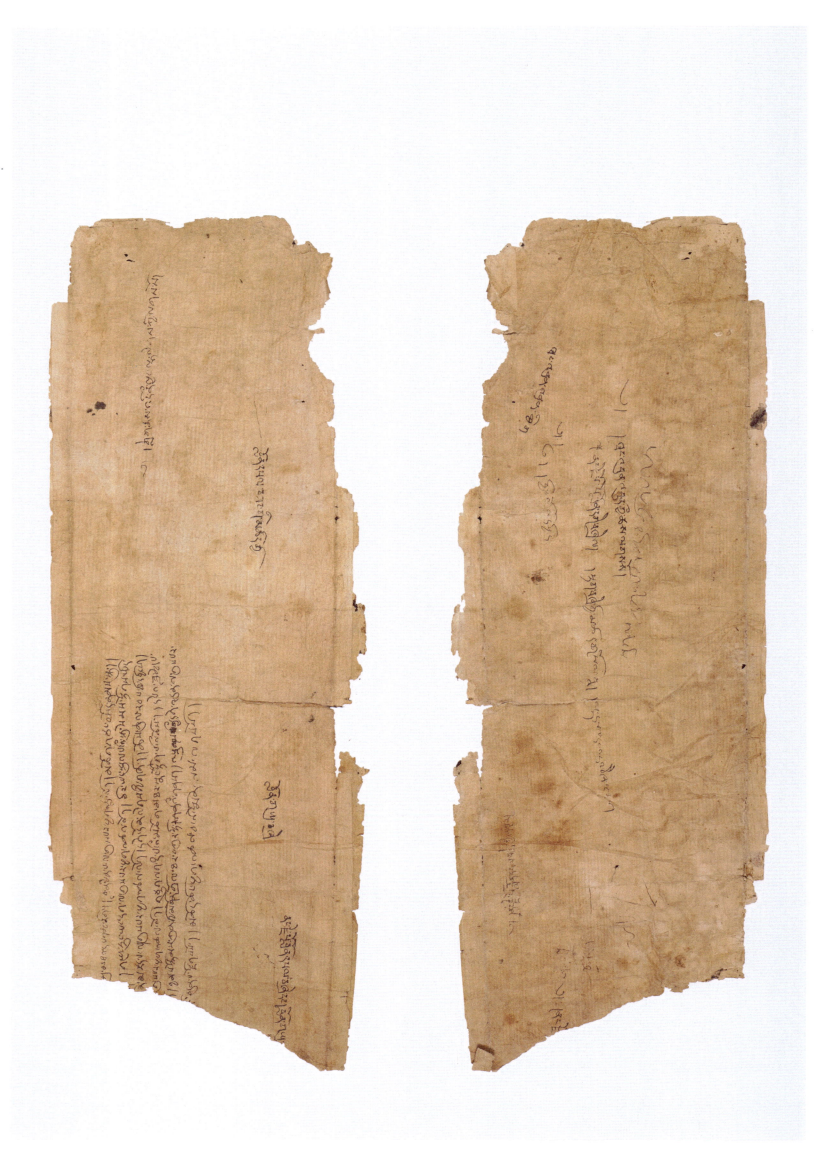

敦博 Db.t.0332 (R-V)　སྨོན་ལམ།
願文

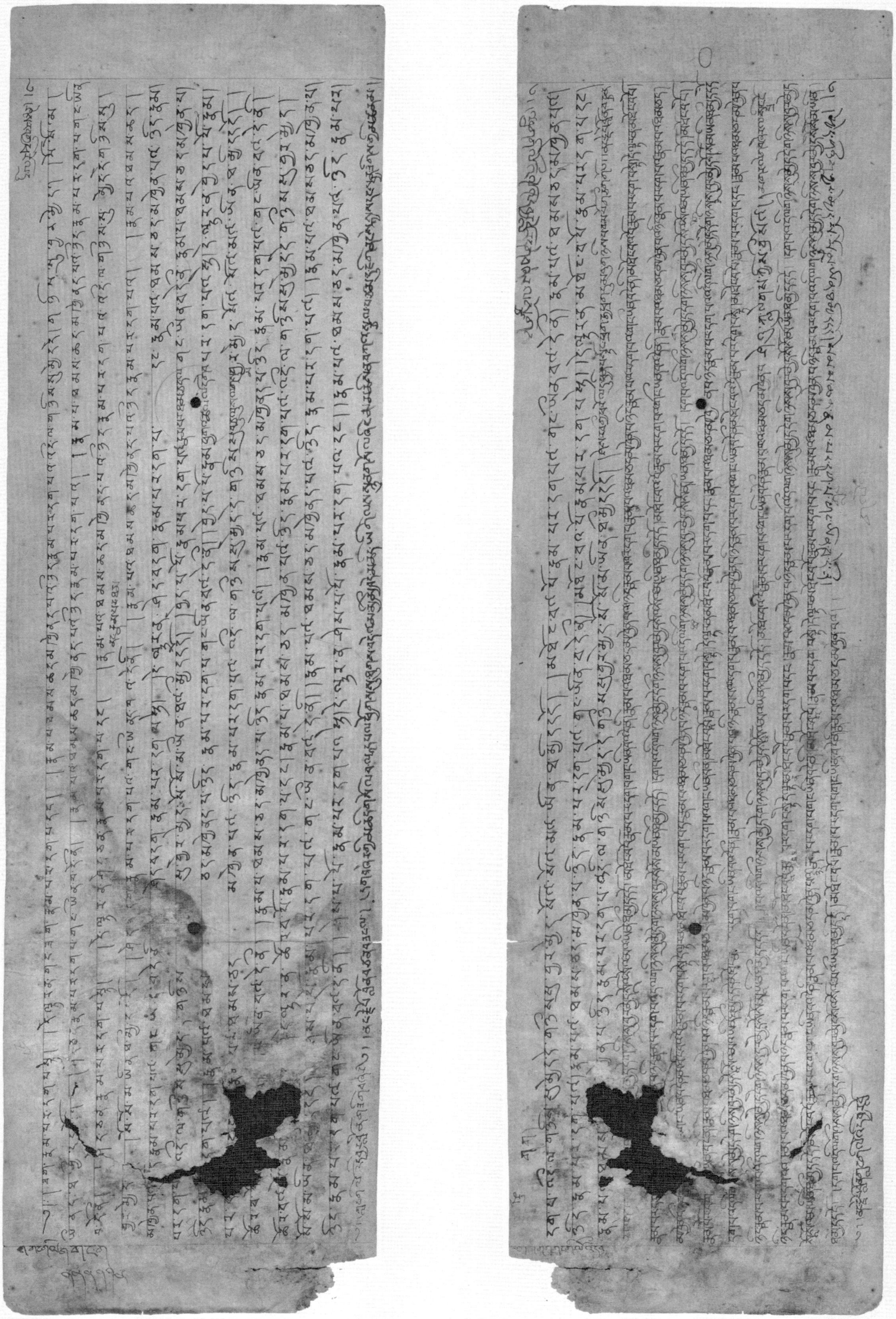

敦博 Db.t.0333 (R-V) ཤེས་རབ་ཀྱི་ཕ་རོལ་ཏུ་ཕྱིན་པ་སྟོང་ཕྲག་བརྒྱ་པ་དུམ་བུ་གཉིས་པ་བམ་པོ་གཅིག་གོ།།
十萬頌般若波羅蜜多經第二卷第一品

敦博 Db.t.0334 (R-V) འཕྲིན་ཡིག
書信

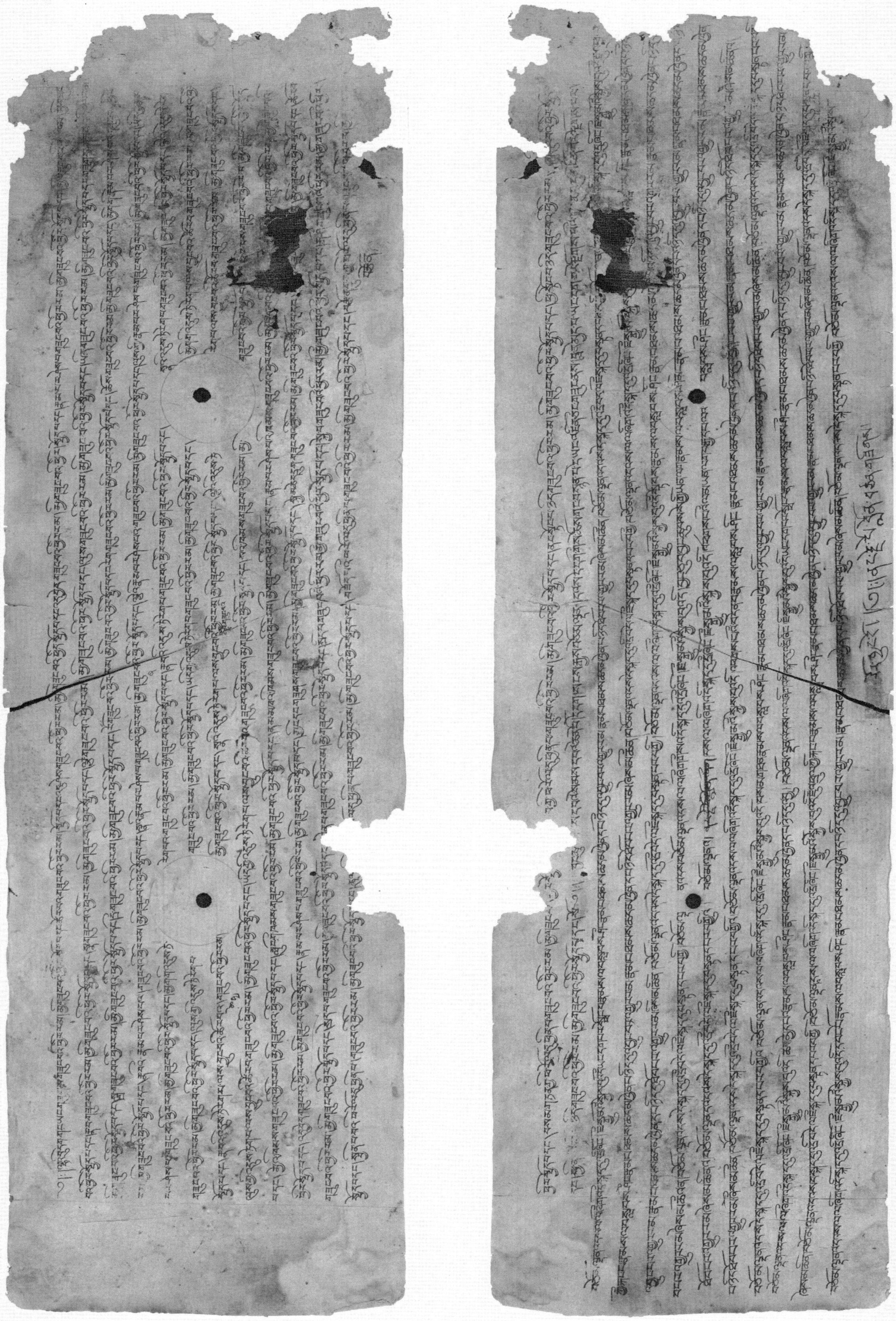

敦博 Db.t.0335 (R-V) ཤེས་རབ་ཀྱི་ཕ་རོལ་ཏུ་ཕྱིན་པ་སྟོང་ཕྲག་བརྒྱ་པ།
十萬頌般若波羅蜜多經

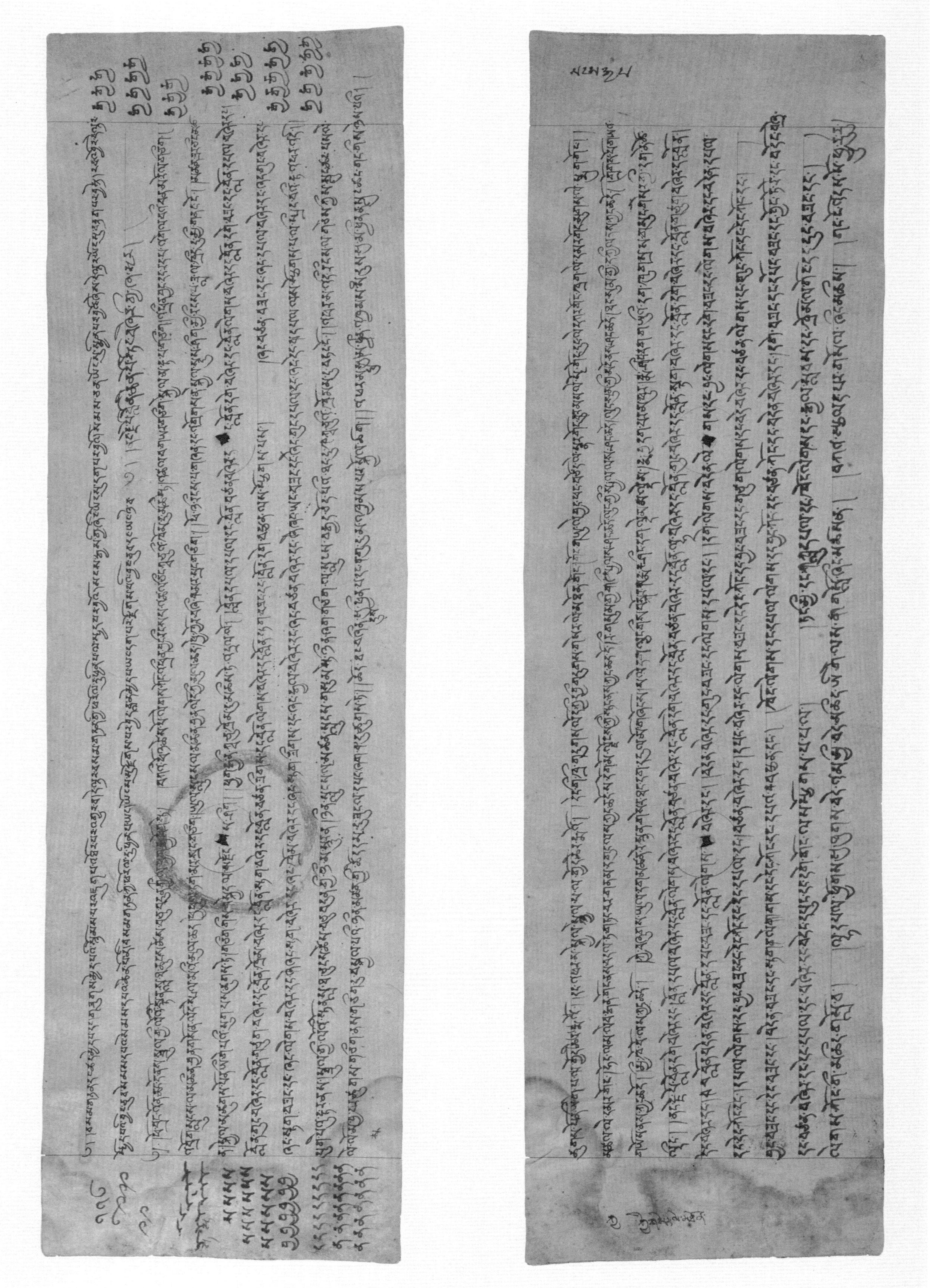

敦博 Db.t.0336 (R-V) འཕྲིན་ཡིག
書信

敦博 Db.t.0337 (R-V)　1.ཤེས་རབ་ཀྱི་ཕ་རོལ་དུ་ཕྱིན་པ་སྟོང་ཕྲག་བརྒྱ་པ།　2.འཕྲིན་ཡིག

1. 十萬頌般若波羅蜜多經　2. 書信

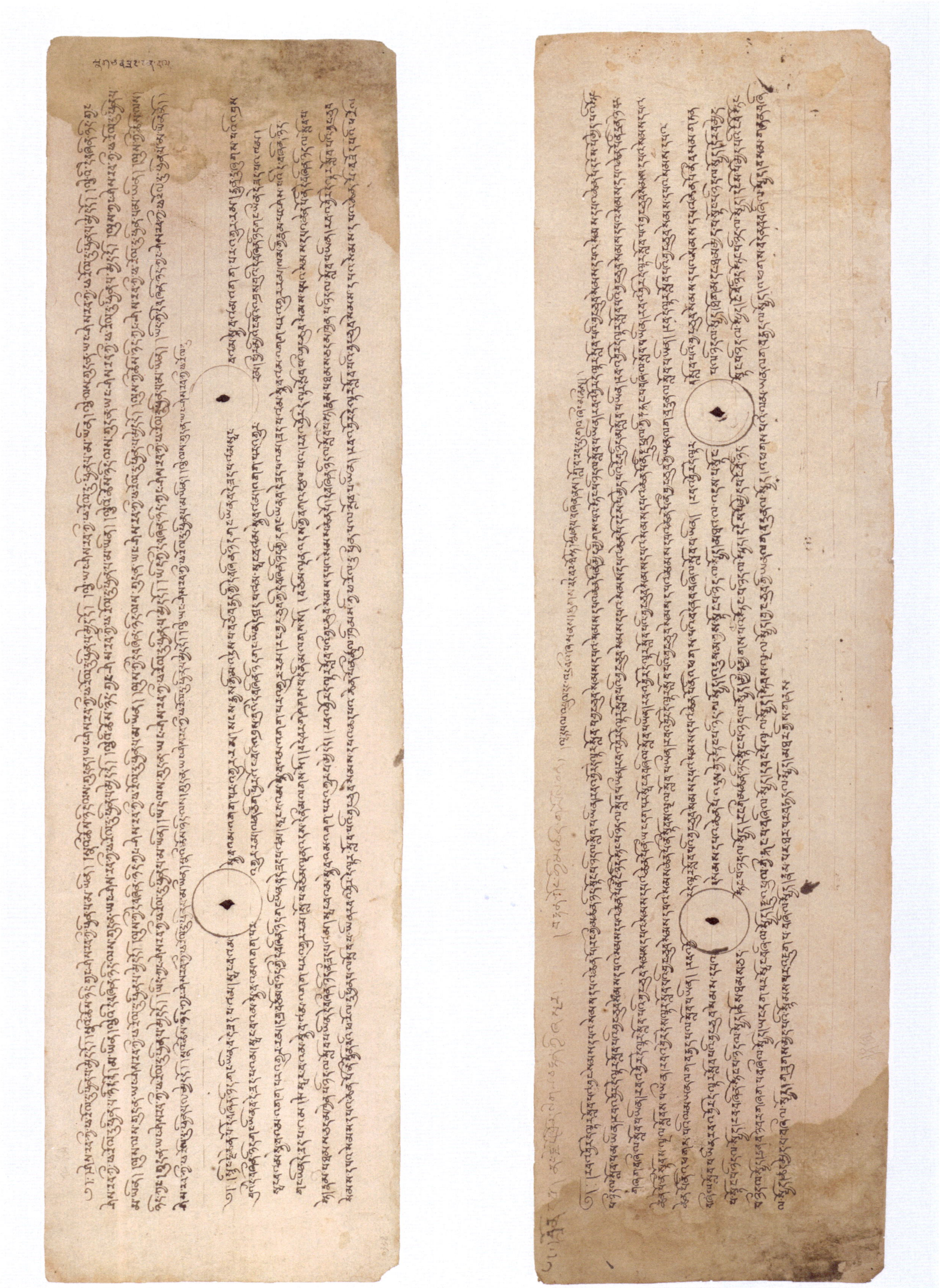

敦博 Db.t.0338 (R-V)　ཤེས་རབ་ཀྱི་ཕ་རོལ་ཏུ་ཕྱིན་པ་སྟོང་ཕྲག་བརྒྱ་པ།
十萬頌般若波羅蜜多經

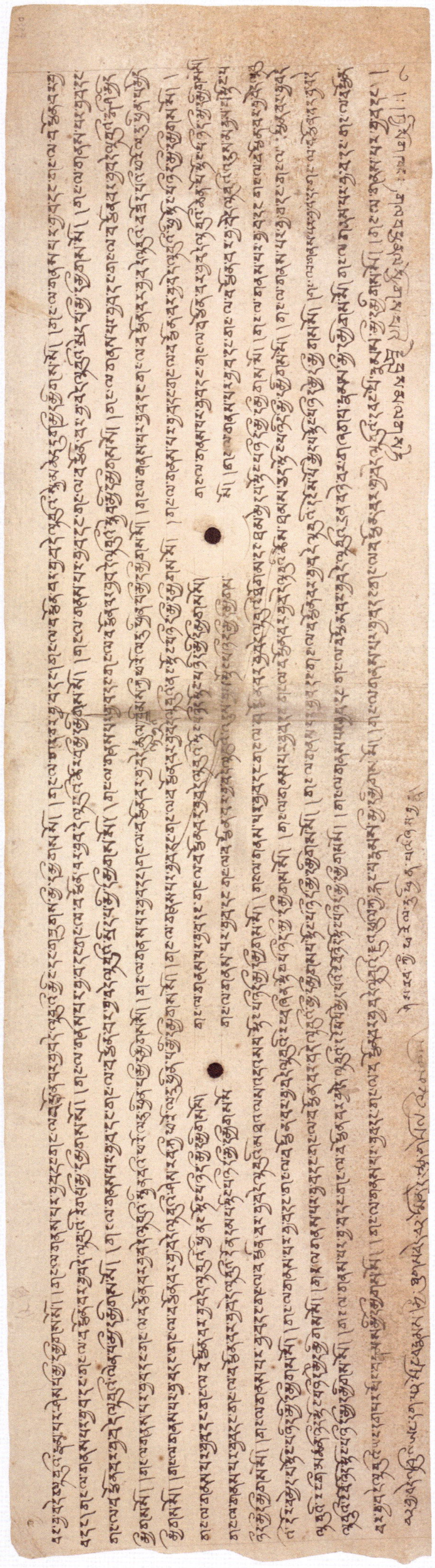

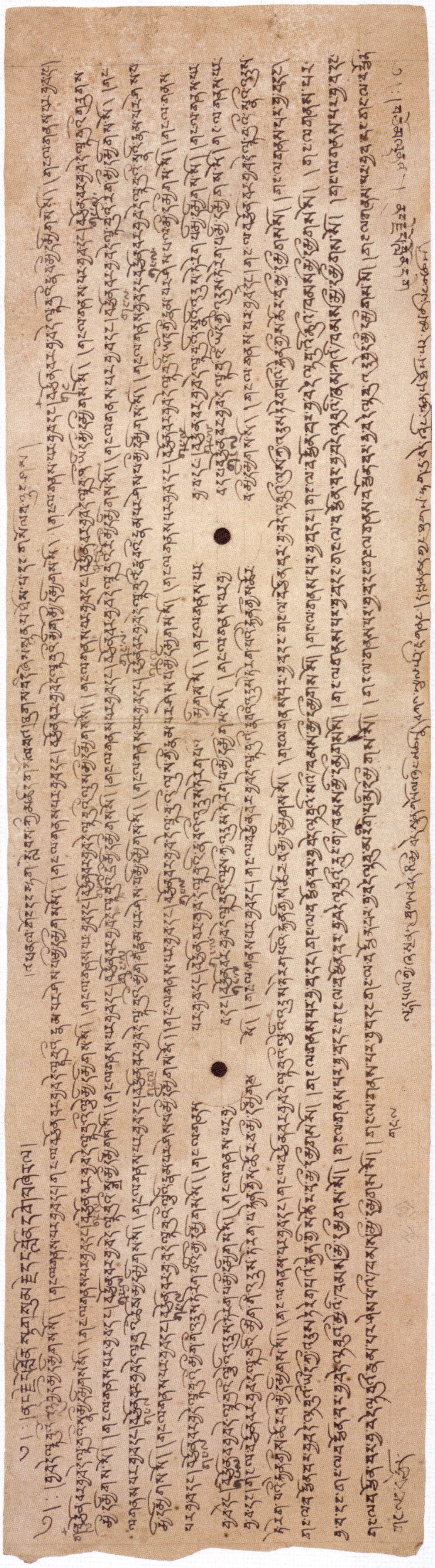

敦博 Db.t.0339 (R-V) 1.ཤེས་རབ་ཀྱི་ཕ་རོལ་ཏུ་ཕྱིན་པ་སྟོང་ཕྲག་བརྒྱ་པ། 2.འཕྲིན་ཡིག

1. 十萬頌般若波羅蜜多經 2. 書信

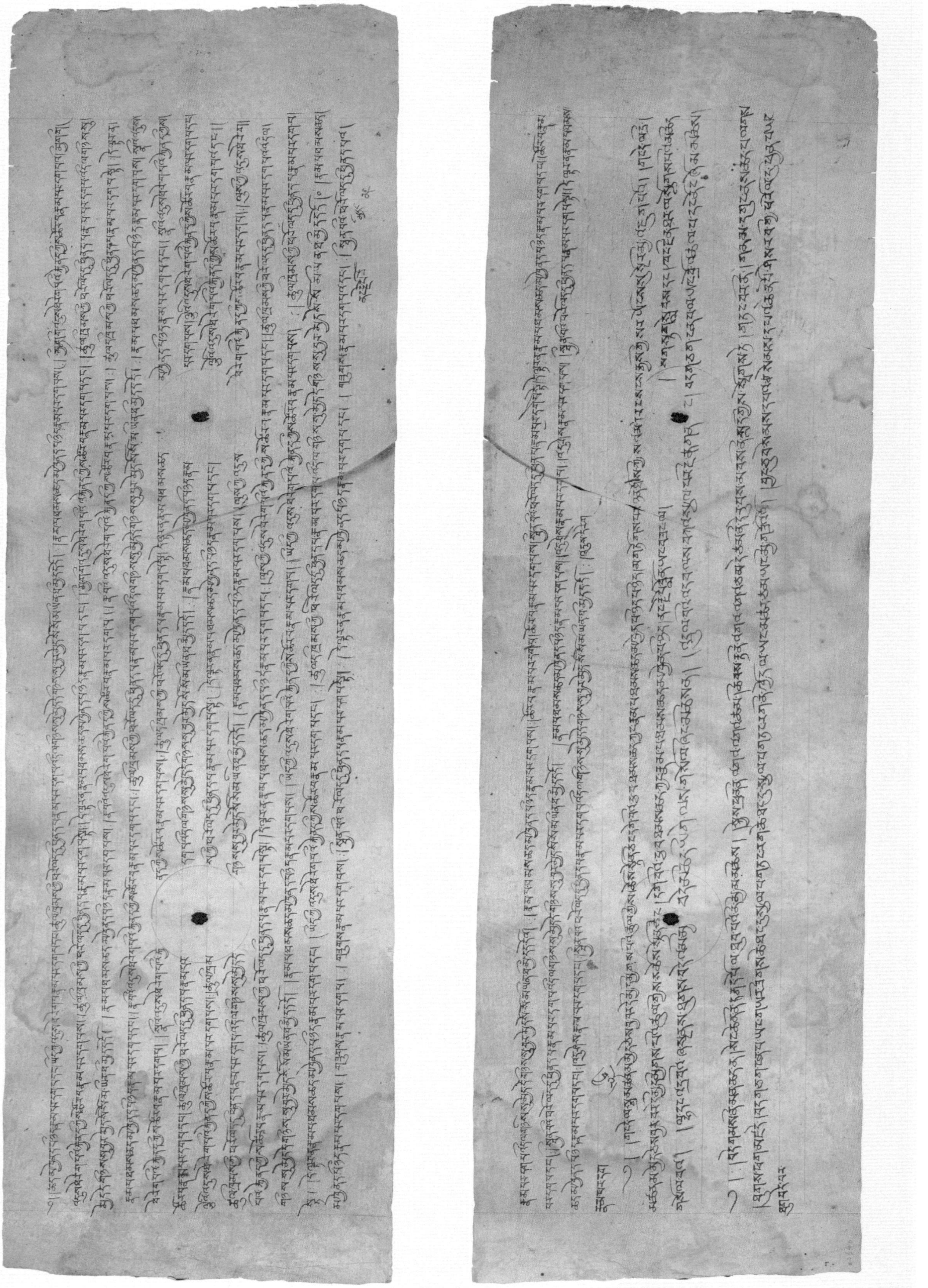

敦博 Db.t.0340 (R-V)　1.ཤེས་རབ་ཀྱི་ཕ་རོལ་ཏུ་ཕྱིན་པ་སྟོང་ཕྲག་བརྒྱ་པ།　2.འཕྲིན་ཡིག

1. 十萬頌般若波羅蜜多經　2. 書信

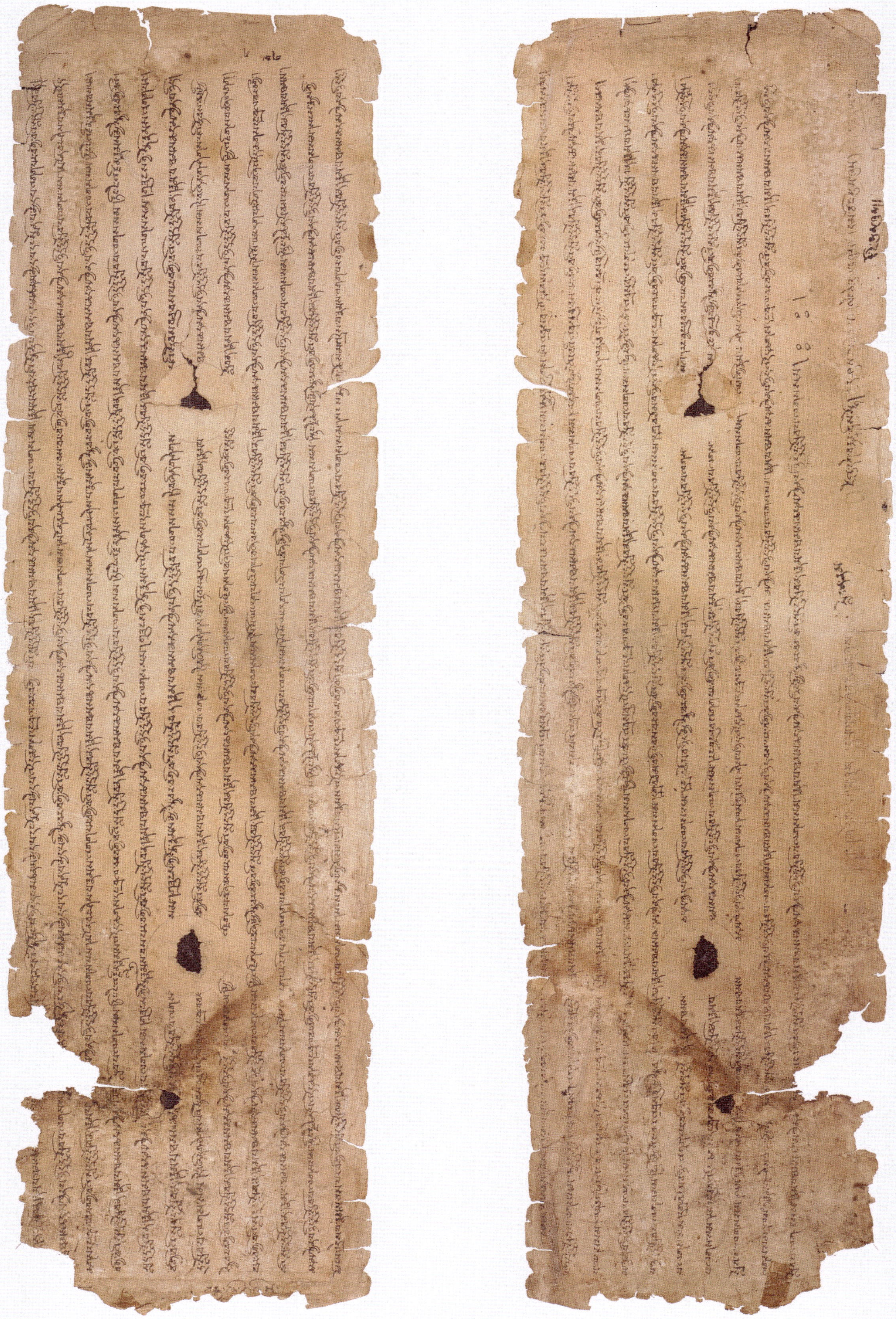

敦博 Db.t.0341 (R-V) ཤེས་རབ་ཀྱི་པ་རོལ་ཏུ་ཕྱིན་པ་སྟོང་ཕྲག་བརྒྱ་པ།
十萬頌般若波羅蜜多經

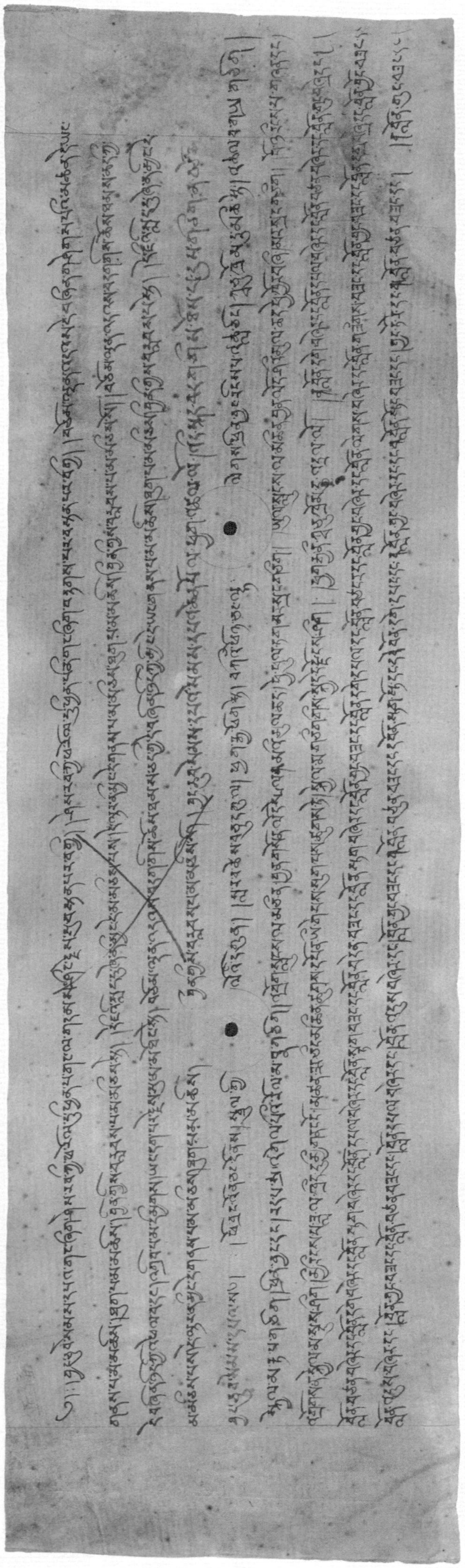

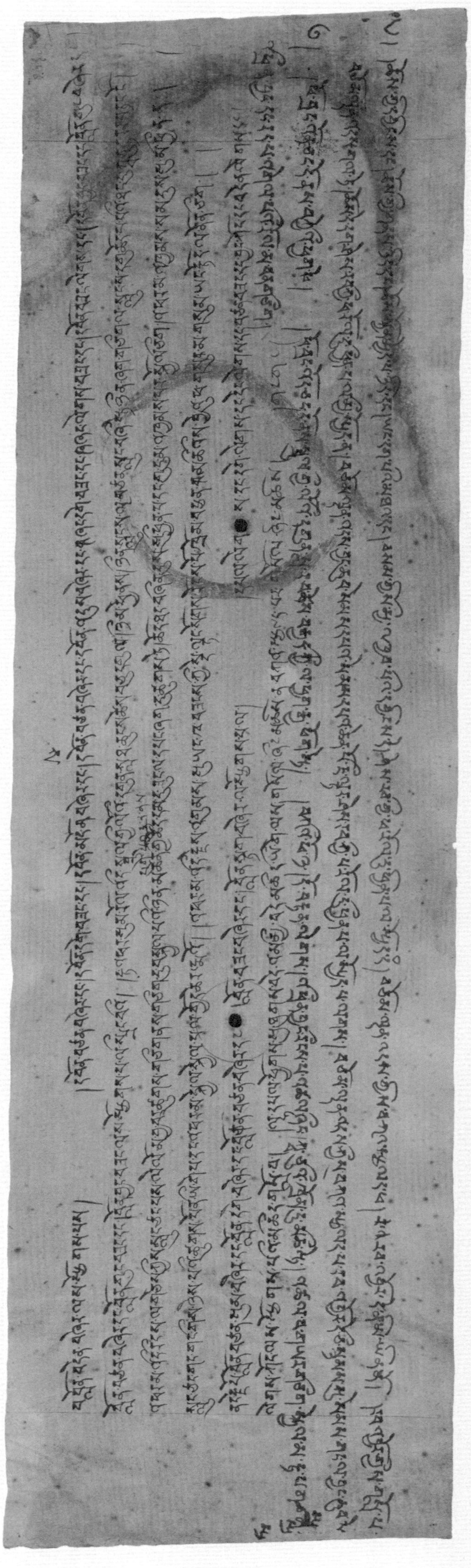

敦博 Db.t.0342 (R-V)　1.ཤེས་རབ་ཀྱི་ཕ་རོལ་ཏུ་ཕྱིན་པ་སྟོང་ཕྲག་བརྒྱ་པ།　2.འཕྲིན་ཡིག

1. 十萬頌般若波羅蜜多經　2. 書信

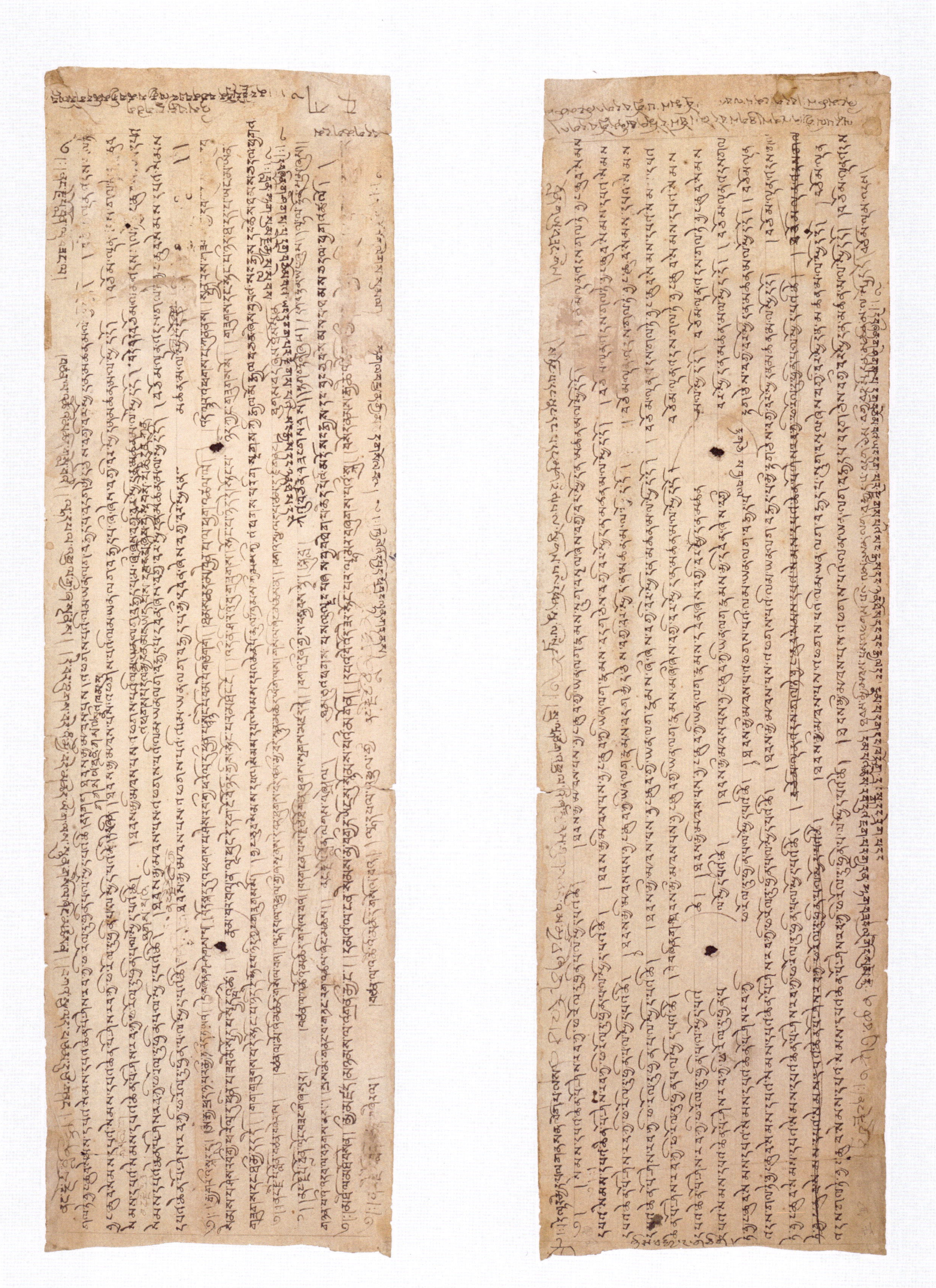

敦博 Db.t.0343 (R-V)　1.ཤེས་རབ་ཀྱི་ཕ་རོལ་ཏུ་ཕྱིན་པ་སྟོང་ཕྲག་བརྒྱ་པ།　2.འཕྲིན་ཡིག

1. 十萬頌般若波羅蜜多經　2. 書信

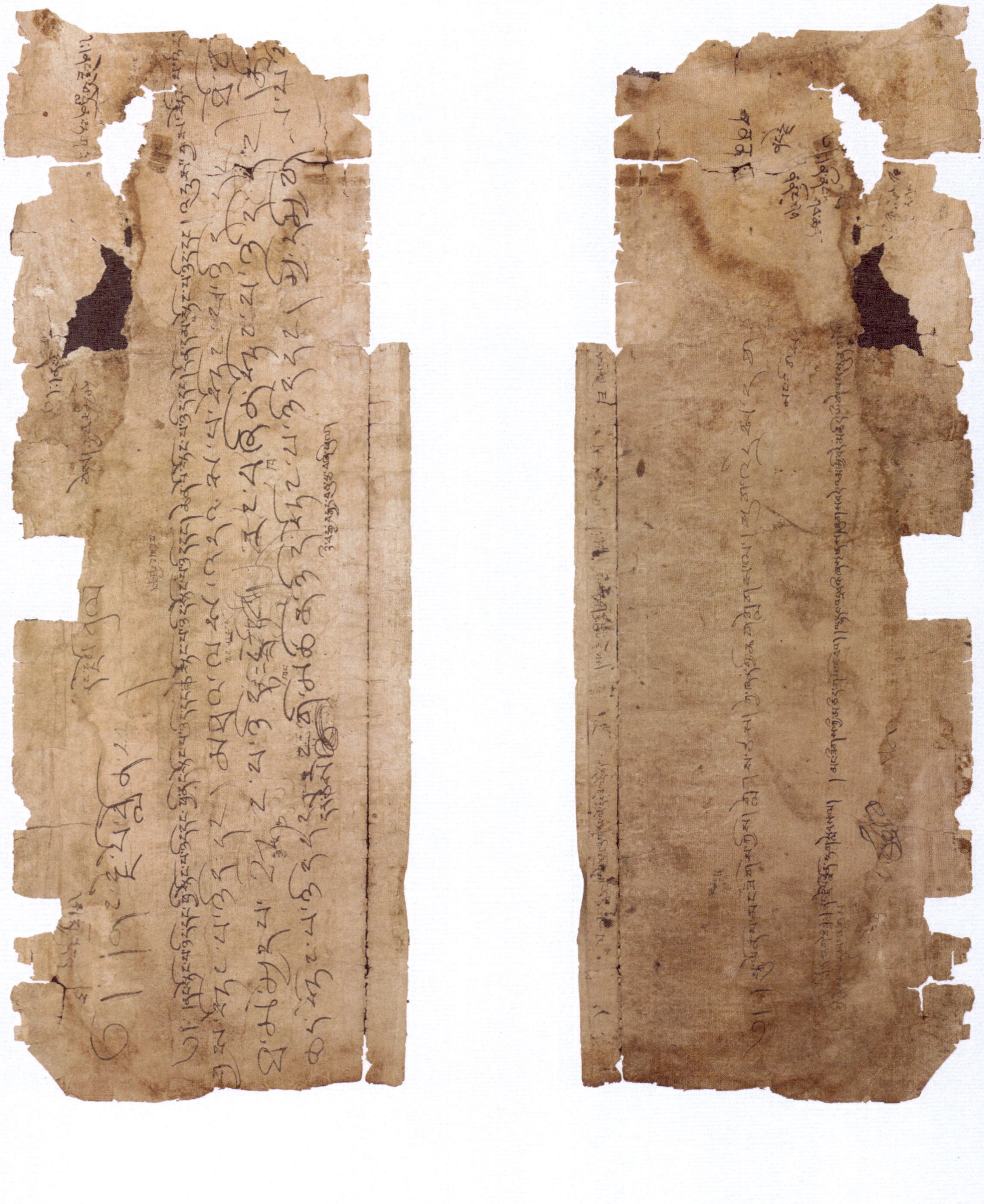

敦博 Db.t.0344 (R-V) འཕྲིན་ཡིག
書信

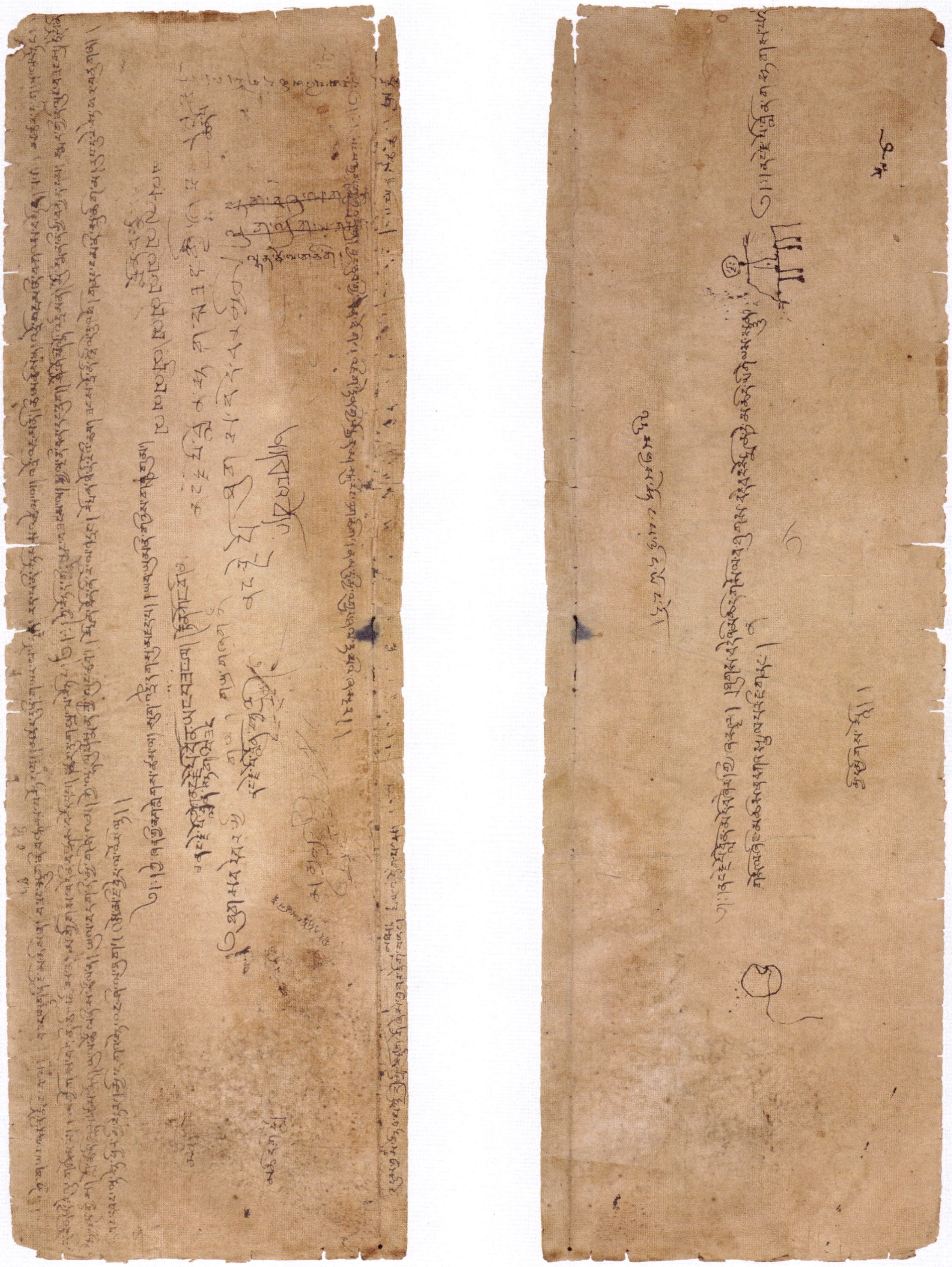

敦博 Db.t.0345 (R-V) འཕྲིན་ཡིག
書信

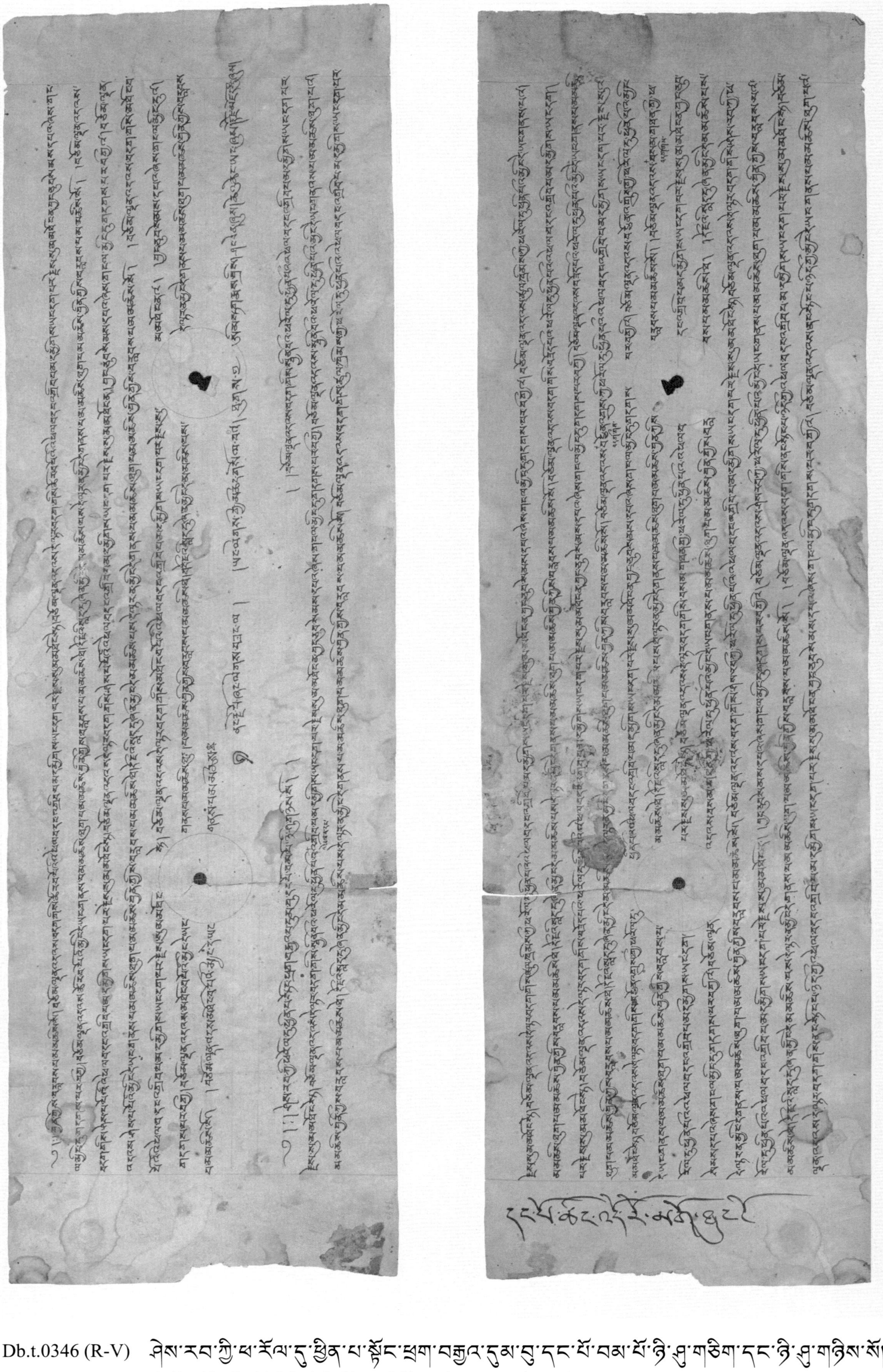

敦博 Db.t.0346 (R-V) ཤེས་རབ་ཀྱི་ཕ་རོལ་ཏུ་ཕྱིན་པ་སྟོང་ཕྲག་བརྒྱ་པ་དུམ་བུ་དང་པོ་བམ་པོ་ཉི་ཤུ་གཅིག་དང་ཉི་ཤུ་གཉིས་སོ།།
十萬頌般若波羅蜜多經第一卷第二十一、二十二品

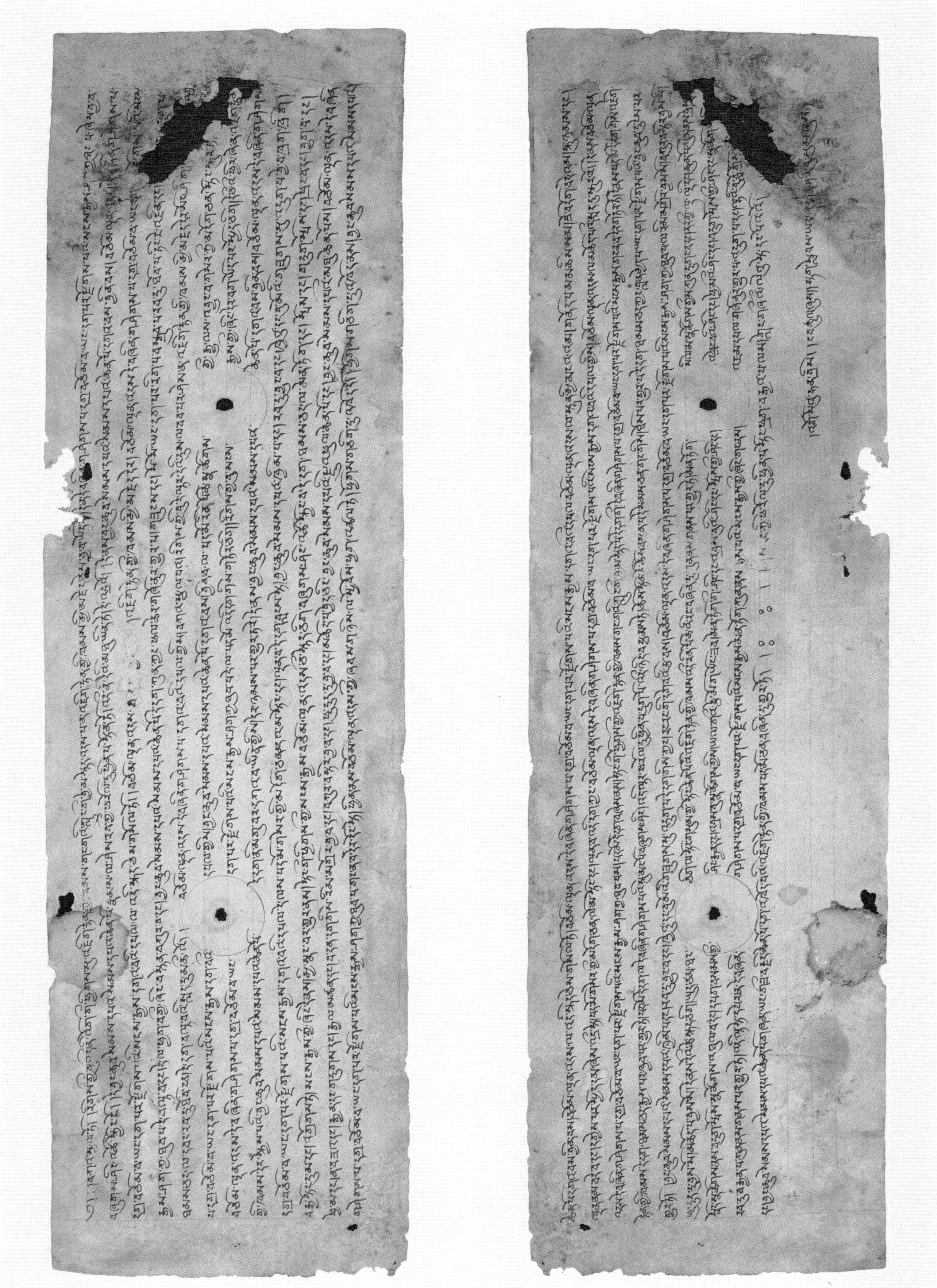

敦博 Db.t.0347 (R-V) ཤེས་རབ་ཀྱི་ཕ་རོལ་ཏུ་ཕྱིན་པ་སྟོང་ཕྲག་བརྒྱའ་པ་ལས་གླེང་གཞི་འི་ལེའུ་སྟེ་དང་པོའ་འོ།།
十萬頌般若波羅蜜多經

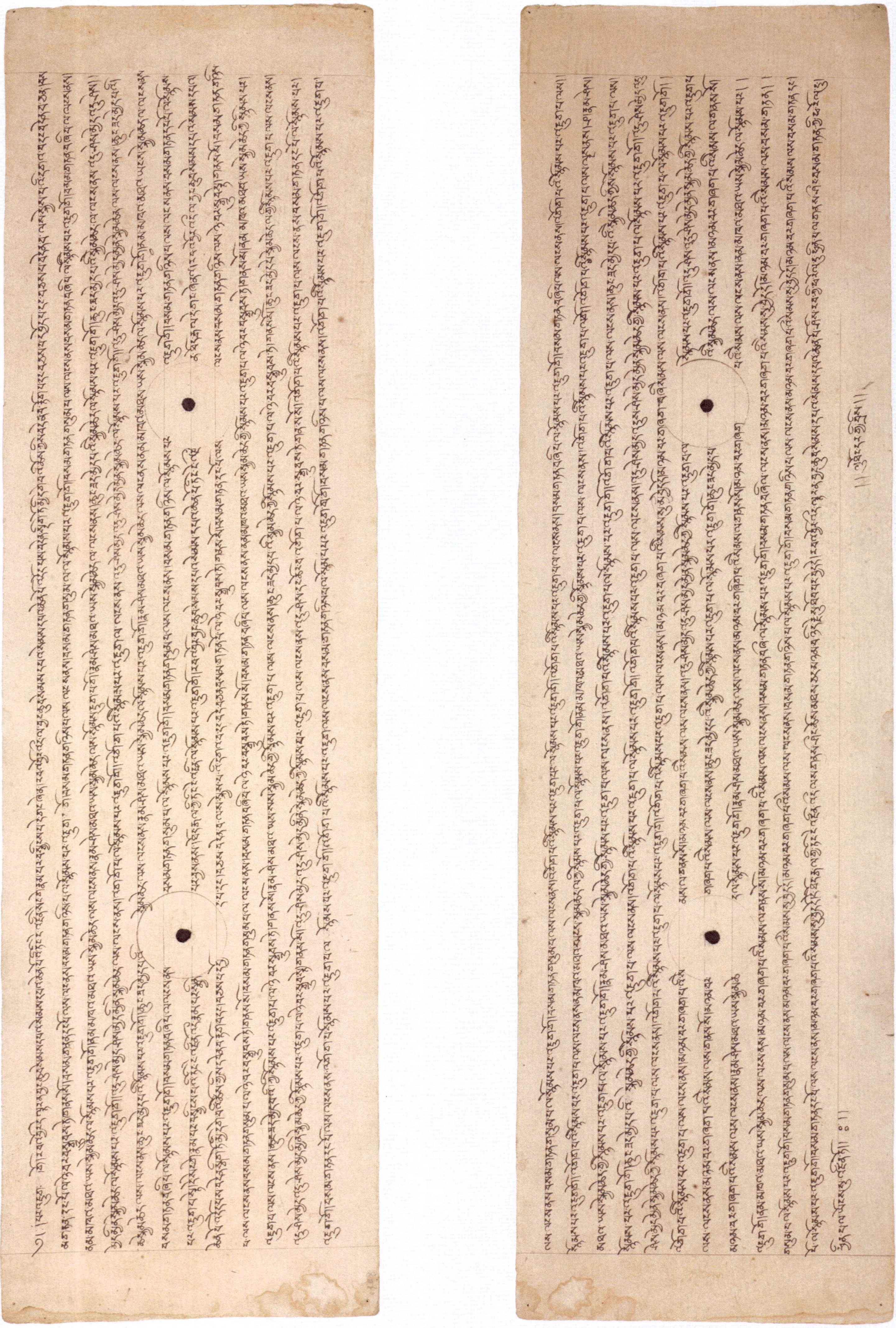

敦博 Db.t.0348 (R-V) ཤེས་རབ་ཀྱི་ཕ་རོལ་ཏུ་ཕྱིན་པ་སྟོང་ཕྲག་བརྒྱ་པ།
十萬頌般若波羅蜜多經

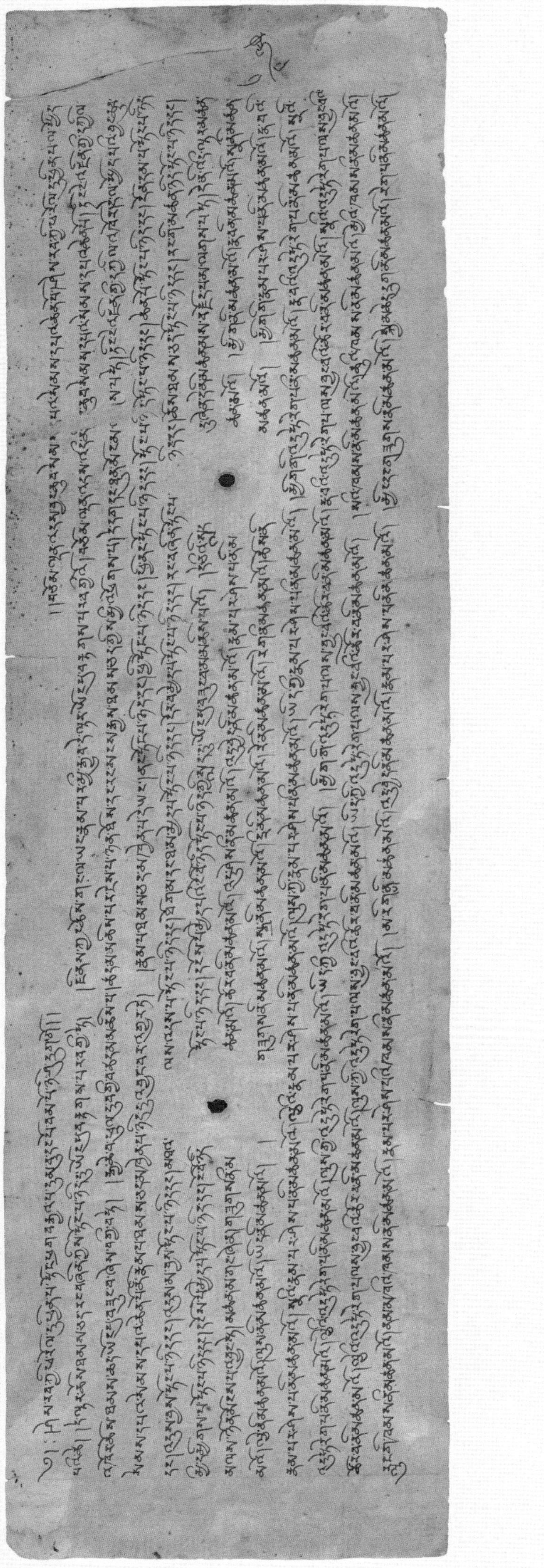

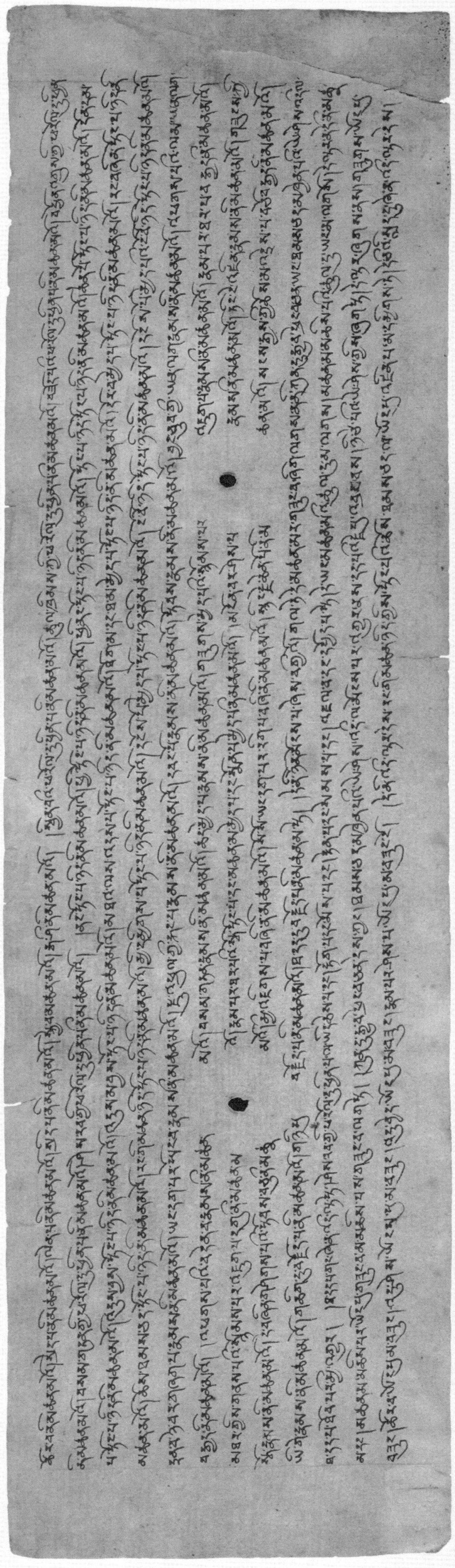

敦博 Db.t.0349 (R-V) ཤེས་རབ་ཀྱི་ཕ་རོལ་ཏུ་ཕྱིན་པ་སྟོང་ཕྲག་བརྒྱའ་པ་དུམ་བུ་དང་པོ་བམ་པོ་ཉི་ཤུ་དྲུག་གོ།།

十萬頌般若波羅蜜多經第一卷第二十六品

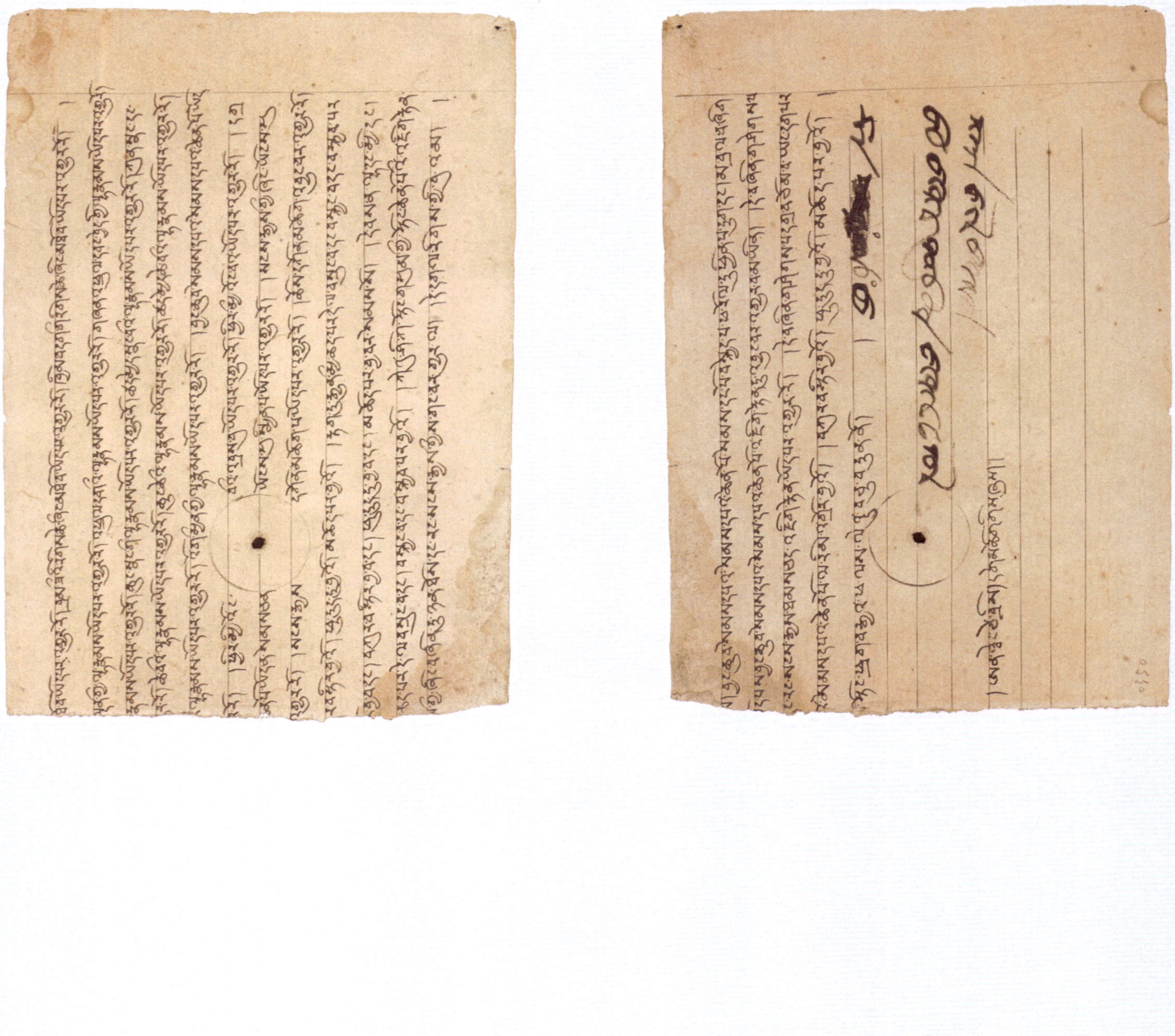

敦博 Db.t.0350 (R-V) ཤེས་རབ་ཀྱི་ཕ་རོལ་ཏུ་ཕྱིན་པ་སྟོང་ཕྲག་བརྒྱའ་པ་ལས་ལེའུ་བཅུ་བདུན་ནོ།།
十萬頌般若波羅蜜多經

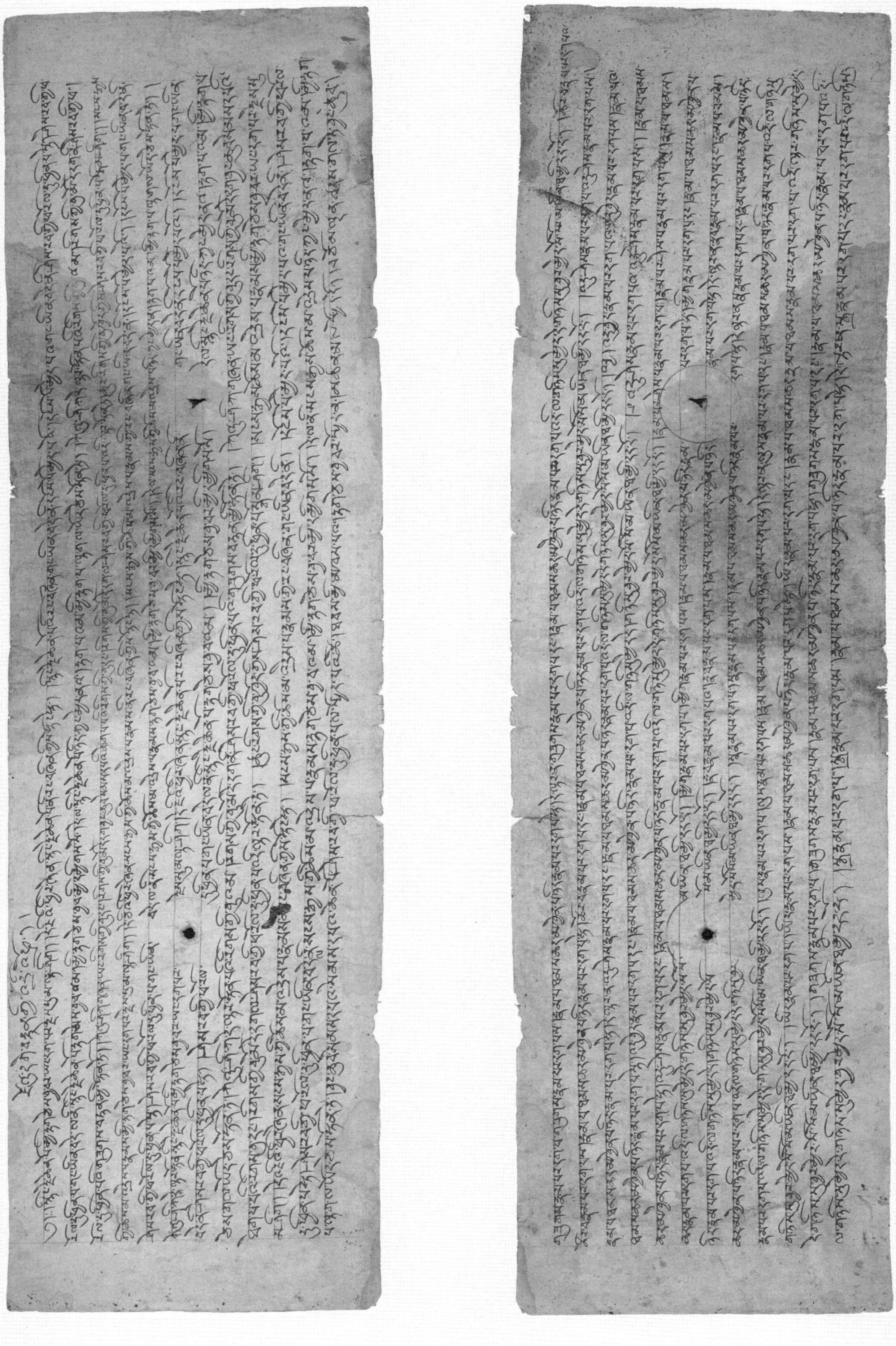

敦博 Db.t.0351 (R-V) ཤེས་རབ་ཀྱི་ཕ་རོལ་ཏུ་ཕྱིན་པ་སྟོང་ཕྲག་བརྒྱ་པ།
十萬頌般若波羅蜜多經

敦博 Db.t.0352 (R-V) འཕགས་པ་ཆོས་ཐམས་ཅད་ཀྱི་རང་བཞིན་མཉམ་པ་ཉིད་རྣམ་པར་སྤྲོས་པ་ཏིང་ངེ་འཛིན་གྱི་རྒྱལ་པོ་ཞེས་བྱ་བ་ཐེག་པ་ཆེན་པོའི་མདོ།།
佛說月燈三昧經

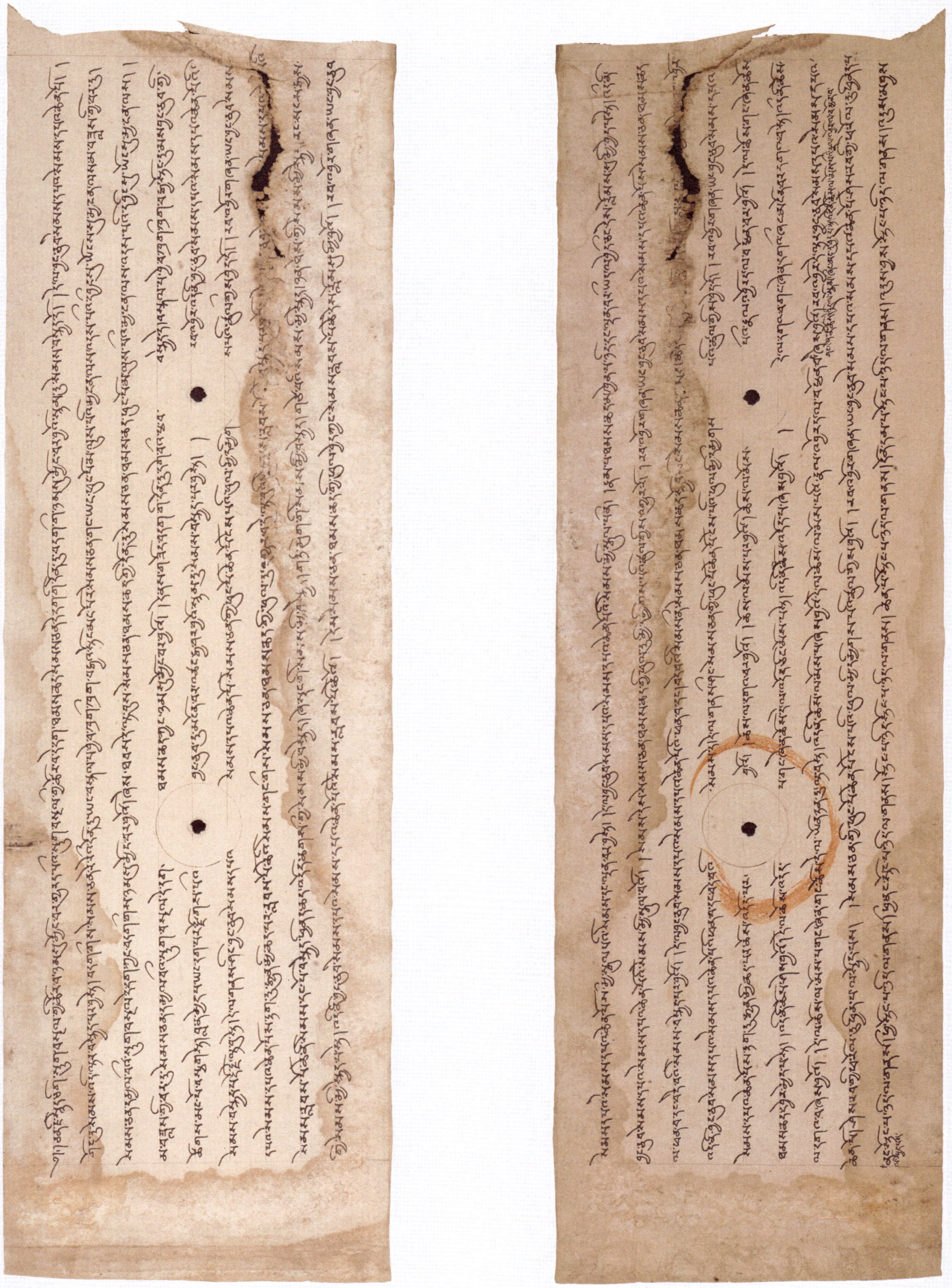

敦博 Db.t.0353 (R-V) ཤེས་རབ་ཀྱི་ཕ་རོལ་ཏུ་ཕྱིན་པ་སྟོང་ཕྲག་བརྒྱ་པ།
十萬頌般若波羅蜜多經 (3—1)

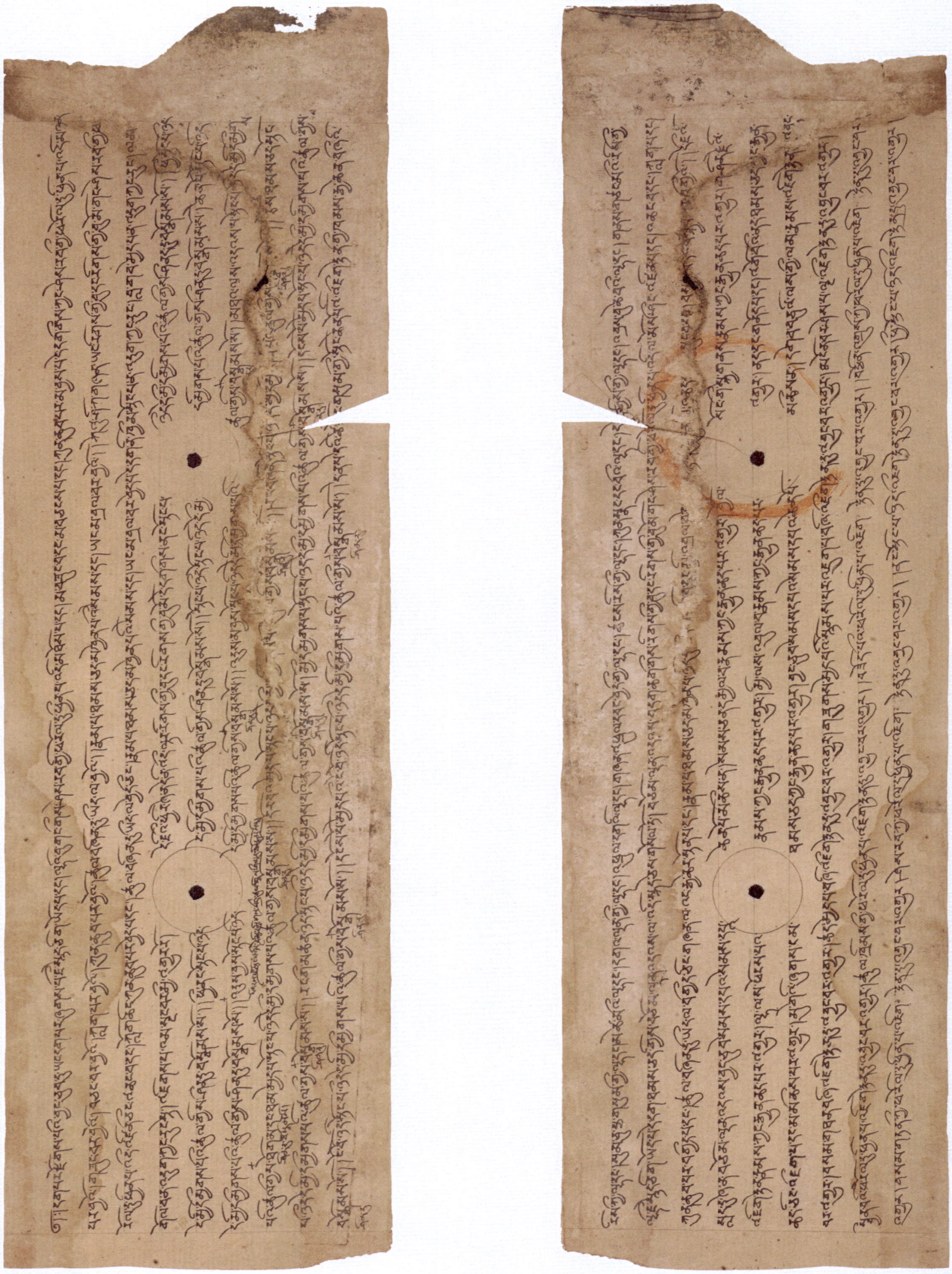

敦博 Db.t.0353 (R-V) ཤེས་རབ་ཀྱི་ཕ་རོལ་ཏུ་ཕྱིན་པ་སྟོང་ཕྲག་བརྒྱ་པ།

十萬頌般若波羅蜜多經 (3—2)

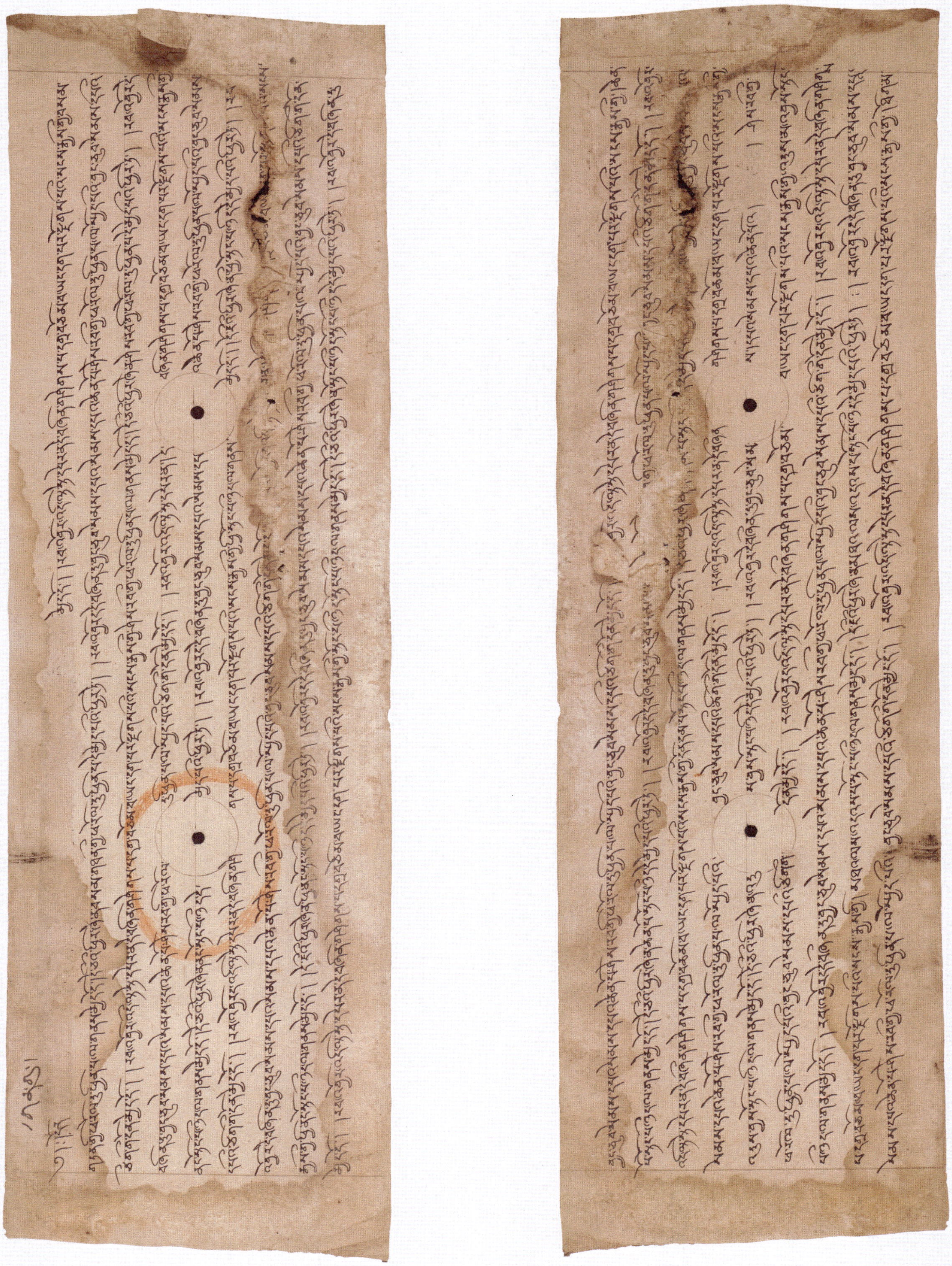

敦博 Db.t.0353 (R-V) ཤེས་རབ་ཀྱི་ཕ་རོལ་ཏུ་ཕྱིན་པ་སྟོང་ཕྲག་བརྒྱ་པ།
十萬頌般若波羅蜜多經 (3—3)

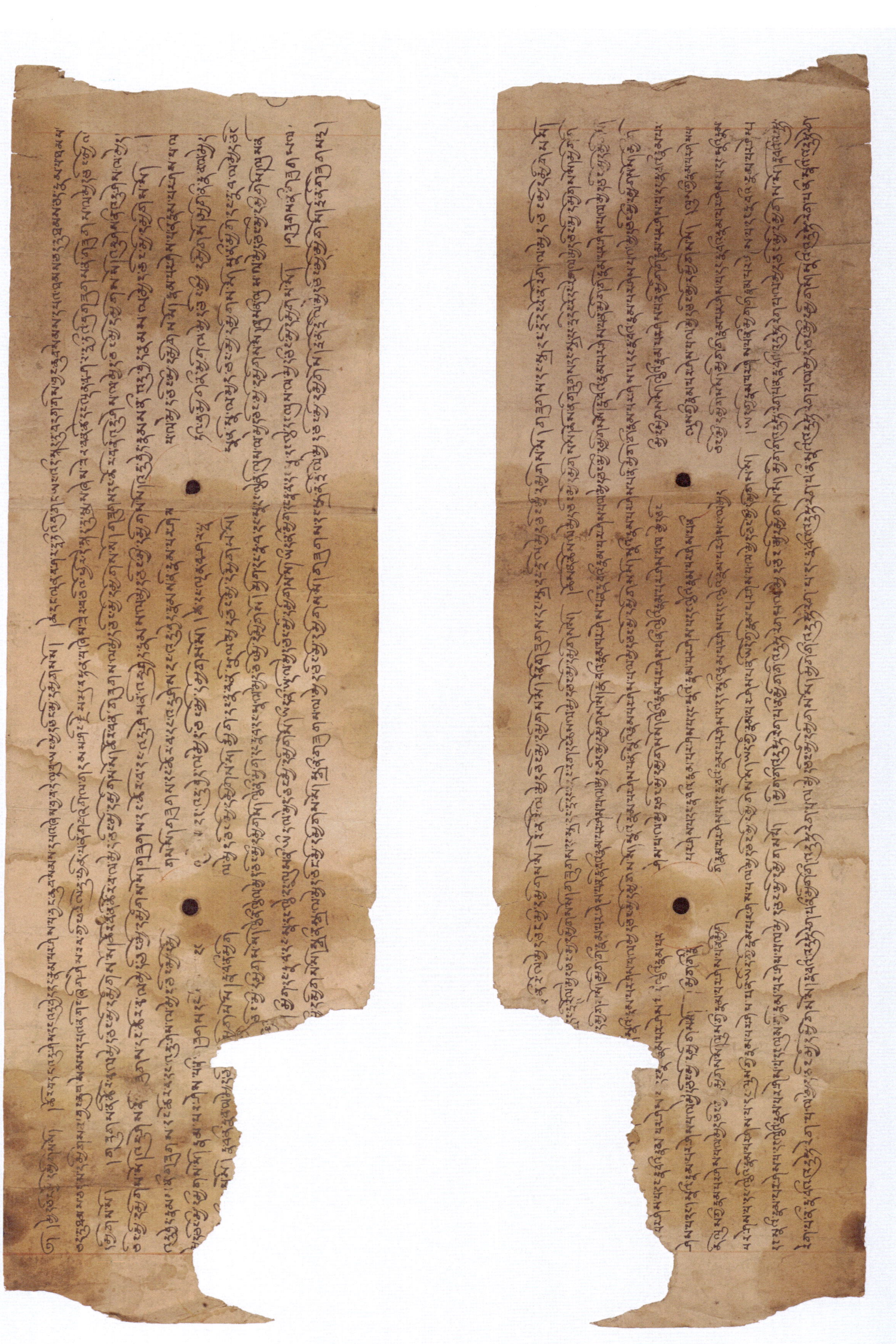

敦博 Db.t.0354 (R-V)　ཤེས་རབ་ཀྱི་ཕ་རོལ་ཏུ་ཕྱིན་པ་སྟོང་ཕྲག་བརྒྱ་པ།
十萬頌般若波羅蜜多經　(5—1)

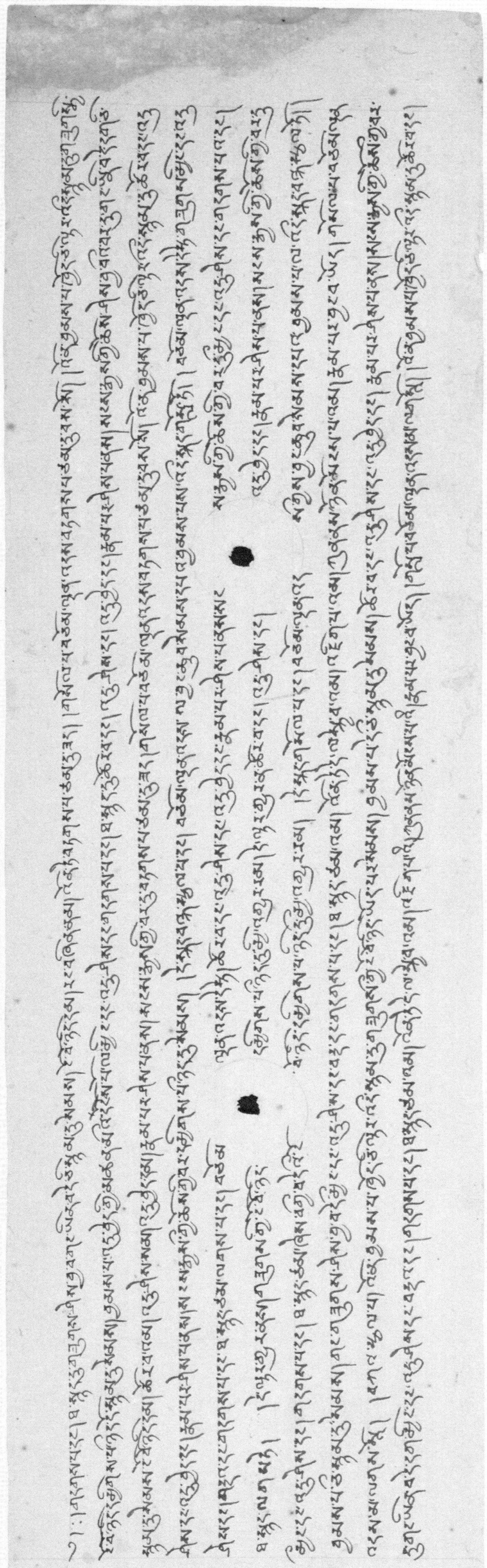

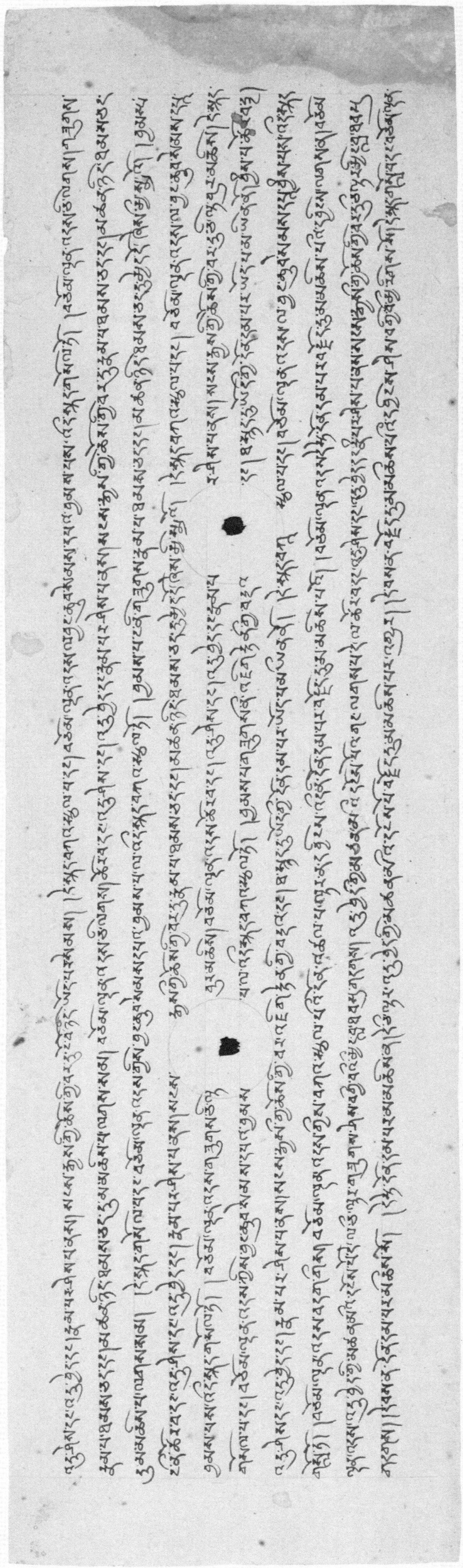

敦博 Db.t.0354 (R-V) ཤེས་རབ་ཀྱི་ཕ་རོལ་ཏུ་ཕྱིན་པ་སྟོང་ཕྲག་བརྒྱ་པ།
十萬頌般若波羅蜜多經 (5—2)

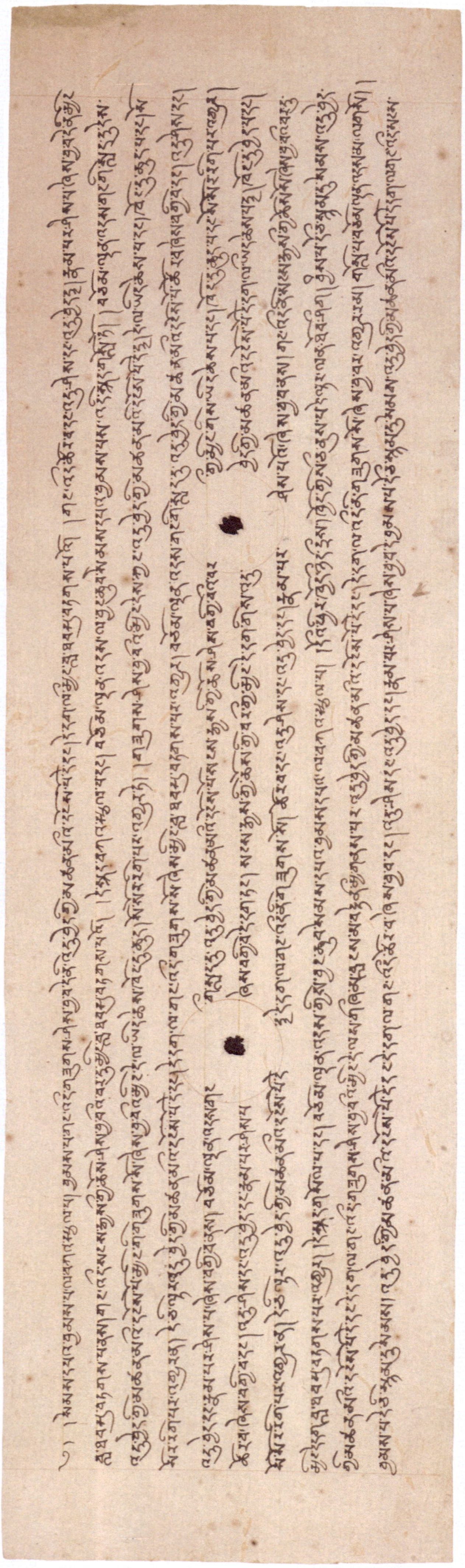

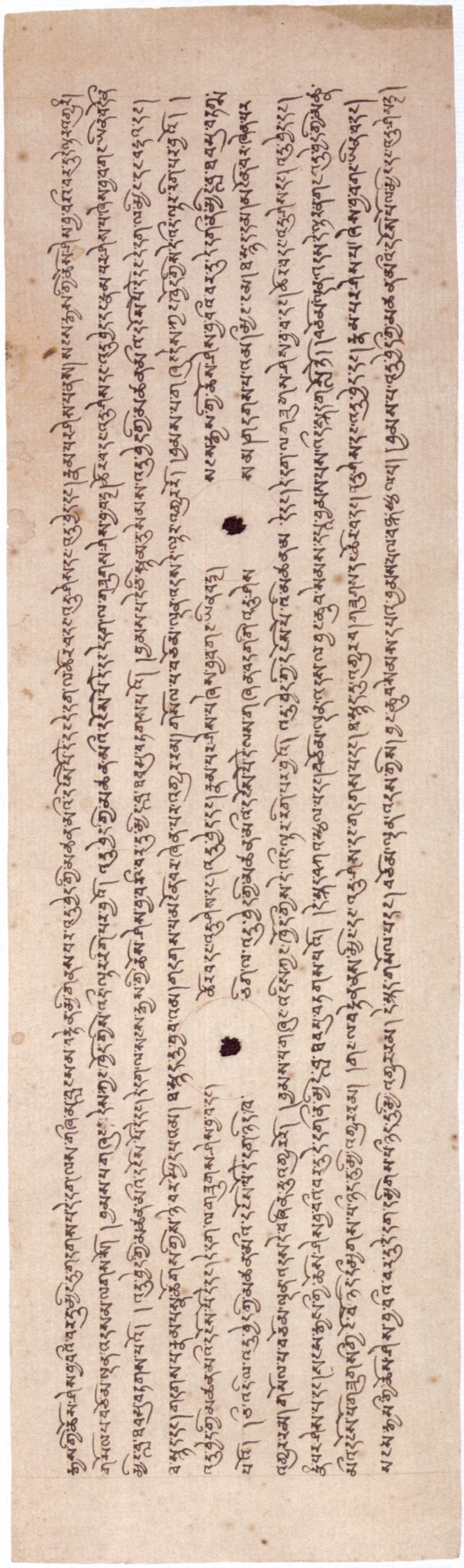

敦博 Db.t.0354 (R-V) ཤེས་རབ་ཀྱི་ཕ་རོལ་ཏུ་ཕྱིན་པ་སྟོང་ཕྲག་བརྒྱ་པ།
十萬頌般若波羅蜜多經 (5—3)

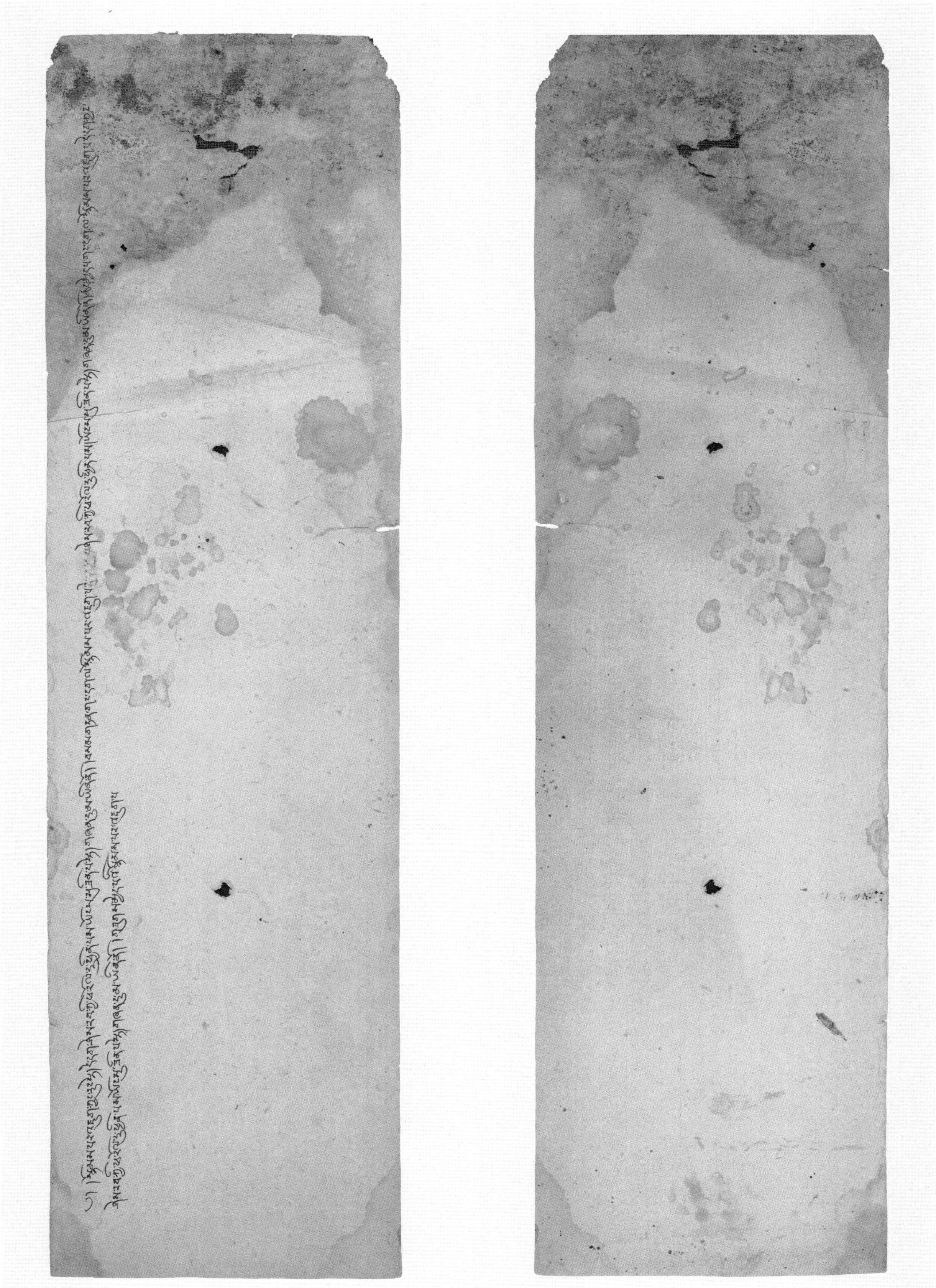

敦博 Db.t.0354 (R-V) ཤེས་རབ་ཀྱི་ཕ་རོལ་ཏུ་ཕྱིན་པ་སྟོང་ཕྲག་བརྒྱ་པ།
十萬頌般若波羅蜜多經 (5—4)

敦博 Db.t.0354 (R-V) ཤེས་རབ་ཀྱི་ཕ་རོལ་ཏུ་ཕྱིན་པ་སྟོང་ཕྲག་བརྒྱ་པ།
十萬頌般若波羅蜜多經 (5—5)

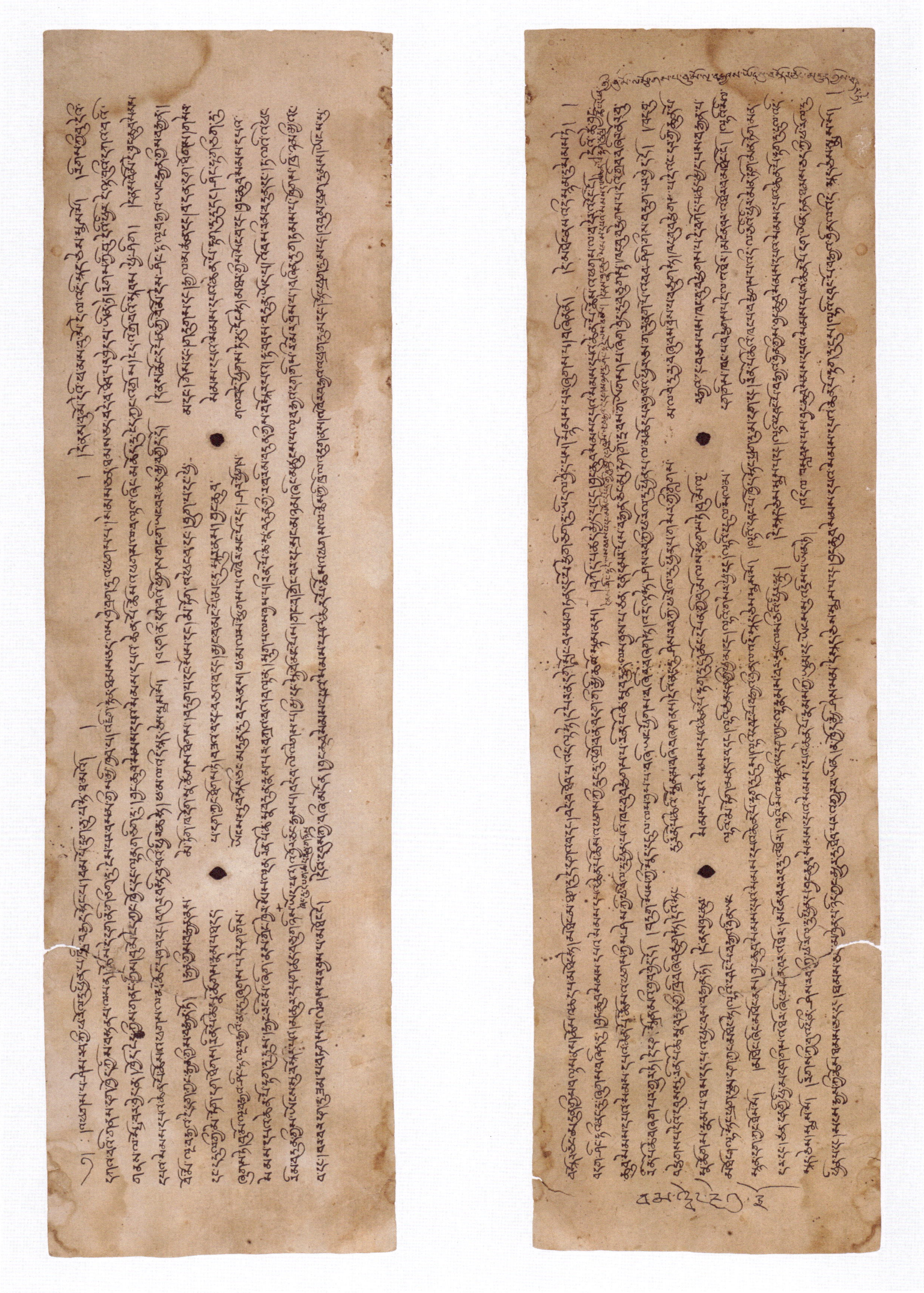

敦博 Db.t.0355 (R-V) ཤེས་རབ་ཀྱི་ཕ་རོལ་ཏུ་ཕྱིན་པ་ཁྲི་བརྒྱད་སྟོང་པ་བམ་པོ་དྲུག་ཅུ་པ་སྟེ་ཐ་མའོ།།
一萬八千頌般若波羅蜜多經第六十品

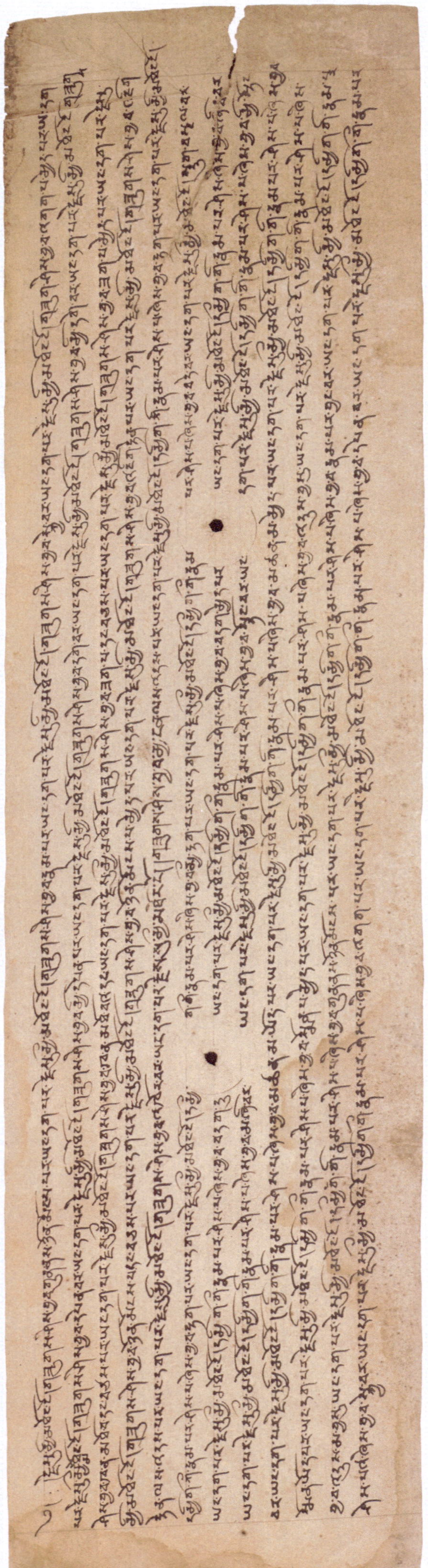

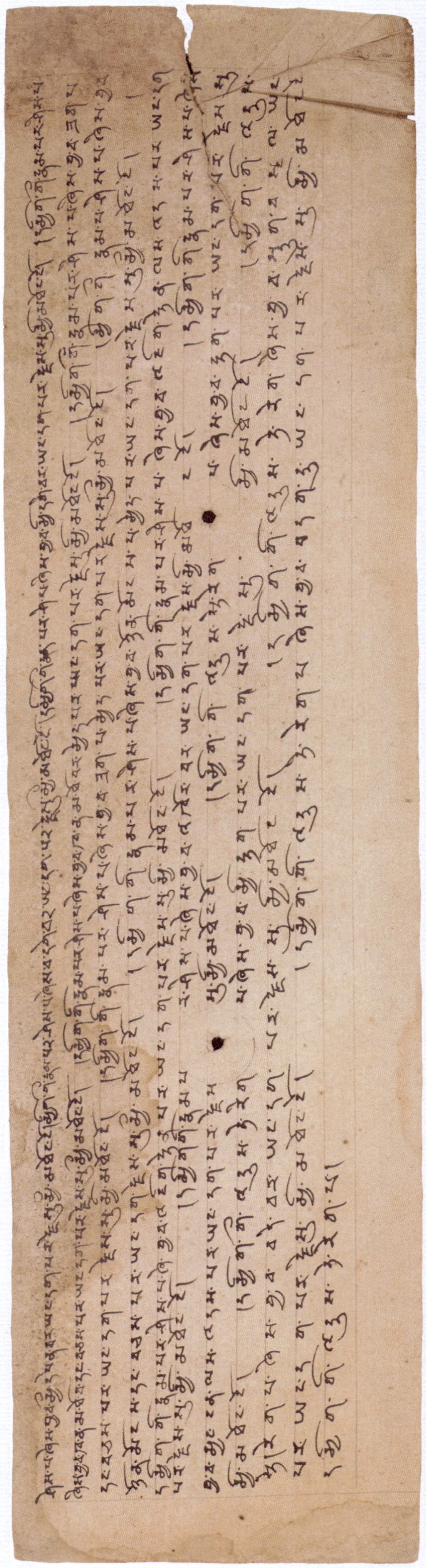

敦博 Db.t.0356 (R-V) ཤེས་རབ་ཀྱི་ཕ་རོལ་ཏུ་ཕྱིན་པ་སྟོང་ཕྲག་བརྒྱ་པ།

十萬頌般若波羅蜜多經

敦博 Db.t.0357 (R-V) ཤེས་རབ་ཀྱི་ཕ་རོལ་ཏུ་ཕྱིན་པ་སྟོང་ཕྲག་ཉི་ཤུ་ལྔ་པ།
二萬五千頌般若波羅蜜多經 (2—1)

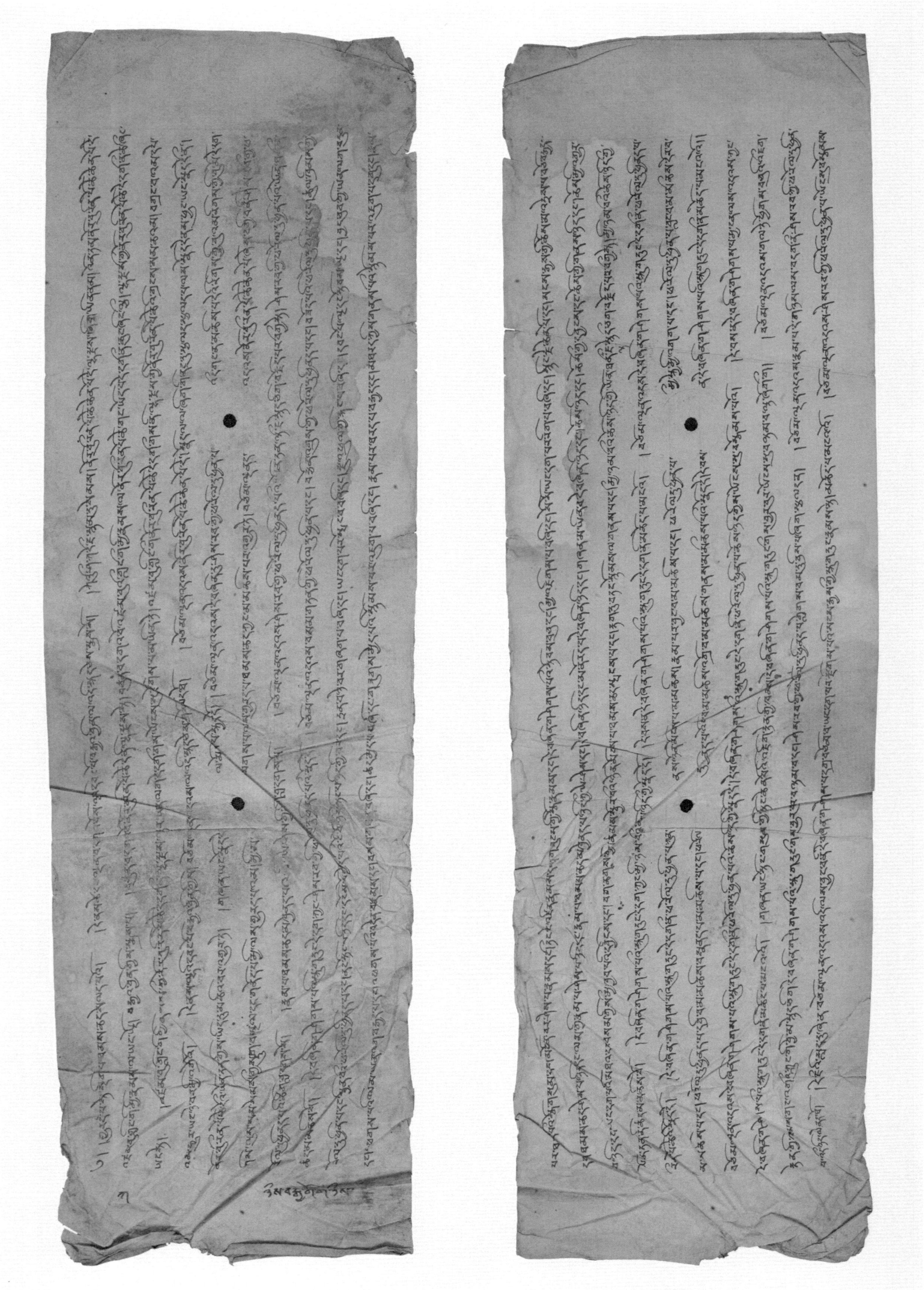

敦博 Db.t.0357 (R-V)　ཤེས་རབ་ཀྱི་ཕ་རོལ་ཏུ་ཕྱིན་པ་སྟོང་ཕྲག་ཉི་ཤུ་ལྔ་པ།
二萬五千頌般若波羅蜜多經　(2—2)

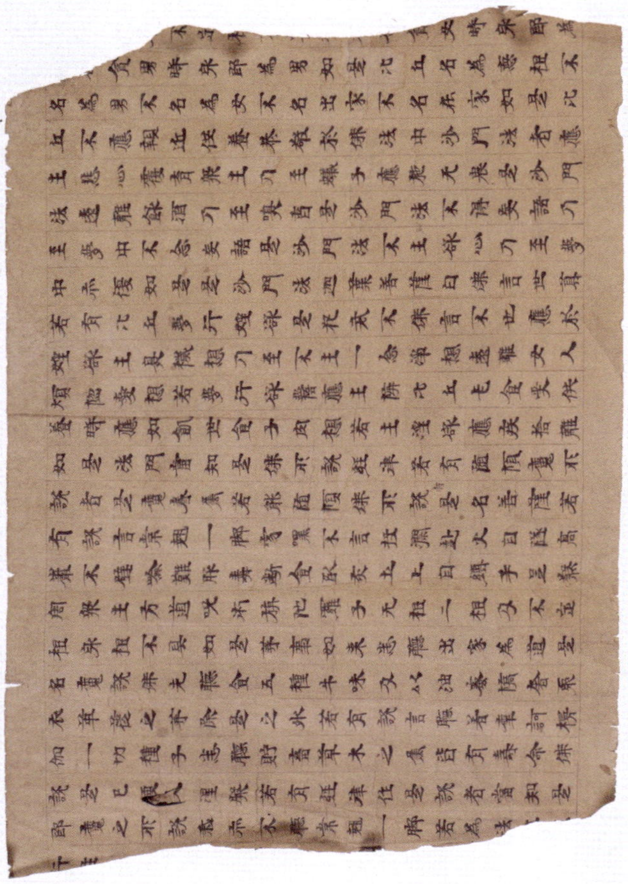

敦博 Db.t.0358 (R-V) ཤེས་རབ་ཀྱི་ཕ་རོལ་ཏུ་ཕྱིན་པ་སྟོང་ཕྲག་བརྒྱ་པ།། (རྒྱ་ཡིག)
大般涅槃經卷第七如來性品第四之四（漢文）

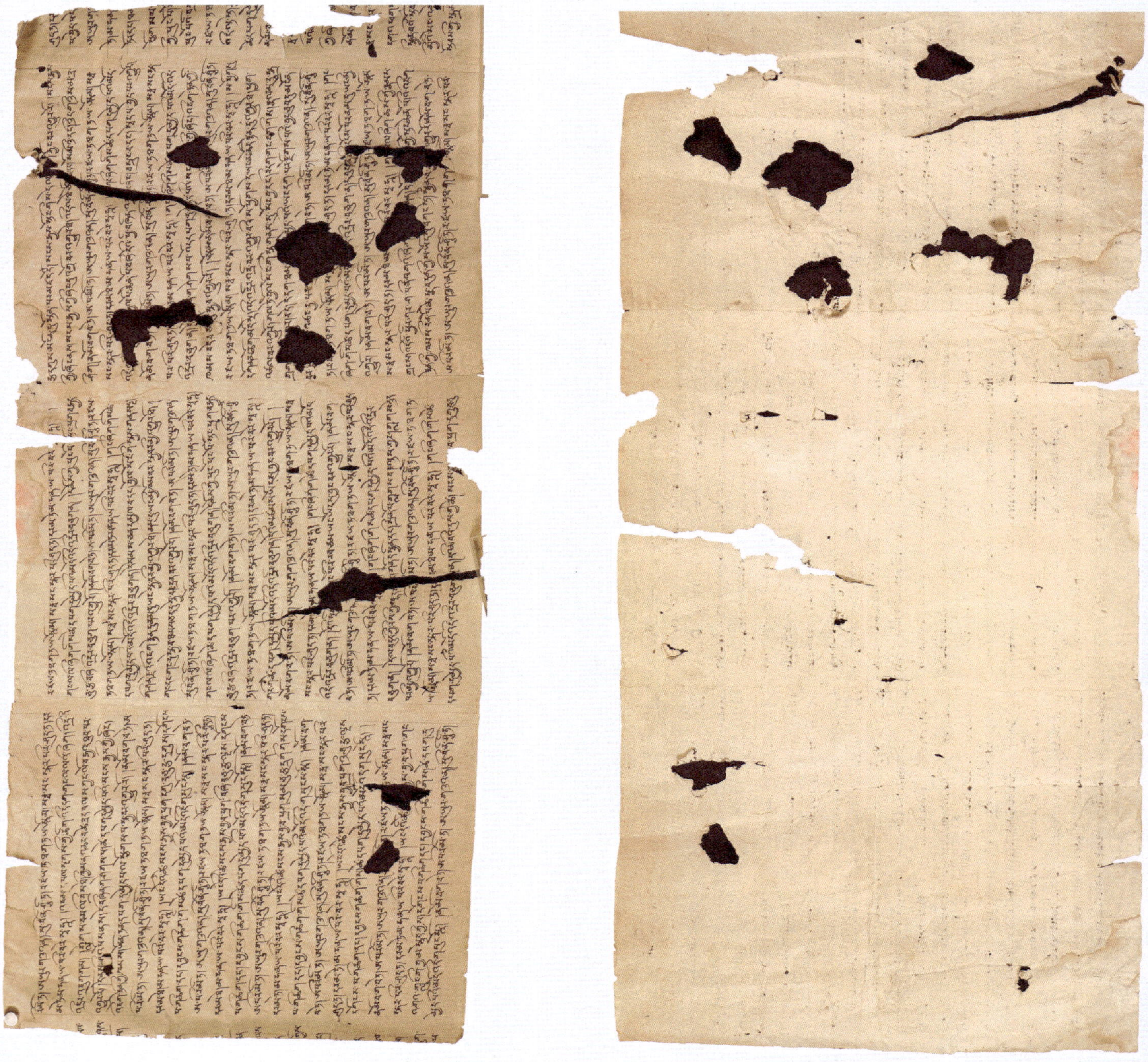

敦博 Db.t.0359 (R-V) འཕགས་པ་ཚེ་དང་ཡེ་ཤེས་དཔག་ཏུ་མེད་པ་ཞེས་བྱ་བ་ཐེག་པ་ཆེན་པོའི་མདོ།
大乘無量壽宗要經 (3—1)

敦博 Db.t.0359 (R-V) འཕགས་པ་ཚེ་དང་ཡེ་ཤེས་དཔག་ཏུ་མེད་པ་ཞེས་བྱ་བ་ཐེག་པ་ཆེན་པོའི་མདོ།

大乘無量壽宗要經 (3—2)

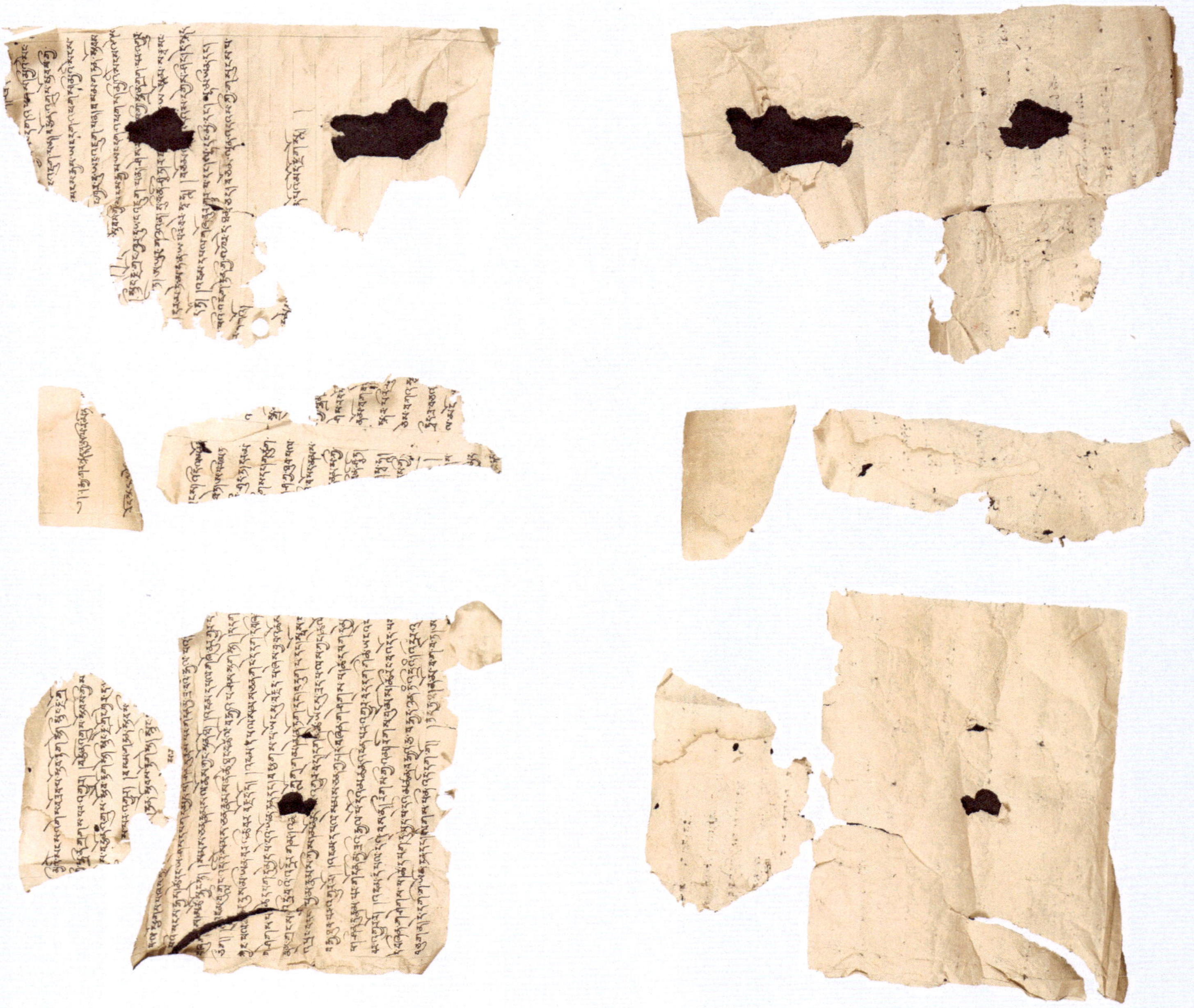

敦博 Db.t.0359 (R-V) འཕགས་པ་ཚེ་དང་ཡེ་ཤེས་དཔག་ཏུ་མེད་པ་ཞེས་བྱ་བ་ཐེག་པ་ཆེན་པོའི་མདོ།
大乘無量壽宗要經 (3—3)

敦博 Db.t.0360 ཚེ་དཔག་ཏུ་མྱེད་པ་ཞེས་བྱ་བ་ཐེག་པ་ཆེན་པོའི་མདོ།།

大乘無量壽宗要經 (4—1)

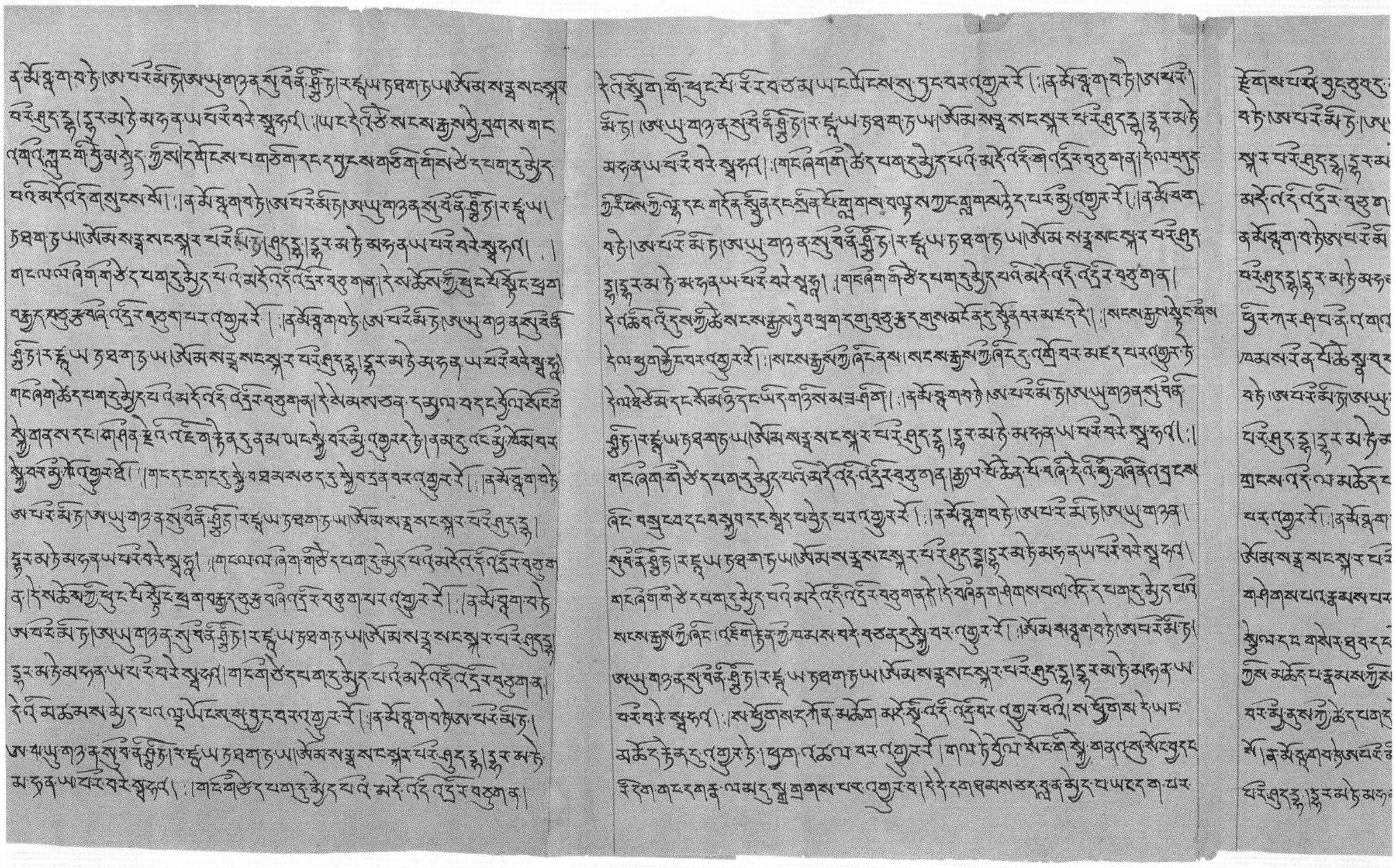

敦博 Db.t.0360 ཚེ་དཔག་ཏུ་མྱེད་པ་ཞེས་བྱ་བ་ཐེག་པ་ཆེན་པོའི་མདོ།།

大乘無量壽宗要經 (4—2)

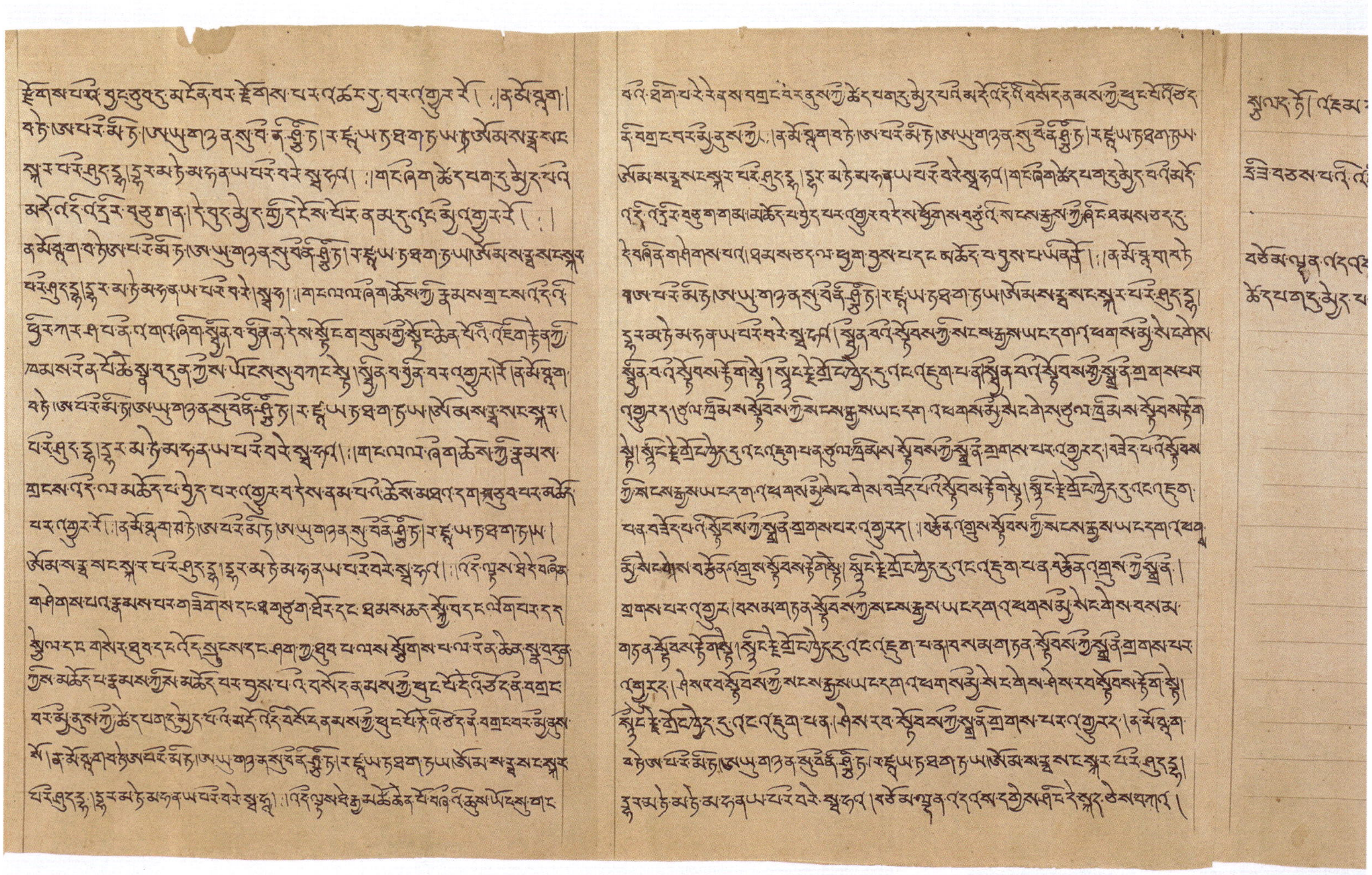

敦博 Db.t.0360　ཚེ་དཔག་ཏུ་མེད་པ་ཞེས་བྱ་བ་ཐེག་པ་ཆེན་པོའི་མདོ།།

大乘無量壽宗要經　(4—3)

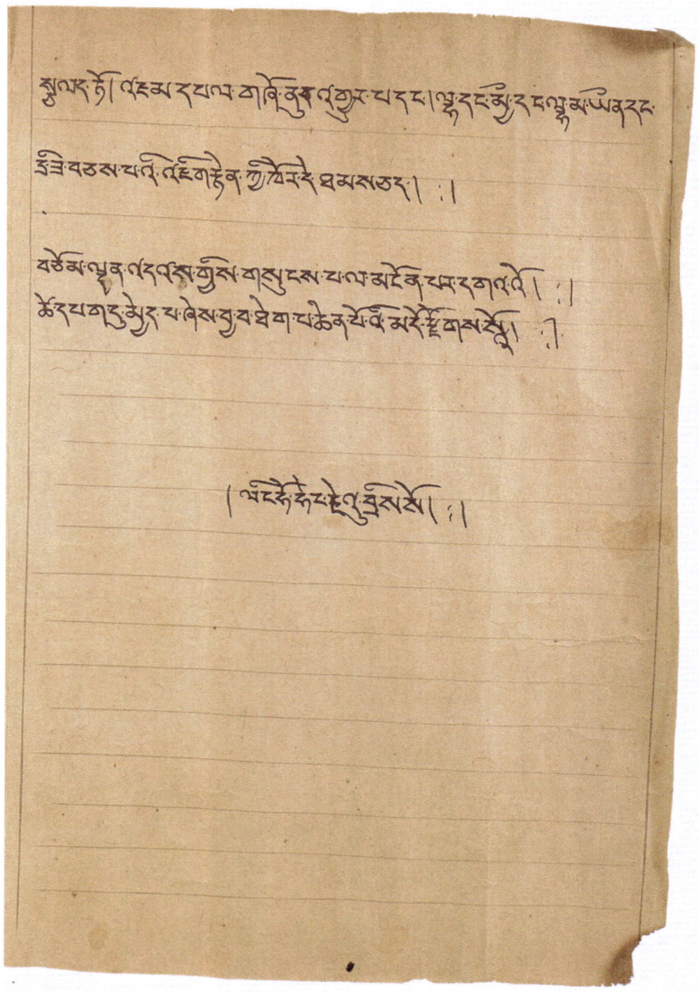

敦博 Db.t.0360　ཚེ་དཔག་ཏུ་མེད་པ་ཞེས་བྱ་བ་ཐེག་པ་ཆེན་པོའི་མདོ།།

大乘無量壽宗要經　(4—4)

敦博 Db.t.0361 ཚེ་དཔག་ཏུ་མེད་པ་ཞེས་བྱ་བ་ཐེག་པ་ཆེན་པོའི་མདོ།།
大乘無量壽宗要經 (3—1)

敦博 Db.t.0361 ཚེ་དཔག་ཏུ་མེད་པ་ཞེས་བྱ་བ་ཐེག་པ་ཆེན་པོའི་མདོ།།
大乘無量壽宗要經 (3—2)

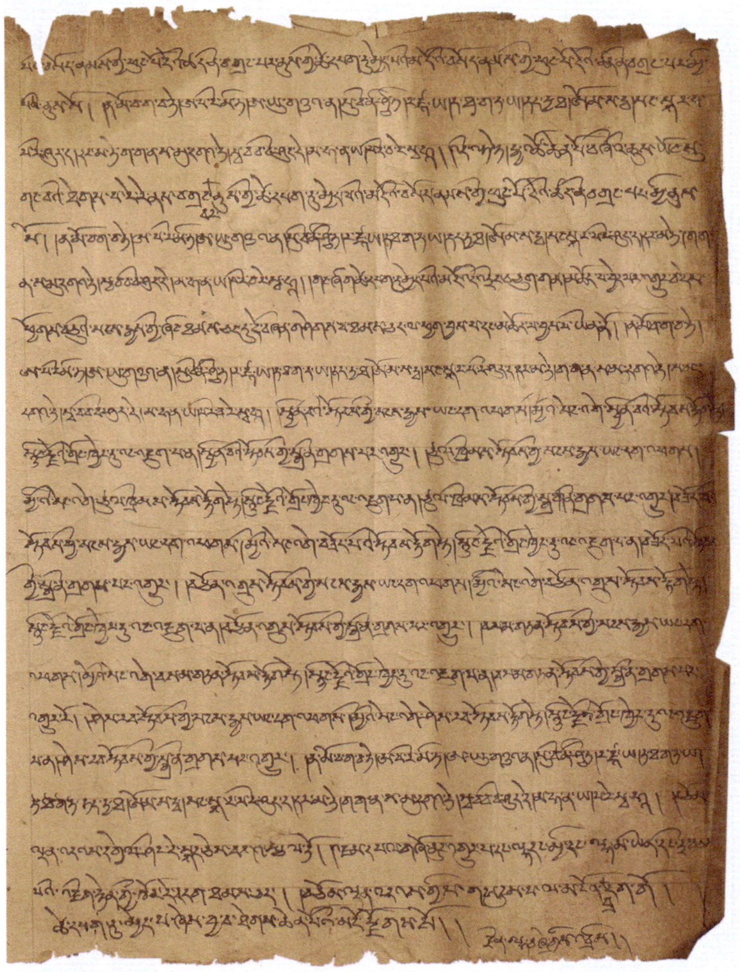

敦博 Db.t.0361 ཚེ་དཔག་ཏུ་མེད་པ་ཞེས་བྱ་བ་ཐེག་པ་ཆེན་པོ་འི་མདོ།།

大乘無量壽宗要經　(3—3)

敦博 Db.t.0362 ཚེ་དཔག་ཏུ་མེད་པ་ཞེས་བྱ་བ་ཐེག་པ་ཆེན་པོའི་མདོ།།

大乘無量壽宗要經　(3—1)

敦博 Db.t.0362 ཚེ་དཔག་ཏུ་མྱེད་པ་ཞེས་བྱ་བ་ཐེག་པ་ཆེན་པོའི་མདོ།།
大乘無量壽宗要經 (3—2)

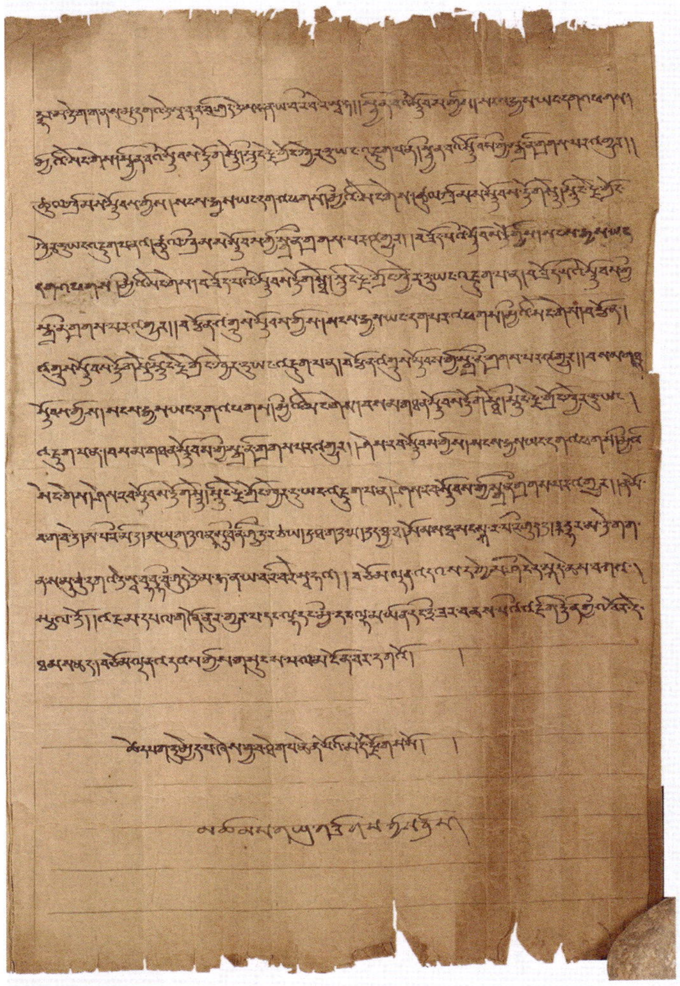

敦博 Db.t.0362 ཚེ་དཔག་ཏུ་མྱེད་པ་ཞེས་བྱ་བ་ཐེག་པ་ཆེན་པོའི་མདོ།།
大乘無量壽宗要經 (3—3)

敦博 Db.t.0363R　ཚེ་དཔག་དུ་མྱེད་པ་ཞེས་བྱ་བ་ཐེག་པ་ཆེན་པོ་འི་མདོ།།

大乘無量壽宗要經　(16—1)

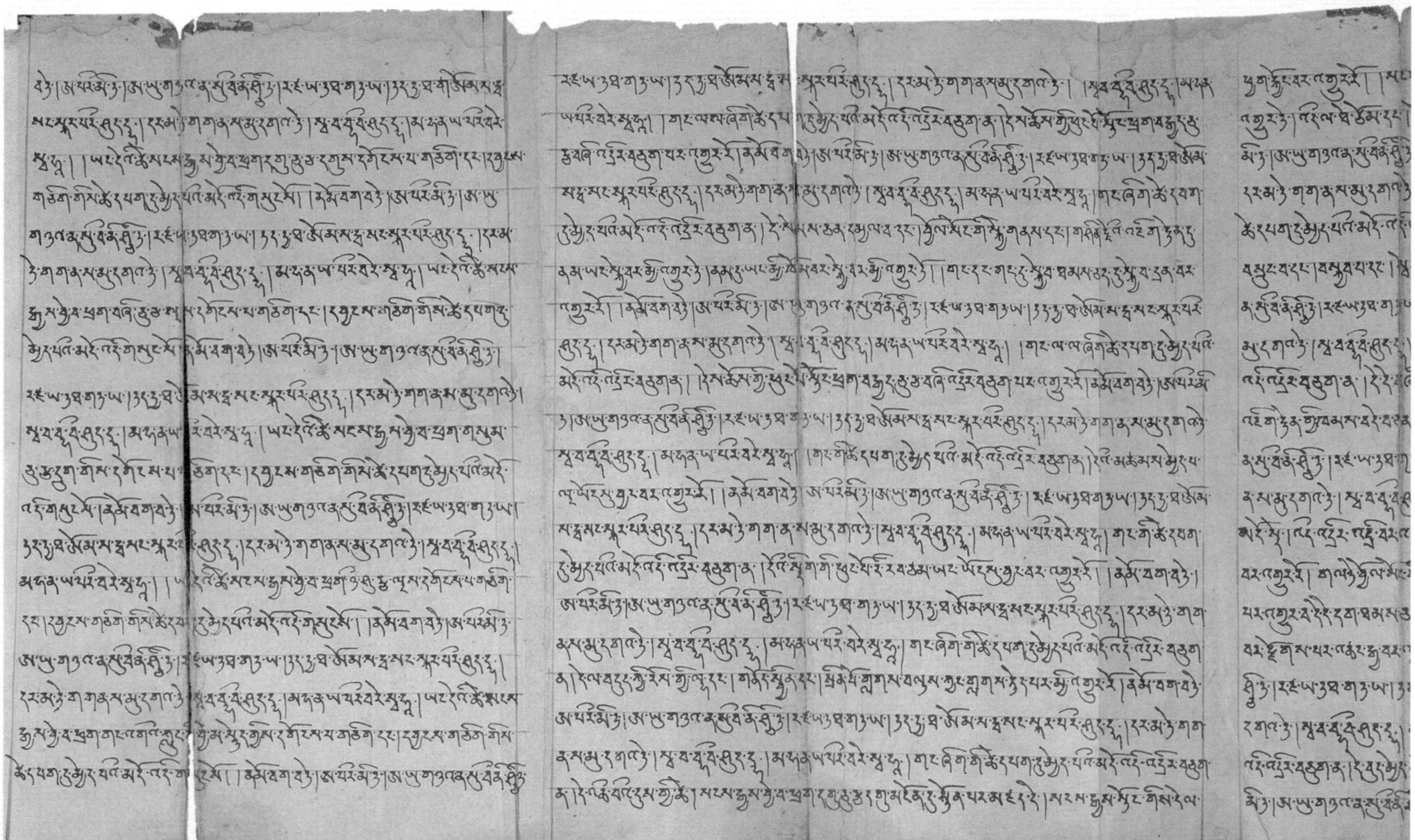

敦博 Db.t.0363R　ཚེ་དཔག་དུ་མྱེད་པ་ཞེས་བྱ་བ་ཐེག་པ་ཆེན་པོ་འི་མདོ།།

大乘無量壽宗要經　(16—2)

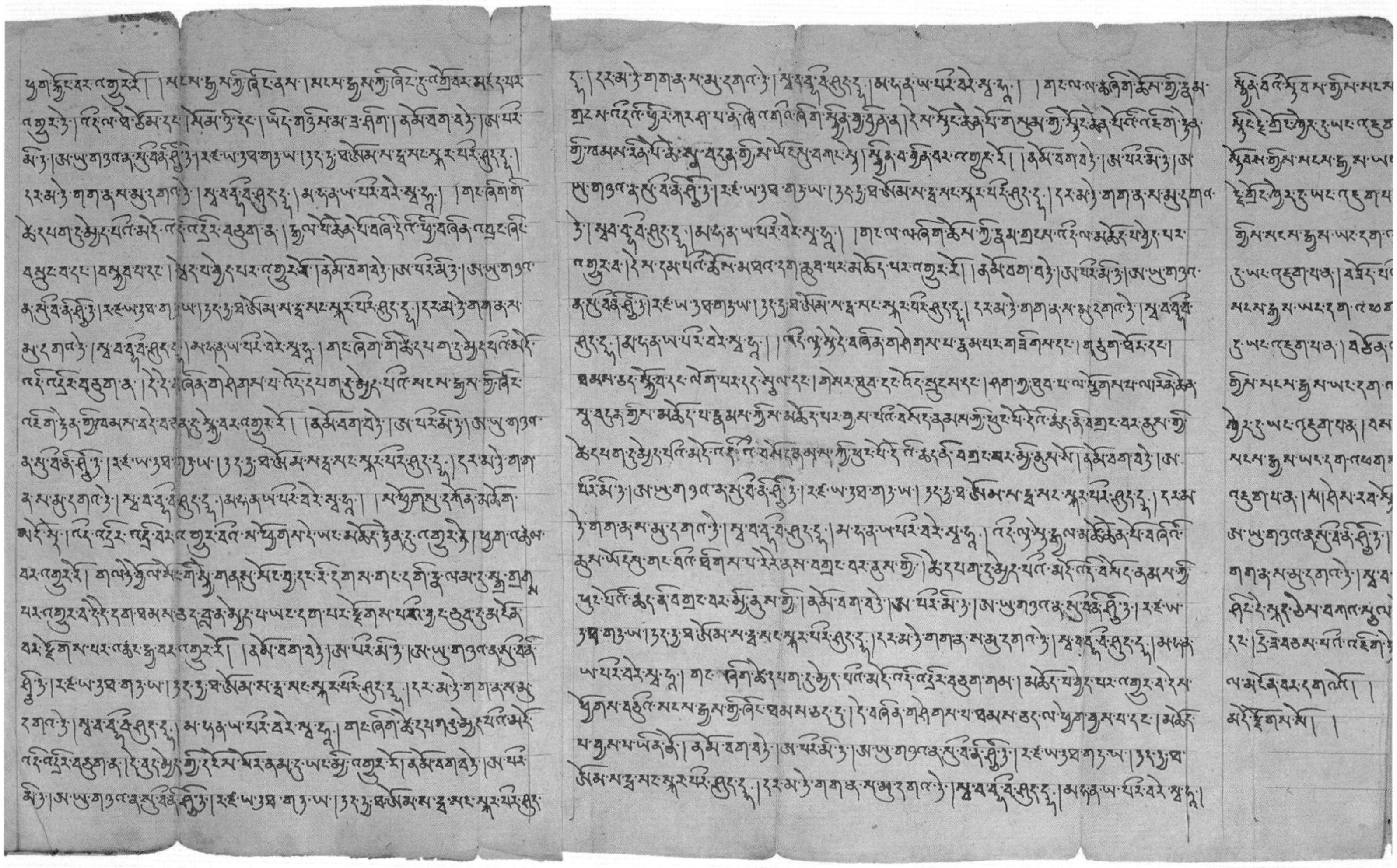

敦博 Db.t.0363R ཚེ་དཔག་ཏུ་མེད་པ་ཞེས་བྱ་བ་ཐེག་པ་ཆེན་པོའི་མདོ།།
大乘無量壽宗要經　(16—3)

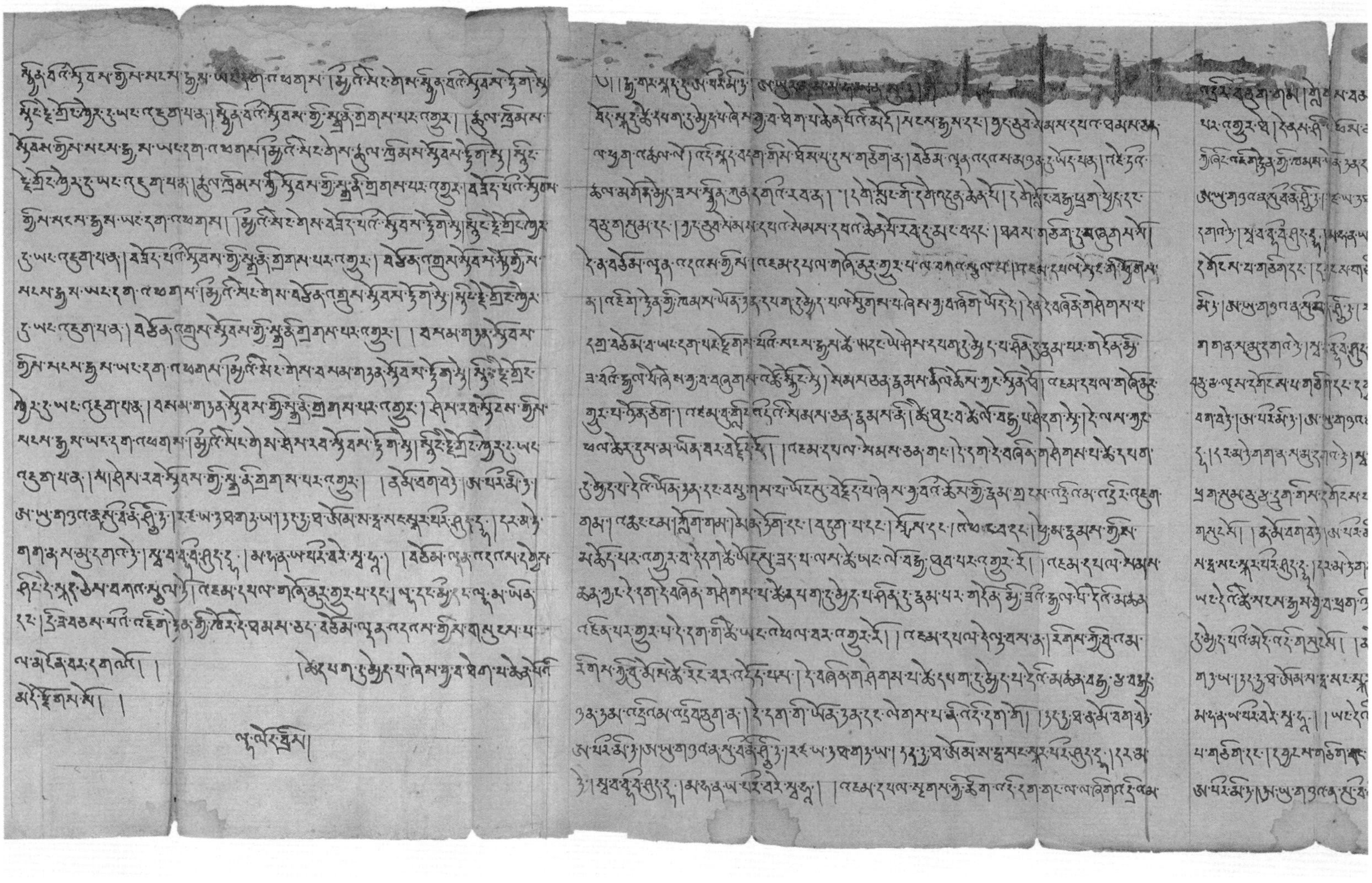

敦博 Db.t.0363R ཚེ་དཔག་ཏུ་མེད་པ་ཞེས་བྱ་བ་ཐེག་པ་ཆེན་པོའི་མདོ།།
大乘無量壽宗要經　(16—4)

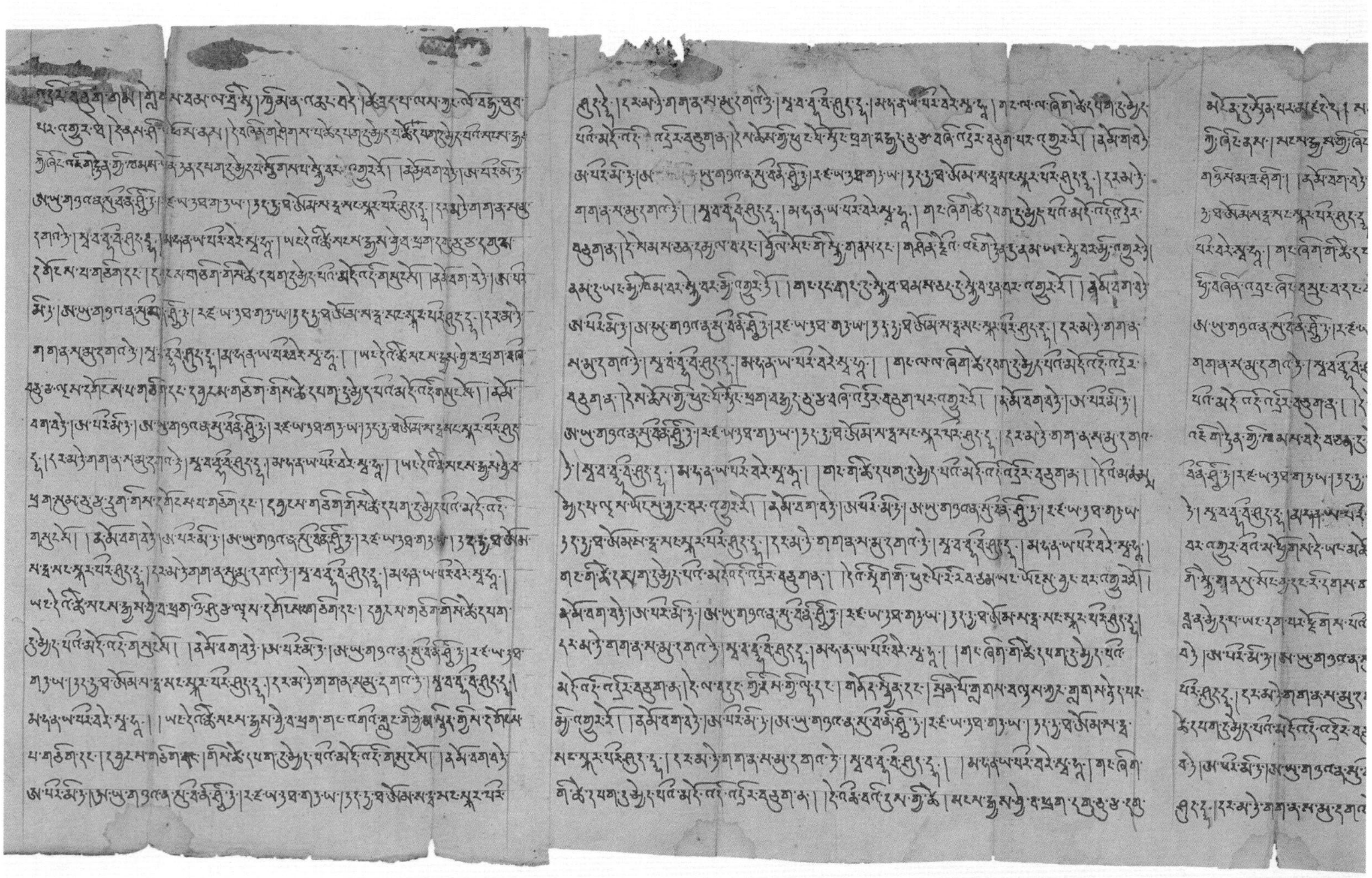

敦博 Db.t.0363R ཚེ་དཔག་ཏུ་མེད་པ་ཞེས་བྱ་བ་ཐེག་པ་ཆེན་པོའི་མདོ།།
大乘無量壽宗要經 (16—5)

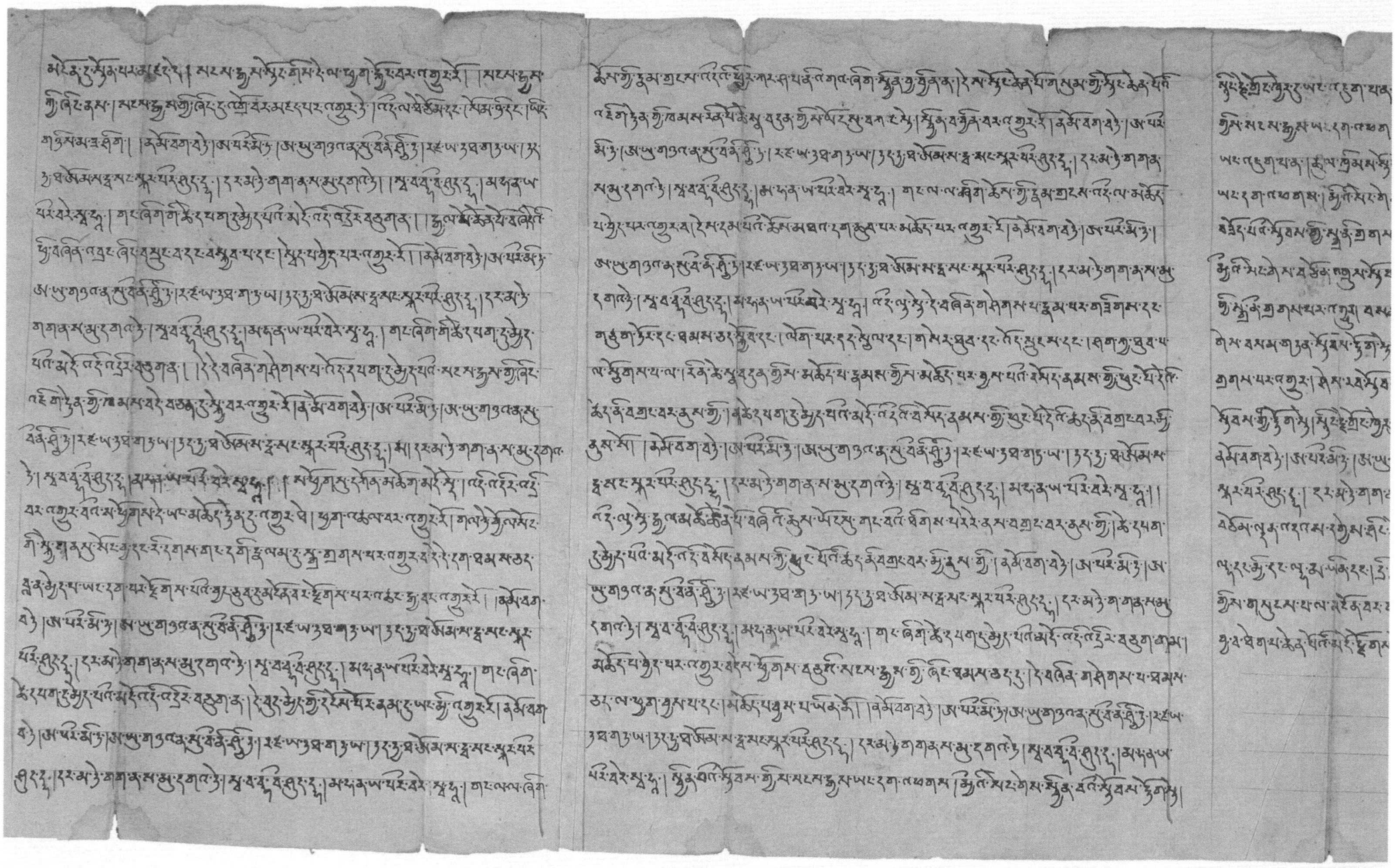

敦博 Db.t.0363R ཚེ་དཔག་ཏུ་མེད་པ་ཞེས་བྱ་བ་ཐེག་པ་ཆེན་པོའི་མདོ།།
大乘無量壽宗要經 (16—6)

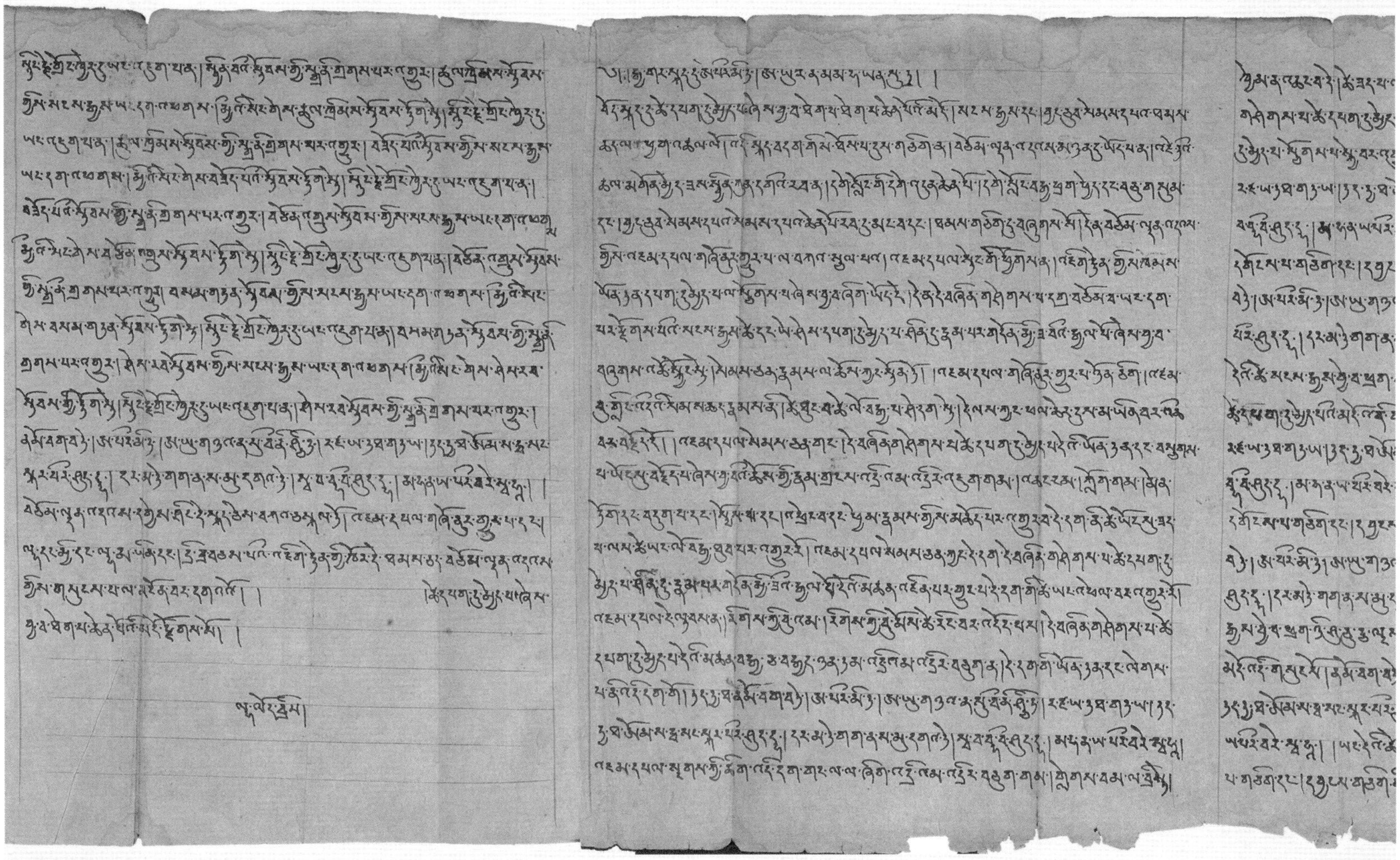

敦博 Db.t.0363R ཚེ་དཔག་ཏུ་མེད་པ་ཞེས་བྱ་བ་ཐེག་པ་ཆེན་པོའི་མདོ།།
大乘無量壽宗要經　(16—7)

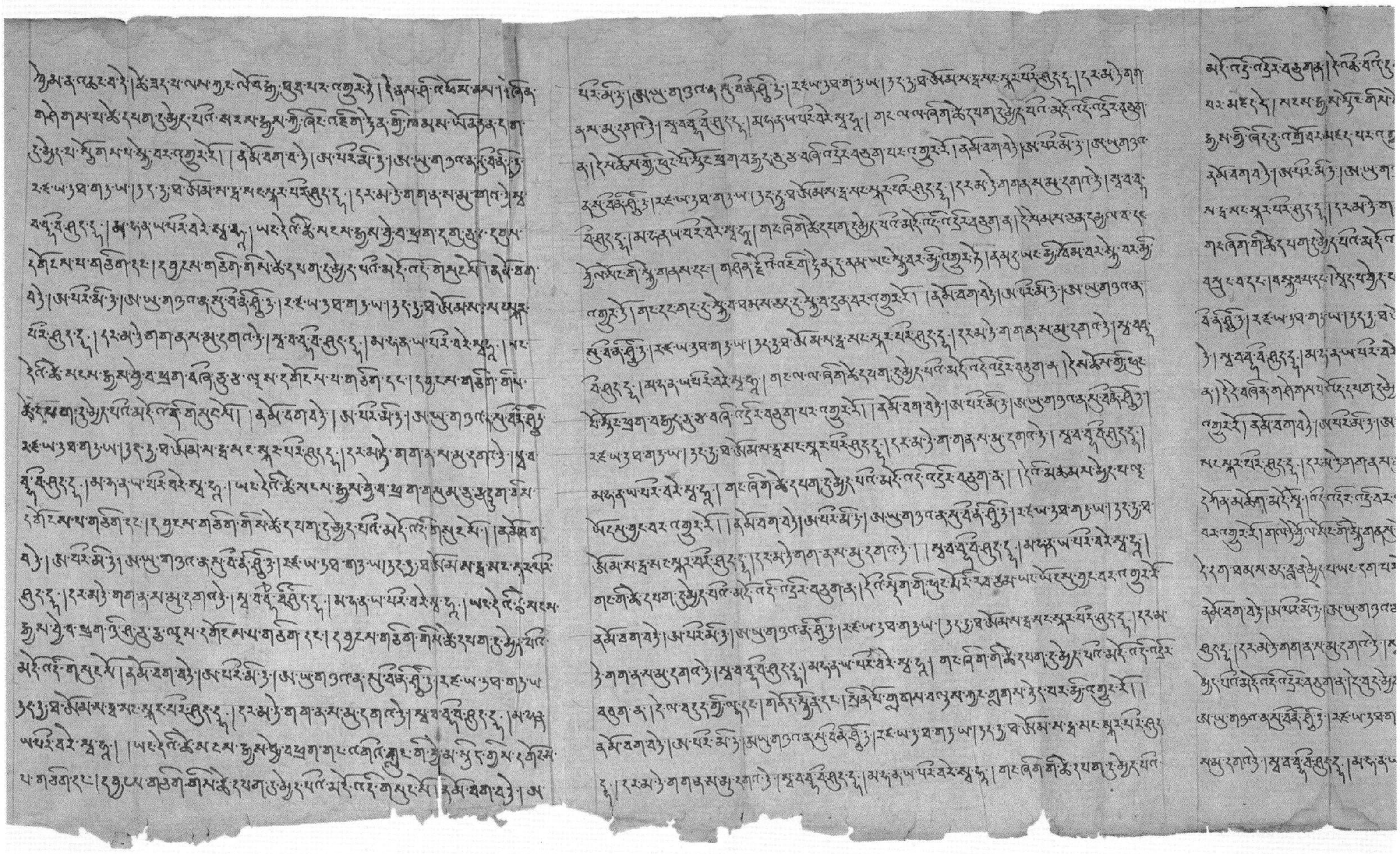

敦博 Db.t.0363R ཚེ་དཔག་ཏུ་མེད་པ་ཞེས་བྱ་བ་ཐེག་པ་ཆེན་པོའི་མདོ།།
大乘無量壽宗要經　(16—8)

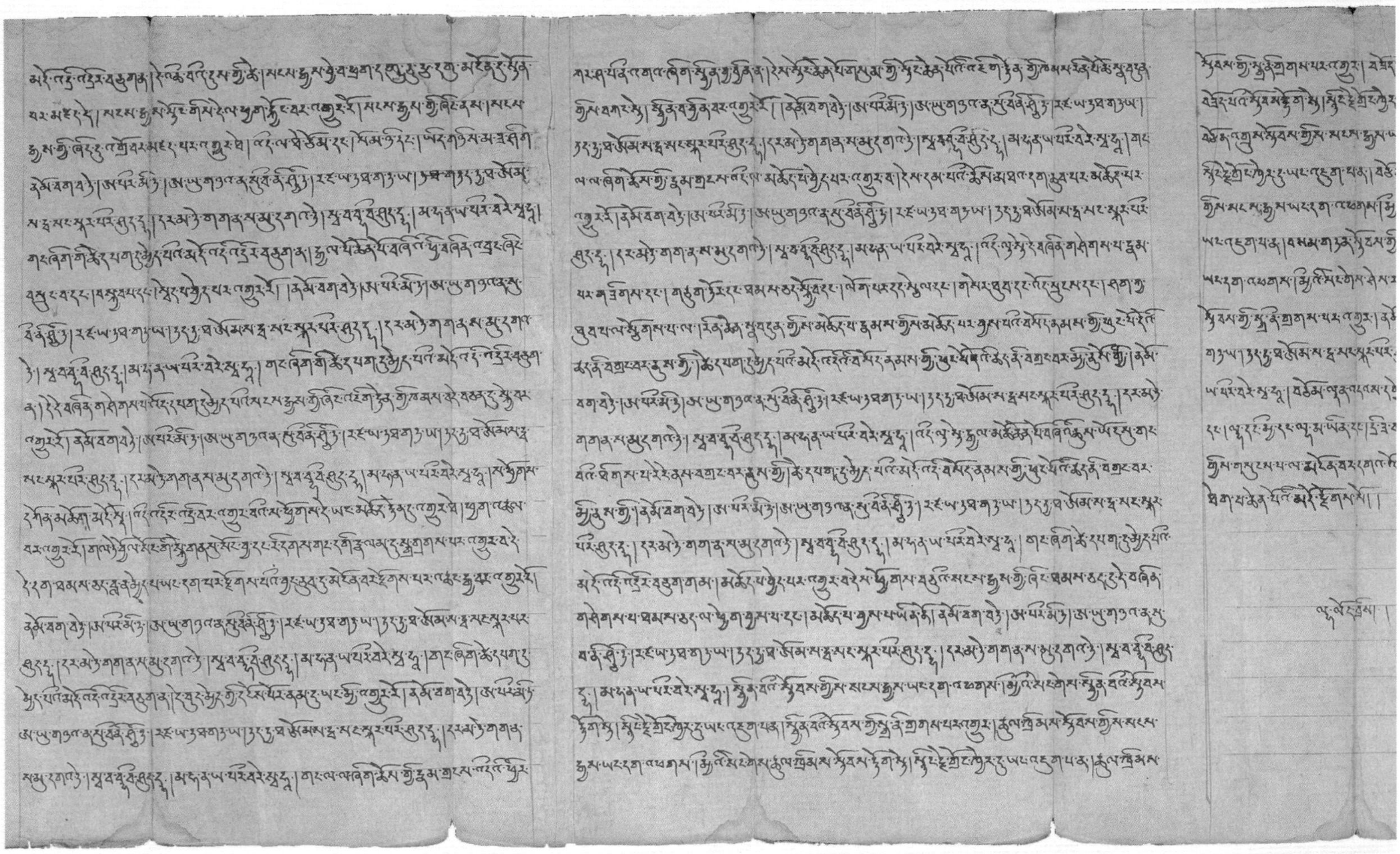

敦博 Db.t.0363R ཚེ་དཔག་དུ་མེད་པ་ཞེས་བྱ་བ་ཐེག་པ་ཆེན་པོའི་མདོ།།
大乘無量壽宗要經 (16—9)

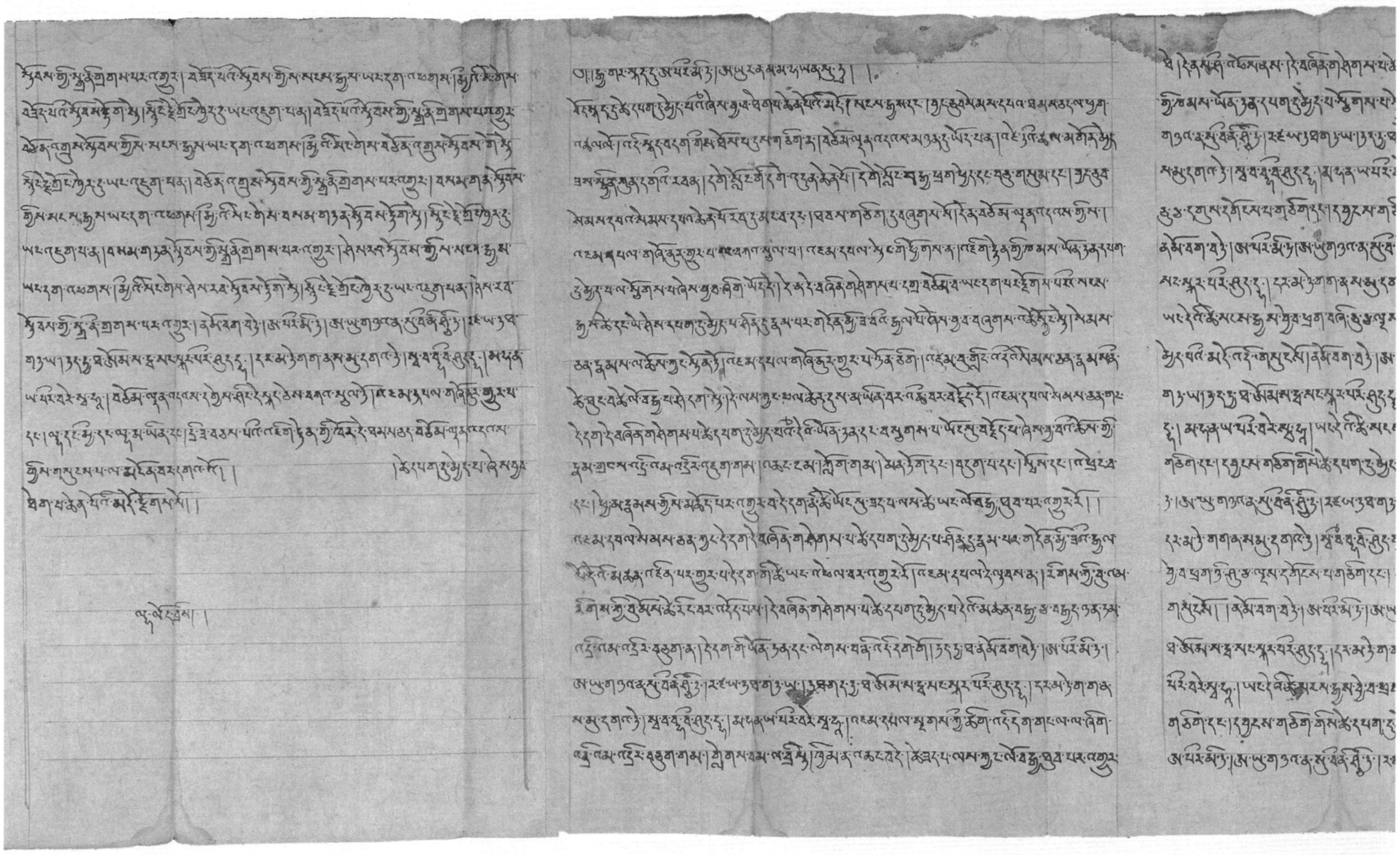

敦博 Db.t.0363R ཚེ་དཔག་དུ་མེད་པ་ཞེས་བྱ་བ་ཐེག་པ་ཆེན་པོའི་མདོ།།
大乘無量壽宗要經 (16—10)

敦博 Db.t.0363R ཚེ་དཔག་དུ་མེད་པ་ཞེས་བྱ་བ་ཐེག་པ་ཆེན་པོའི་མདོ།།
大乘無量壽宗要經 (16—11)

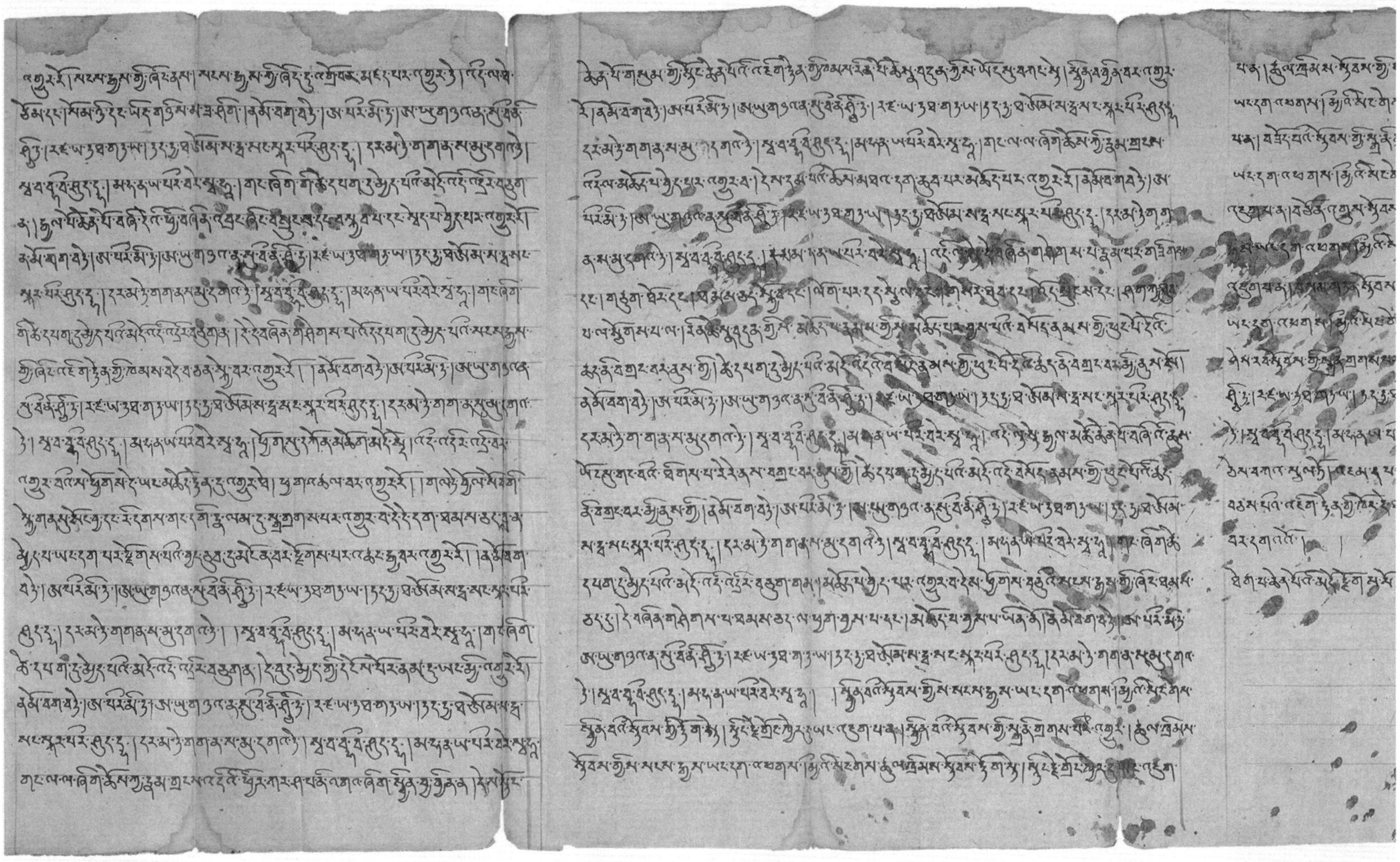

敦博 Db.t.0363R ཚེ་དཔག་དུ་མེད་པ་ཞེས་བྱ་བ་ཐེག་པ་ཆེན་པོའི་མདོ།།
大乘無量壽宗要經 (16—12)

敦博 Db.t.0363R ཚེ་དཔག་དུ་མེད་པ་ཞེས་བྱ་བ་ཐེག་པ་ཆེན་པོའི་མདོ།།
大乘無量壽宗要經 (16—13)

敦博 Db.t.0363R ཚེ་དཔག་དུ་མེད་པ་ཞེས་བྱ་བ་ཐེག་པ་ཆེན་པོའི་མདོ།།
大乘無量壽宗要經 (16—14)

敦博 Db.t.0363R ཚེ་དཔག་ཏུ་མེད་པ་ཞེས་བྱ་བ་ཐེག་པ་ཆེན་པོའི་མདོ།།
大乘無量壽宗要經 (16—15)

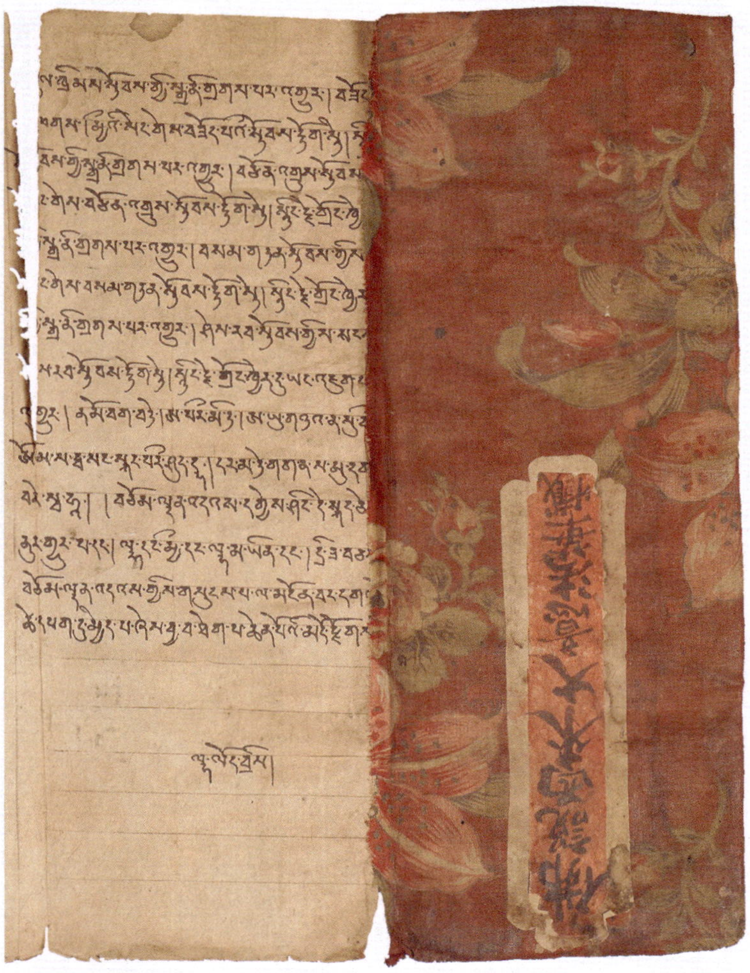

敦博 Db.t.0363R ཚེ་དཔག་ཏུ་མེད་པ་ཞེས་བྱ་བ་ཐེག་པ་ཆེན་པོའི་མདོ།།
大乘無量壽宗要經 (16—16)

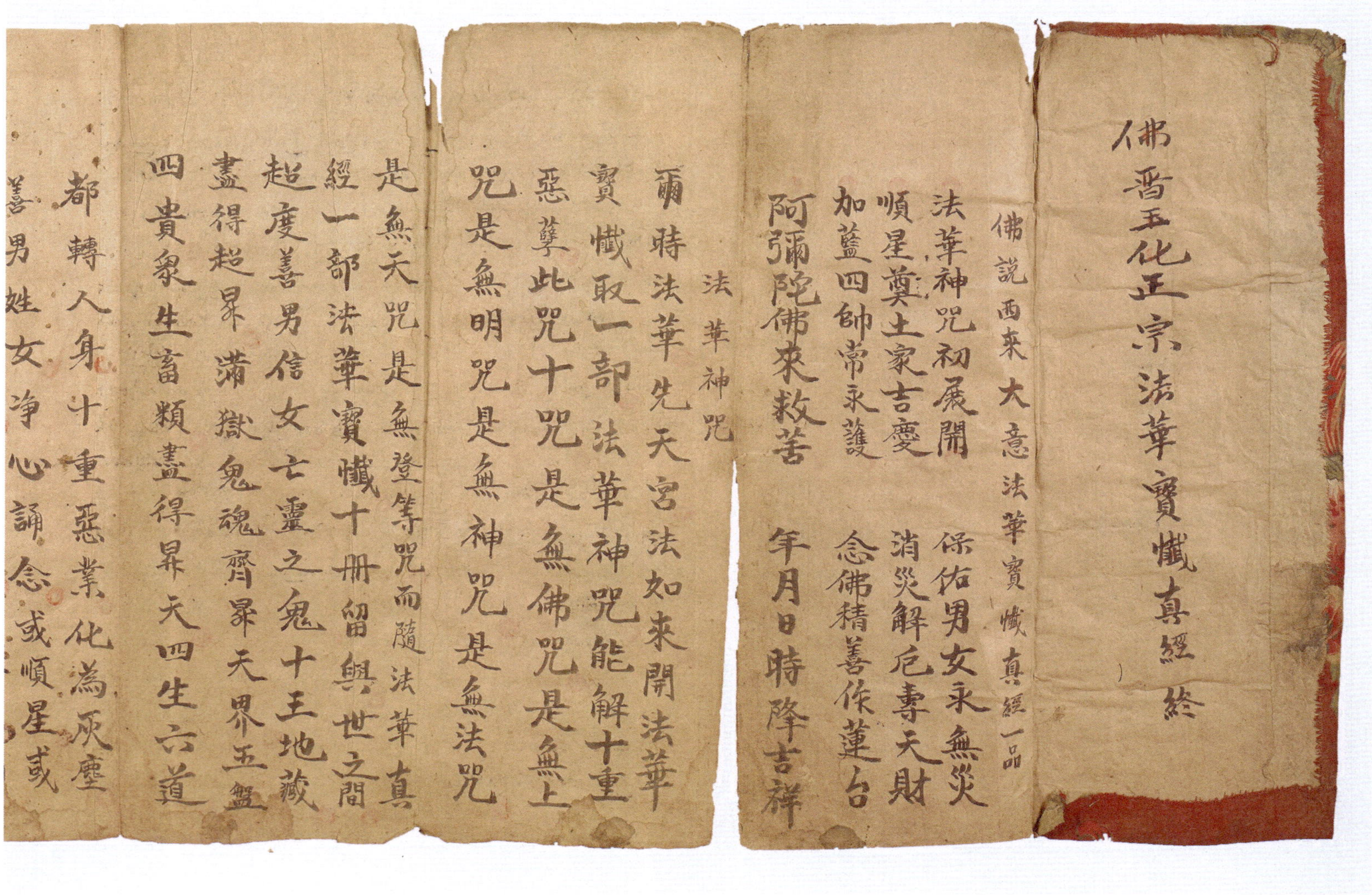

佛晋玉化正宗法華寶懺真經　終

佛說西來大意法華寶懺真經一品
法華神咒初展開　保佑男女永無災
順星奠土家吉慶　消災解厄壽天財
加藍四帥常永護　念佛精善作蓮台
阿彌陀佛來救苦　年月日時降吉祥

法華神咒
爾時法華先天宮法如來開法華
寶懺取一部法華神咒能解十重
惡孽此咒十咒是無佛咒是無上
咒是無明咒是無神咒是無法咒
是無天咒是無登等咒而隨法華真
經一部法華寶懺十冊留與世之間
超度善男信女亡靈之鬼十王地藏
盡得超昇滿獄鬼魂齊昇天界玉盤
四貴衆生畜類盡得昇天四生六道
都轉人身十重惡業化為灰塵
善男姓女浄心誦念或順星或

敦博 Db.t.0363V　རྒྱའི་ཆོས་གཞུང་།
漢文經文　(16—1)

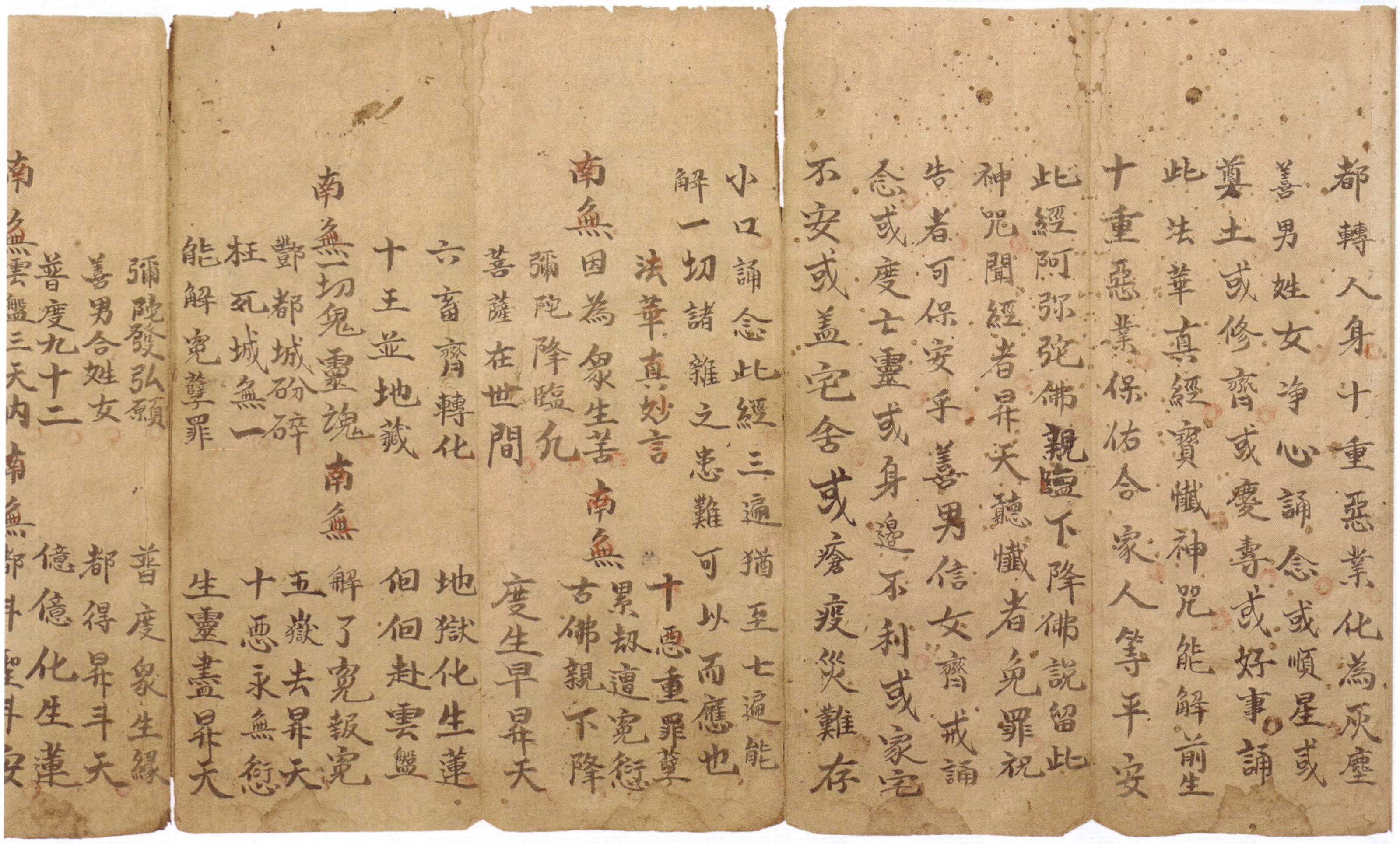

都轉人身十重惡業化為灰塵
善男姓女浄心誦念或順星或
奠土或修齊或慶壽或好事誦
此法華真經寶懺神咒能解前生
十重惡業保佑合家人等平安
此經阿弥陀佛親臨下降佛說留此
神咒聞經者昇天聽懺者免罪祝
告者可保安平善男信女齊戒誦
念或度亡靈或身邊不利或家宅
不安或蓋宅舍或瘟疫災難存
小口誦念此經三遍猶至七遍能
解一切諸雜之患難可以而應也
法華真妙言　十惡重罪孽
南無因為衆生苦　南無累劫遭寃愆
弥陀降臨凡　古佛親下降
菩薩在世間　度生早昇天
六畜齊轉化　地獄化生蓮
十王並地藏　佃佃赴雲盤
南無切鬼靈魂　南無　解了寃報寃
酆都城砎碎　五嶽去昇天
枉死城無一　十惡永無愆
能解寃孽罪　生靈盡昇天
彌陀發弘願　普度衆生緣
善男合姓女　都得昇斗天
普度九十二　億億化生蓮
南無雲盤三天內　南無都斗聖斗安

敦博 Db.t.0363V　རྒྱའི་ཆོས་གཞུང་།
漢文經文　(16—2)

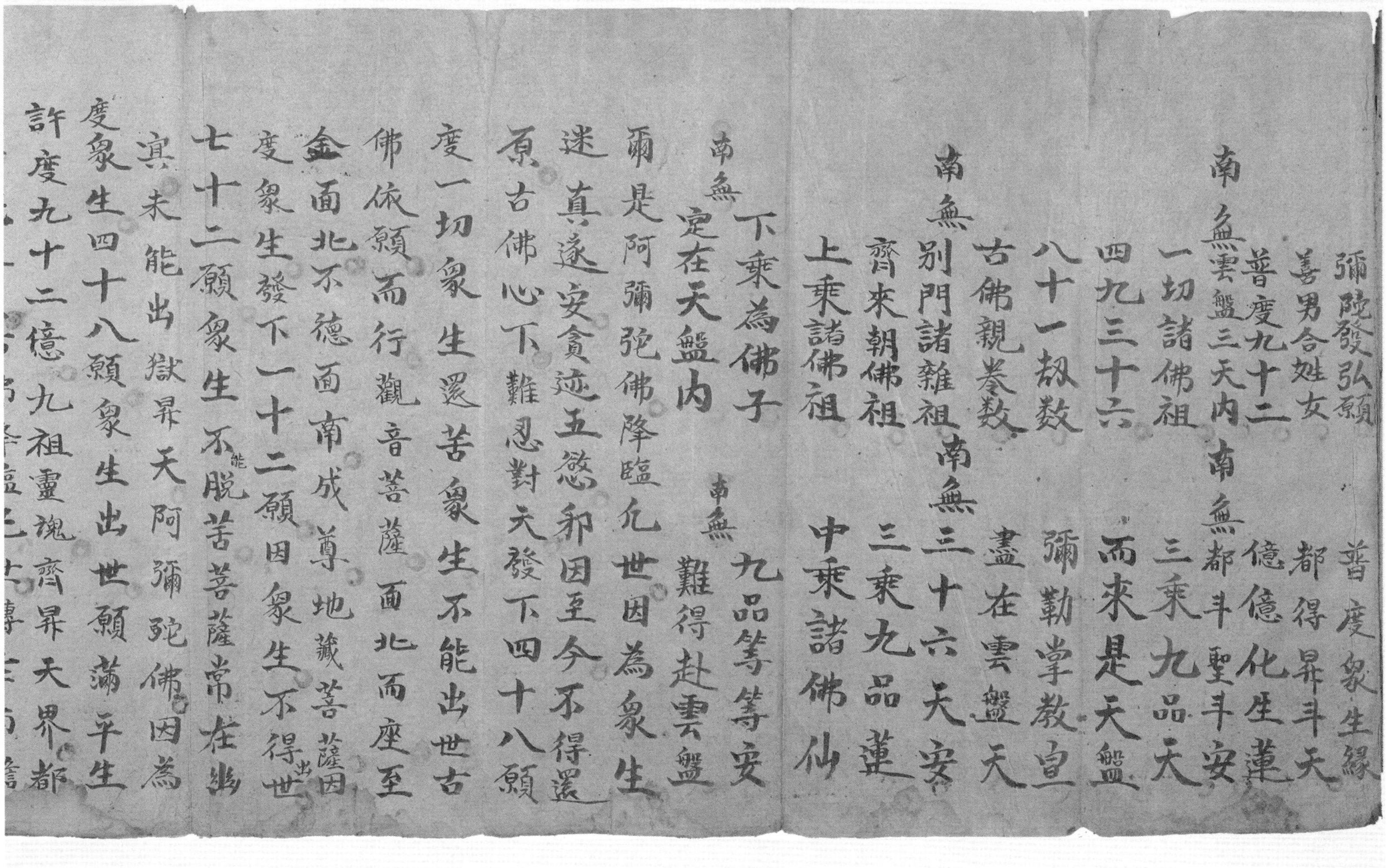

彌陀發弘願 普度衆生緣
善男合姓女 都得昇斗天
南無 普度九十二 億億化生蓮
雲盤三天內 南無都斗聖斗安
一切諸佛祖 三乘九品天
四九三十六 而來是天盤
八十一劫数 彌勒掌教皇
古佛親眷数 盡在雲盤天
南無 別門諸雜祖 南無三十六天安
齊來朝佛祖 三乘九品蓮
上乘諸佛祖 中乘諸佛仙
下乘為佛子 九品等等安
南無 定在天盤內 南無 難得赴雲盤
爾是阿彌陀佛降臨凡世因為衆生
迷真逐妄貪迹五慾昶因至今不得還
原古佛心下難忍對天發下四十八願
度一切衆生還苦衆生不能出世古
佛依願而行觀音菩薩面北而座至
金面北不德面南成尊地藏菩薩因
度衆生發下一十二願因衆生不得出世
七十二願衆生不能脫苦菩薩常在幽
冥未能出獄昇天阿彌陀佛因為
度衆生四十八願衆生出世願滿平生
許度九十二億九祖靈魂齊昇天界都

敦博 Db.t.0363V ཀྱའི་ཆོས་གཞུང་།
漢文經文 (16—3)

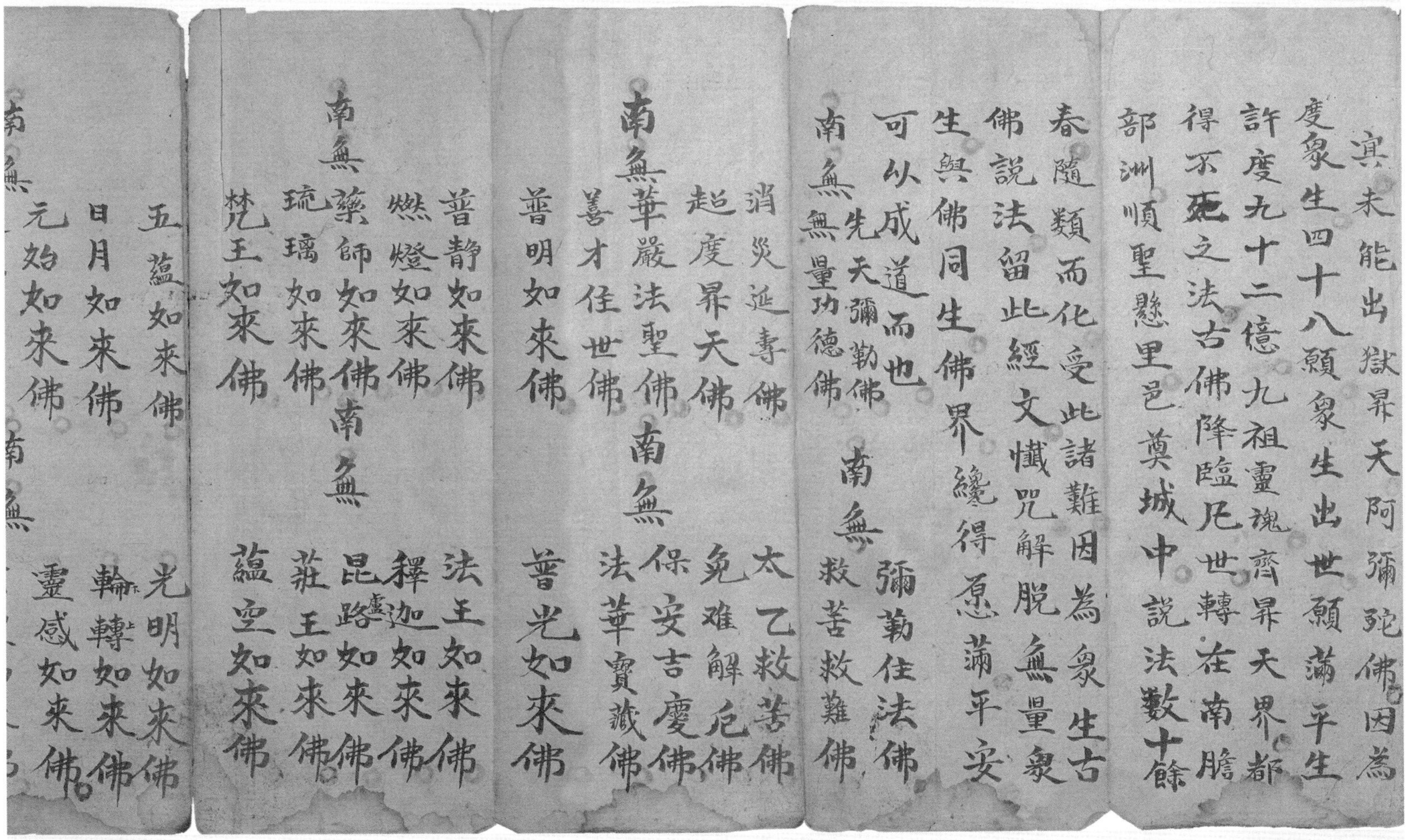

冥未能出獄昇天阿彌陀佛因為
度衆生四十八願衆生出世願滿平生
許度九十二億九祖靈魂齊昇天界都
得不死之法古佛降臨凡世轉在南膽
部洲順聖懸里邑莫城中說法數十餘
春隨類而化受此諸難因為衆生古
佛說法留此經文懺咒解脫無量衆
生與佛同生佛界纔得愿滿平安
可以成道而也
南無 無量功德佛 先天彌勒佛 南無 彌勒住法佛 救苦救難佛
消災延壽佛 太乙救苦佛
超度昇天佛 免难解厄佛
南無華嚴法聖佛 南無 保安吉慶佛
善才住世佛 法華寶藏佛
普明如來佛 普光如來佛
普靜如來佛 法王如來佛
燃燈如來佛 釋迦如來佛
南無藥師如來佛 南無 昆盧如來佛
琉璃如來佛 莊王如來佛
梵王如來佛 蘊空如來佛
五蘊如來佛 光明如來佛
日月如來佛 輪轉如來佛
元始如來佛 靈感如來佛
南無 南無

敦博 Db.t.0363V ཀྱའི་ཆོས་གཞུང་།
漢文經文 (16—4)

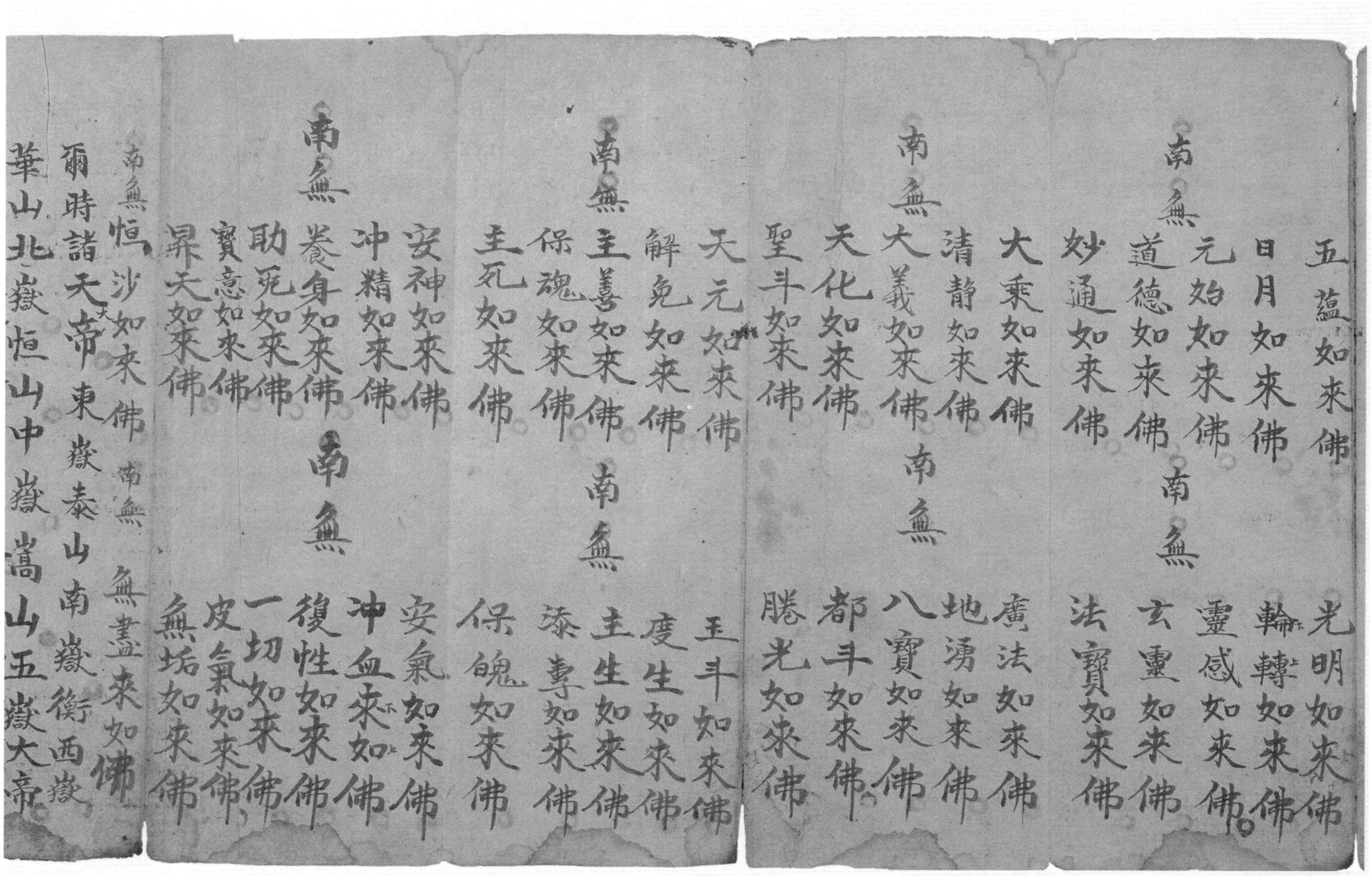
五蘊如來佛 光明如來佛
日月如來佛 輪轉如來佛
南無 元始如來佛 靈感如來佛
道德如來佛 南無 玄靈如來佛
妙通如來佛 法寶如來佛
大乘如來佛 廣法如來佛
清靜如來佛 地湧如來佛
南無 大義如來佛 南無 八寶如來佛
天化如來佛 都斗如來佛
聖斗如來佛 勝光如來佛
天元如來佛 玉斗如來佛
解免如來佛 度生如來佛
南無 主善如來佛 南無 主生如來佛
保魂如來佛 添壽如來佛
主死如來佛 保魄如來佛
安神如來佛 安氣如來佛
冲精如來佛 冲血如來佛
南無 養身如來佛 南無 復性如來佛
助死如來佛 一切如來佛
寶意如來佛 皮氣如來佛
昇天如來佛 無垢如來佛
南無恒沙如來佛 南無 無盡來如佛
爾時諸天帝東嶽泰山南嶽衡西嶽
華山北嶽恒山中嶽嵩山五嶽大帝

敦博 Db.t.0363V རྒྱའི་ཆོས་གཞུང་།
漢文經文 (16—5)

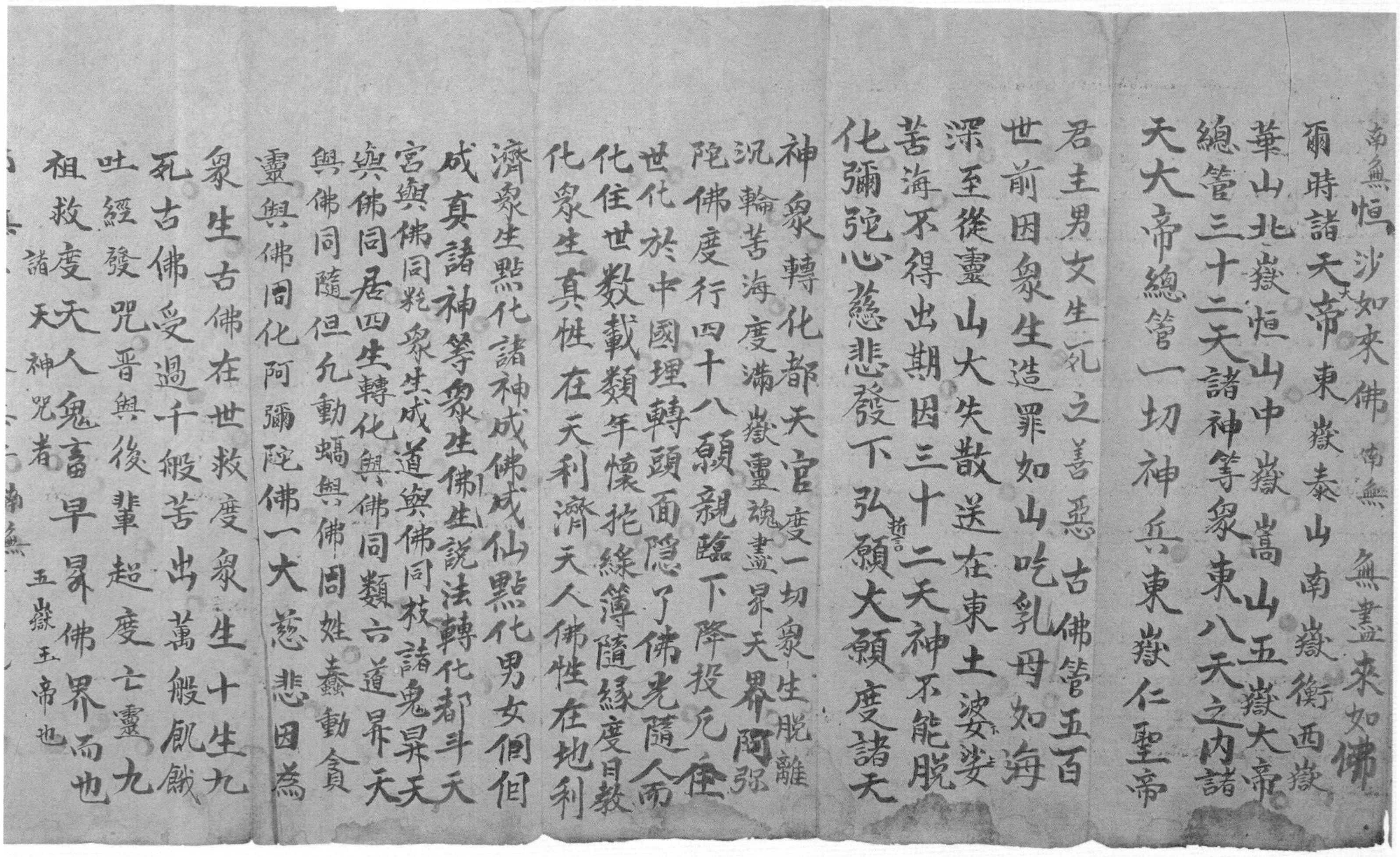
南無恒沙如來佛 南無 無盡來如佛
爾時諸天帝東嶽泰山南嶽衡西嶽
華山北嶽恒山中嶽嵩山五嶽大帝
總管三十二天諸神等衆東八天之內諸
天大帝總管一切神兵東嶽仁聖帝
君主男女生死之善惡古佛管五百
世前因衆生造罪如山吃乳母如海
深至從靈山大失散送在東土婆娑
苦海不得出期因三十二天神不能脫
化彌陀心慈悲發下弘誓願大願度諸天
神衆轉化都天宮度一切衆生脫離
沉輪苦海度滿嶽靈魂盡昇天界阿彌
陀佛度行四十八願親臨下降投凡住
世化於中國埋轉頭面隱了佛光隨人而
化住世數載類年懐抱緣簿隨緣度自教
化衆生真性在天利濟天人佛性在地利
濟衆生點化諸神成佛成仙點化男女個個
成真諸神等衆生佛生說法轉化都斗天
宮與佛同粒衆生成道與佛同枝諸鬼昇天
與佛同居四生轉化與佛同類六道昇天
與佛同隨但凡動蝎與佛同姓蠢動貪
靈與佛同化阿彌陀佛一大慈悲因為
衆生古佛在世救度衆生十生九
死古佛受過千般苦出萬般飢餓
吐經發咒晋與後輩超度亡靈九
祖救度天人鬼畜早昇佛界而也
諸天神咒者 五嶽玉帝也

敦博 Db.t.0363V རྒྱའི་ཆོས་གཞུང་།
漢文經文 (16—6)

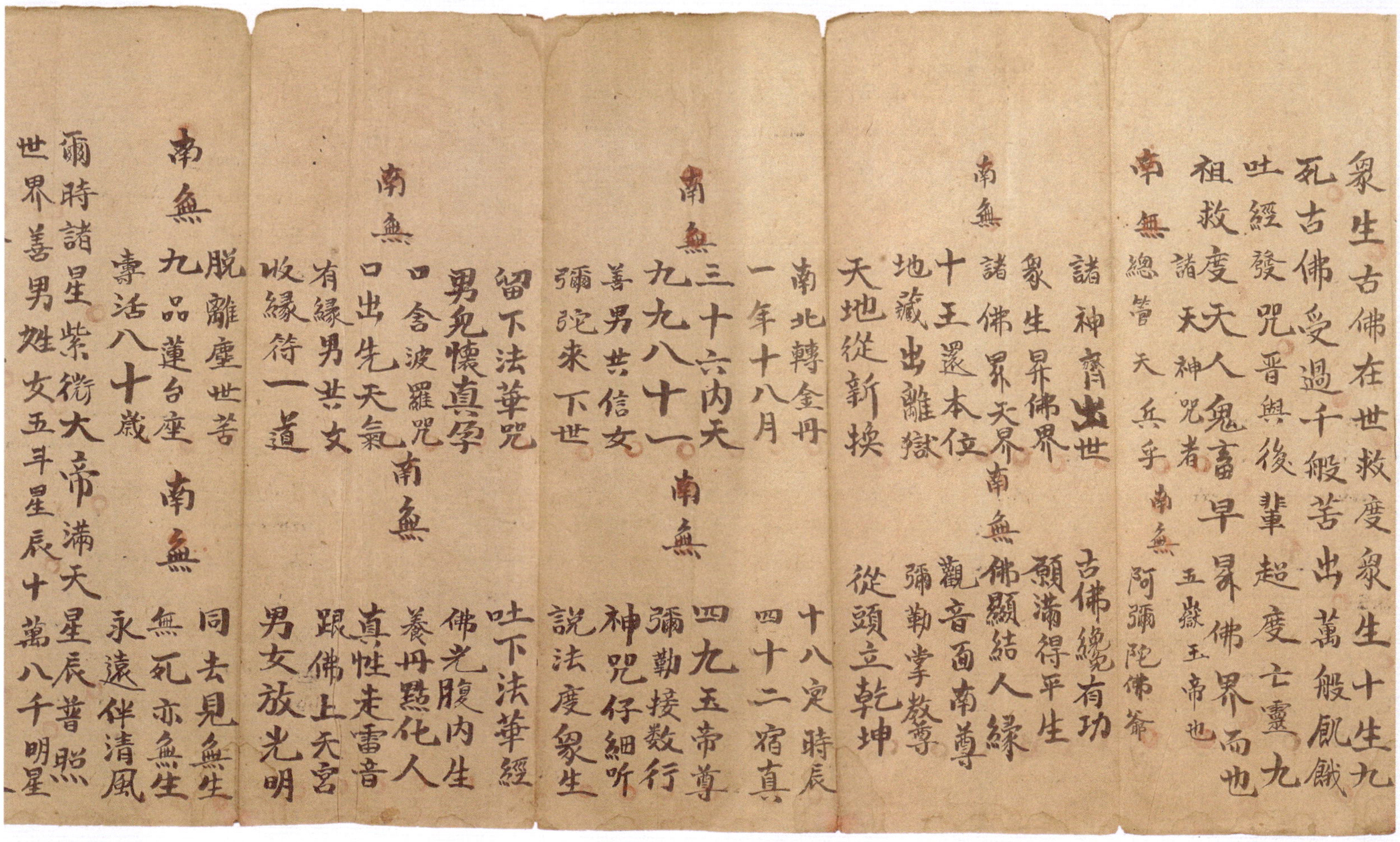

衆生古佛在世救度衆生十生九
死古佛受過千般苦出萬般飢餓
吐經發咒晉與後輩超度亡靈九
祖救度天人鬼畜早昇佛界而也
諸天神咒者 五嶽玉帝也
南無總管天兵手 南無阿彌陀佛爺
諸神齊出世 古佛總有功
衆生昇佛界 願滿得平生
南無諸佛界天界南無佛顯結人緣
十王還本位 觀音面南尊
地藏出離獄 彌勒掌教尊
天地從新換 從頭立乾坤
南北轉金丹 十八寅時辰
一年十八月 四十二宿真
南無三十六内天 四九五帝尊
九九八十一 南無 彌勒接數行
善男共信女 神咒仔細听
彌陀來下世 說法度衆生
留下法華咒 吐下法華經
男兒懷真學 佛光腹内生
南無口含波羅咒 南無 養丹點化人
口出先天氣 真性走雷音
有緣男共女 跟佛上天宮
收緣符一道 男女放光明
脱離塵世苦 同去見無生
南無九品蓮台座 南無 無死亦無生
壽活八十歲 永遠伴清風
爾時諸星紫微大帝滿天星辰普照
世界善男姓女五斗星辰十萬八千明星

敦博 Db.t.0363V ཀྱའི་ཆོས་གཞུང་།
漢文經文 (16—7)

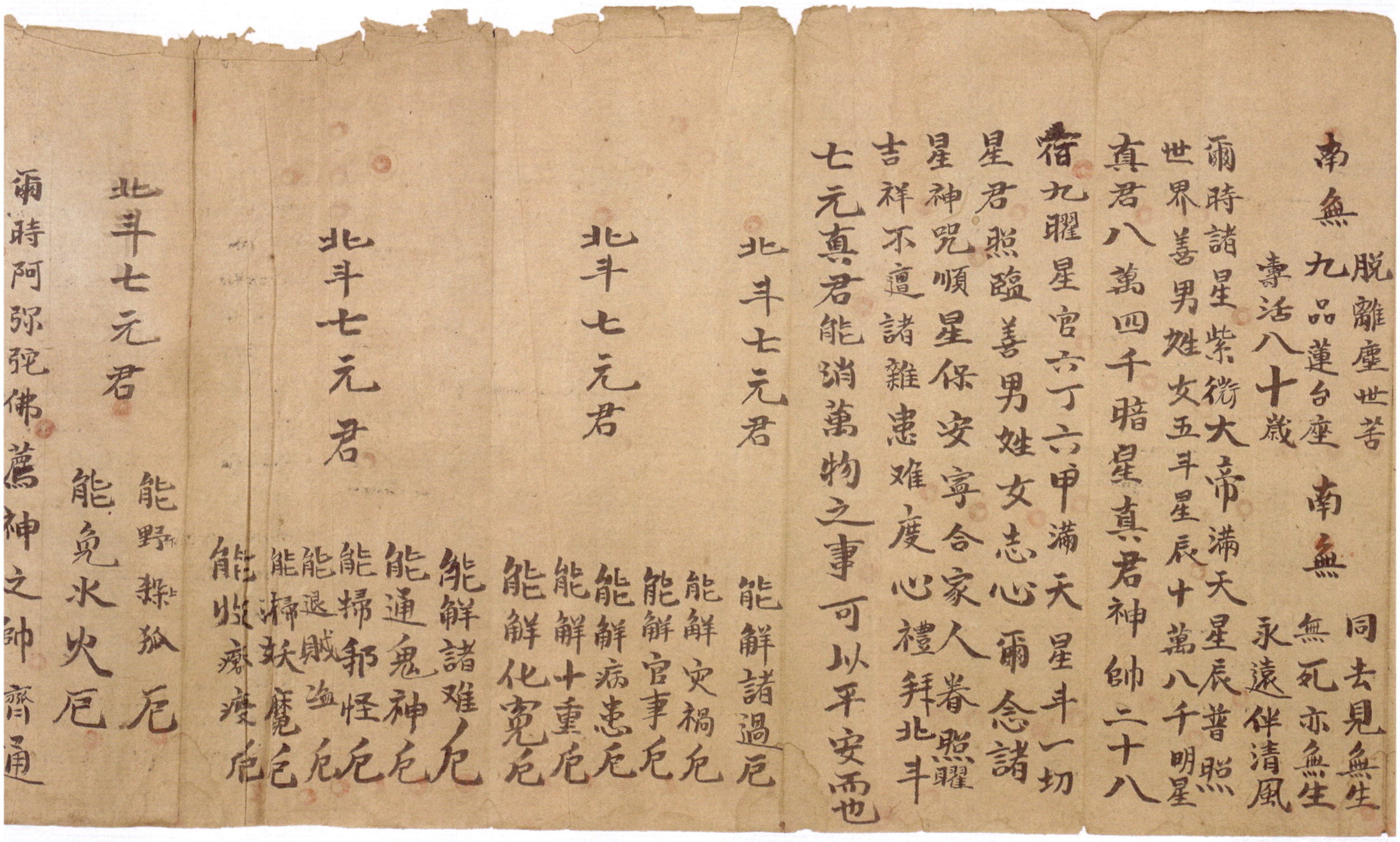

脱離塵世苦 同去見無生
南無九品蓮台座 南無 無死亦無生
壽活八十歲 永遠伴清風
爾時諸星紫微大帝滿天星辰普照
世界善男姓女五斗星辰十萬八千明星
真君八萬四千瞎星真君神帥二十八
宿九曜星官六丁六甲滿天星斗一切
星君照臨善男姓女志心爾念諸
星神咒順星保安寧合家人眷照曜
吉祥不遭諸雜患难度心禮拜北斗
七元真君能消萬物之事可以平安而也
北斗七元君 能解諸過厄
能解灾禍厄
能解官事厄
北斗七元君 能解病患厄
能解十重厄
能解化寃厄
能解諸难厄
能通鬼神厄
北斗七元君 能掃邪怪厄
能退賊盜厄
能滌妖魔厄
能收瘟疫厄
北斗七元君 能野[illegible]狐厄
能免水火厄
爾時阿彌陀佛萬神之帥齊通

敦博 Db.t.0363V ཀྱའི་ཆོས་གཞུང་།
漢文經文 (16—8)

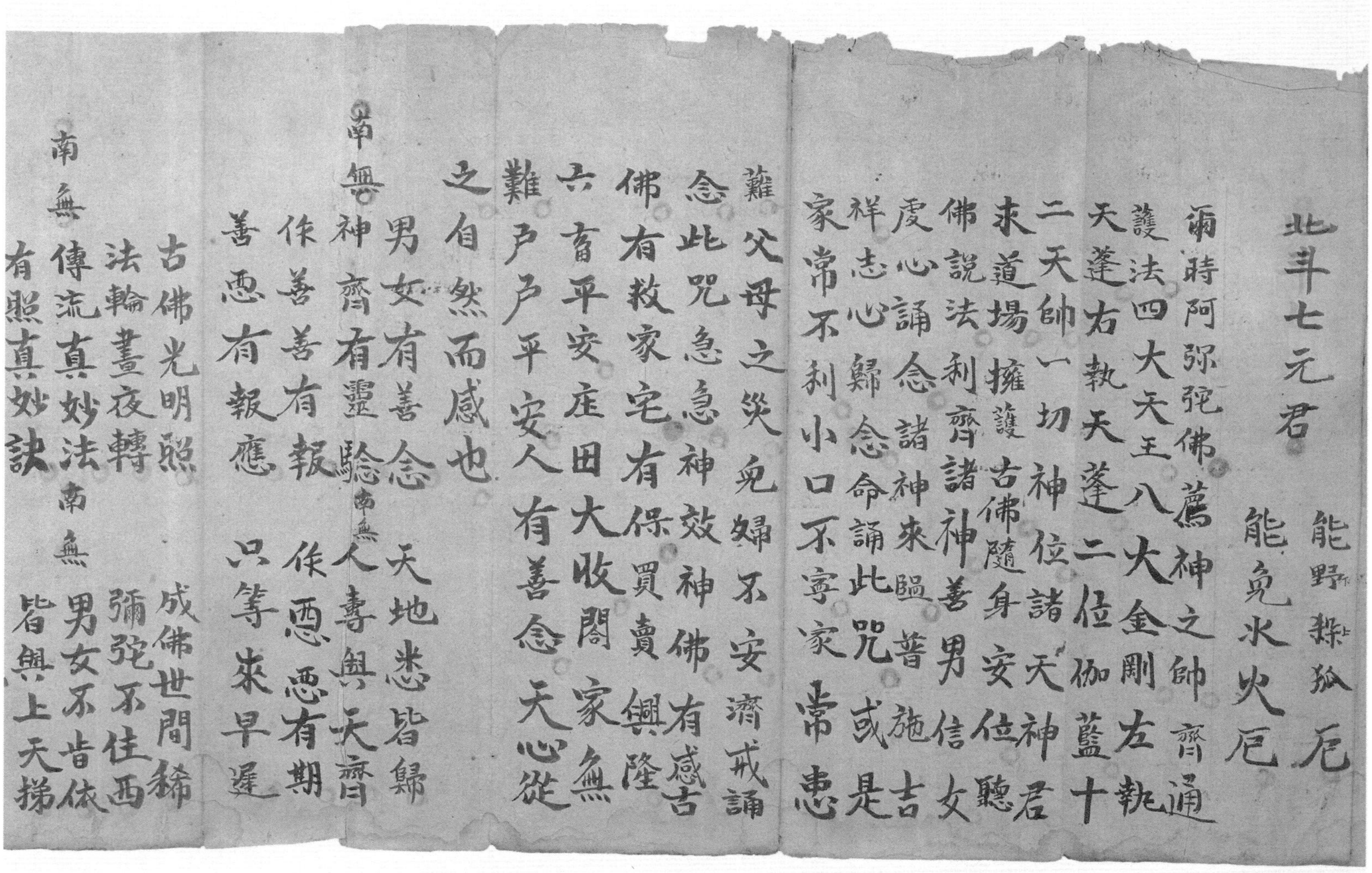

敦博 Db.t.0363V　རྒྱའི་ཆོས་གཞུང་།
漢文經文　(16—9)

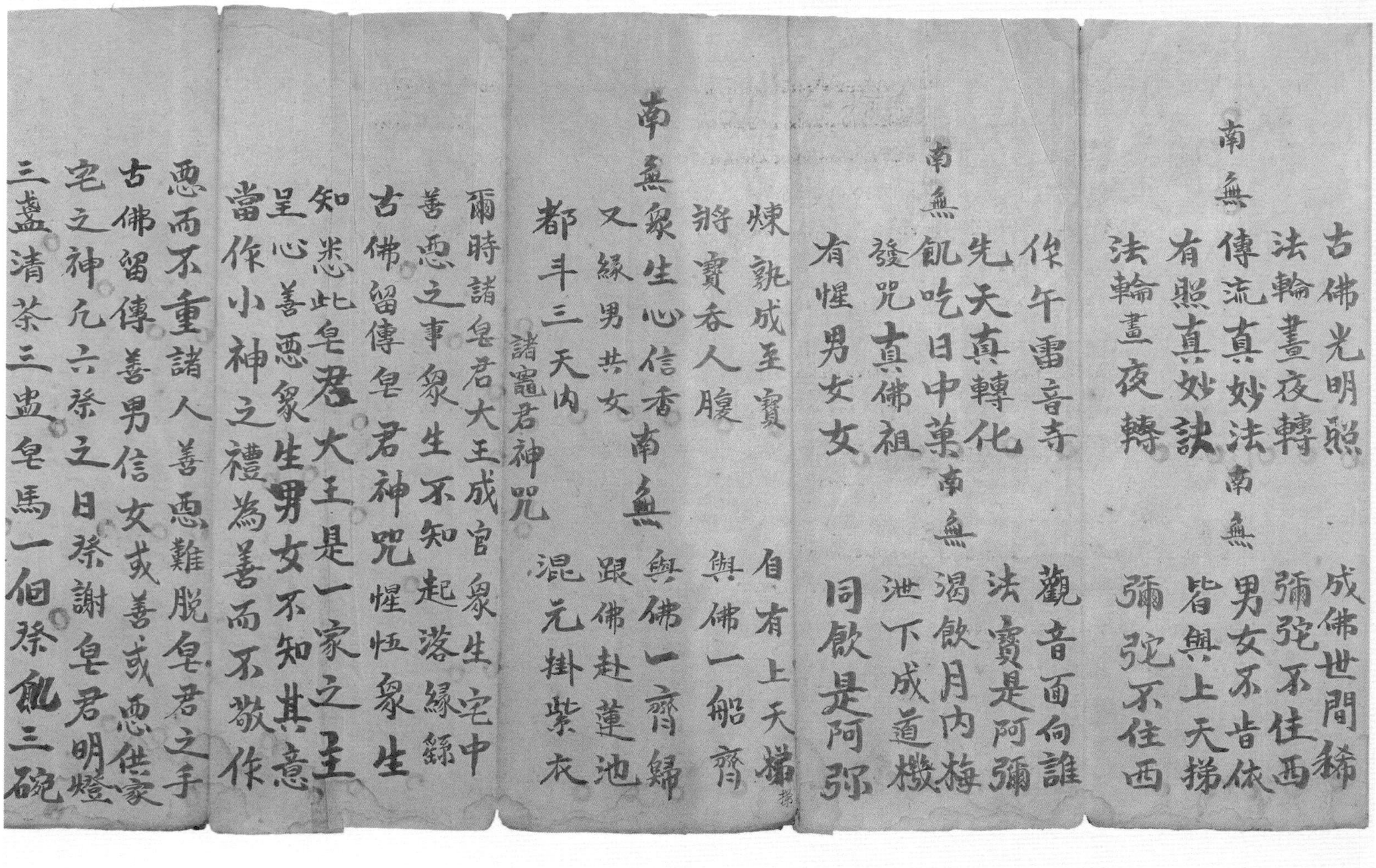

敦博 Db.t.0363V　རྒྱའི་ཆོས་གཞུང་།
漢文經文　(16—10)

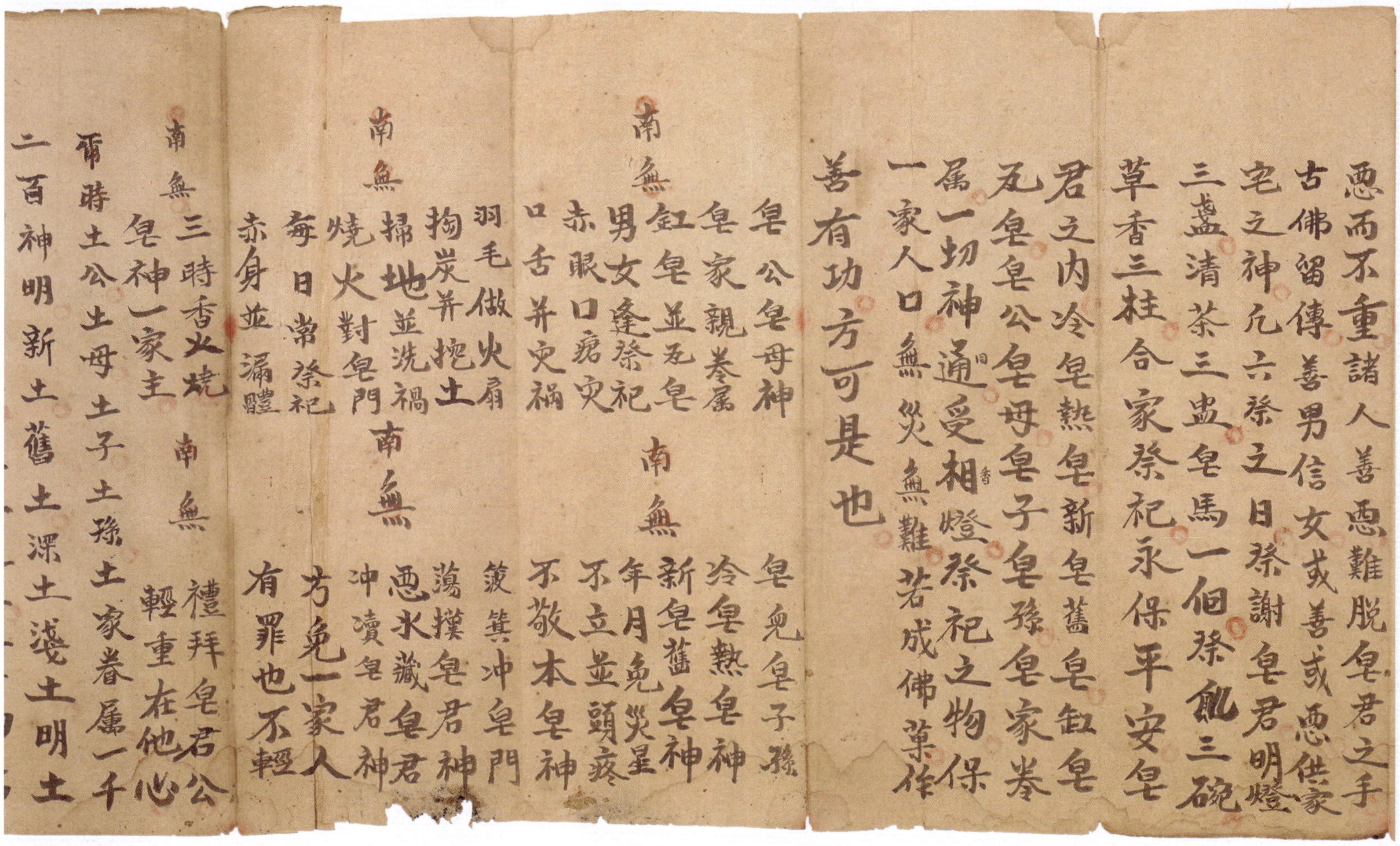
悪而不重諸人善悪難脱皂君之手
古佛留傳善男信女或善或悪供家
宅之神凡六祭之日祭謝皂君明燈
三盞清茶三盅皂馬一個祭飯三碗
草香三柱合家祭祀永保平安皂
君之内冷皂熱皂新皂舊皂缸皂
瓦皂皂公皂母皂子皂孫皂家眷
屬一切神通受相燈祭祀之物保
一家人口無災無難若成佛菓位
善有功方可是也
南無 皂公皂母神 皂家親眷屬 缸皂并瓦皂 男女逢祭祀 赤眼口瘡災 口舌并史禍
南無 皂兒皂子孫 冷皂熱皂神 新皂舊皂神 年月兇災星 不立并頭疼 不敬本皂神
南無 羽毛做火扇 掏炭并挖土 掃地并洗禍 燒火對皂門
南無 簸箕冲皂門 蕩撲皂君神 悪水穢皂君 冲瀆皂君神
每日常祭祀 方免一家人
赤身并漏體 有罪也不輕
南無三時香火燒 南無 禮拜皂君公
皂神一家主 輕重在他心
酉時土公土母土子土孫土家眷屬一千
二百神明新土舊土深土淺土明土

敦博 Db.t.0363V ཀྱའི་ཆོས་གཞུང་།
漢文經文 (16—11)

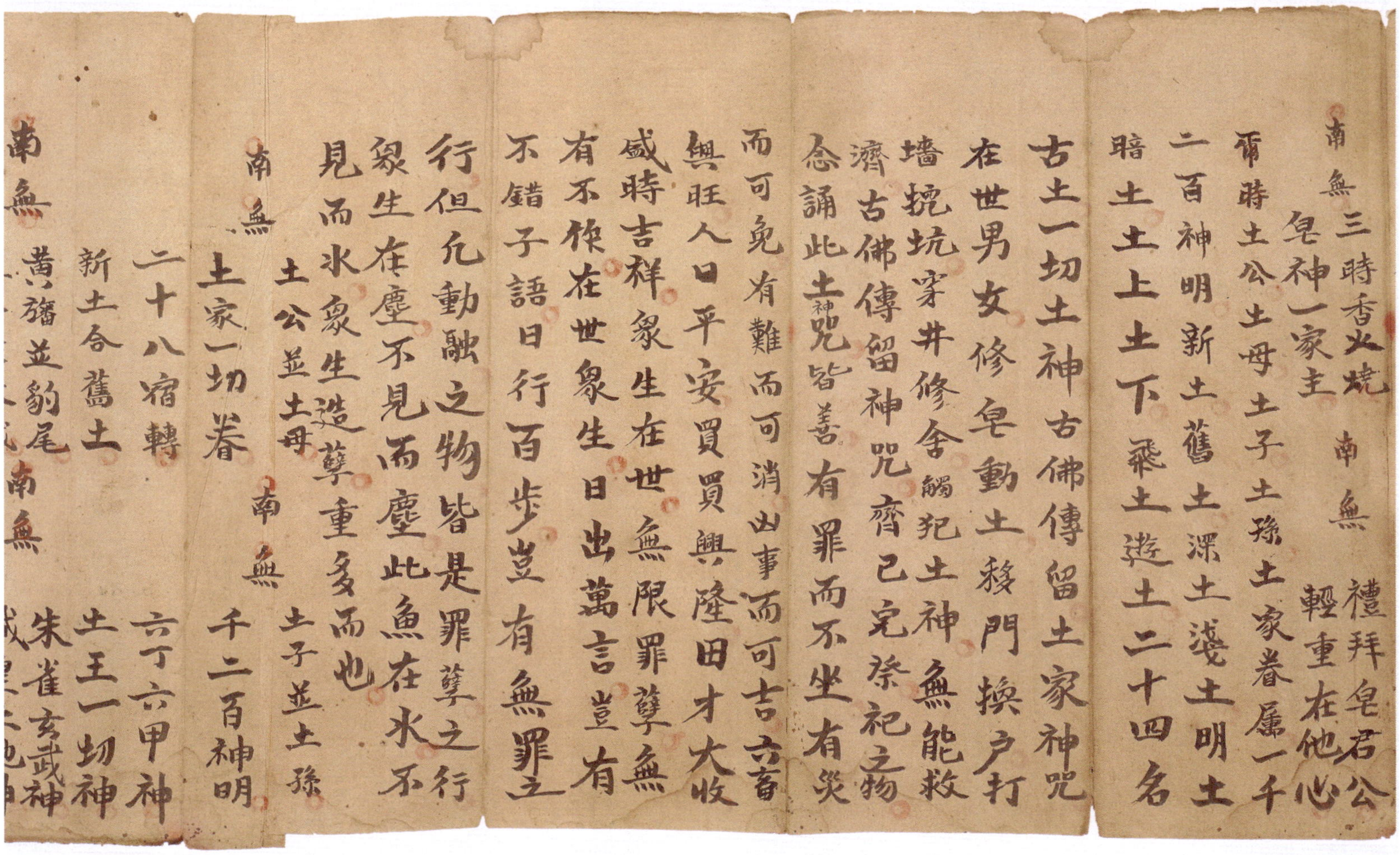
南無三時香火燒 南無 禮拜皂君公
皂神一家主 輕重在他心
酉時土公土母土子土孫土家眷屬一千
二百神明新土舊土深土淺土明土
暗土上土下飛土造土二十四名
古土一切土神古佛傳留土家神咒
在世男女修皂動土移門換戶打
墻挖坑穿井修舎補犯土神無能救
濟古佛傳留神咒齊已完祭祀之務
念誦此土神咒皆善有罪而不坐有災
而可免有難而可消凶事而可吉六畜
興旺人口平安買賣興隆田才大收
盛時吉祥衆生在世無限罪孽無
有不作在世衆生日出萬言豈有
不錯子語日行百步豈有無罪之
行但凡動融之物皆是罪孽之行
衆生在塵不見而塵此魚在水不
見而水衆生造孽重多而也
土公并土母 土子并土孫
南無 土家一切眷 南無 千二百神明
二十八宿轉 六丁六甲神
新土合舊土 土王一切神
南無 黃旛并豹尾 南無 朱雀玄武神

敦博 Db.t.0363V ཀྱའི་ཆོས་གཞུང་།
漢文經文 (16—12)

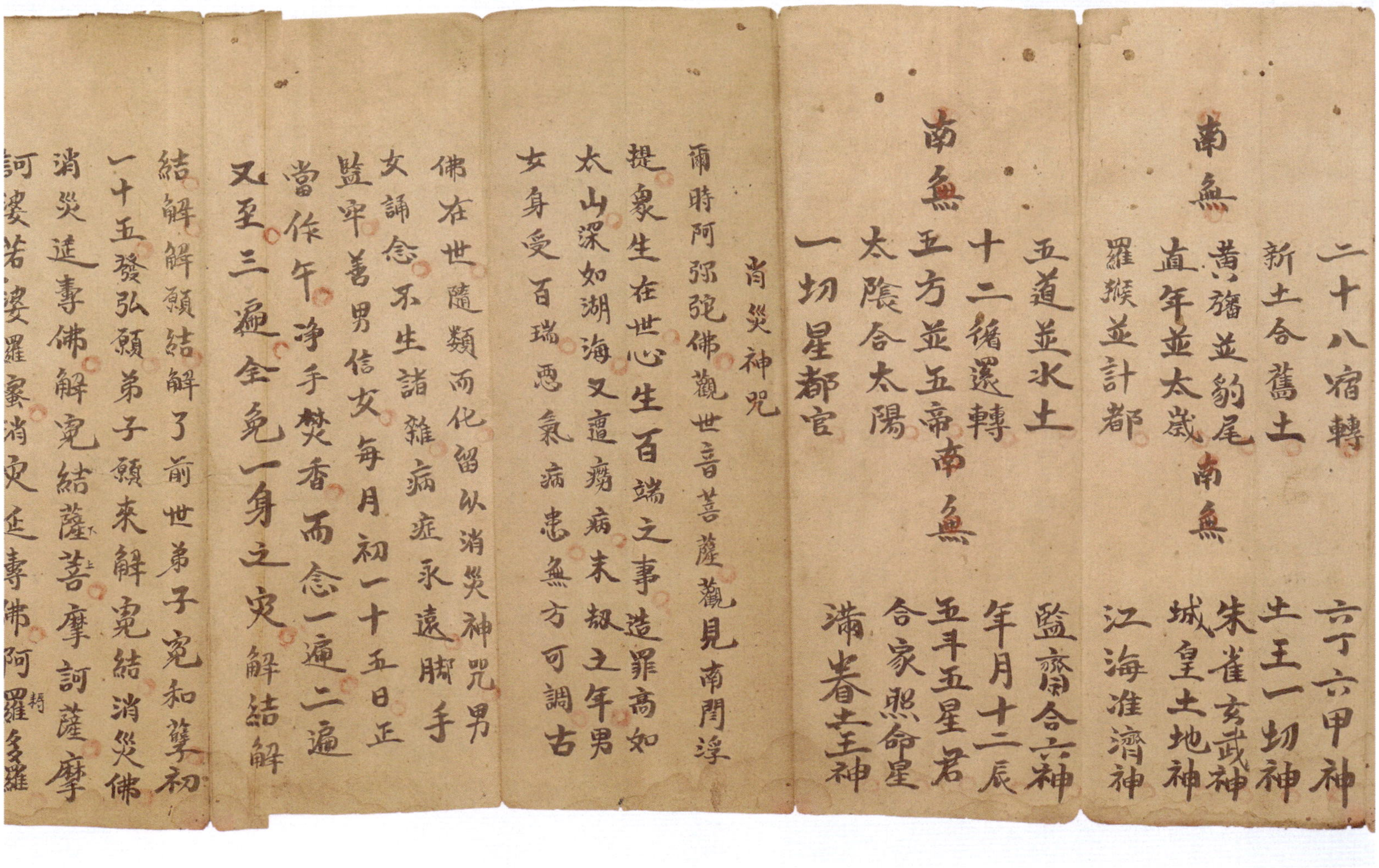

二十八宿轉　六丁六甲神
新土合舊土　土王一切神
南無
黃旛並豹尾　南無　朱雀玄武神
直年並太歲　城皇土地神
羅猴並計都　江海淮濟神
五道並水土　監齋合六神
十二緒還轉　年月十二辰
南無
五方並五帝　南無　五斗五星君
太陰合太陽　合家照命星
一切星都官　滿眷土主神

消災神咒
爾時阿彌陀佛觀世音菩薩觀見南閻浮
提衆生在世心生百端之事造罪高如
太山深如湖海又遭癘病末劫之年男
女身受百瑞惡氣病患無方可調古
佛在世隨類而化留以消災神咒男
女誦念不生諸雜病症永遠脚手
監牢善男信女每月初一十五日正
當作午淨手焚香而念一遍二遍
又至三遍全免一身之灾解結解
結解解願結解了前世弟子冤和孽初
一十五發弘願弟子願來解冤結消災佛
消災延壽佛解冤結薩菩摩訶薩摩
訶婆若婆羅蜜消灾延壽佛阿羅耨多羅

敦博 Db.t.0363V　རྒྱའི་ཆོས་གཞུང་།
漢文經文　(16—13)

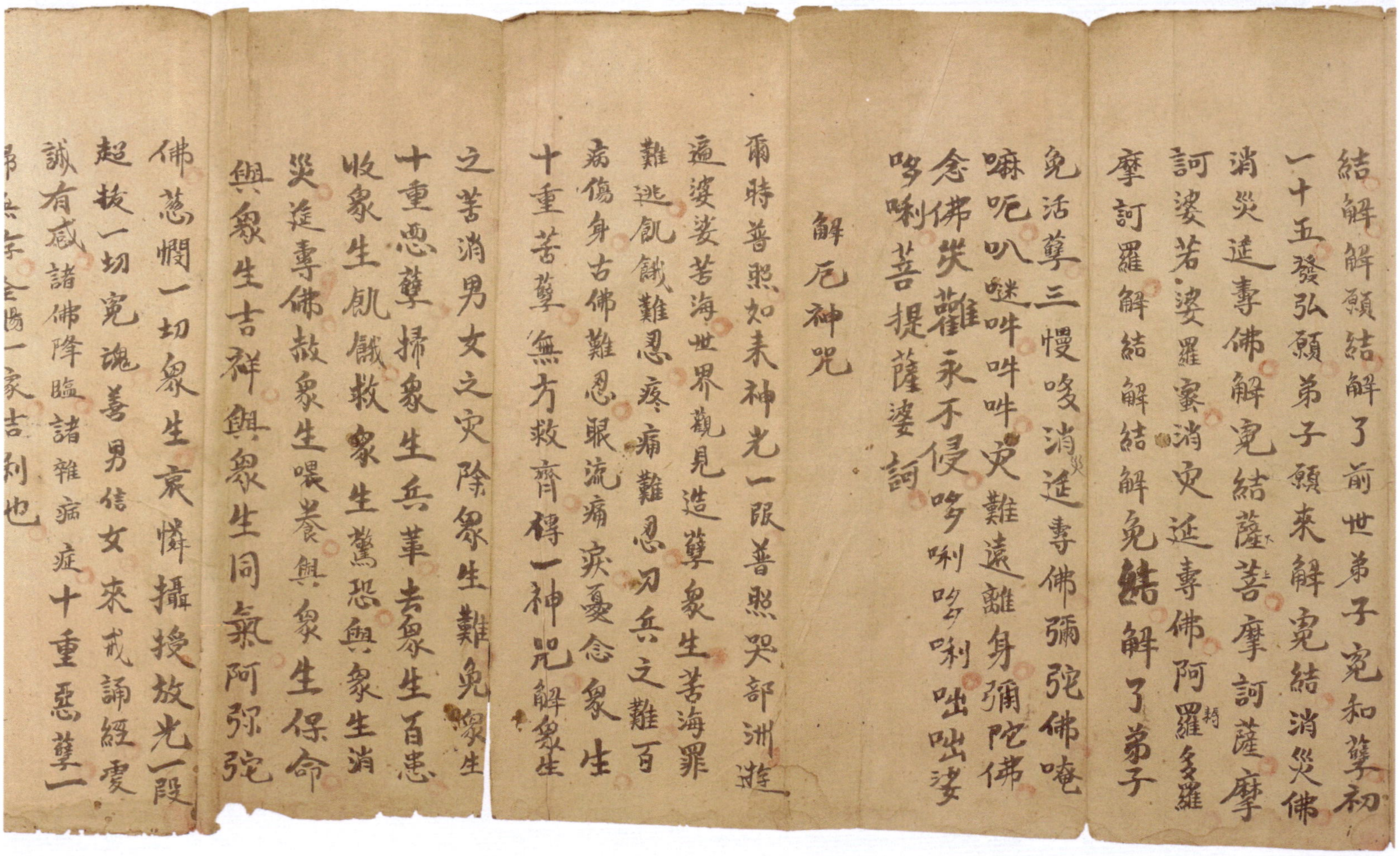

結解解願結解了前世弟子冤和孽初
一十五發弘願弟子願來解冤結消災佛
消災延壽佛解冤結薩菩摩訶薩摩
訶婆若婆羅蜜消灾延壽佛阿羅耨多羅
摩訶羅解結解結解免結解了弟子
免活孽三慢哆消災延壽佛彌陀佛唵
嘛呢叭𠺗吽吽吽灾難遠離身彌陀佛
念佛災難永不侵哆唎哆唎咄咄婆
哆唎菩提薩婆訶

解厄神咒
爾時普照如来神光一䟽普照哭部洲遊
遍婆婆苦海世界觀見造孽衆生苦海罪
難逃飢餓難忍疼痛難忍刀兵之難百
病傷身古佛難忍眼流痛疾憂念衆生
十重苦孽無方救濟得一神咒解衆生
之苦消男女之灾除衆生難免衆生
十重惡孽掃衆生兵革去衆生百患
收衆生飢餓救衆生驚恐與衆生消
災延壽佛救衆生喂養與衆生保命
與衆生吉祥與衆生同氣阿彌陀
佛慈憫一切衆生哀憐攝授放光一段
超拔一切冤魂善男信女來戒誦經處
誠有感諸佛降臨諸雜病症十重惡孽一
歸無字全為一家吉利也

敦博 Db.t.0363V　རྒྱའི་ཆོས་གཞུང་།
漢文經文　(16—14)

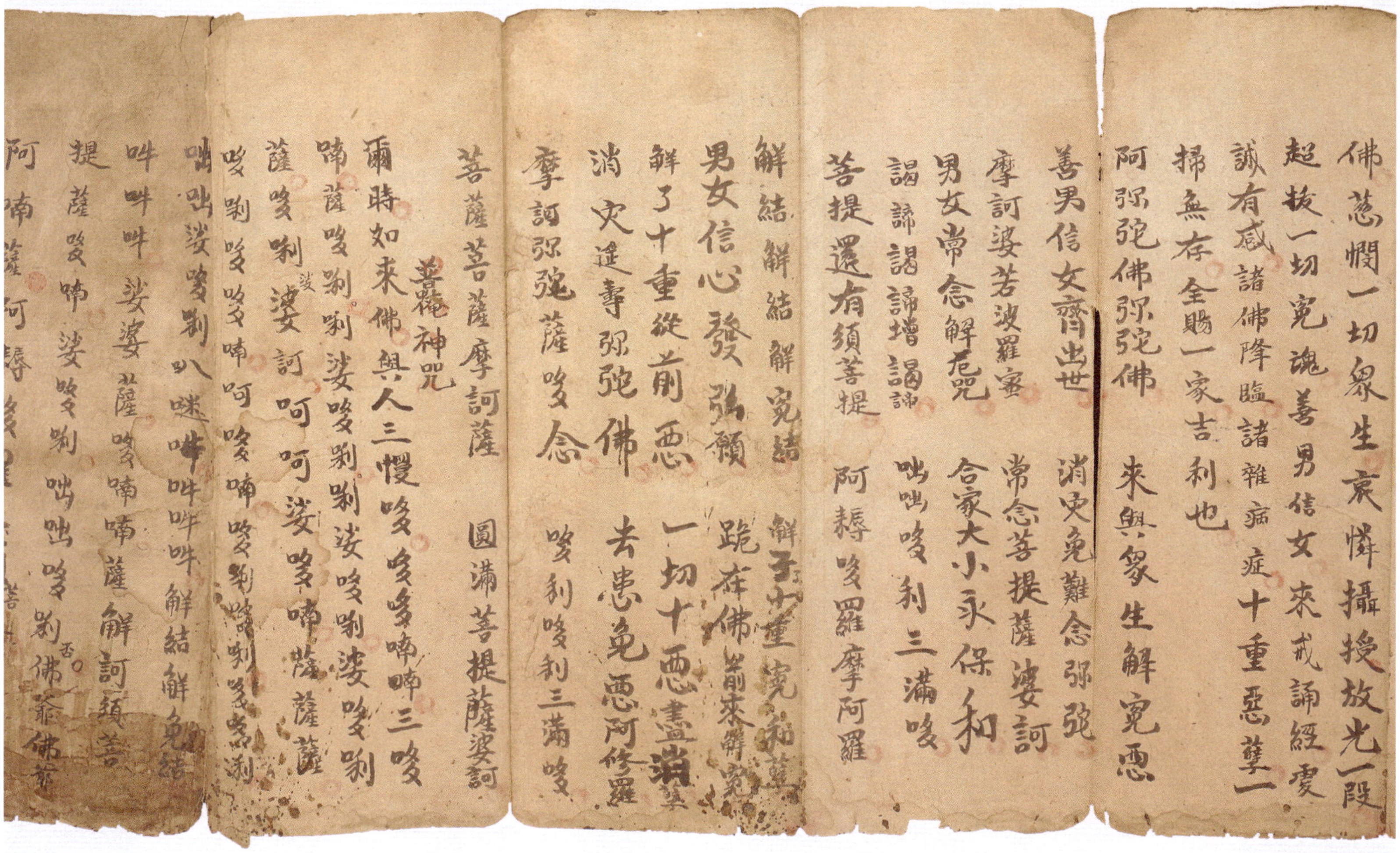

敦博 Db.t.0363V རྒྱའི་ཆོས་གཞུང་།
漢文經文 (16—15)

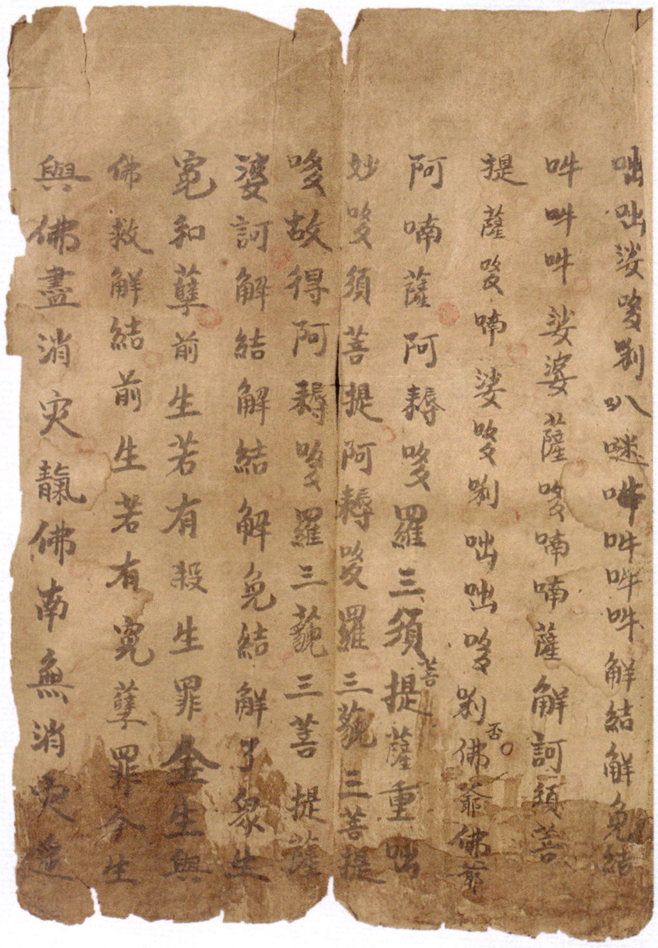

敦博 Db.t.0363V རྒྱའི་ཆོས་གཞུང་།
漢文經文 (16—16)

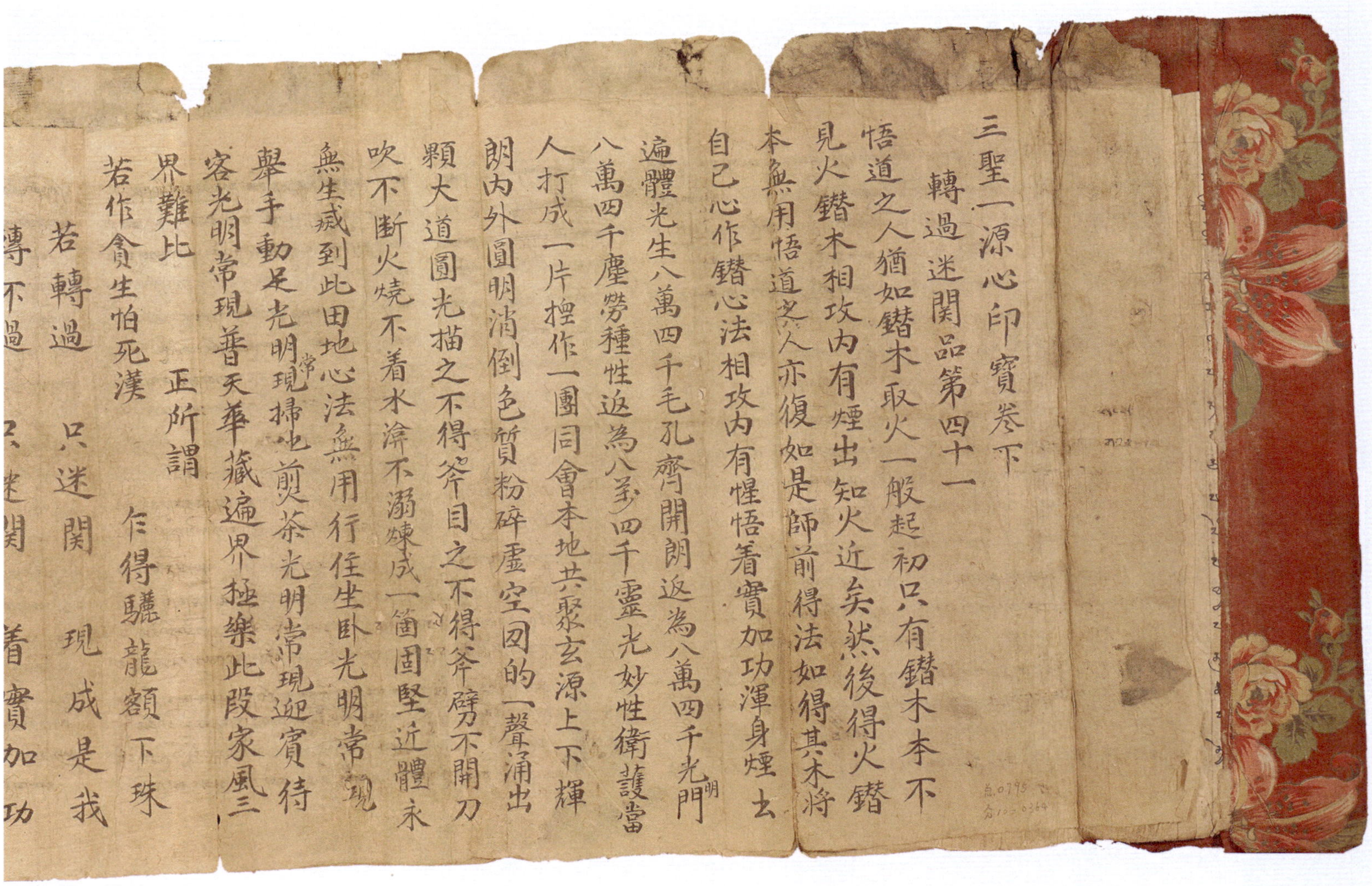

三聖一源心印寶卷下
轉過迷関品第四十一
悟道之人猶如鑚木取火一般起初只有鑚木本不
見火鑚木相攻内有煙出知火近矣然後得火鑚
本無用悟道之人亦復如是師前得法如得其木將
自己心作鑚心法相攻内有惺悟着實加功渾身煙去
遍體光生八萬四千毛孔齊開朗返為八萬四千光門
八萬四千塵勞種性返為八萬四千靈光妙性衛護當
人打成一片撘作一團同會本地共聚玄源上下輝
朗内外圓明消倒色質粉碎虛空囫的一聲涌出
顆大道圓光描之不得斧目之不得斧劈不開刀
吹不斷火燒不着水渰不溺煉成一箇固堅近體永
無生滅到此田地心法無用行住坐卧光明常現
舉手動足光明現掃地煎茶光明常現迎賓待
客光明常現普天華藏遍界極樂此段家風三
界難比　正所謂
若作貪生怕死漢　乍得驪龍頷下珠
若轉過　只迷関　現成是我
轉不過　只迷関　着實加功

敦博 Db.t.0364　རྒྱའི་ཆོས་གཞུང་།
漢文經文　(36—1)

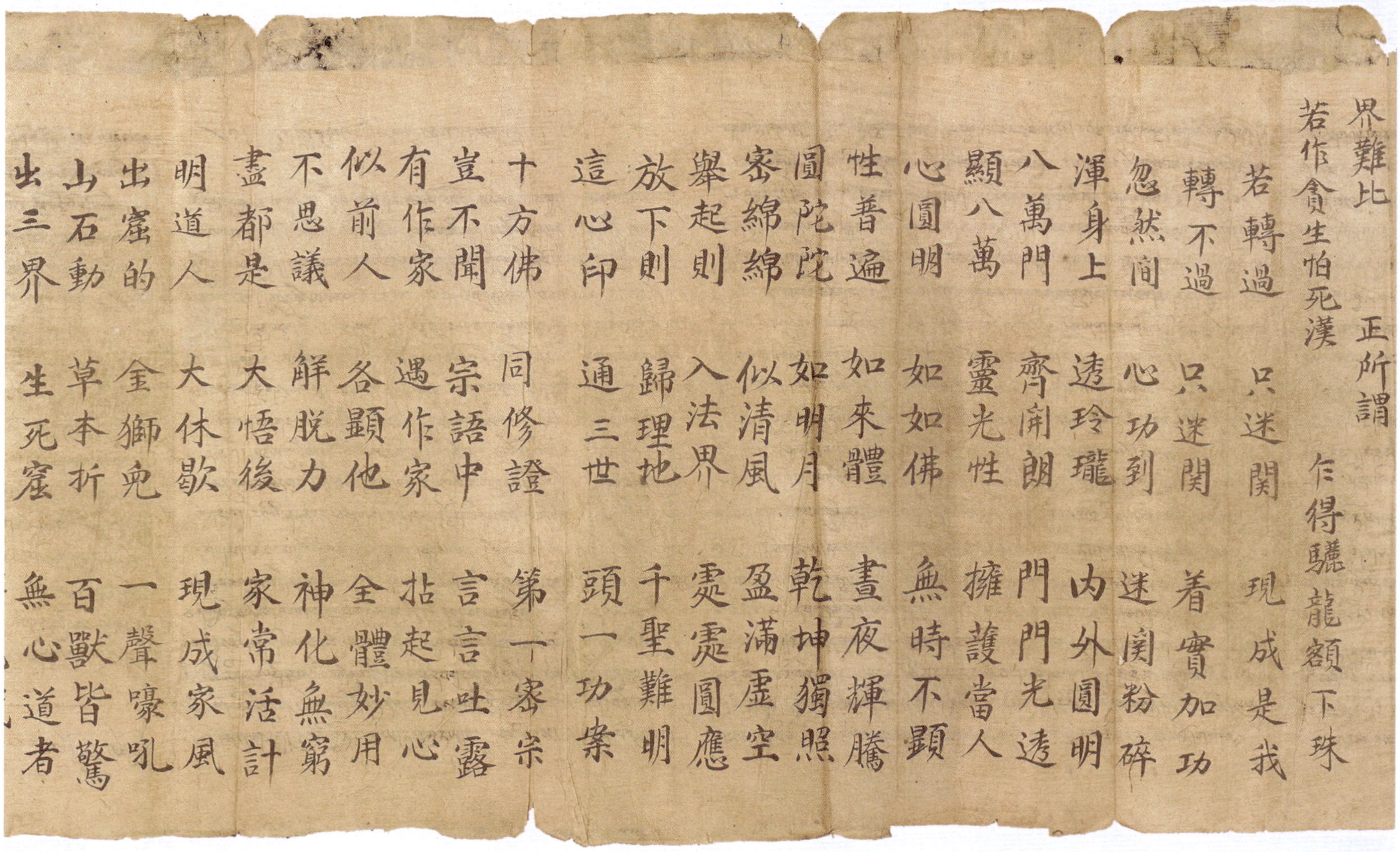

界難比　正所謂
若作貪生怕死漢　乍得驪龍頷下珠
若轉過　只迷関　現成是我
轉不過　只迷関　着實加功
忽然間　心功到　迷関粉碎
渾身上　透玲瓏　内外圓明
八萬門　齊開朗　門門光透
顯八萬　靈光性　擁護當人
心圓明　如如佛　無時不顯
性普遍　如來體　晝夜輝騰
圓陀陀　如明月　乾坤獨照
密綿綿　似清風　盈滿虛空
舉起則　入法界　處處圓應
放下則　歸理地　千聖難明
這心印　通三世　頭一功案
十方佛　同修證　第一密宗
豈不聞　宗語中　言言吐露
有作家　遇作家　拈起見心
似前人　各顯他　全體妙用
不思議　解脫力　神化無窮
盡都是　大悟後　家常活計
明道人　大休歇　現成家風
出窟的　金獅兒　一聲哮吼
山石動　草本折　百獸皆驚
出三界　生死窟　無心道者

敦博 Db.t.0364　རྒྱའི་ཆོས་གཞུང་།
漢文經文　(36—2)

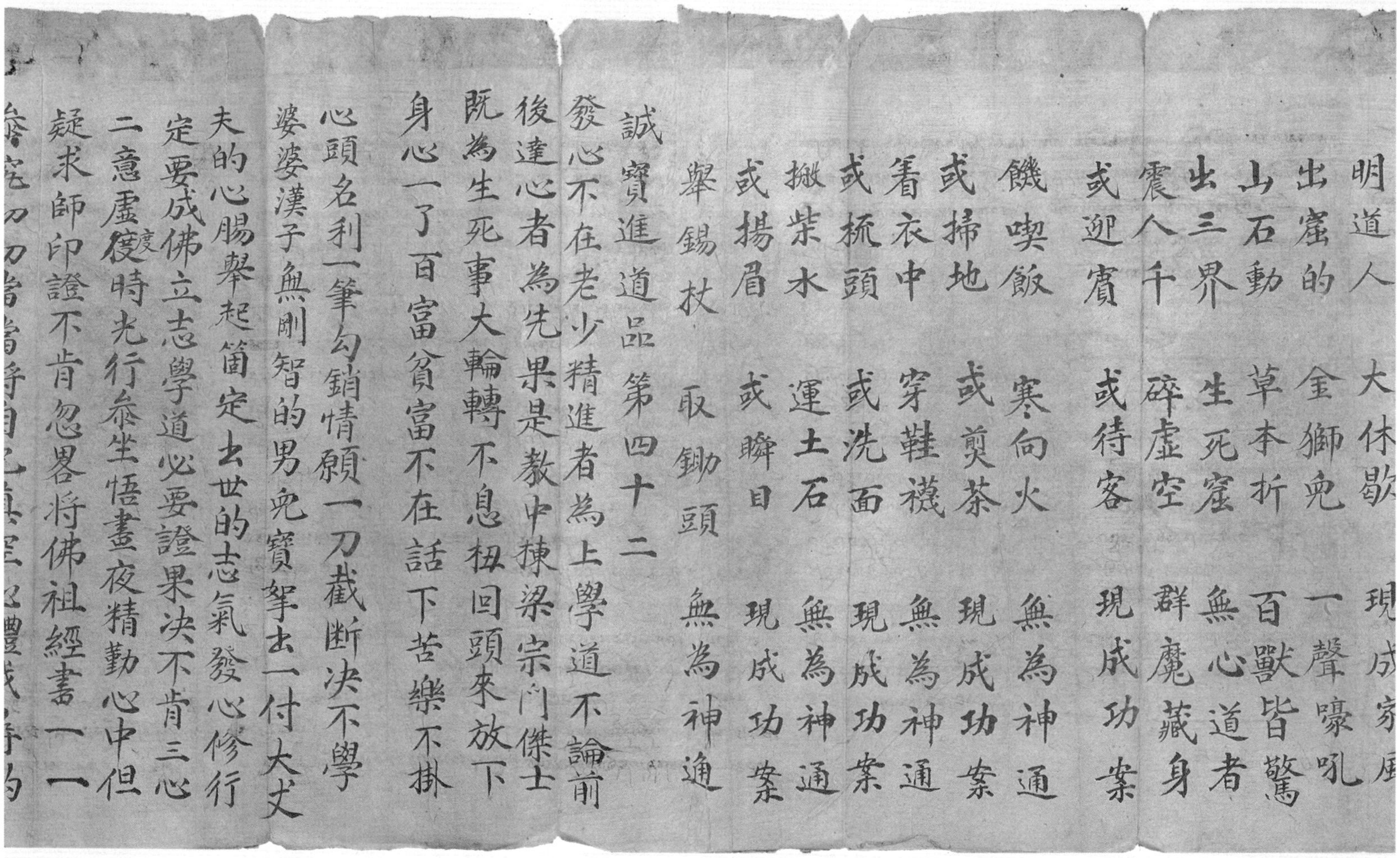
明道人 大休歇 現成家風
出窟的 金獅兒 一聲嚎吼
山石動 草本折 百獸皆驚
出三界 生死窟 無心道者
震八千 碎虛空 群魔藏身
或迎賓 或待客 現成功案
饑喫飯 寒向火 無為神通
或掃地 或煎茶 現成功案
着衣中 穿鞋襪 無為神通
或梳頭 或洗面 現成功案
擻柴水 運土石 無為神通
或揚眉 或瞬目 現成功案
舉錫杖 取钁頭 無為神通
誠實進道品第四十二
發心不在老少精進者為上學道不論前
後達心者為先果是教中棟梁宗門傑士
既為生死事大輪轉不息扭回頭來放下
身心一了百當貧富不在話下苦樂不掛
心頭名利一筆勾銷情願一刀截断決不學
婆婆漢子無剛智的男兒實挐出一付大丈
夫的心腸舉起箇定出世的志氣發心修行
定要成佛立志學道必要證果決不肯三心
二意虛度時光行叅坐悟晝夜精勤心中但
疑求師印證不肯忽畧将佛祖經書一一

敦博 Db.t.0364 རྒྱའི་ཆོས་གཞུང་།
漢文經文 (36—2)

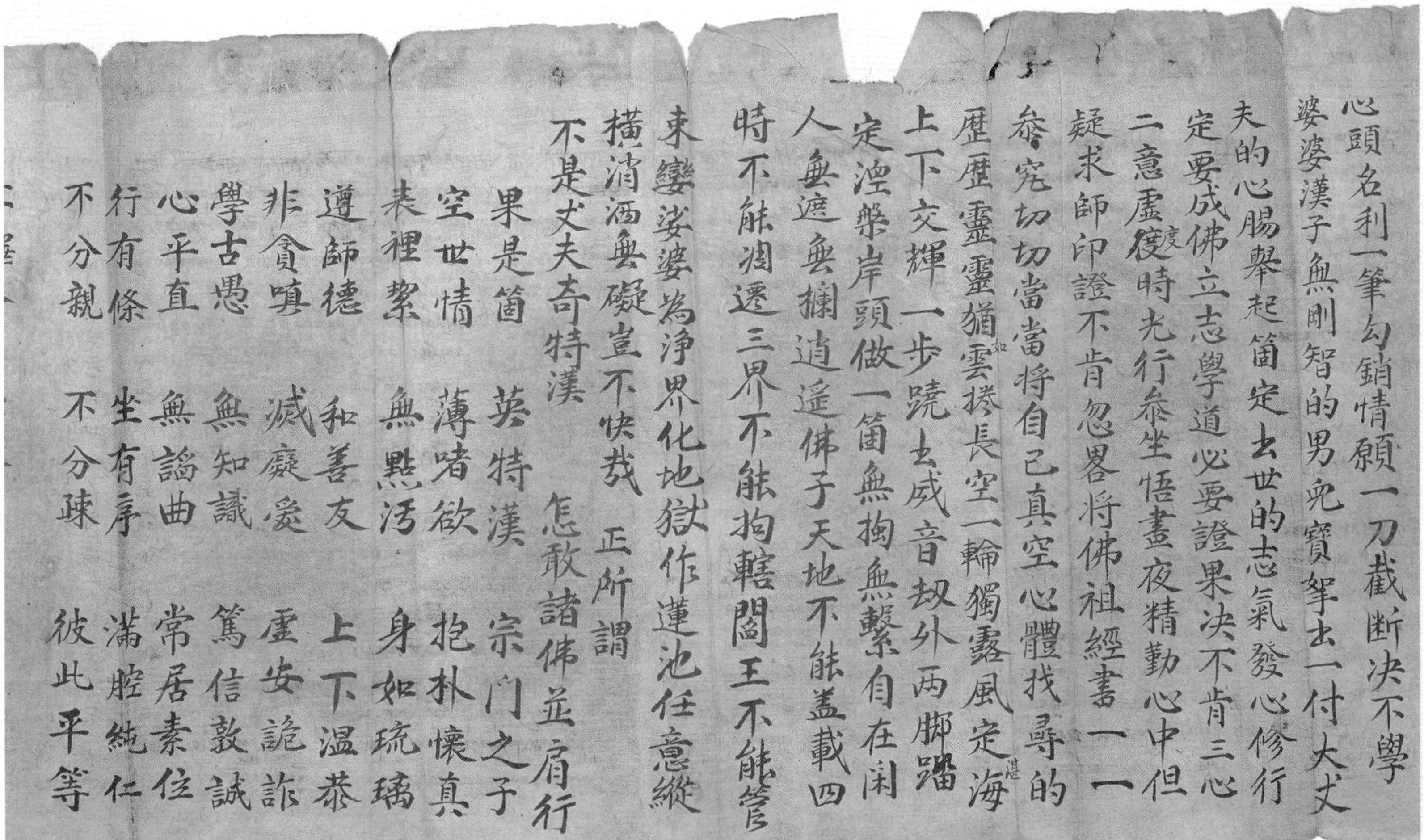
心頭名利一筆勾銷情願一刀截断決不學
婆婆漢子無剛智的男兒實挐出一付大丈
夫的心腸舉起箇定出世的志氣發心修行
定要成佛立志學道必要證果決不肯三心
二意虛度時光行叅坐悟晝夜精勤心中但
疑求師印證不肯忽畧将佛祖經書一一
叅究切切當當将自己真空心體找尋的
歷歷靈靈猶雲捲長空一輪獨露風定海
上下交輝一步跳出威音劫外兩脚踏
定涅槃岸頭做一箇無拘無繫自在閑
人無遮無攔逍遥佛子天地不能蓋載四
時不能凋遷三界不能拘轄閻王不能管
來變娑婆為淨界化地獄作蓮池任意縱
横消洒無礙豈不快哉 正所謂
不是丈夫奇特漢 怎敢諸佛並肩行
果是箇 英特漢 宗門之子
空世情 薄嗜欲 抱朴懷真
表裡絜 無點污 身如琉璃
遵師德 和善友 上下溫恭
非貪嗔 滅癡愛 虛妄詭詐
學古愚 無知識 篤信敦誠
心平直 無諂曲 常居素位
行有條 坐有序 滿腔純仁
不分親 不分疎 彼此平等

敦博 Db.t.0364 རྒྱའི་ཆོས་གཞུང་།
漢文經文 (36—4)

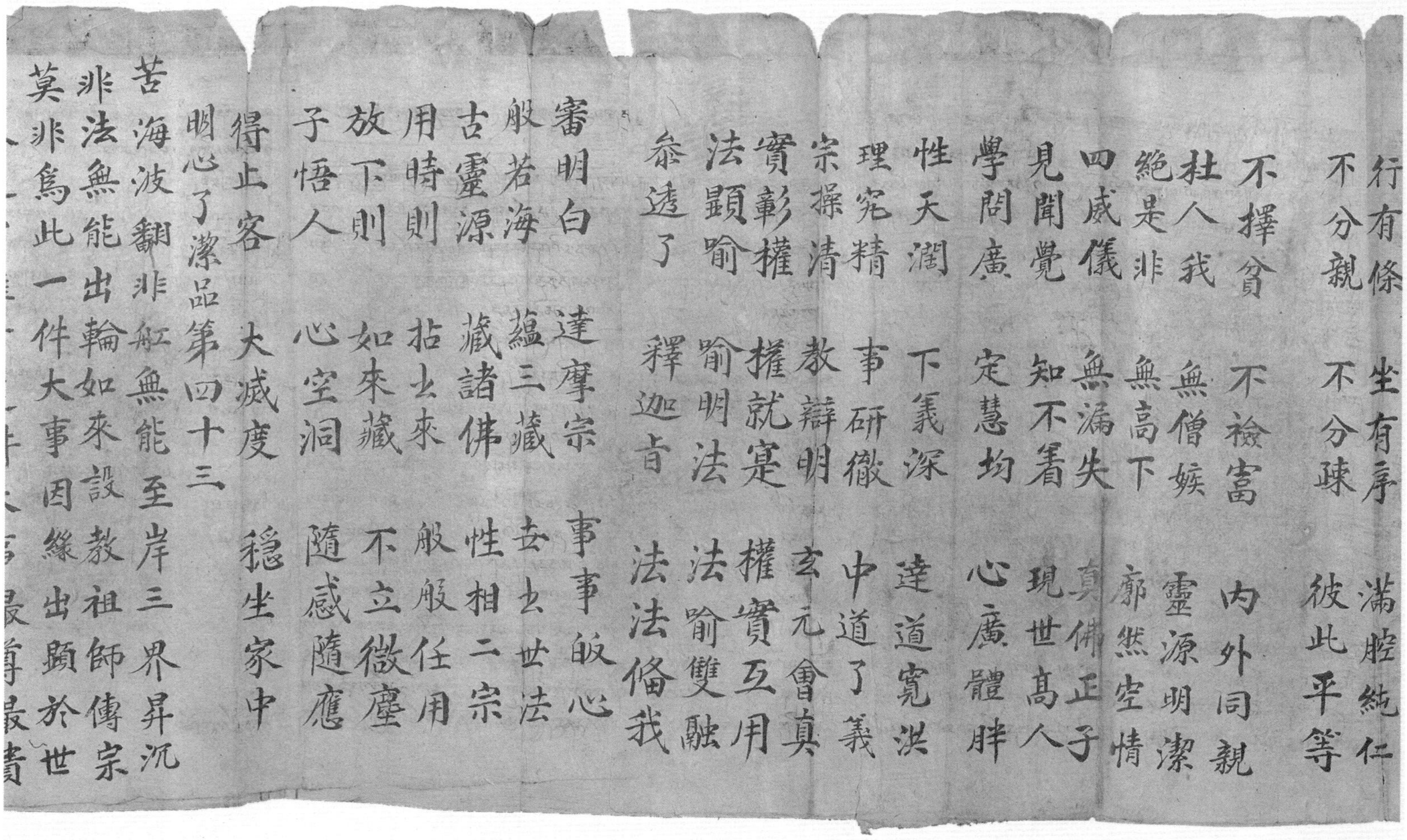
行有條 生有序 滿腔純仁
不分親 不分疎 彼此平等
不擇貧 不檢富 內外同親
杜人我 無憎嫉 靈源明潔
絕是非 無高下 廓然空情
四威儀 無漏失 真佛正子
見聞覺 知不著 現世高人
學問廣 定慧均 心廣體胖
性天潤 下義深 達道寬洪
理究精 事研微 中道了義
宗操清 教辯明 玄元會真
實彰權 權就實 權實互用
法顯喻 喻明法 法喻雙融
参透了 釋迦旨 法法倫我
審明白 達摩宗 事事皈心
般若海 蘊三藏 去去世法
古靈源 藏諸佛 性相二宗
用時則 拈出來 般般任用
放下則 如來藏 不立微塵
子悟人 心空洞 隨感隨應
得止客 大滅度 穩坐家中
明心了潔品第四十三
苦海波翻非舡無能至岸三界昇沉
非法無能出輪如來設教祖師傳宗
莫非爲此一件大事因緣出顯於世
……最尊最貴

敦博 Db.t.0364 རྒྱའི་ཆོས་གཞུང་།
漢文經文 (36—5)

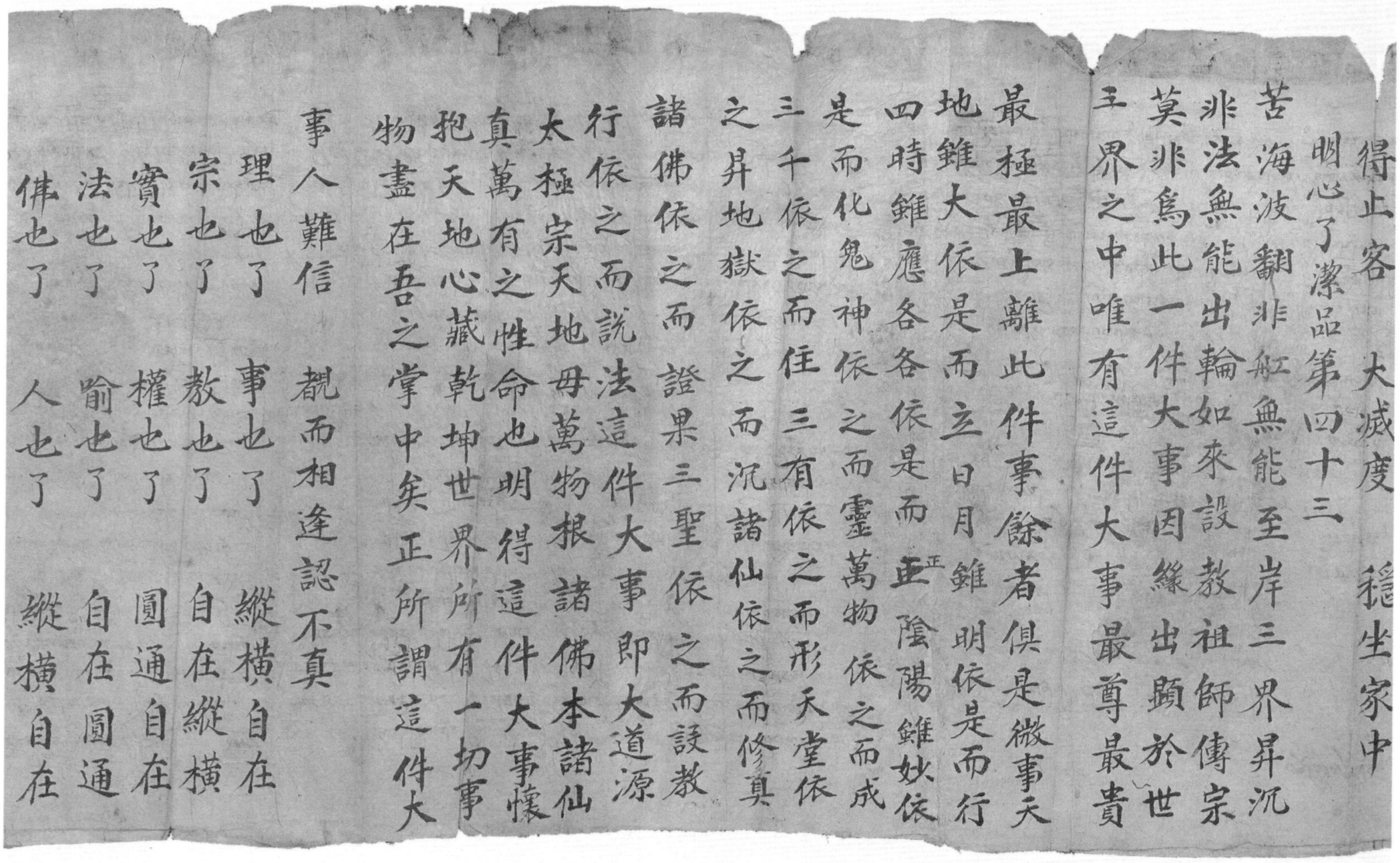
得止客 大滅度 穩坐家中
明心了潔品第四十三
苦海波翻非舡無能至岸三界昇沉
非法無能出輪如來設教祖師傳宗
莫非爲此一件大事因緣出顯於世
王界之中唯有這件大事最尊最貴
最極最上離此件事餘者俱是微事天
地雖大依是而立日月雖明依是而行
四時雖應各各依是而正陰陽雖妙依
是而化鬼神依之而靈萬物依之而成
三千依之而任三有依之而形天堂依
之昇地獄依之而沉諸仙依之而修真
諸佛依之而證果三聖依之而設教
行依之而說法這件大事即大道源
太極宗天地母萬物根諸佛本諸仙
真萬有之性命也明得這件大事懷
抱天地心藏乾坤世界所有一切事
物盡在吾之掌中矣正所謂這件大
事人難信 覿而相逢認不真
理也了 事也了 縱橫自在
宗也了 教也了 自在縱橫
實也了 權也了 圓通自在
法也了 喻也了 自在圓通
佛也了 人也了 縱橫自在

敦博 Db.t.0364 རྒྱའི་ཆོས་གཞུང་།
漢文經文 (36—6)

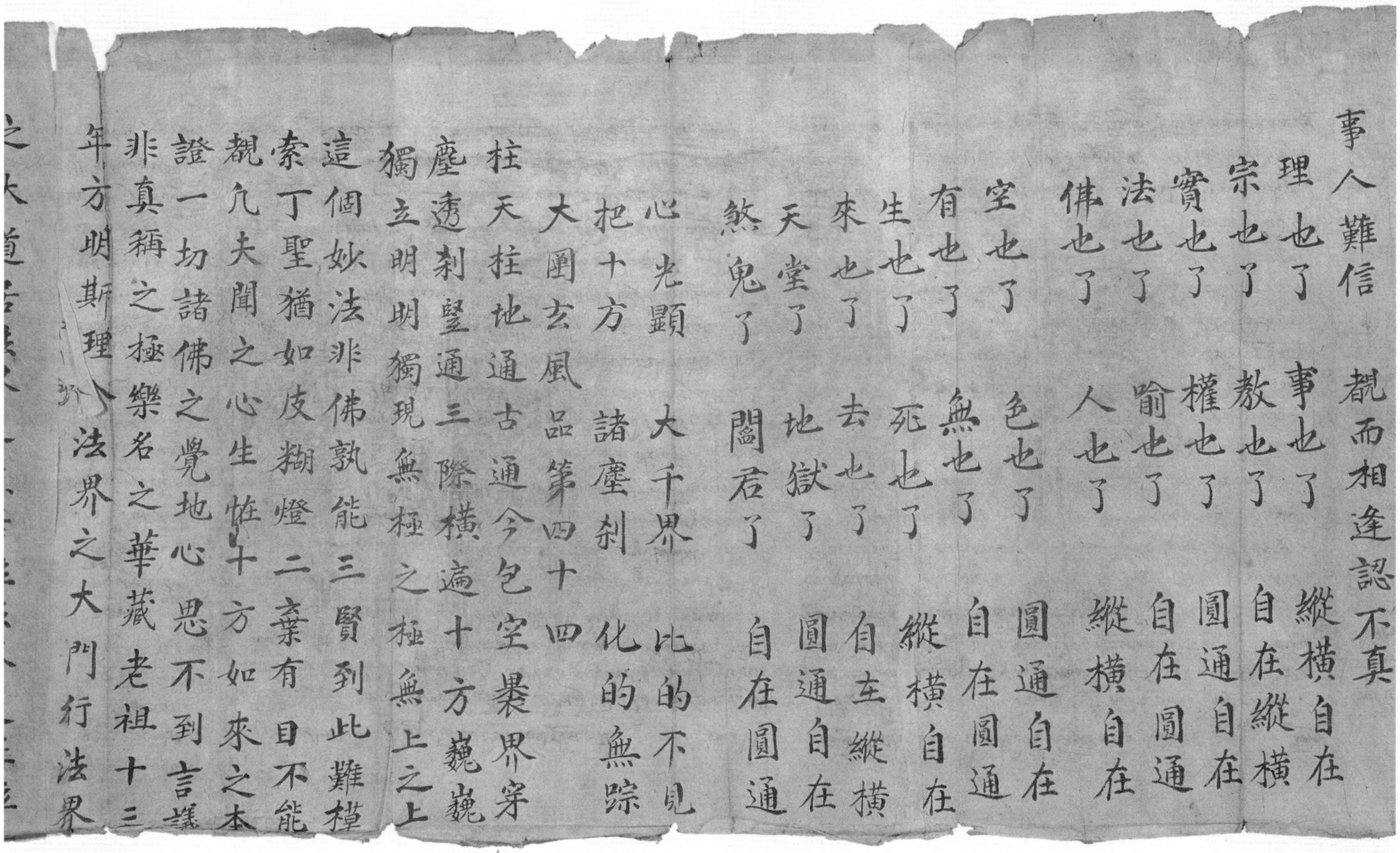

事人難信　覩而相逢認不真
理也了　事也了　縱橫自在
宗也了　教也了　自在縱橫
實也了　權也了　圓通自在
法也了　喻也了　自在圓通
佛也了　人也了　縱橫自在
空也了　色也了　圓通自在
有也了　無也了　自在圓通
生也了　死也了　縱橫自在
來也了　去也了　自在縱橫
天堂了　地獄了　圓通自在
煞鬼了　閻君了　自在圓通
心光顯　大千界　比的不見
把十方　諸塵刹　化的無踪
大圓玄風品第四十四
拄天拄地通古通今包空褁界穿
塵透刹竪通三際橫遍十方巍巍
獨立明明獨現無極之極無上之上
這個妙法非佛孰能三賢到此難摸
索丁聖猶如皮糊燈二乘有目不能
覩凡夫聞之心生怯十方如來之本
證一切諸佛之覺地心思不到言議
非真稱之極樂名之華藏老祖十三
年方明斯理〃法界之大門行法界
之大道

敦博 Db.t.0364　རྒྱའི་ཆོས་གཞུང་།
漢文經文　(36—7)

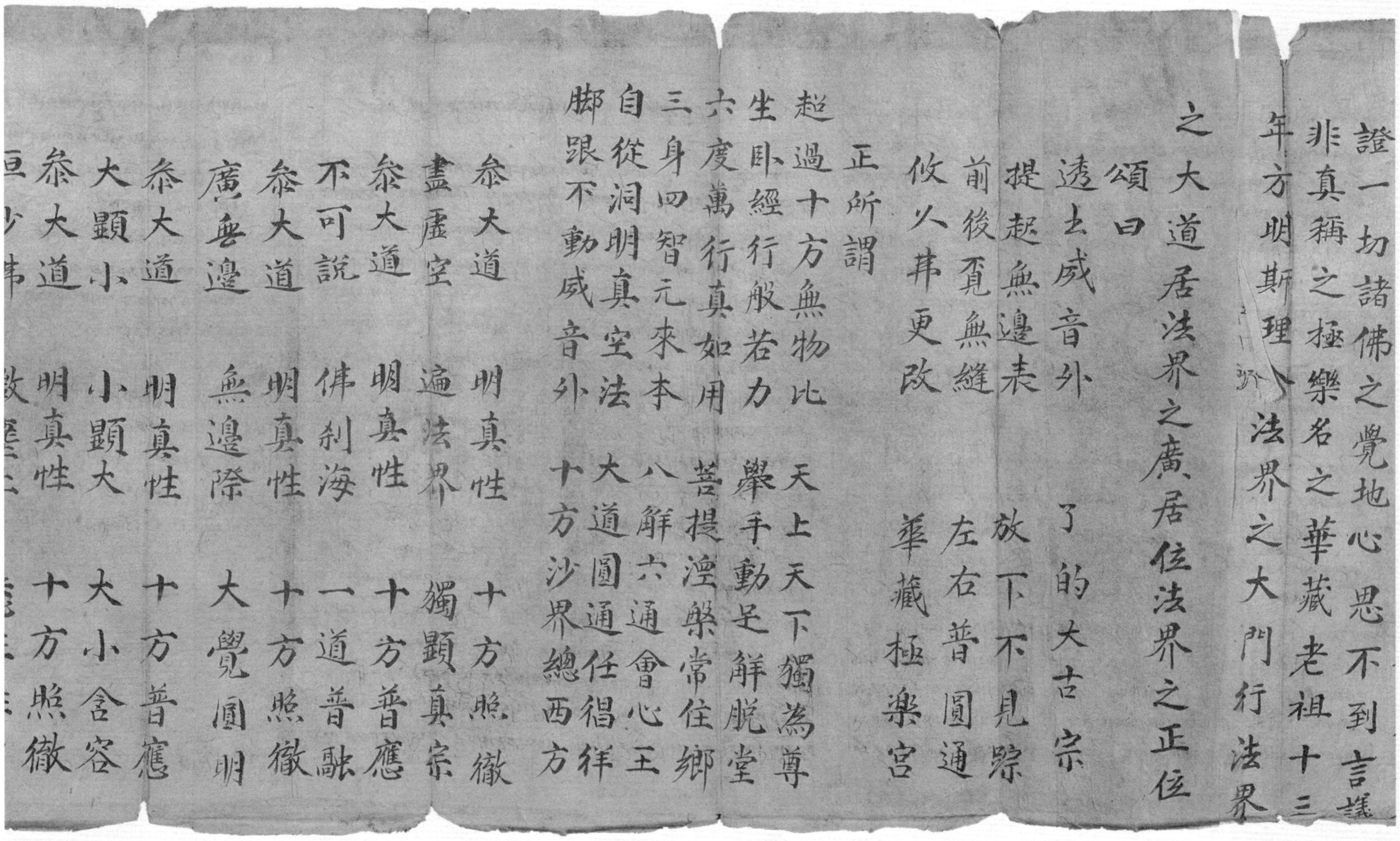

證一切諸佛之覺地心思不到言議
非真稱之極樂名之華藏老祖十三
年方明斯理〃法界之大門行法界
之大道居法界之廣居位法界之正位
頌曰
透出威音外　了的大古宗
提起無邊表　放下不見踪
前後覔無縫　左右普圓通
攸从弗更改　華藏極樂宮
正所謂
超過十方無物比　天上天下獨為尊
生卧經行般若力　舉手動足觧脫堂
六度萬行真如用　菩提湼槃常住鄉
三身四智元來本　八觧六通會心王
自從洞明真空法　大道圓通任徜徉
脚跟不動威音外　十方沙界總西方
叅大道　明真性　十方照徹
盡虛空　遍法界　獨顯真宗
叅大道　明真性　十方普應
不可說　佛刹海　一道普融
叅大道　明真性　十方照徹
廣無邊　無邊際　大覺圓明
叅大道　明真性　十方普應
大顯小　小顯大　大小含容
叅大道　明真性　十方照徹
恒沙佛　數塵

敦博 Db.t.0364　རྒྱའི་ཆོས་གཞུང་།
漢文經文　(36—8)

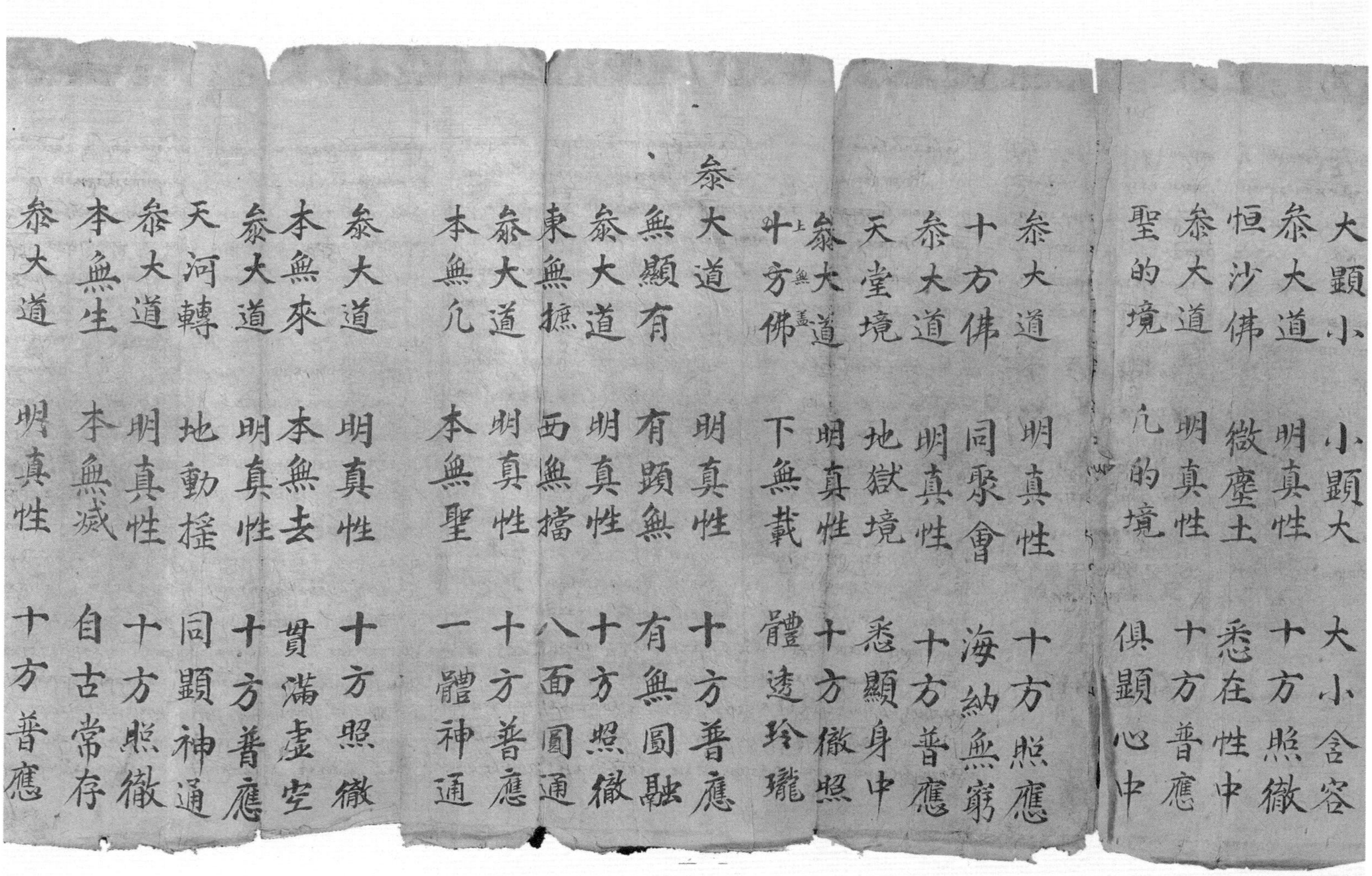
大顯小 小顯大 大小含容
忝大道 明真性 十方照徹
恒沙佛 微塵土 悉在性中
忝大道 明真性 十方普應
聖的境 凡的境 俱顯心中
忝大道 明真性 十方照應
十方佛 同聚會 海納無窮
忝大道 明真性 十方普應
天堂境 地獄境 悉顯身中
忝大道 明真性 十方徹照
上無覆 下無載 體透玲瓏
忝大道 明真性 十方普應
無顯有 有顯無 有無圓融
忝大道 明真性 十方照徹
東無摭 西無擋 八面圓通
忝大道 明真性 十方普應
本無凡 本無聖 一體神通
忝大道 明真性 十方照徹
本無來 本無去 貫滿虛空
忝大道 明真性 十方普應
天河轉 地動搖 同顯神通
忝大道 明真性 十方照徹
本無生 本無滅 自古常存
忝大道 明真性 十方普應

敦博 Db.t.0364 རྒྱའི་ཆོས་གཞུང་།
漢文經文 (36—9)

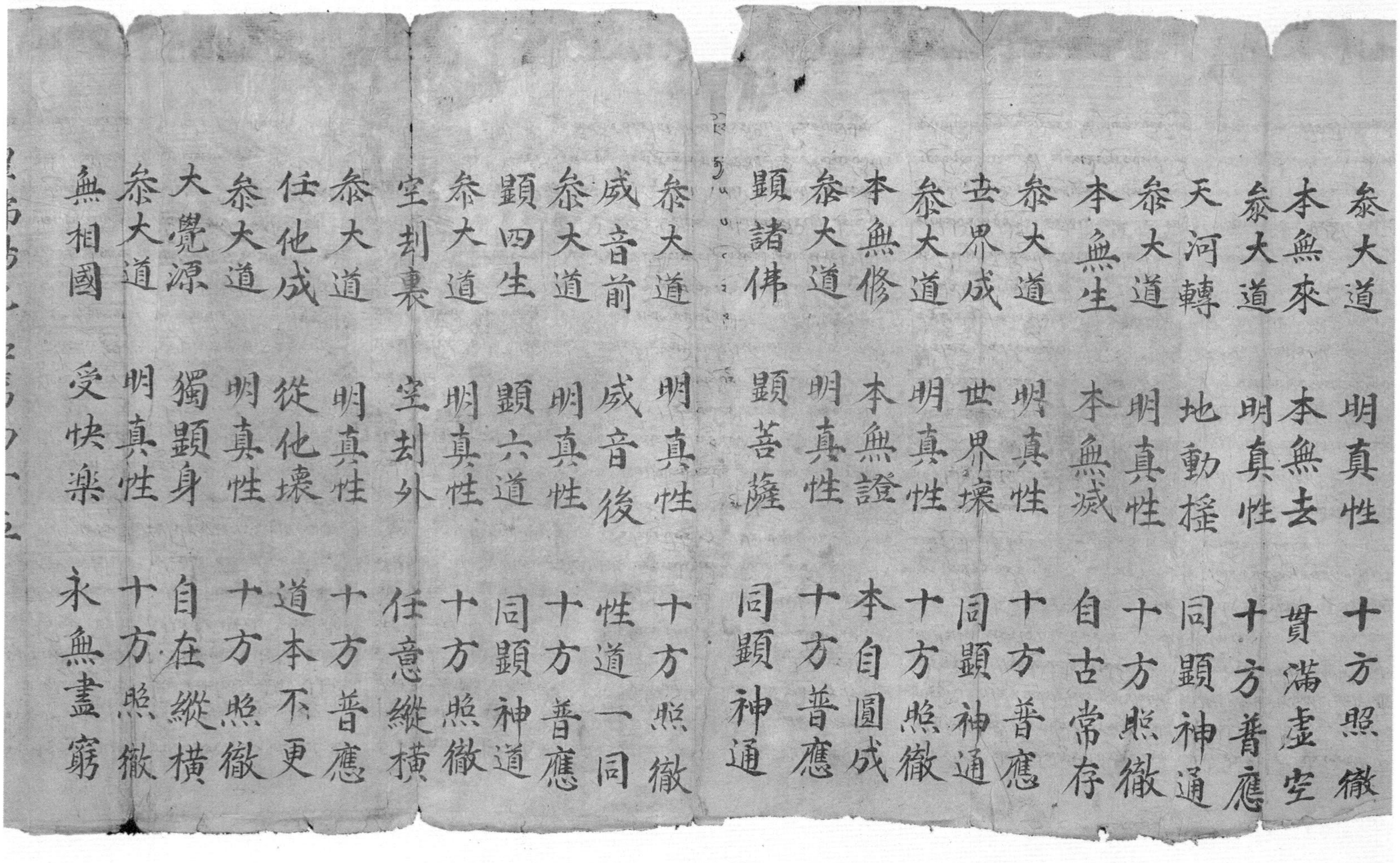
忝大道 明真性 十方照徹
本無來 本無去 貫滿虛空
忝大道 明真性 十方普應
天河轉 地動搖 同顯神通
忝大道 明真性 十方照徹
本無生 本無滅 自古常存
忝大道 明真性 十方普應
世界成 世界壞 同顯神通
忝大道 明真性 十方照徹
本無修 本無證 本自圓成
忝大道 明真性 十方普應
顯諸佛 顯菩薩 同顯神通
忝大道 明真性 十方照徹
威音前 威音後 性道一同
忝大道 明真性 十方普應
顯四生 顯六道 同顯神道
忝大道 明真性 十方照徹
空劫裏 空劫外 任意縱橫
忝大道 明真性 十方普應
任他成 從他壞 道本不更
忝大道 明真性 十方照徹
大覺源 獨顯身 自在縱橫
忝大道 明真性 十方照徹
無相國 受快樂 永無盡窮

敦博 Db.t.0364 རྒྱའི་ཆོས་གཞུང་།
漢文經文 (36—10)

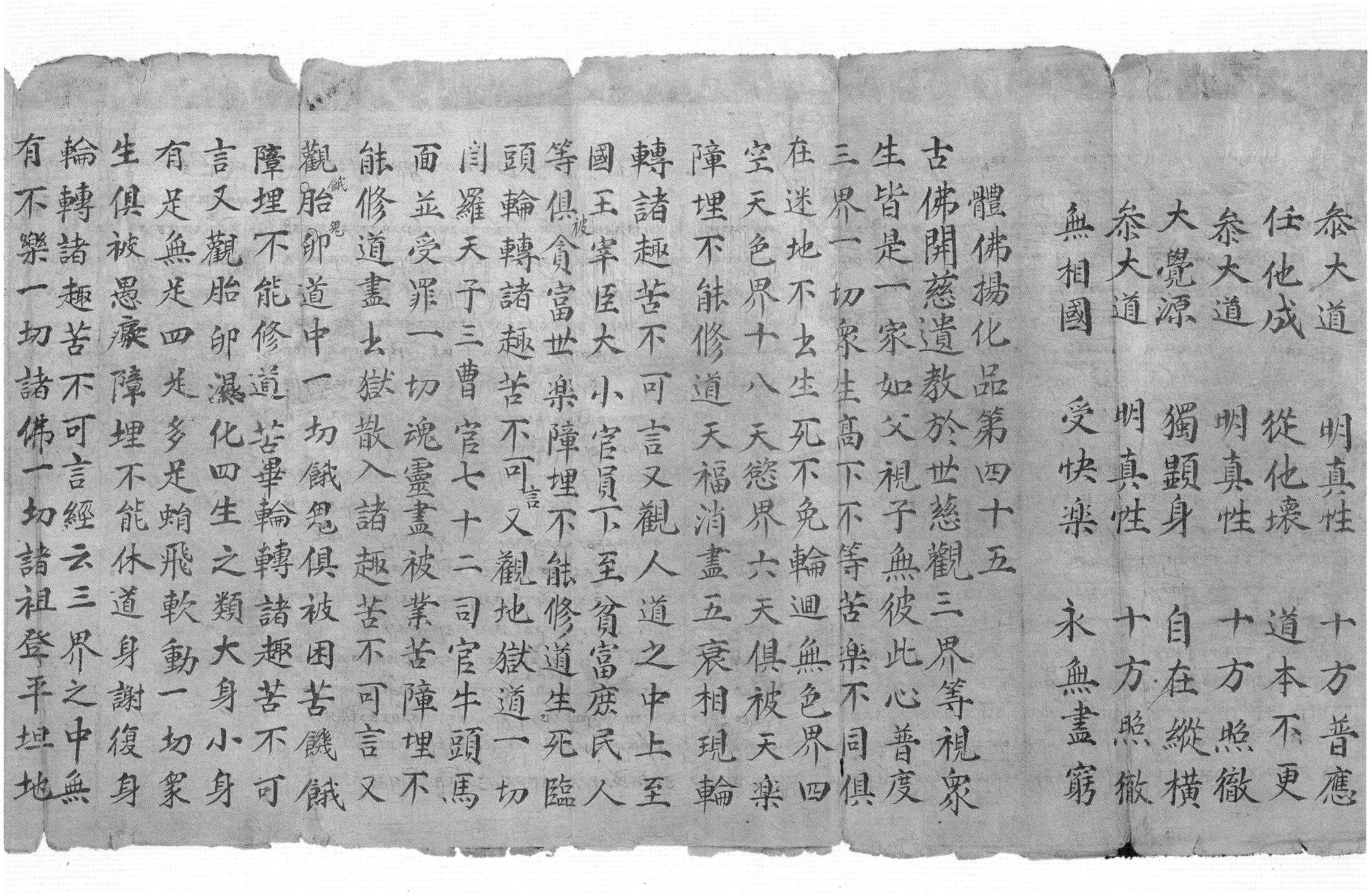

忝大道　明真性　十方普應
任他成　從他壞　道本不更
忝大道　明真性　十方照徹
大覺源　獨顯身　自在縱橫
忝大道　明真性　十方照徹
無相國　受快樂　永無盡窮

體佛揚化品第四十五
古佛開慈遺教於世慈觀三界等視衆
生皆是一家如父視子無彼此心普度
三界一切衆生高下不等苦樂不同俱
在迷地不出生死不免輪迴無色界四
空天色界十八天慾界六天俱被天樂
障埋不能修道天福消盡五衰相現輪
轉諸趣苦不可言又觀人道之中上至
國王宰臣大小官員下至貧富庶民人
等俱貪富世樂障埋不能修道生死臨
頭輪轉諸趣苦不可言又觀地獄道一切
閻羅天子三曹官七十二司官牛頭馬
面並受罪一切魂靈盡被業苦障埋不
能修道盡出獄散入諸趣苦不可言又
觀胎卵道中一切餓鬼俱被困苦饑餓
障埋不能修道苦畢輪轉諸趣苦不可
言又觀胎卵濕化四生之類大身小身
有足無足四足多足蜎飛軟動一切衆
生俱被愚癡障埋不能休道身謝復身
輪轉諸趣苦不可言經云三界之中無
有不樂一切諸佛一切諸祖登平坦地

敦博 Db.t.0364　རྒྱའི་ཆོས་གཞུང་།
漢文經文　(36—11)

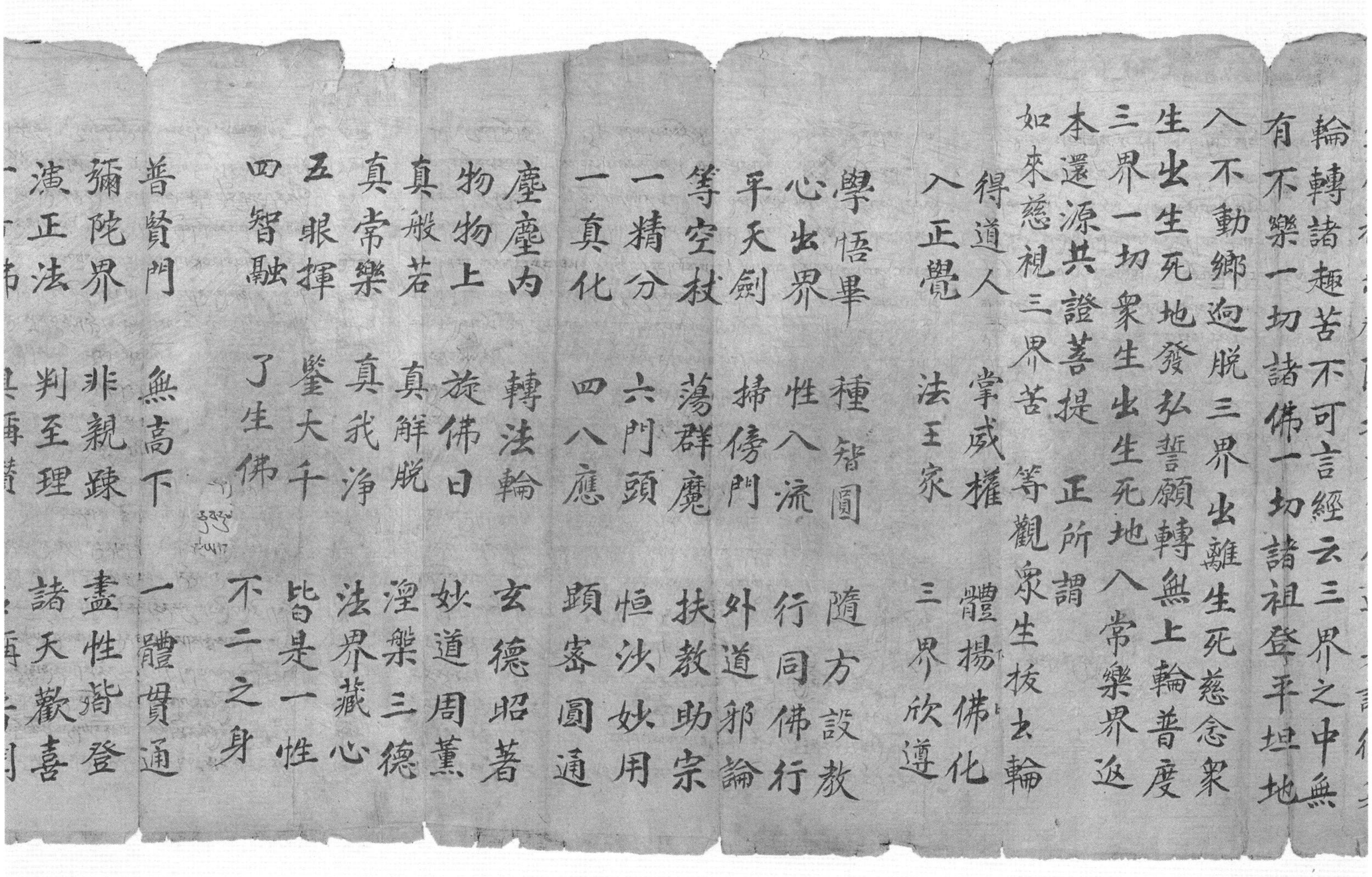

輪轉諸趣苦不可言經云三界之中無
有不樂一切諸佛一切諸祖登平坦地
入不動鄉迥脫三界出離生死慈念衆
生出生死地發弘誓願轉無上輪普度
三界一切衆生出生死地入常樂界返
本還源共證菩提正所謂
如來慈視三界苦　等觀衆生拔出輪
得道人　掌威權　體揚佛化
入正覺　法王家　三界欣遵
學悟畢　種智圓　隨方設教
心出界　性入流　行同佛行
平天劍　掃傍門　外道邪論
等空杖　蕩群魔　扶教助宗
一精分　六門頭　恒沙妙用
一真化　四八應　顯露圓通
塵塵內　轉法輪　玄德昭著
物物上　旋佛日　妙道周薰
真般若　真解脫　涅槃三德
真常樂　真我淨　法界藏心
五眼揮　鑒大千　皆是一性
四智融　了生佛　不二之身
普賢門　無高下　一體貫通
彌陀界　非親疎　盡性皆登
演正法　判至理　諸天歡喜
[illegible]

敦博 Db.t.0364　རྒྱའི་ཆོས་གཞུང་།
漢文經文　(36—12)

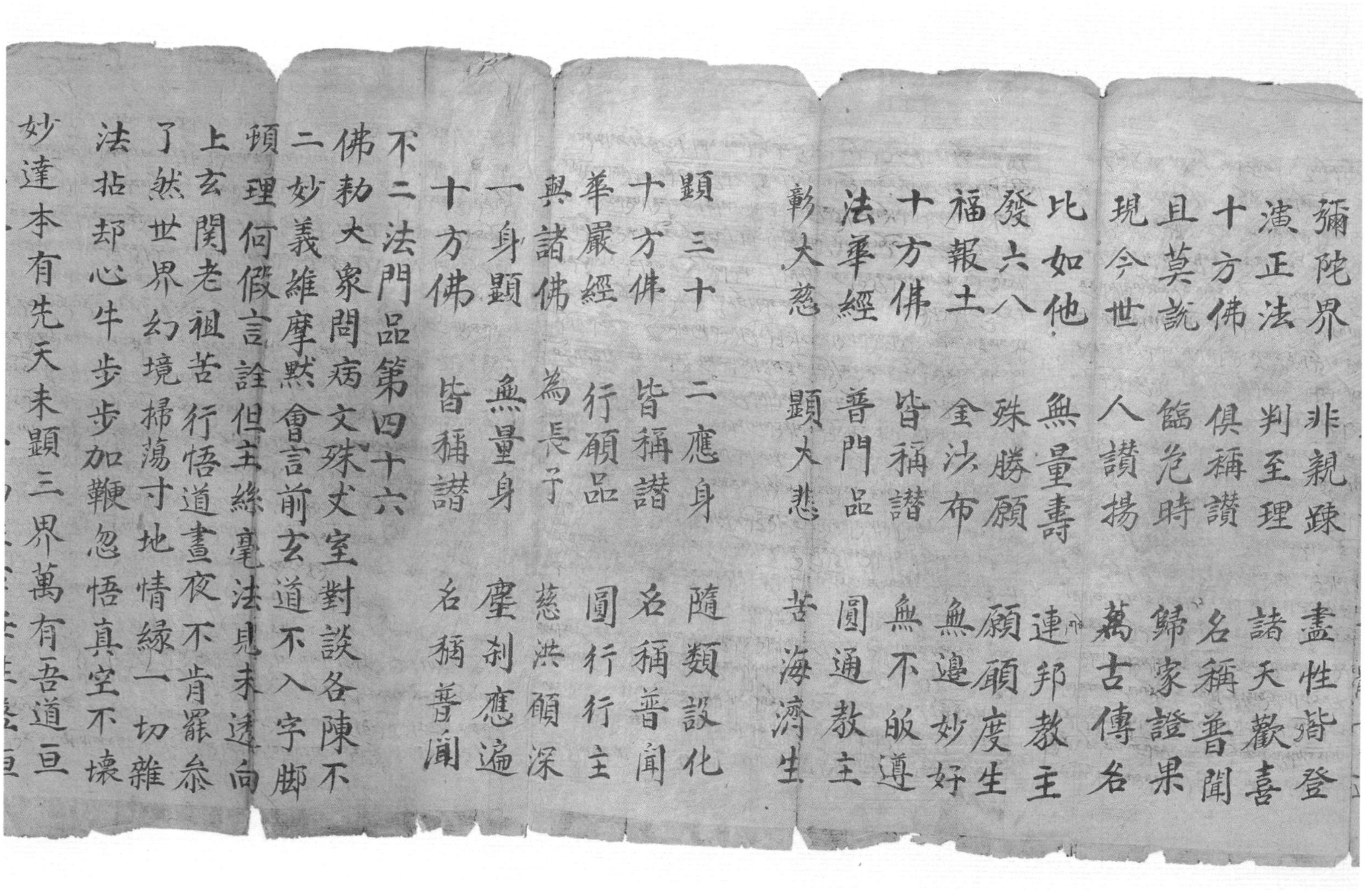
彌陀界 非親疎 盡性皆登
漢正法 判至理 諸天歡喜
十方佛 俱稱讚 名稱普聞
且莫說 臨危時 歸家證果
現今世 人讚揚 萬古傳名
比如他 無量壽 蓮邦教主
發六八 殊勝願 願願度生
福報土 金沙布 無邊妙好
十方佛 皆稱讚 無不皈遵
法華經 普門品 圓通教主
彰大慈 顯大悲 苦海濟生
顯三十二應身 隨類設化
十方佛 皆稱讚 名稱普聞
華嚴經 行願品 圓行行主
興諸佛 為長子 慈洪願深
一身顯 無量身 塵剎應遍
十方佛 皆稱讚 名稱普聞
不二法門品第四十六
佛勑大衆問病文殊丈室對談各陳不
二妙義維摩默會言前玄道不入字脚
頭理何假言詮但主絲毫法見未遣向
上玄関老祖苦行悟道晝夜不肯罷休
了然世界幻境掃蕩寸地情緣一切雜
法拈却心牛步步加鞭忽悟真空不壞
妙達本有先天未顯三界萬有吾道亘

敦博 Db.t.0364 རྒྱའི་ཆོས་གཞུང་།
漢文經文 (36—13)

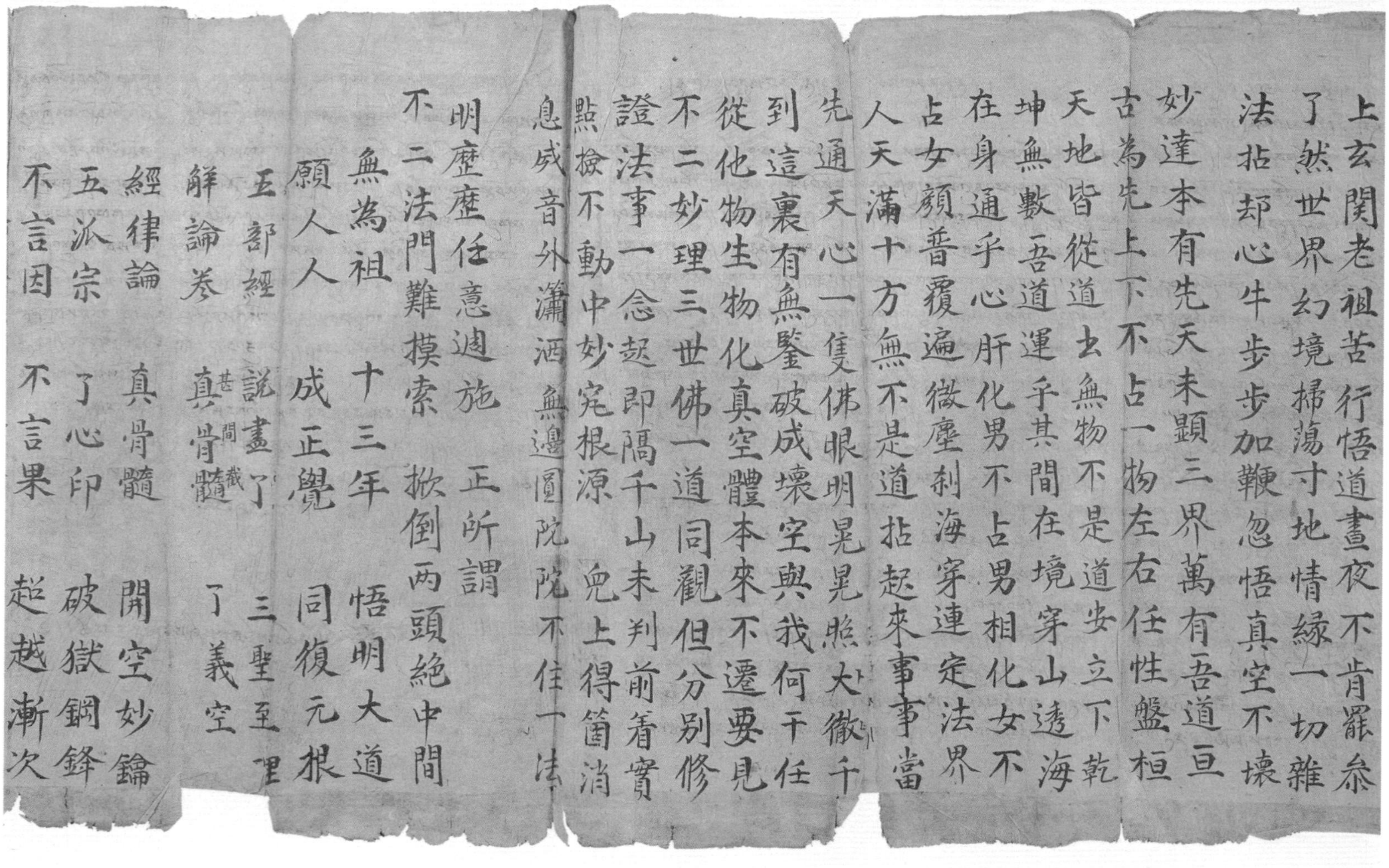
上玄関老祖苦行悟道晝夜不肯罷休
了然世界幻境掃蕩寸地情緣一切雜
法拈却心牛步步加鞭忽悟真空不壞
妙達本有先天未顯三界萬有吾道亘
古為先上下不占一物左右任性盤桓
天地皆從道出無物不是道安立下乾
坤無數吾道運乎其間在境穿山透海
在身通乎心肝化男不占男相化女不
占女顏普覆遍徹塵剎海穿連定法界
人天滿十方無不是道拈起來事事當
先通天心一隻佛眼明晃晃照大徹千
到這裏有無鑒破成壞空與我何干任
從他物生物化真空體本來不遷要見
不二妙理三世佛一道同觀但分別修
證法事一念起即隔千山未判前看實
點撿不動中妙究根源 兜上得箇消
息威音外瀟洒無邊圓陀陀不住一法
明塵塵任意週施 正所謂
不二法門難摸索 掀倒兩頭絕中間
無為祖 十三年 悟明大道
願人人 成正覺 同復元根
五部經 說盡了 三聖至理
解論巻 真骨髓 了義空
經律論 真骨髓 開空妙鑰
五派宗 了心印 破獄鋼鋒
不言因 不言果 超越漸次

敦博 Db.t.0364 རྒྱའི་ཆོས་གཞུང་།
漢文經文 (36—14)

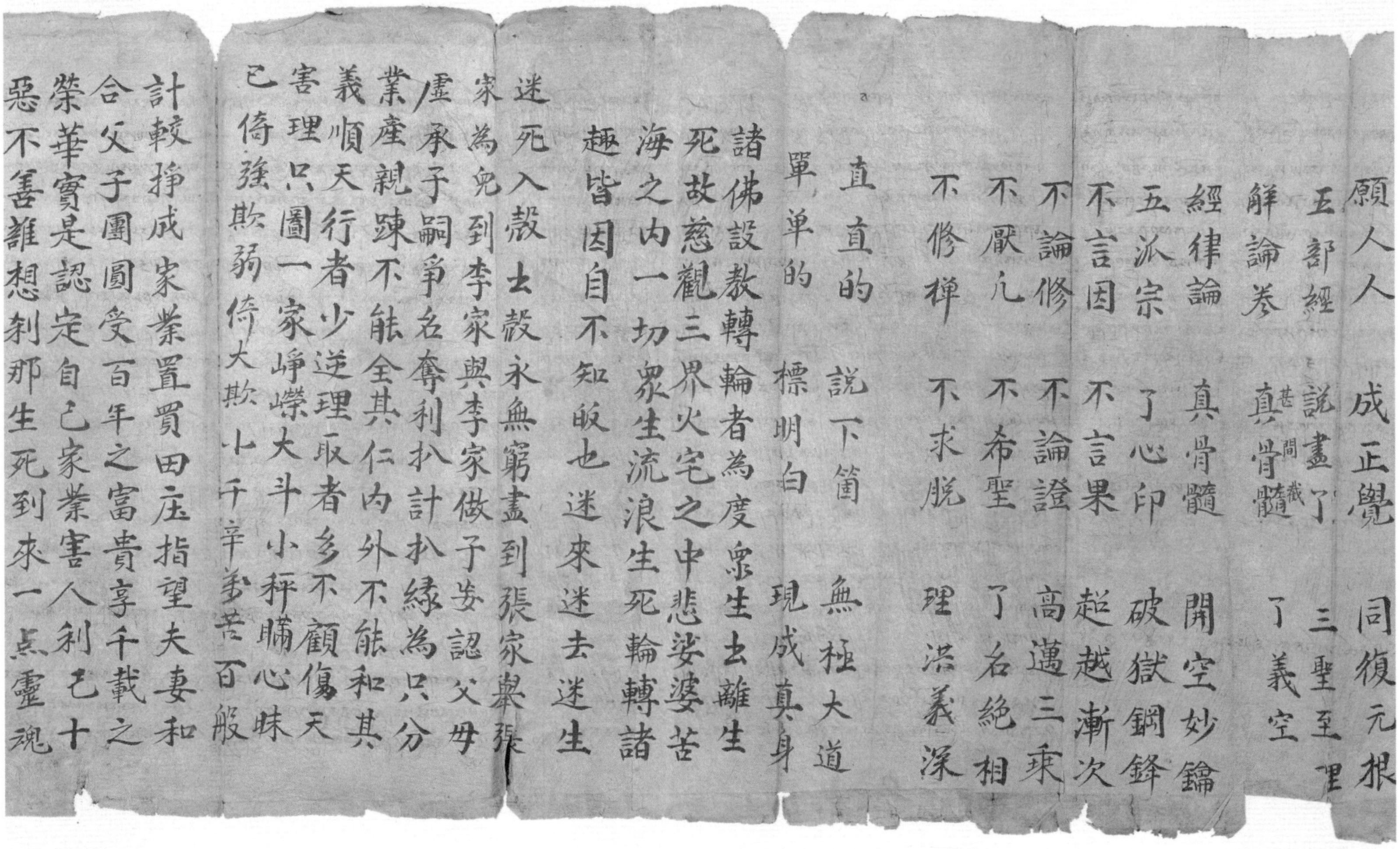
願人人 成正覺 同復元根
五部經 說盡了 三聖至理
解論巻 真骨髓 了義空
經律論 真骨髓 開空妙鑰
五派宗 了心印 破獄鋼鋒
不言因 不言果 超越漸次
不論修 不論證 高邁三乘
不厭凡 不希聖 了名絶相
不修禪 不求脫 理涉義深
直直的 說下箇 無極大道
單單的 標明白 現成真身
諸佛設教轉輪者為度衆生出離生
死故慈觀三界火宅之中悲娑婆苦
海之内一切衆生流浪生死輪轉諸
趣皆因自不知敀也迷來迷去迷生
迷死入殻出殻永無窮盡到張家舉張
家為兒到李家與李家做子妄認父母
虚承子嗣爭名奪利扒計扒緑為只分
業産親疎不能全其仁内外不能和其
義順天行者少逆理取者多不顧傷天
害理只圖一家峥嵘大斗小秤瞞心昧
已倚強欺弱倚大欺小千辛萬苦百般
計較挣成家業置買田庄指望夫妻和
合父子團圓受百年之富貴享千載之
榮華實是認定自己家業害人利己十
惡不善誰想刹那生死到來一點靈魂

敦博 Db.t.0364 རྒྱའི་ཆོས་གཞུང་།
漢文經文 (36—15)

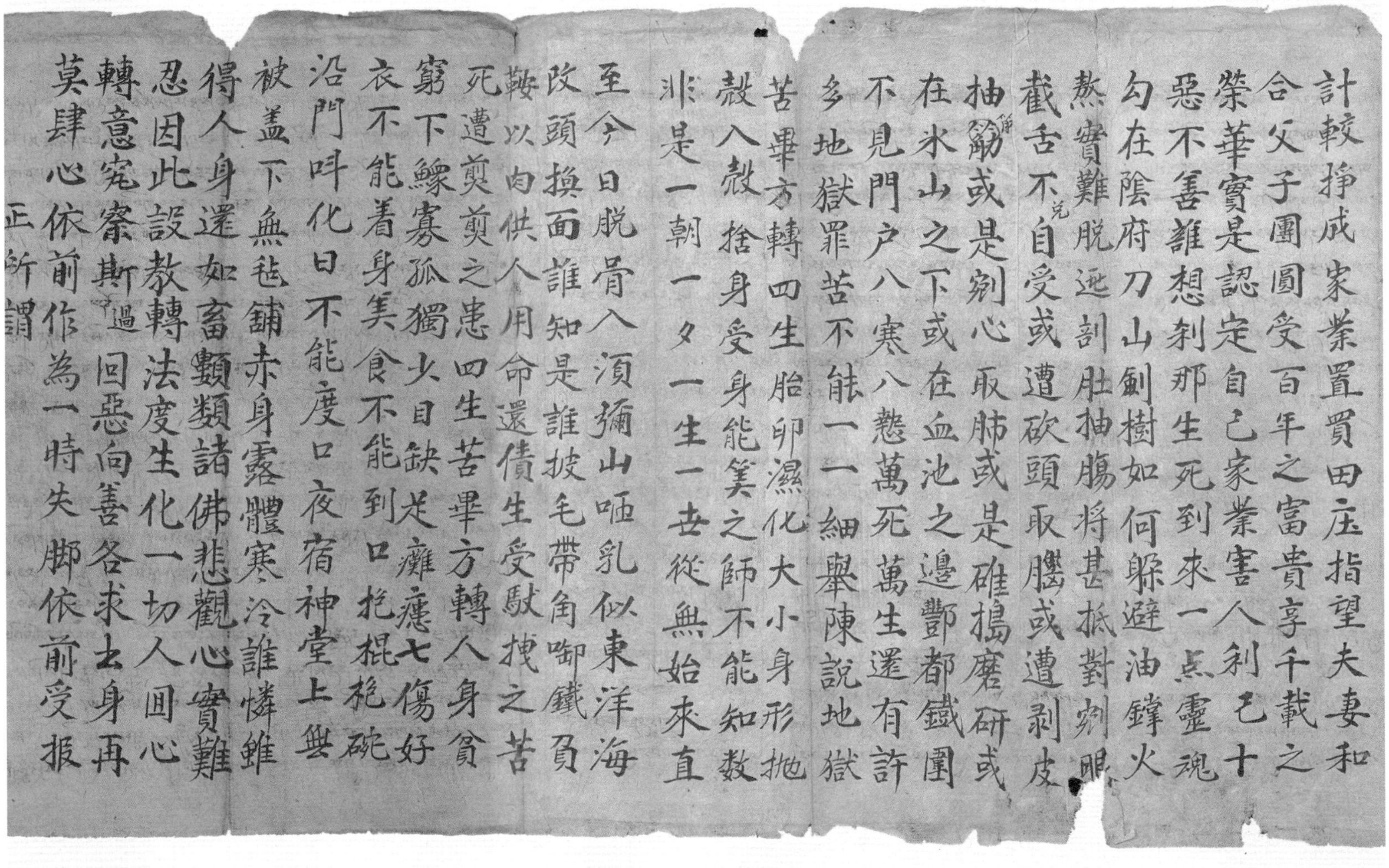
計較挣成家業置買田庄指望夫妻和
合父子團圓受百年之富貴享千載之
榮華實是認定自己家業害人利己十
惡不善誰想刹那生死到來一點靈魂
勾在陰府刀山劍樹如何躲避油鑊火
熬實難脫逃剖肚抽腸将甚抵對剜眼
截舌不免自受或遭砍頭取髓或遭剥皮
抽筋或是剜心取肺或是碓搗磨研或
在氷山之下或在血池之邊酆都鐵圍
不見門户八寒八熱萬死萬生還有許
多地獄罪苦不能一一細舉陳說地獄
苦畢方轉四生胎卵濕化大小身形拋
殻入殻捨身受身能笑之師不能知数
非是一朝一夕一生一世從無始來直
至今日脫骨入須彌山咂乳似東洋海
改頭換面誰知是誰披毛帶角啣鐵負
鞍以肉供人用命還債生受馱拽之苦
死遭煎煎之患四生苦畢方轉人身貧
窮下賤鰥寡孤獨少目缺足癱瘓七傷好
衣不能着身美食不能到口托棍拕碗
沿門叫化日不能度口夜宿神堂上無
被蓋下無毡鋪赤身露體寒冷誰憐誰
得人身還如畜類諸佛悲觀心實難
忍因此設教轉法度生化一切人回心
轉意究察斯過回惡向善各求出身再
莫肆心依前作為一時失脚依前受报
正所謂

敦博 Db.t.0364 རྒྱའི་ཆོས་གཞུང་།
漢文經文 (36—16)

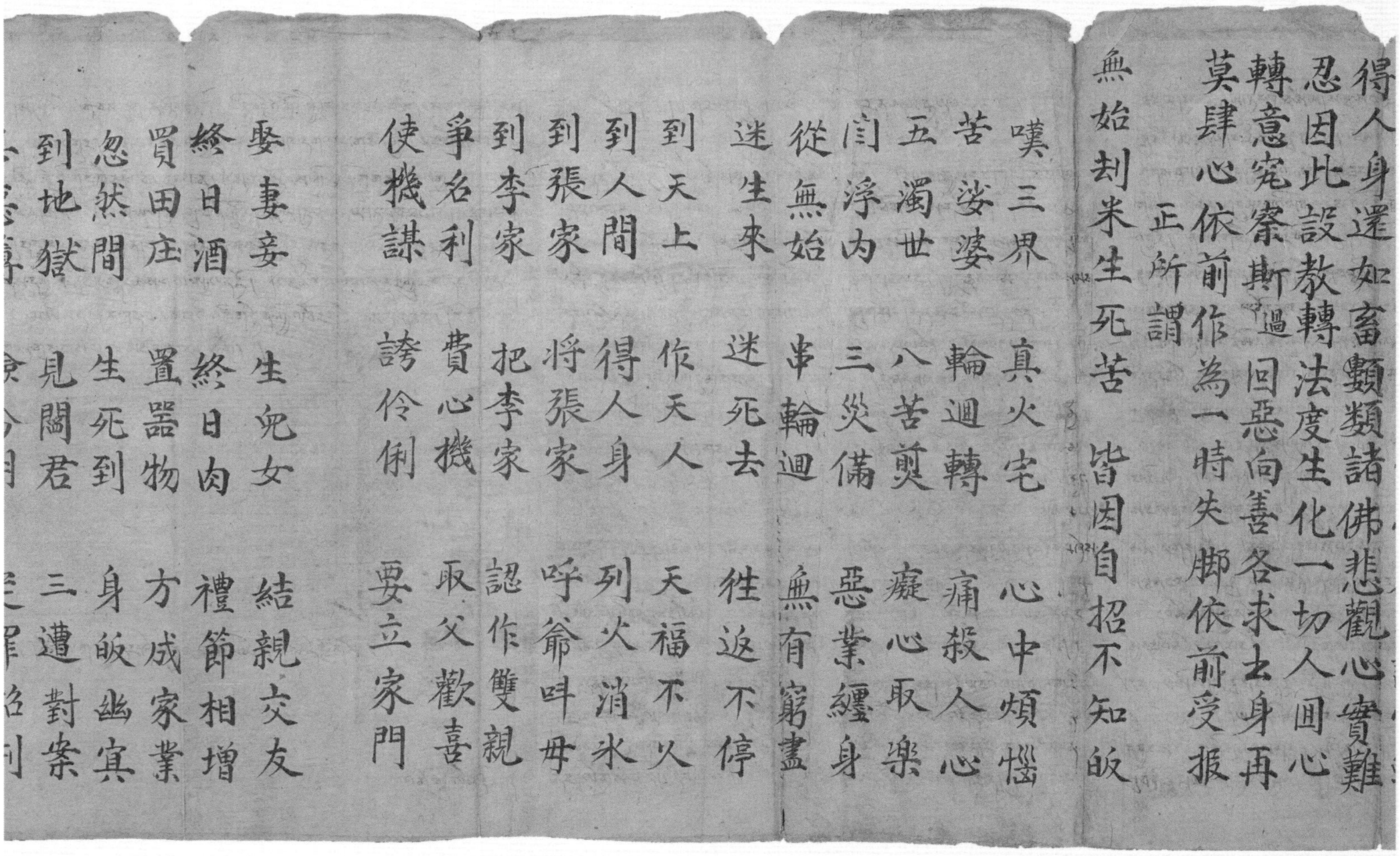

得人身還如畜類類諸佛悲觀心實難
忍因此設教轉法度生化一切人回心
轉意冤察斯過回惡向善各求出身再
莫肆心依前作為一時失脚依前受報
正所謂
無始劫來生死苦　皆因自招不知皈
嘆三界　真火宅　心中煩惱
苦娑婆　輪迴轉　痛殺人心
五濁世　八苦煎　癡心取樂
閻浮内　三災備　惡業纏身
從無始　串輪迴　無有窮盡
迷生來　迷死去　往返不停
到天上　作天人　天福不久
到人間　得人身　列火消冰
到張家　將張家　呼爺叫母
到李家　把李家　認作雙親
爭名利　費心機　取父歡喜
使機謀　誇伶俐　要立家門
娶妻妾　生兒女　結親交友
終日酒　終日肉　禮節相增
買田庄　置器物　方成家業
忽然間　生死到　身皈幽冥
到地獄　見閻君　三遭對案

敦博 Db.t.0364　རྒྱའི་ཆོས་གཞུང་།
漢文經文　(36—17)

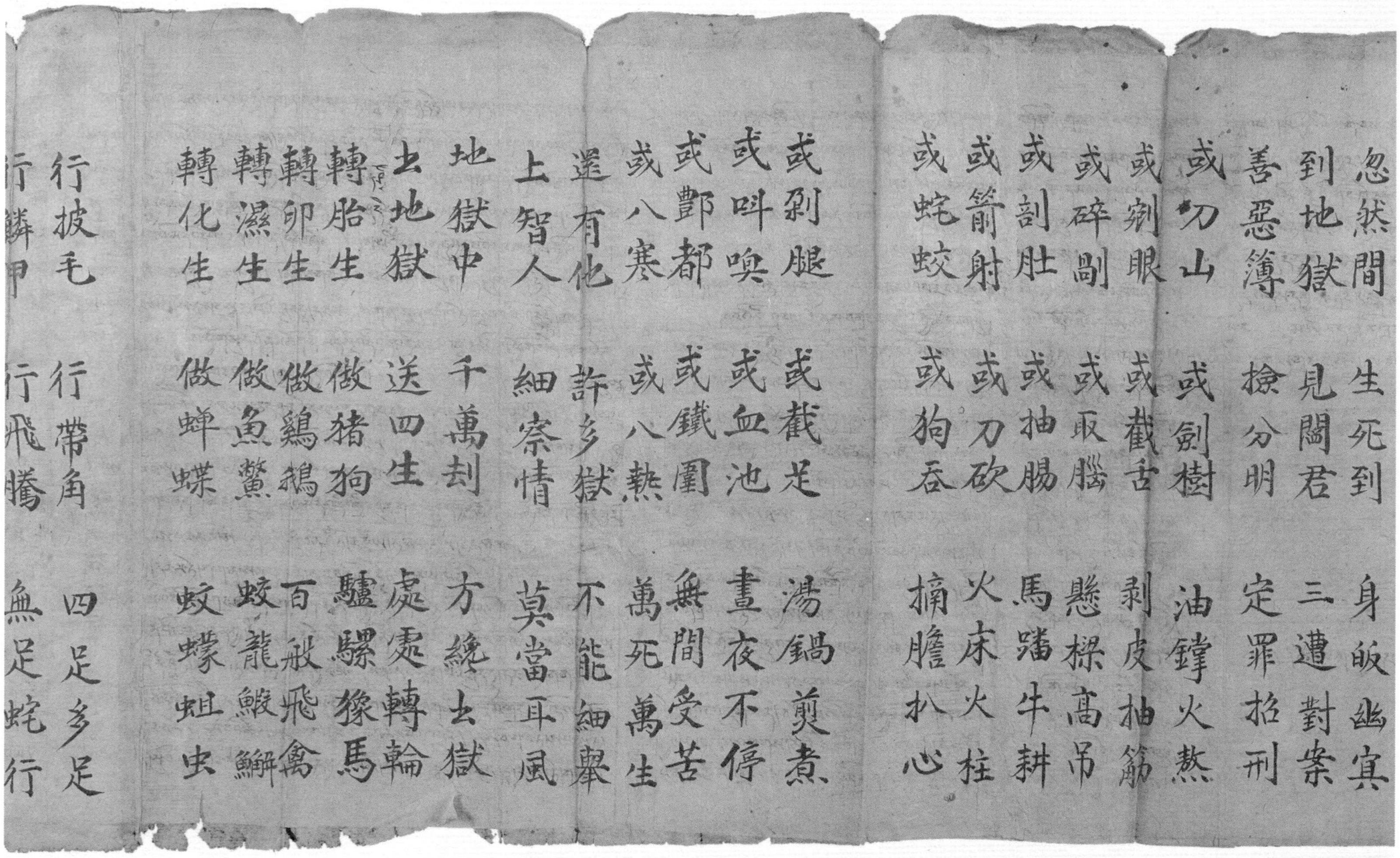

忽然間　生死到　身皈幽冥
到地獄　見閻君　三遭對案
善惡簿　撿分明　定罪招刑
或刀山　或劍樹　油鑊火熬
或剜眼　或截舌　剝皮抽筋
或碎剮　或取腦　懸樑高吊
或剖肚　或抽腸　馬踏牛耕
或箭射　或刀砍　火床火柱
或蛇蛟　或狗吞　摘膽扒心
或剁腿　或截足　湯鍋煎煮
或叫喚　或血池　晝夜不停
或酆都　或鐵圍　無間受苦
或八寒　或八熱　萬死萬生
還有他　許多獄　不能細舉
上智人　細察情　莫當耳風
地獄中　千萬劫　方纔出獄
出地獄　送四生　處處轉輪
轉胎生　做猪狗　驢騾象馬
轉卵生　做鷄鵝　百般飛禽
轉濕生　做魚鱉　蛟龍鰕鱔
轉化生　做蝉蝶　蚊蠓虬虫
行披毛　行帶角　四足多足
行鱗甲　行飛騰　無足蛇行

敦博 Db.t.0364　རྒྱའི་ཆོས་གཞུང་།
漢文經文　(36—18)

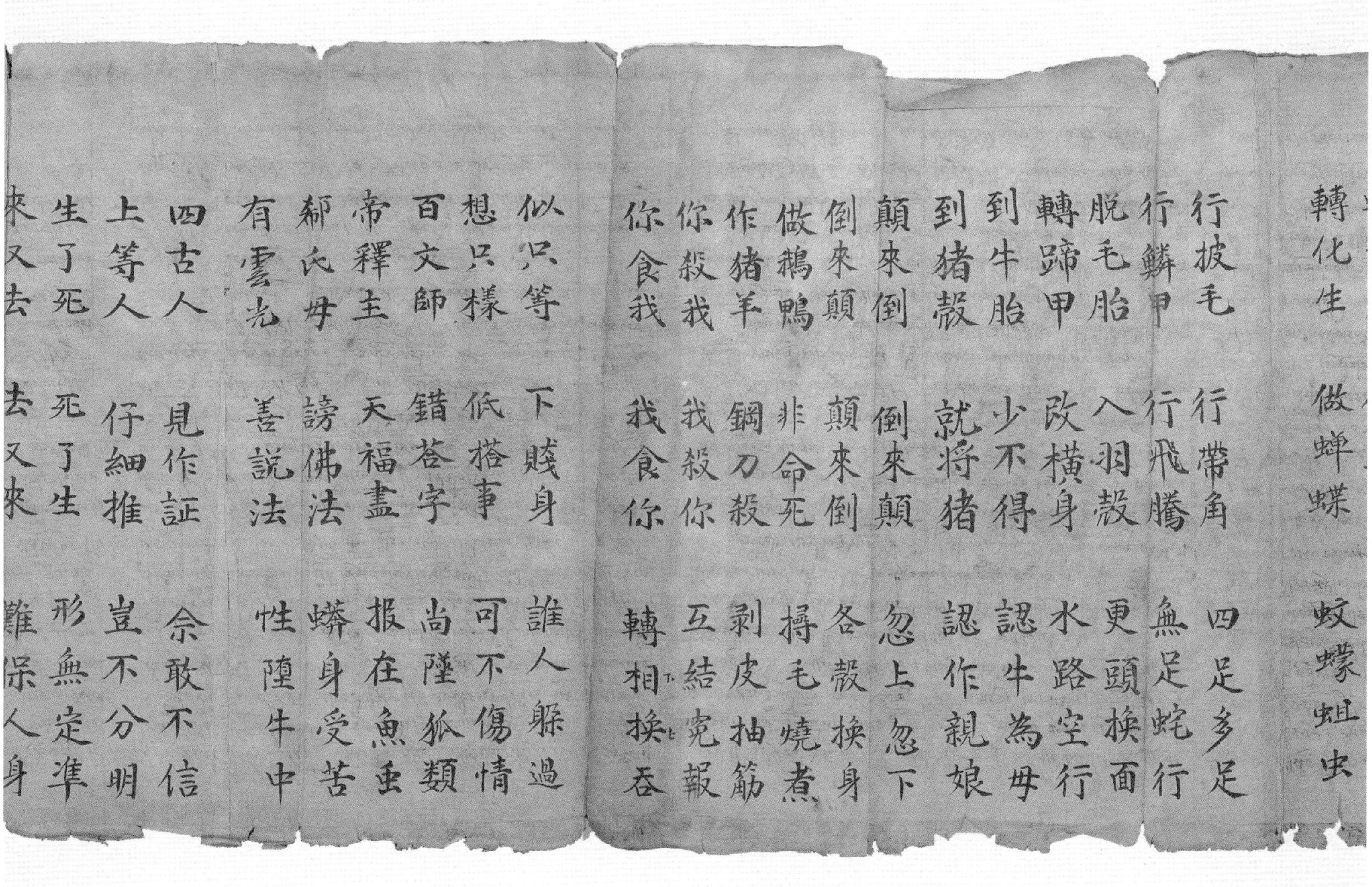
轉化生　做蟬蝶　蚑蟓虬虫
行披毛　行帶角　四足多足
行鱗甲　行飛騰　無足蛇行
脫毛胎　入羽殼　更頭换面
轉蹄甲　改横身　水路空行
到牛胎　少不得　認牛為母
到猪殼　就將猪　認作親娘
顛來倒　倒來顛　忽上忽下
倒來顛　顛來倒　各殼换身
做鵝鴨　非命死　撏毛燒煮
作猪羊　鋼刀殺　剥皮抽筋
你殺我　我殺你　互結寃報
你食我　我食你　轉相换吞
似只等　下賤身　誰人躲過
想只樣　低搭事　可不傷情
百文師　錯荅字　尚墮狐類
帝釋主　天福盡　報在魚虫
郗氏母　謗佛法　蟒身受苦
有雲光　善說法　性墮牛中
四古人　見作証　余敢不信
上等人　仔細推　豈不分明
生了死　死了生　形無定準
來又去　去又來　難保人身

敦博 Db.t.0364 རྒྱའི་ཆོས་གཞུང་།
漢文經文　(36—19)

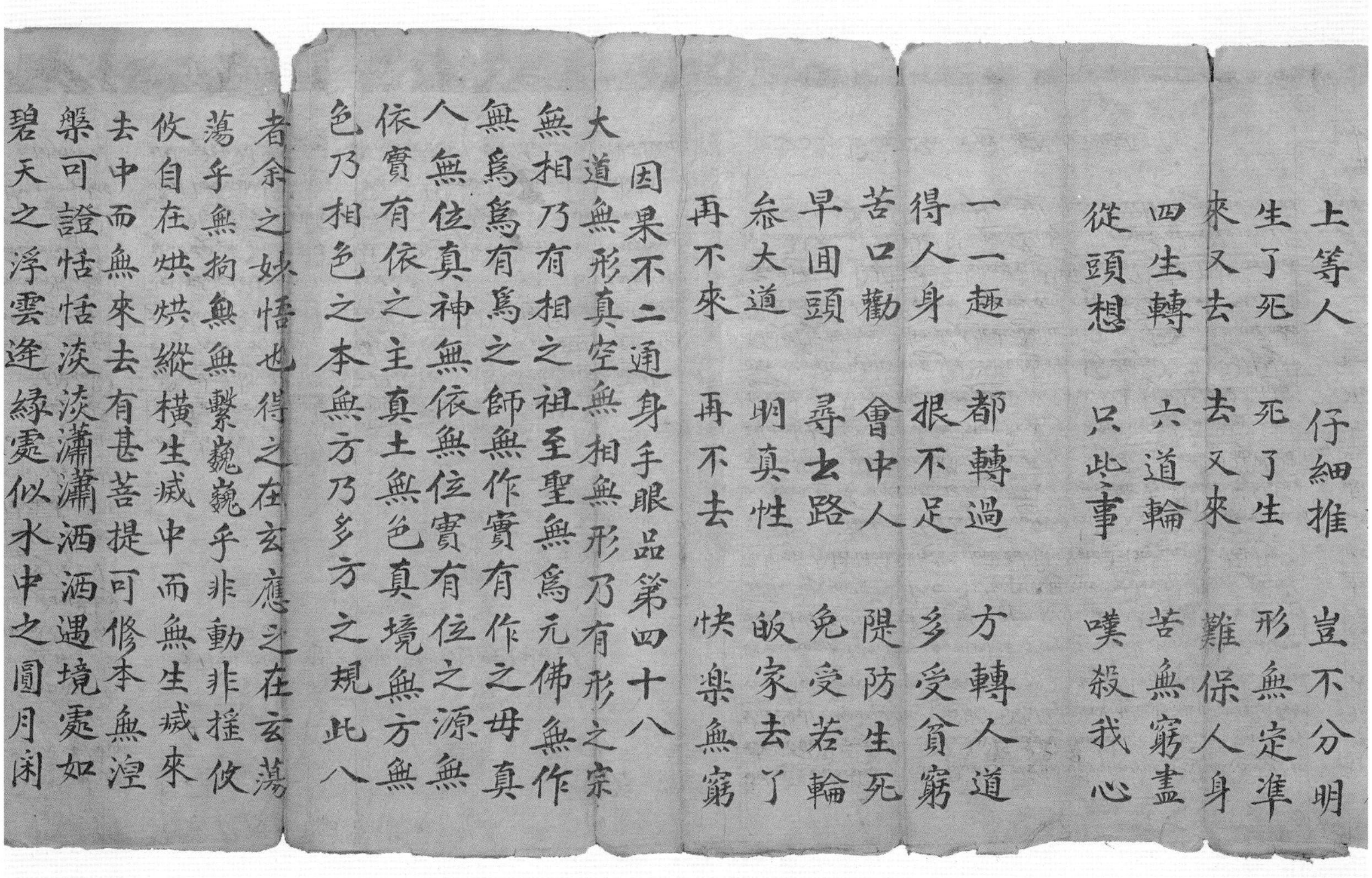
上等人　仔細推　豈不分明
生了死　死了生　形無定準
來又去　去又來　難保人身
四生轉　六道輪　苦無窮盡
從頭想　只些事　嘆殺我心
一一趣　都轉過　方轉人道
得人身　根不足　多受貧窮
苦口勸　會中人　隄防生死
早回頭　尋去路　免受若輪
叅大道　明真性　皈家去了
再不來　再不去　快樂無窮
因果不二通身手眼品第四十八
大道無形真空無相無形乃有形之宗
無相乃有相之祖至聖無為无佛無作
無為為有為之師無作實有作之母真
人無位真神無依無位實有位之源無
依實有依之主真土無色真境無方無
色乃相色之本無方乃多方之規此八
者余之妙悟也得之在玄應之在玄蕩
蕩乎無拘無繫巍巍乎非動非搖攸
攸自在烘烘縱横生滅中而無生滅來
去中而無來去有甚菩提可修本無涅
槃可證恬恬淡淡瀟瀟洒洒遇境處如
碧天之浮雲逢緣處似水中之圓月閑

敦博 Db.t.0364 རྒྱའི་ཆོས་གཞུང་།
漢文經文　(36—20)

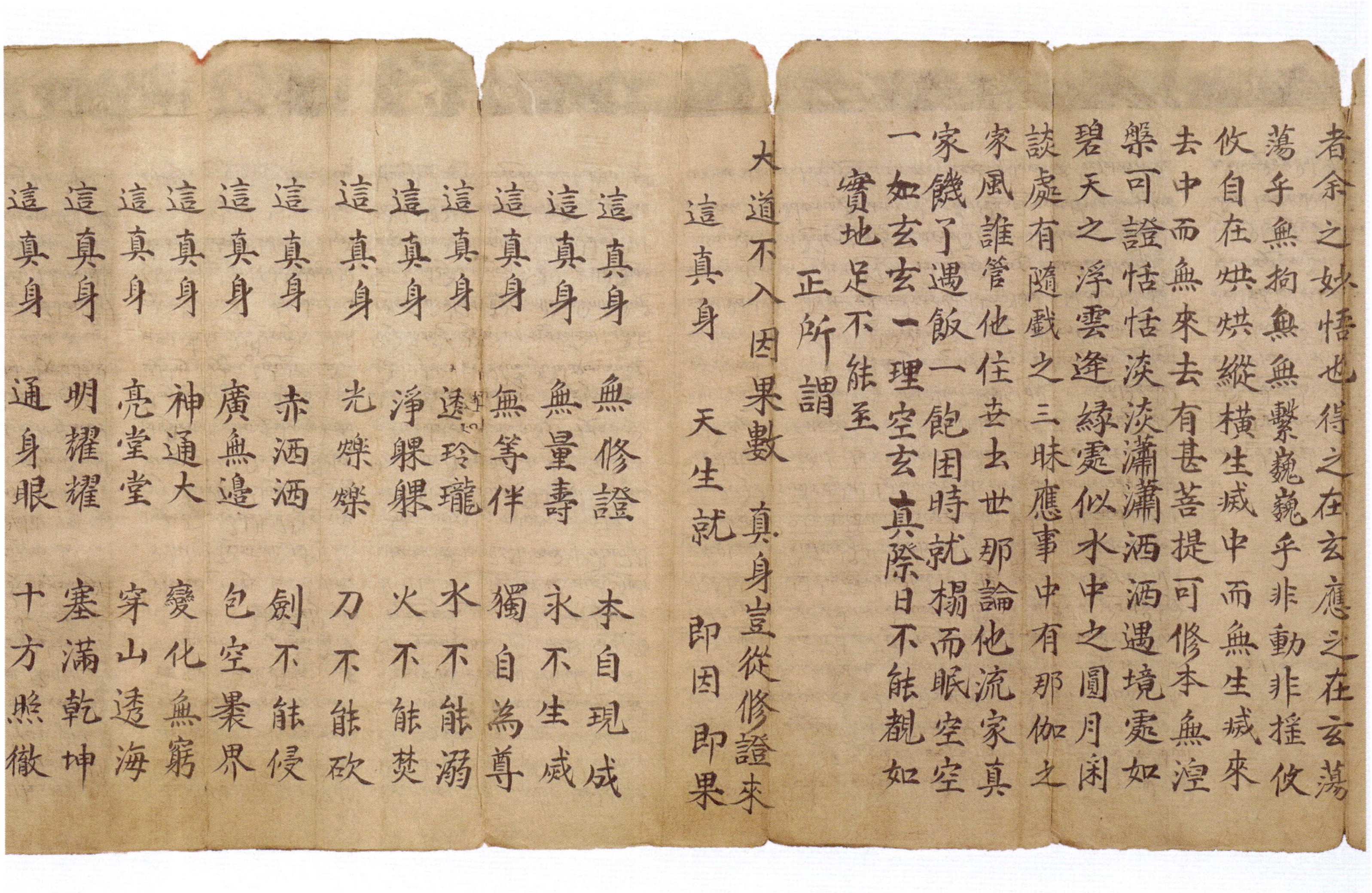
者余之妙悟也得之在玄應之在玄蕩
蕩乎無拘無繫巍巍乎非動非搖攸
攸自在烘烘縱橫生滅中而無生滅來
去中而無來去有甚菩提可修本無湟
槃可證恬恬淡淡瀟瀟洒洒遇境處如
碧天之浮雲逢緣處似水中之圓月閑
談處有隨戲之三昧應事中有那伽之
家風誰管他住去去世那論他流家真
家饑了遇飯一飽困時就榻而眠空空
一如玄玄一理空玄真際日不能覩如
實地足不能至
正所謂
大道不入因果數 真身豈從修證來
這真身 天生就 即因 即果
這真身 無修證 本自現成
這真身 無量壽 永不生滅
這真身 無等伴 獨自為尊
這真身 透玲瓏 水不能溺
這真身 淨躶躶 火不能焚
這真身 光爍爍 刀不能砍
這真身 赤洒洒 劍不能侵
這真身 廣無邊 包空累界
這真身 神通大 變化無窮
這真身 亮堂堂 穿山透海
這真身 明耀耀 塞滿乾坤
這真身 通身眼 十方照徹

敦博 Db.t.0364 རྒྱའི་ཆོས་གཞུང་།
漢文經文 (36—21)

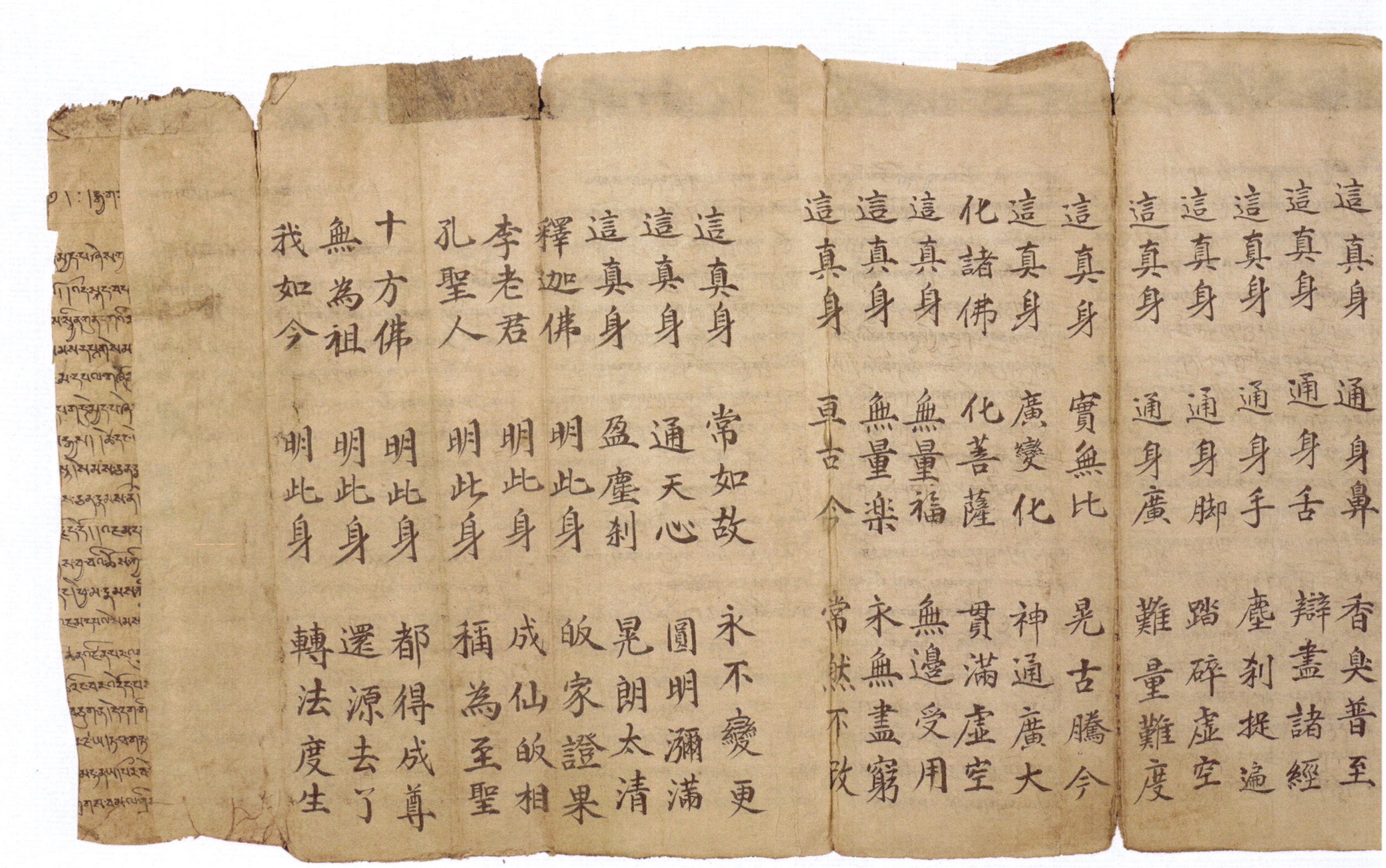
這真身 通身鼻 香臭普至
這真身 通身舌 辯盡諸經
這真身 通身手 塵剎提遍
這真身 通身脚 踏碎虛空
這真身 通身廣 難量難度
這真身 實無比 晃古騰今
這真身 廣變化 神通廣大
化諸佛 化菩薩 貫滿虛空
這真身 無量福 無邊受用
這真身 無量樂 永無盡窮
這真身 亘古今 常然不改
這真身 常如故 永不變更
這真身 通天心 圓明瀰滿
這真身 盈塵剎 晃朗太清
釋迦佛 明此身 皈家證果
李老君 明此身 成仙皈相
孔聖人 明此身 稱為至聖
十方佛 明此身 都得成尊
無為祖 明此身 還源去了
我如今 明此身 轉法度生

敦博 Db.t.0364 རྒྱའི་ཆོས་གཞུང་།
漢文經文 (36—22)

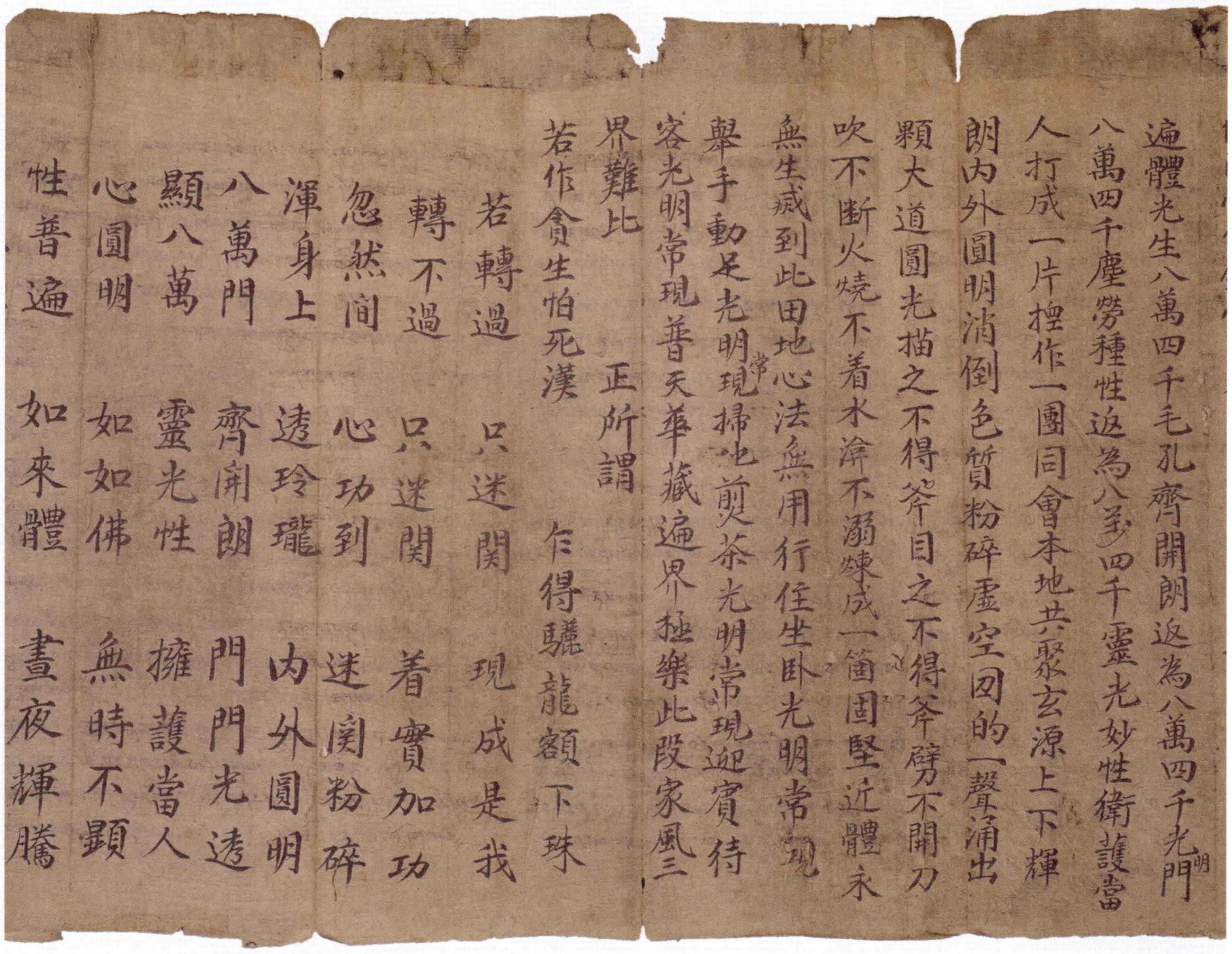

遍體光生八萬四千毛孔齊開朗返為八萬四千光門明
八萬四千塵勞種性返為八萬四千靈光妙性衛護當
人打成一片揑作一團同會本地共聚玄源上下輝
朗内外圓明消倒色質粉碎虛空囫的一聲涌出
顆大道圓光描之不得斧目之不得斧劈不開刀
吹不斷火燒不着水浸不溺煉成一箇固堅近體永
無生滅到此田地心法無用行住坐卧光明常現
舉手動足光明常現掃地煎茶光明常現迎賓待
客光明常現普天華藏遍界極樂此段家風三
界難比　正所謂
若作貪生怕死漢　作得驪龍頷下珠
若轉過　只迷関　現成是我
轉不過　只迷関　着實加功
忽然間　心功到　迷関粉碎
渾身上　透玲瓏　内外圓明
八萬門　齊開朗　門門光透
顯八萬　靈光性　擁護當人
心圓明　如如佛　無時不顯
性普遍　如來體　晝夜輝騰

敦博 Db.t.0364　རྒྱའི་ཆོས་གཞུང་།
漢文經文　(36—23)

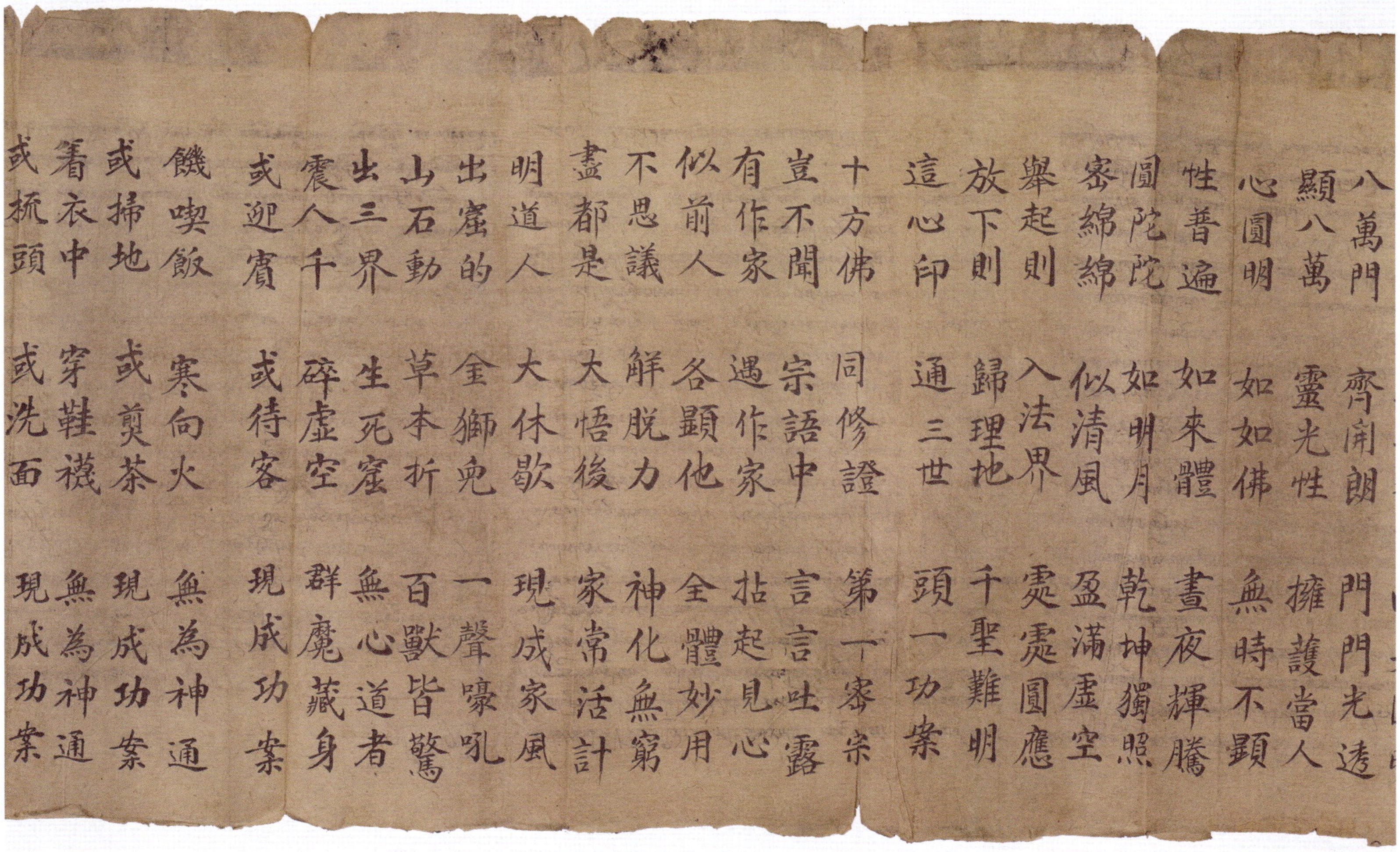

八萬門　齊開朗　門門光透
顯八萬　靈光性　擁護當人
心圓明　如如佛　無時不顯
性普遍　如來體　晝夜輝騰
圓陀陀　如明月　乾坤獨照
密綿綿　似清風　盈滿虛空
舉起則　入法界　霛霛圓應
放下則　歸理地　千聖難明
這心印　通三世　頭一功案
十方佛　同修證　第一密宗
豈不聞　宗語中　言言吐露
有作家　遇作家　拈起見心
似前人　各顯他　全體妙用
不思議　觧脫力　神化無窮
盡都是　大悟後　家常活計
明道人　大休歇　現成家風
出窟的　金獅兒　一聲哮吼
山石動　草本折　百獸皆驚
出三界　生死窟　無心道者
震人千　碎虛空　群魔藏身
或迎賓　或待客　現成功案
饑喫飯　寒向火　無為神通
或掃地　或煎茶　現成功案
着衣中　穿鞋襪　無為神通
或梳頭　或洗面　現成功案

敦博 Db.t.0364　རྒྱའི་ཆོས་གཞུང་།
漢文經文　(36—24)

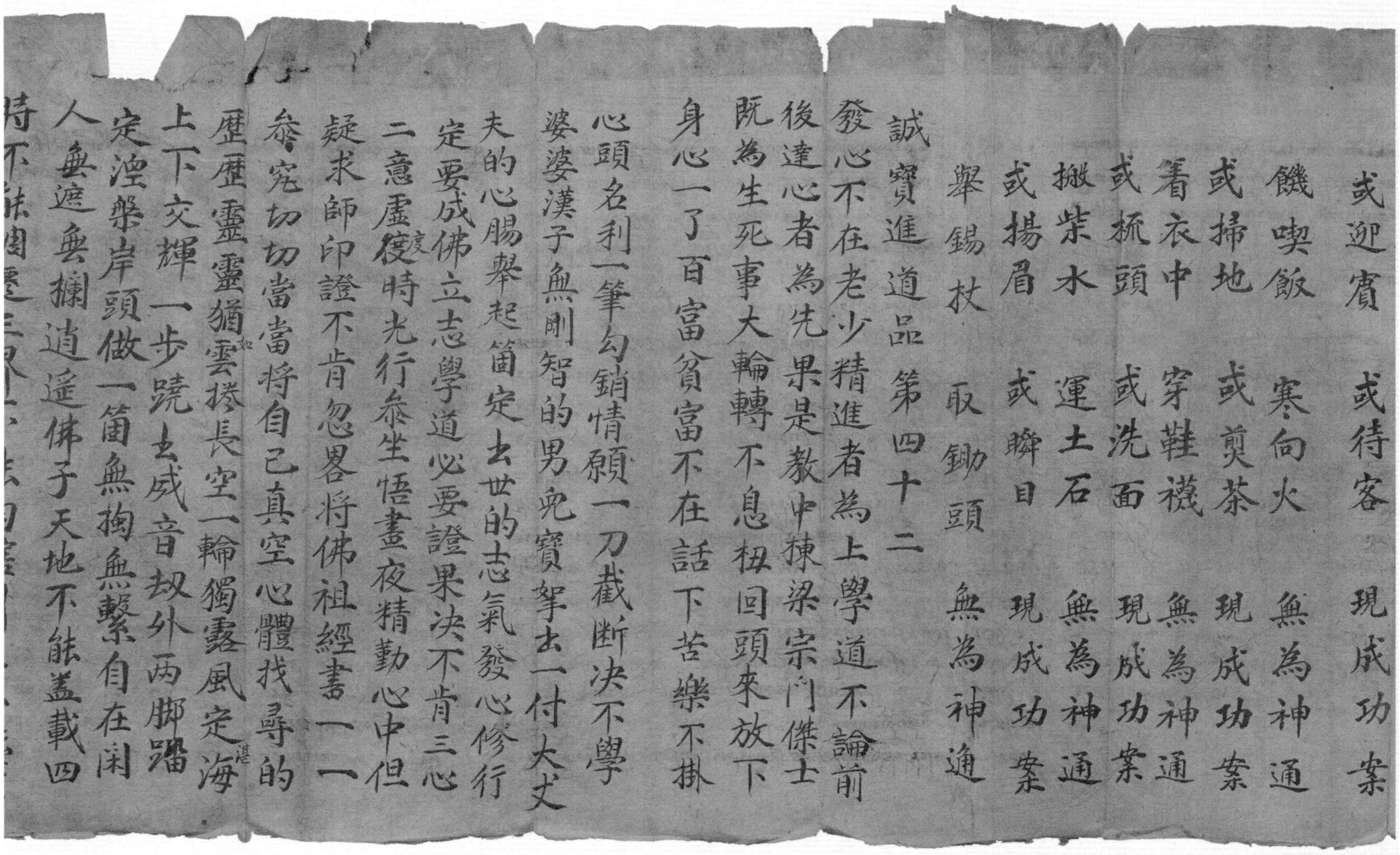
或迎賓　或待客　現成功案
饑喫飯　寒向火　無為神通
或掃地　或煎茶　現成功案
著衣中　穿鞋襪　無為神通
或梳頭　或洗面　現成功案
搬柴水　運土石　無為神通
或揚眉　或瞬目　現成功案
舉錫杖　取鋤頭　無為神通
誠寶進道品第四十二
發心不在老少精進者為上學道不論前
後達心者為先果是教中棟梁宗門傑士
既為生死事大輪轉不息扭回頭來放下
身心一了百富貧富不在話下苦樂不掛
心頭名利一筆勾銷情願一刀截斷決不學
婆婆漢子無剛智的男兒寶挐去一付大丈
夫的心腸舉起箇定出世的志氣發心修行
定要成佛立志學道必要證果決不肯三心
二意虛度時光行參生悟晝夜精勤心中但
疑求師印證不肯忽畧將佛祖經書一一
參究切切當當將自己真空心體找尋的
歷歷靈靈猶如雲捲長空一輪獨露風定海湛
上下交輝一步蹺去威音劫外兩脚踏
定涅槃岸頭做一箇無掏無繫自在閑
人無遮無攔逍遙佛子天地不能蓋載四

敦博 Db.t.0364　རྒྱའི་ཆོས་གཞུང་།
漢文經文　(36—25)

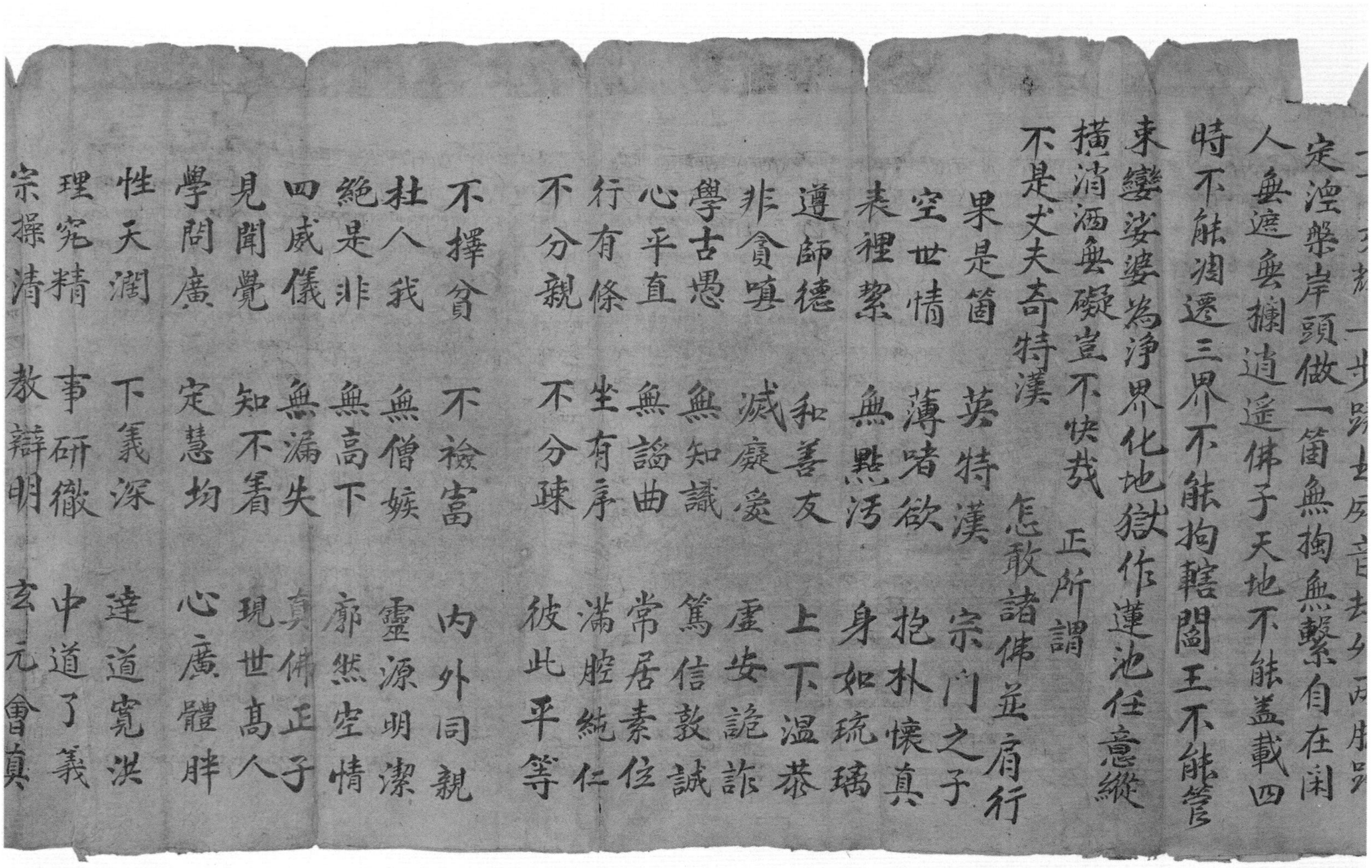
定涅槃岸頭做一箇無掏無繫自在閑
人無遮無攔逍遙佛子天地不能蓋載四
時不能淍遷三界不能拘轄閻王不能管
束變娑婆為淨界化地獄作蓮池任意縱
橫消洒無礙豈不快哉　正所謂
不是丈夫奇特漢　怎敢諸佛並肩行
果是箇　英特漢　宗门之子
空世情　薄嗜欲　抱朴懷真
表裡絜　無點污　身如琉璃
遵師德　和善友　上下溫恭
非貪嗔　滅癡愛　虛安詭詐
學古愚　無知識　篤信敦誠
心平直　無諂曲　常居素位
行有條　坐有序　滿腔純仁
不分親　不分疎　彼此平等
不擇貧　不檢富　內外同親
杜人我　無憎嫉　靈源明潔
絕是非　無高下　廓然空情
四威儀　無漏失　真佛正子
見聞覺　知不着　現世高人
學問廣　定慧均　心廣體胖
性天潤　下義深　達道寬洪
理究精　事研徹　中道了義
宗操清　教辯明　玄元會真

敦博 Db.t.0364　རྒྱའི་ཆོས་གཞུང་།
漢文經文　(36—26)

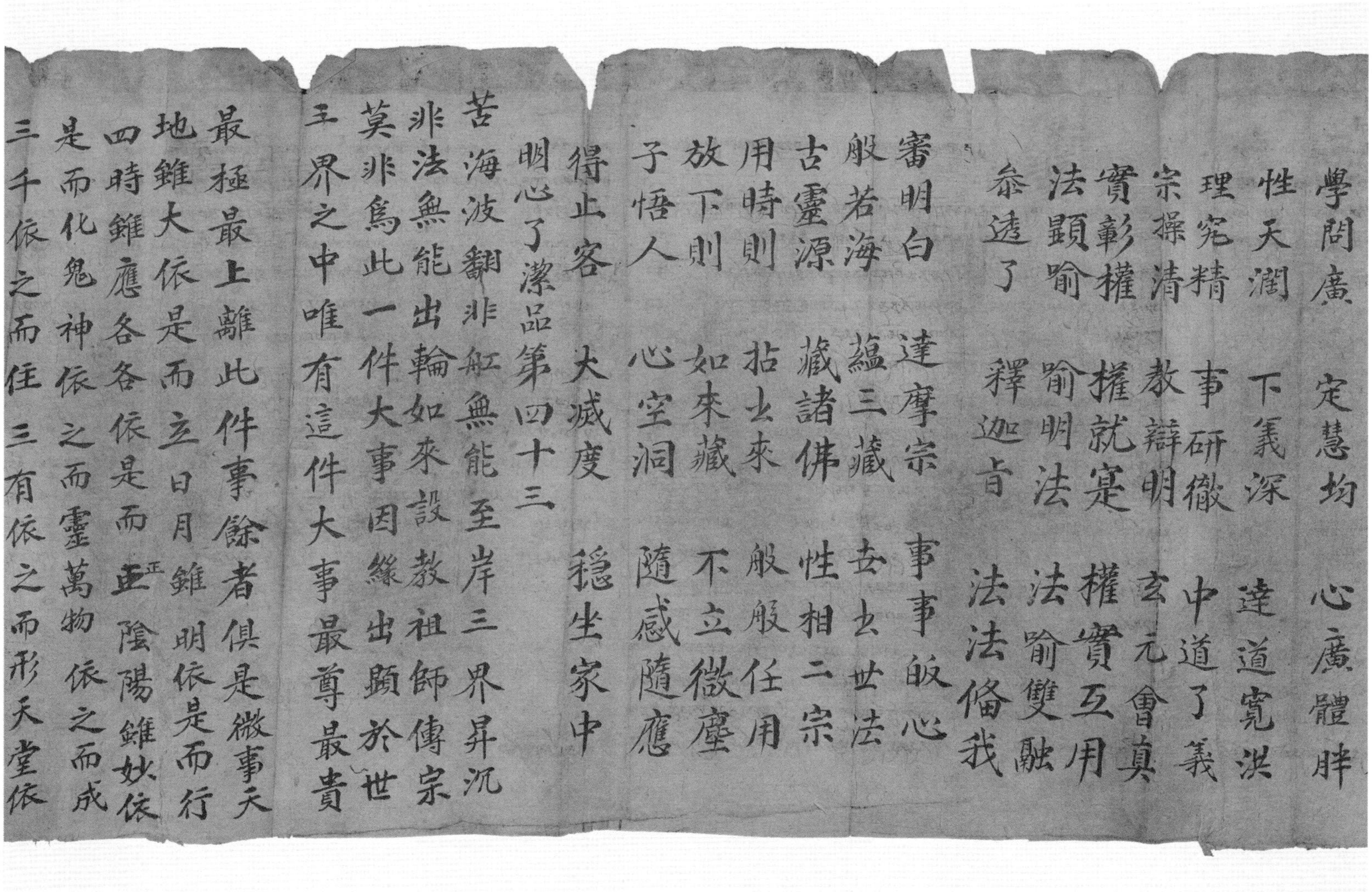

學問廣　定慧均　心廣體胖
性天潤　下義深　達道寬洪
理究精　事研微　中道了義
宗操清　教辯明　玄元會真
實彰權　權就寔　權實互用
法顯喻　喻明法　法喻雙融
參透了　釋迦旨　法法備我
審明白　達摩宗　事事皈心
般若海　蘊三藏　去去世法
古靈源　藏諸佛　性相二宗
用時則　拈出來　般般任用
放下則　如來藏　不立微塵
子悟人　心空洞　隨感隨應
得止客　大滅度　穩坐家中
明心了潔品第四十三
苦海波翻非舡無能至岸三界昇沉
非法無能出輪如來設教祖師傳宗
莫非為此一件大事因緣出顯於世
三界之中唯有這件大事最尊最貴
最極最上離此件事餘者俱是微事天
地雖大依是而立日月雖明依是而行
四時雖應各各依是而正陰陽雖妙依
是而化鬼神依之而靈萬物依之而成
三千依之而住三有依之而形天堂依

敦博 Db.t.0364　རྒྱའི་ཆོས་གཞུང་།
漢文經文　(36—27)

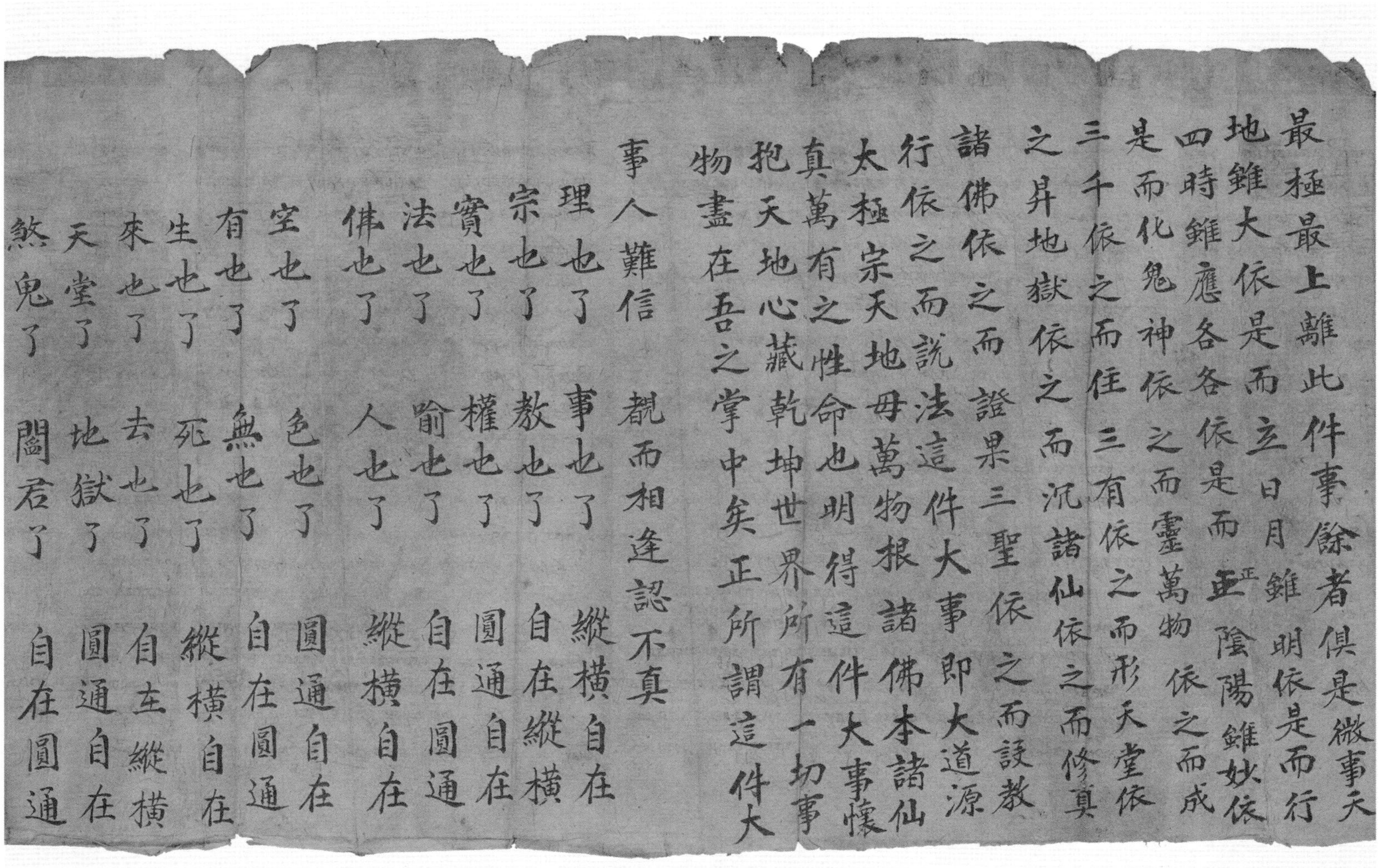

最極最上離此件事餘者俱是微事天
地雖大依是而立日月雖明依是而行
四時雖應各各依是而正陰陽雖妙依
是而化鬼神依之而靈萬物依之而成
三千依之而住三有依之而形天堂依
之昇地獄依之而沉諸仙依之而修真
諸佛依之而證果三聖依之而設教
行依之而説法這件大事即大道源
太極宗天地母萬物根諸佛本諸仙
真萬有之性命也明得這件大事懷
抱天地心藏乾坤世界所有一切事
物盡在吾之掌中矣正所謂這件大
事人難信　覿而相逢認不真
理也了　事也了　縱橫自在
宗也了　教也了　自在縱橫
實也了　權也了　圓通自在
法也了　喻也了　自在圓通
佛也了　人也了　縱橫自在
空也了　色也了　圓通自在
有也了　無也了　自在圓通
生也了　死也了　縱橫自在
來也了　去也了　自在縱橫
天堂了　地獄了　圓通自在
煞鬼了　閻君了　自在圓通

敦博 Db.t.0364　རྒྱའི་ཆོས་གཞུང་།
漢文經文　(36—28)

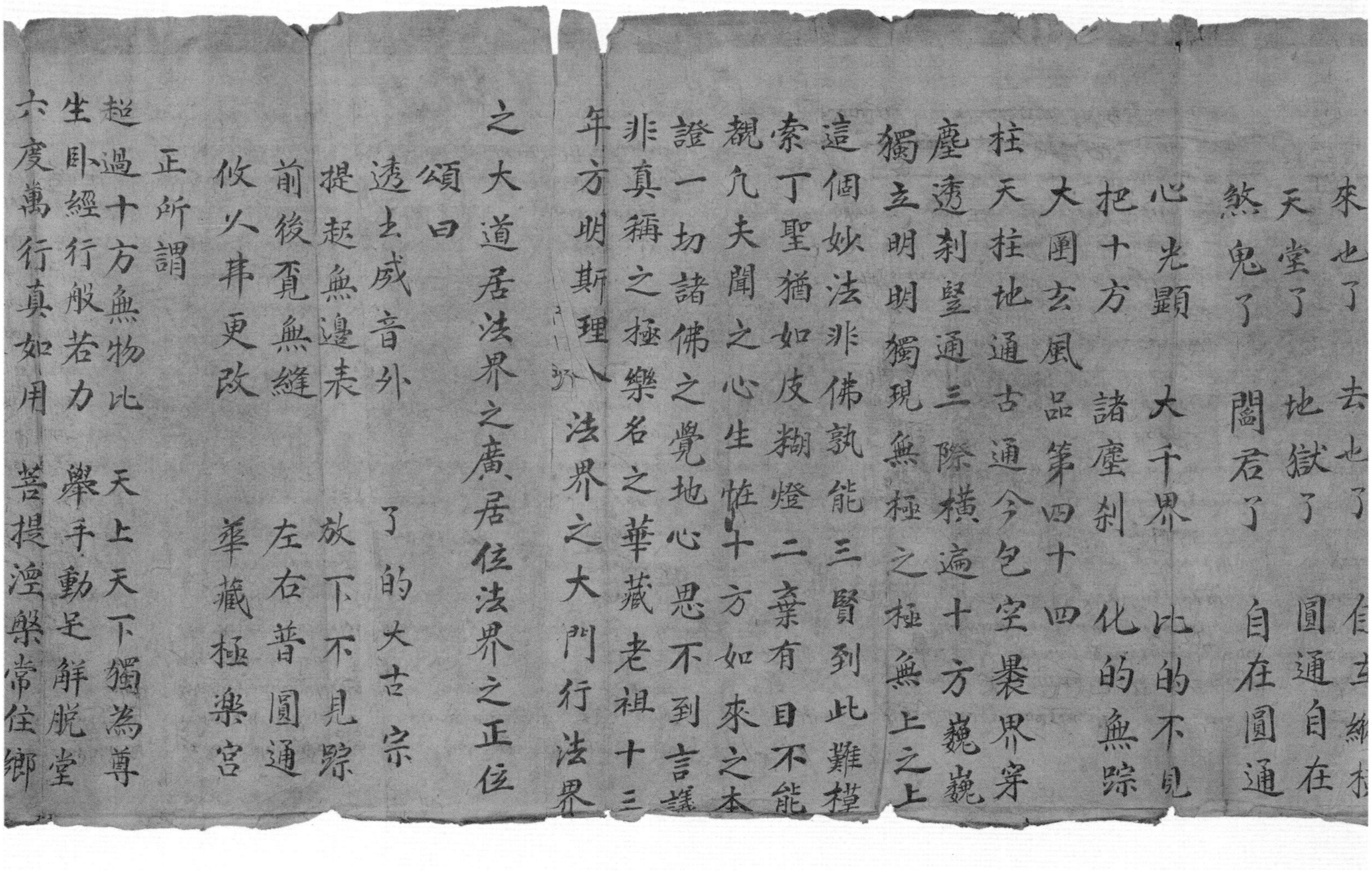

來也了　去也了
天堂了　地獄了　圓通自在
煞鬼了　閻君了　自在圓通
心光顯　大千界　比的不見
把十方　諸塵剎　化的無踪
大圓玄風品第四十四
柱天柱地通古通今包空褁界穿
塵透剎豎通三際横遍十方巍巍
獨立明明獨現無極之極無上之上
這個妙法非佛孰能三賢到此難摸
索丁聖猶如皮糊燈二乘有目不能
覩凡夫聞之心生怯十方如來之本
證一切諸佛之覺地心思不到言議
非真稱之極樂名之華藏老祖十三
年方明斯理　法界之大門行法界
之大道居法界之廣居位法界之正位
頌曰
透出威音外　了的大古宗
提起無邊表　放下不見踪
前後覔無縫　左右普圓通
攸乆并更改　華藏極樂宮
正所謂
超過十方無物比　天上天下獨為尊
生卧經行般若力　舉手動足解脱堂
六度萬行真如用　菩提湼槃常住鄉

敦博 Db.t.0364　རྒྱའི་ཆོས་གཞུང་།
漢文經文　(36—29)

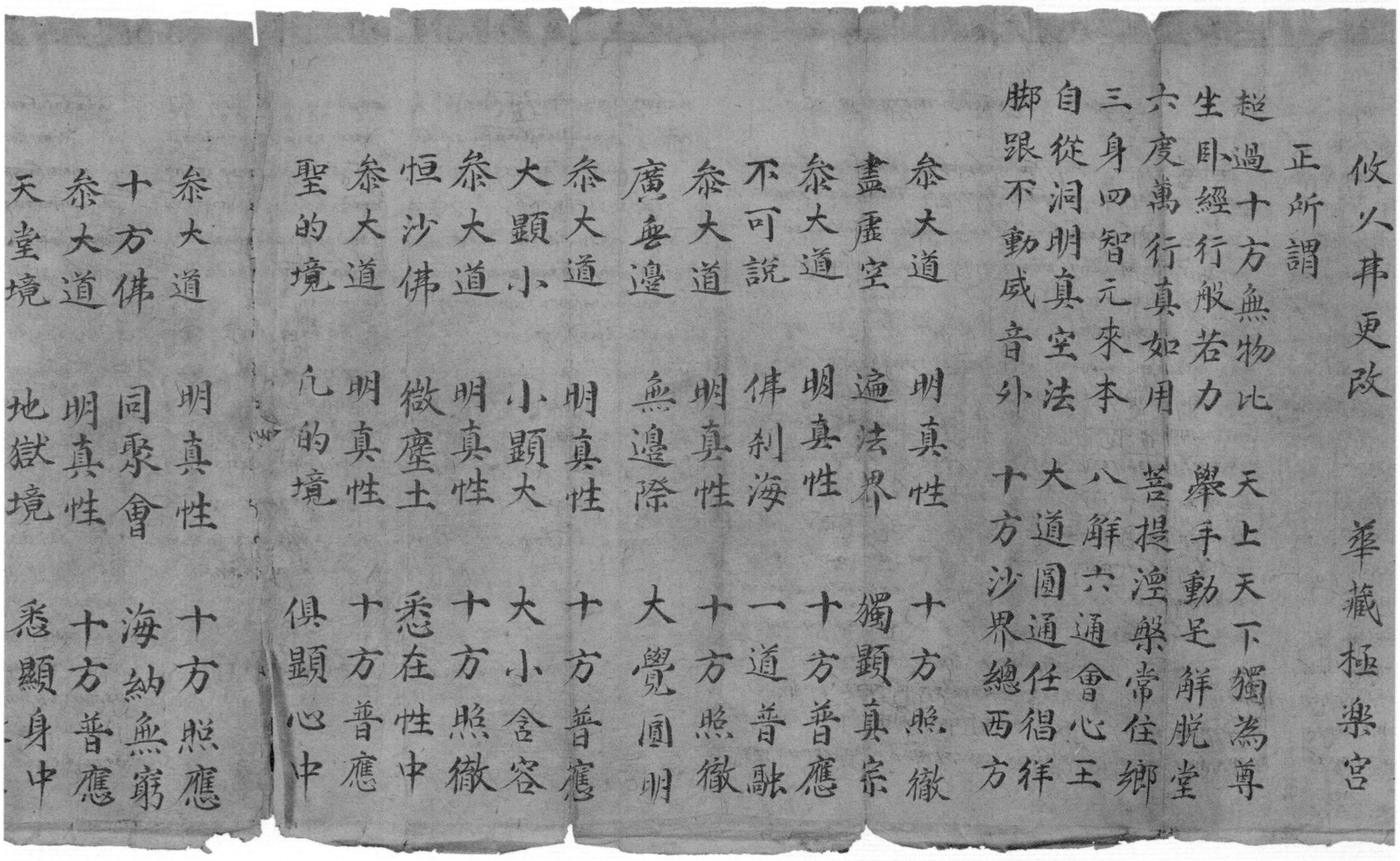

攸乆并更改　華藏極樂宮
正所謂
超過十方無物比　天上天下獨為尊
生卧經行般若力　舉手動足解脱堂
六度萬行真如用　菩提湼槃常住鄉
三身四智元來本　八解六通會心王
自從洞明真空法　大道圓通任徜徉
脚跟不動威音外　十方沙界總西方
叅大道　明真性　十方照徹
盡虛空　遍法界　獨顯真宗
叅大道　明真性　十方普應
不可說　佛剎海　一道普融
叅大道　明真性　十方照徹
廣無邊　無邊際　大覺圓明
叅大道　明真性　十方普應
大顯小　小顯大　大小含容
叅大道　明真性　十方照徹
恒沙佛　徹塵土　悉在性中
叅大道　明真性　十方普應
聖的境　凡的境　俱顯心中
叅大道　明真性　十方照應
十方佛　同聚會　海納無窮
叅大道　明真性　十方普應
天堂境　地獄境　悉顯身中

敦博 Db.t.0364　རྒྱའི་ཆོས་གཞུང་།
漢文經文　(36—30)

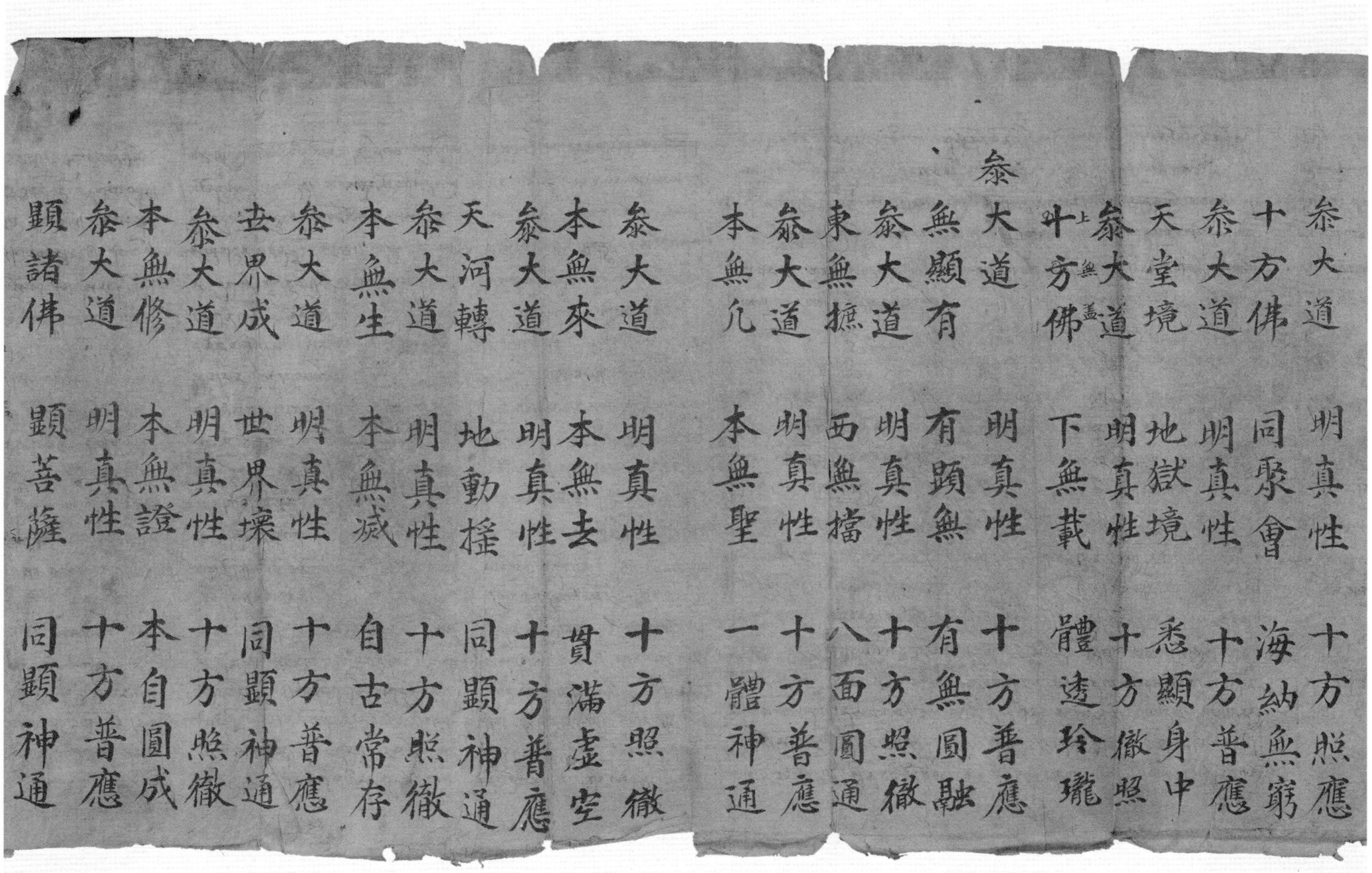

叅大道　明真性　十方照應
十方佛　同聚會　海納無窮
叅大道　明真性　十方普應
天堂境　地獄境　悉顯身中
叅大道　明真性　十方徹照
十方佛　下無載　體逶玲瓏
叅大道　明真性　十方普應
無顯有　有顯無　有無圓融
叅大道　明真性　十方照徹
東無摭　西無擋　八面圓通
叅大道　明真性　十方普應
本無凡　本無聖　一體神通
叅大道　明真性　十方照徹
本無來　本無去　貫滿虛空
叅大道　明真性　十方普應
天河轉　地動搖　同顯神通
叅大道　明真性　十方照徹
本無生　本無滅　自古常存
叅大道　明真性　十方普應
世界成　世界壞　同顯神通
叅大道　明真性　十方照徹
本無修　本無證　本自圓成
叅大道　明真性　十方普應
顯諸佛　顯菩薩　同顯神通

敦博 Db.t.0364　 རྒྱའི་ཆོས་གཞུང་།
漢文經文　(36—31)

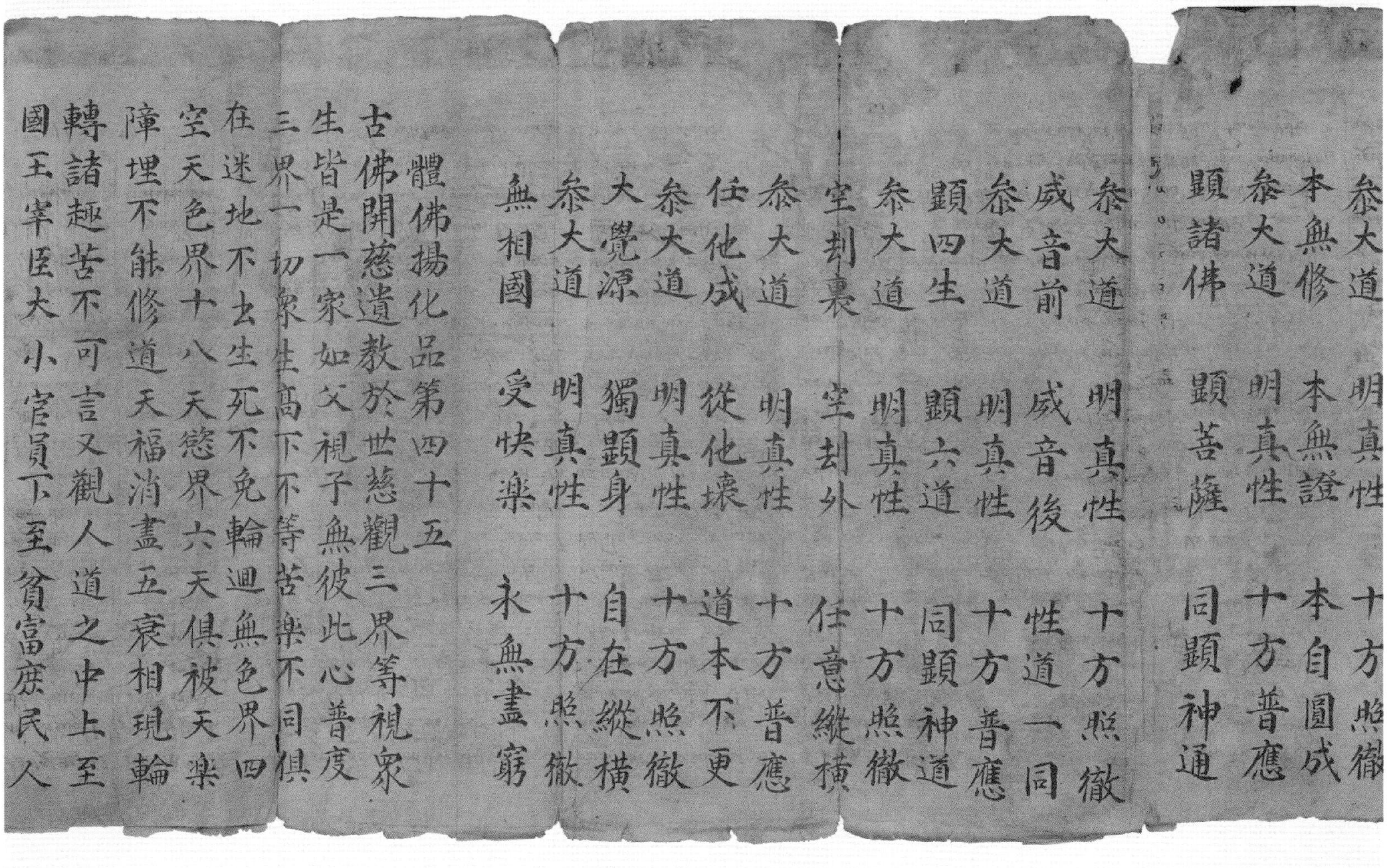

叅大道　明真性　十方照徹
本無修　本無證　本自圓成
叅大道　明真性　十方普應
顯諸佛　顯菩薩　同顯神通
叅大道　明真性　十方照徹
威音前　威音後　性道一同
叅大道　明真性　十方普應
顯四生　顯六道　同顯神道
叅大道　明真性　十方照徹
空劫裏　空劫外　任意縱橫
叅大道　明真性　十方普應
任他成　從他壞　道本不更
叅大道　明真性　十方照徹
大覺源　獨顯身　自在縱橫
叅大道　明真性　十方照徹
無相國　受快樂　永無盡窮

體佛揚化品第四十五
古佛開慈遺教於世慈觀三界等視衆
生皆是一家如父視子無彼此心普度
三界一切衆生高下不等苦樂不同俱
在迷地不去生死不免輪迴無色界四
空天色界十八天慾界六天俱被天楽
障埋不能修道天福消盡五衰相現輪
轉諸趣苦不可言又觀人道之中上至
國王宰臣大小官員下至貧富庶民人

敦博 Db.t.0364　རྒྱའི་ཆོས་གཞུང་།
漢文經文　(36—32)

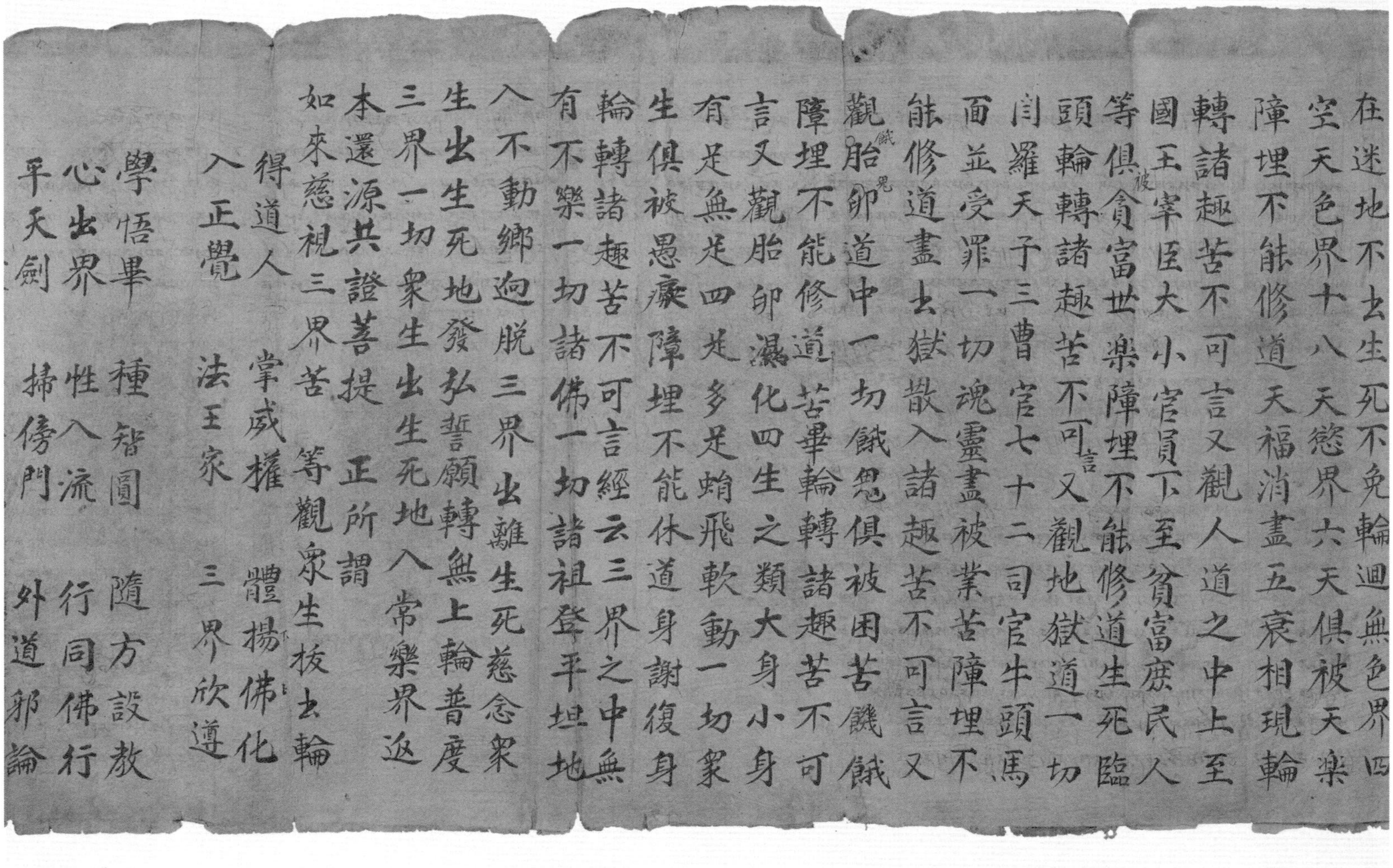
在迷地不出生死不免輪迴無色界四
空天色界十八天慾界六天俱被天樂
障埋不能修道天福消盡五衰相現輪
轉諸趣苦不可言又觀人道之中上至
國王宰臣大小官員下至貧富庶民人
等俱貪富世樂障埋不能修道生死臨
頭輪轉諸趣苦不可言又觀地獄道一切
閻羅天子三曹官七十二司官牛頭馬
面並受罪一切魂靈盡被業苦障埋不
能修道盡出獄散入諸趣苦不可言又
觀胎卵道中一切餓鬼俱被困苦饑餓
障埋不能修道苦畢輪轉諸趣苦不可
言又觀胎卵濕化四生之類大身小身
有足無足四足多足蜎飛蝡動一切衆
生俱被愚癡障埋不能休道身謝復身
輪轉諸趣苦不可言經云三界之中無
有不樂一切諸佛一切諸祖登平坦地
入不動鄉逈脱三界出離生死慈念衆
生出生死地發弘誓願轉無上輪普度
三界一切衆生出生死地入常樂界返
本還源共證菩提 正所謂
如來慈視三界苦 等觀衆生拔出輪
得道人 掌威權 體揚佛化
入正覺 法王家 三界欣遵
學悟畢 種智圓 隨方設教
心出界 性入流 行同佛行
平天劍 掃傍門 外道邪論

敦博 Db.t.0364 རྒྱའི་ཆོས་གཞུང་།
漢文經文 (36—33)

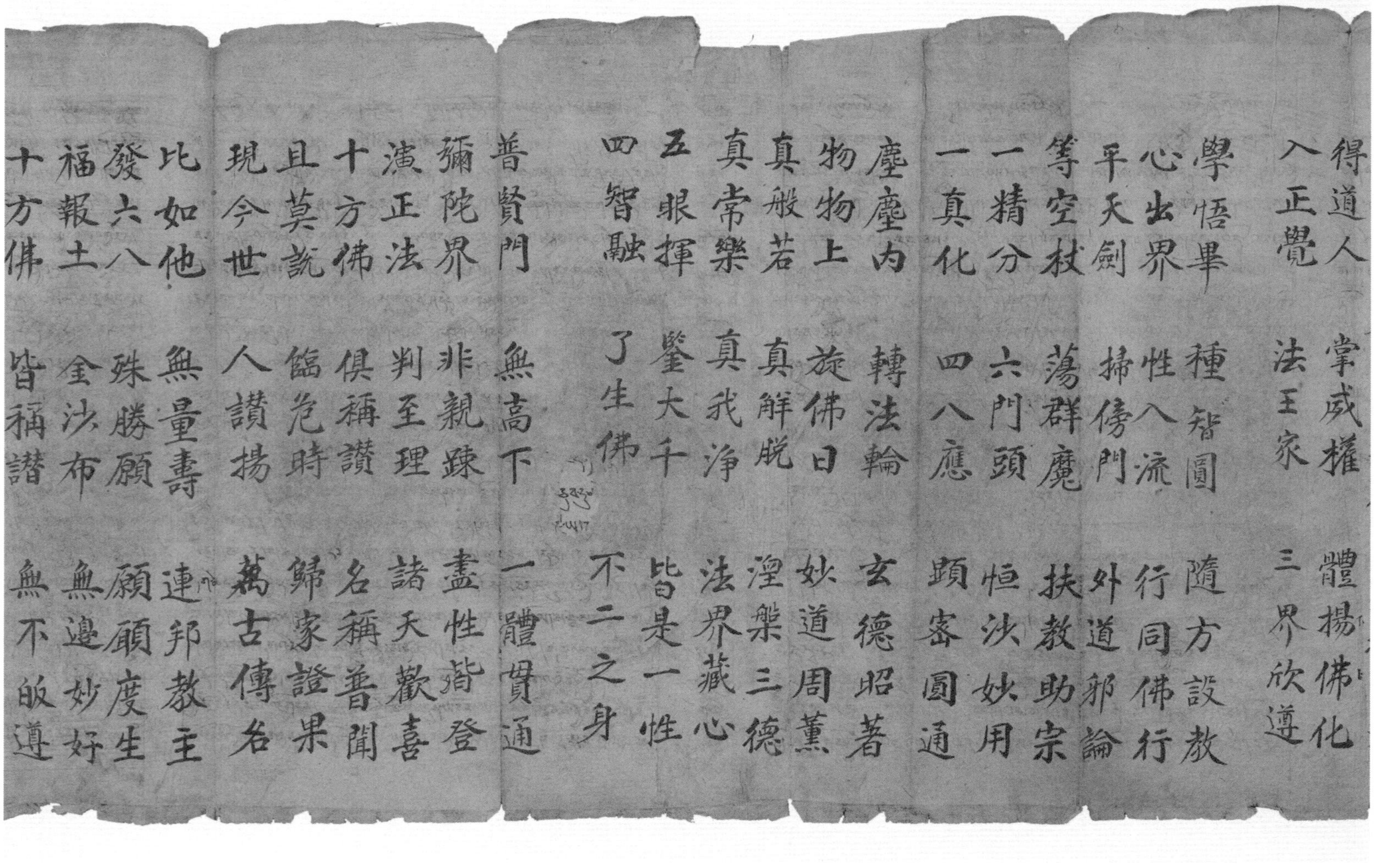
得道人 掌威權 體揚佛化
入正覺 法王家 三界欣遵
學悟畢 種智圓 隨方設教
心出界 性入流 行同佛行
平天劍 掃傍門 外道邪論
等空杖 蕩群魔 扶教助宗
一精分 六門頭 恒沙妙用
一真化 四八應 踴客圓通
塵塵内 轉法輪 玄德昭著
物物上 旋佛日 妙道周薰
真般若 真解脱 涅槃三德
真常樂 真我淨 法界藏心
五眼揮 鑒大千 皆是一性
四智融 了生佛 不二之身
普賢門 無高下 一體貫通
彌陀界 非親疎 盡性嵴登
演正法 判至理 諸天歡喜
十方佛 俱稱讚 名稱普聞
且莫說 臨危時 歸家證果
現今世 人讚揚 萬古傳名
比如他 無量壽 連邦教主
發六八 殊勝願 願願度生
福報土 金沙布 無邊妙好
十方佛 皆稱讚 無不欽遵

敦博 Db.t.0364 རྒྱའི་ཆོས་གཞུང་།
漢文經文 (36—34)

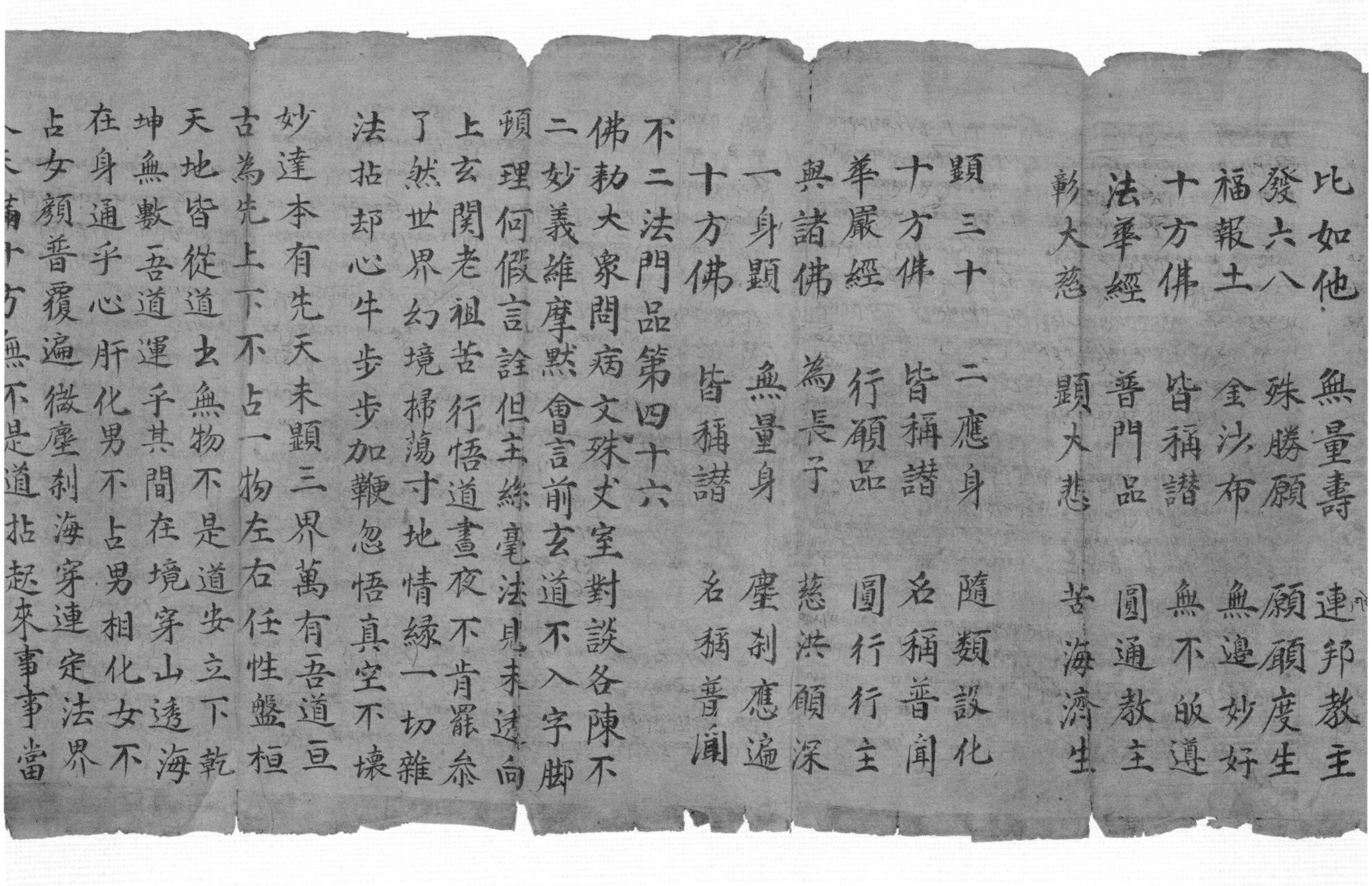
比如他 無量壽 運邦教主
發六八 殊勝願 願願度生
福報土 金沙布 無邊妙好
十方佛 皆稱讚 無不皈遵
法華經 普門品 圓通教主
彰大慈 顯大悲 苦海濟生
顯三十 二應身 隨類設化
十方佛 皆稱讚 名稱普聞
華嚴經 行願品 圓行行主
與諸佛 為長子 慈洪願深
一身顯 無量身 塵刹應遍
十方佛 皆稱讚 名稱普聞
不二法門品第四十六
佛勅大衆問病文殊丈室對談各陳不
二妙義維摩默會言前玄道不入字脚
頭理何假言詮但主絲毫法見未透向
上玄関老祖苦行悟道晝夜不肯罷休
了然世界幻境掃蕩寸地情緣一切雜
法拈却心牛步步加鞭忽悟真空不壞
妙達本有先天未顯三界萬有吾道亘
古為先上下不占一物左右任性盤桓
天地皆從道出無物不是道安立下乾
坤無數吾道運乎其間在境穿山透海
在身通乎心肝化男不占男相化女不
占女顔普覆遍微塵刹海穿連定法界

敦博 Db.t.0364 རྒྱའི་ཆོས་གཞུང་།
漢文經文 (36—35)

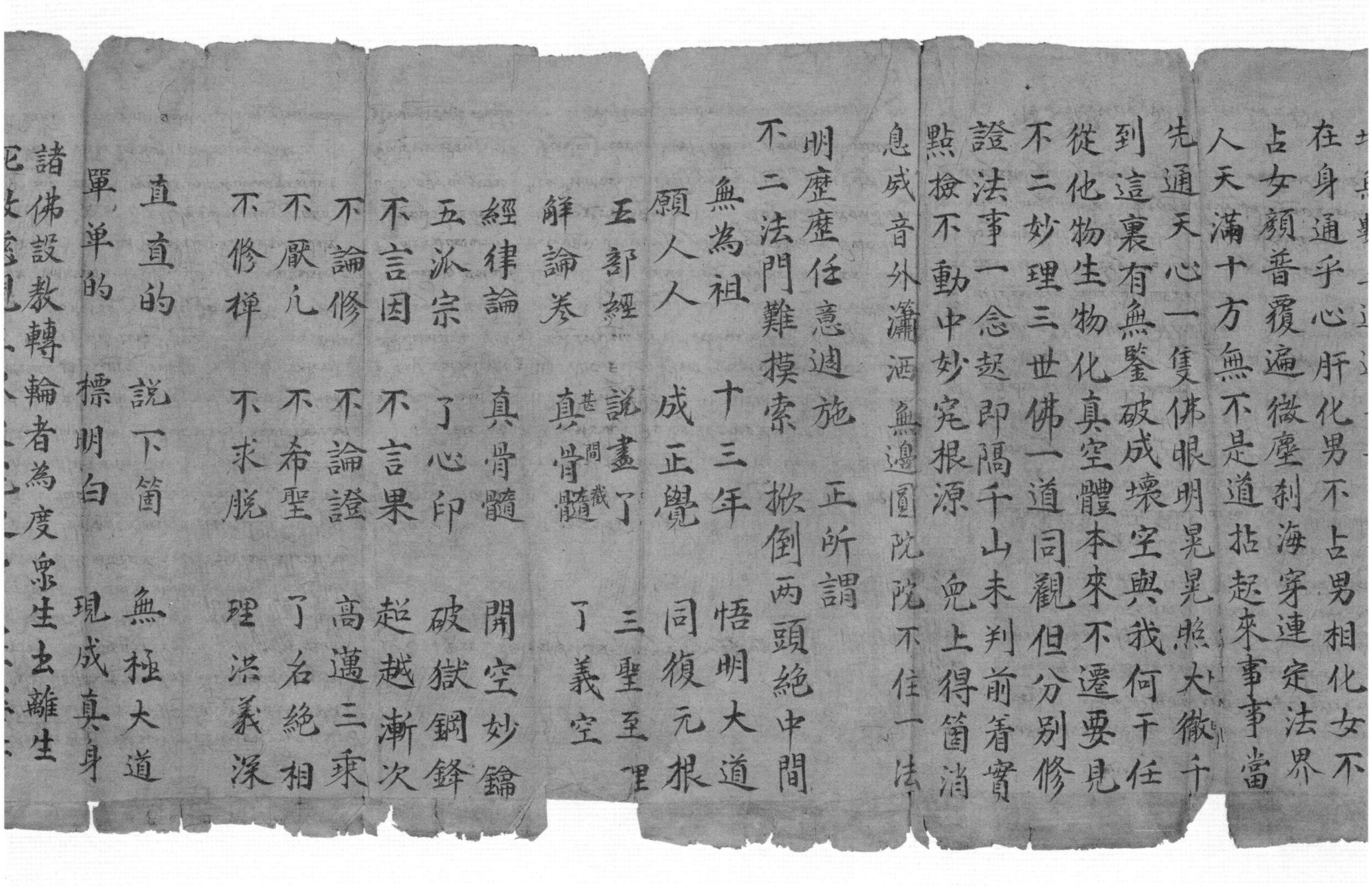
在身通乎心肝化男不占男相化女不
占女顔普覆遍微塵刹海穿連定法界
人天滿十方無不是道拈起來事事當
先通天心一隻佛眼明晃晃照大徹千
到這裏有無鑒破成壞空與我何干任
從化物生物化真空體本來不還要見
不二妙理三世佛一道同觀但分別修
證法事一念起即隔千山未判前着實
點撿不動中妙究根源 兔上得箇消
息威音外瀟洒無邊圓陀陀不住一法
明塵塵任意週施 正所謂
不二法門難摸索 掀倒兩頭絶中間
無為祖 十三年 悟明大道
願人人 成正覺 同復元根
五部經 說盡了 三聖至理
解論卷 真骨髓 了義空
經律論 真骨髓 開空妙鑰
五派宗 了心印 破獄鋼鉾
不言因 不言果 超越漸次
不論修 不論證 高邁三乘
不厭凡 不希聖 了名絶相
不修禅 不求脱 理洪義深
直直的 說下箇 無極大道
單單的 標明白 現成真身
諸佛設教轉輪者為度衆生出離生

敦博 Db.t.0364 རྒྱའི་ཆོས་གཞུང་།
漢文經文 (36—36)

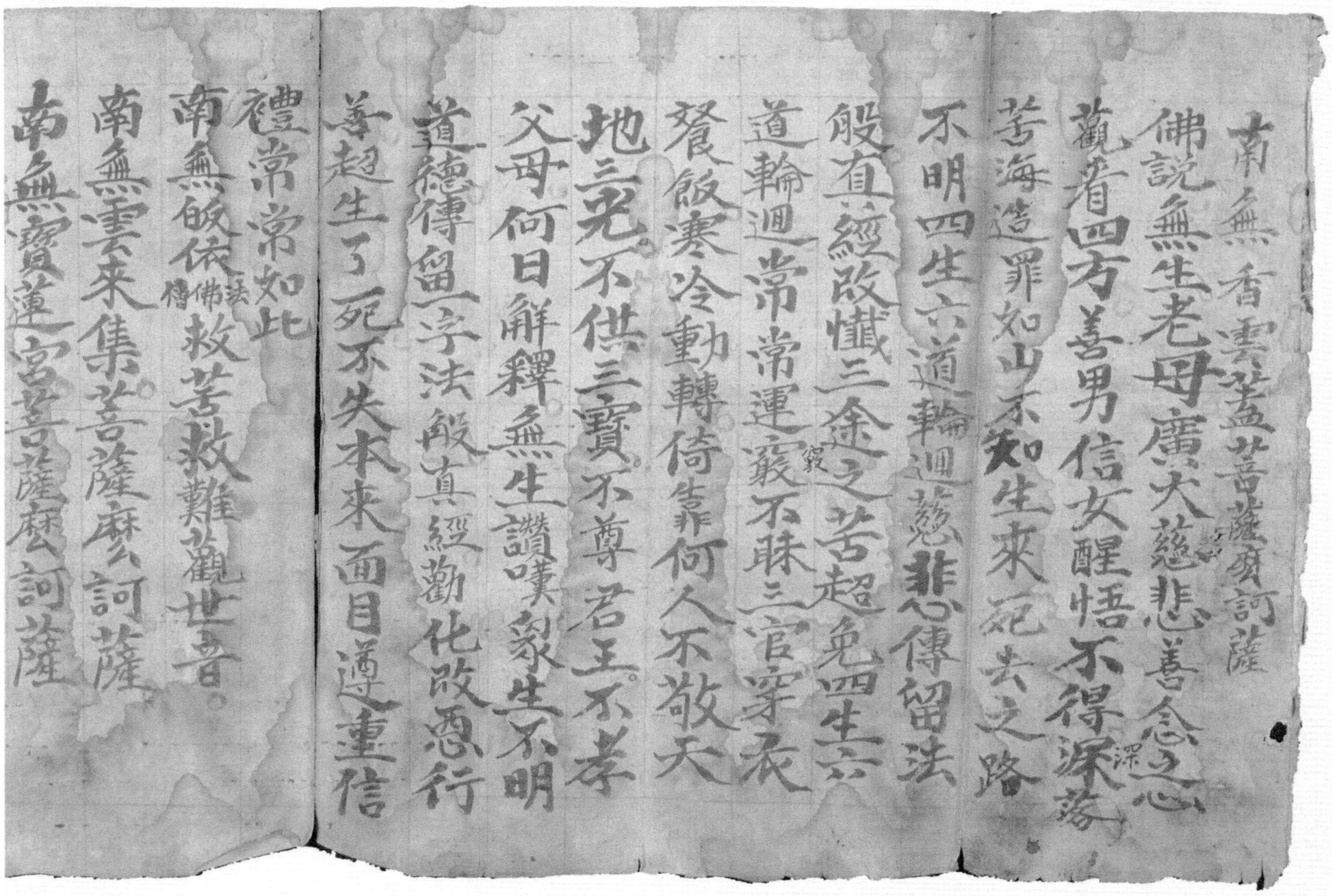

南無香雲蓋菩薩摩訶薩
佛說無生老母廣大慈悲善念之心
觀看四方善男信女醒悟不得深落
苦海造罪如山不知生來死去之路
不明四生六道輪迴慈悲傳留法
般真經改懺三途之苦超免四生六
道輪迴常常運轂不昧三官穿衣
餐飯寒冷動轉倚靠何人不敬天
地三光不供三寶不尊君王不孝
父母何日解釋無生讚嘆衆生不明
道德傳留一字法般真經勸化改惡行
善超生了死不失本來面目遵重信
禮常常如此
南無皈依佛法僧救苦救難觀世音
南無雲來集菩薩摩訶薩
南無寶蓮宮菩薩摩訶薩

敦博 Db.t.0365R　རྒྱའི་ཆོས་གཞུང་།
漢文經文　(17—1)

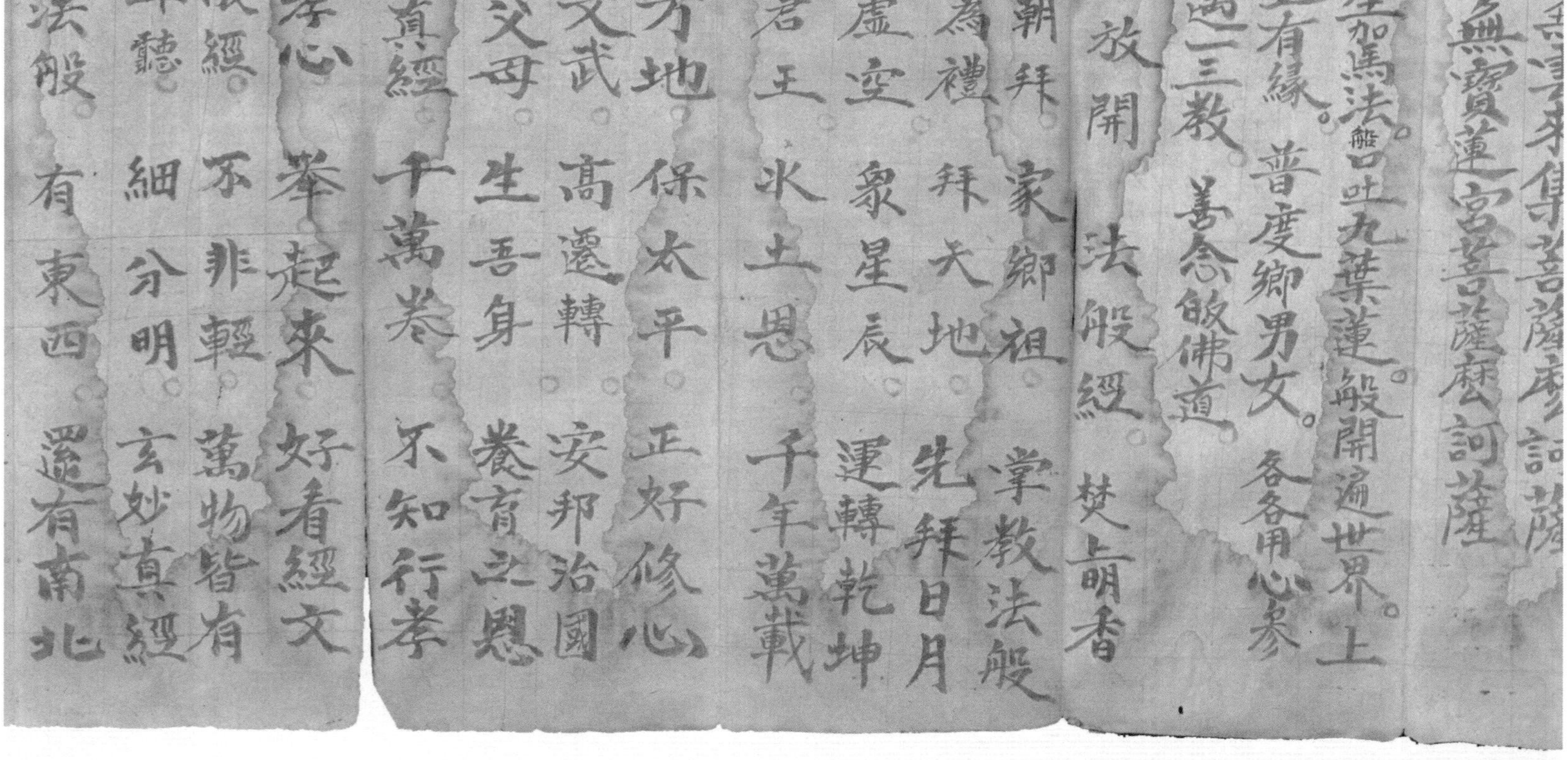

南無雲來集菩薩摩訶薩
南無寶蓮宮菩薩摩訶薩
無生加馬法船口吐九葉蓮般開遍世界。上
般出有緣。普度鄉男女。各各用心參
今遇一三教。善念皈佛道
展放開　法般經　焚頭香
先朝拜　家鄉祖　掌教法般
無為禮　拜天地　先拜日月
滿虛空　象星辰　運轉乾坤
拜君王　水土恩　千年萬載
八方地　保太平　正好修心
拜文武　高遷轉　安邦治國
孝父母　生吾身　養育之恩
念真經　千萬卷　不知行孝
忠孝心　舉起來　好看經文
法般經　不非輕　萬物皆有
側耳聽　細分明　玄妙真經
只法般　有東西　還有南北

敦博 Db.t.0365R　རྒྱའི་ཆོས་གཞུང་།
漢文經文　(17—2)

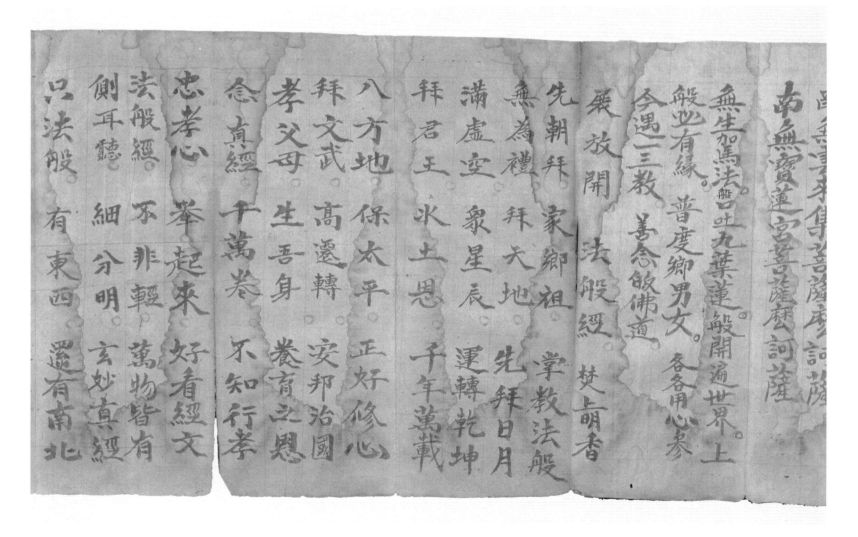

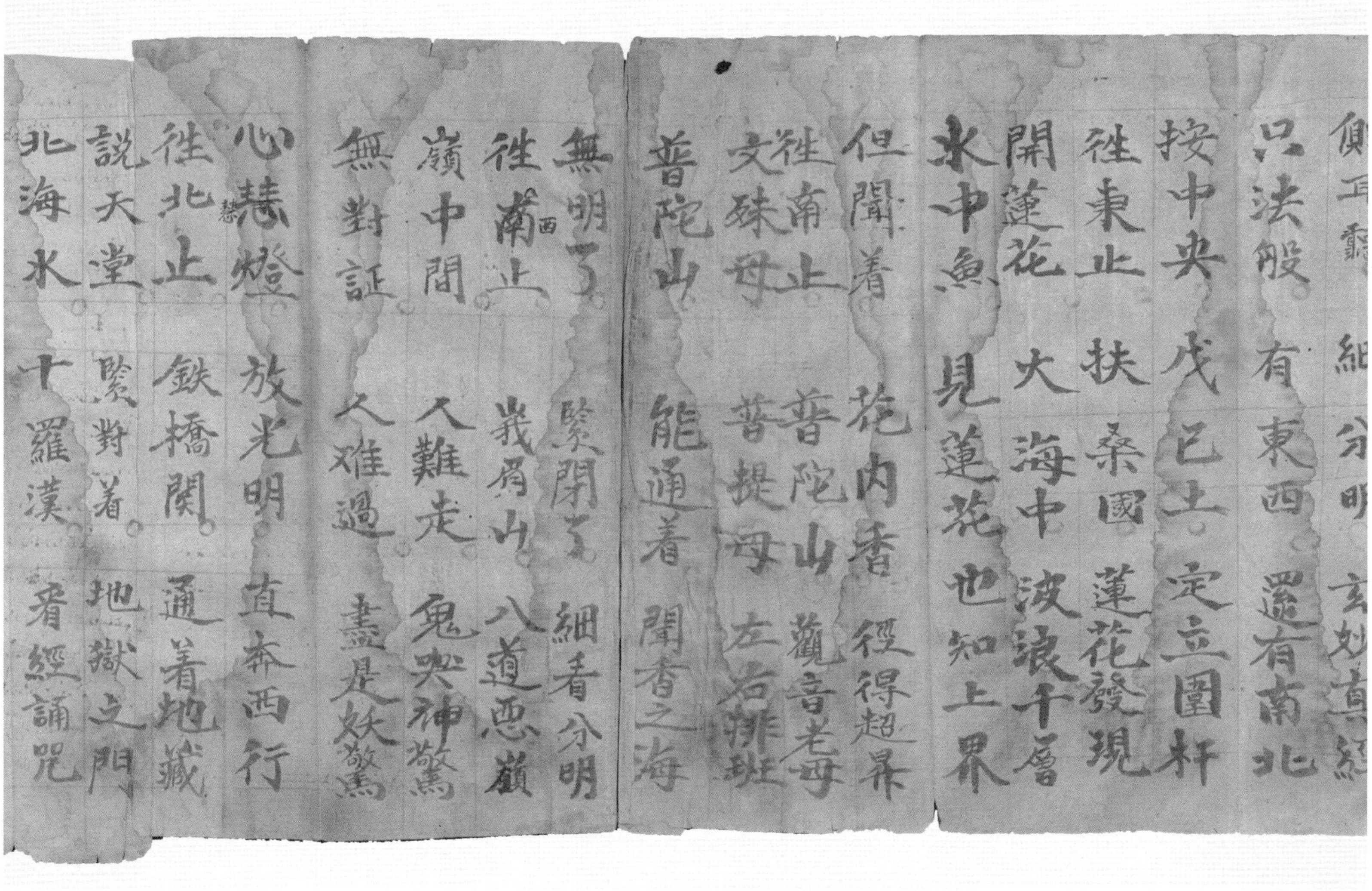
偈□□ 細分明 玄妙真經
只法般 有東西 還有南北
按中央 戊己土 定立圍杆
往東止 扶桑國 蓮花發現
開蓮花 大海中 波浪千層
水中魚 見蓮花 也知上界
但聞着 花內香 經得超昇
往南止 普陀山 觀音老母
文殊母 普提母 左右排班
普陀山 能通着 聞香之海
無明了 □閉了 細看分明
往南西止 峨眉山 八道惡嶺
嶺中間 人難走 鬼哭神驚
無對証 人难過 盡是妖驚
心慧燈 放光明 直奔西行
往北慧止 鉄橋關 通着地藏
說天堂 □對着 地獄之門
北海水 十羅漢 看經誦咒

敦博 Db.t.0365R ཀྱའི་ཆོས་གཞུང་།
漢文經文 (17—3)

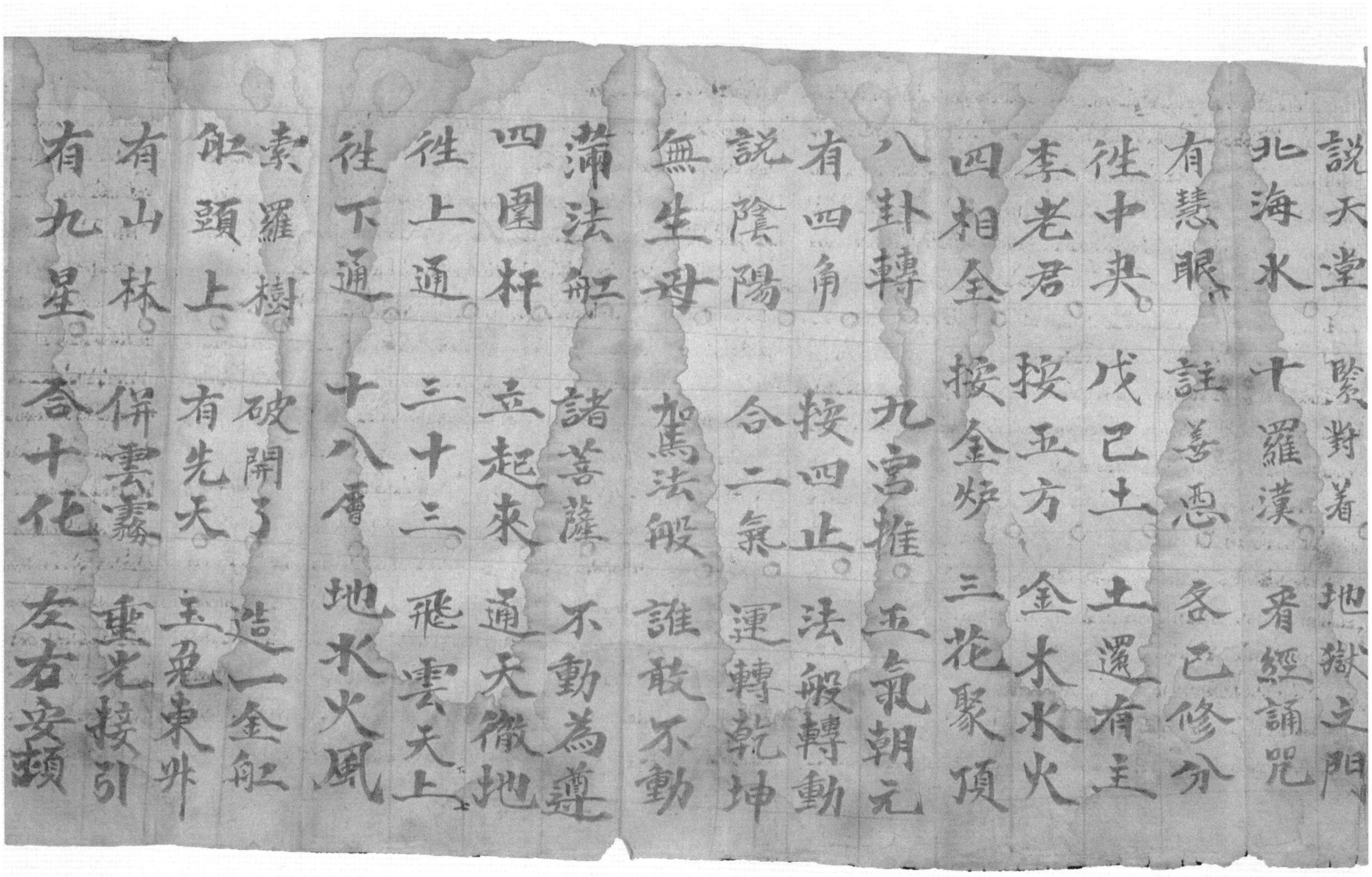
說天堂 □對着 地獄之門
北海水 十羅漢 看經誦咒
有慧眼 註善惡 各已修分
往中央 戊己土 土還有主
李老君 按五方 金木水火
四相全 按金炉 三花聚頂
八卦轉 九宮推 五氣朝元
有四角 按四止 法般轉動
說陰陽 合二氣 運轉乾坤
無生母 駕法般 誰敢不動
滿法般 諸菩薩 不動為尊
四圍杆 立起來 通天徹地
往上通 三十三 飛雲天上
往下通 十八層 地水火風
素羅樹 破開了 造一金般
般頭上 有先天 玉兔東升
有山林 併雲霧 重光接引
有九星 合十佗 左右安頓

敦博 Db.t.0365R ཀྱའི་ཆོས་གཞུང་།
漢文經文 (17—4)

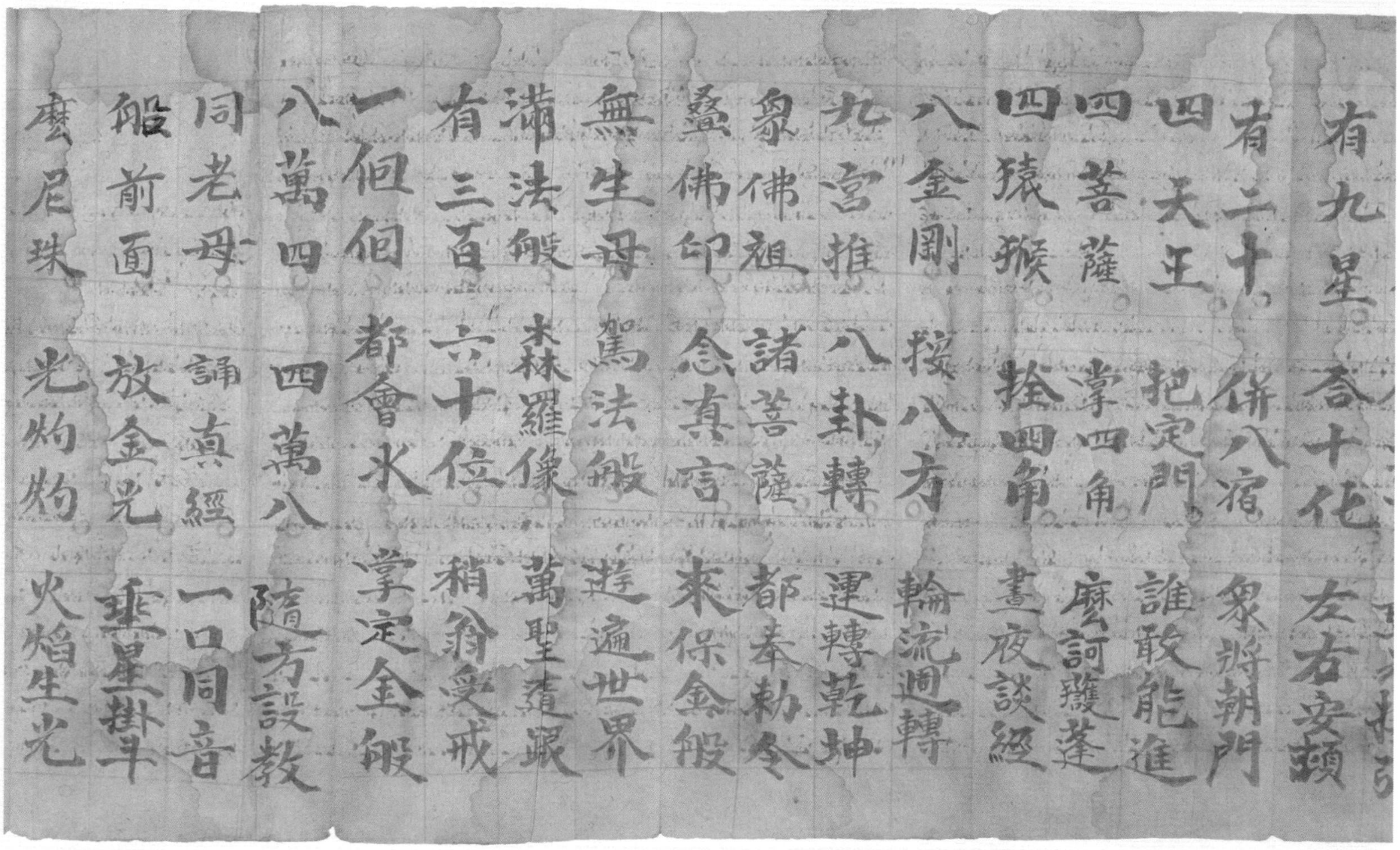
有九星 合十化 左右安頓
有二十八宿 象將朝門
四天王 把定門 誰敢能進
四菩薩 掌四角 麼訶殲蓬
四猿猴 捨四角 晝夜談經
八金剛 按八方 輪流迴轉
九宮推 八卦轉 運轉乾坤
象佛祖 諸菩薩 都奉勅令
叠佛印 念真言 來保金般
無生母 駕法般 遊遍世界
滿法般 森羅像 萬聖護衆
有三百 六十位 稍翁受戒
一個個 都會水 掌定金般
八萬四 四萬八 隨方設教
同老母 誦真經 一口同音
般前面 放金光 垂星掛斗
麼尼珠 光灼灼 火焰生光

敦博 Db.t.0365R
漢文經文 (17—5)

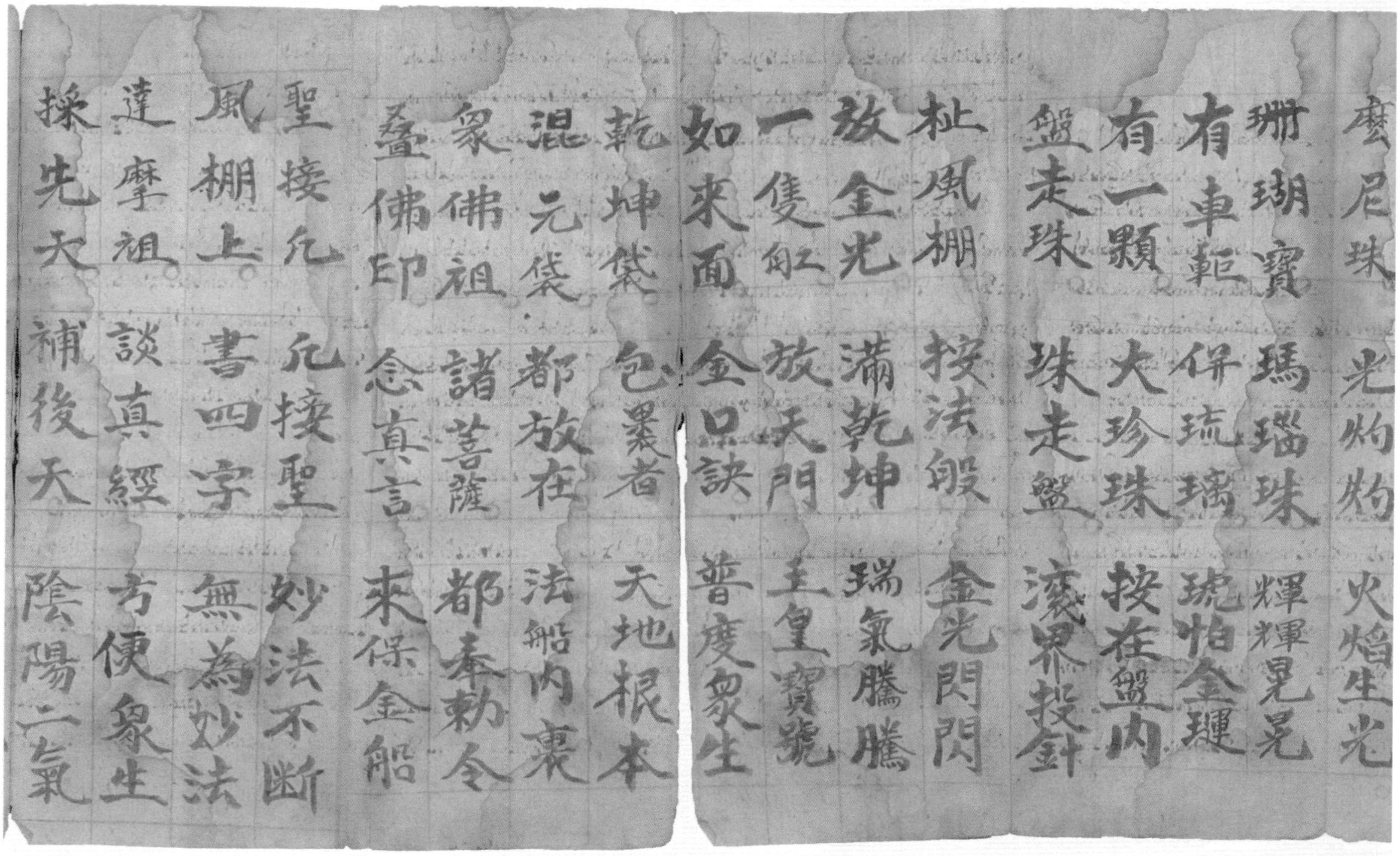
麼尼珠 光灼灼 火焰生光
珊瑚寶 瑪瑙珠 輝輝晃晃
有車鉅 保琉璃 琥珀金璉
有一顆 大珍珠 按在盤内
盤走珠 珠走盤 滚界投針
扯風棚 按法般 金光閃閃
放金光 滿乾坤 瑞氣騰騰
一隻船 放天門 玉皇寶號
如來面 金口訣 普度衆生
乾坤袋 包羅者 天地根本
混元袋 都放在 法船内裏
象佛祖 諸菩薩 都奉勅令
叠佛印 念真言 來保金船
聖接凡 凡接聖 妙法不斷
風棚上 書四字 無為妙法
達摩祖 談真經 方便衆生
採先天 補後天 陰陽二氣

敦博 Db.t.0365R
漢文經文 (17—6)

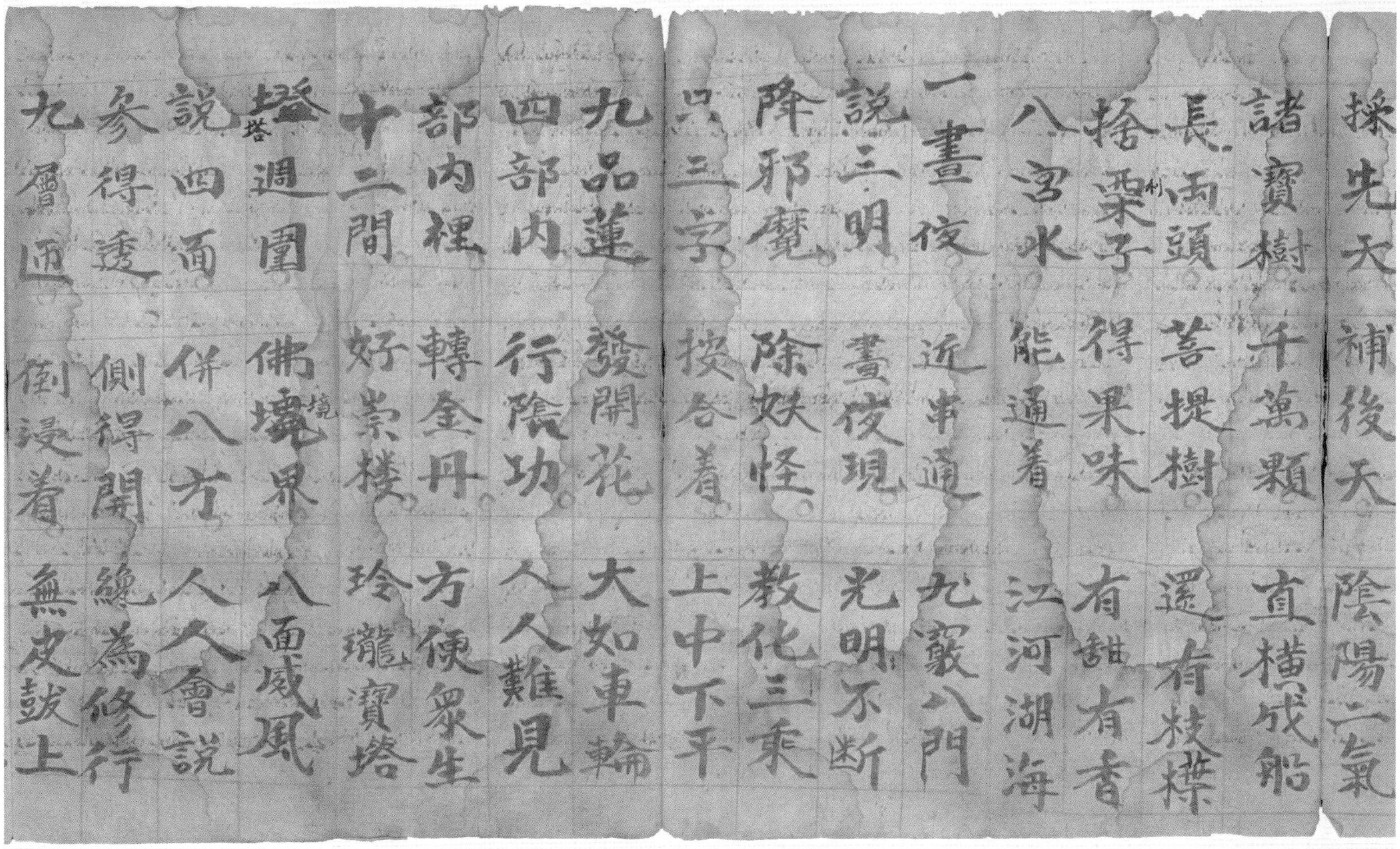
採先天 補後天 陰陽二氣
諸寶樹 千萬顆 直橫戗船
長兩頭 菩提樹 還有枝樸
搖栗子 得果味 有甜有香
八宮水 能通着 江河湖海
一晝夜 近串通 九竅八門
說三明 晝夜現 光明不斷
降邪魔 除妖怪 教化三乘
只三学 按各着 上中下平
九品蓮 發開花 大如車輪
四部內 行陰功 人人難見
部內裡 轉金丹 方便衆生
十二間 好崇樓 玲瓏寶塔
塔週圍 佛境界 八面威風
說四面 併八方 人人會說
參得透 側得開 纔為修行
九層匝 倒浸着 無皮鼓上

敦博 Db.t.0365R ཀྱའི་ཆོས་གཞུང་།
漢文經文 (17—7)

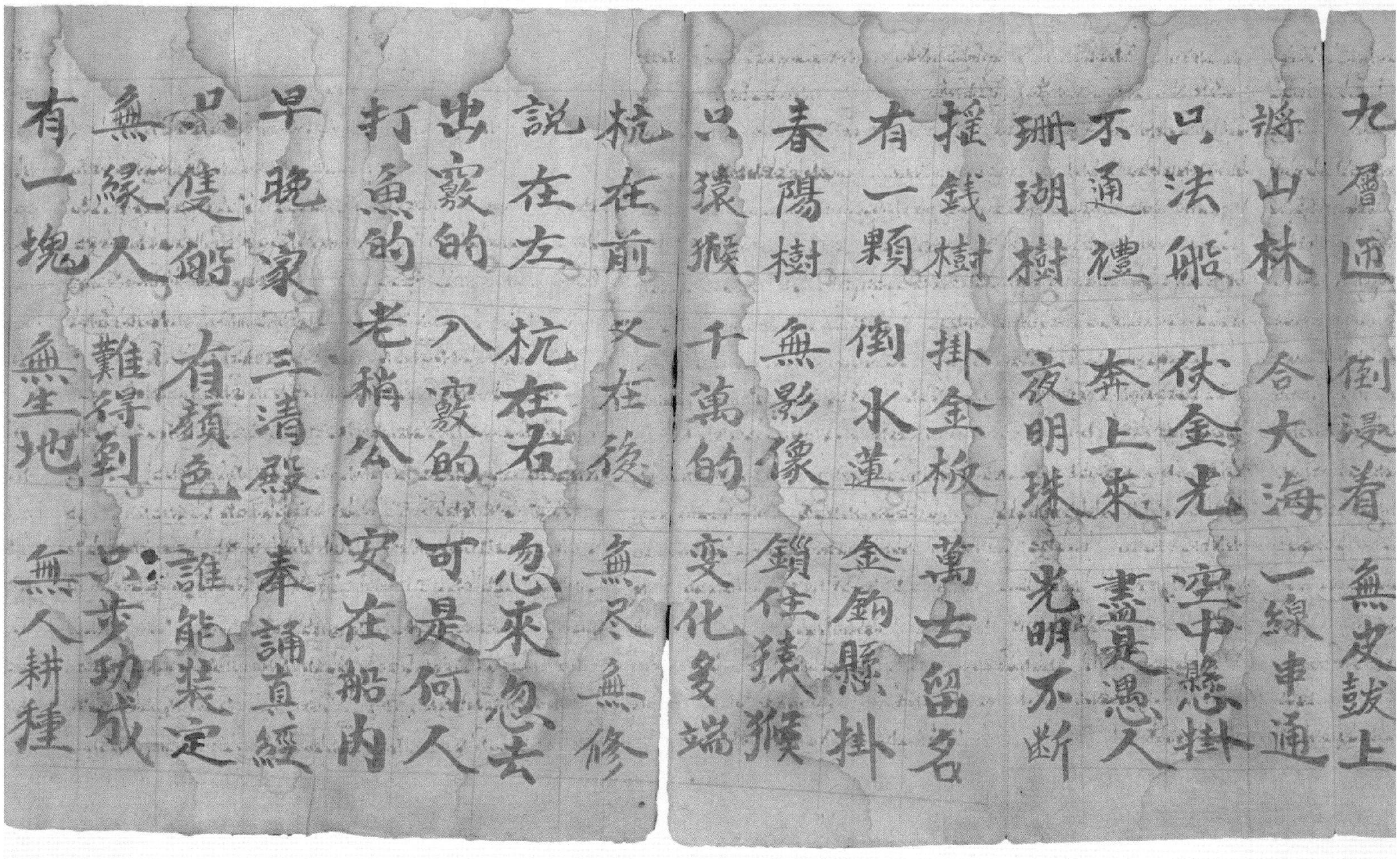
九層匝 倒浸着 無皮鼓上
游山林 合大海 一線串通
只法船 伏金光 空中懸掛
不通禮 奔上來 盡是愚人
珊瑚樹 夜明珠 光明不斷
搖錢樹 掛金板 萬古留名
有一顆 倒水蓮 金鉤懸掛
春陽樹 無影像 鎖住猿猴
只猿猴 千萬的 變化多端
杭在前 又在後 無盡無修
說在左 杭在右 忽來忽去
出竅的 入竅的 可是何人
打魚的 老稍公 安在船內
早晚家 三清殿 奉誦真經
只隻船 有顏色 誰能裝定
無緣人 難得到 只步功成
有一塊 無生地 無人耕種

敦博 Db.t.0365R ཀྱའི་ཆོས་གཞུང་།
漢文經文 (17—8)

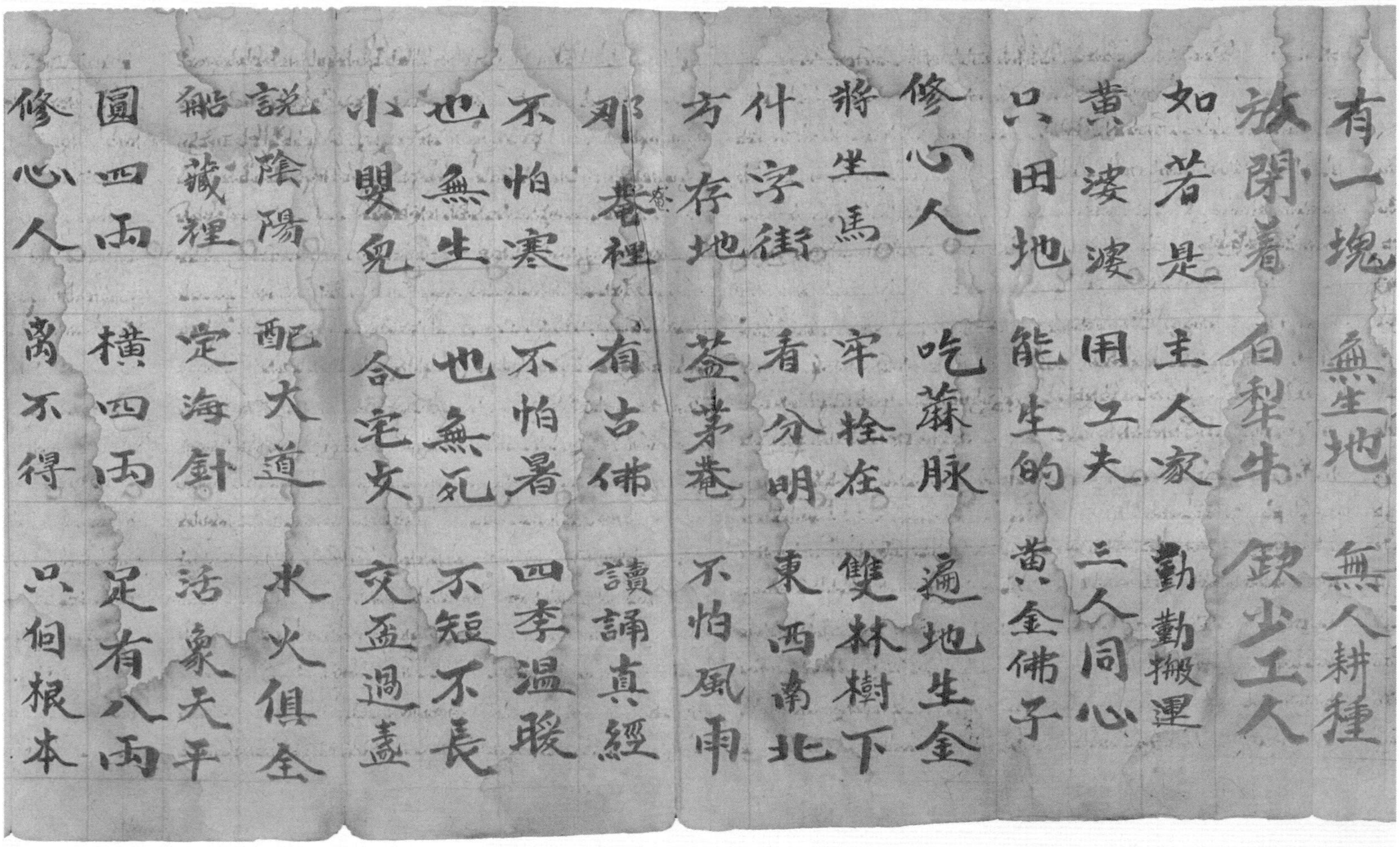

有一塊　無生地　無人耕種
放閑着　白犁牛　缺少工人
如若是　主人家　勤勤搬運
黄婆婆　用工夫　三人同心
只田地　能生的　黄金佛子
修心人　吃蘇脉　遍地生金
將坐馬　牢拴在　雙林樹下
什字街　看分明　東西南北
方存地　蓋茅菴　不怕風雨
那菴裡　有古佛　讀誦真經
不怕寒　不怕暑　四季温暖
也無生　也無死　不短不長
小嬰兒　合宅安　交盃過盞
說陰陽　配大道　水火俱全
船藏裡　定海針　活象天平
圓四兩　横四兩　足有八兩
修心人　离不得　只個根本

敦博 Db.t.0365R　རྒྱའི་ཆོས་གཞུང་།

漢文經文　(17—9)

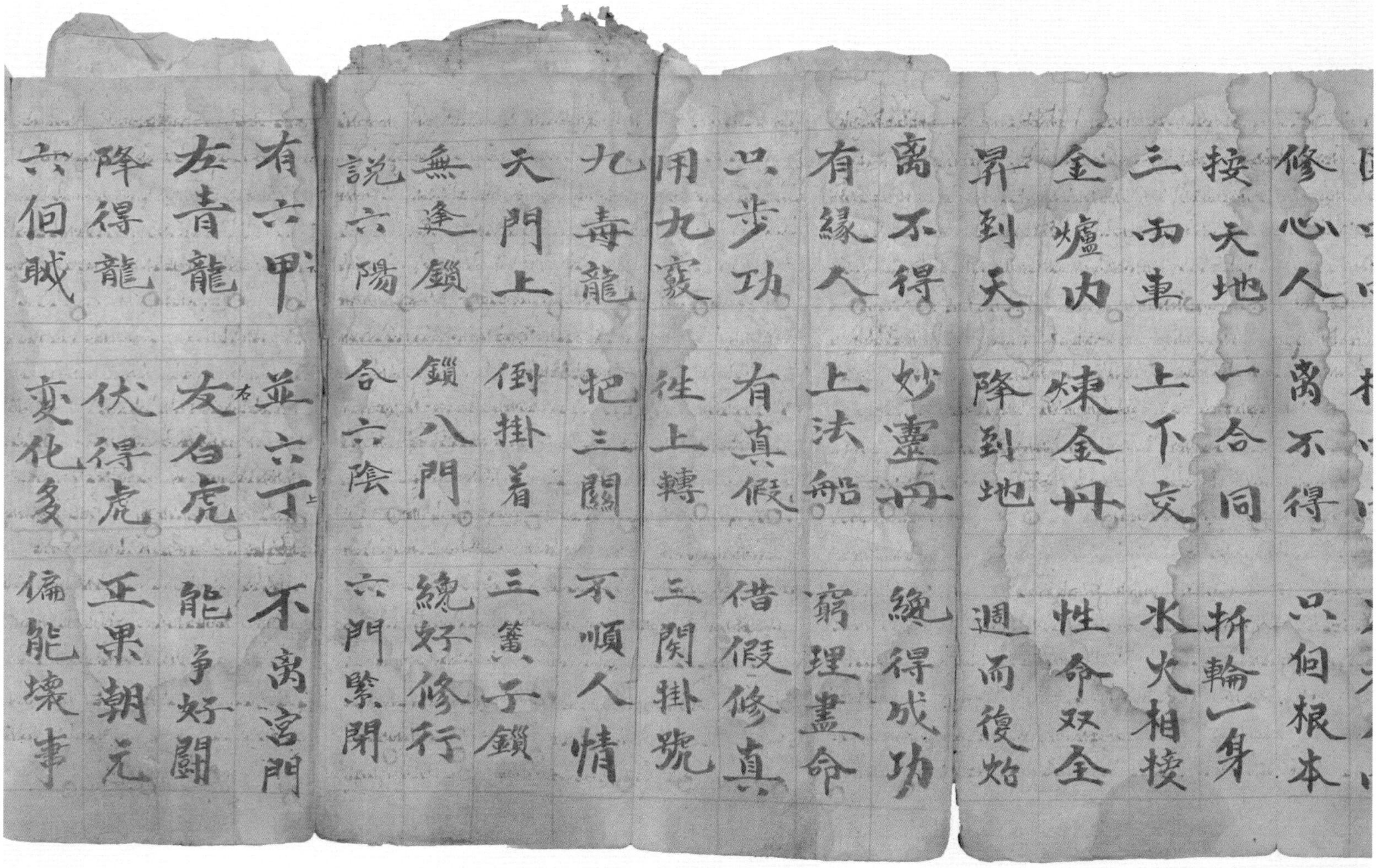

修心人　离不得　只個根本
按天地　一合同　拆輪一身
三兩車　上下交　水火相接
金爐内　煉金丹　性命双全
昇到天　降到地　週而復始
离不得　妙靈丹　纔得成功
有緣人　上法船　窮理盡命
只步功　有真假　借假修真
用九竅　往上轉　三関掛號
九毒龍　把三關　不順人情
天門上　倒掛着　三簧子鎖
無逢鎖　鎖八門　纔好修行
說六陽　合六陰　六門緊閉
有六甲　並六丁　不离宮門
左青龍　友右虎　能爭好鬪
降得龍　伏得虎　正果朝元
六個賊　变化多　偏能壞事

敦博 Db.t.0365R　རྒྱའི་ཆོས་གཞུང་།

漢文經文　(17—10)

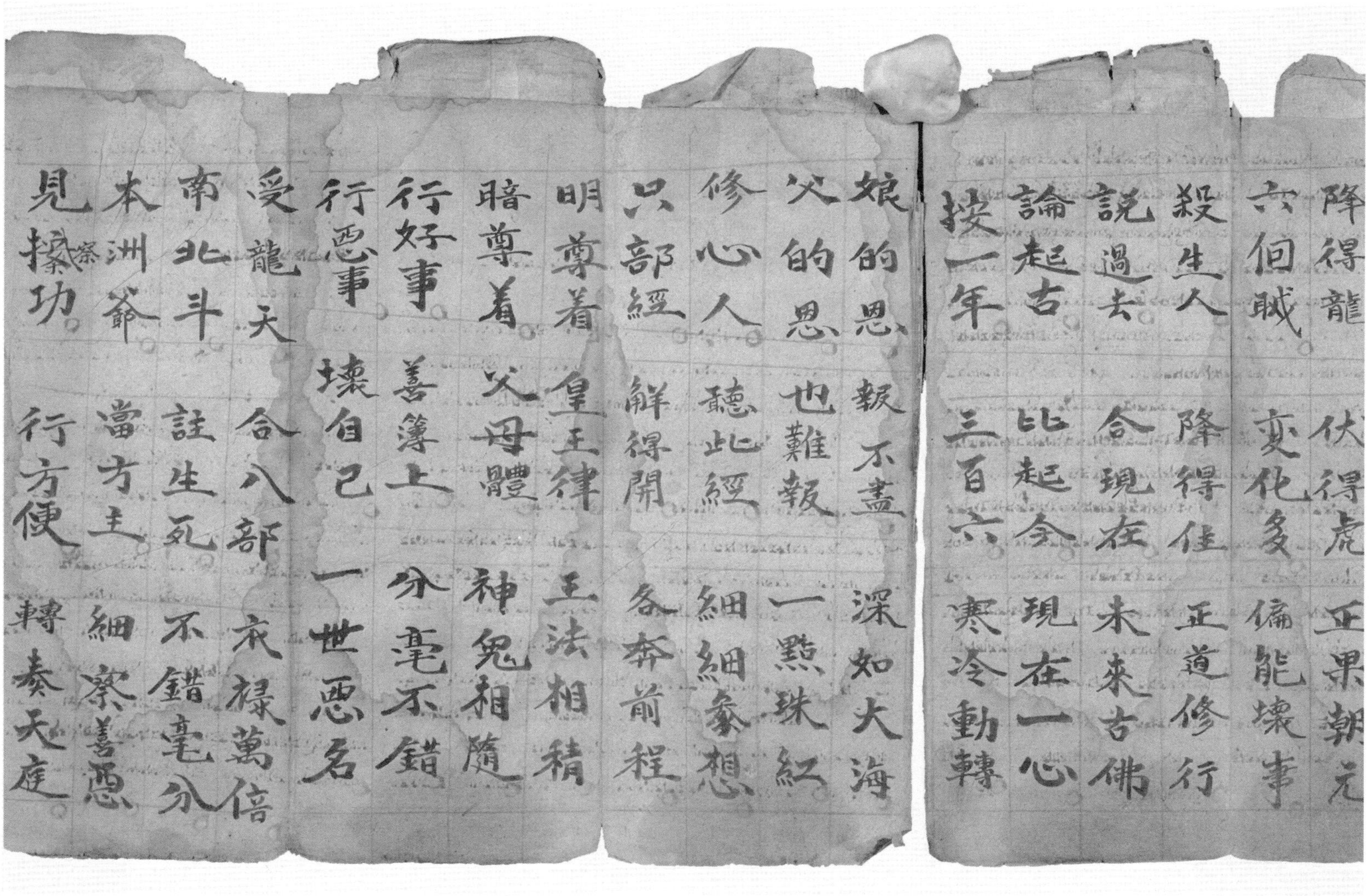
降得龍　伏得虎　正果朝元
六個賊　變化多　偏能壞事
殺生人　降得住　正道修行
說過去　合現在　未來古佛
論起古　比起今　現在一心
按一年　三百六　寒冷動轉
娘的恩　報不盡　深如大海
父的恩　也難報　一點珠紅
修心人　聽此經　細細參想
只部經　解得開　各奔前程
明尊着　皇王律　王法相精
暗尊着　父母體　神鬼相隨
行好事　善簿上　分毫不錯
行惡事　壞自己　一世惡名
受龍天　合八部　衣祿萬倍
南北斗　註生死　不錯毫分
本洲爺　當方主　細察善惡
見擦功　行方便　轉奏天庭

敦博 Db.t.0365R　རྒྱའི་ཆོས་གཞུང་།
漢文經文　(17—11)

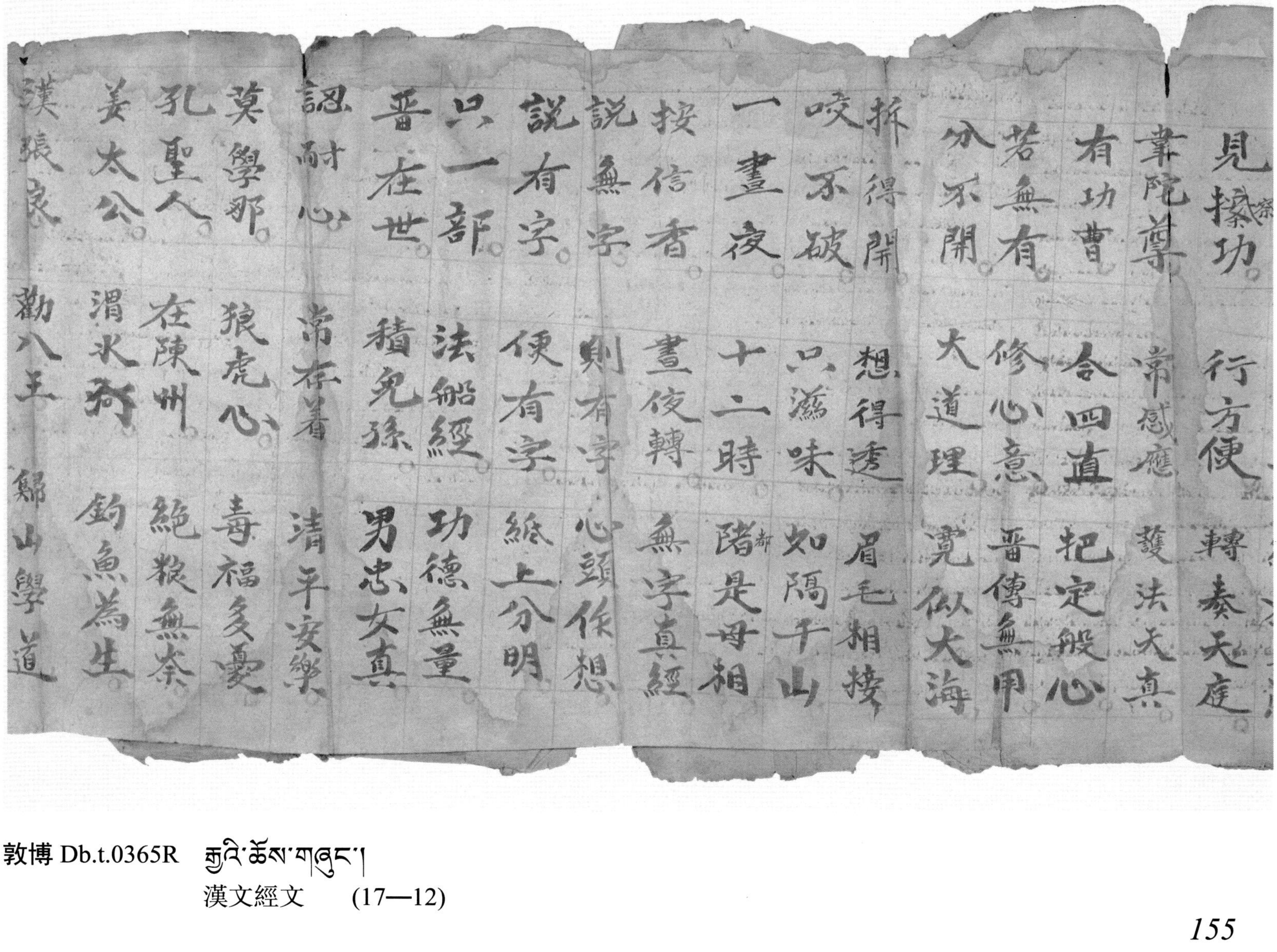
見擦功　行方便　轉奏天庭
聿院尊　常感應　護法天真
有功曹　合四直　把定般心
若無有　修心意　晋傳無甲
分不開　大道理　寬似大海
拆得開　想得透　眉毛相接
咬不破　只滋味　如隔千山
一晝夜　十二時　踏是母相
按信香　晝夜轉　無字真經
說無字　則有字　心頭作想
說有字　便有字　終上分明
只一部　法船經　功德無量
晋在世　積兒孫　男忠女真
認耐心　常存着　清平安樂
莫學那　狼虎心　毒福多憂
孔聖人　在陳州　絕粮無奈
姜太公　渭水河　釣魚為生
漢張良　勸八王　歸山學道

敦博 Db.t.0365R　རྒྱའི་ཆོས་གཞུང་།
漢文經文　(17—12)

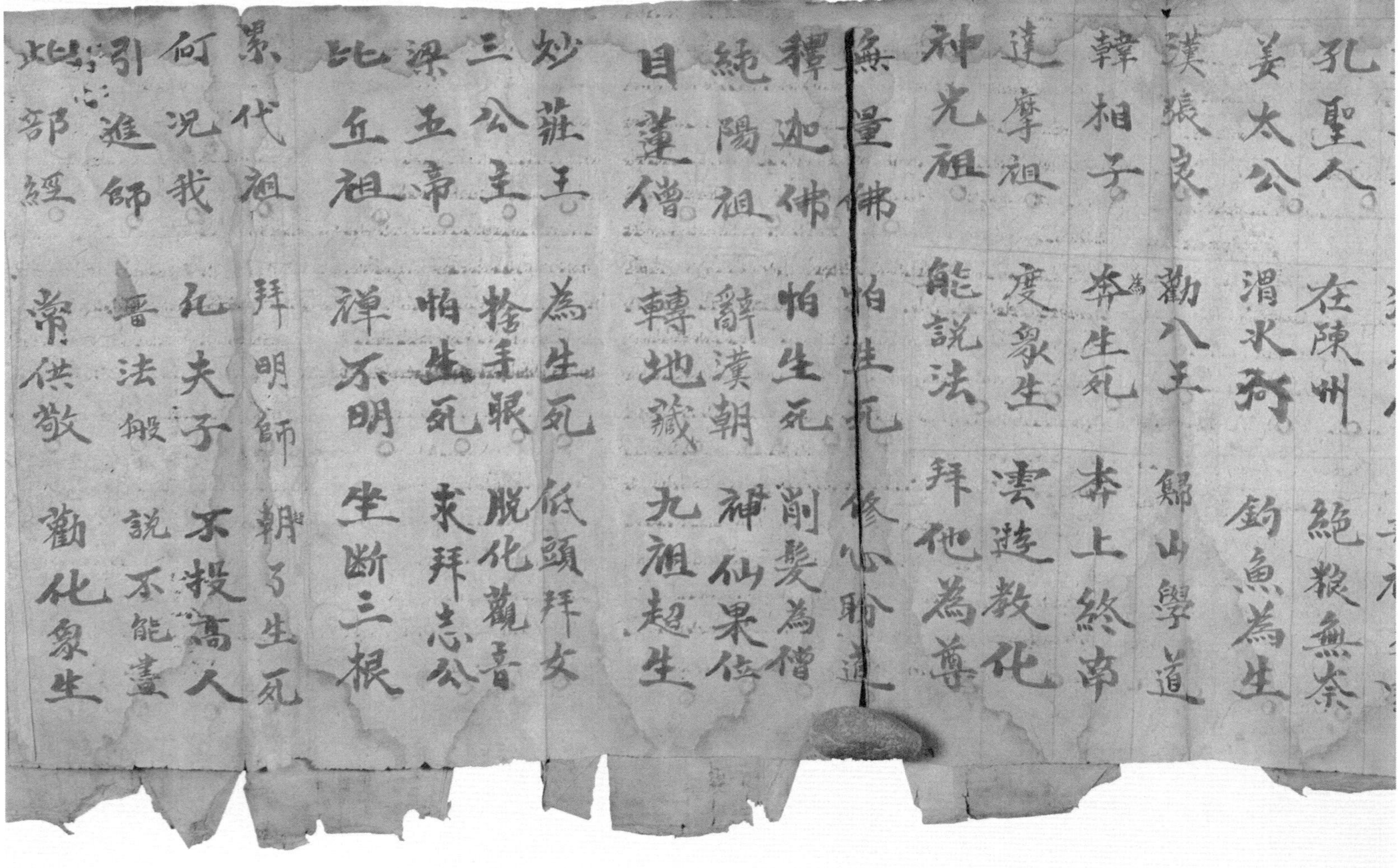

孔聖人 在陳州 絶粮無奈
姜太公 渭水河 釣魚為生
漢張良 勸八王 歸山學道
韓相子 奔生死 奔上終南
達摩祖 度衆生 雲遊教化
神光祖 能説法 拜他為尊
無量佛 怕生死 修心煉道
釋迦佛 怕生死 削髮為僧
純陽祖 辭漢朝 神仙果位
目蓮僧 轉地藏 九祖超生
妙莊王 為生死 低頭拜女
三公主 捨手眼 脱化觀音
梁五帝 怕生死 求拜志公
比丘祖 禪不明 坐斷三根
梁代祖 拜明師 朝了生死
何況我 凡夫子 不投高人
引進師 普法般 説不能盡
比部經 常供敬 勸化衆生

敦博 Db.t.0365R རྒྱའི་ཆོས་གཞུང་།
漢文經文 (17—13)

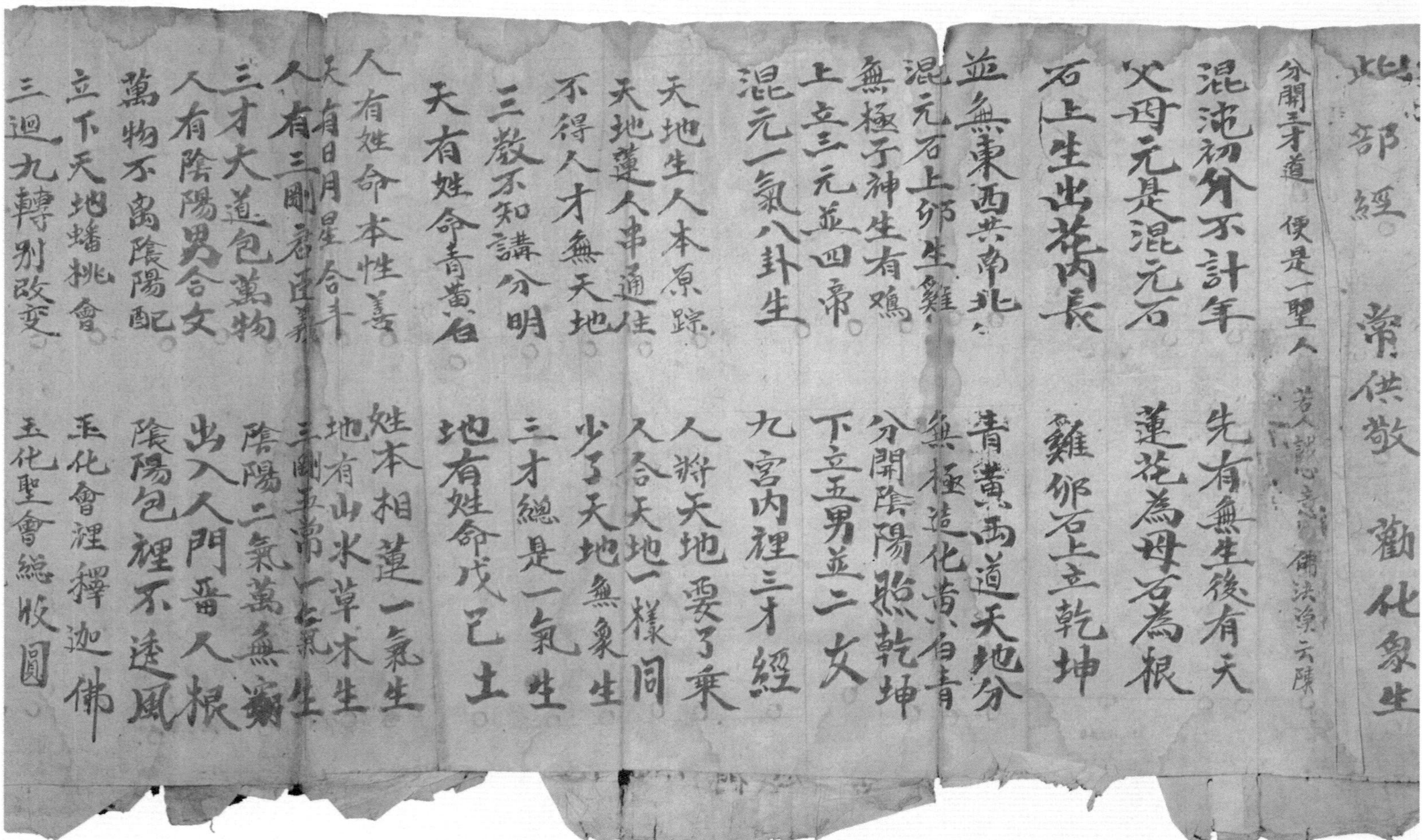

比部經 常供敬 勸化衆生
分開三才道 便是一聖人 若人説心意 佛法演云牌
混沌初分不計年 先有無生後有天
父母元是混元石 蓮花為母石為根
石上生出花内長 雞卵石上立乾坤
並無東西共南北 青黃西道天地分
混元石上卵生雞 無極造化黃白青
無極子神生有鴆 分開陰陽然乾坤
上立三元並四帝 下立五男並二女
混元一氣八卦生 九宮内裡三才經
天地生人本原踪 人游天地要了乘
天地蓮人串通住 人合天地一樣同
不得人才無天地 少了天地無象生
三教不知講分明 三才總是一氣生
天有姓命青黃白 地有姓命戊己土
人有姓命本性善 姓本相蓮一氣生
天有日月星合斗 地有山水草木生
人有三剛君臣義 三剛五常一氣生
三才大道包萬物 陰陽二氣萬無窮
人有陰陽男合女 出入人門普人根
萬物不离陰陽配 陰陽包裡不透風
立下天地蟠桃會 王化會裡釋迦佛
三迴九轉别改変 五化聖會總收圓

敦博 Db.t.0365R རྒྱའི་ཆོས་གཞུང་།
漢文經文 (17—14)

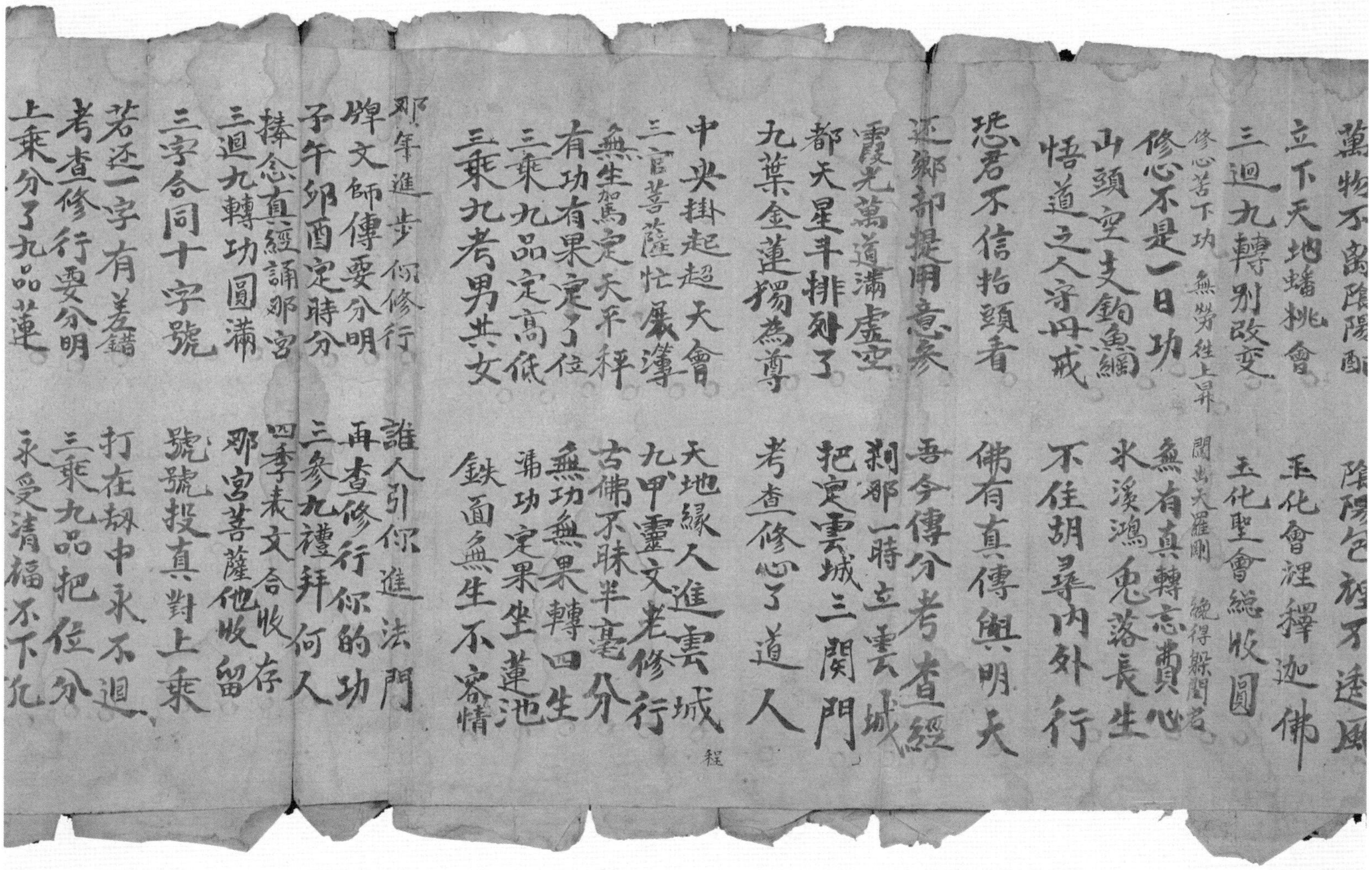

萬物不離陰陽配　陰陽包裡不透風
立下天地蟠桃會　玉化會裡釋迦佛
三遍九轉別改变　玉化聖會總收圓
修心苦下功　無勞往上昇　闡出天羅剛　總得躲閻君
修心不是一日功　無有真轉志貴心
山頭空丈釣魚綱　氷溪鴻兔落長生
悟道之人守丹戒　不住胡尋内外行
恐君不信抬頭看　佛有真傳與明天
还鄉部提用意參　西今傳分考查經
霞光萬道滿虛空　剎那一時立雲城
都天星斗排列了　把定雲城三關門
九葉金蓮獨為尊　考查修心了道人
程
中央掛起天會　天地緣人進雲城
三官菩薩忙嚴準　九甲靈文考修行
無生駕定天平秤　古佛不昧半毫分
有功有果定了位　無功無果轉四生
三乘九品定高低　沸功定果坐蓮池
三乘九考男共女　鉄面無生不容情
那年進步你修行　誰人引你進法門
牌文師傅要分明　再查修行你的功
子午卯酉定時分　三參九禮拜何人
捧念真經誦那宮　四季表文合收存
三遍九轉功圓滿　那宮菩薩他收留
三字合同十字號　號號投真對上乘
若还一字有差錯　打在劫中永不迴
考查修行要分明　三乘九品把位分
上乘分了九品蓮　永受清福不下凡

敦博 Db.t.0365R　རྒྱའི་ཆོས་གཞུང་།
漢文經文　(17—15)

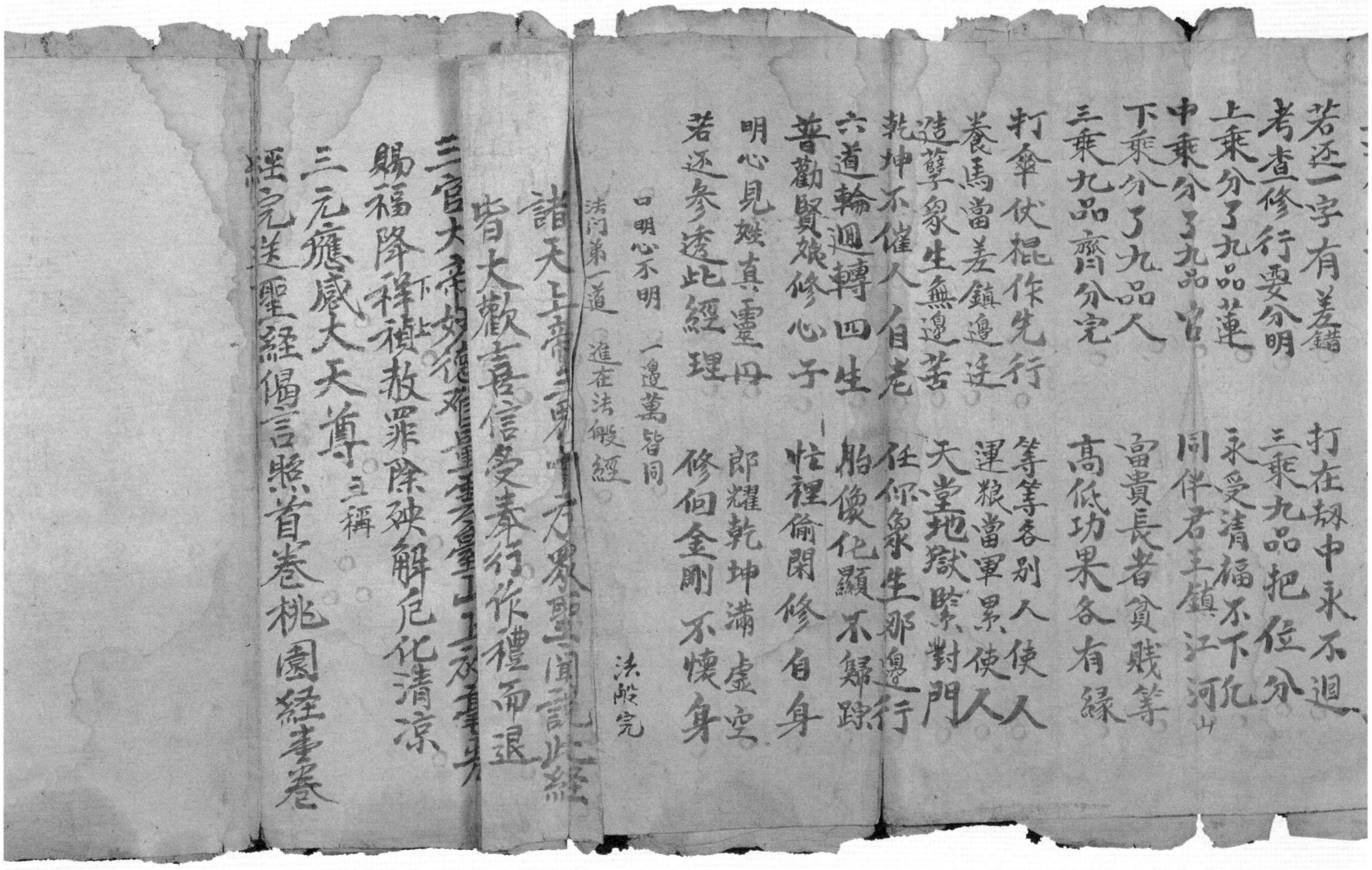

若还一字有差錯　打在劫中永不迴
考查修行要分明　三乘九品把位分
上乘分了九品蓮　永受清福不下凡
中乘分了九品官　同伴君王鎮江山
下乘分了九品人　富貴長者貧賤等
三乘九品齊分定　高低功果各有緣
打傘伏棍作先行　等等各別人使人
養馬當差鎮邊廷　運粮當軍累使人
造孽眾生無邊苦　天堂地獄緊對門
乾坤不催人自老　任你眾生那邊行
六道輪迴轉四生　胎像化顯不歸蹤
普勸賢娘修心子　性裡偷閑修自身
明心見性真靈丹　郎耀乾坤滿虛空
若还參透此經理　修個金剛不壞身
口明心不明　一邊萬皆同　法般完
法门第一道　進在法般經
諸天上帝三界十方眾聖聞說此經
皆大歡喜信受奉行作禮而退
三官大帝妙德難量靈臺上元[illegible]
賜福降祥赦罪除殃解厄化清凉
三元應感大天尊　三稱
經完送聖經偈言照首卷桃園經壹卷

敦博 Db.t.0365R　རྒྱའི་ཆོས་གཞུང་།
漢文經文　(17—16)

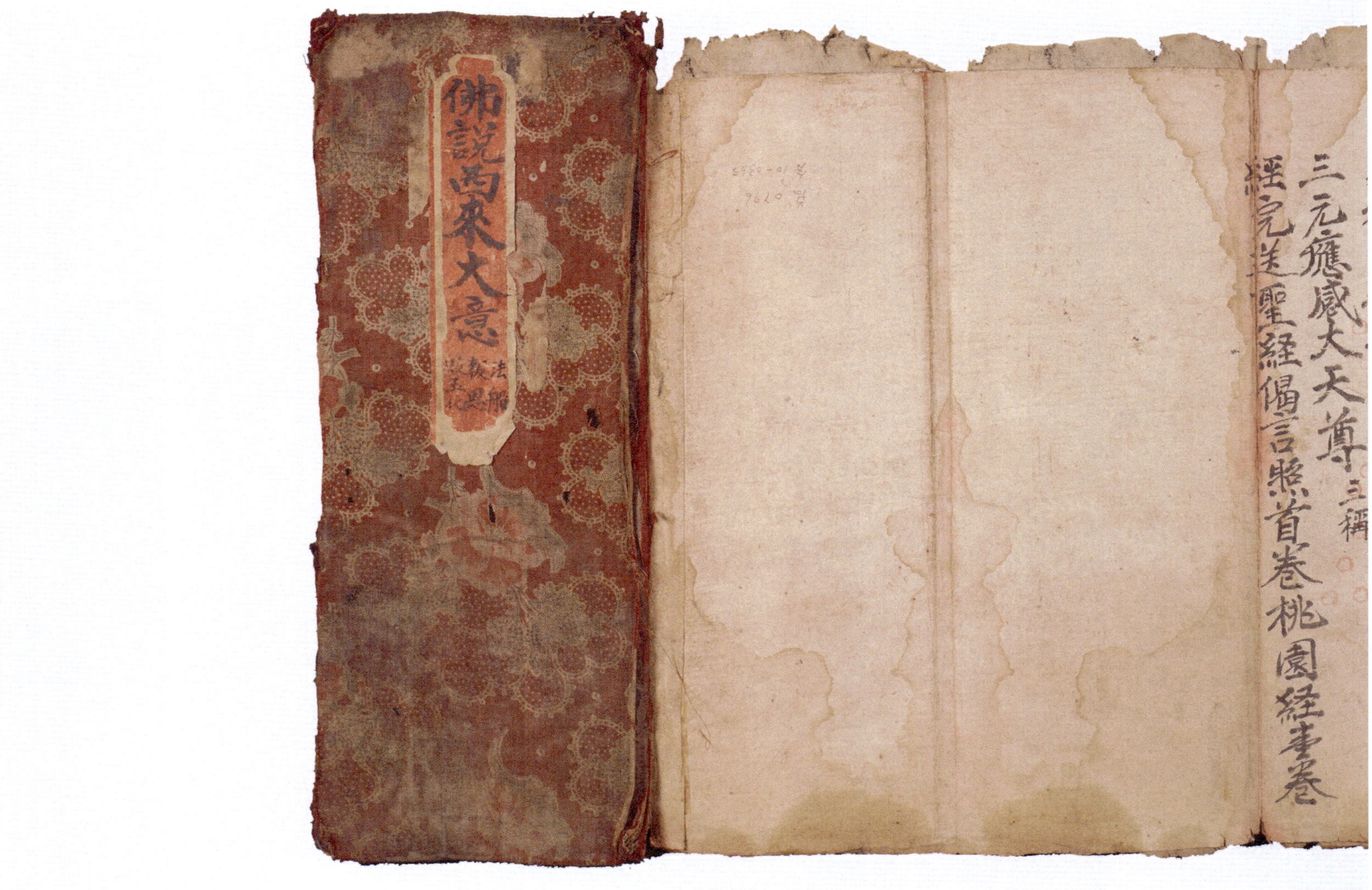

敦博 Db.t.0365R　རྒྱའི་ཆོས་གཞུང་།
漢文經文　(17—17)

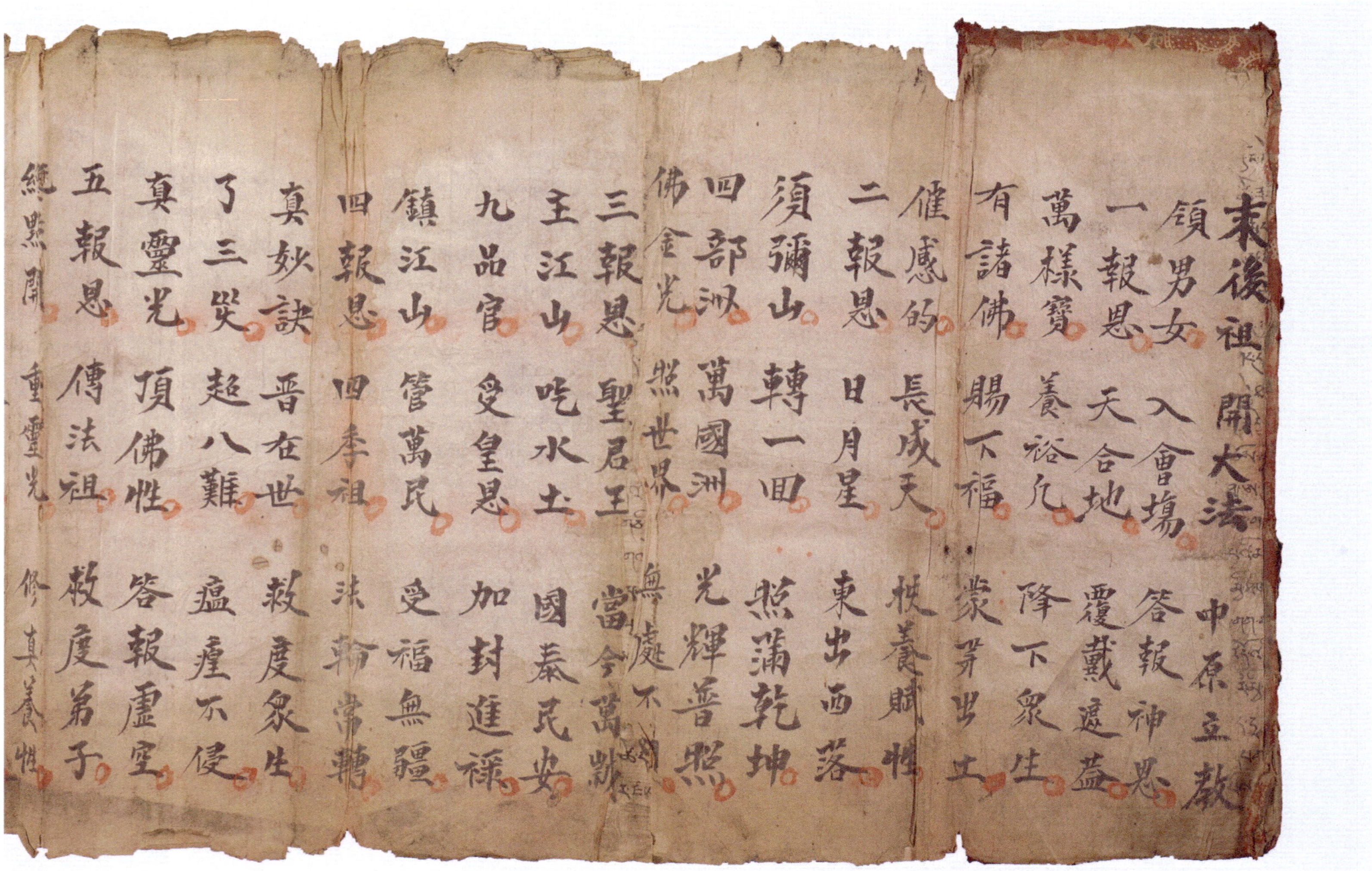

敦博 Db.t.0365V　1.རྒྱའི་ཆོས་གཞུང་།
1. 漢文經文　(18—1)

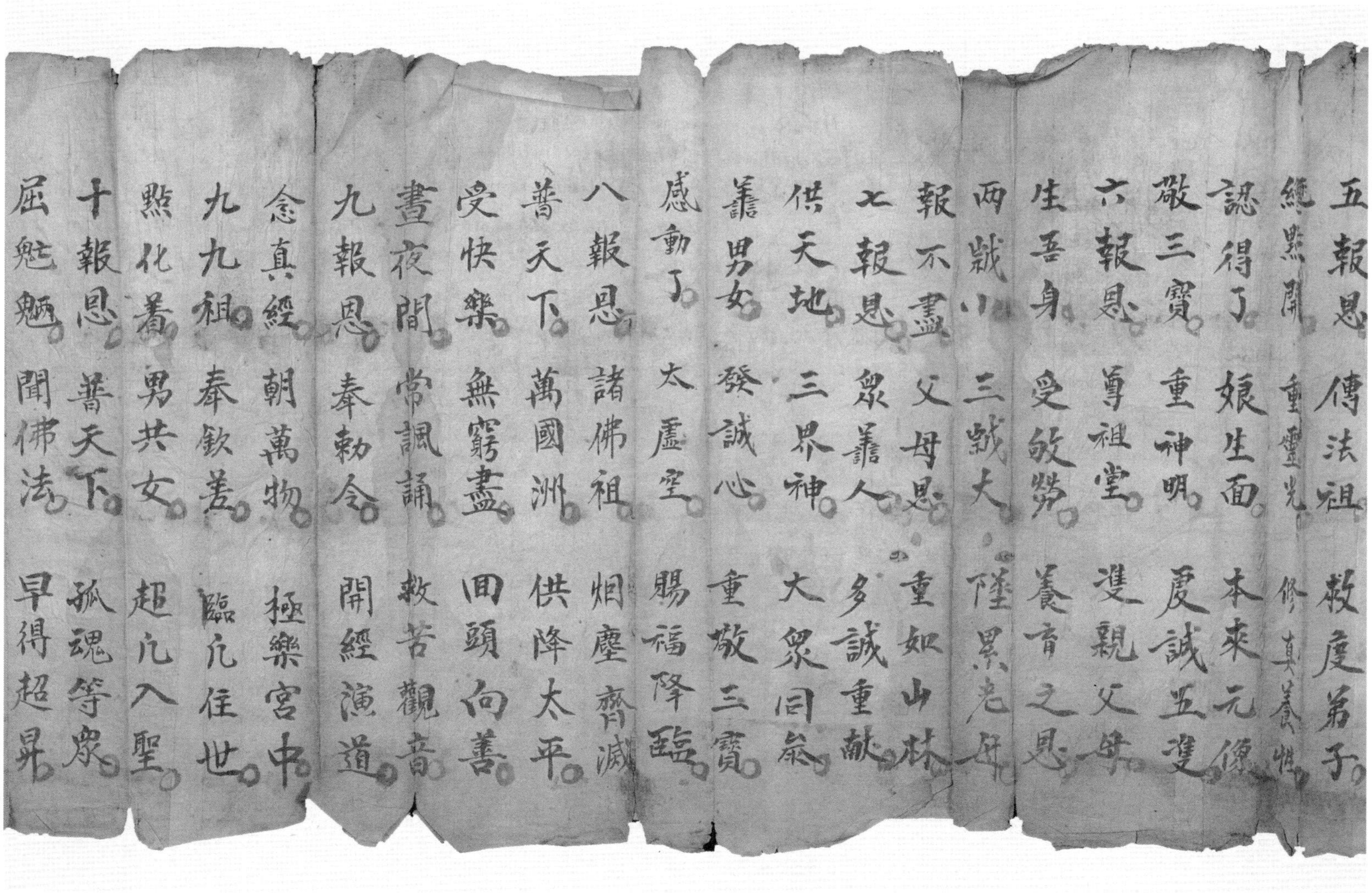
五報恩 傳法祖 救度弟子
經點開 重靈光 修真養性
認得了 娘生面 本來元像
敬三寶 重神明 虔誠五進
六報恩 尊祖堂 進親父母
生吾身 受敀勞 養育之恩
西啟ㄦ 三啟大 陞累老母
報不盡 父母恩 重如山林
七報恩 衆善人 多誠重獻
供天地 三界神 大衆同叅
善男女 發誠心 重敬三寶
感動了 太虛空 賜福降臨
八報恩 諸佛祖 烟塵齊滅
普天下 萬國洲 供降太平
受快樂 無窮盡 回頭向善
晝夜間 常諷誦 救苦觀音
九報恩 奉勅令 開經演道
念真經 朝萬物 極樂宮中
九九祖 奉欽差 臨凡住世
點化着 男共女 超凡入聖
十報恩 普天下 孤魂等衆
屈魁魎 聞佛法 早得超昇

敦博 Db.t.0365V 1.རྒྱའི་ཆོས་གཞུང་།
1. 漢文經文 (18—2)

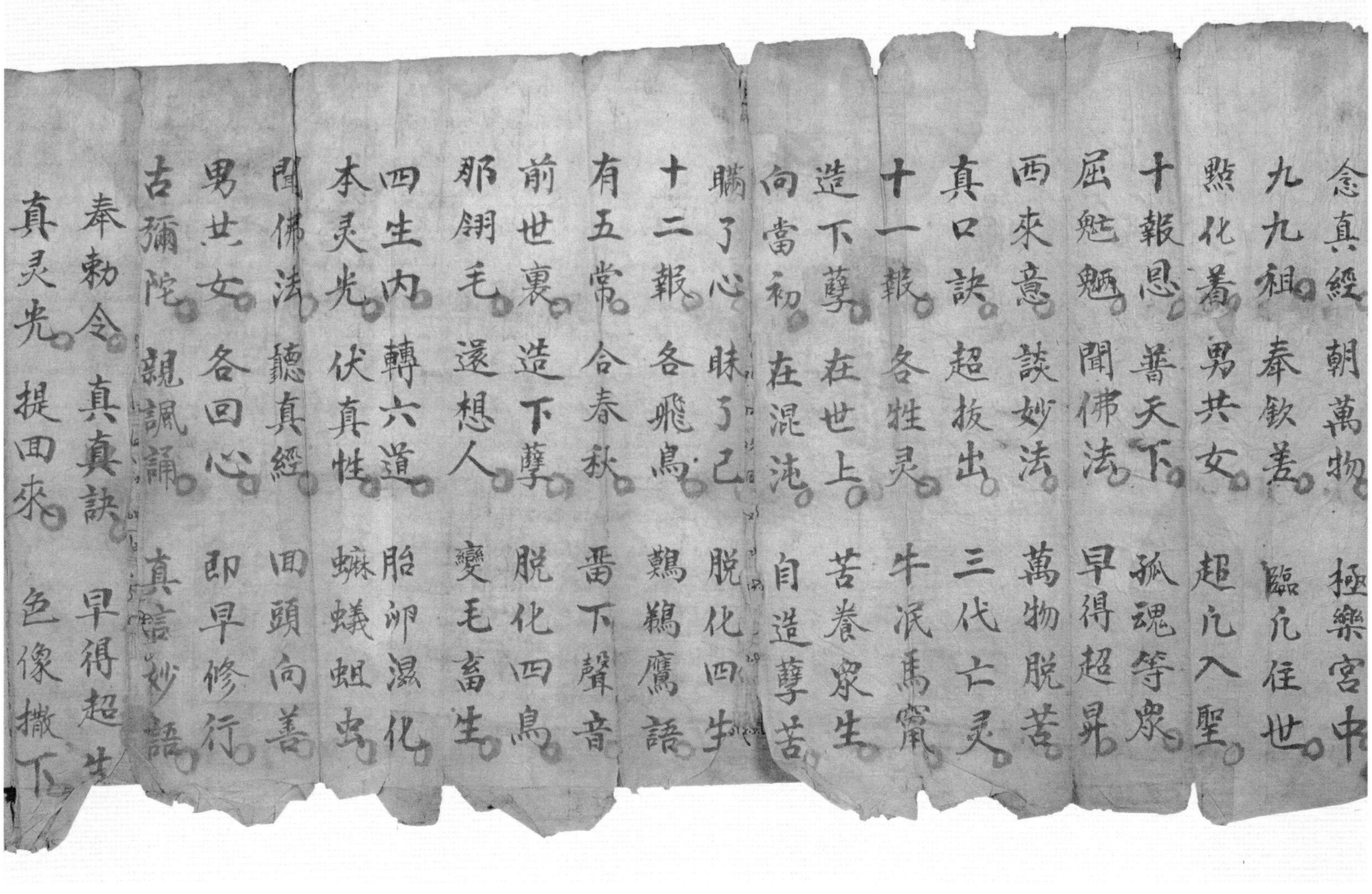
念真經 朝萬物 極樂宮中
九九祖 奉欽差 臨凡住世
點化着 男共女 超凡入聖
十報恩 普天下 孤魂等衆
屈魁魎 聞佛法 早得超昇
西來意 談妙法 萬物脫苦
真口訣 超拔出 三代亡灵
十一報 各牲灵 牛泯馬竄
造下孽 在世上 苦眷衆生
向當初 在混沌 自造孽苦
瞞了心 昧了己 脫化四生
十二報 各飛鳥 鵝鵠鷹語
有五常 合春秋 留下聲音
前世裏 造下孽 脫化四鳥
那翎毛 還想人 變毛畜生
四生内 轉六道 胎卵濕化
本灵光 伏真性 蝲蟻蛆虫
聞佛法 聽真經 回頭向善
男共女 各回心 即早修行
古彌陀 親諷誦 真諳妙語
奉勅令 真真訣 早得超生
真灵光 提回來 色像撒下

敦博 Db.t.0365V 1.རྒྱའི་ཆོས་གཞུང་།
1. 漢文經文 (18—3)

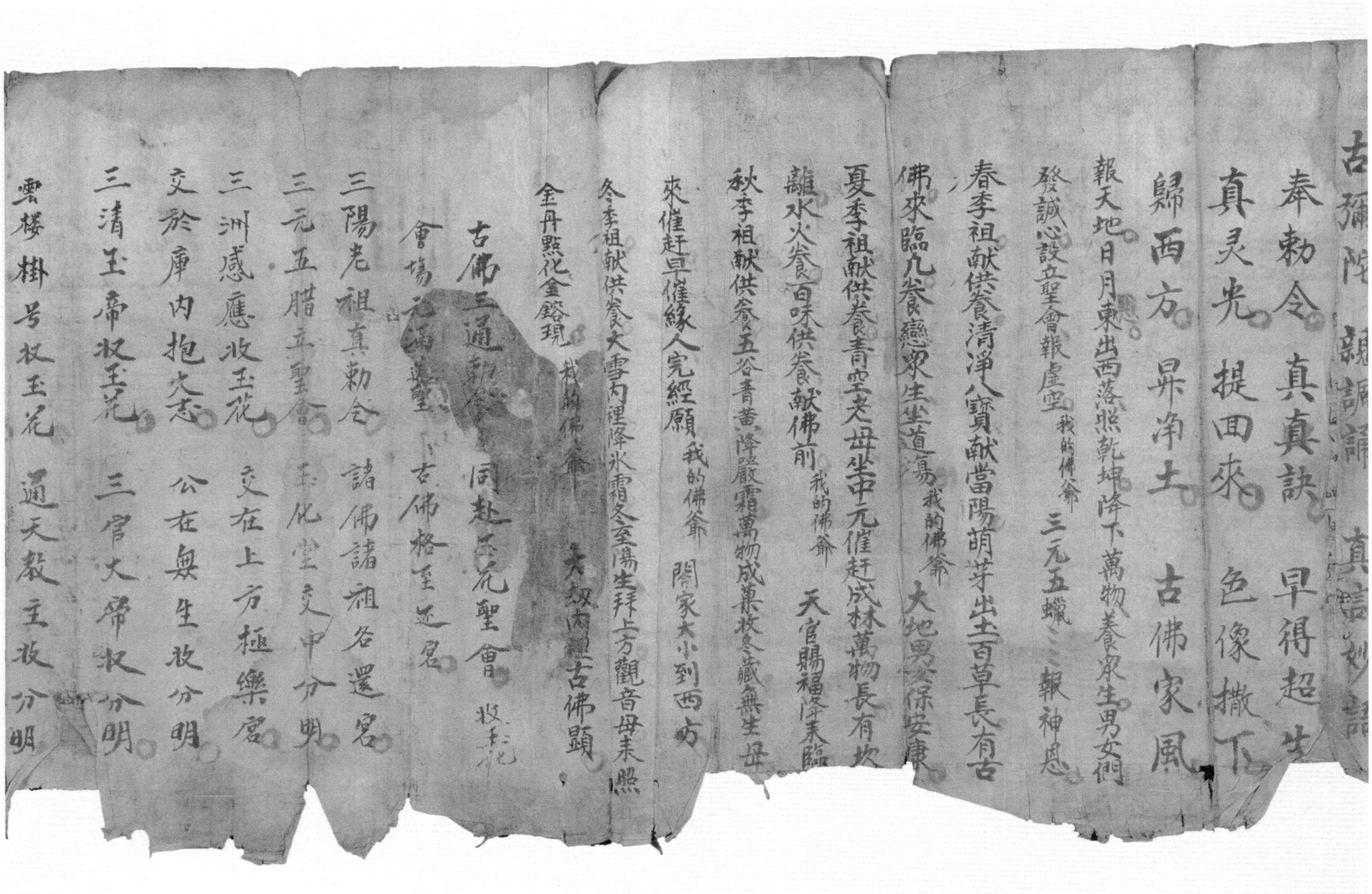
古彌陀 親誦讀 真□妙語
奉勅令 真真訣 早得超生
真灵光 提回來 色像撒下
歸西方 昇淨土 古佛家風
報天地日月東出西落照乾坤降下萬物養衆生男女們
發誠心設立聖會報虛空 我的佛爺 三元五臘 報神恩
佛來臨凡養戀衆生坐道場 我的佛爺 大地男女保安康
春季祖獻供養清淨八寶獻當陽萌芽出土百草長有古
夏季祖獻供養青空老母坐中元催赶成林萬物長有坎
離水火養百味供養獻佛前 我的佛爺 天官賜福降來臨
秋季祖獻供養五谷青黃降嚴霜萬物成熟收冬藏無生母
來催赶早催緣人完經願 我的佛爺 闔家大小到西方
冬季祖獻供養大雪內裡降冰霜冬至陽生拜上方觀音母來照
金丹點化金鎖現 我的佛爺 大叔內裡古佛顯
古佛三通勅令 同赴龍花聖會 收龍花
會場□□□ 古佛格至還宮
三陽老祖真勅令 諸佛諸祖各還宮
三元五臘立聖會 玉化堂交中分明
三洲感應收玉花 交在上方極樂宮
交於庫內抱六志 公在無生收分明
三清玉帝收玉花 三官大帝收分明
雲樓掛号收玉花 通天教主收分明

敦博 Db.t.0365V　1.རྒྱའི་ཆོས་གཞུང་།
1. 漢文經文　(18—4)

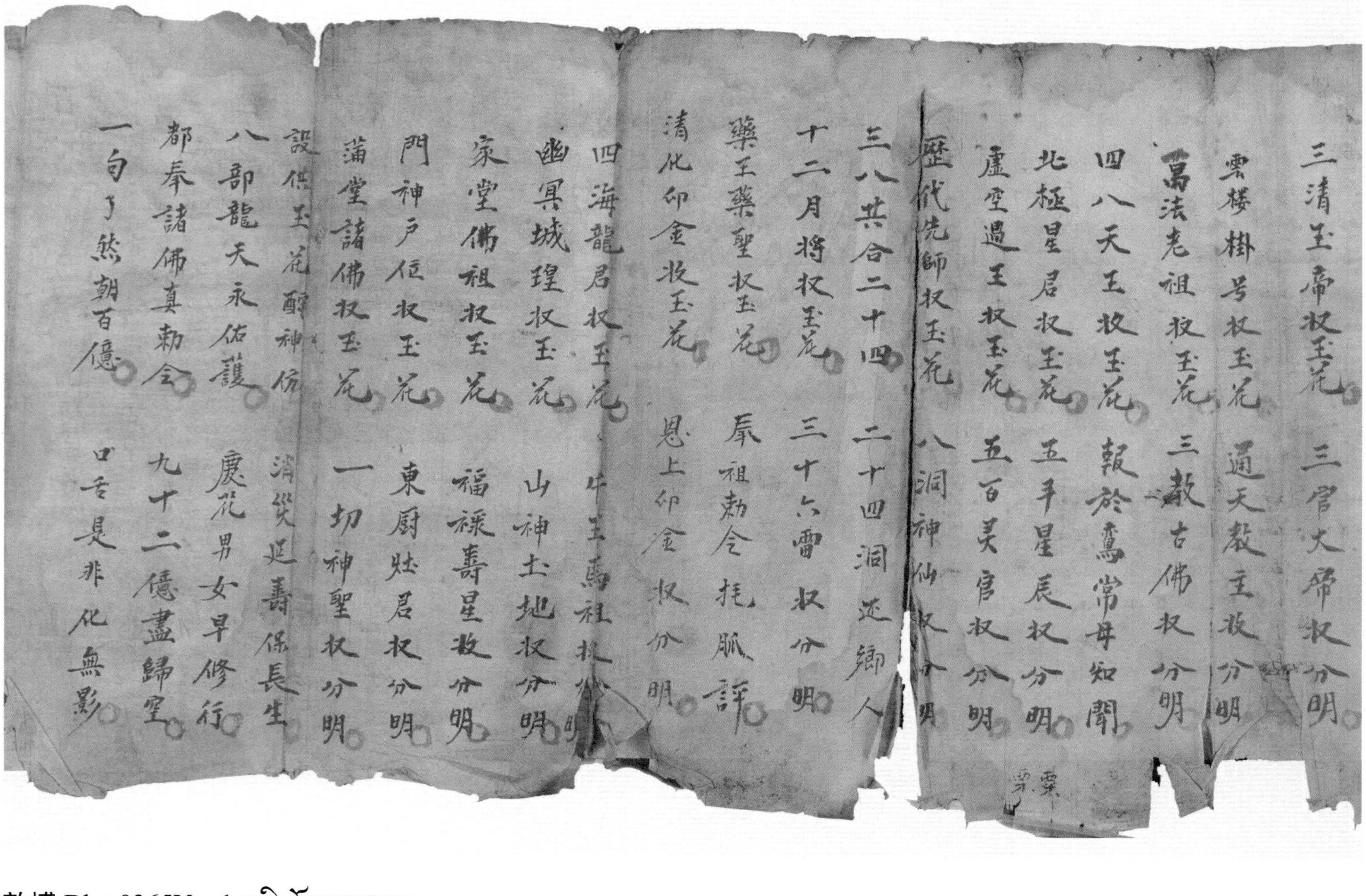
三清玉帝收玉花 三官大帝收分明
雲樓掛号收玉花 通天教主收分明
當法老祖收玉花 三教古佛收分明
四八天王收玉花 報於鸞常母知聞
北極星君收玉花 五斗星辰收分明
盧空過王收玉花 五百美官收分明
歷代先師收玉花 八洞神仙收分明
三八共合二十四 二十四洞迷鄉人
十二月將收玉花 三十六雷收分明
藥王藥聖收玉花 奉祖勅令托脈詳
清化印金收玉花 恩上印金收分明
四海龍君收玉花 牛王馬祖收分明
幽冥城隍收玉花 山神土地收分明
家堂佛祖收玉花 福祿壽星收分明
門神戶位收玉花 東廚灶君收分明
滿堂諸佛收玉花 一切神聖收分明
設供玉花醮神佑 消災延壽保長生
八部龍天永佑護 慶花男女早修行
都奉諸佛真勅令 九十二億盡歸空
一句了然朝百億 口舌是非化無影

敦博 Db.t.0365V　1.རྒྱའི་ཆོས་གཞུང་།
1. 漢文經文　(18—5)

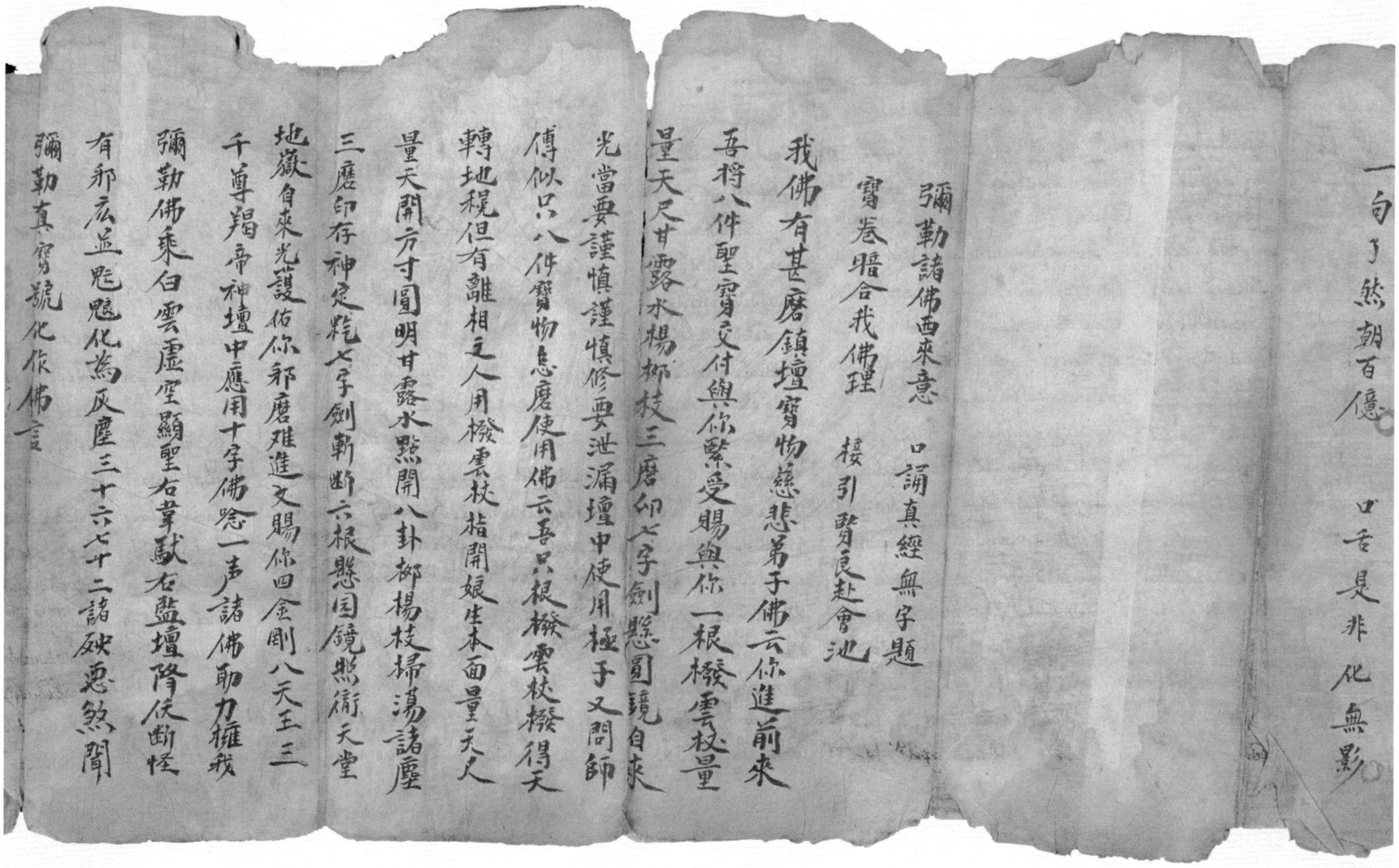

一句了然超百億 口舌是非化無影

彌勒諸佛西來意 口誦真經無字題
寶卷暗合我佛理 接引賢良赴會池
我佛有甚麼鎮壇寶物慈悲弟子佛云你進前來
吾將八件聖寶文付與你緊受賜與你一根撥雲杖量
量天尺甘露水楊柳枝三磨印七字劍懸圓鏡自來
光當要謹慎謹慎修要泄漏壇中使用極子又問師
傅似只八件寶物怎麼使用佛云吾只根撥雲杖撥得天
轉地覘但有離相之人用撥雲杖指開娘生本面量天尺
量天開方寸圓明甘露水點開八卦柳楊枝掃蕩諸塵
三磨印存神定精七字劍斬斷六根懸圓鏡照徹天堂
地獄自來光護佑你邪魔难進又賜你四金剛八天王三
千尊羯帝神壇中應用十字佛唸一声諸佛助力擁我
彌勒佛乘白雲虛空顯聖右韋馱右監壇降伏斷怪
有邪魔盜鬼魍化為灰塵三十六七十二諸殃惡煞閘
彌勒真寶號化作佛言

敦博 Db.t.0365V 1.རྒྱའི་ཆོས་གཞུང་།

1. 漢文經文 (18—6)

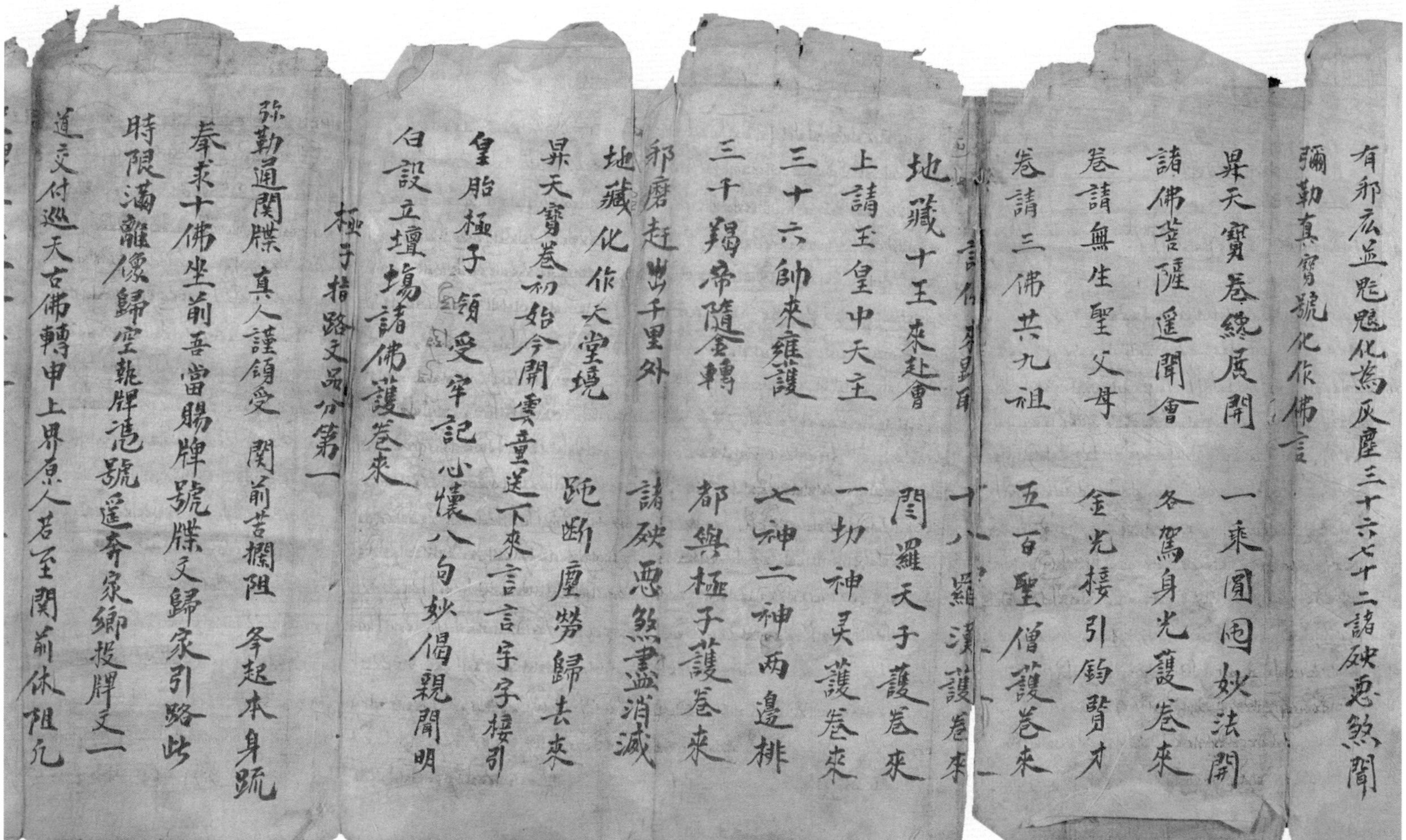

有邪魔盜鬼魍化為灰塵三十六七十二諸殃惡煞閘
彌勒真寶號化作佛言
昇天寶卷總展開 一乘圓囫妙法開
諸佛菩薩還聞會 各駕身光護卷來
卷請無生聖父母 金光接引夠賢才
卷請三佛共九祖 五百聖僧護卷來
請佛□□ 十八羅漢護卷來
地藏十王來赴會 閻羅天子護卷來
上請玉皇中天主 一切神氣護卷來
三十六帥來擁護 七神二神兩邊排
三千羯帝隨金轉 都與極子護卷來
邪魔赶出千里外 諸殃惡煞盡消滅
地藏化作天堂境 跳斷塵勞歸去來
昇天寶卷初始今開雲童送下來言言字字接引
皇胎極子 領受牢記心懷八句妙偈親聞明
白設立壇場諸佛護卷來
極子指路文品分第一
弥勒通閻牒 真人謹領受 閻前若攔阻 令起本身蹟
奉求十佛坐前吾當賜牌號牒文歸家引路此
時限滿離像歸空執牌憑號還奔家鄉接牌文一
道文付巡天古佛轉申上界原人若至閻前休阻元

敦博 Db.t.0365V 1.རྒྱའི་ཆོས་གཞུང་།

1. 漢文經文 (18—7)

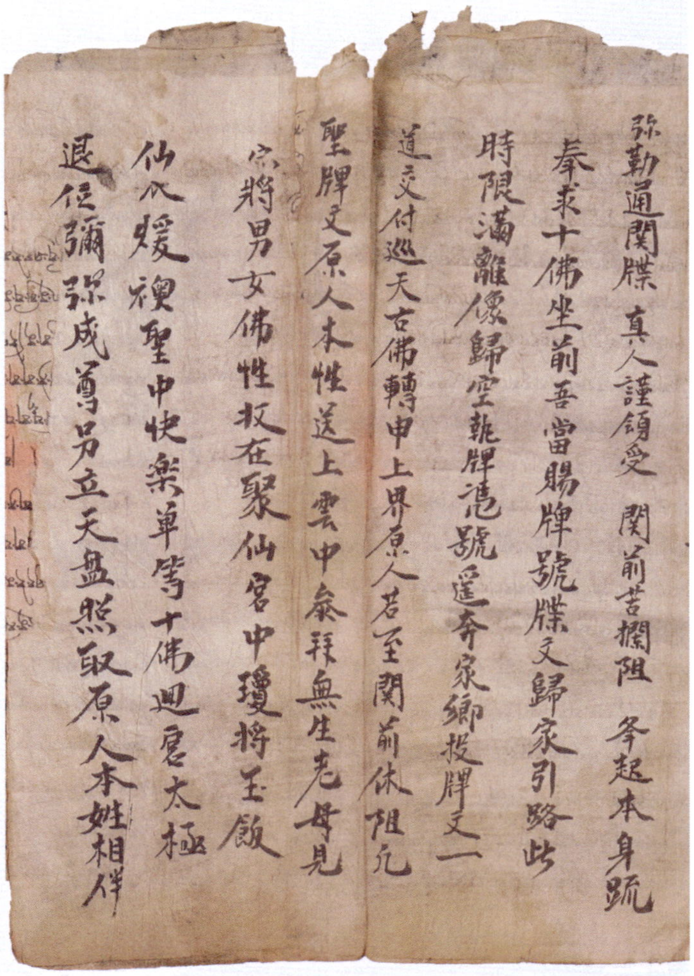

敦博 Db.t.0365V　1.རྒྱའི་ཆོས་གཞུང་།

1. 漢文經文　(18—8)

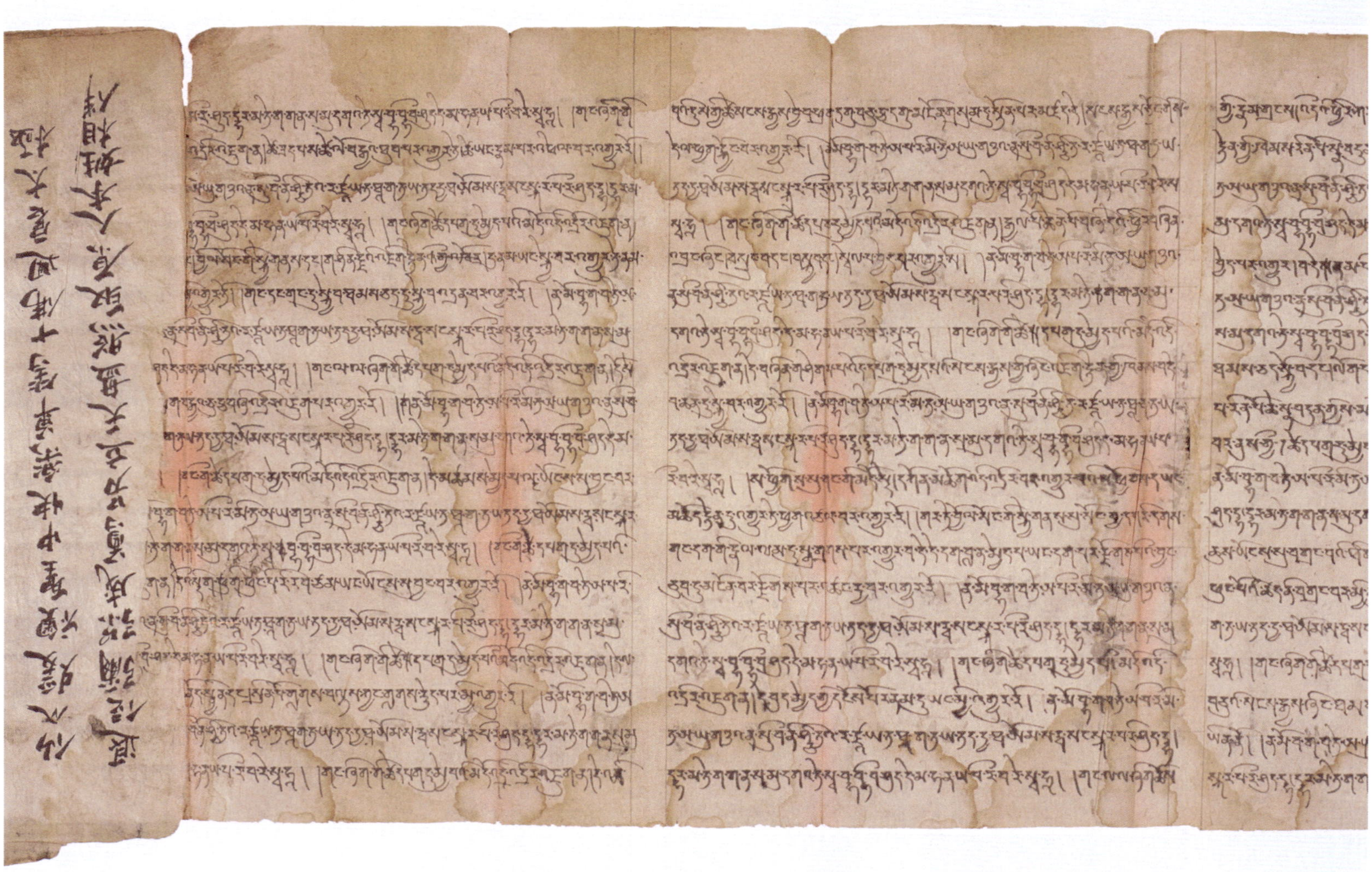

敦博 Db.t.0365V　1.རྒྱའི་ཆོས་གཞུང་།　2.འཕགས་པ་ཚེ་དང་ཡེ་ཤེས་དཔག་དུ་མེད་པ་ཞེས་བྱ་བ་ཐེག་པ་ཆེན་པོའི་མདོ།

1. 漢文經文　2. 大乘無量壽宗要經　(18—9)

敦博 Db.t.0365V འཕགས་པ་ཚེ་དང་ཡེ་ཤེས་དཔག་ཏུ་མེད་པ་ཞེས་བྱ་བ་ཐེག་པ་ཆེན་པོའི་མདོ།།
大乘無量壽宗要經 (18—10)

敦博 Db.t.0365V 2.འཕགས་པ་ཚེ་དང་ཡེ་ཤེས་དཔག་ཏུ་མེད་པ་ཞེས་བྱ་བ་ཐེག་པ་ཆེན་པོའི་མདོ།།
2. 大乘無量壽宗要經 (18—11)

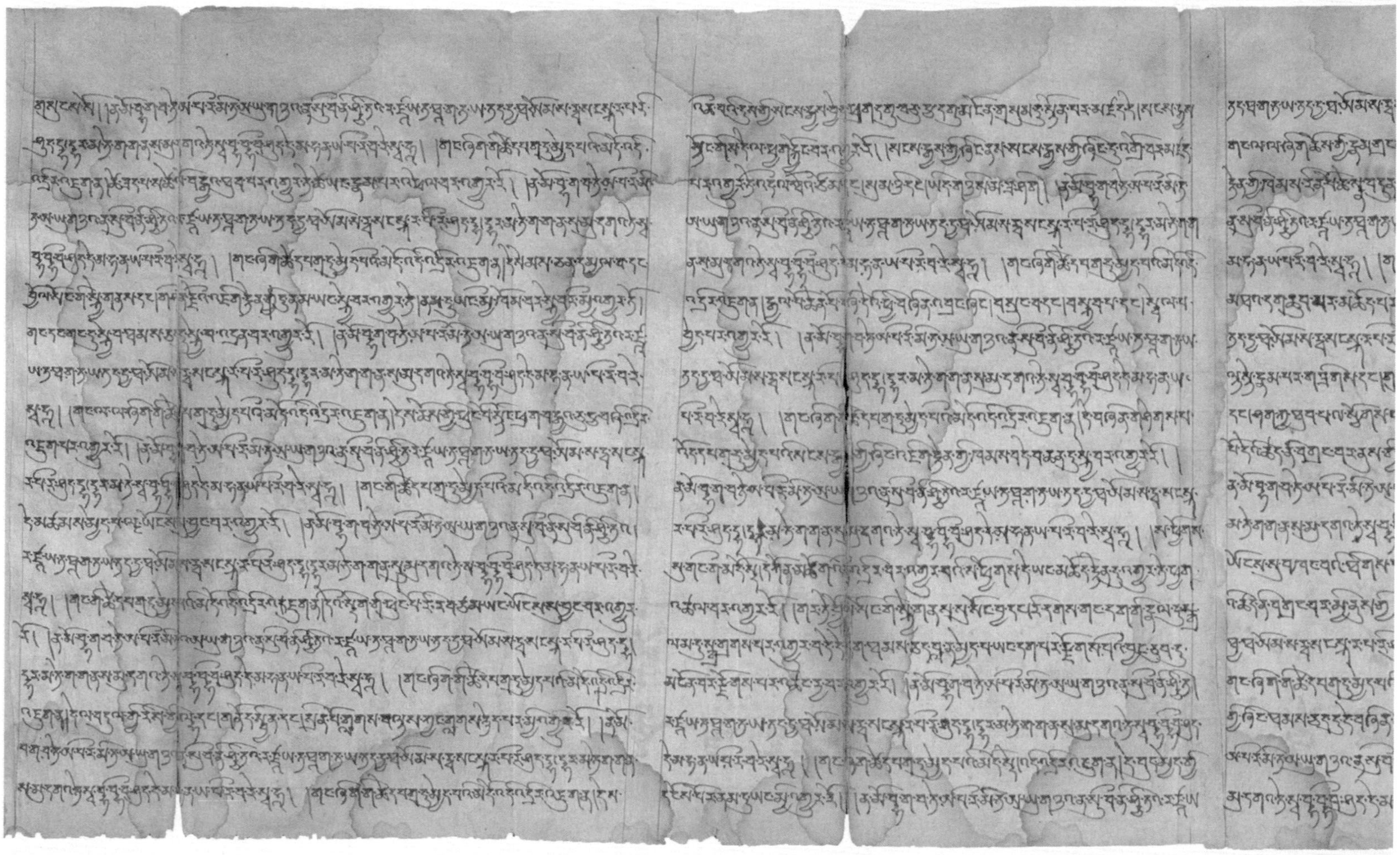

敦博 Db.t.0365V　2.འཕགས་པ་ཚེ་དང་ཡེ་ཤེས་དཔག་ཏུ་མེད་པ་ཞེས་བྱ་བ་ཐེག་པ་ཆེན་པོའི་མདོ།།

2. 大乘無量壽宗要經　(18—12)

敦博 Db.t.0365V　2.འཕགས་པ་ཚེ་དང་ཡེ་ཤེས་དཔག་ཏུ་མེད་པ་ཞེས་བྱ་བ་ཐེག་པ་ཆེན་པོའི་མདོ།།

2. 大乘無量壽宗要經　(18—13)

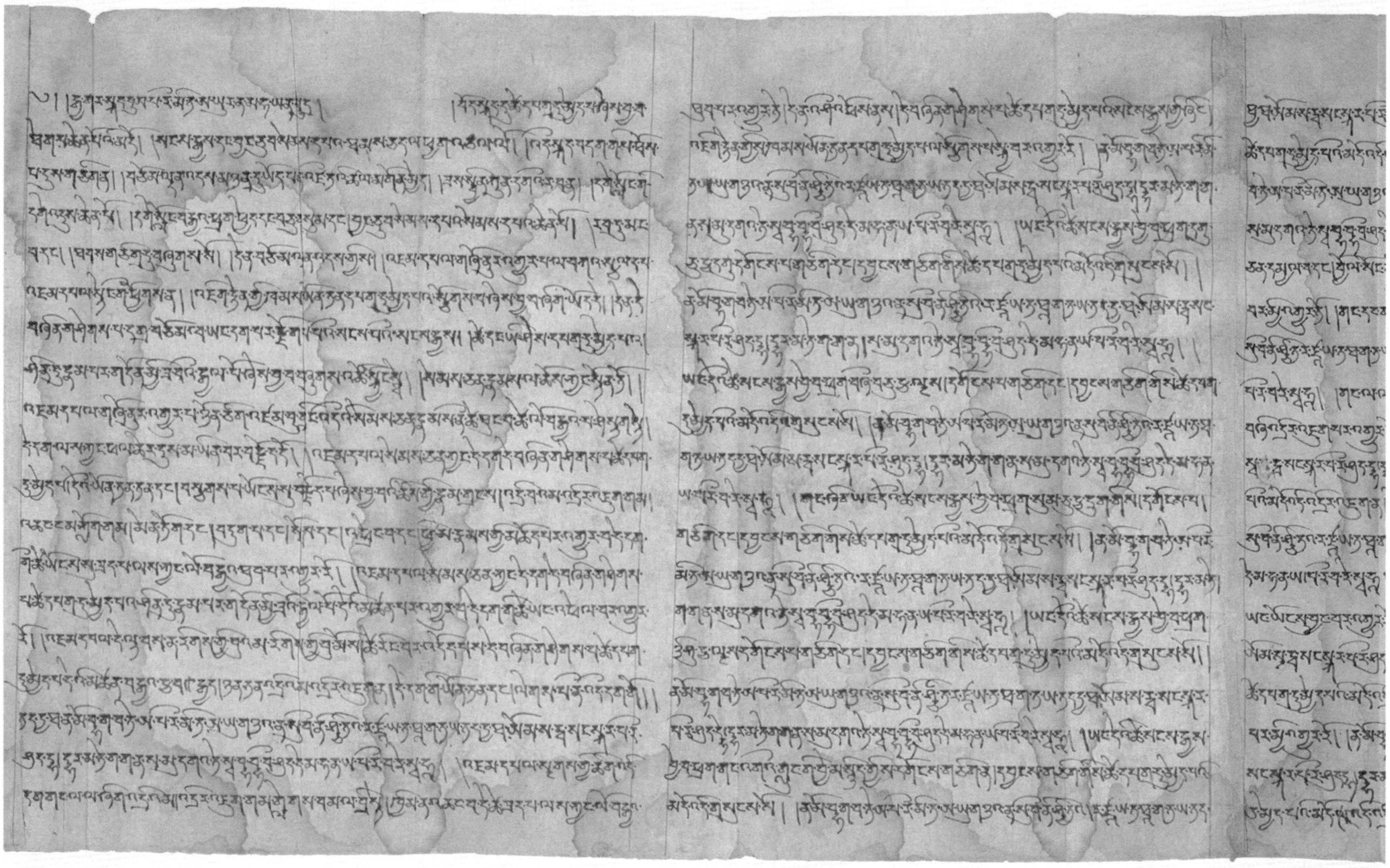

敦博 Db.t.0365V　2.འཕགས་པ་ཚེ་དང་ཡེ་ཤེས་དཔག་ཏུ་མེད་པ་ཞེས་བྱ་བ་ཐེག་པ་ཆེན་པོའི་མདོ།།
2. 大乘無量壽宗要經　(18—14)

敦博 Db.t.0365V　2.འཕགས་པ་ཚེ་དང་ཡེ་ཤེས་དཔག་ཏུ་མེད་པ་ཞེས་བྱ་བ་ཐེག་པ་ཆེན་པོའི་མདོ།།
2. 大乘無量壽宗要經　(18—15)

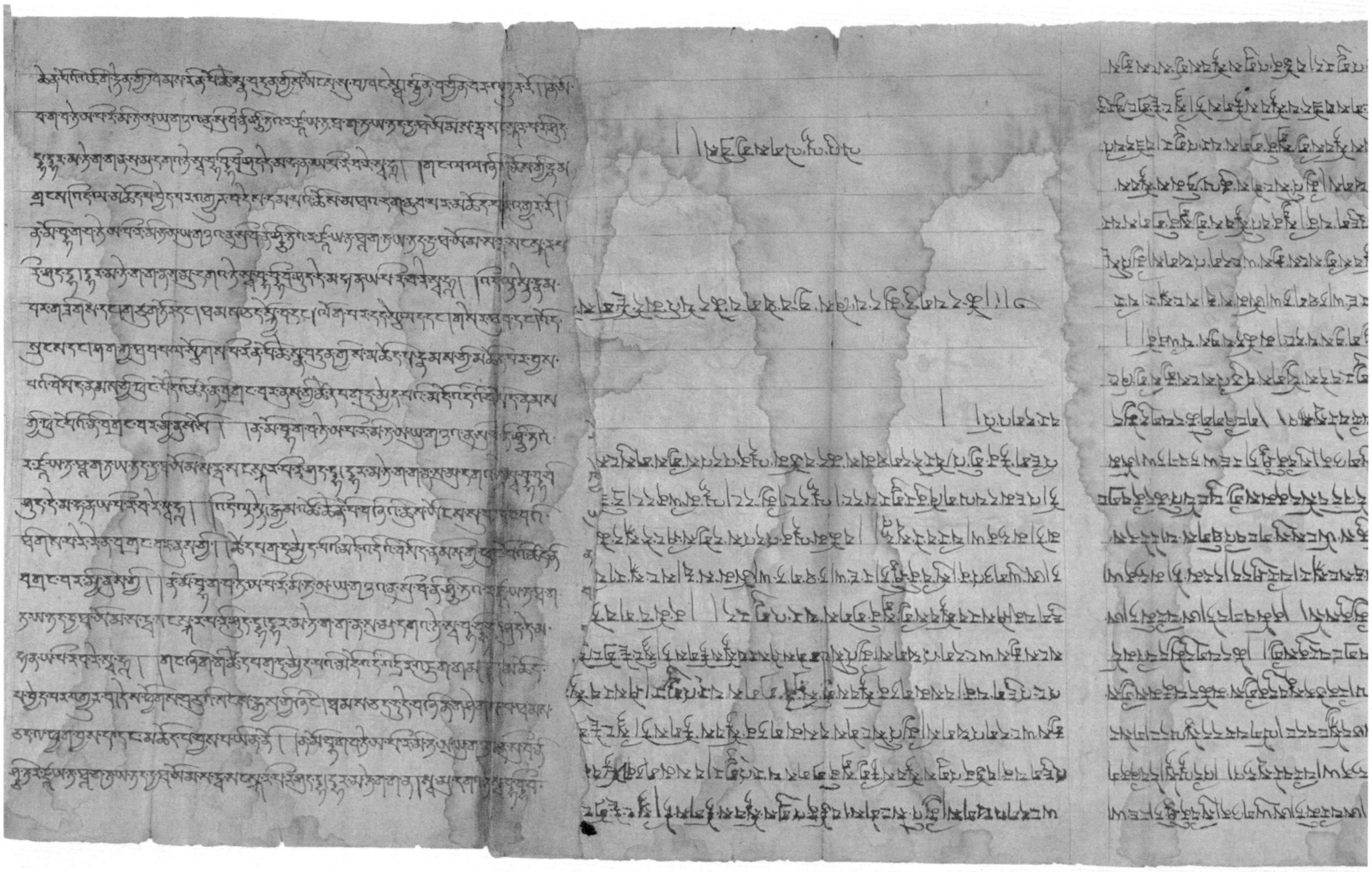

敦博 Db.t.0365V　2.འཕགས་པ་ཚེ་དང་ཡེ་ཤེས་དཔག་ཏུ་མེད་པ་ཞེས་བྱ་བ་ཐེག་པ་ཆེན་པོའི་མདོ།།

2. 大乘無量壽宗要經　(18—16)

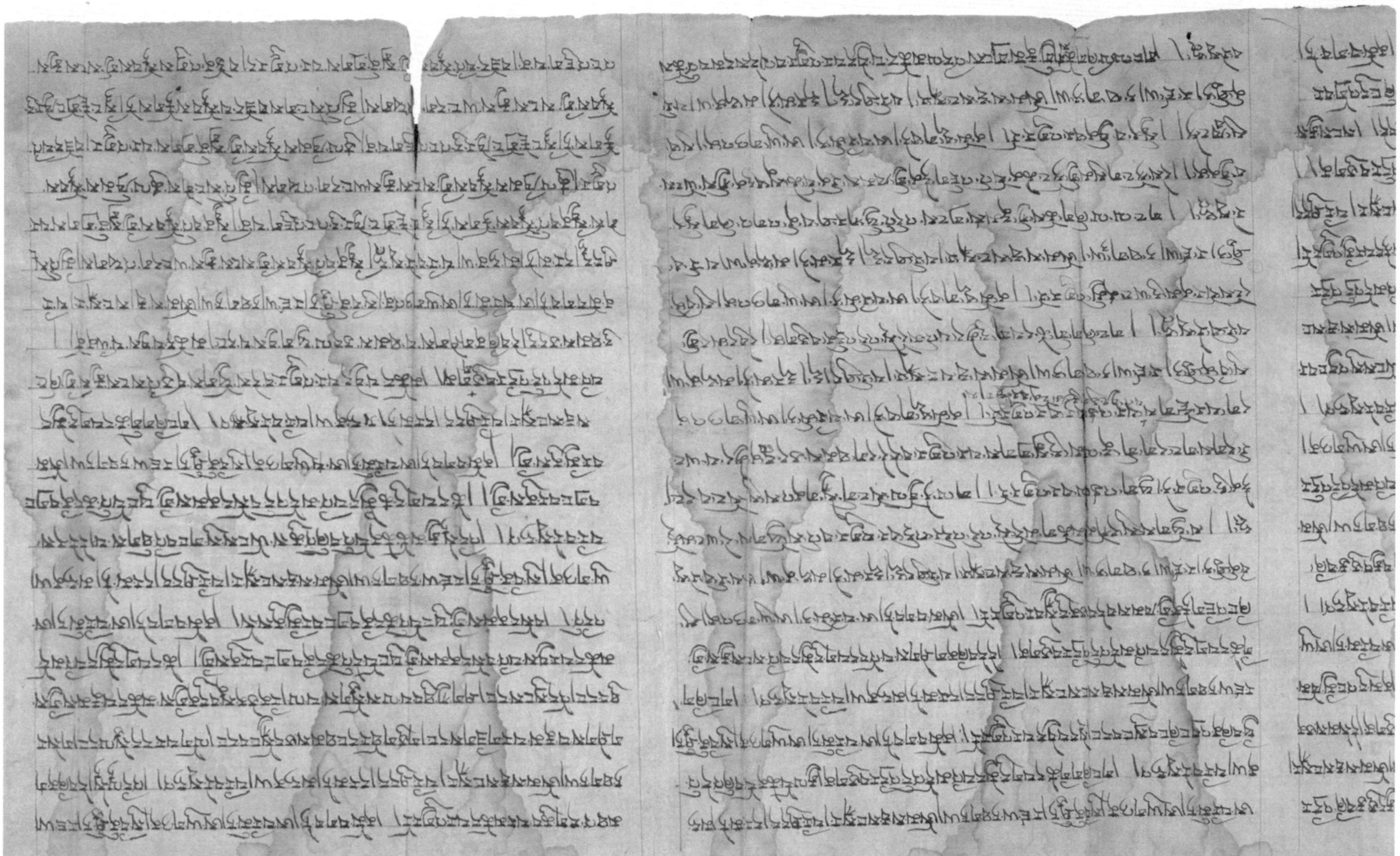

敦博 Db.t.0365V　2.འཕགས་པ་ཚེ་དང་ཡེ་ཤེས་དཔག་ཏུ་མེད་པ་ཞེས་བྱ་བ་ཐེག་པ་ཆེན་པོའི་མདོ།།

2. 大乘無量壽宗要經　(18—17)

敦博 Db.t.0365V 2.འཕགས་པ་ཚེ་དང་ཡེ་ཤེས་དཔག་ཏུ་མེད་པ་ཞེས་བྱ་བ་ཐེག་པ་ཆེན་པོའི་མདོ།།

2. 大乘無量壽宗要經 (18—18)

敦博 Db.t.0366R འཕགས་པ་ཚེ་དང་ཡེ་ཤེས་དཔག་ཏུ་མེད་པ་ཞེས་བྱ་བ་ཐེག་པ་ཆེན་པོའི་མདོ།།

大乘無量壽宗要經 (8—1)

敦博 Db.t.0366R འཕགས་པ་ཚེ་དང་ཡེ་ཤེས་དཔག་ཏུ་མེད་པ་ཞེས་བྱ་བ་ཐེག་པ་ཆེན་པོའི་མདོ།།
大乘無量壽宗要經 (8—2)

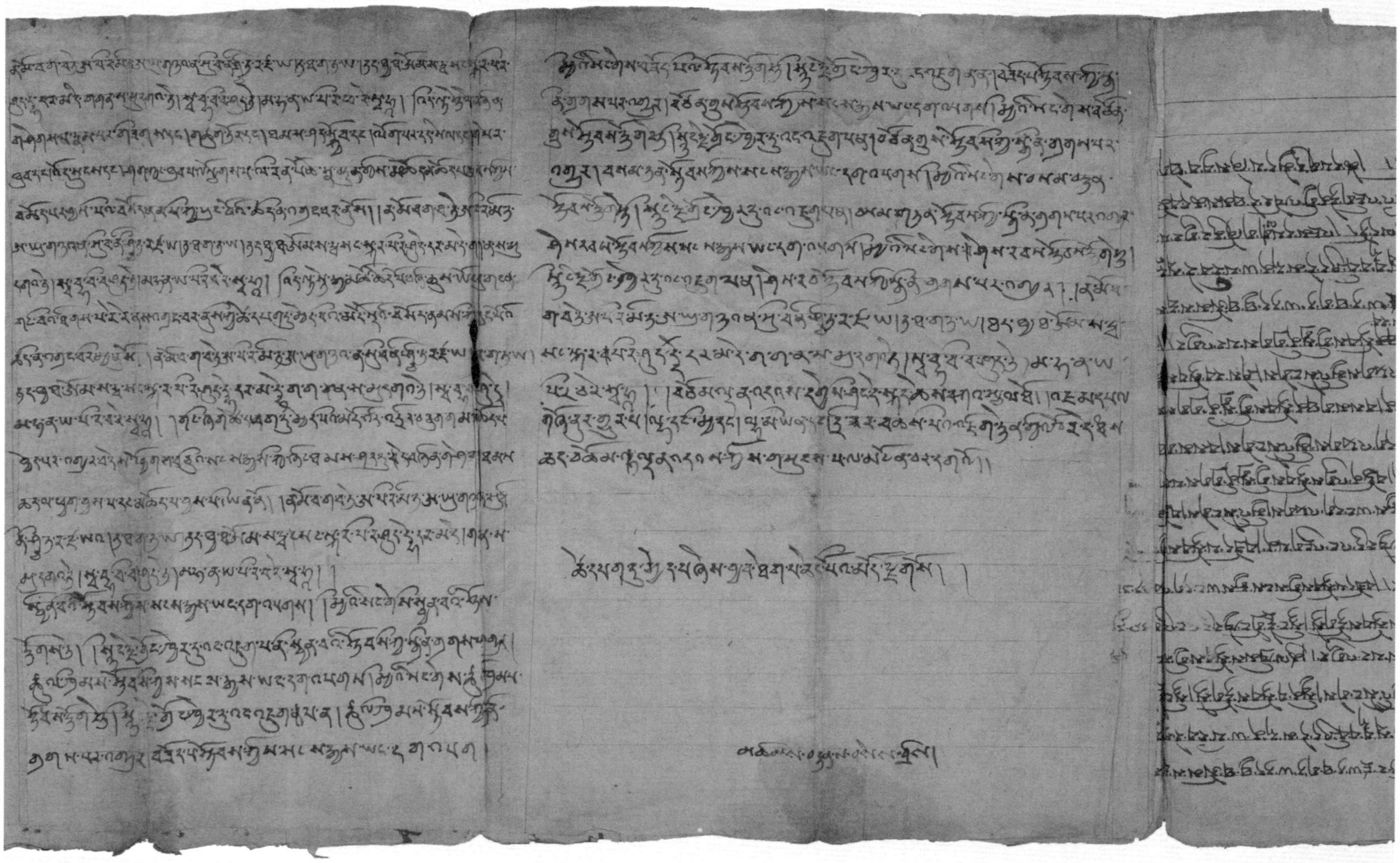

敦博 Db.t.0366R འཕགས་པ་ཚེ་དང་ཡེ་ཤེས་དཔག་ཏུ་མེད་པ་ཞེས་བྱ་བ་ཐེག་པ་ཆེན་པོའི་མདོ།།
大乘無量壽宗要經 (8—3)

敦博 Db.t.0366R　འཕགས་པ་ཚེ་དང་ཡེ་ཤེས་དཔག་ཏུ་མེད་པ་ཞེས་བྱ་བ་ཐེག་པ་ཆེན་པོའི་མདོ།།

大乘無量壽宗要經　(8—4)

敦博 Db.t.0366R　འཕགས་པ་ཚེ་དང་ཡེ་ཤེས་དཔག་ཏུ་མེད་པ་ཞེས་བྱ་བ་ཐེག་པ་ཆེན་པོའི་མདོ།།

大乘無量壽宗要經　(8—5)

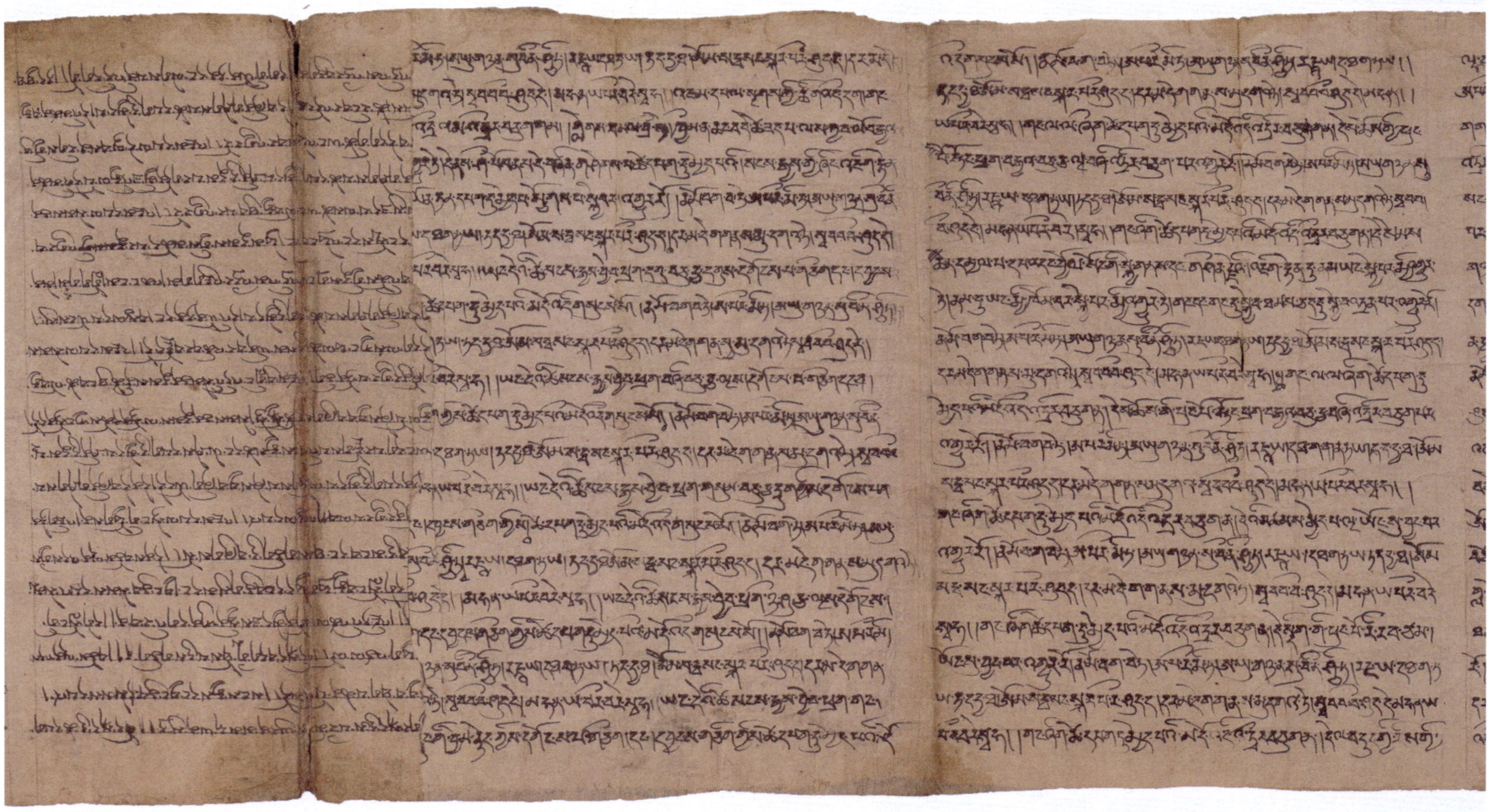

敦博 Db.t.0366R　འཕགས་པ་ཚེ་དང་ཡེ་ཤེས་དཔག་ཏུ་མེད་པ་ཞེས་བྱ་བ་ཐེག་པ་ཆེན་པོའི་མདོ།།
大乘無量壽宗要經　(8—6)

敦博 Db.t.0366R　འཕགས་པ་ཚེ་དང་ཡེ་ཤེས་དཔག་ཏུ་མེད་པ་ཞེས་བྱ་བ་ཐེག་པ་ཆེན་པོའི་མདོ།།
大乘無量壽宗要經　(8—7)

敦博 Db.t.0366R　འཕགས་པ་ཚེ་དང་ཡེ་ཤེས་དཔག་ཏུ་མེད་པ་ཞེས་བྱ་བ་ཐེག་པ་ཆེན་པོའི་མདོ།།
大乘無量壽宗要經　(8—8)

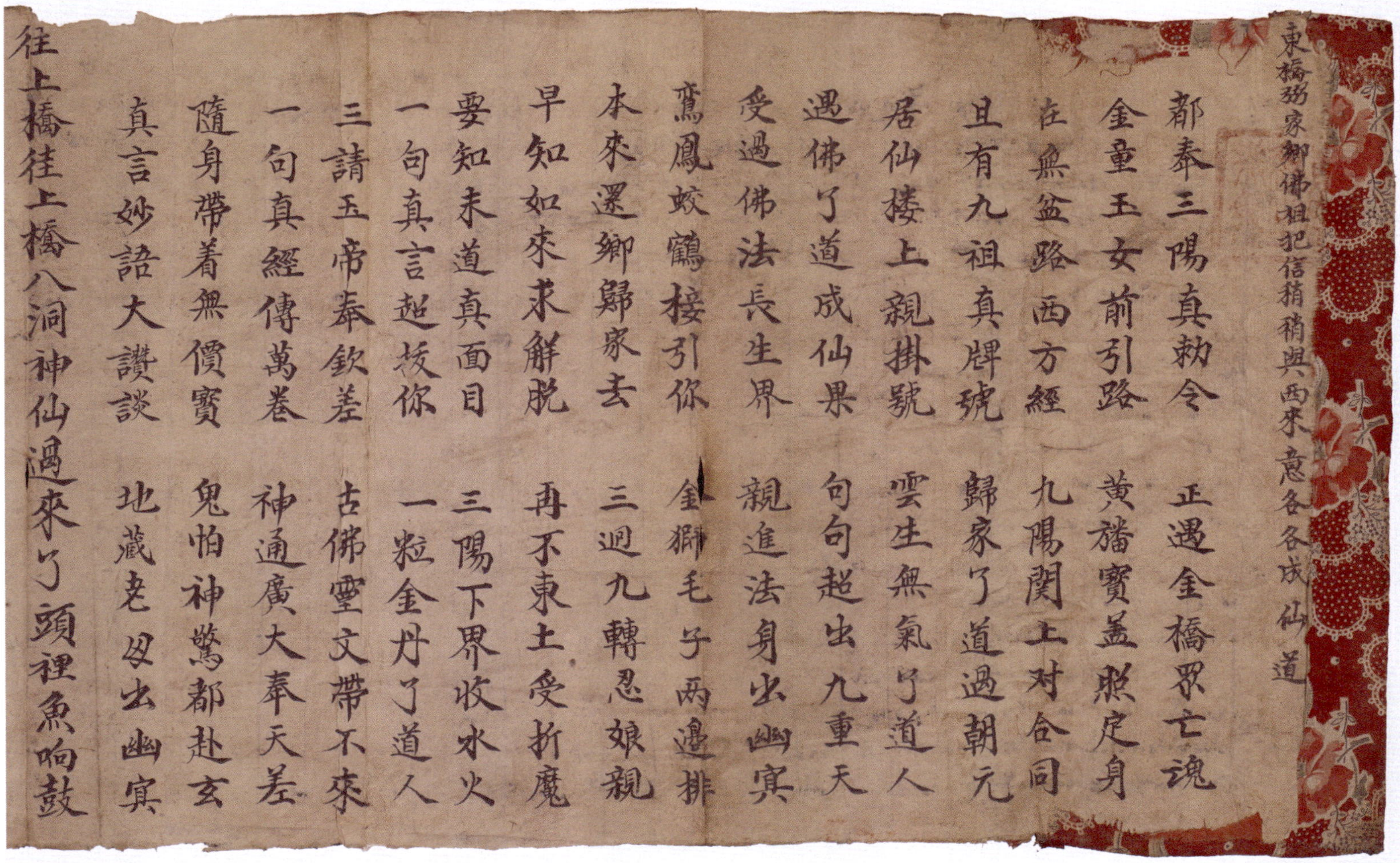

東橋殄家鄉佛祖把信稍稍與西來意各各成仙道
都奉三陽真勑令　正遇金橋眾亡魂
金童玉女前引路　黃旛寶蓋照定身
在無盆路西方經　九陽関上对合同
且有九祖真牌號　歸家了道過朝元
居仙樓上親掛號　雲生無氣了道人
遇佛了道成仙果　句句超出九重天
受過佛法長生界　親進法身出幽冥
鸞鳳蛟鶴接引你　金獅毛子兩邊排
本來還鄉歸家去　三迴九轉忍娘親
早知如來求解脫　再不東土受折魔
要知未道真面目　三陽下界收水火
一句真言超拔你　一粒金丹了道人
三請五帝奉欽差　古佛靈文帶不來
一句真經傳萬卷　神通廣大奉天差
隨身帶着無價寶　鬼怕神驚都赴玄
真言妙語大讚談　地藏老母出幽冥
往上橋往上橋八洞神仙過來了頭裡魚响鼓

敦博 Db.t.0366V　རྒྱའི་ཆོས་གཞུང་།
漢文經文　(8—1)

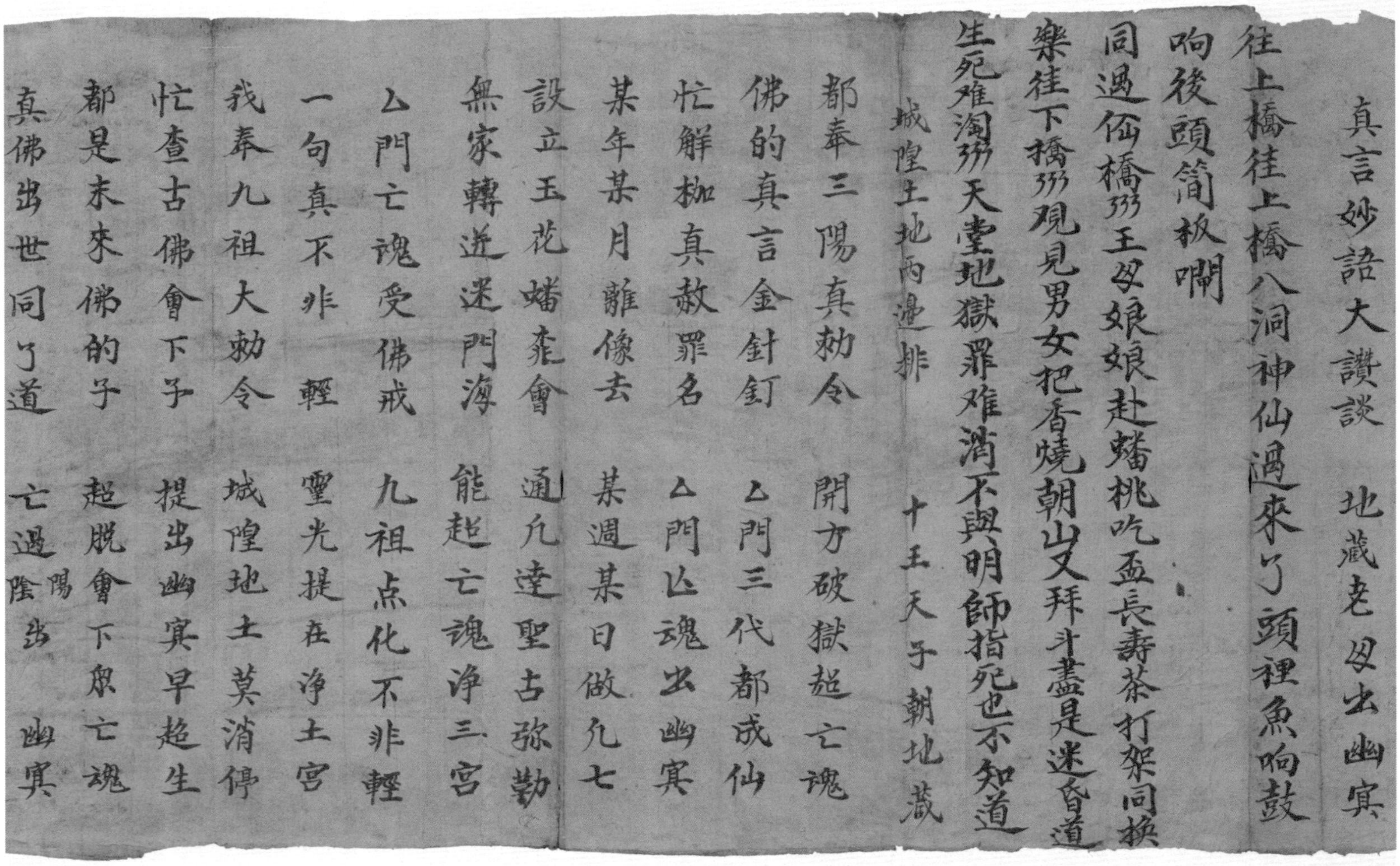

真言妙語大讚談　地藏老母出幽冥
往上橋往上橋八洞神仙過來了頭裡魚响鼓
响後頭簡板喇
同過弥橋弥王母娘娘赴蟠桃吃盃長壽茶打架同換
樂往下橋弥硯見男女把香燒朝山又拜斗盡是迷昏道
生死难淘弥天堂地獄罪难消不與明師指死也不知道
城隍土地兩邊排　十王天子朝地藏
都奉三陽真勅令　開方破獄超亡魂
佛的真言金針釘　厶門三代都成仙
忙解枷真赦罪名　厶門亾魂出幽冥
某年某月離像去　某過某日做九七
設立玉花蟠㚔會　通凢達聖古弥勒
無家轉逆迷門海　能超亡魂淨三宮
厶門亡魂受佛戒　九祖点化不非輕
一句真不非輕　靈光提在淨土宮
我奉九祖大勅令　城隍地土莫消停
忙查古佛會下子　提出幽冥早超生
都是末來佛的子　超脫會下衆亡魂
真佛出世同了道　亡過陰陽出幽冥

敦博 Db.t.0366V　རྒྱའི་ཆོས་གཞུང་།
漢文經文　(8—2)

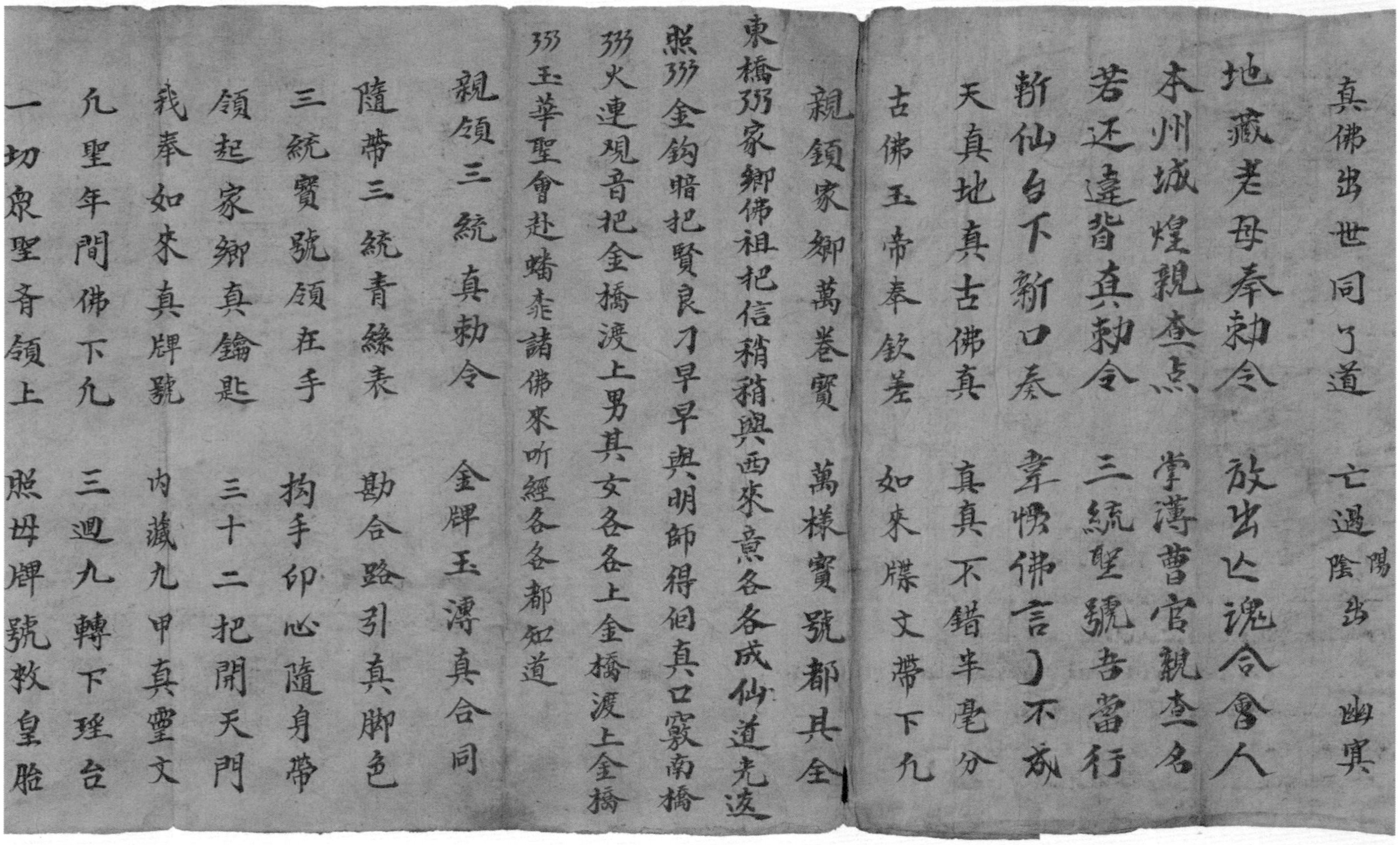

真佛出世同了道　亡過陰陽出幽冥
地藏老母奉勅令　放出亾魂合會人
本州城煌親查点　掌薄曹官親查名
若还違背真勅令　三統聖號吾當行
斬仙台下新口奏　韋馱佛言了不歲
天真地真古佛真　真真不錯半毫分
古佛玉帝奉欽差　如來牒文帶下九
親領家鄉萬卷寶　萬樣寶號都具全
東橋弥家鄉佛祖把信稍稍與西來意各各成仙道光送
照弥金鉤暗把賢良刁早早與明師得佪真口竅南橋
弥火連硯音把金橋渡上男其女各各上金橋渡上金橋
弥玉華聖會赴蟠㚔諸佛來听經各各都知道
親領三統真勅令　金牌玉溥真合同
隨帶三統青綠表　勘合路引真脚色
三統寶號領在手　拘手印心隨身帶
領起家鄉真鑰匙　三十二把開天門
我奉如來真牌號　內藏九甲真靈文
凢聖年間佛下凢　三週九轉下理台
一切衆聖竒領上　照母牌號教皇胎

敦博 Db.t.0366V　རྒྱའི་ཆོས་གཞུང་།
漢文經文　(8—3)

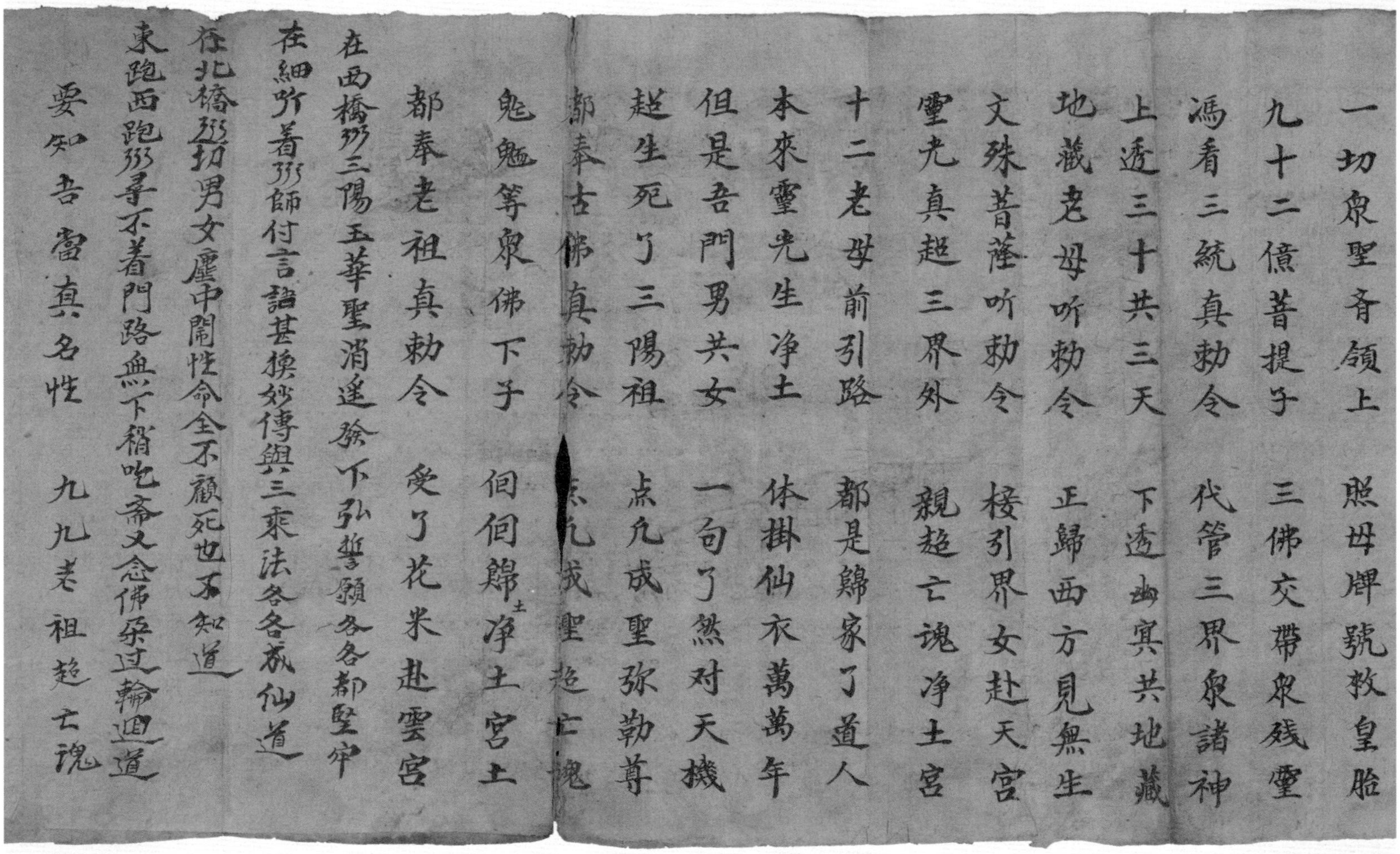

一切衆聖齐領上　照母牌號教皇胎
九十二億菩提子　三佛交帶衆残靈
馮看三統真勅令　代管三界衆諸神
上透三十共三天　下透幽冥共地藏
地藏老母听勅令　正歸西方見無生
文殊菩薩听勅令　接引界女赴天宫
靈光真超三界外　親超亡魂净土宫
十二老母前引路　都是歸家了道人
本來靈光生净土　体掛仙衣萬萬年
但是吾門男共女　一句了然对天機
超生死了三陽祖　点九成聖弥勒尊
都奉古佛真勅令　点九成聖超亡魂
鬼魆等衆佛下子　佪佪歸净土宫土
都奉老祖真勅令　受了花米赴雲宫
在西橋彡三陽玉華聖消遥發下弘誓願各各都堅牢
在細听着彡師付言語甚換妙傳與三乘法各各成仙道
在北橋彡扨男女塵中鬧性命全不顧死也不知道
東跑西跑彡尋不着門路無下稍吃斋又念佛枭过輪迴道
要知吾當真名性　九九老祖超亡魂

敦博 Db.t.0366V　རྒྱའི་ཆོས་གཞུང་།
漢文經文　(8—4)

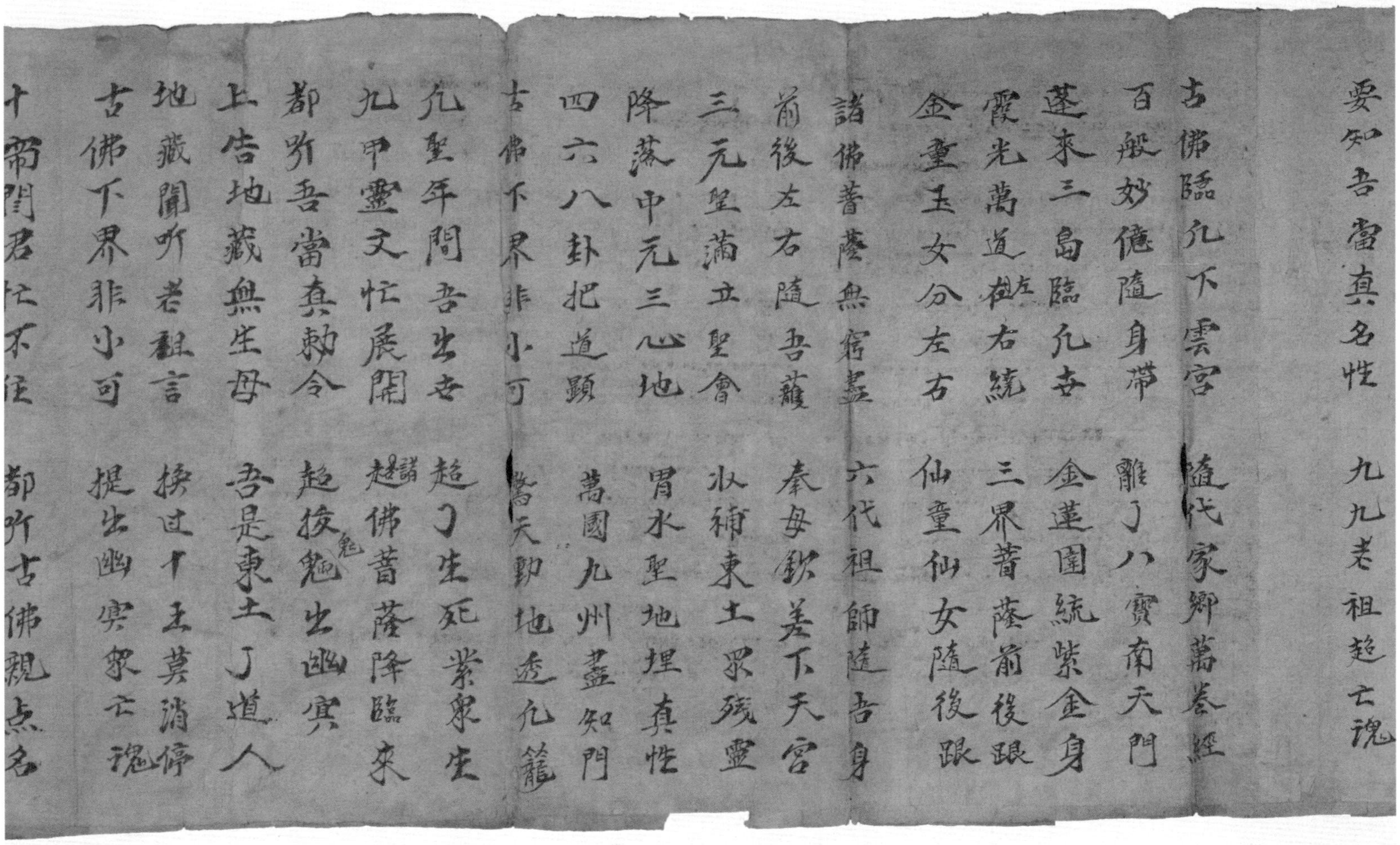

要知吾當真名性　九九老祖超亡魂
古佛臨凡下雲宫　随代家鄉萬卷經
百般妙德随身帶　離了八寶南天門
蓬來三島臨凡世　金蓮園繞紫金身
霞光萬道左右繞　三界菩薩前後跟
金童玉女分左右　仙童仙女随後跟
諸佛菩薩無窮盡　六代祖師随吾身
前後左右随吾蘿　奉母欽差下天宫
三元聖滿立聖會　收補東土衆残靈
降落中元三心地　胃水聖地埋真性
四六八卦把道顯　萬國九州盡知門
古佛下界非小可　驚天動地透九籠
九聖年間吾出世　超了生死紫衆生
九甲靈文忙展開　諸佛菩薩降臨來
都所吾當真勅令　超拔鬼魆出幽冥
上告地藏無生母　吾是東土了道人
地藏聞听老甜言　換过十王莫消停
古佛下界非小可　提出幽冥衆亡魂
十帝閻君忙不住　都所古佛親点名

敦博 Db.t.0366V　རྒྱའི་ཆོས་གཞུང་།
漢文經文　(8—5)

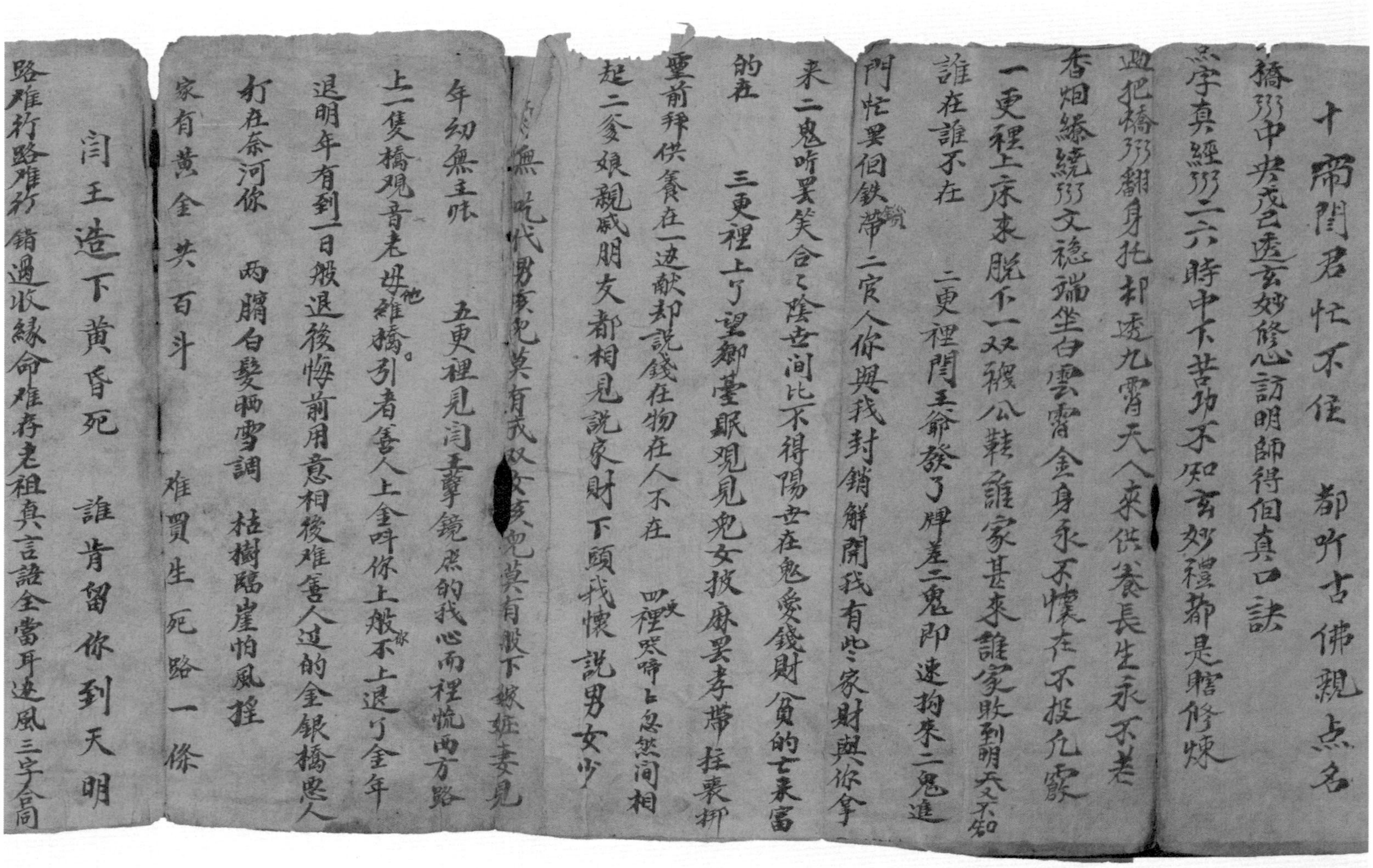
十帝閻君忙不住 都听古佛親点名
橋𠄎中央戊己透玄妙修心訪明師得個真口訣
点字真經𠄎二六時中下苦功不知玄妙禮都是瞎修煉
四把橋𠄎翻身把却透九霄天入來供養長生永不老
香烟繚繞𠄎文穩端坐白雲霄金身永不懷在不投凡家
一更裡上床來脫下一双襪心鞋誰家甚來誰家敗到明天又不知
誰在誰不在 二更裡閻王爺發了牌差二鬼即速拘來二鬼進
門忙罢個鉄帶（鎖）二官人你與我封鎖解開我有些家財與你拿
来二鬼听罢笑合合陰世间比不得陽世在鬼愛錢財人貪的古来富
的在 三更裡上了望鄉臺眼观見兒女披麻罢孝帶拄衷柳
靈前拜供養在一边献却說錢在物在人不在 四更裡哭啼啼忽然间相
起二爹娘親戚朋友都相見說家財下頭我懷說男女少
無 吃代男夜兒莫有我奴女夜兒莫有般下嫁姪妻見
年幼無主張 五更裡見閻王孽鏡照的我心两裡慌西方路
上一隻橋观音老母（他）難橋。引者善人上金呼你上般（敢）不上退了全年
退明年有到一日般退後悔前用意相後难善人过的金银橋恶人
打在奈河你 两膀白髮晒雪調 枯樹臨崖怕風搓
家有黃金共百斗 难買生死路一條
閻王造下黃昏死 誰肯留你到天明
路难行路难行 销過收緣命难存老祖真言語全當耳边風三字合同

敦博 Db.t.0366V ཀྱའི་ཆོས་གཞུང་།
漢文經文 (8—6)

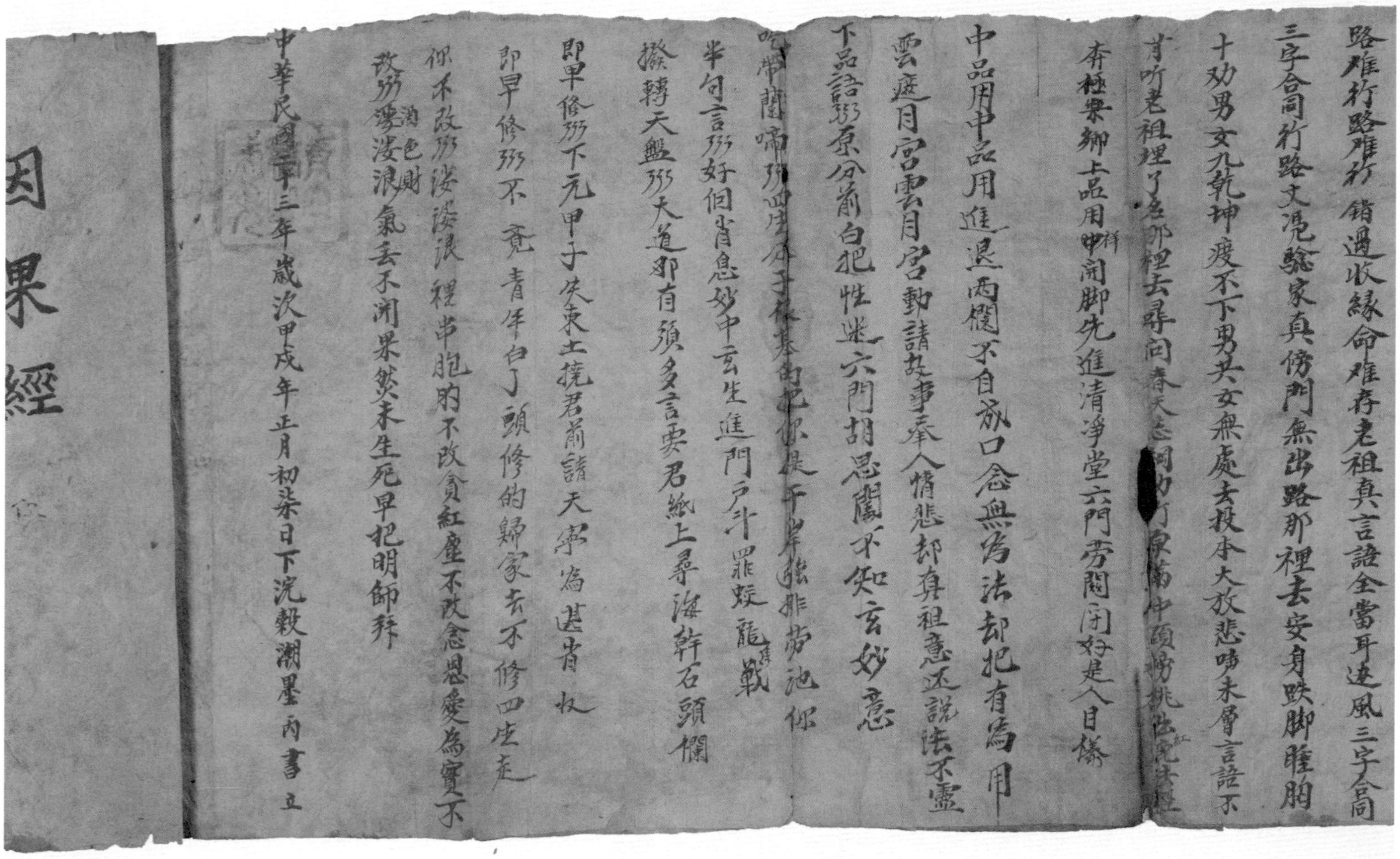
路难行路难行 销過收緣命难存老祖真言語全當耳边風三字合同
三字合同行路文凭驗家真傍門無出路那裡去安身跌脚睚胸
十劝男女九乾坤瘦不下男共女無處去投本大放悲啼未曾言語不
肯听老祖埋了怨那裡去尋向春天[illegible]家[illegible]中頭[illegible]挑[illegible]
奔極樂鄉上品用中（祥）開脚先進清淨堂六門旁閣閉好是入目條
中品用中品用進退两個不自放口念無為法却把有為用
雲庭月宮雲月宮動請故事奉人情悲却棄祖意还說法不靈
下品語𠄎原分前白把性迷六門胡思亂不知玄妙意
吃帶蘭嘛𠄎四生[illegible]子[illegible]基由把你提千岸[illegible]非劳池你
半句言𠄎好個省息妙中玄生進門户斗罪蛟龍戰
撥轉天盤𠄎大道那有須多言要君紙上尋海幹石頭爛
即早修𠄎下元甲子失東土撓君前請天宇為甚肯 收
即早修𠄎不 覓青年白丁頭修的歸家去不修四生走
你不改𠄎𠄎𠄎浪裡串胞胎不改貪紅塵不改念恩愛為實不
改𠄎（酒色財）𠄎𠄎浪氣丢不洞果然來生死早把明師拜
中華民國二十三年歲次甲戌年正月初柒日下浣穀潮墨 丙 書 立
因果經

敦博 Db.t.0366V ཀྱའི་ཆོས་གཞུང་།
漢文經文 (8—7)

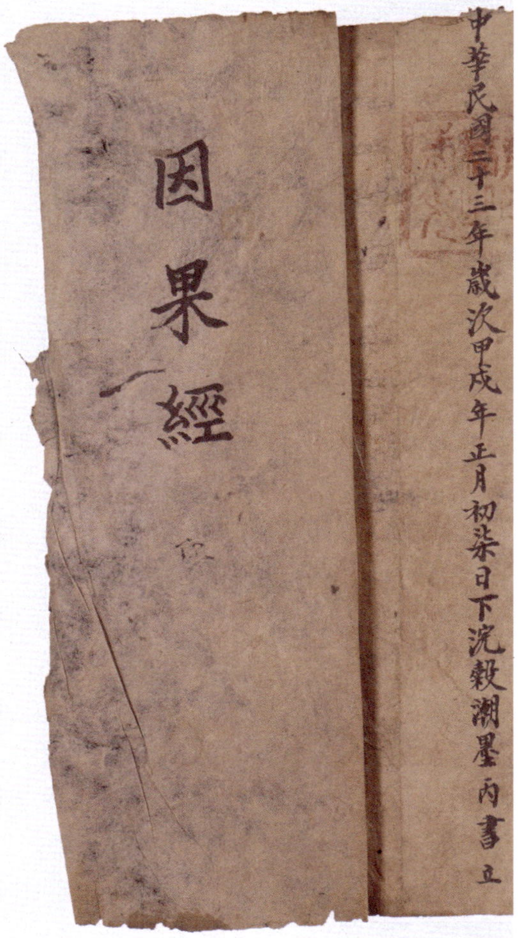

敦博 Db.t.0366V　རྒྱའི་ཆོས་གཞུང་།
漢文經文　(8—8)

敦博 Db.t.0367R　འཕགས་པ་ཚེ་དང་ཡེ་ཤེས་དཔག་ཏུ་མེད་པ་ཞེས་བྱ་བ་ཐེག་པ་ཆེན་པོའི་མདོ།
大乘無量壽宗要經　(12—1)

敦博 Db.t.0367R　འཕགས་པ་ཚེ་དང་ཡེ་ཤེས་དཔག་ཏུ་མེད་པ་ཞེས་བྱ་བ་ཐེག་པ་ཆེན་པོའི་མདོ།

大乘無量壽宗要經　(12—2)

敦博 Db.t.0367R　འཕགས་པ་ཚེ་དང་ཡེ་ཤེས་དཔག་ཏུ་མེད་པ་ཞེས་བྱ་བ་ཐེག་པ་ཆེན་པོའི་མདོ།

大乘無量壽宗要經　(12—3)

敦博 Db.t.0367R འཕགས་པ་ཚེ་དང་ཡེ་ཤེས་དཔག་ཏུ་མེད་པ་ཞེས་བྱ་བ་ཐེག་པ་ཆེན་པོའི་མདོ།
大乘無量壽宗要經 (12—4)

敦博 Db.t.0367R འཕགས་པ་ཚེ་དང་ཡེ་ཤེས་དཔག་ཏུ་མེད་པ་ཞེས་བྱ་བ་ཐེག་པ་ཆེན་པོའི་མདོ།
大乘無量壽宗要經 (12—5)

敦博 Db.t.0367R　འཕགས་པ་ཚེ་དང་ཡེ་ཤེས་དཔག་དུ་མེད་པ་ཞེས་བྱ་བ་ཐེག་པ་ཆེན་པོའི་མདོ།
大乘無量壽宗要經　(12—6)

敦博 Db.t.0367R　འཕགས་པ་ཚེ་དང་ཡེ་ཤེས་དཔག་དུ་མེད་པ་ཞེས་བྱ་བ་ཐེག་པ་ཆེན་པོའི་མདོ།
大乘無量壽宗要經　(12—7)

敦博 Db.t.0367R　འཕགས་པ་ཚེ་དང་ཡེ་ཤེས་དཔག་ཏུ་མེད་པ་ཞེས་བྱ་བ་ཐེག་པ་ཆེན་པོའི་མདོ།
大乘無量壽宗要經　(12—8)

敦博 Db.t.0367R　འཕགས་པ་ཚེ་དང་ཡེ་ཤེས་དཔག་ཏུ་མེད་པ་ཞེས་བྱ་བ་ཐེག་པ་ཆེན་པོའི་མདོ།
大乘無量壽宗要經　(12—9)

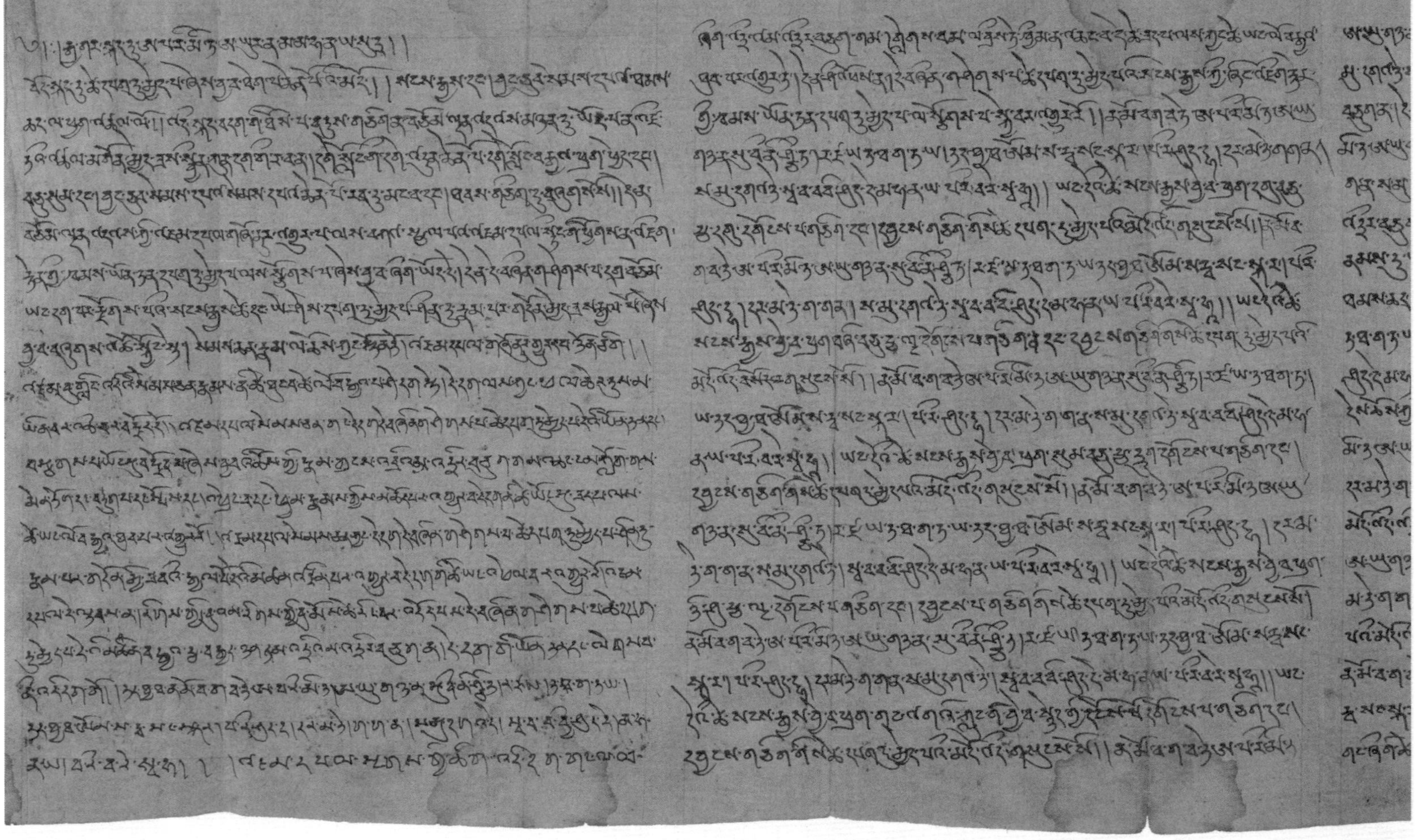

敦博 Db.t.0367R འཕགས་པ་ཚེ་དང་ཡེ་ཤེས་དཔག་ཏུ་མེད་པ་ཞེས་བྱ་བ་ཐེག་པ་ཆེན་པོའི་མདོ།
大乘無量壽宗要經 (12—10)

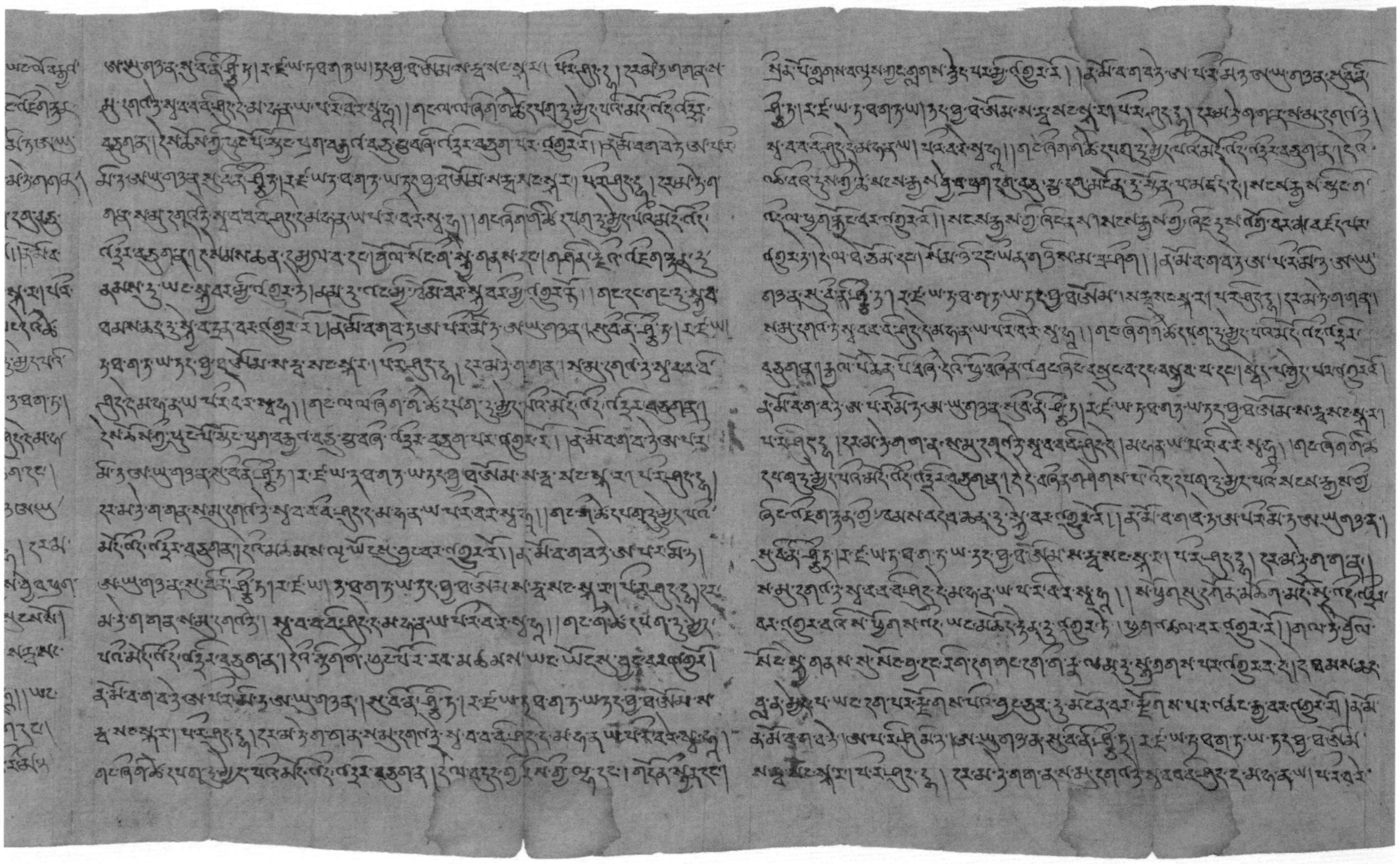

敦博 Db.t.0367R འཕགས་པ་ཚེ་དང་ཡེ་ཤེས་དཔག་ཏུ་མེད་པ་ཞེས་བྱ་བ་ཐེག་པ་ཆེན་པོའི་མདོ།
大乘無量壽宗要經 (12—11)

敦博 Db.t.0367R　འཕགས་པ་ཚེ་དང་ཡེ་ཤེས་དཔག་དུ་མེད་པ་ཞེས་བྱ་བ་ཐེག་པ་ཆེན་པོའི་མདོ།
大乘無量壽宗要經　(12—12)

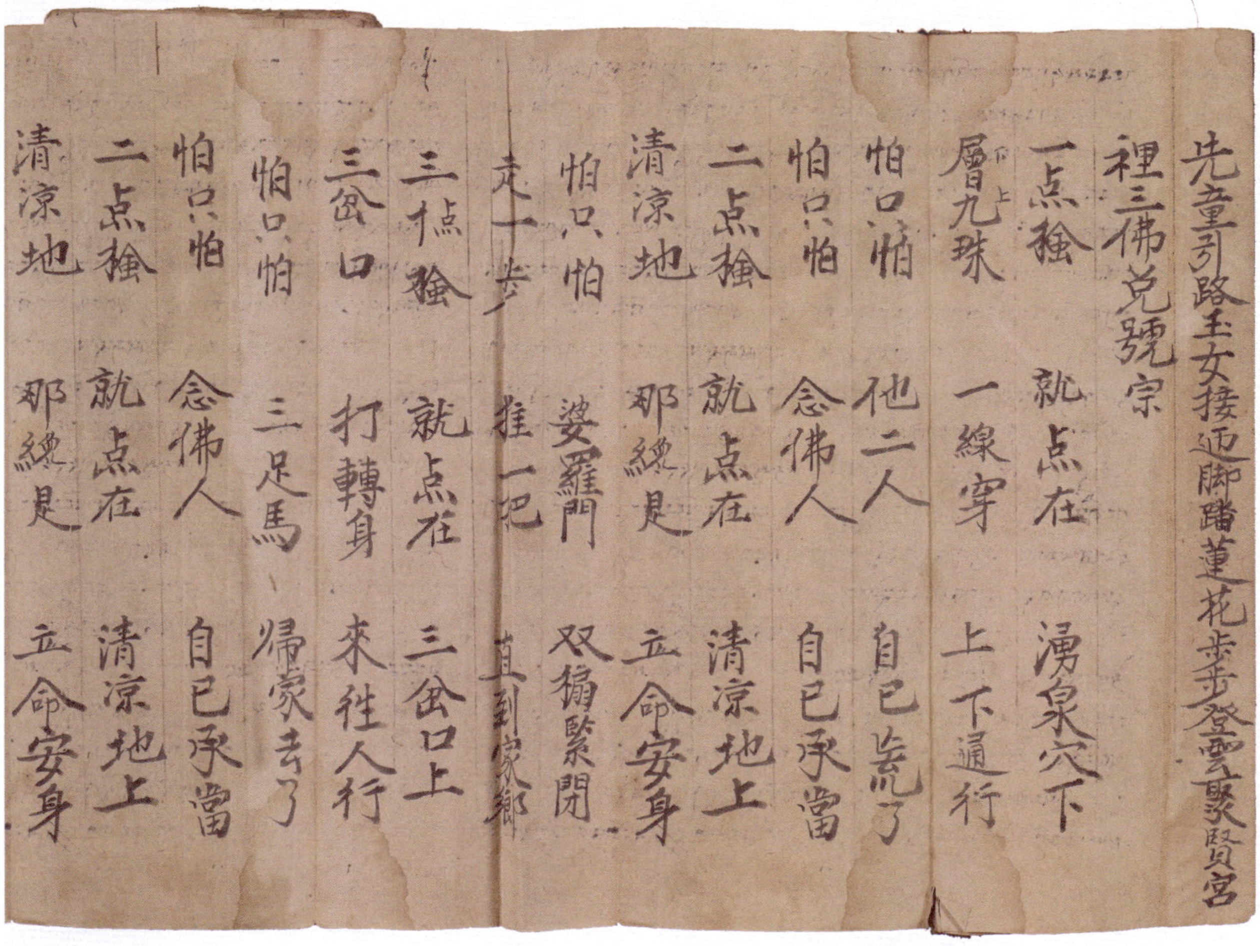

敦博 Db.t.0367V　རྒྱའི་ཆོས་གཞུང་།
漢文經文　(12—1)

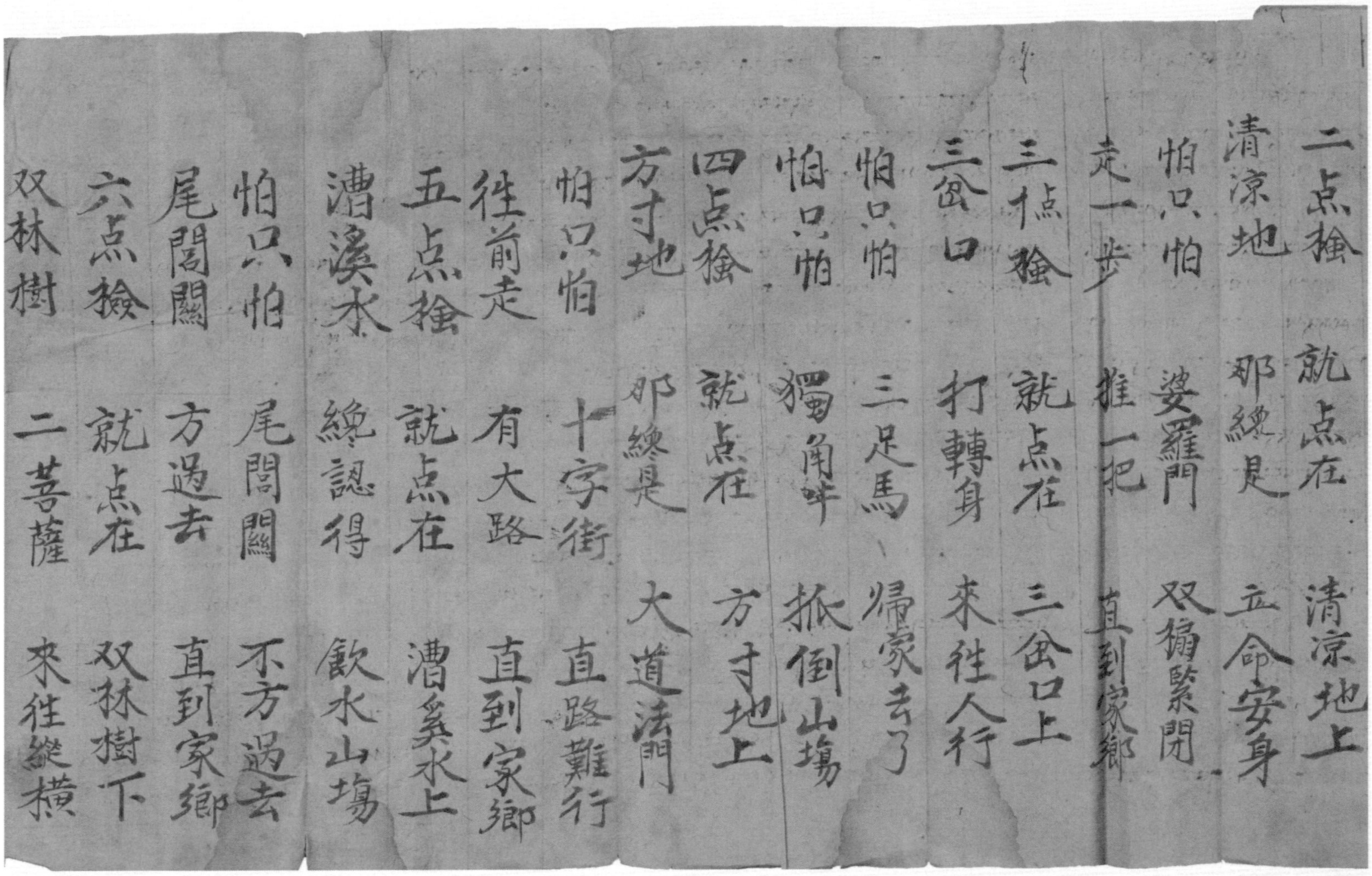
二点捻 就点在 清涼地上
清涼地 那緣是 立命安身
怕只怕 婆羅門 双鎖緊閉
走一步 推一把 直到家鄉
三点捻 就点在 三岔口上
三岔口 打轉身 來往人行
怕只怕 三足馬 帰家去了
怕只怕 獨角牛 抵倒山塲
四点捻 就点在 方寸地上
方寸地 那緣是 大道法門
怕只怕 十字街 直路難行
往前走 有大路 直到家鄉
五点捻 就点在 漕溪水上
漕溪水 總認得 飲水山塲
怕只怕 尾閭關 不方過去
尾閭關 方過去 直到家鄉
六点捻 就点在 双林樹下
双林樹 二菩薩 來往縱横

敦博 Db.t.0367V ཀྲུའི་ཆོས་གཞུང་།
漢文經文 (12—2)

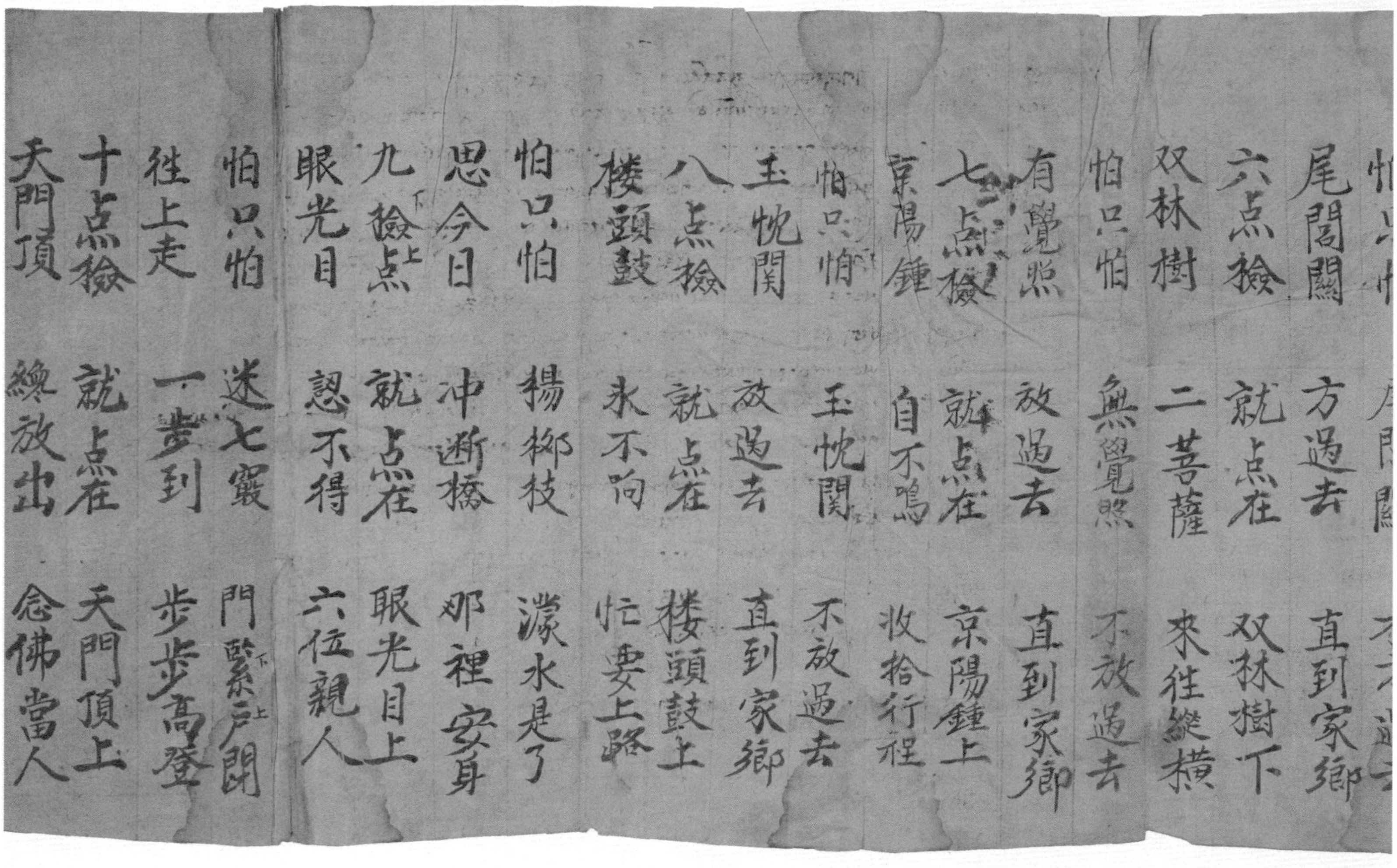
怕只怕 尾閭關 不方過去
尾閭關 方過去 直到家鄉
六点捻 就点在 双林樹下
双林樹 二菩薩 來往縱横
怕只怕 無覺照 不放過去
有覺照 放過去 直到家鄉
七点捻 就点在 京陽鍾上
京陽鍾 自不鳴 收拾行程
怕只怕 玉忱関 不放過去
玉忱関 放過去 直到家鄉
八点捻 就点在 楼頭鼓上
楼頭鼓 永不响 忙要上路
怕只怕 揚柳枝 濛水是了
思今日 冲断橋 那裡安身
九捻点 就点在 眼光目上
眼光目 認不得 六位親人
怕只怕 迷七竅 門緊戶閉
往上走 一步到 步步高登
十点捻 就点在 天門頂上
天門頂 總放出 念佛當人

敦博 Db.t.0367V ཀྲུའི་ཆོས་གཞུང་།
漢文經文 (12—3)

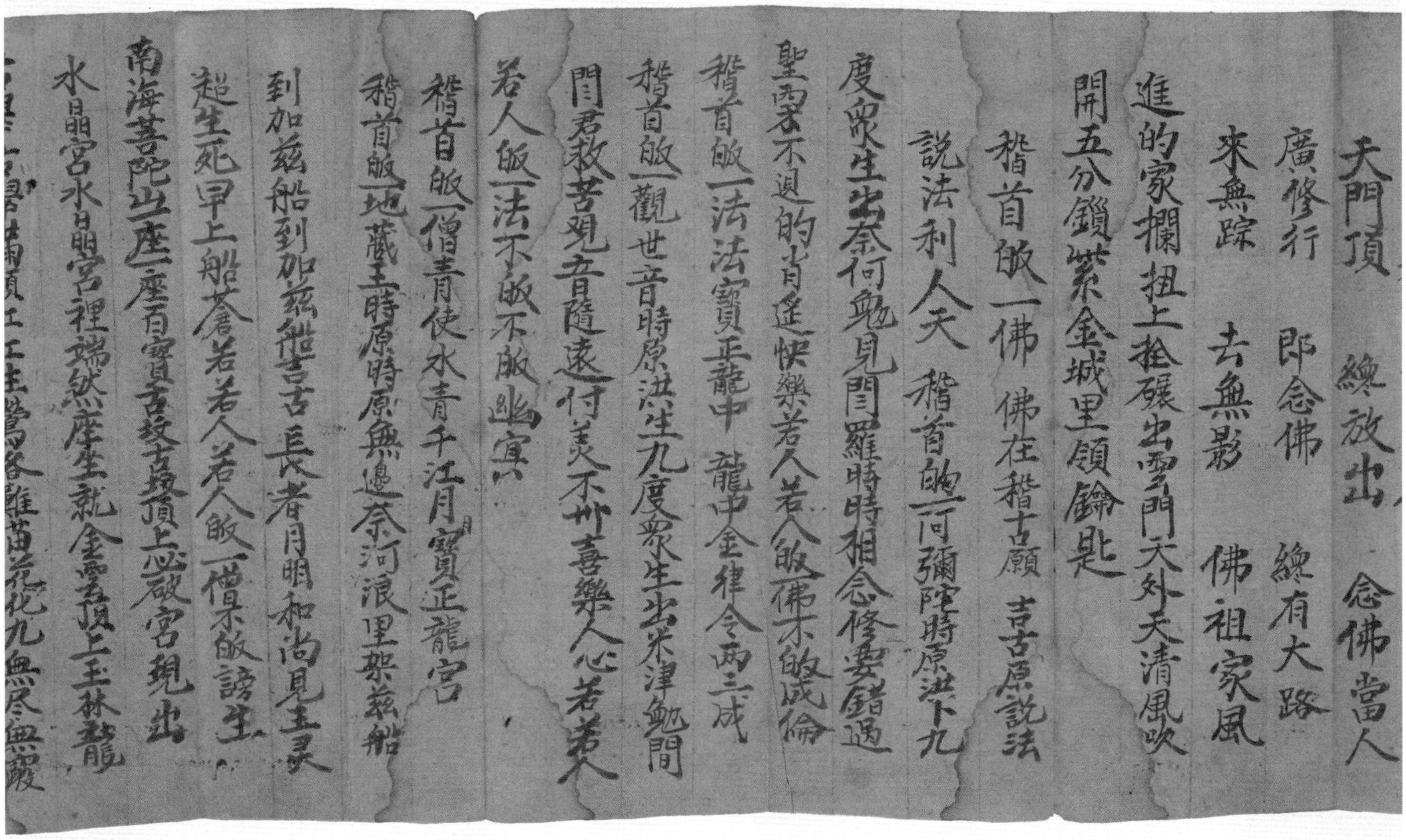

天門頂　總放出　念佛當人
廣修行　即念佛　總有大路
來無踪　去無影　佛祖家風
進的家攔扭上拴碾出雲門天外天清風吹
開五分鎖荼金城里領鑰匙
稽首皈一佛　佛在稽古願　吉古原說法
說法利人天　稽首皈一阿彌陀時原洪下九
度衆生出奈何匏見閆羅時相念修要錯過
聖雲不退的肯往快樂若人若人皈佛不皈成倫
稽首皈一法法寶正龍中　龍中金律令兩三戒
稽首皈一觀世音時原洪生九度衆生出米津匏間
閆君救苦觀音隨遠付美不州喜樂人心若若人
若人皈一法不皈不皈幽寞
稽首皈一僧青使水青千江月寶正龍宮
稽首皈一地藏王時原時原無邊奈河浪里架慈船
到加慈船到加慈船吉古長老月明和尚見王君
超生死早上船苍若若人若人皈一僧不皈謗生
南海菩陀山座一座百寶吉致吉頂上心破宮現出
水晶宮水晶宮裡端然座坐就金雲頂上玉林龍

敦博 Db.t.0367V　རྒྱའི་ཆོས་གཞུང་།
漢文經文　(12—4)

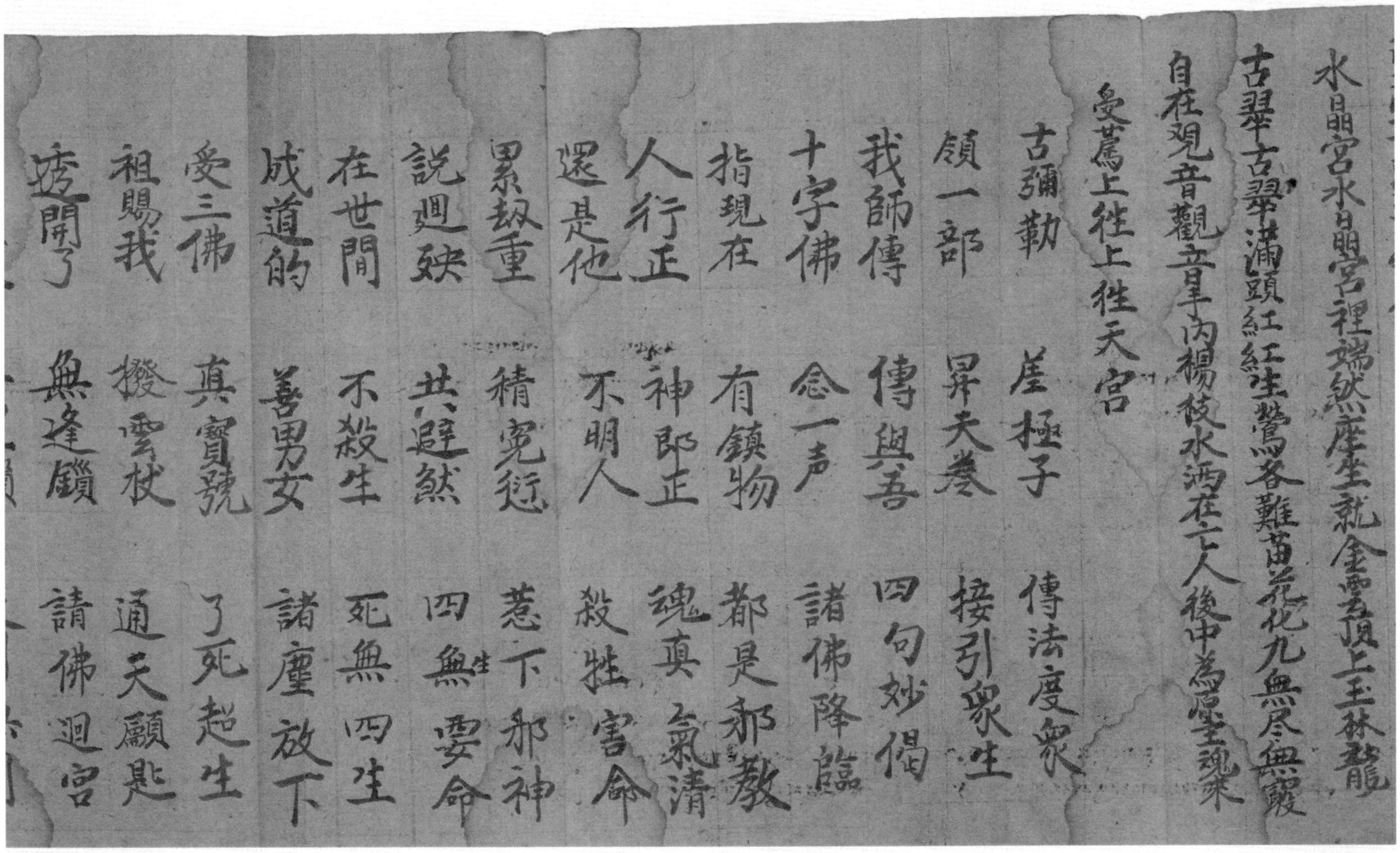

水晶宮水晶宮裡端然座坐就金雲頂上玉林龍
古翠古翠滿頭紅紅生鶯各難苗花化九無尽無礙
自在觀音觀音手內楊枝水洒在亡人後中為歷亡魂來
受薦上往上往天宮
古彌勒　崖極子　傳法度衆
領一部　昇天卷　接引衆生
我師傳　傳與吾　四句妙偈
十字佛　念一声　諸佛降臨
指現在　有鎮物　都是邪教
人行正　神即正　魂真氣清
還是他　不明人　殺牲害命
累劫重　積冤愆　惹下邪神
說迴殃　共避然　四無生要命
在世間　不殺生　死無四生
成道的　善男女　諸塵放下
受三佛　真寶號　了死超生
祖賜我　撥雲杖　通天顧匙
透開了　無遮鎖　請佛迴宮

敦博 Db.t.0367V　རྒྱའི་ཆོས་གཞུང་།
漢文經文　(12—5)

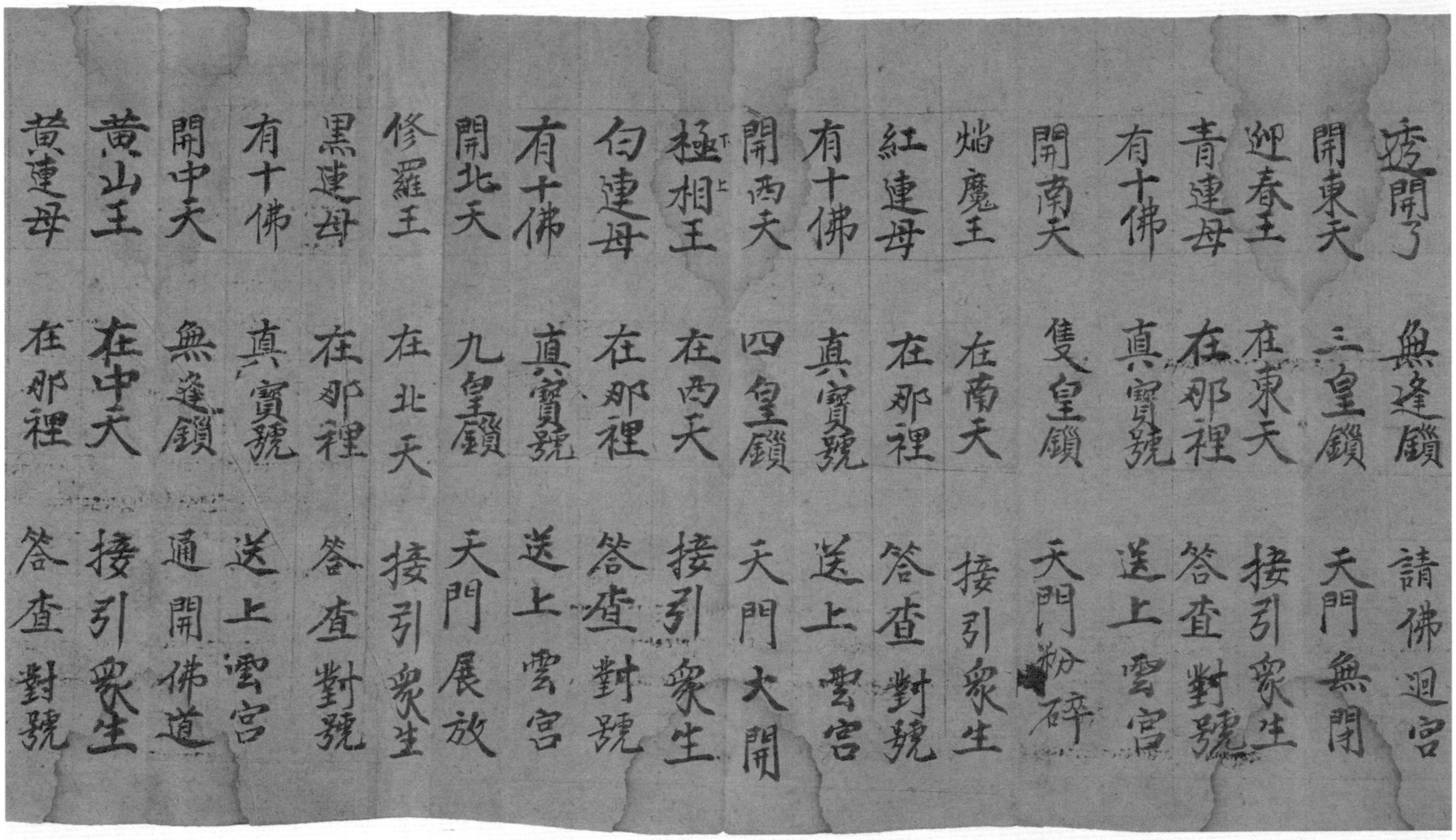

透開了 無逢鎖 請佛迴宮
開東天 三皇鎖 天門無閉
迎春王 在東天 接引衆生
青蓮母 在那裡 答查對號
有十佛 真寶號 送上雲宮
開南天 隻皇鎖 天門粉碎
焰魔王 在南天 接引衆生
紅蓮母 在那裡 答查對號
有十佛 真寶號 送上雲宮
開西天 四皇鎖 天門大開
極相王 在西天 接引衆生
白蓮母 在那裡 答查對號
有十佛 真寶號 送上雲宮
開北天 九皇鎖 天門展放
修羅王 在北天 接引衆生
黑蓮母 在那裡 答查對號
有十佛 真寶號 送上雲宮
開中天 無逢鎖 通開佛道
黄山王 在中天 接引衆生
黄蓮母 在那裡 答查對號

敦博 Db.t.0367V　རྒྱའི་ཆོས་གཞུང་།
漢文經文　(12—6)

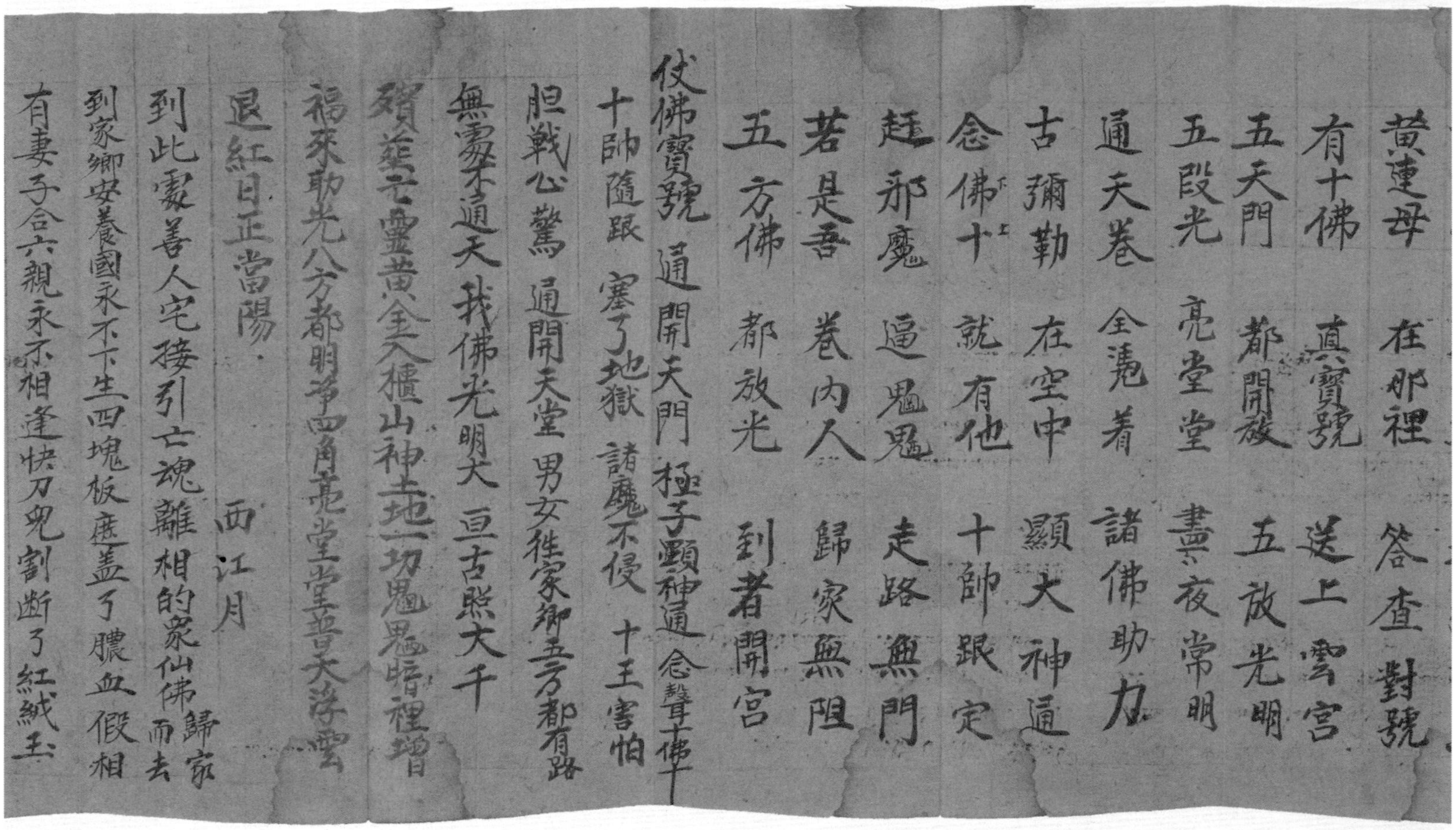

黄蓮母 在那裡 答查對號
有十佛 真寶號 送上雲宮
五天門 都開放 五放光明
五毀光 亮堂堂 晝夜常明
通天卷 全憑着 諸佛助力
古彌勒 在空中 顯大神通
念佛十 就有他 十帥跟定
赶邪魔 逼魍魎 走路無門
若是吾 卷内人 歸家無阻
五方佛 都放光 到者開宮
仗佛寶號 通開天門 極子顯神通 念聲佛
十帥隨跟 塞了地獄 諸魔不侵 十王害怕
胆戰心驚 通開天堂 男女往家鄉 去方都有路
無處不通天 我佛光明大 亘古照大千
殯葬亡靈黄金入櫃山神土地一切魍魎暗裡增
福來助光八方都明亭四角亮堂堂普大浮雲
退紅日正當陽　西江月
到此處善人宅接引亡魂離相的衆仙佛歸家而去
到家鄉安養國永不下生四塊板底蓋了膿血假相
有妻子合六親永不相逢快刀兒割斷了紅絨玉

敦博 Db.t.0367V　རྒྱའི་ཆོས་གཞུང་།
漢文經文　(12—7)

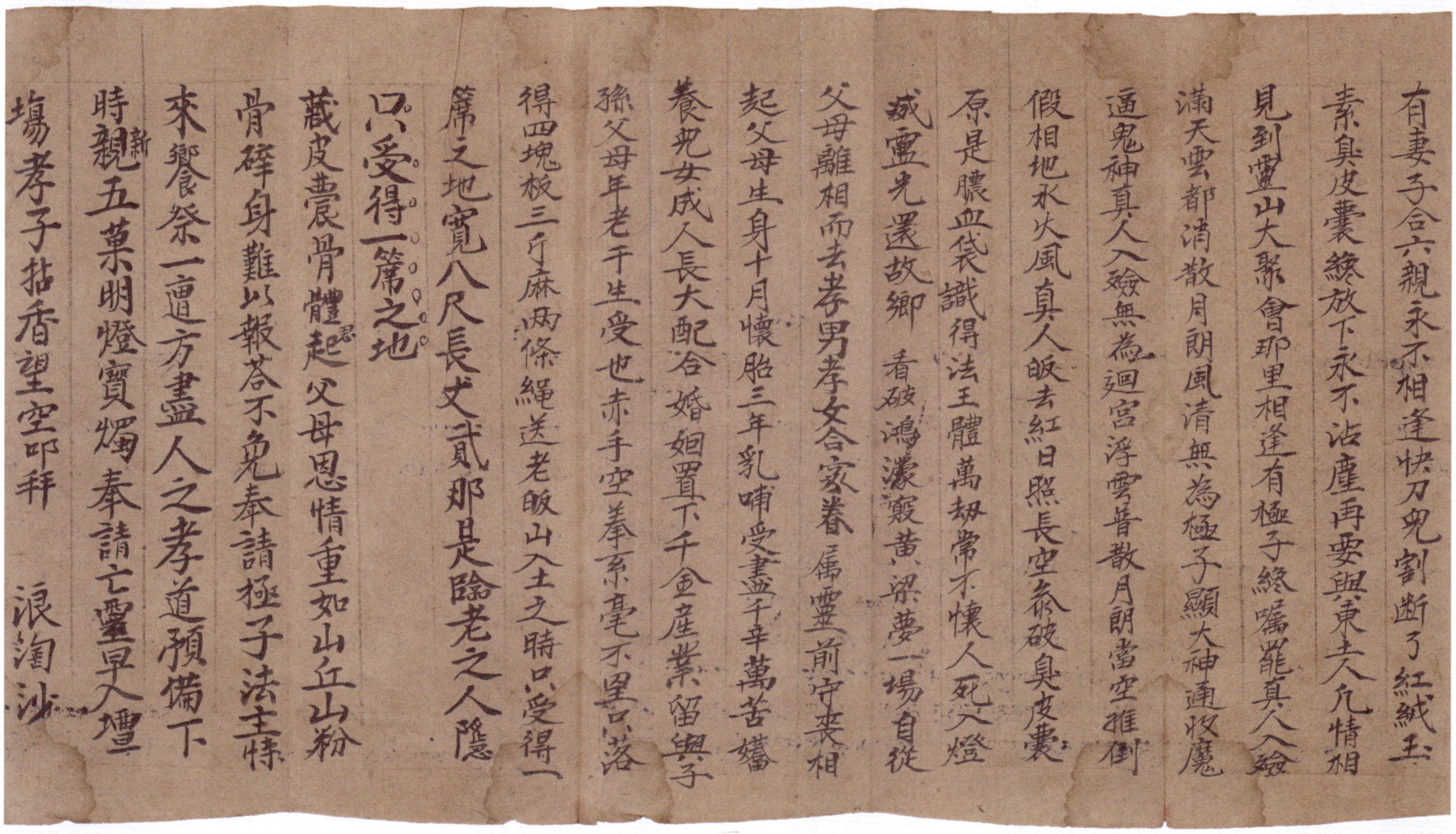
有妻子合六親永不相逢快刀兒割斷了紅絨玉
素臭皮囊終放下永不沾塵再要與東土凡情相
見到靈山大聚會那里相逢有極子終嚐羅真人入竅
滿天雲都消散月朗風清無為極子顯大神通收魔
遁鬼神真人入竅無為迴宮浮雲普散月朗當空推倒
假相地水火風真人皈去紅日照長空糸破臭皮囊
原是膿血袋識得法王體萬刼常不懷人死如燈
滅靈光還故鄉　香破鴻濛寂黃梁夢一場自從
父母離相而去孝男孝女合家眷屬靈前守喪相
起父母生身十月懷胎三年乳哺受盡千辛萬苦孀
養兒女成人長大配合婚姻置下千金產業留與子
孫父母年老于生受也赤手空拳系毫不曾落
得四塊板三斤麻兩條繩送老皈山入土之時只受得一
席之地寬八尺長丈貳那是臨老之人隱
只受得一席之地
藏皮囊骨體起(思)父母恩情重如山丘山粉
骨碎身難以報答不免奉請極子法主恃
來饗食祭一遭方盡人之孝道預備下
時親(新)五菓明燈寶燭奉請亡靈早入壇
場孝子拈香望空叩拜　浪淘沙

敦博 Db.t.0367V　རྒྱའི་ཆོས་གཞུང་།
漢文經文　(12—8)

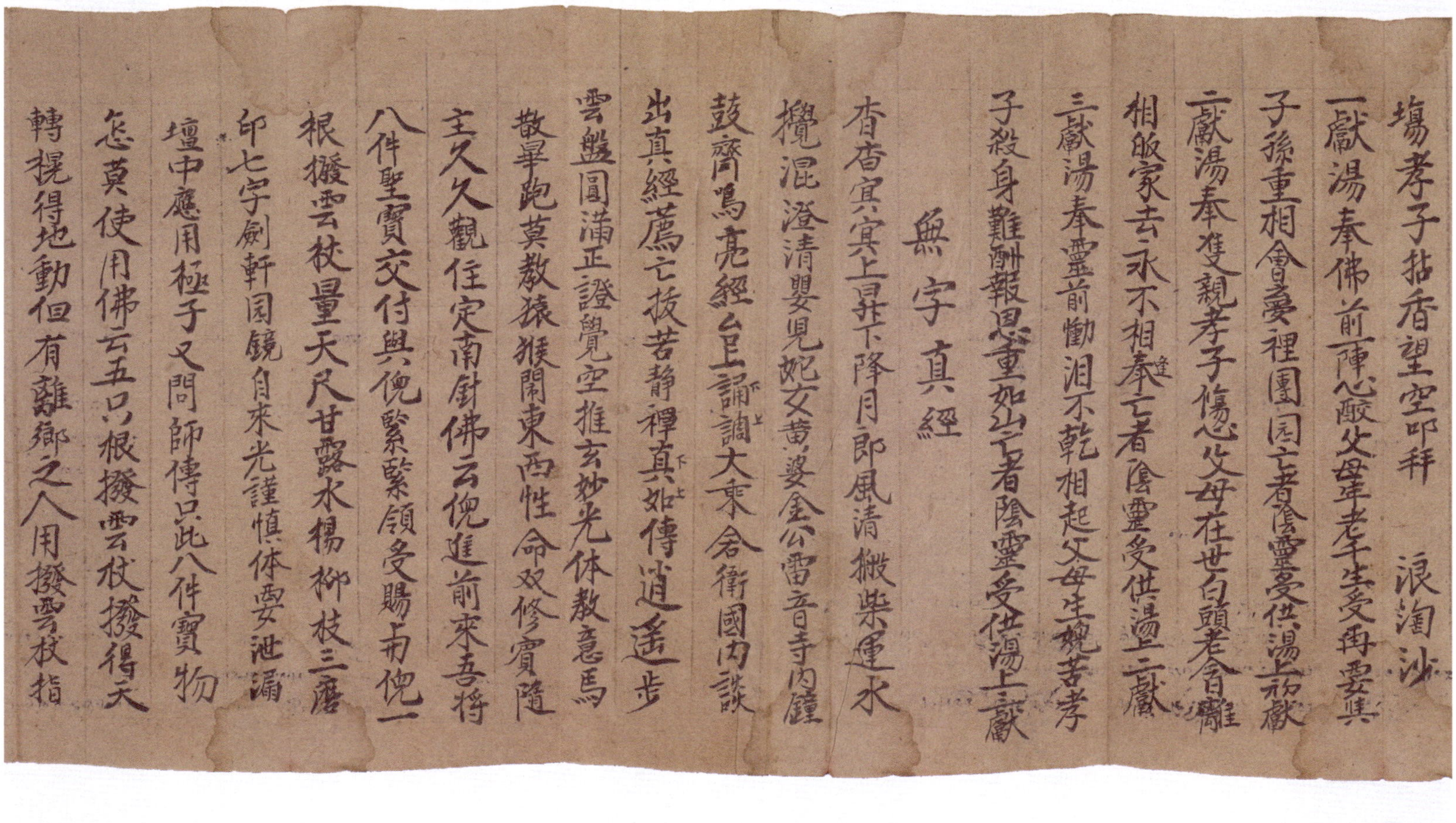
場孝子拈香望空叩拜　浪淘沙
一獻湯奉佛前陣心酸父母年老于生受再要與
子孫重相會夢裡團圓亡者陰靈受供湯上初獻
二獻湯奉雙親孝子傷心父母在世白頭老合離
相皈家去去永不相奉(逢)亡者陰靈受供湯上二獻
三獻湯奉靈前慟泪不乾相起父母生恍苦孝
子殺身難酬報恩重如山亡者陰靈受供湯上三獻
無字真經
杳杳冥冥上昇下降月即風清撇柴運水
攪混澄清嬰兒姹女黃婆金公雷音寺內鐘
鼓齊鳴亮經臺上誦(下上)諷大乘舍衛國內談
出真經薦亡拔苦静禪真如傳逍遙步
雲盤圓滿正證覺空推玄妙光体教意馬
散舉跑莫教猿猴鬧東西性命双修實隨
主久久觀住定南針佛云倪進前來吾將
八件聖寶交付與倪緊緊領受賜爾倪一
根撥雲杖量天尺甘露水楊柳枝三磨
印七字劍軒闰鏡自來光謹慎体要泄漏
壇中應用極子又問師傳只此八件寶物
怎莫使用佛云五只根撥雲杖撥得天
轉提得地動但有離鄉之人用撥雲杖指

敦博 Db.t.0367V　རྒྱའི་ཆོས་གཞུང་།
漢文經文　(12—9)

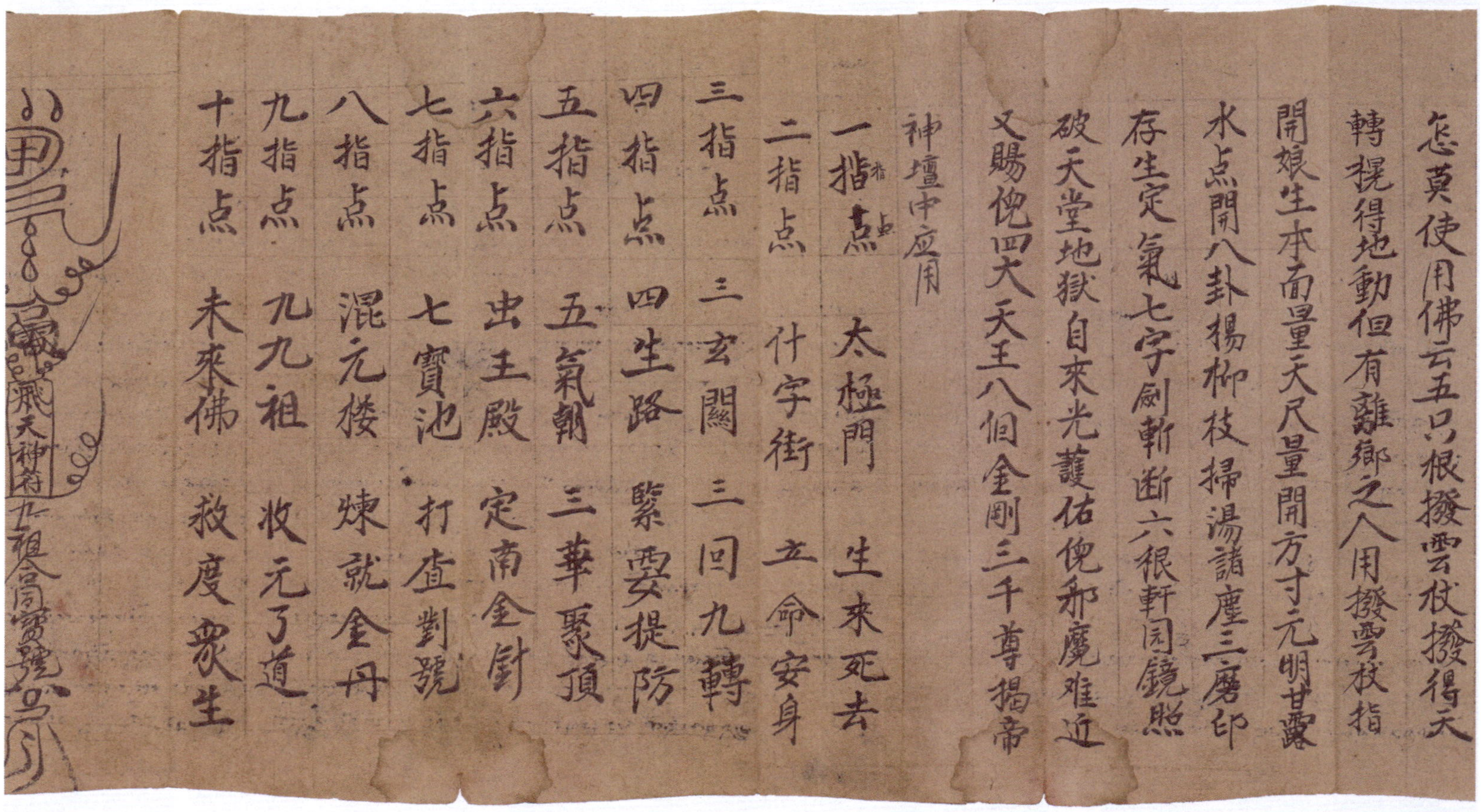
忘莫使用佛云五只根撥雲杖撥得天
轉提得地動但有離鄉之人用撥雲杖指
開娘生本面量天尺量開方寸元明甘露
水点開八卦楊柳枝掃湯諸塵三磨印
存生定氣七字劍斬斷六根軒同鏡照
破天堂地獄自來光護佑俺郝魔难近
又賜俺四大天王八個金剛三千尊揭帝
神壇中应用
一指点　太極門　生來死去
二指点　什字街　立命安身
三指点　三玄關　三回九轉
四指点　四生路　緊要提防
五指点　五氣朝　三華聚頂
六指点　出主殿　定南金針
七指点　七寶池　打查對號
八指点　混元楼　煉就金丹
九指点　九九祖　收元了道
十指点　未來佛　救度衆生

敦博 Db.t.0367V　ཀྱའི་ཆོས་གཞུང་།
漢文經文　(12—10)

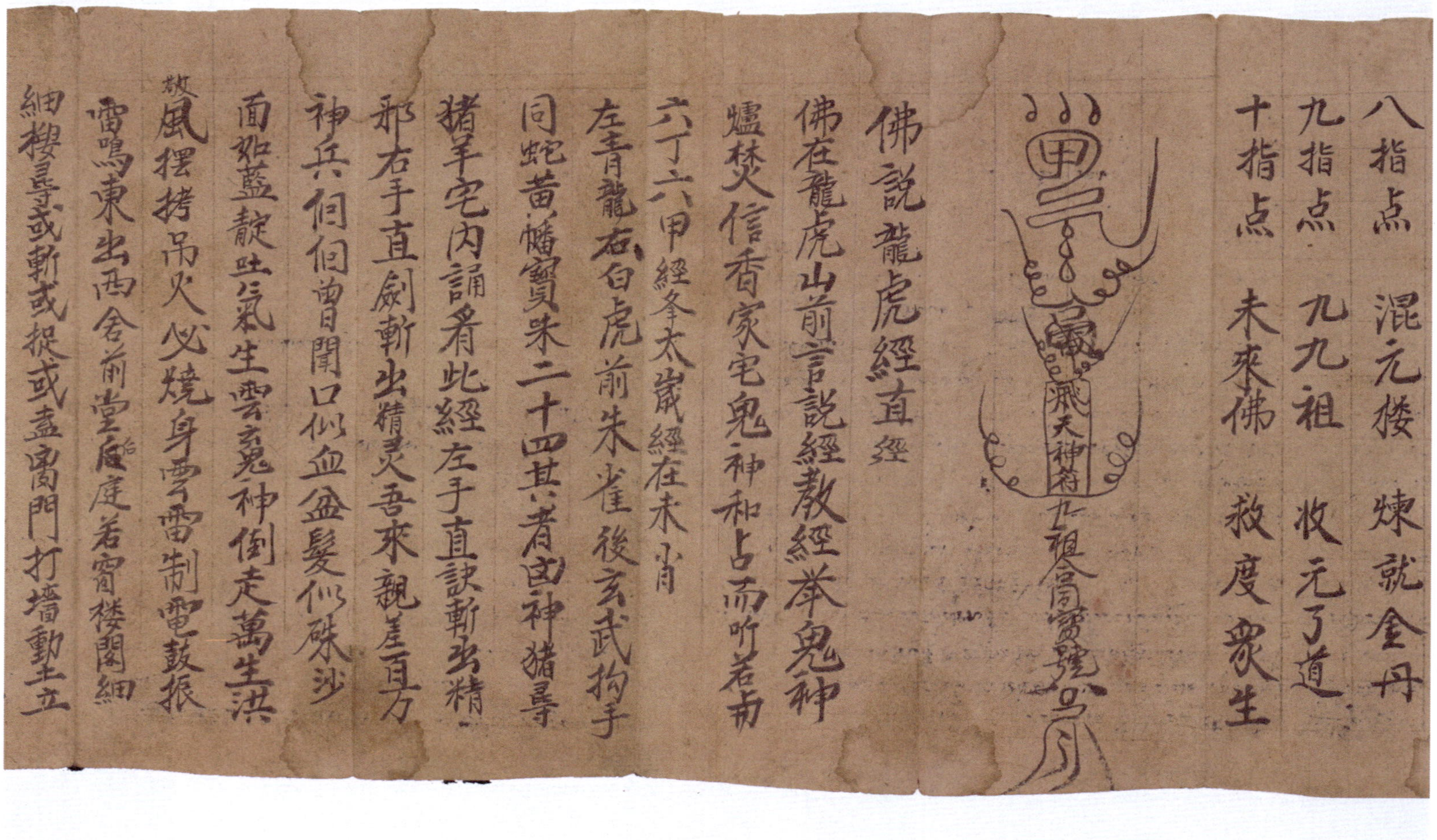
八指点　混元楼　煉就金丹
九指点　九九祖　收元了道
十指点　未來佛　救度衆生

佛說龍虎經直經
佛在龍虎山前言說經教經秦鬼神
爐焚信香家宅鬼神和占而听若曲
六丁六甲經夆太歲經在未肖
左青龍右白虎前朱雀後玄武拘手
同蛇黄幡寶朱二十四其六者由神猪尋
猪羊宅內誦看此經左手直訣斬出精
邪右手直劍斬出精灵吾來親差百万
神兵個個曾開口似血盆髮似硃沙
面如藍靛吐氣生雲亮神倒走萬生洪
風摆拷吊火必燒身雷雷制電鼓振
雷鳴東出西令前堂后庭若宵楼閣細
細樓尋或斬或捉或盡當門打墻動土立

敦博 Db.t.0367V　ཀྱའི་ཆོས་གཞུང་།
漢文經文　(12—11)

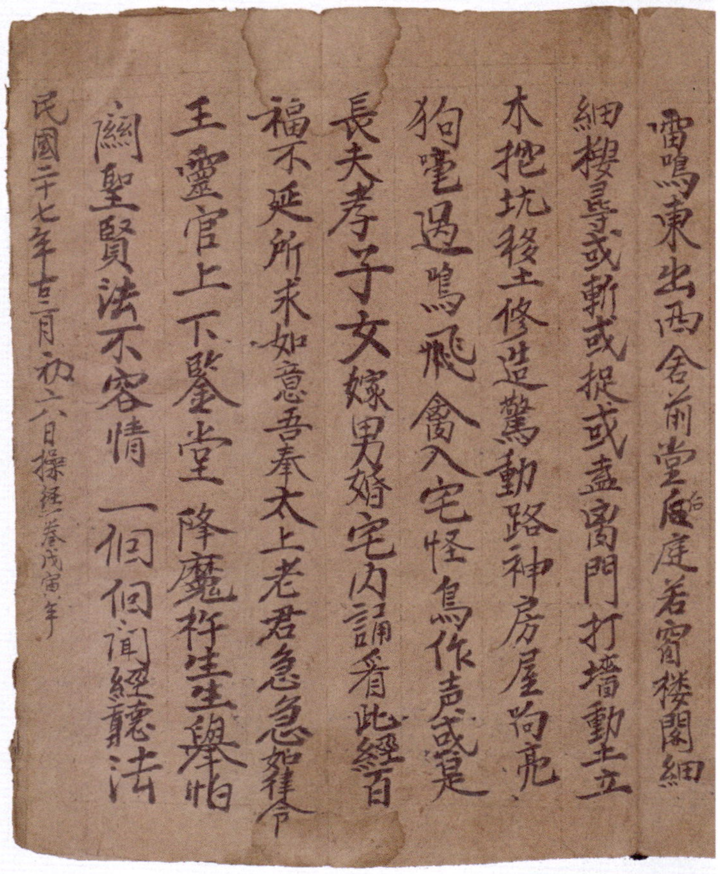
雷鳴東出西舍前堂后庭若霄樓閣細
細樓亭或斬或捉或盡窗門打墻動土立
木挖坑移土修造驚動路神房屋狗亮
狗噬過鳴飛禽入宅怪鳥作声或是
長夫孝子女嫁男婚宅內誦看此經百
福不延所求如意吾奉太上老君急急如律令
王靈官上下鑒堂 降魔杵生舉怕
幽聖賢法不容情 一個個聞經聽法
民國二十七年十二月初六日操經一卷戊寅年

敦博 Db.t.0367V　རྒྱའི་ཆོས་གཞུང་།

漢文經文　(12—12)

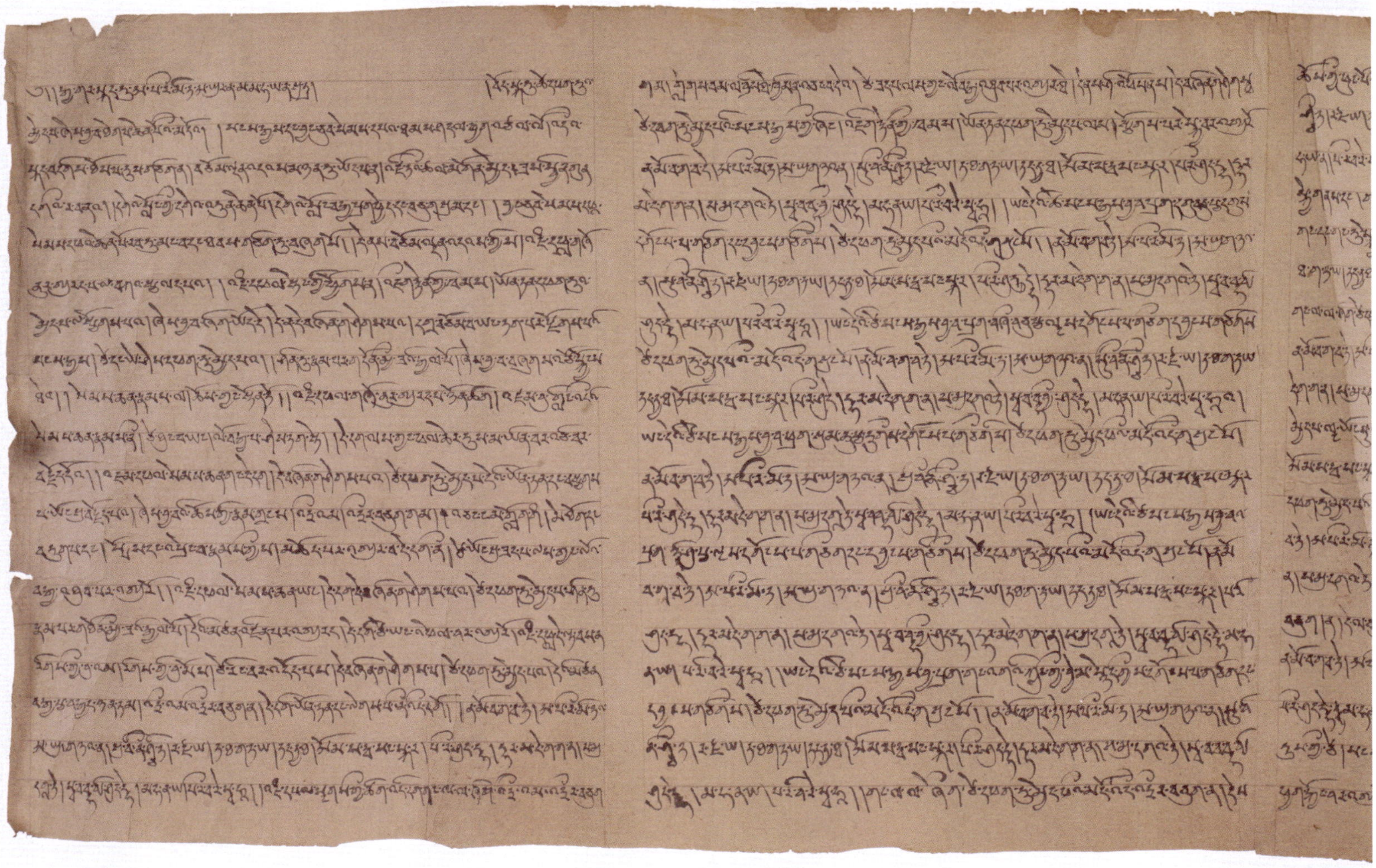

敦博 Db.t.0368　ཚེ་དཔག་ཏུ་མེད་པ་ཞེས་བྱ་བ་ཐེག་པ་ཆེན་པོའི་མདོ།།

大乘無量壽宗要經　(3—1)

敦博 Db.t.0368 ཚེ་དཔག་ཏུ་མེད་པ་ཞེས་བྱ་བ་ཐེག་པ་ཆེན་པོའི་མདོ།།

大乘無量壽宗要經 (3—2)

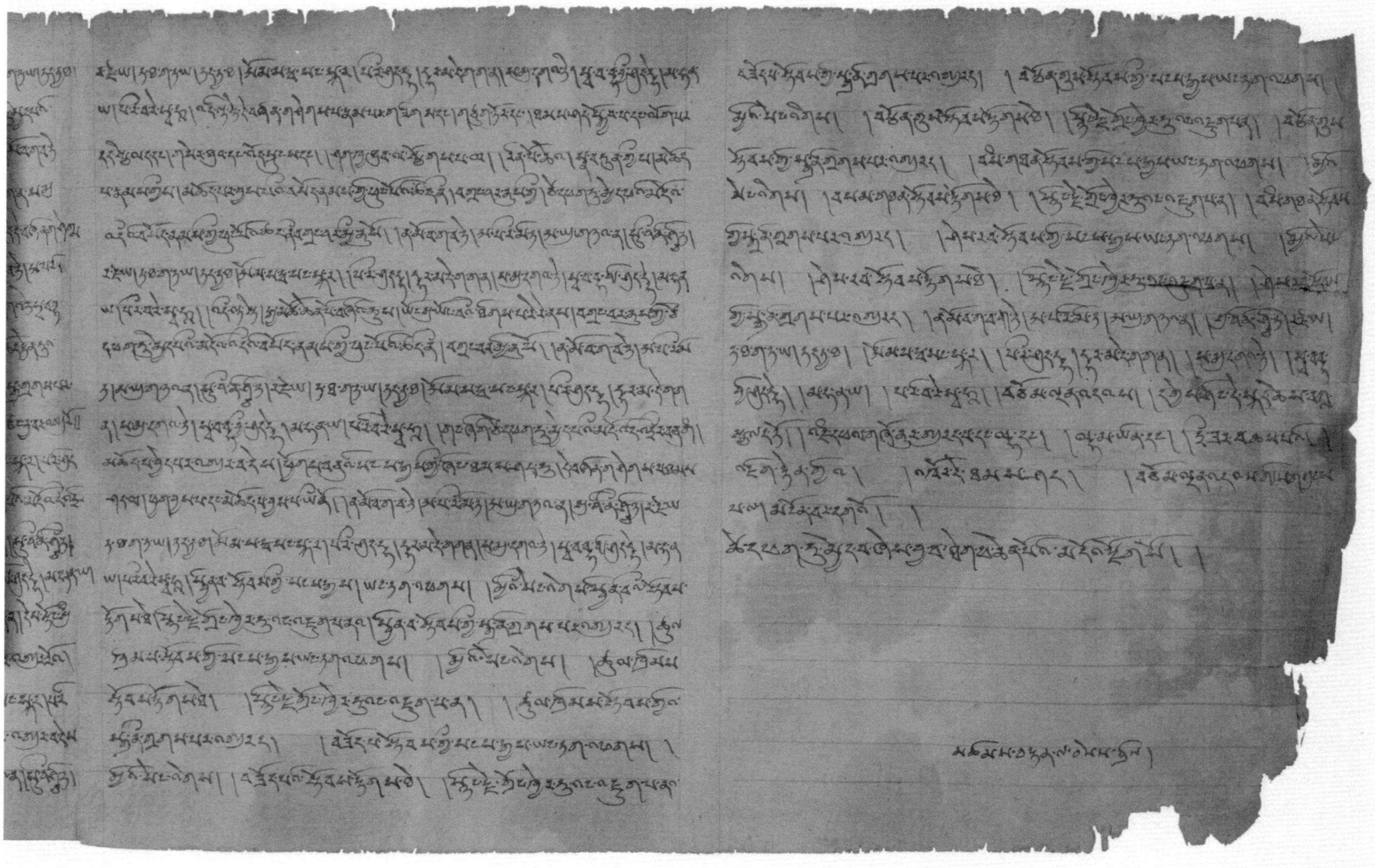

敦博 Db.t.0368 ཚེ་དཔག་ཏུ་མེད་པ་ཞེས་བྱ་བ་ཐེག་པ་ཆེན་པོའི་མདོ།།

大乘無量壽宗要經 (3—3)

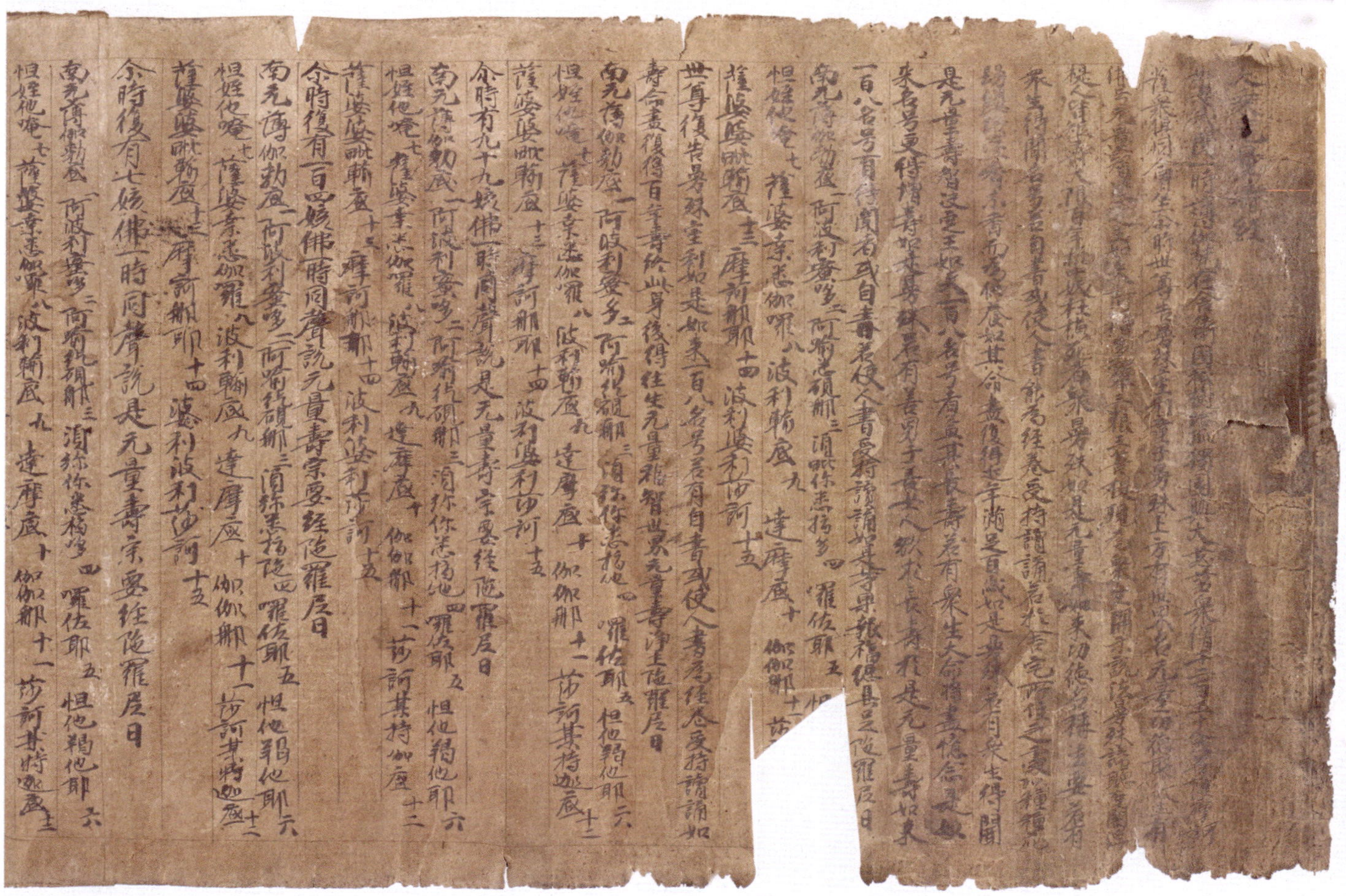

敦博 Db.t.0369 ཚེ་དཔག་ཏུ་མྱེད་པ་ཞེས་བྱ་བ་ཐེག་པ་ཆེན་པོའི་མདོ། (རྒྱ་ཡིག)
大乘無量壽宗要經（漢文） (5—1)

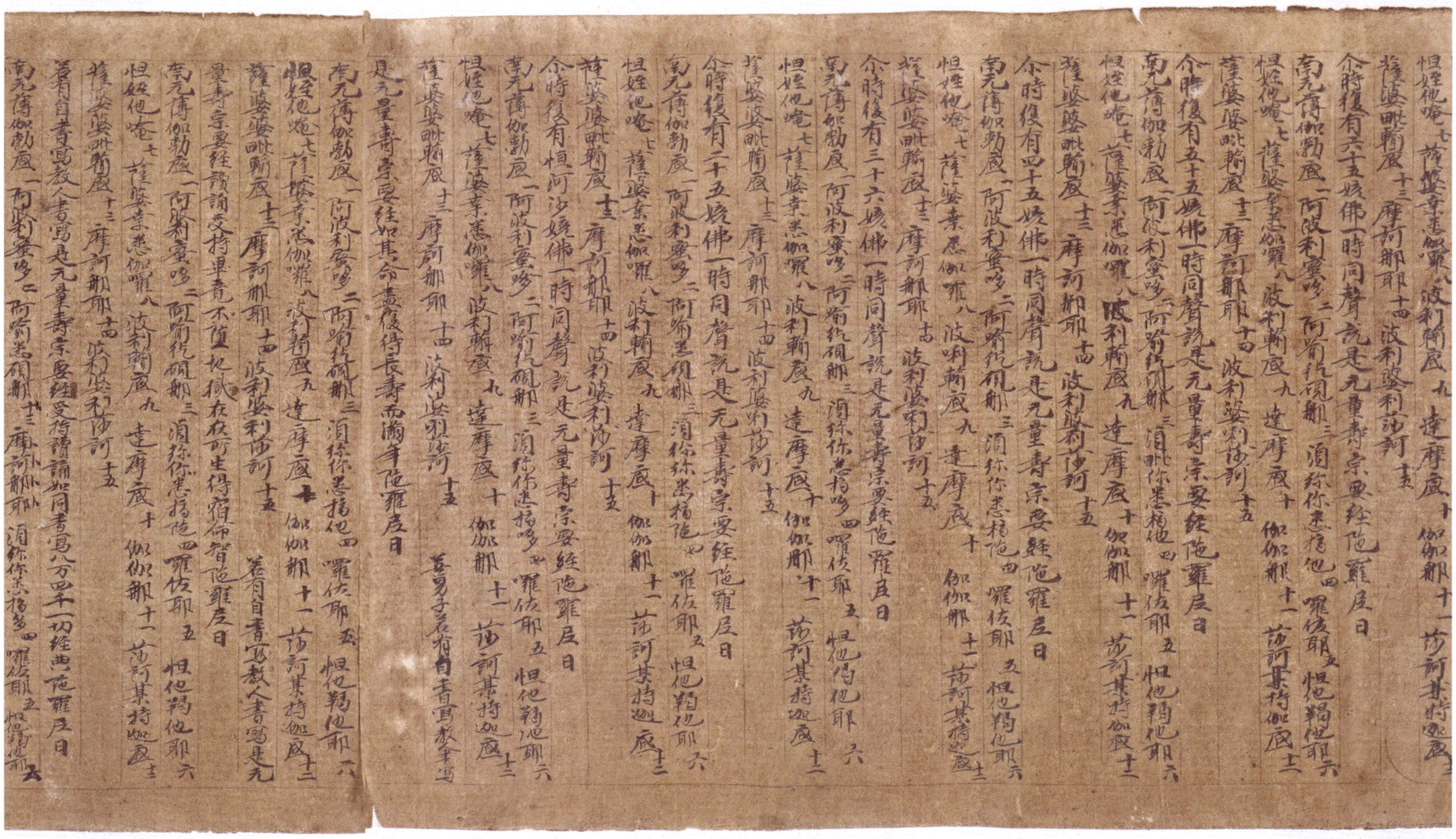

敦博 Db.t.0369 ཚེ་དཔག་ཏུ་མྱེད་པ་ཞེས་བྱ་བ་ཐེག་པ་ཆེན་པོའི་མདོ། (རྒྱ་ཡིག)
大乘無量壽宗要經（漢文） (5—2)

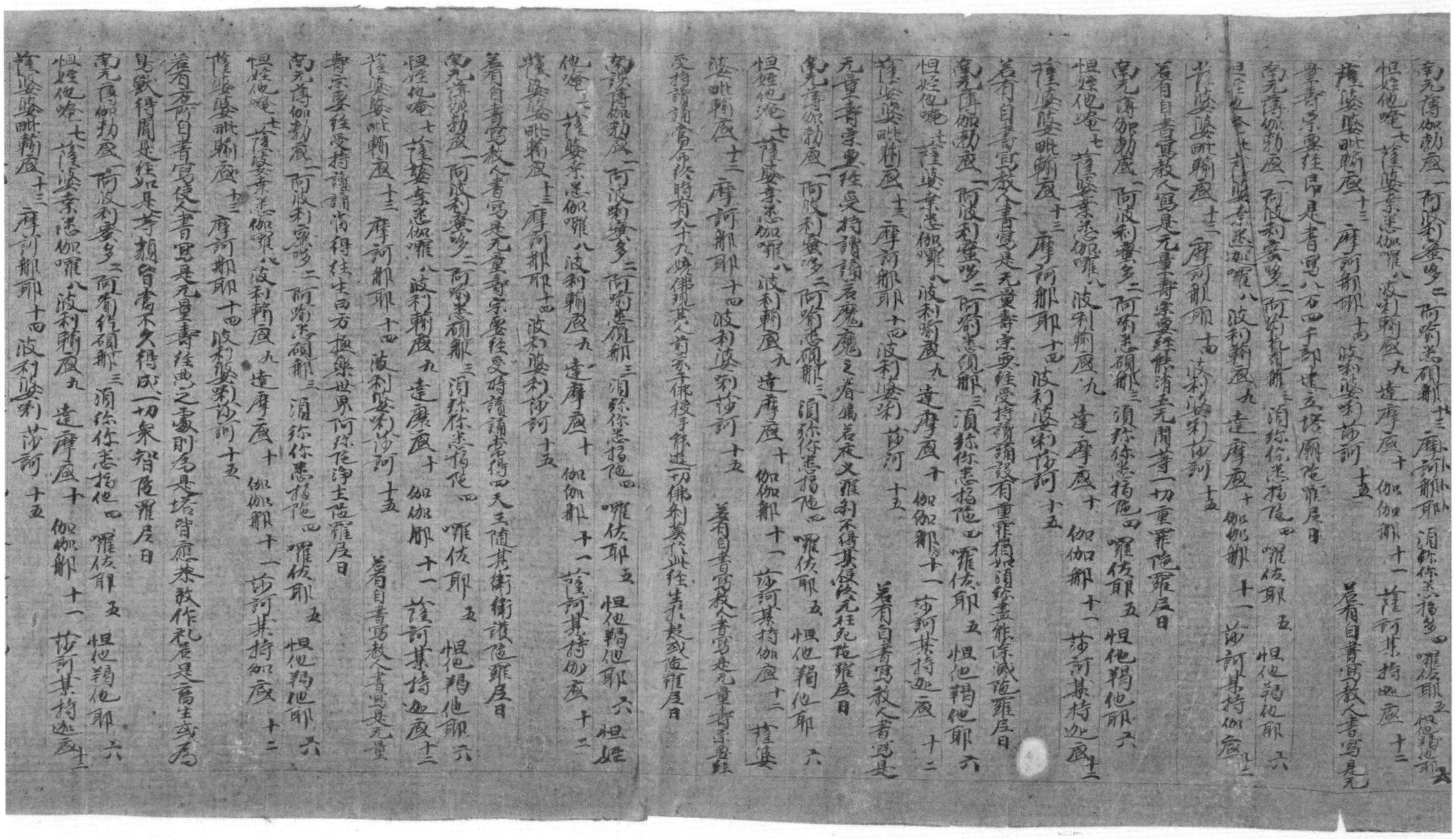

敦博 Db.t.0369 ཚེ་དཔག་ཏུ་མེད་པ་ཞེས་བྱ་བ་ཐེག་པ་ཆེན་པོའི་མདོ།། (རྒྱ་ཡིག)
大乘無量壽宗要經（漢文） (5—3)

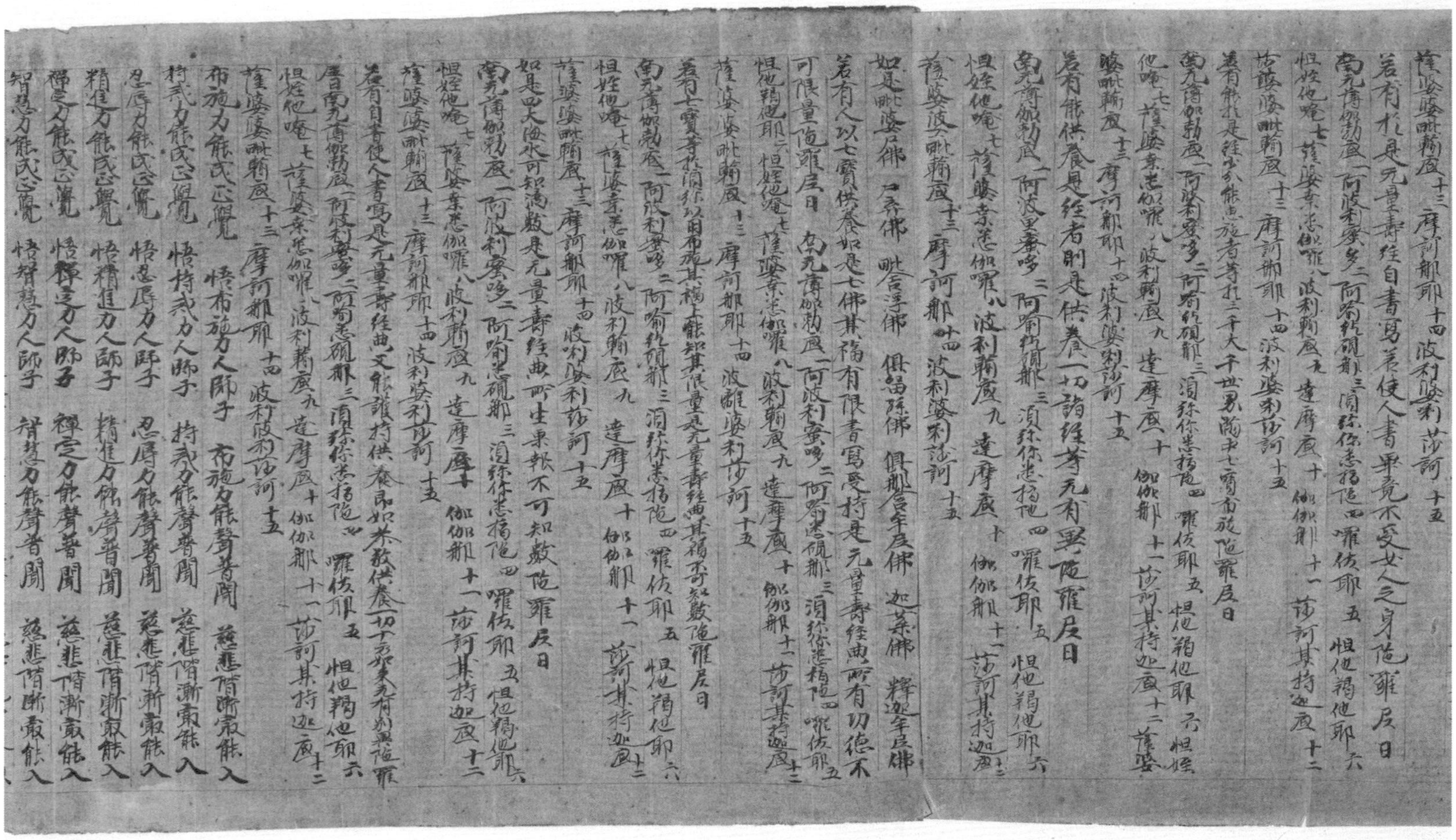

敦博 Db.t.0369 ཚེ་དཔག་ཏུ་མེད་པ་ཞེས་བྱ་བ་ཐེག་པ་ཆེན་པོའི་མདོ།། (རྒྱ་ཡིག)
大乘無量壽宗要經（漢文） (5—4)

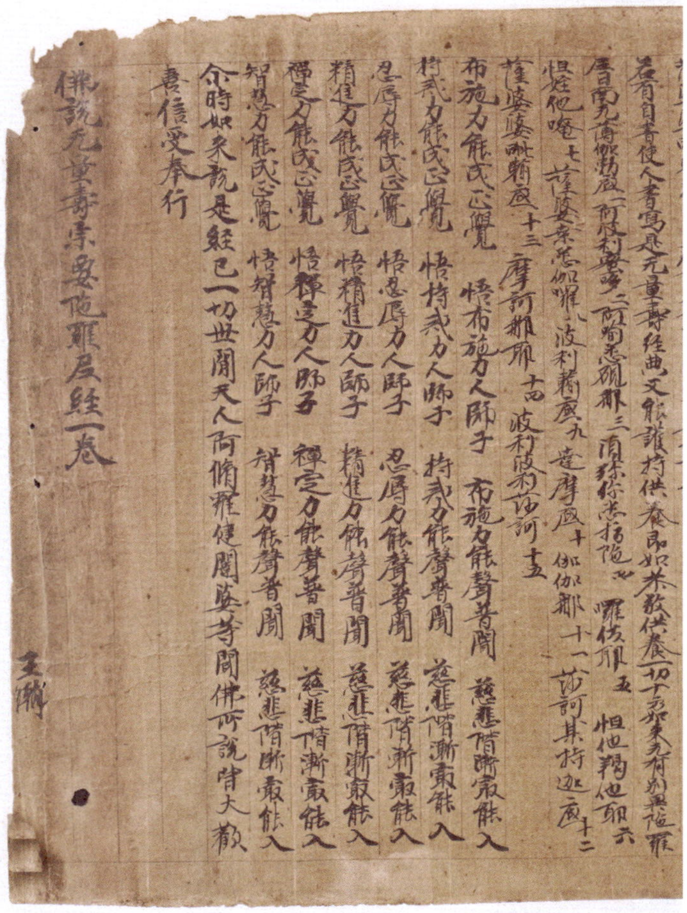
尒時如來說是經已一切世間天人阿脩羅乾闥婆等聞佛所說皆大歡
喜信受奉行
佛說无量壽宗要經一卷

敦博 Db.t.0369 ཚེ་དཔག་དུ་མེད་པ་ཞེས་བྱ་བ་ཐེག་པ་ཆེན་པོའི་མདོ།། (རྒྱ་ཡིག)
大乘無量壽宗要經（漢文）　(5—5)

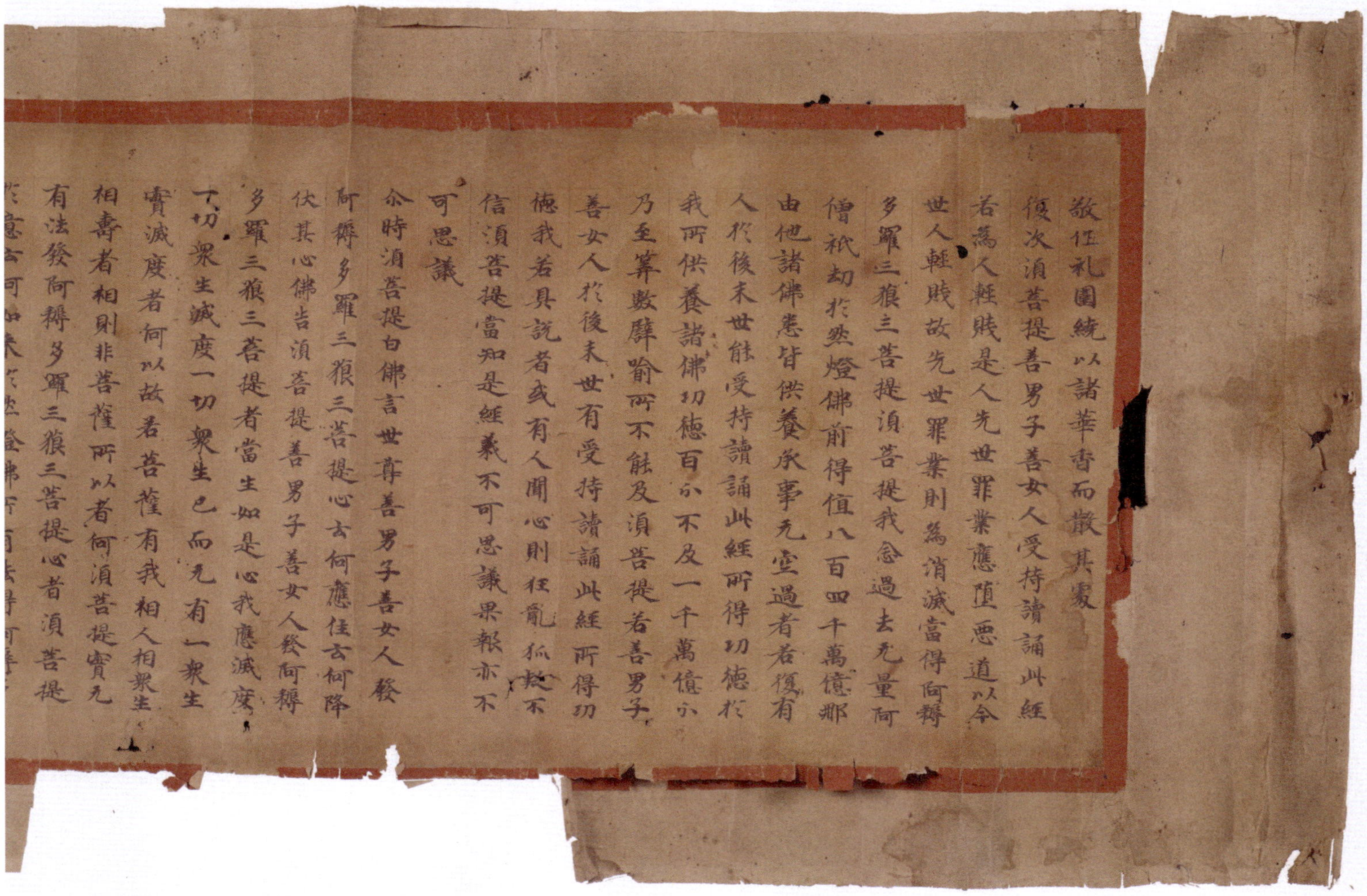
敬作禮圍繞以諸華香而散其處
復次須菩提善男子善女人受持讀誦此經
若為人輕賤是人先世罪業應墮惡道以今
世人輕賤故先世罪業則為消滅當得阿耨
多羅三藐三菩提須菩提我念過去无量阿
僧祇劫於然燈佛前得值八百四千萬億那
由他諸佛悉皆供養承事无空過者若復有
人於後末世能受持讀誦此經所得功德於
我所供養諸佛功德百分不及一千萬億分
乃至筭數譬喻所不能及須菩提若善男子
善女人於後末世有受持讀誦此經所得功
德我若具說者或有人聞心則狂亂狐疑不
信須菩提當知是經義不可思議果報亦不
可思議
尒時須菩提白佛言世尊善男子善女人發
阿耨多羅三藐三菩提心云何應住云何降
伏其心佛告須菩提善男子善女人發阿耨
多羅三藐三菩提者當生如是心我應滅度
一切衆生滅度一切衆生已而无有一衆生
實滅度者何以故若菩薩有我相人相衆生
相壽者相則非菩薩所以者何須菩提實无
有法發阿耨多羅三藐三菩提心者須菩提
於意云何如來於然燈佛所有法得阿耨

敦博 Db.t.0370 ཤེས་རབ་ཀྱི་ཕ་རོལ་ཏུ་ཕྱིན་པ་རྡོ་རྗེ་གཅོད་པ། (རྒྱ་ཡིག)
金剛般若波羅蜜多經（漢文）　(6—1)

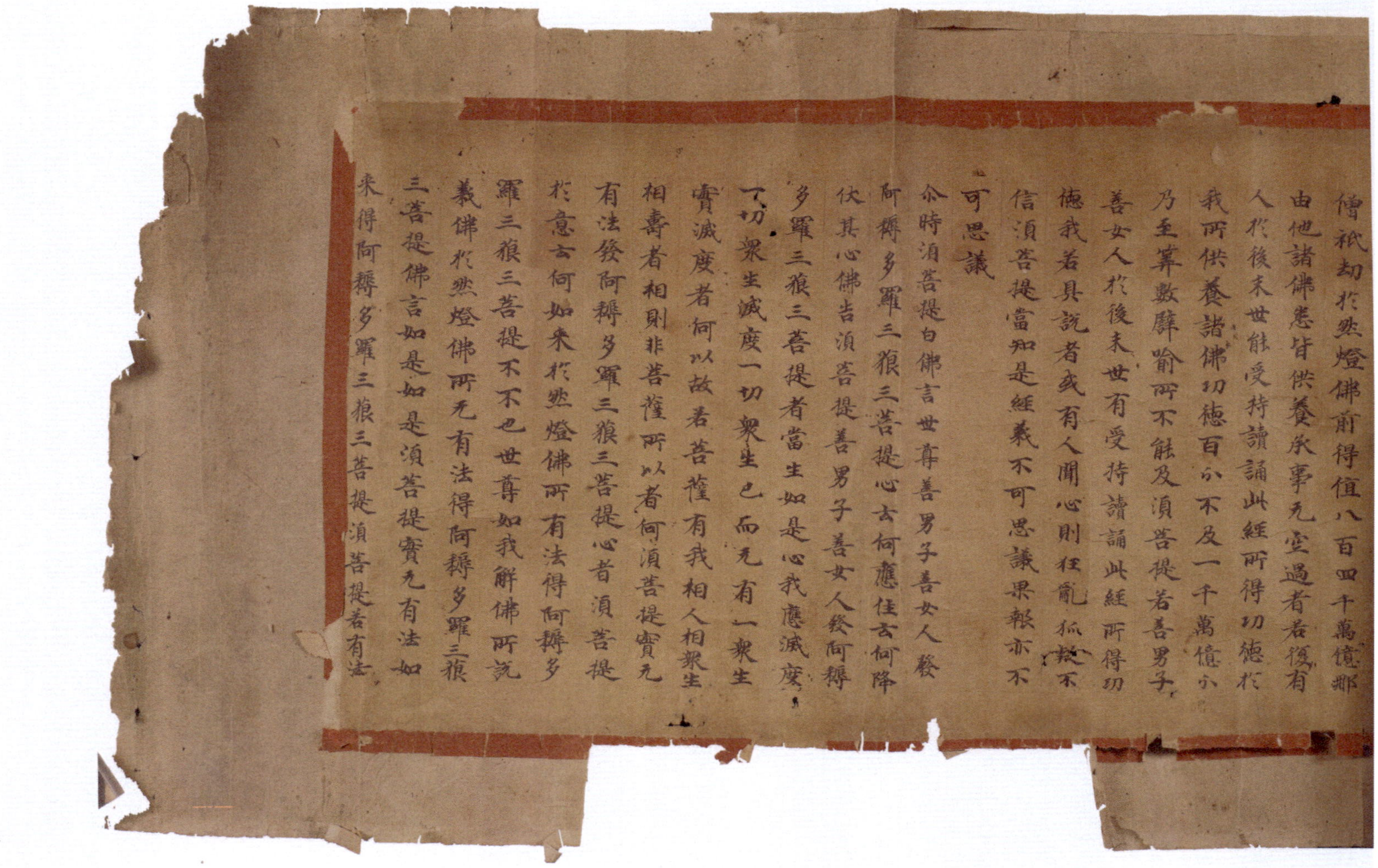

僧祇劫於然燈佛前得值八百四千萬億那
由他諸佛悉皆供養承事无空過者若復有
人於後末世能受持讀誦此經所得功德於
我所供養諸佛功德百分不及一千萬億分
乃至筭數譬喻所不能及須菩提若善男子
善女人於後末世有受持讀誦此經所得功
德我若具說者或有人聞心則狂亂狐疑不
信須菩提當知是經義不可思議果報亦不
可思議
尒時須菩提白佛言世尊善男子善女人發
阿耨多羅三藐三菩提心云何應住云何降
伏其心佛告須菩提善男子善女人發阿耨
多羅三藐三菩提者當生如是心我應滅度
一切衆生滅度一切衆生已而无有一衆生
實滅度者何以故若菩薩有我相人相衆生
相壽者相則非菩薩所以者何須菩提實无
有法發阿耨多羅三藐三菩提心者須菩提
於意云何如來於然燈佛所有法得阿耨多
羅三藐三菩提不不也世尊如我解佛所說
義佛於然燈佛所无有法得阿耨多羅三藐
三菩提佛言如是如是須菩提實无有法如
來得阿耨多羅三藐三菩提須菩提若有法

敦博 Db.t.0370 ཤེས་རབ་ཀྱི་ཕ་རོལ་ཏུ་ཕྱིན་པ་རྡོ་རྗེ་གཅོད་པ། (རྒྱ་ཡིག)
金剛般若波羅蜜多經（漢文） (6—2)

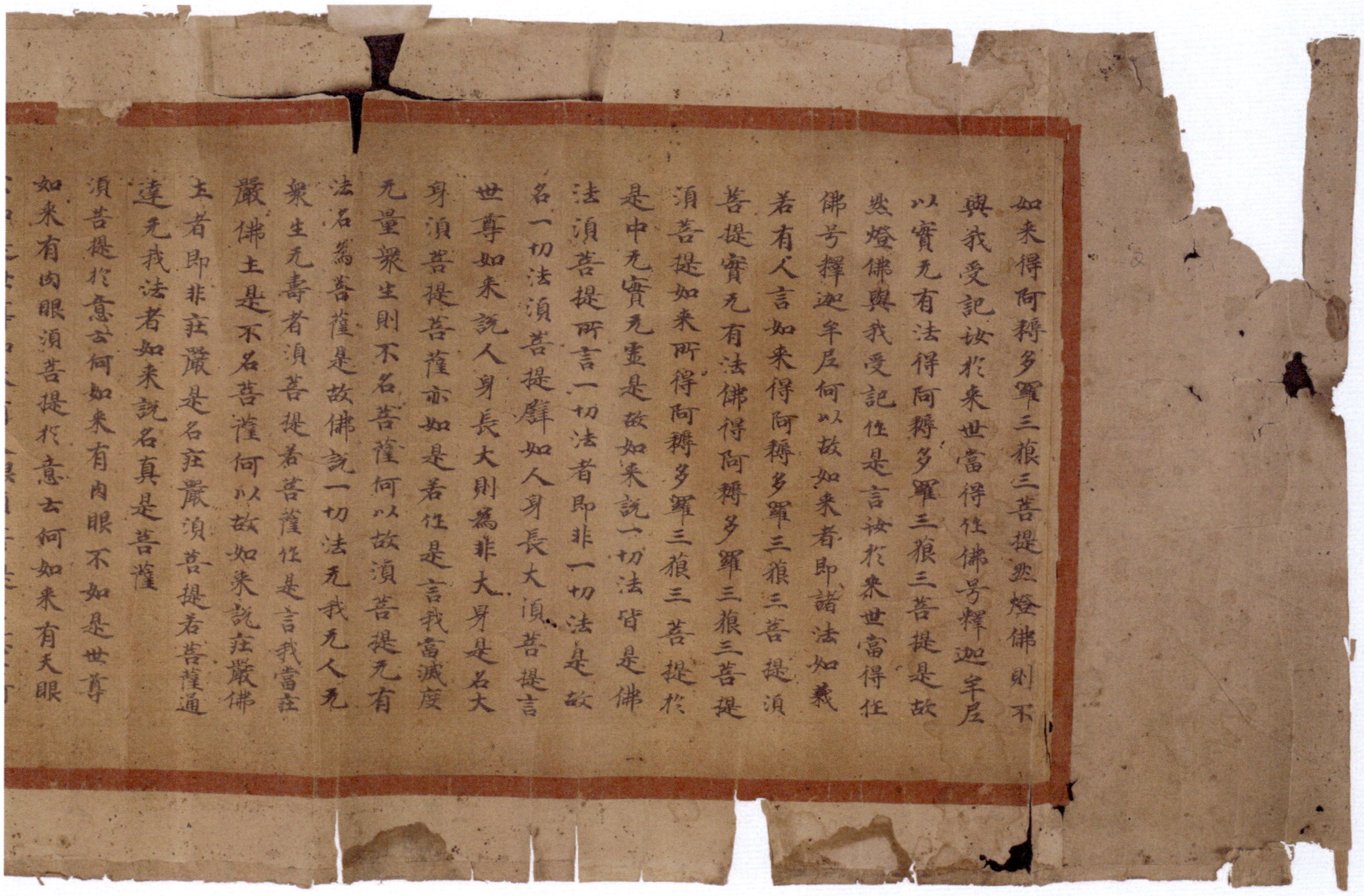

如來得阿耨多羅三藐三菩提然燈佛則不
與我受記汝於來世當得作佛号釋迦牟尼
以實无有法得阿耨多羅三藐三菩提是故
然燈佛與我受記作是言汝於來世當得作
佛号釋迦牟尼何以故如來者即諸法如義
若有人言如來得阿耨多羅三藐三菩提須
菩提實无有法佛得阿耨多羅三藐三菩提
須菩提如來所得阿耨多羅三藐三菩提於
是中无實无虛是故如來說一切法皆是佛
法須菩提所言一切法者即非一切法是故
名一切法須菩提譬如人身長大須菩提言
世尊如來說人身長大則為非大身是名大
身須菩提菩薩亦如是若作是言我當滅度
无量衆生則不名菩薩何以故須菩提无有
法名為菩薩是故佛說一切法无我无人无
衆生无壽者須菩提若菩薩作是言我當莊
嚴佛土是不名菩薩何以故如來說莊嚴佛
土者即非莊嚴是名莊嚴須菩提若菩薩通
達无我法者如來說名真是菩薩
須菩提於意云何如來有肉眼不如是世尊
如來有肉眼須菩提於意云何如來有天眼

敦博 Db.t.0370 ཤེས་རབ་ཀྱི་ཕ་རོལ་ཏུ་ཕྱིན་པ་རྡོ་རྗེ་གཅོད་པ། (རྒྱ་ཡིག)
金剛般若波羅蜜多經（漢文） (6—3)

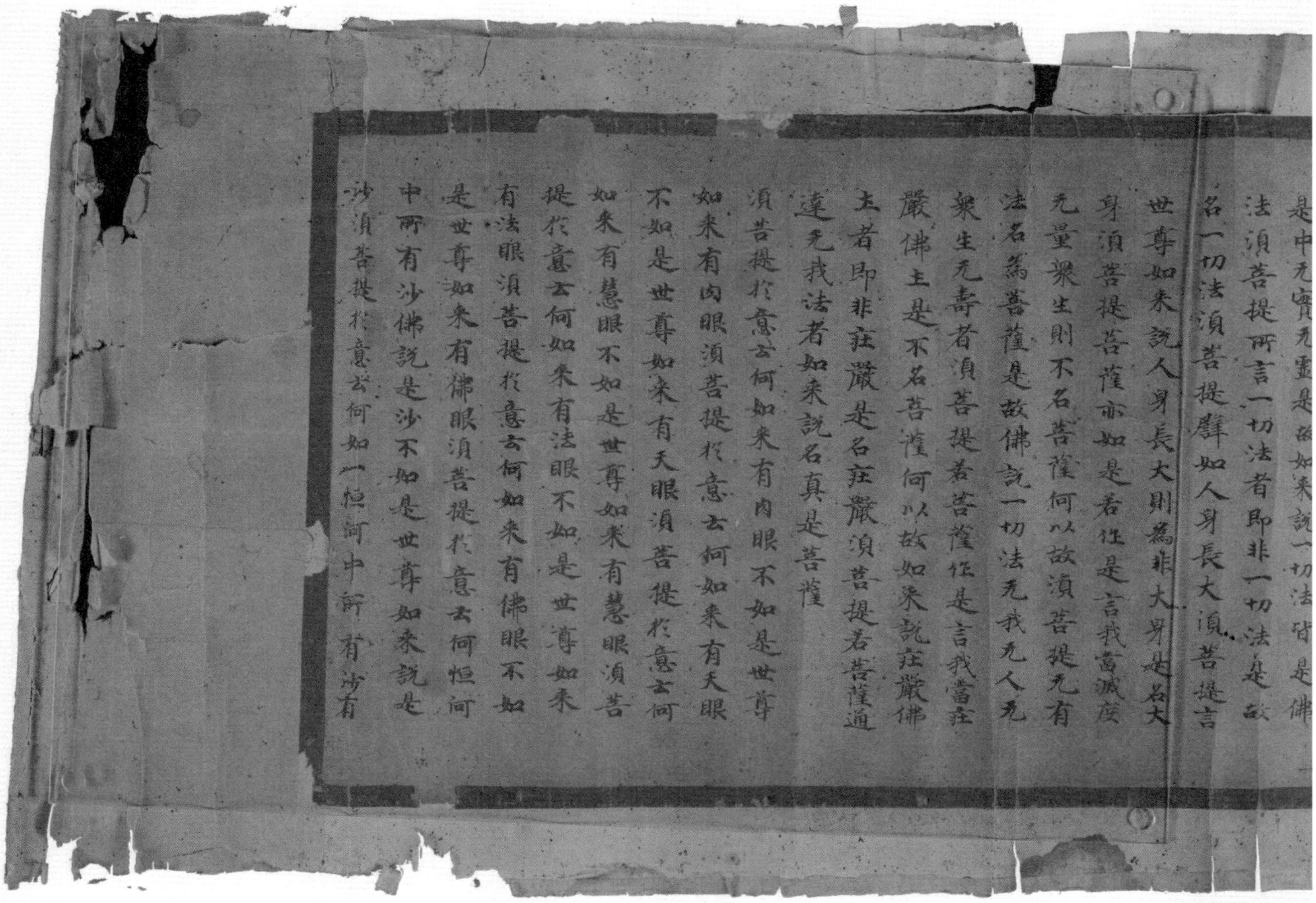
是中无實无虛是故如來說一切法皆是佛
法須菩提所言一切法者即非一切法是故
名一切法須菩提譬如人身長大須菩提言
世尊如來說人身長大則爲非大身是名大
身須菩提菩薩亦如是若作是言我當滅度
无量衆生則不名菩薩何以故須菩提无有
法名爲菩薩是故佛說一切法无我无人无
衆生无壽者須菩提若菩薩作是言我當莊
嚴佛土是不名菩薩何以故如來說莊嚴佛
土者即非莊嚴是名莊嚴須菩提若菩薩通
達无我法者如來說名真是菩薩
須菩提於意云何如來有肉眼不如是世尊
如來有肉眼須菩提於意云何如來有天眼
不如是世尊如來有天眼須菩提於意云何
如來有慧眼不如是世尊如來有慧眼須菩
提於意云何如來有法眼不如是世尊如來
有法眼須菩提於意云何如來有佛眼不如
是世尊如來有佛眼須菩提於意云何恒河
中所有沙佛說是沙不如是世尊如來說是
沙須菩提於意云何如一恒河中所有沙有

敦博 Db.t.0370 ཤེས་རབ་ཀྱི་ཕ་རོལ་ཏུ་ཕྱིན་པ་རྡོ་རྗེ་གཅོད་པ། (རྒྱ་ཡིག)
金剛般若波羅蜜多經（漢文） (6—4)

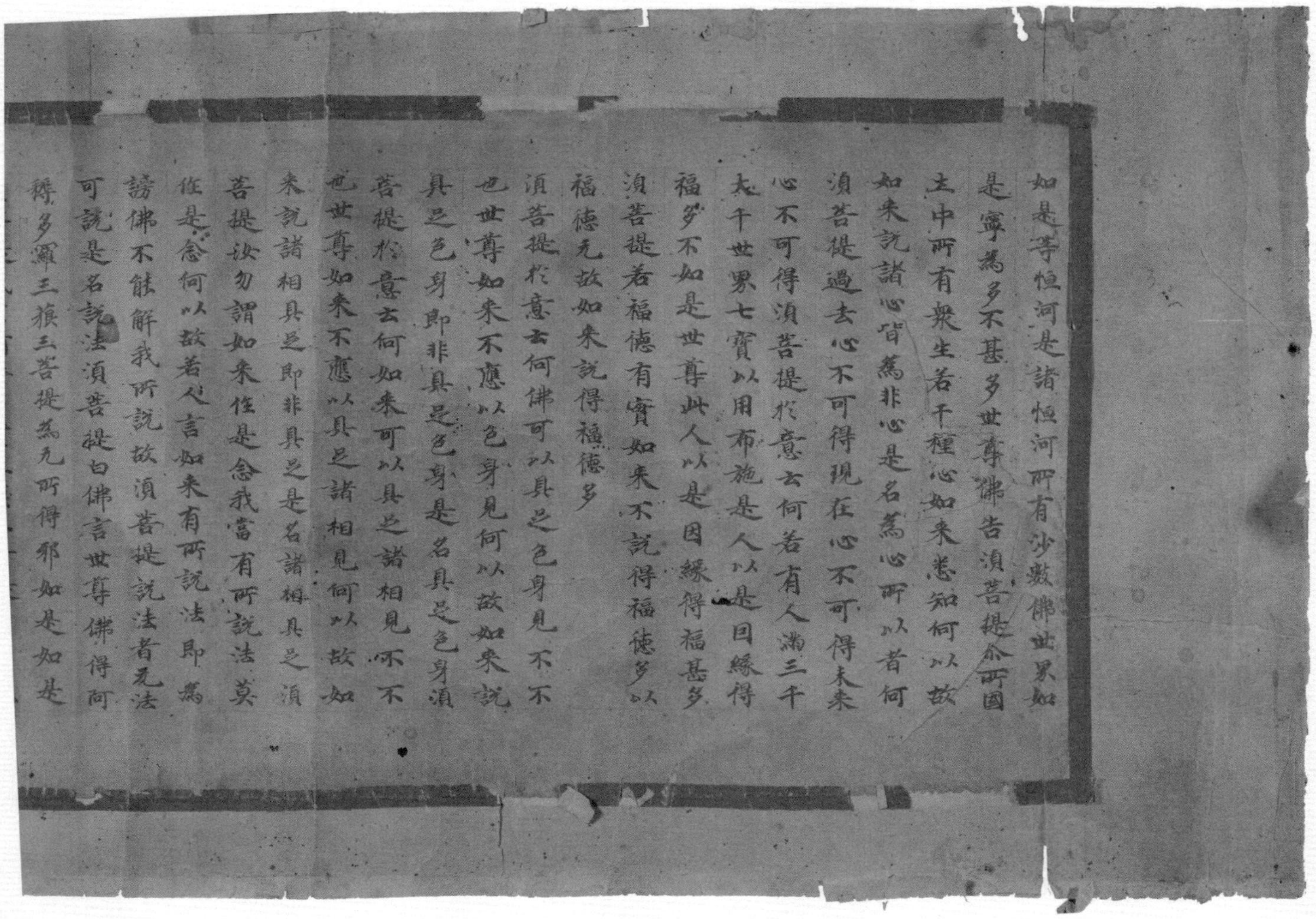
如是等恒河是諸恒河所有沙數佛世界如
是寧爲多不甚多世尊佛告須菩提尒所國
土中所有衆生若干種心如來悉知何以故
如來說諸心皆爲非心是名爲心所以者何
須菩提過去心不可得現在心不可得未來
心不可得須菩提於意云何若有人滿三千
大千世界七寶以用布施是人以是因緣得
福多不如是世尊此人以是因緣得福甚多
須菩提若福德有實如來不說得福德多以
福德无故如來說得福德多
須菩提於意云何佛可以具足色身見不不
也世尊如來不應以色身見何以故如來說
具足色身即非具足色身是名具足色身須
菩提於意云何如來可以具足諸相見不不
也世尊如來不應以具足諸相見何以故如
來說諸相具足即非具足是名諸相具足須
菩提汝勿謂如來作是念我當有所說法莫
作是念何以故若人言如來有所說法即爲
謗佛不能解我所說故須菩提說法者无法
可說是名說法須菩提白佛言世尊佛得阿
耨多羅三藐三菩提爲无所得耶如是如是

敦博 Db.t.0370 ཤེས་རབ་ཀྱི་ཕ་རོལ་ཏུ་ཕྱིན་པ་རྡོ་རྗེ་གཅོད་པ། (རྒྱ་ཡིག)
金剛般若波羅蜜多經（漢文） (6—5)

大千世界七寶以用布施是人以是因緣得
福多不如是世尊此人以是因緣得福甚多
須菩提若福德有實如來不說得福德多以
福德无故如來說得福德多
須菩提於意云何佛可以具足色身見不不
也世尊如來不應以色身見何以故如來說
具足色身即非具足色身是名具足色身須
菩提於意云何如來可以具足諸相見不不
也世尊如來不應以具足諸相見何以故如
來說諸相具足即非具足是名諸相具足須
菩提汝勿謂如來作是念我當有所說法莫
作是念何以故若人言如來有所說法即為
謗佛不能解我所說故須菩提說法者无法
可說是名說法須菩提白佛言世尊佛得阿
耨多羅三藐三菩提為无所得耶如是如是
須菩提我於阿耨多羅三藐三菩提乃至无
有少法可得是名阿耨多羅三藐三菩提
復次須菩提是法平等无有高下是名阿耨
多羅三藐三菩提以无我无人无衆生无壽
者脩一切善法則得阿耨多羅三藐三菩提
須菩提所言善法者如來說非善法是名善
法須菩提若三千大千世界中所有諸須彌

敦博 Db.t.0370 ཤེས་རབ་ཀྱི་ཕ་རོལ་ཏུ་ཕྱིན་པ་རྡོ་རྗེ་གཅོད་པ། (རྒྱ་ཡིག)
金剛般若波羅蜜多經（漢文） (6—6)

敦博 Db.t.0371 འཕགས་པ་ཚེ་དང་ཡེ་ཤེས་དཔག་ཏུ་མེད་པ་ཞེས་བྱ་བ་ཐེག་པ་ཆེན་པོའི་མདོ།
大乘無量壽宗要經 (2—1)

敦博 Db.t.0371　འཕགས་པ་ཚེ་དང་ཡེ་ཤེས་དཔག་ཏུ་མེད་པ་ཞེས་བྱ་བ་ཐེག་པ་ཆེན་པོའི་མདོ།
大乘無量壽宗要經　(2—2)

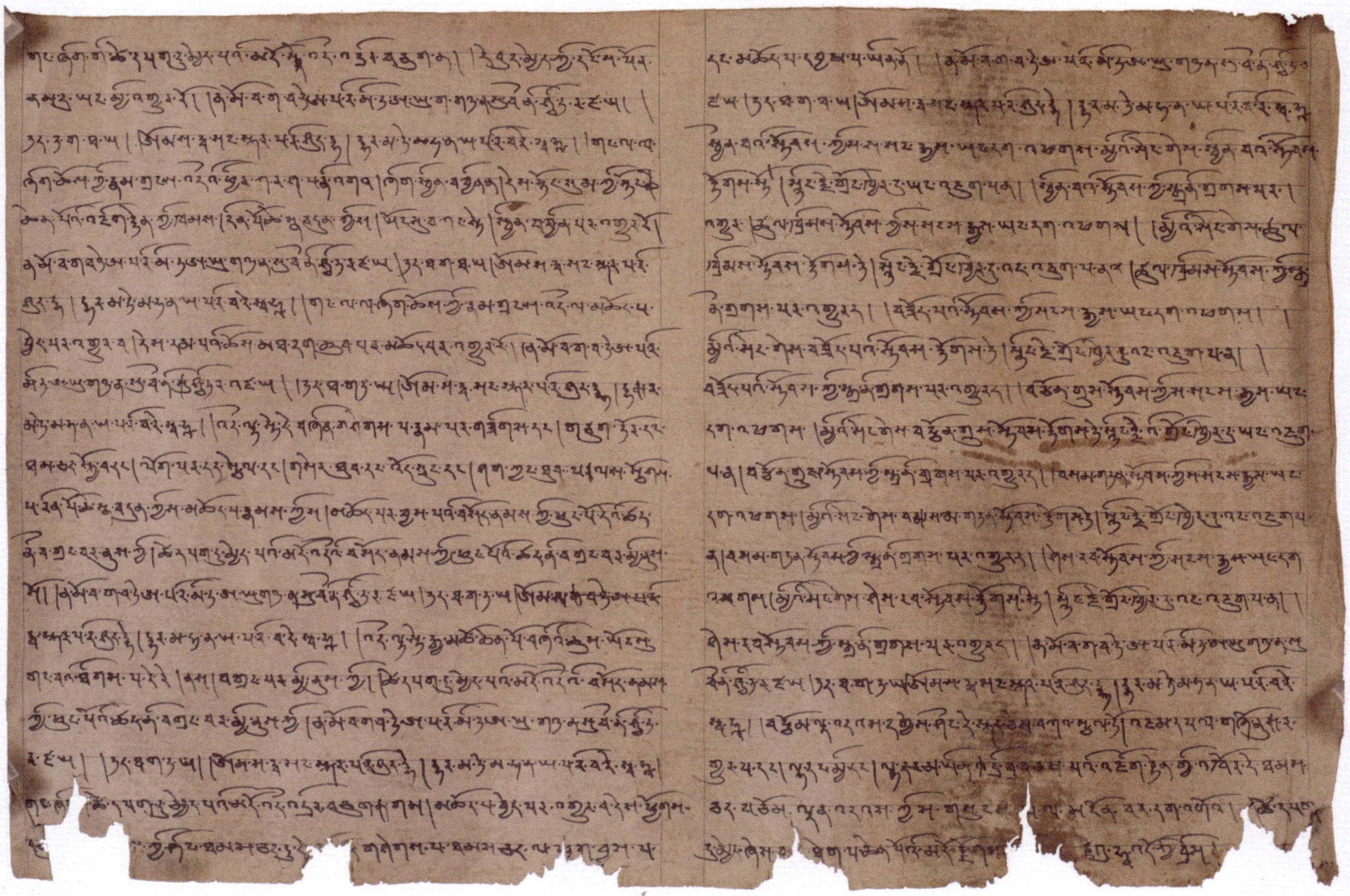

敦博 Db.t.0372　འཕགས་པ་ཚེ་དང་ཡེ་ཤེས་དཔག་ཏུ་མེད་པ་ཞེས་བྱ་བ་ཐེག་པ་ཆེན་པོའི་མདོ།
大乘無量壽宗要經　(2—1)

敦博 Db.t.0372　འཕགས་པ་ཚེ་དང་ཡེ་ཤེས་དཔག་དུ་མེད་པ་ཞེས་བྱ་བ་ཐེག་པ་ཆེན་པོའི་མདོ།

大乘無量壽宗要經　　(2—2)

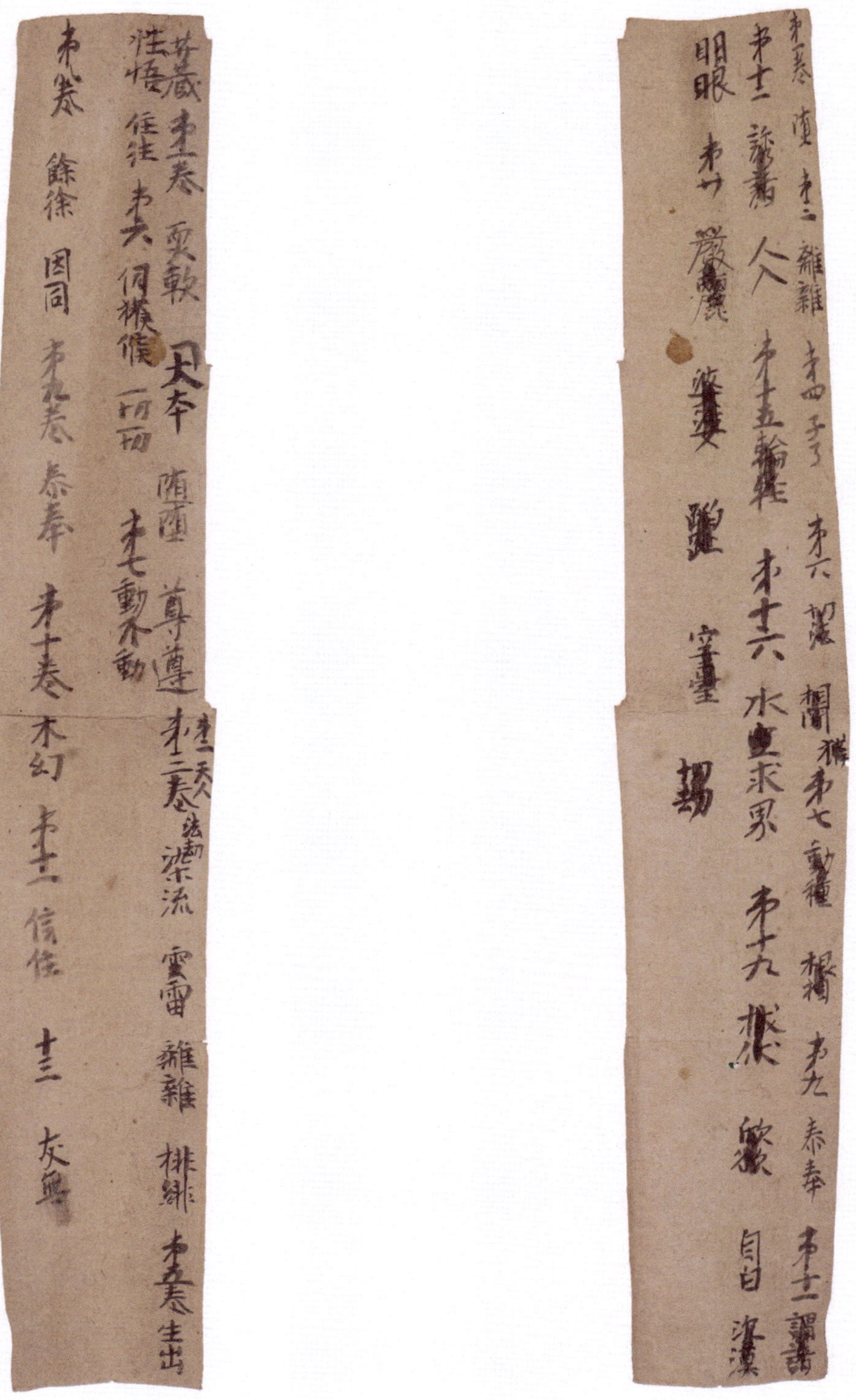

敦博 Db.t.0373 (R-V) རྒྱའི་ཆོས་གཞུང་།
漢文經文

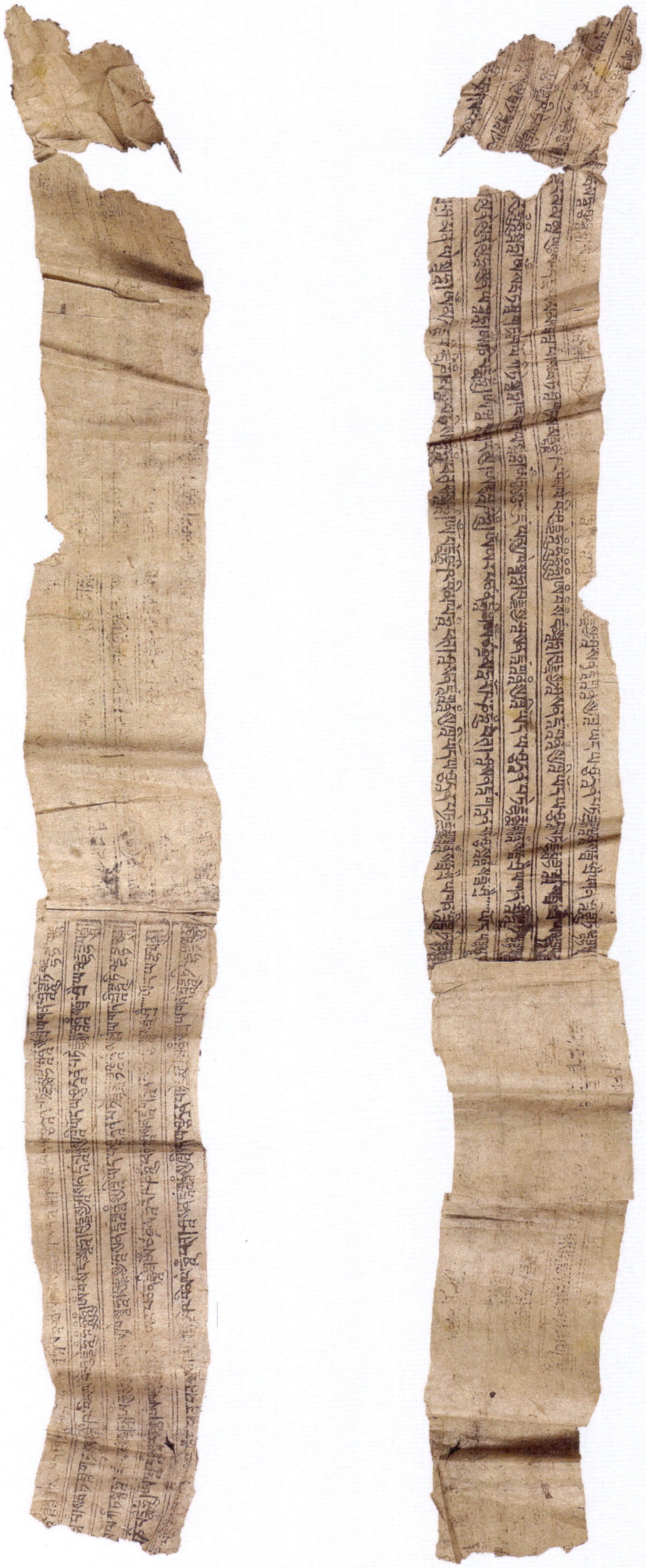

敦博 Db.t.0374 (R-V) སྔགས་ཡིག

密咒殘卷 (11—1)

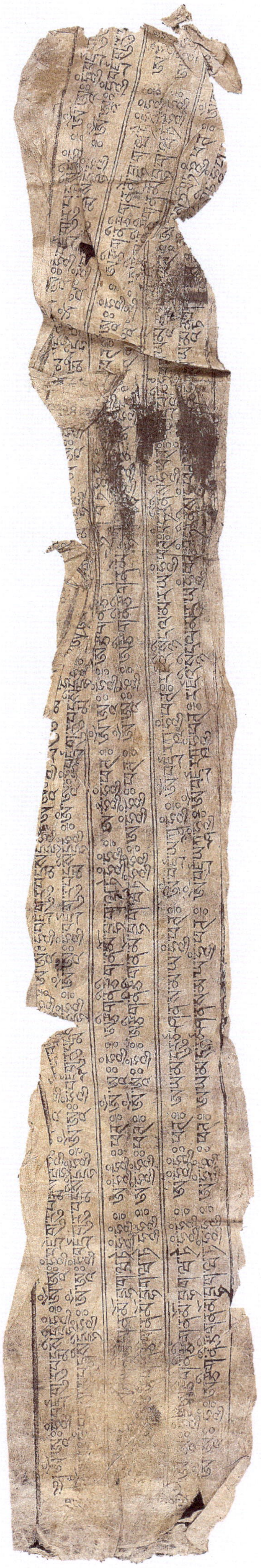

敦博 Db.t.0374 (R-V) སྔགས་ཡིག
密咒殘卷 (11—2)

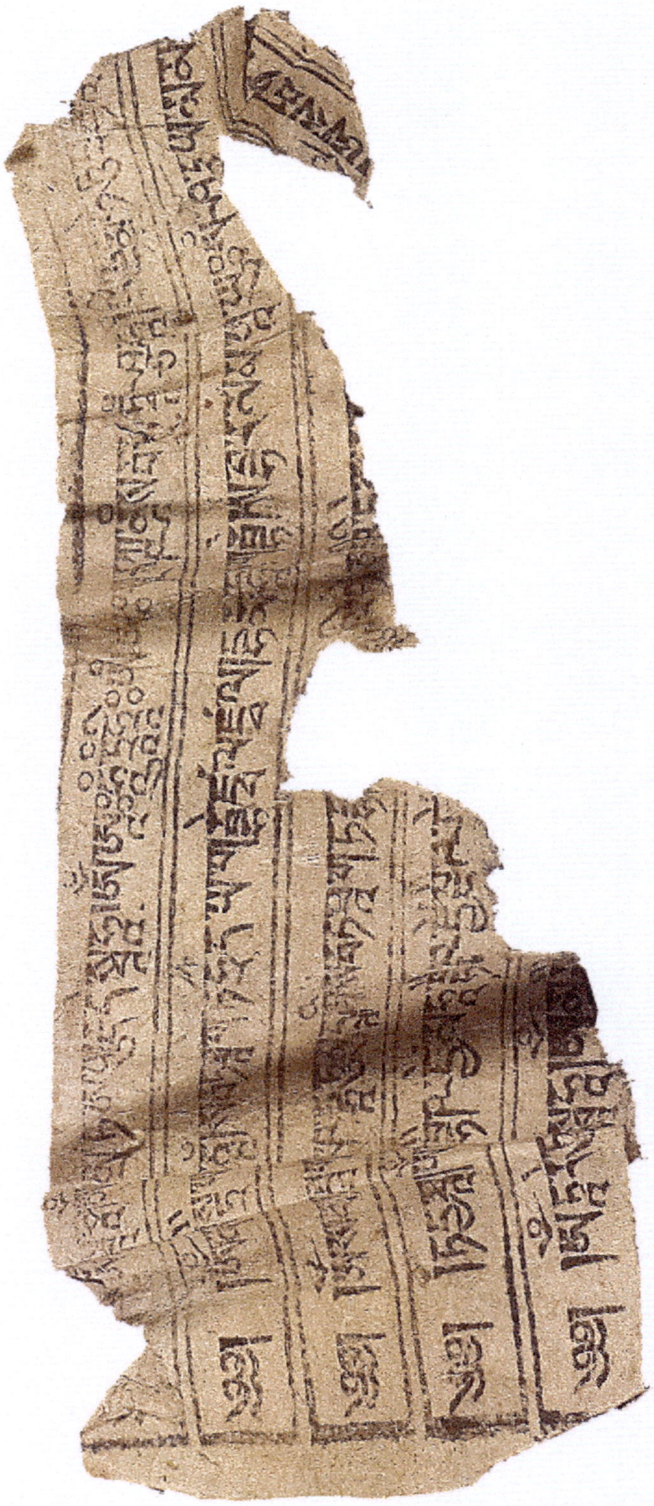

敦博 Db.t.0374 (R-V) སྔགས་ཡིག
密咒殘卷 (11—3)

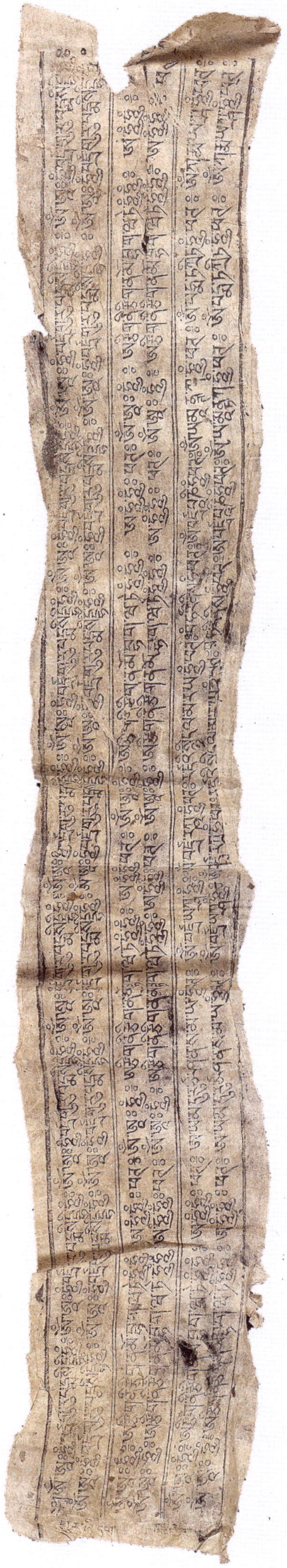

敦博 Db.t.0374 (R-V) སྔགས་ཡིག
密咒殘卷 (11—4)

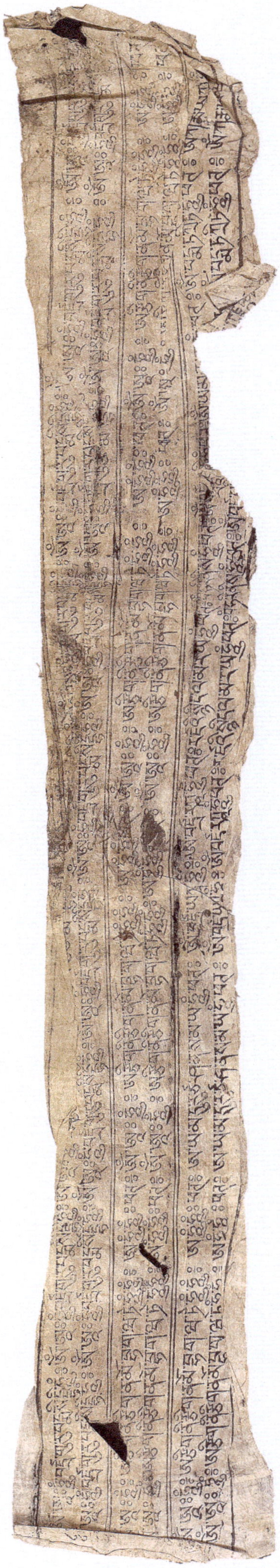

敦博 Db.t.0374 (R-V) གཟུངས་ཡིག
密咒殘卷 (11—5)

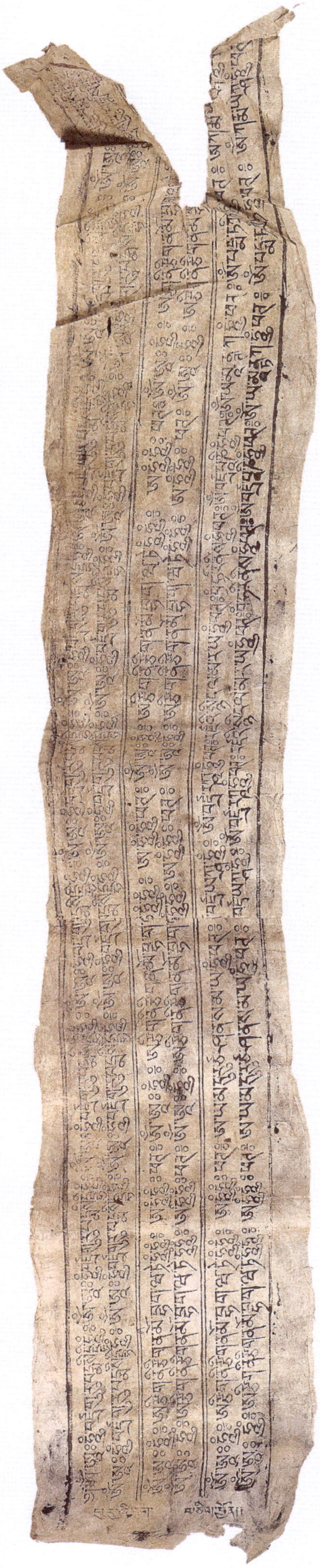

敦博 Db.t.0374 (R-V)　སྔགས་ཡིག

密咒殘卷　　(11—6)

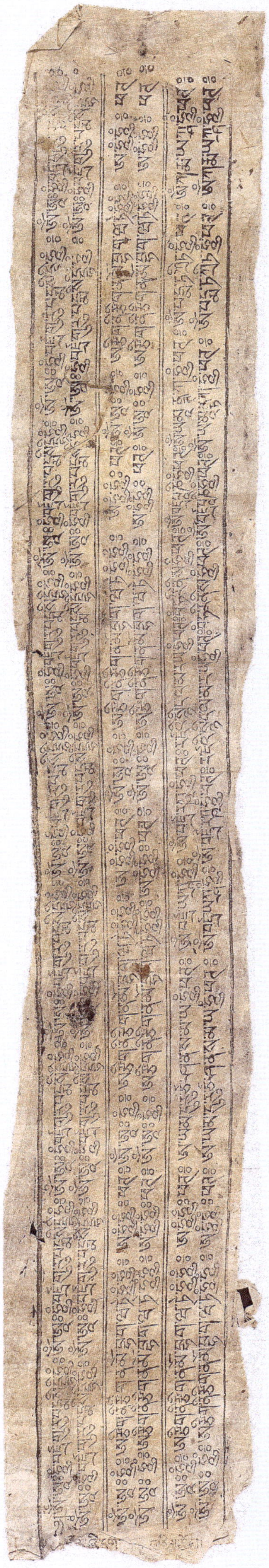

敦博 Db.t.0374 (R-V) སྔགས་ཡིག

密咒殘卷 (11—7)

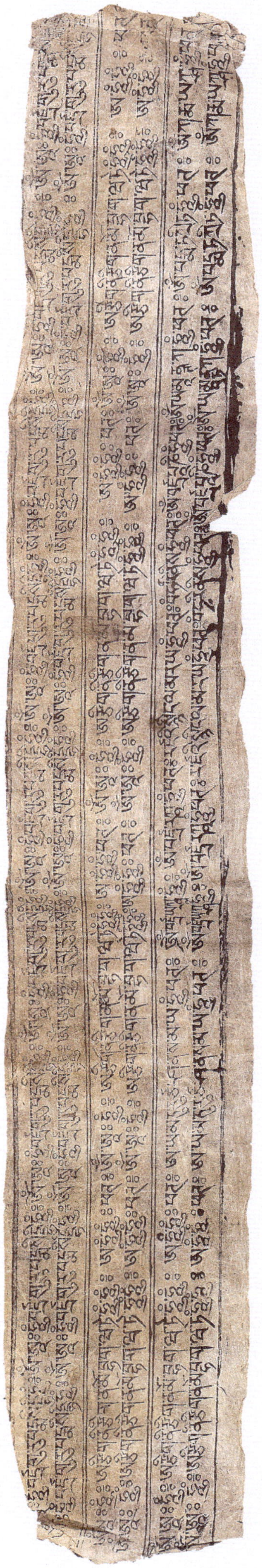

敦博 Db.t.0374 (R-V) སྔགས་ཡིག
密咒殘卷 (11—8)

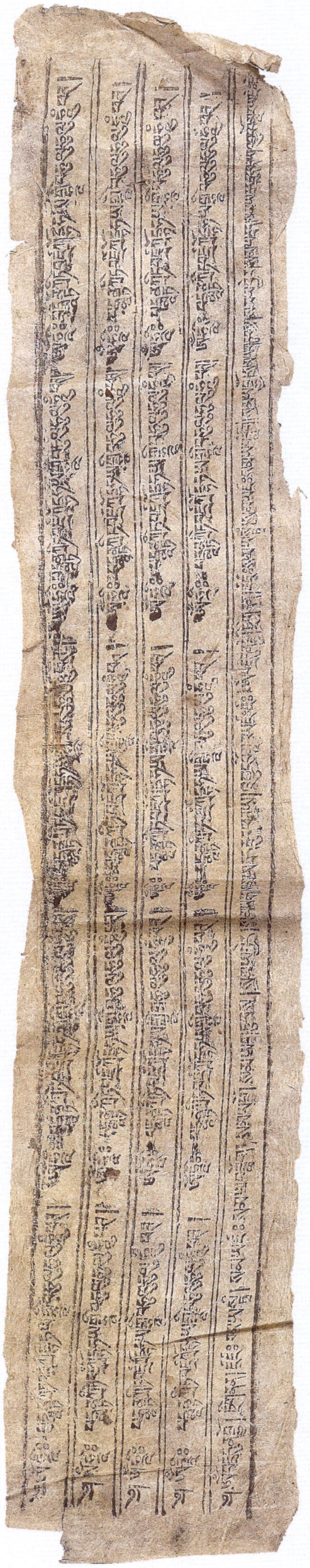

敦博 Db.t.0374 (R-V) སྔགས་ཡིག
密咒殘卷 (11—9)

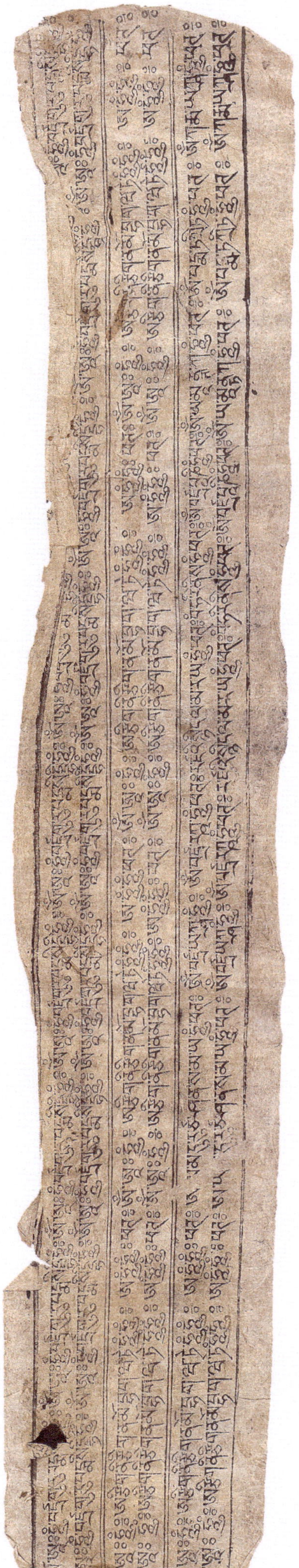

敦博 Db.t.0374 (R-V) སྔགས་ཡིག

密咒殘卷 (11—10)

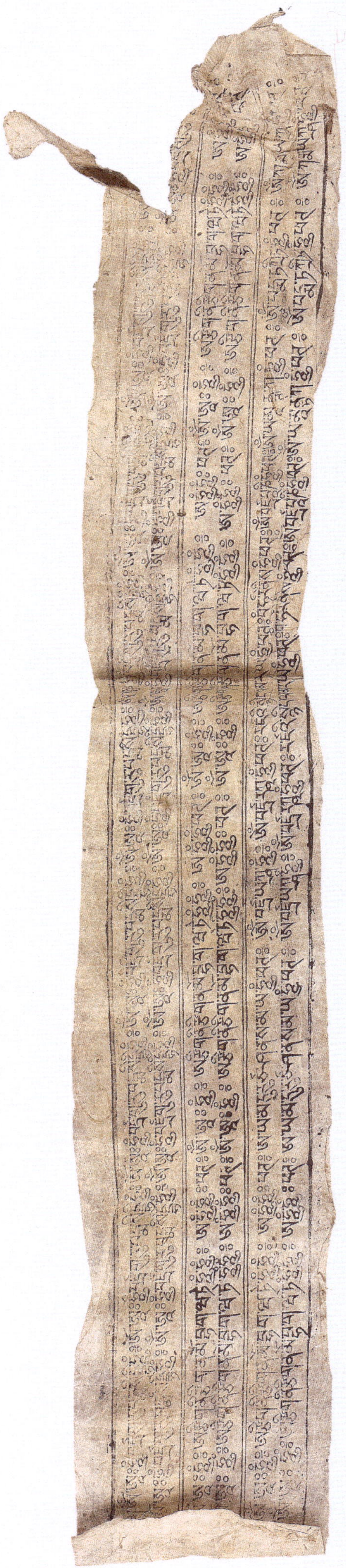

敦博 Db.t.0374 (R-V)　སྔགས་ཡིག

密咒殘卷　(11—11)

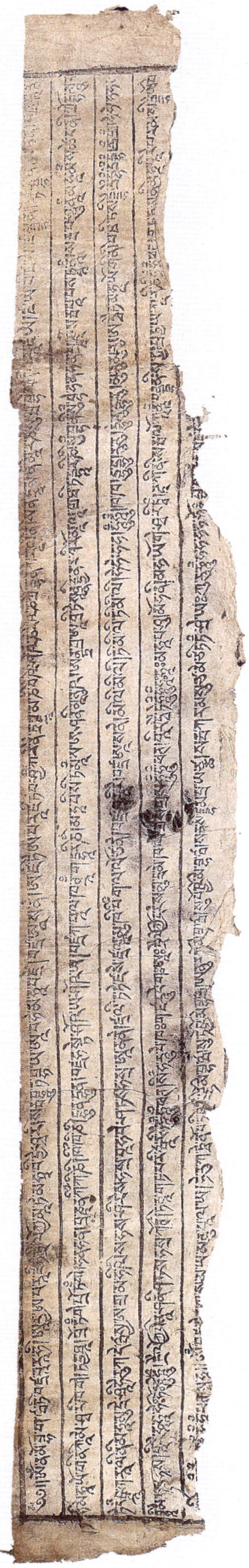

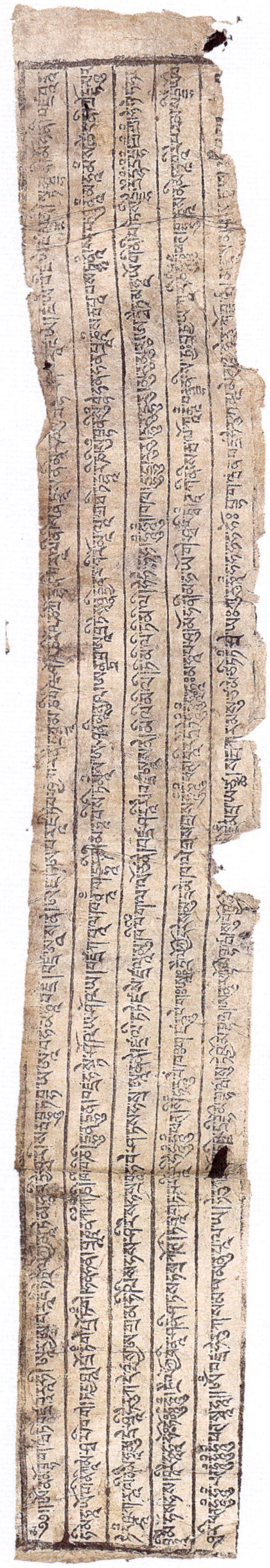

敦博 Db.t.0375　སྔགས་ཡིག

密咒殘卷　(2—1)

敦博 Db.t.0375 (R-V) སྔགས་ཡིག
密咒殘卷 (2—2)

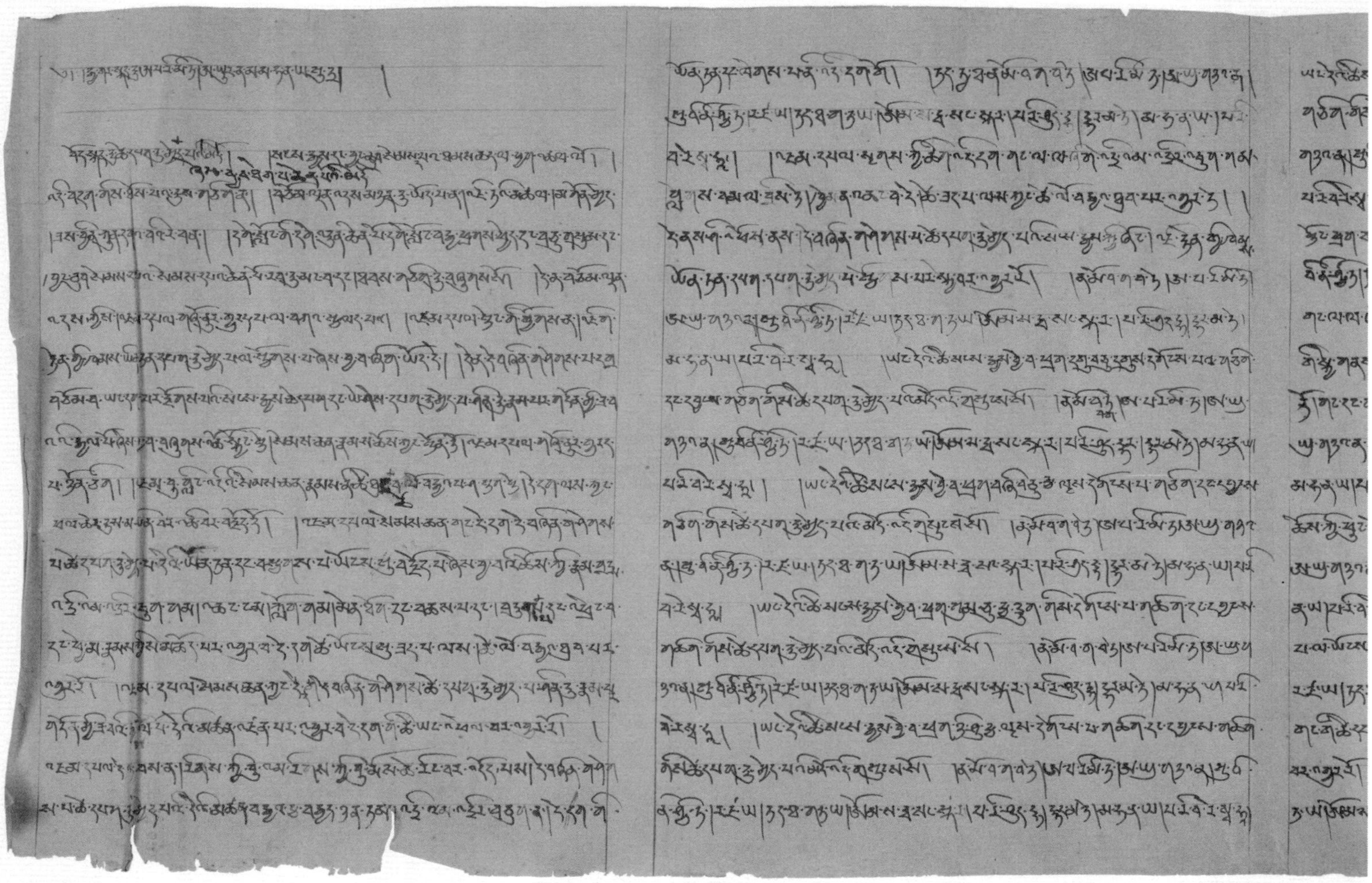

敦博 Db.t.0376　འཕགས་པ་ཚེ་དང་ཡེ་ཤེས་དཔག་ཏུ་མེད་པ་ཞེས་བྱ་བ་ཐེག་པ་ཆེན་པོའི་མདོ།

大乘無量壽宗要經　(6—1)

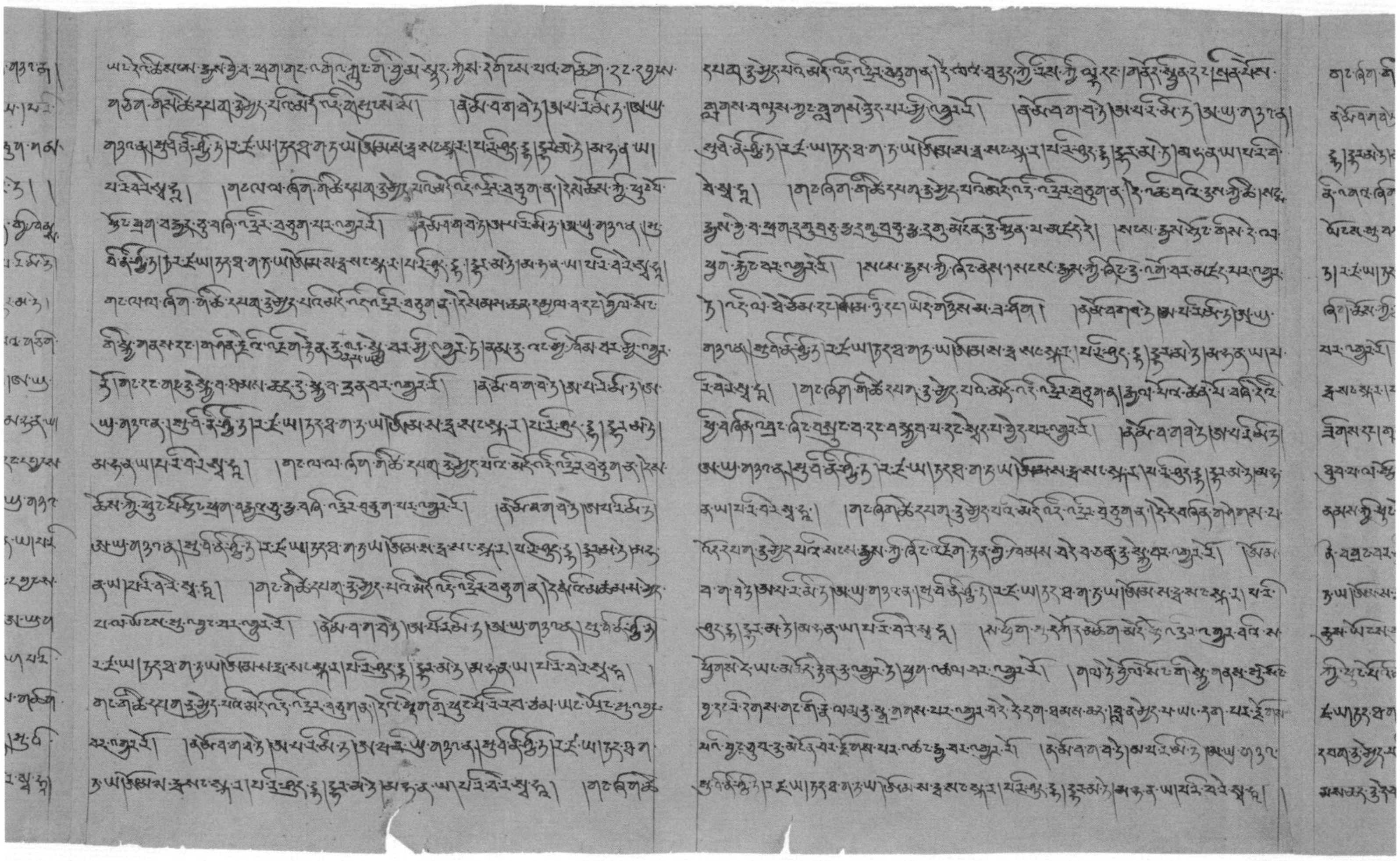

敦博 Db.t.0376　འཕགས་པ་ཚེ་དང་ཡེ་ཤེས་དཔག་ཏུ་མེད་པ་ཞེས་བྱ་བ་ཐེག་པ་ཆེན་པོའི་མདོ།

大乘無量壽宗要經　(6—2)

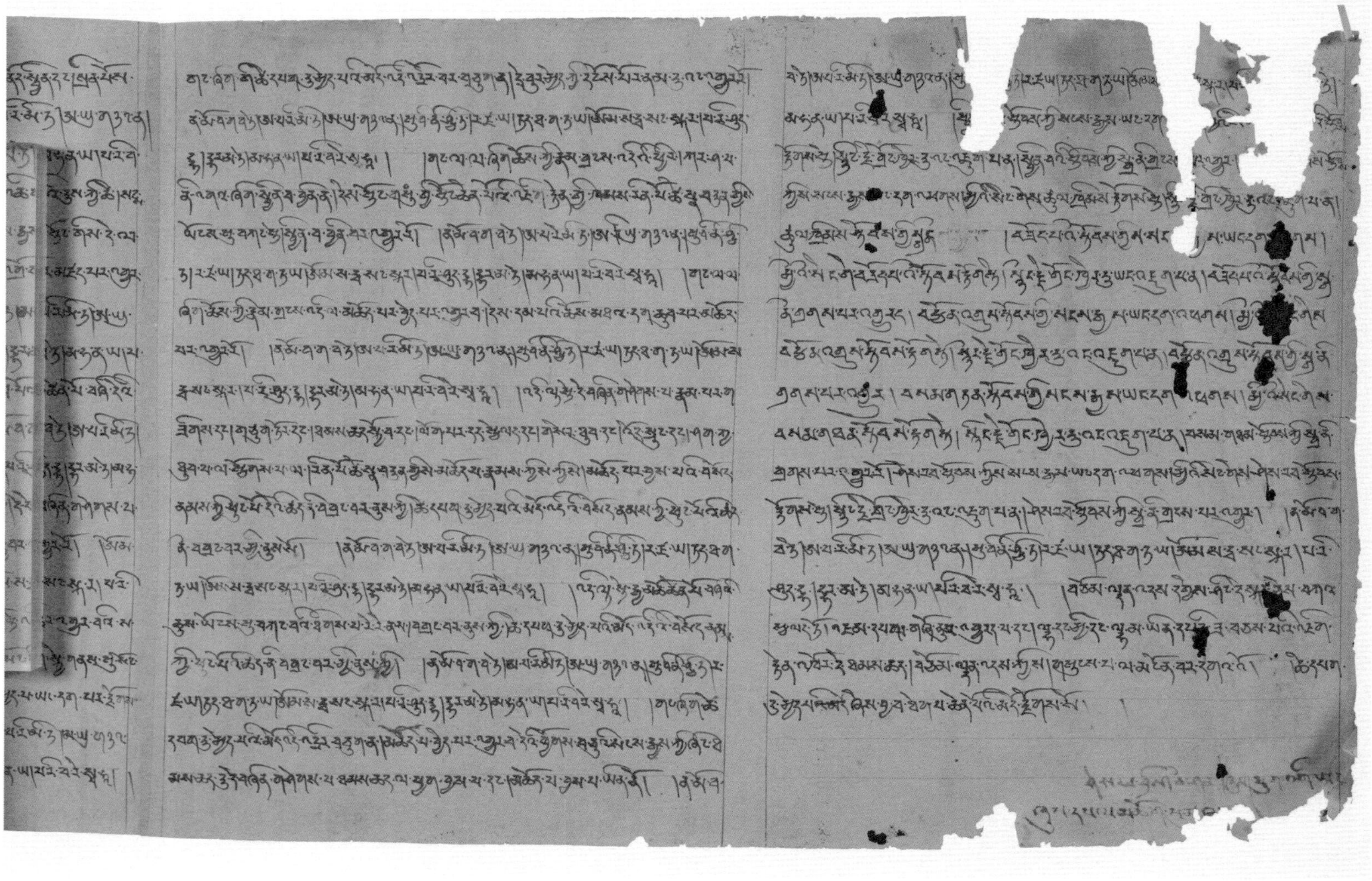

敦博 Db.t.0376　འཕགས་པ་ཚེ་དང་ཡེ་ཤེས་དཔག་ཏུ་མེད་པ་ཞེས་བྱ་བ་ཐེག་པ་ཆེན་པོའི་མདོ།

大乘無量壽宗要經　(6—3)

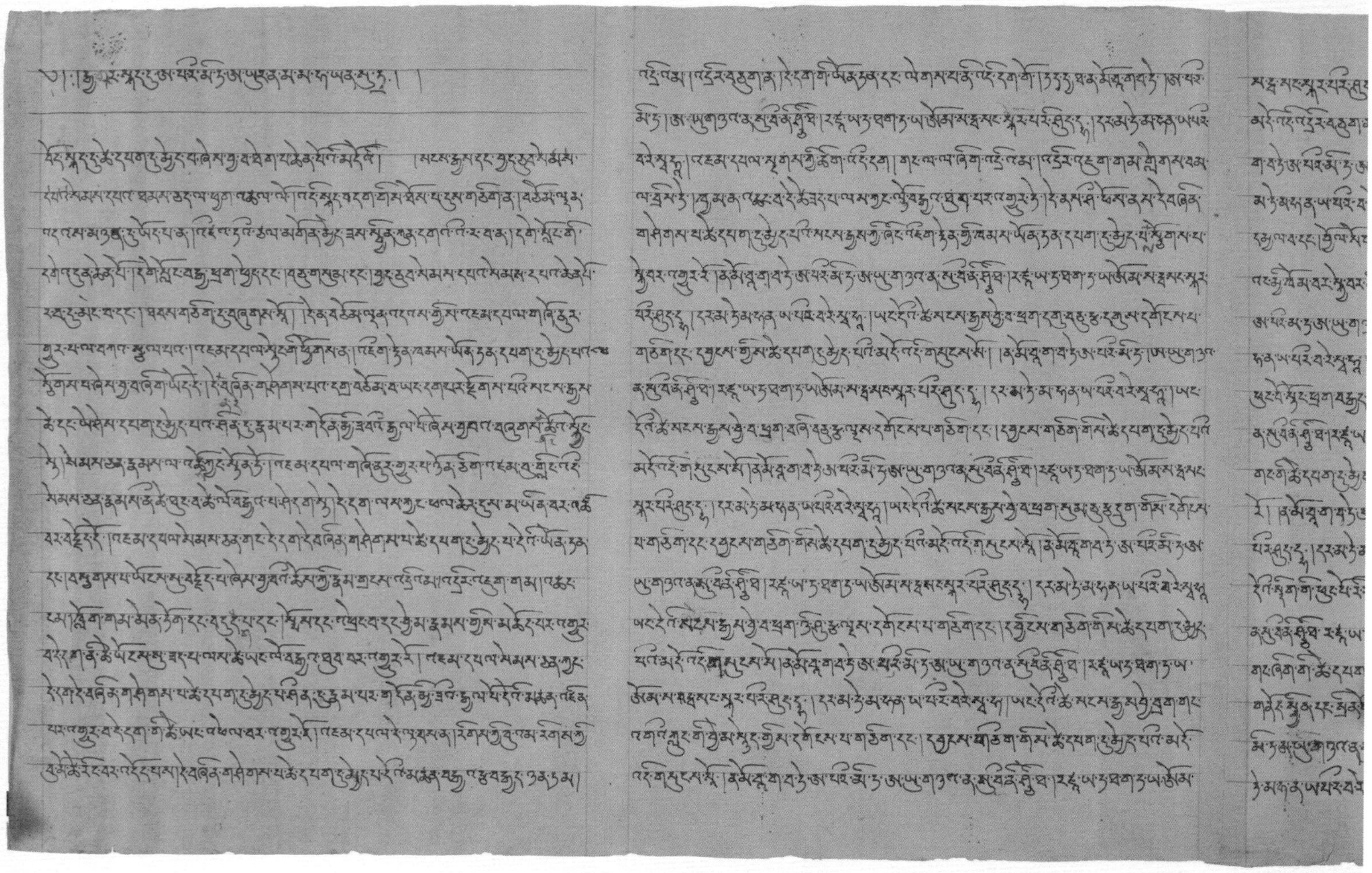

敦博 Db.t.0376　འཕགས་པ་ཚེ་དང་ཡེ་ཤེས་དཔག་ཏུ་མེད་པ་ཞེས་བྱ་བ་ཐེག་པ་ཆེན་པོའི་མདོ།

大乘無量壽宗要經　(6—4)

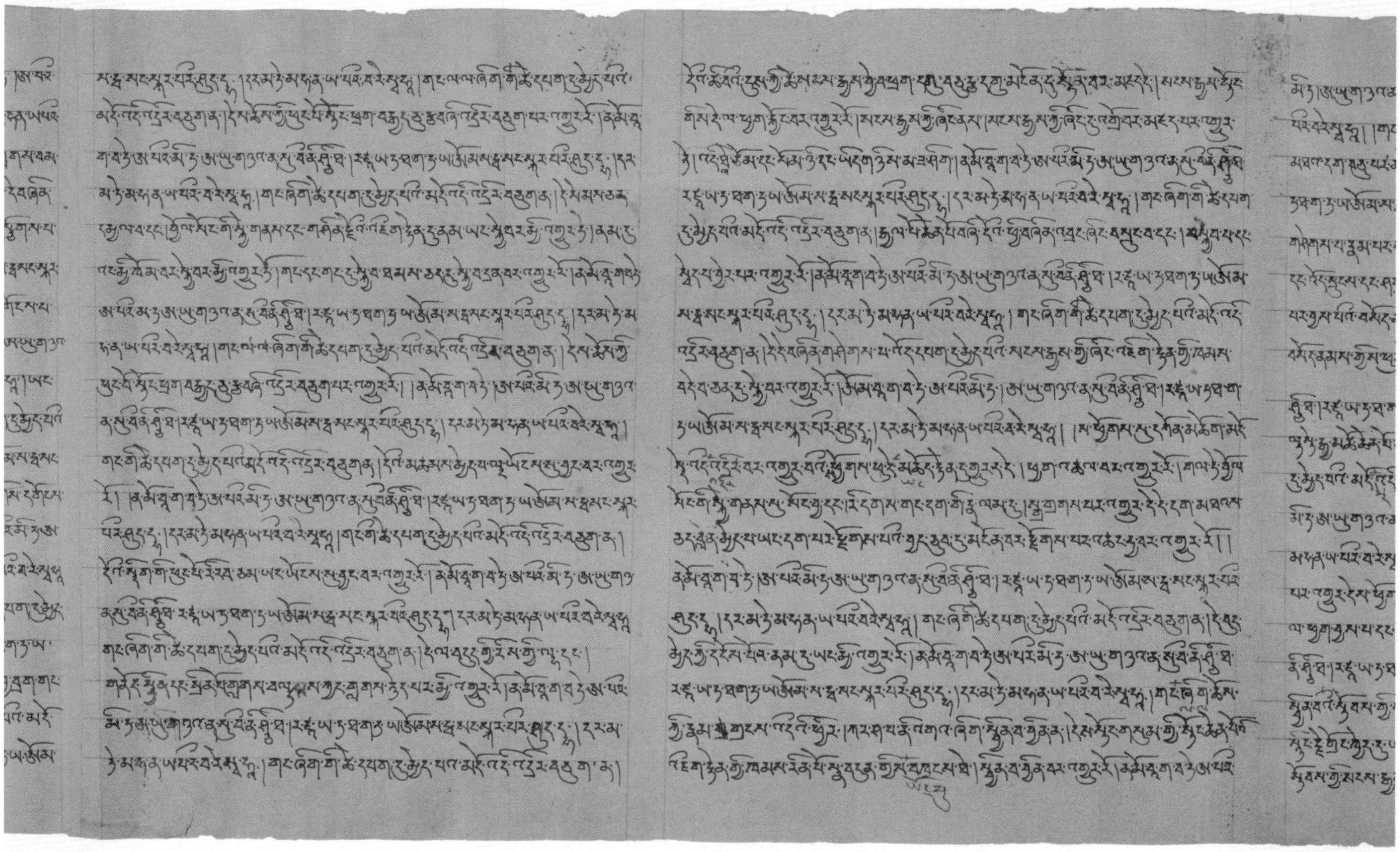

敦博 Db.t.0376 འཕགས་པ་ཚེ་དང་ཡེ་ཤེས་དཔག་ཏུ་མེད་པ་ཞེས་བྱ་བ་ཐེག་པ་ཆེན་པོའི་མདོ།
大乘無量壽宗要經 (6—5)

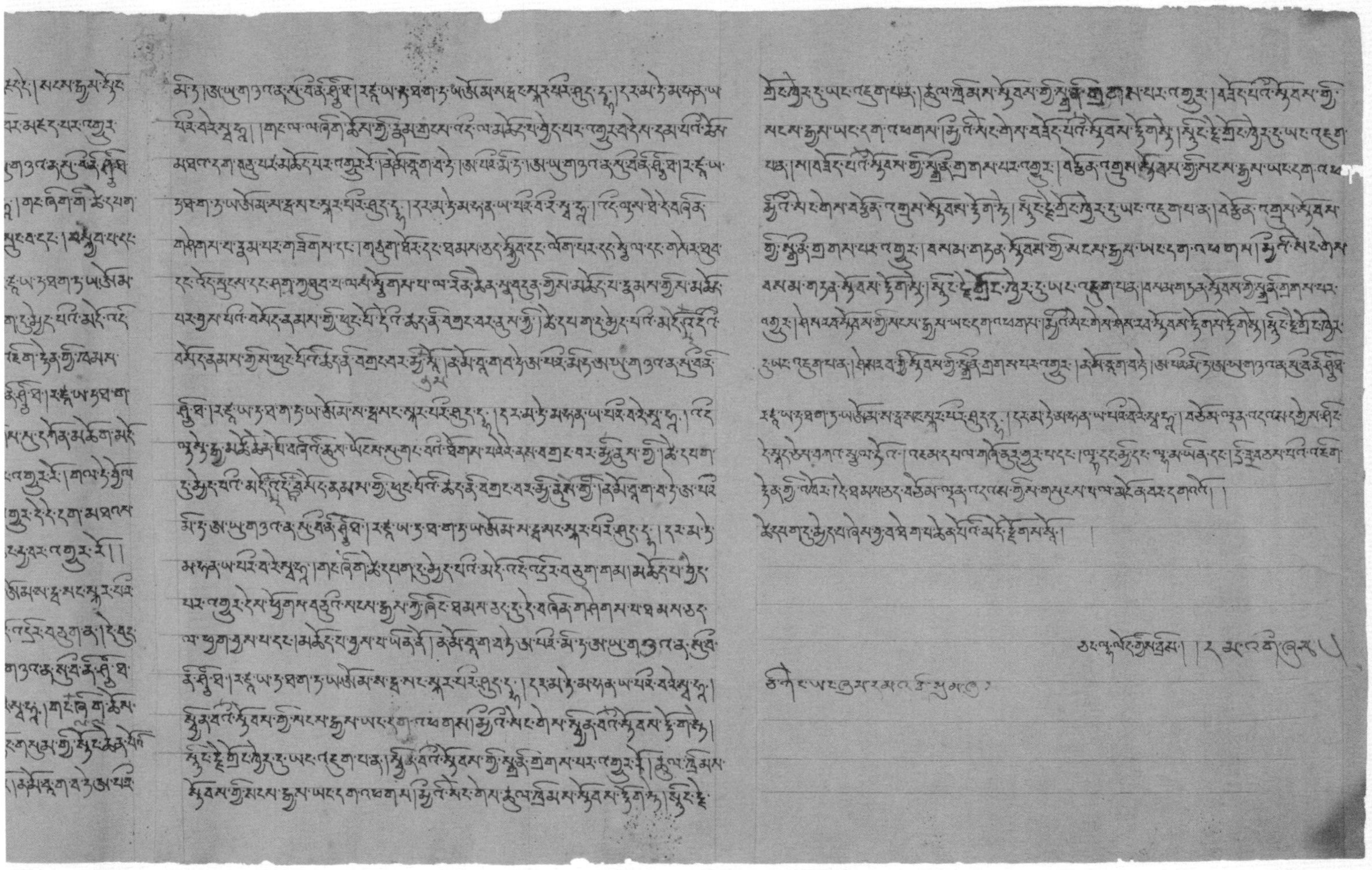

敦博 Db.t.0376 འཕགས་པ་ཚེ་དང་ཡེ་ཤེས་དཔག་ཏུ་མེད་པ་ཞེས་བྱ་བ་ཐེག་པ་ཆེན་པོའི་མདོ།
大乘無量壽宗要經 (6—6)

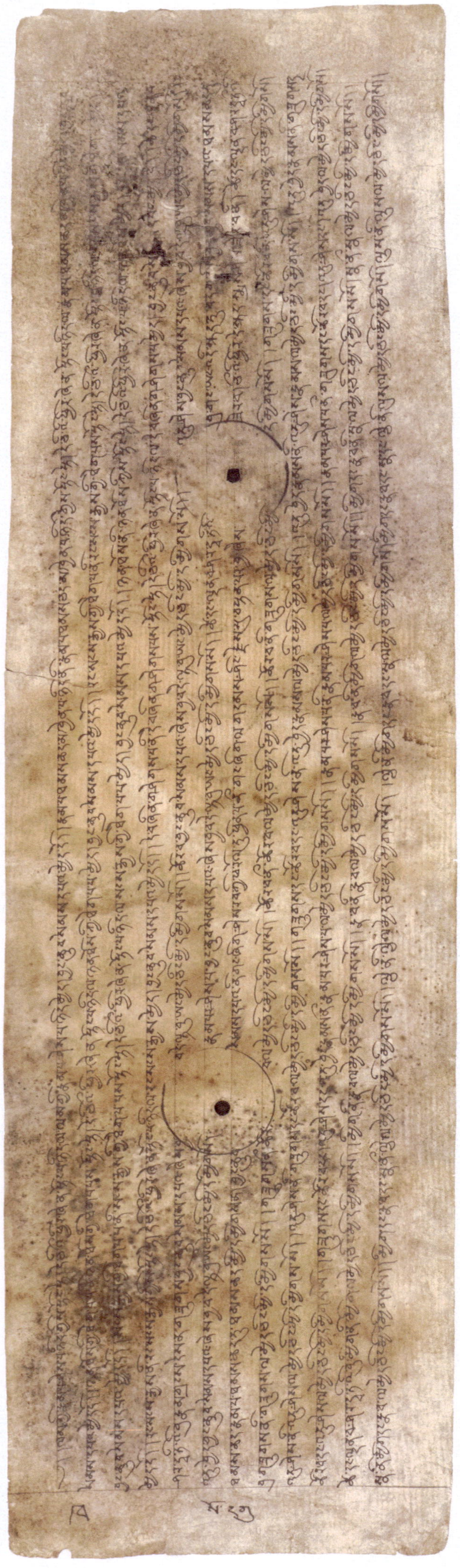

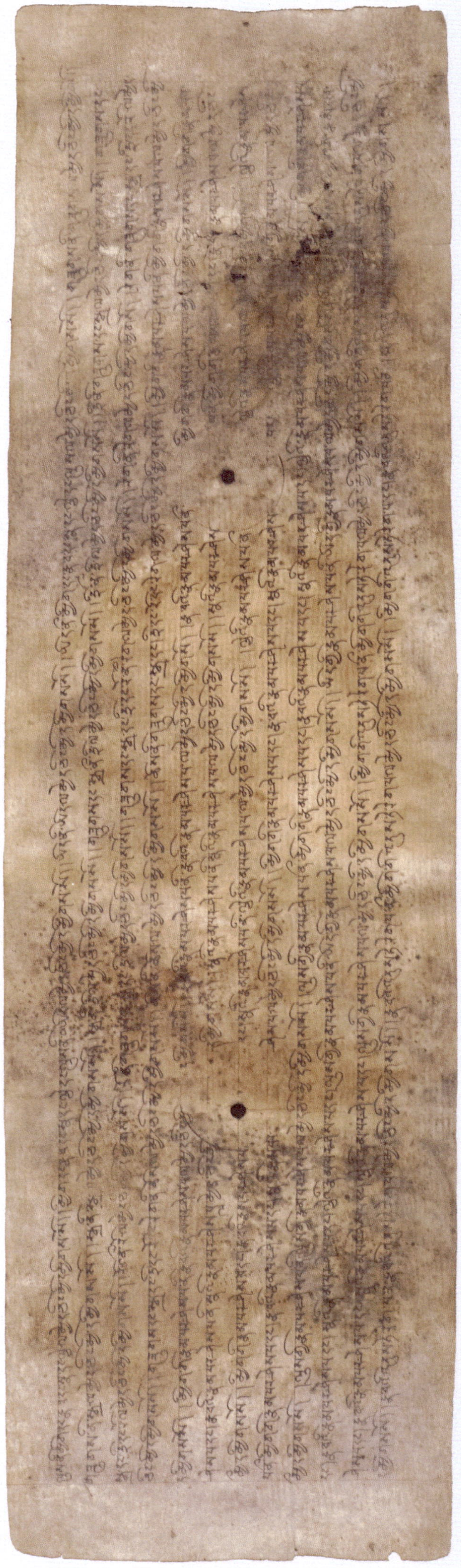

敦博 Db.t.0377 ཤེས་རབ་ཀྱི་ཕ་རོལ་ཏུ་ཕྱིན་པ་སྟོང་ཕྲག་བརྒྱ་པ།
十萬頌般若波羅蜜多經 (2—1)

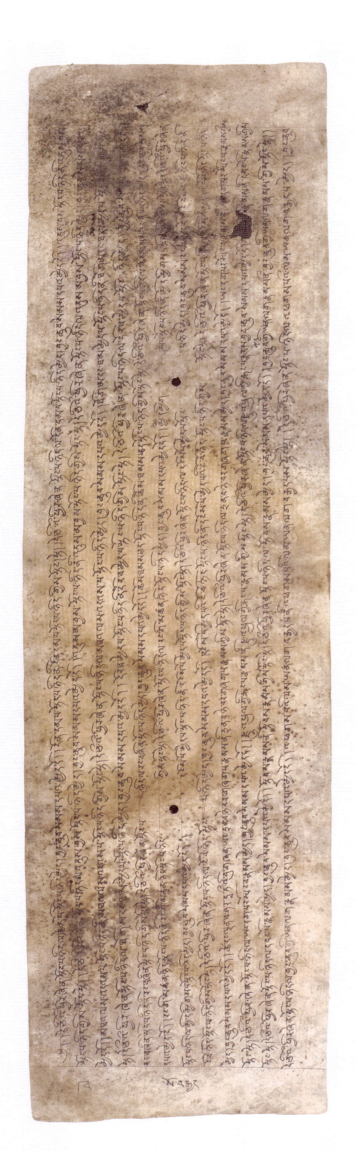

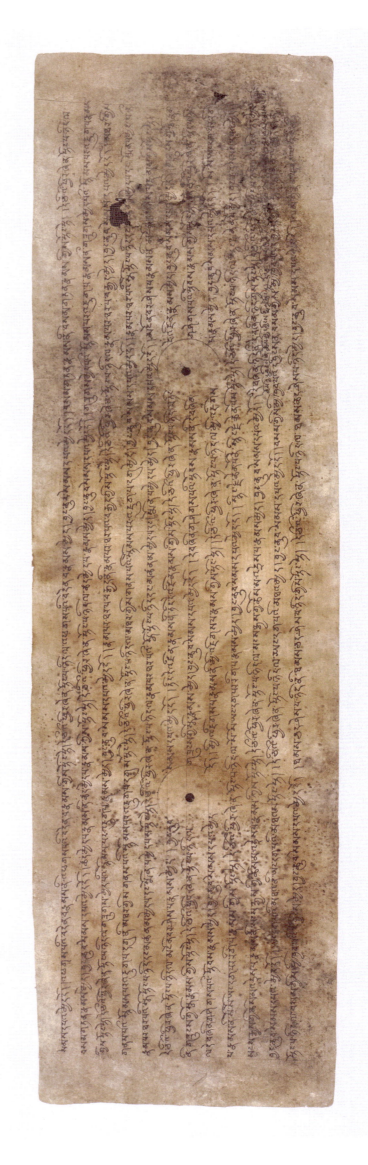

敦博 Db.t.0377　ཤེས་རབ་ཀྱི་ཕ་རོལ་ཏུ་ཕྱིན་པ་སྟོང་ཕྲག་བརྒྱ་པ།
十萬頌般若波羅蜜多經　(2—2)

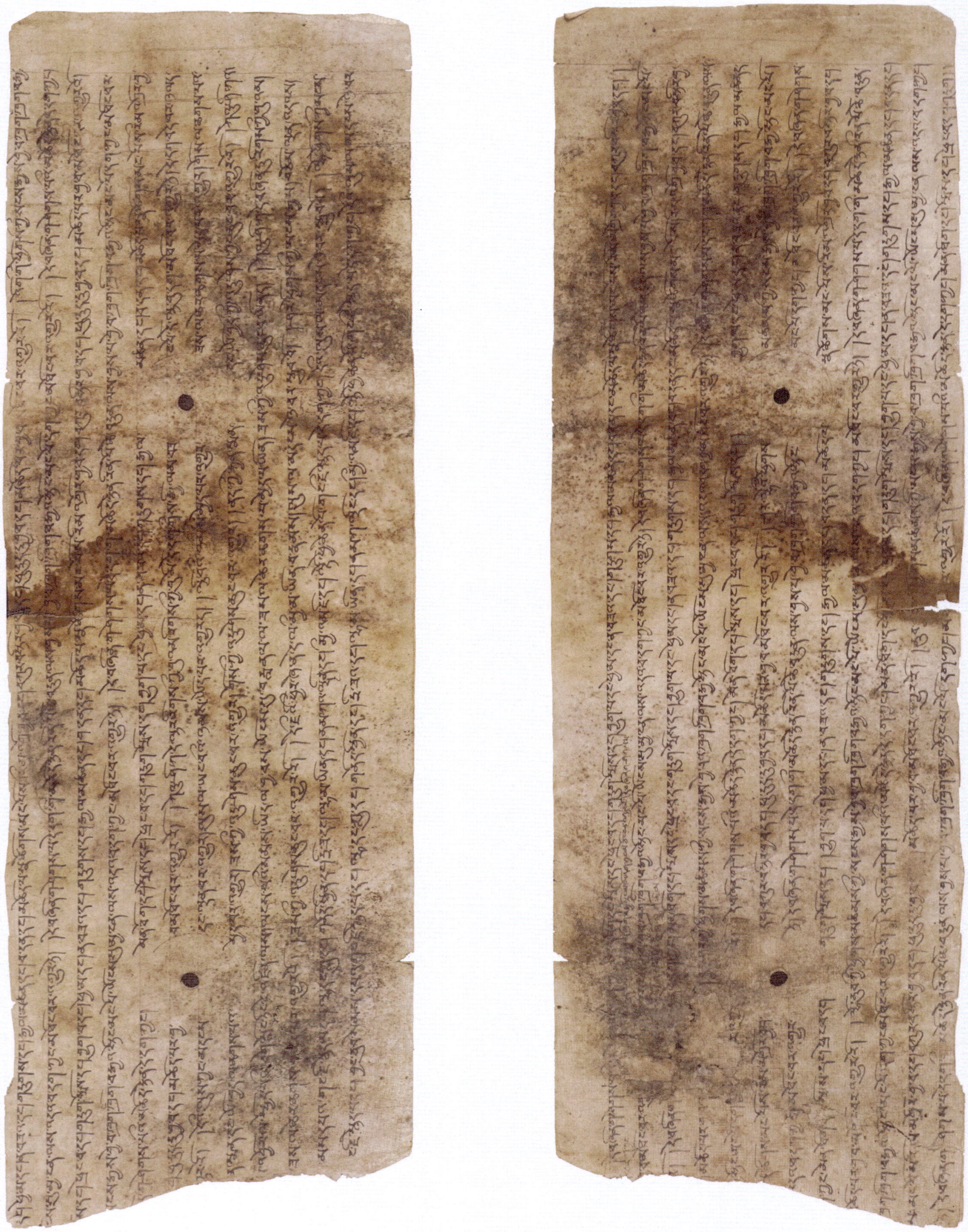

敦博 Db.t.0378 (R-V) ཤེས་རབ་ཀྱི་ཕ་རོལ་ཏུ་ཕྱིན་པ་སྟོང་ཕྲག་བརྒྱ་པ།
十萬頌般若波羅蜜多經

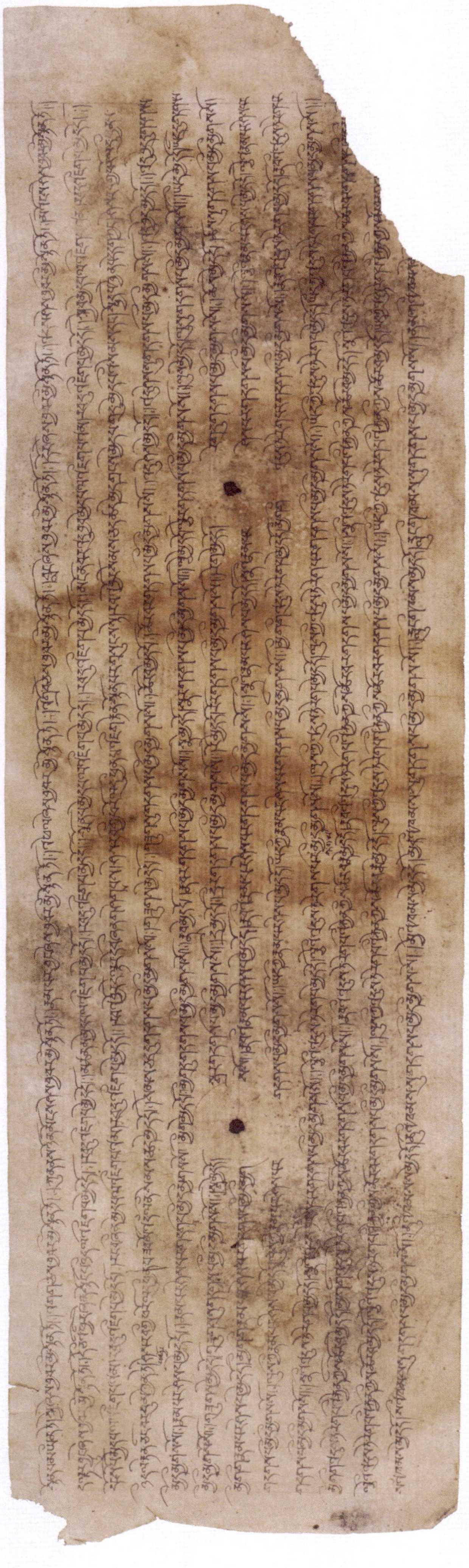

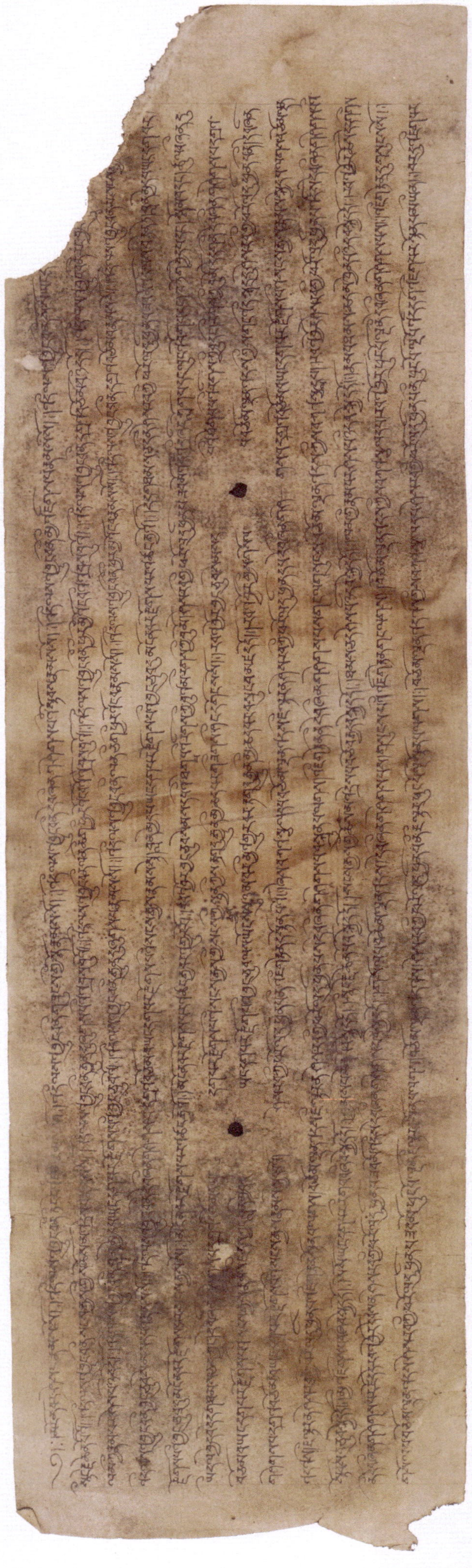

敦博 Db.t.0379 (R-V) ཤེས་རབ་ཀྱི་ཕ་རོལ་ཏུ་ཕྱིན་པ་སྟོང་ཕྲག་བརྒྱ་པ།
十萬頌般若波羅蜜多經

敦博 Db.t.0380 (R-V) ཤེས་རབ་ཀྱི་ཕ་རོལ་ཏུ་ཕྱིན་པ་སྟོང་ཕྲག་བརྒྱ་པ།
十萬頌般若波羅蜜多經

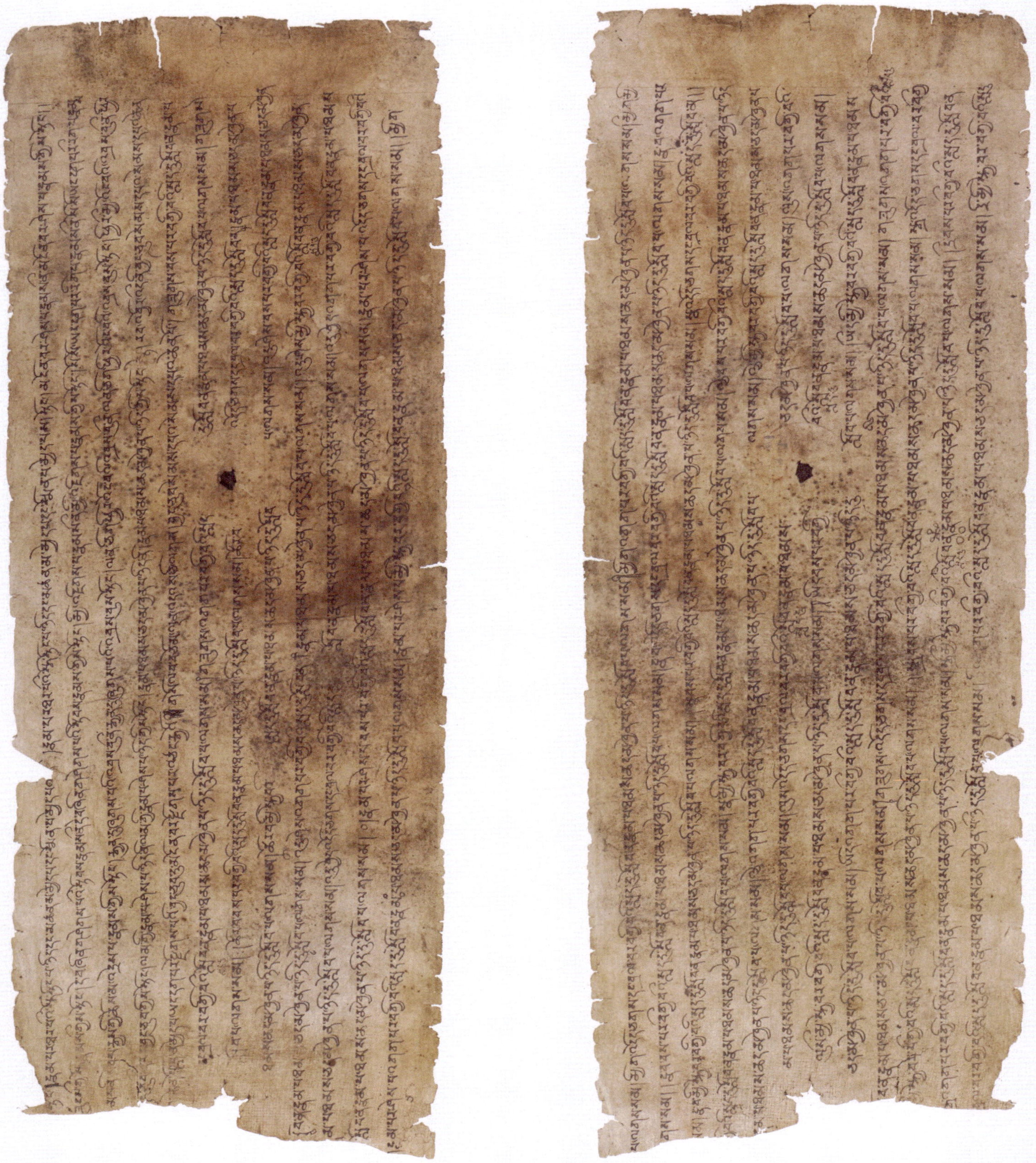

敦博 Db.t.0381 (R-V) ཤེས་རབ་ཀྱི་ཕ་རོལ་ཏུ་ཕྱིན་པ་སྟོང་ཕྲག་བརྒྱ་པ།
十萬頌般若波羅蜜多經

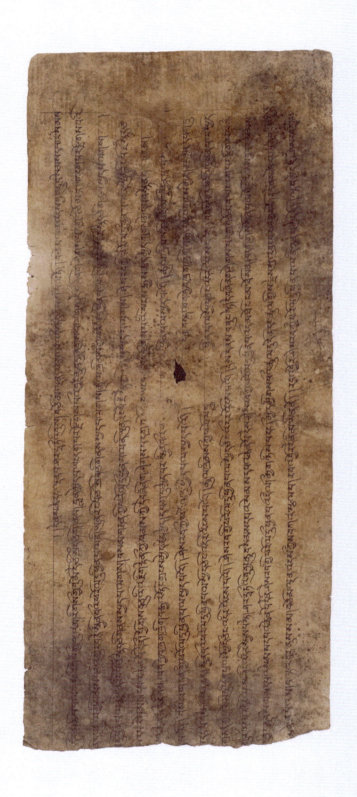

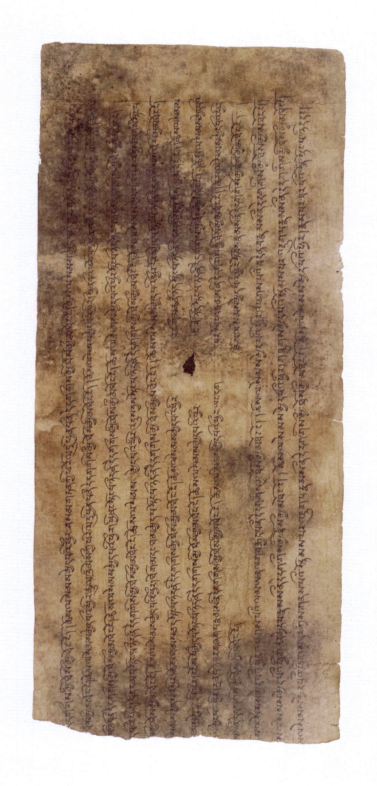

敦博 Db.t.0382 (R-V) ཤེས་རབ་ཀྱི་ཕ་རོལ་ཏུ་ཕྱིན་པ་སྟོང་ཕྲག་བརྒྱ་པ།
十萬頌般若波羅蜜多經

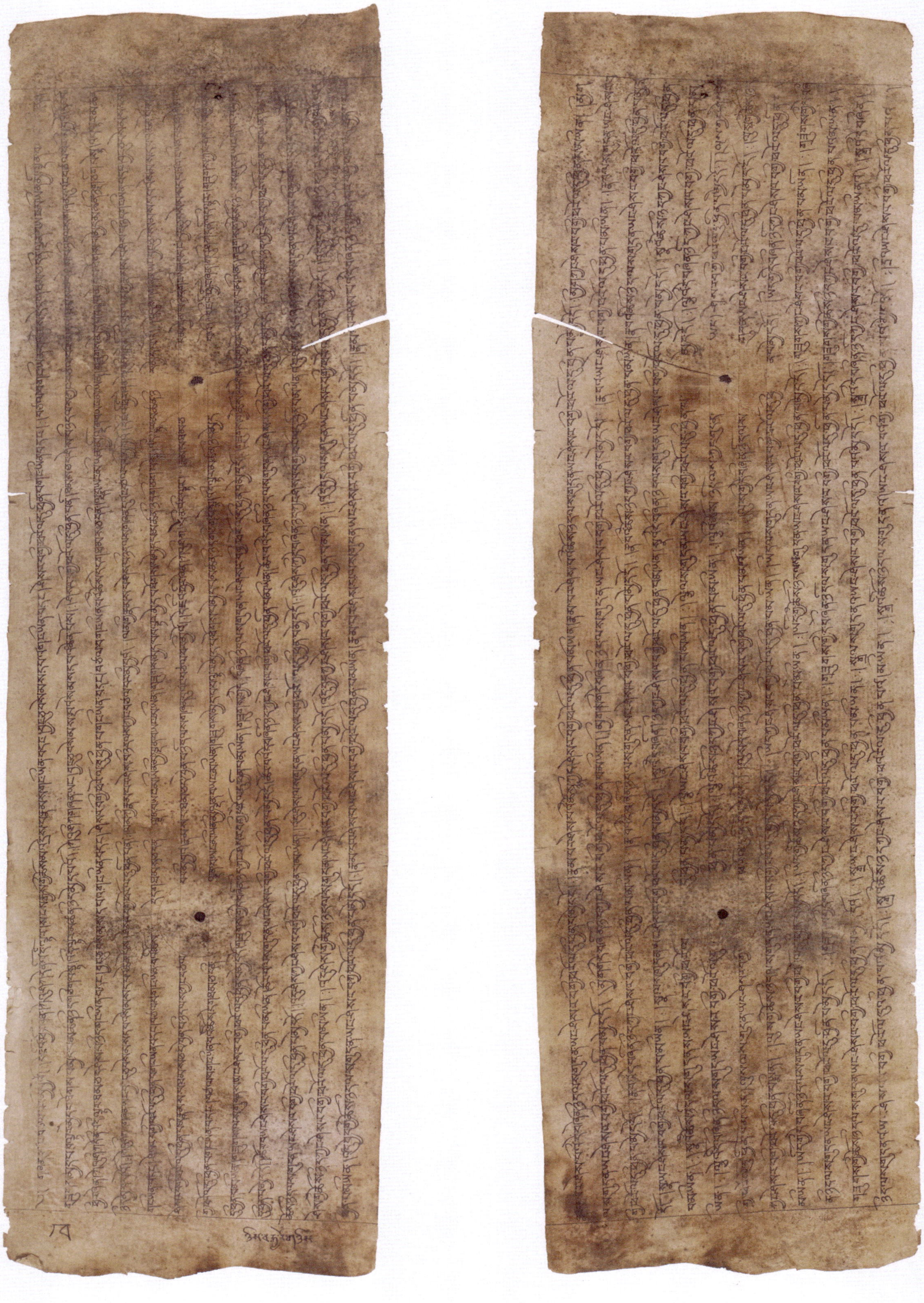

敦博 Db.t.0383 (R-V) ཤེས་རབ་ཀྱི་ཕ་རོལ་ཏུ་ཕྱིན་པ་སྟོང་ཕྲག་བརྒྱ་པ།
十萬頌般若波羅蜜多經

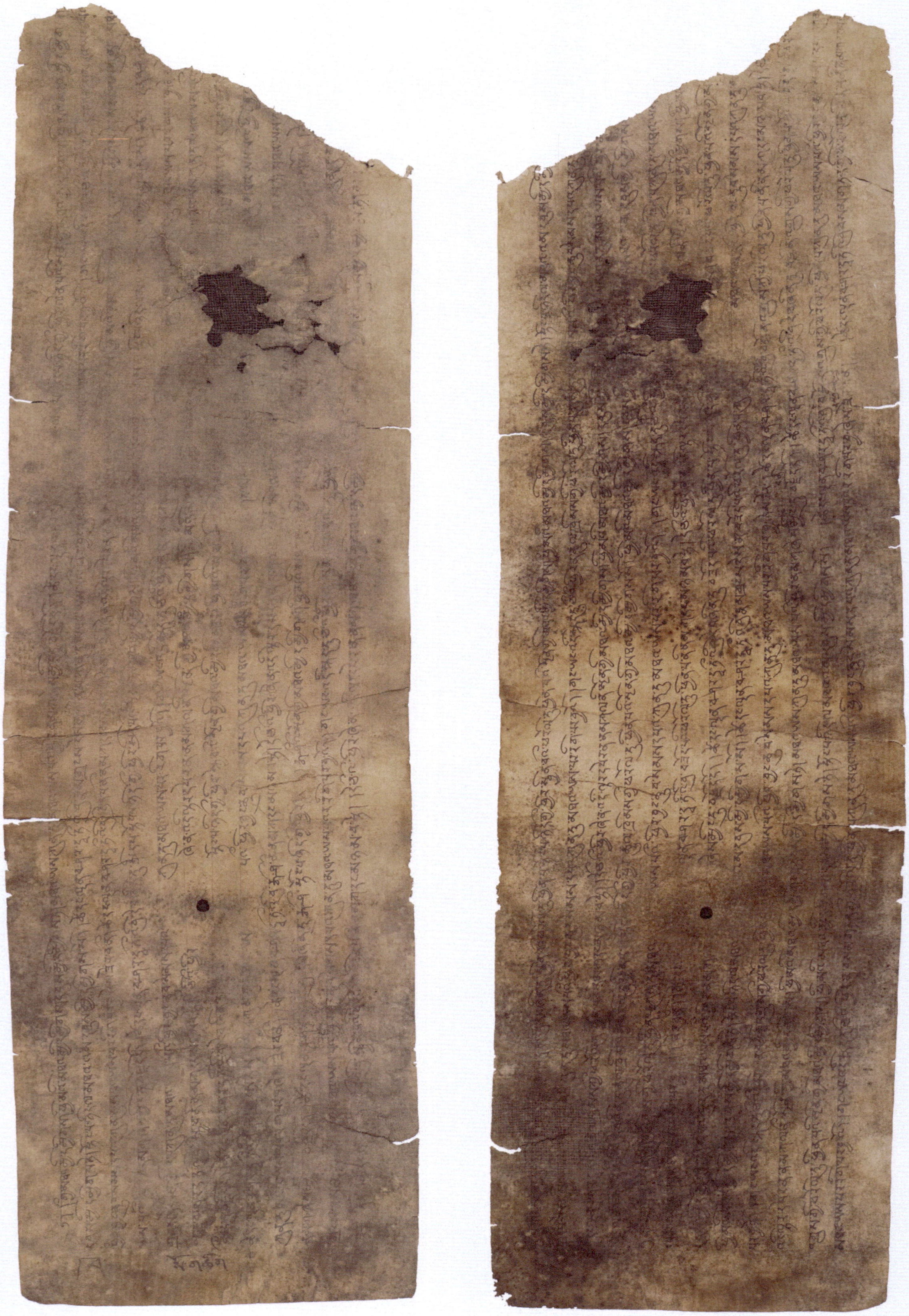

敦博 Db.t.0384 (R-V) ཤེས་རབ་ཀྱི་ཕ་རོལ་ཏུ་ཕྱིན་པ་སྟོང་ཕྲག་བརྒྱ་པ།
十萬頌般若波羅蜜多經

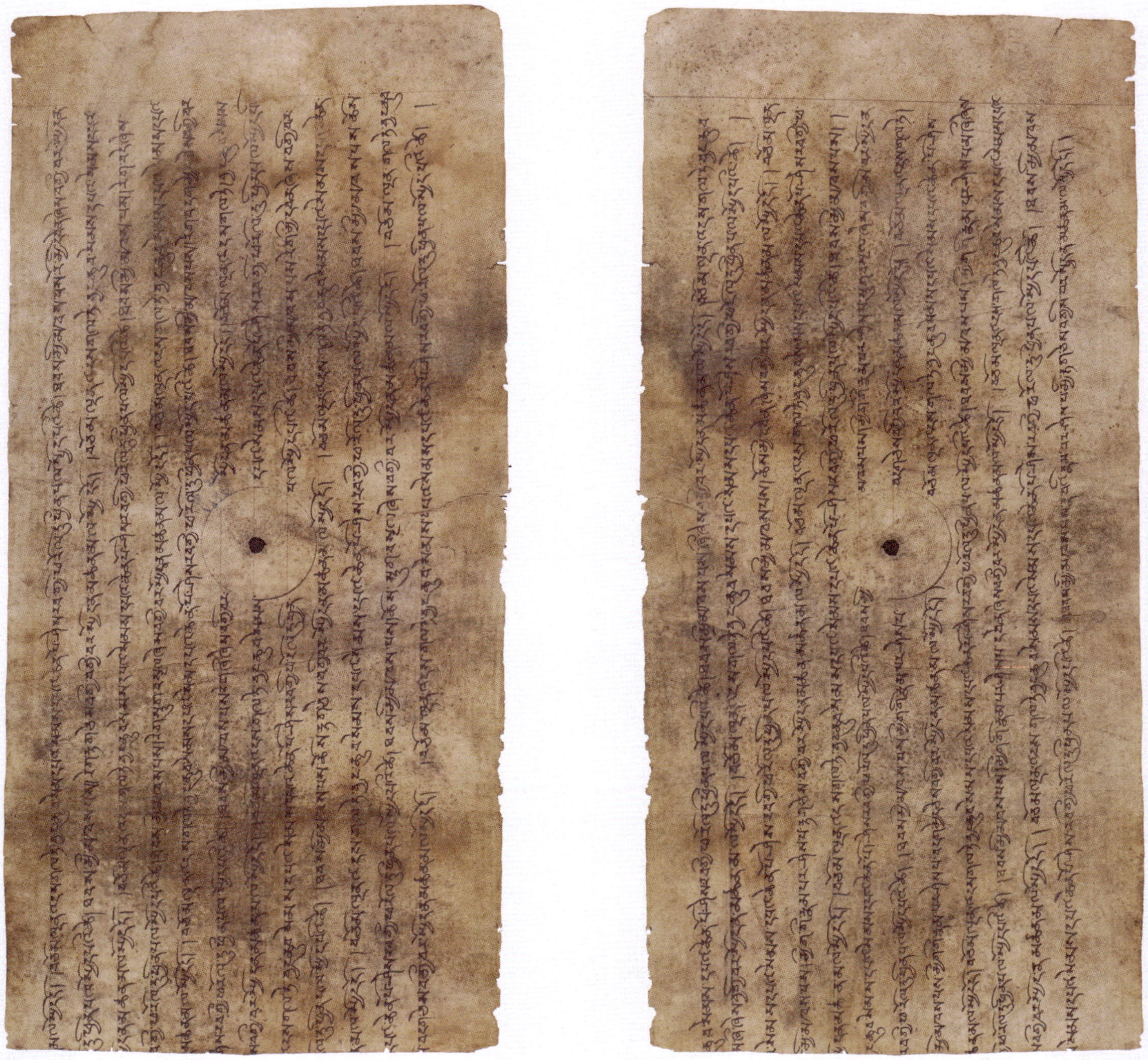

敦博 Db.t.0385 (R-V)　ཤེས་རབ་ཀྱི་ཕ་རོལ་དུ་ཕྱིན་པ་སྟོང་ཕྲག་བརྒྱ་པ།
十萬頌般若波羅蜜多經

敦博 Db.t.0386 (R-V) ཤེས་རབ་ཀྱི་ཕ་རོལ་ཏུ་ཕྱིན་པ་སྟོང་ཕྲག་བརྒྱ་པ།
十萬頌般若波羅蜜多經

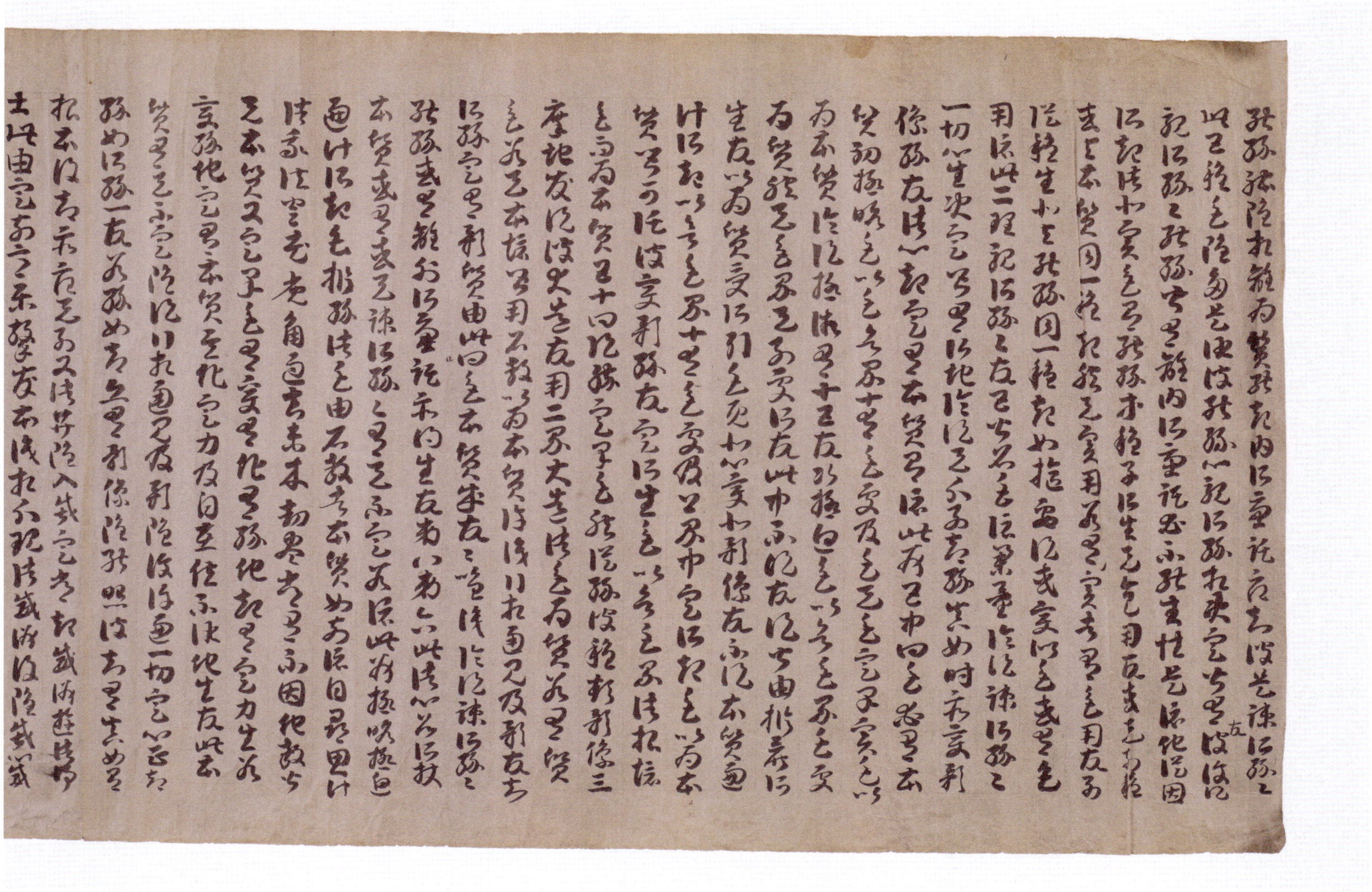

敦博 Db.t.0387 རྒྱའི་ཆོས་གཞུང་།
漢文佛經 (2—1)

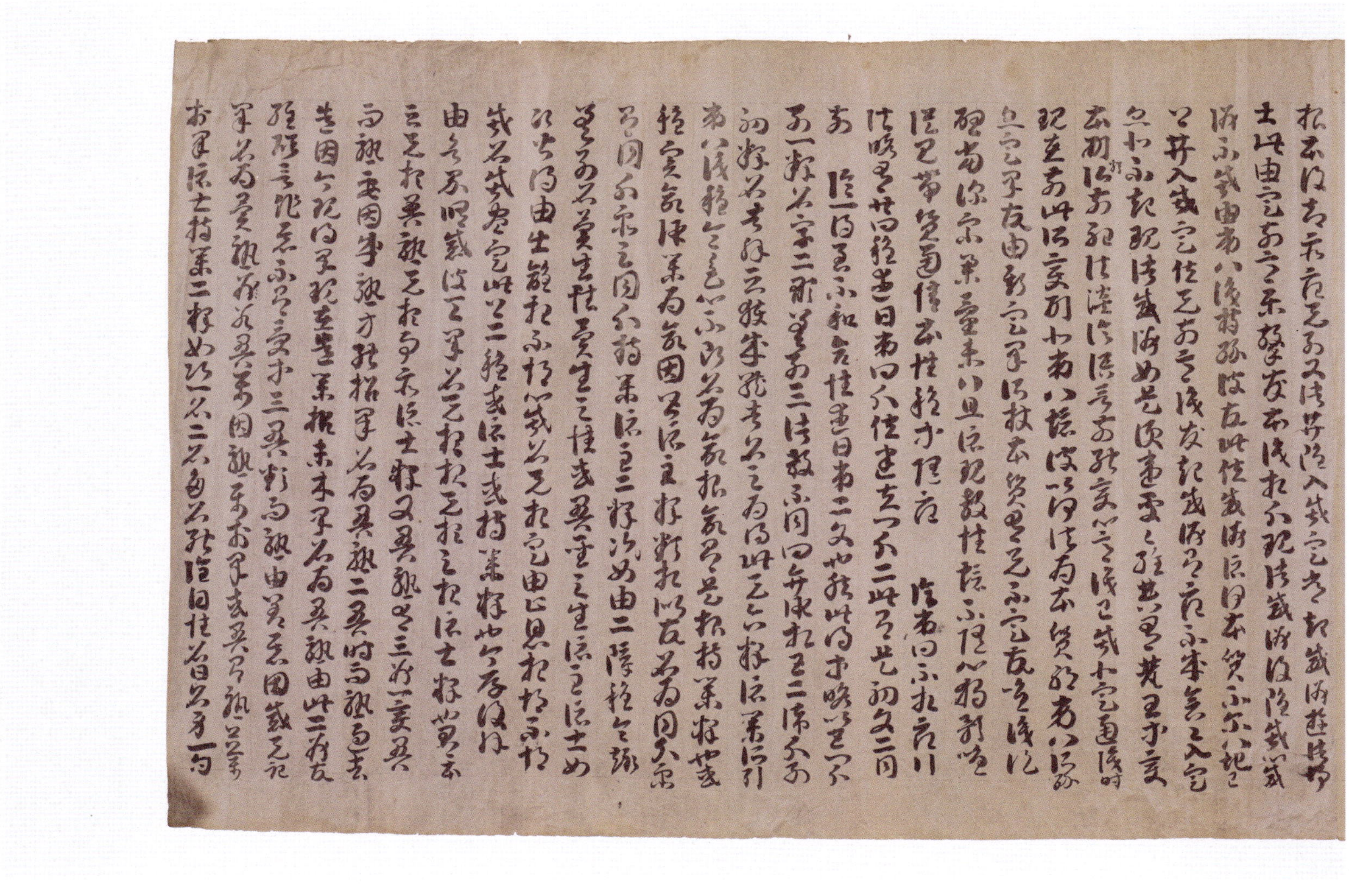

敦博 Db.t.0387 རྒྱའི་ཆོས་གཞུང་།
漢文佛經 (2—2)

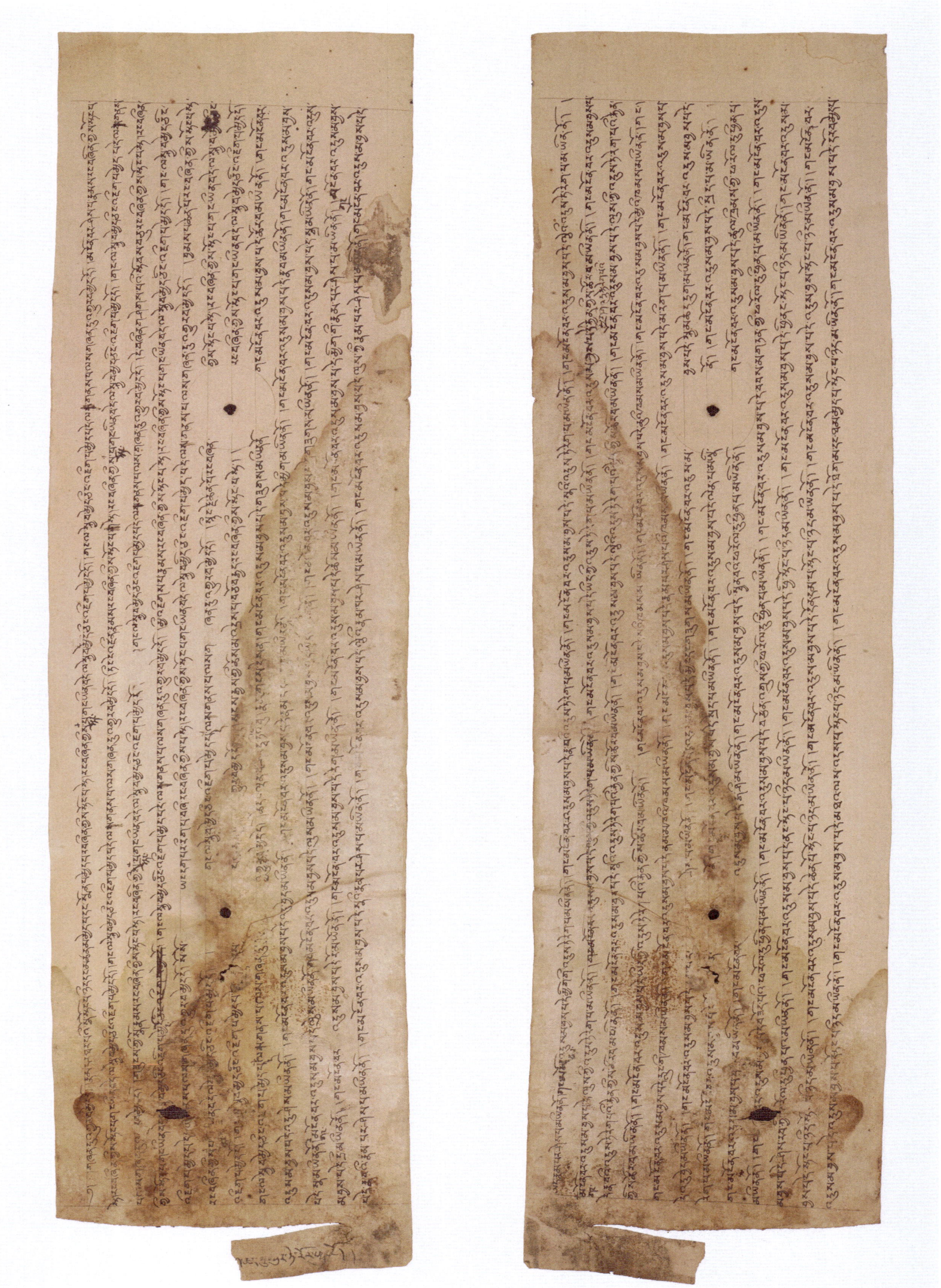

敦博 Db.t.0388 (R-V) ཤེས་རབ་ཀྱི་ཕ་རོལ་ཏུ་ཕྱིན་པ་སྟོང་ཕྲག་བརྒྱ་པ།
十萬頌般若波羅蜜多經

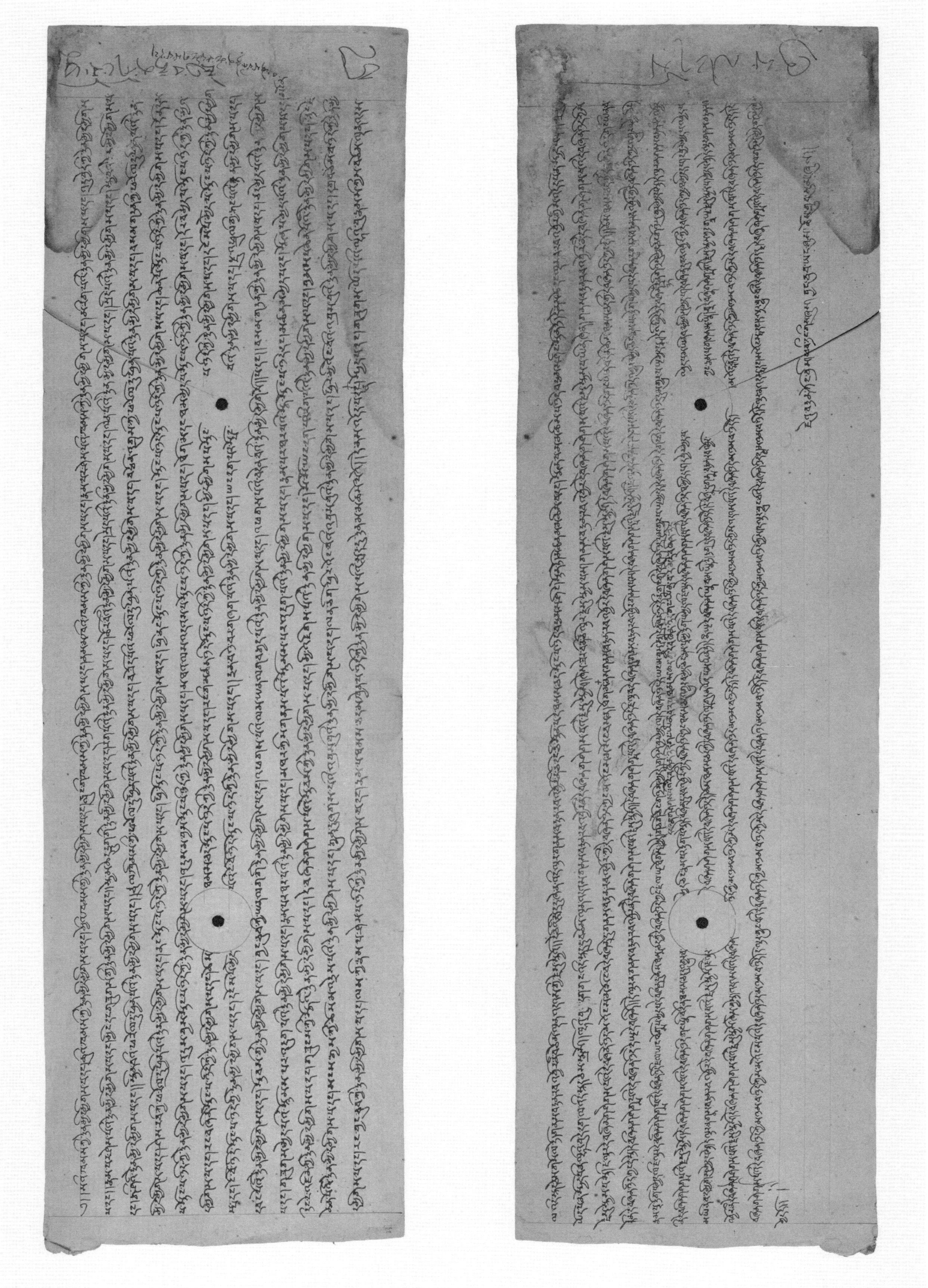

敦博 Db.t.0389 (R-V) ཤེས་རབ་ཀྱི་ཕ་རོལ་ཏུ་ཕྱིན་པ་སྟོང་ཕྲག་བརྒྱ་པ།
十萬頌般若波羅蜜多經

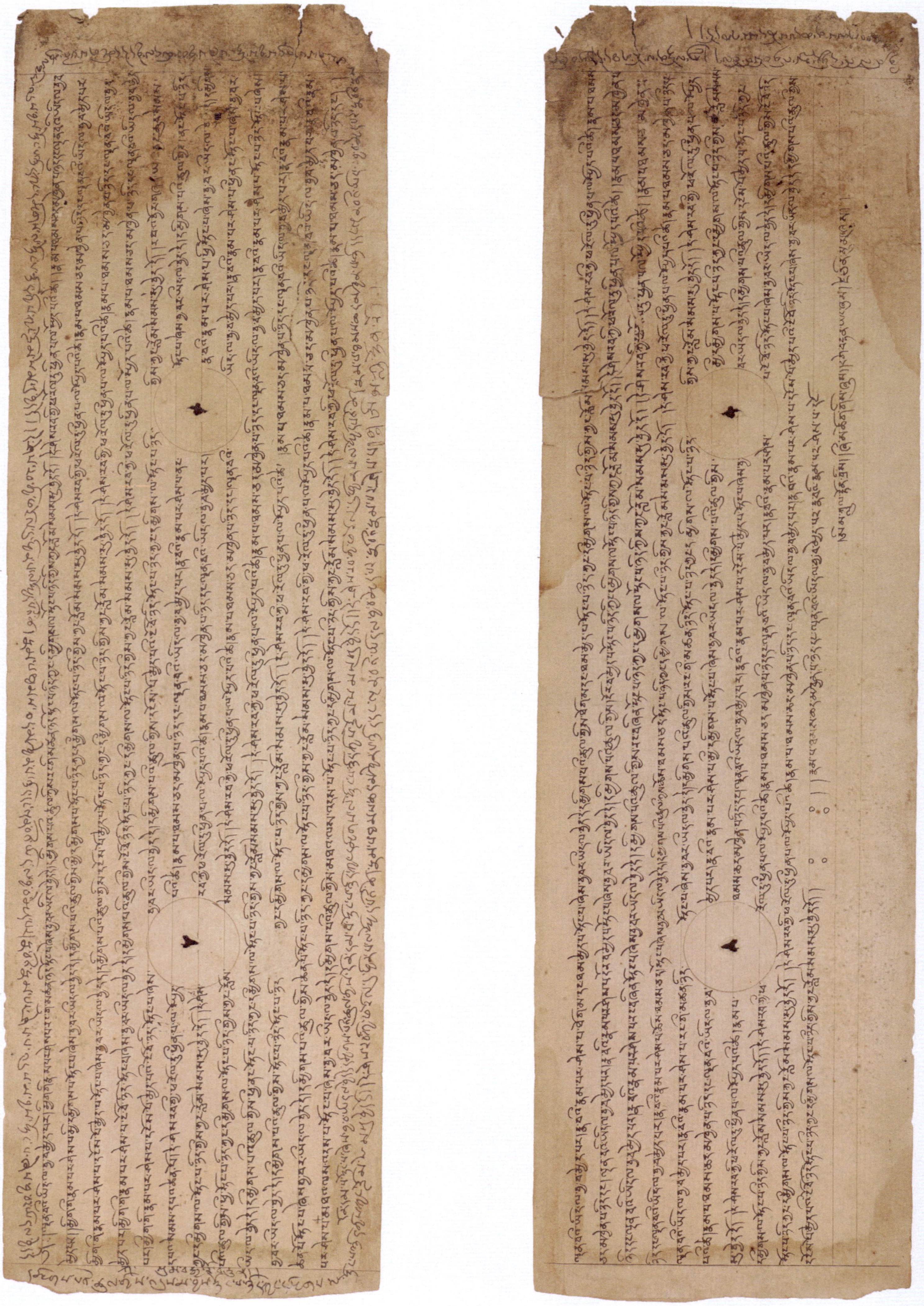

敦博 Db.t.0390 (R-V) ཤེས་རབ་ཀྱི་ཕ་རོལ་ཏུ་ཕྱིན་པ་སྟོང་ཕྲག་བརྒྱ་པ།
十萬頌般若波羅蜜多經

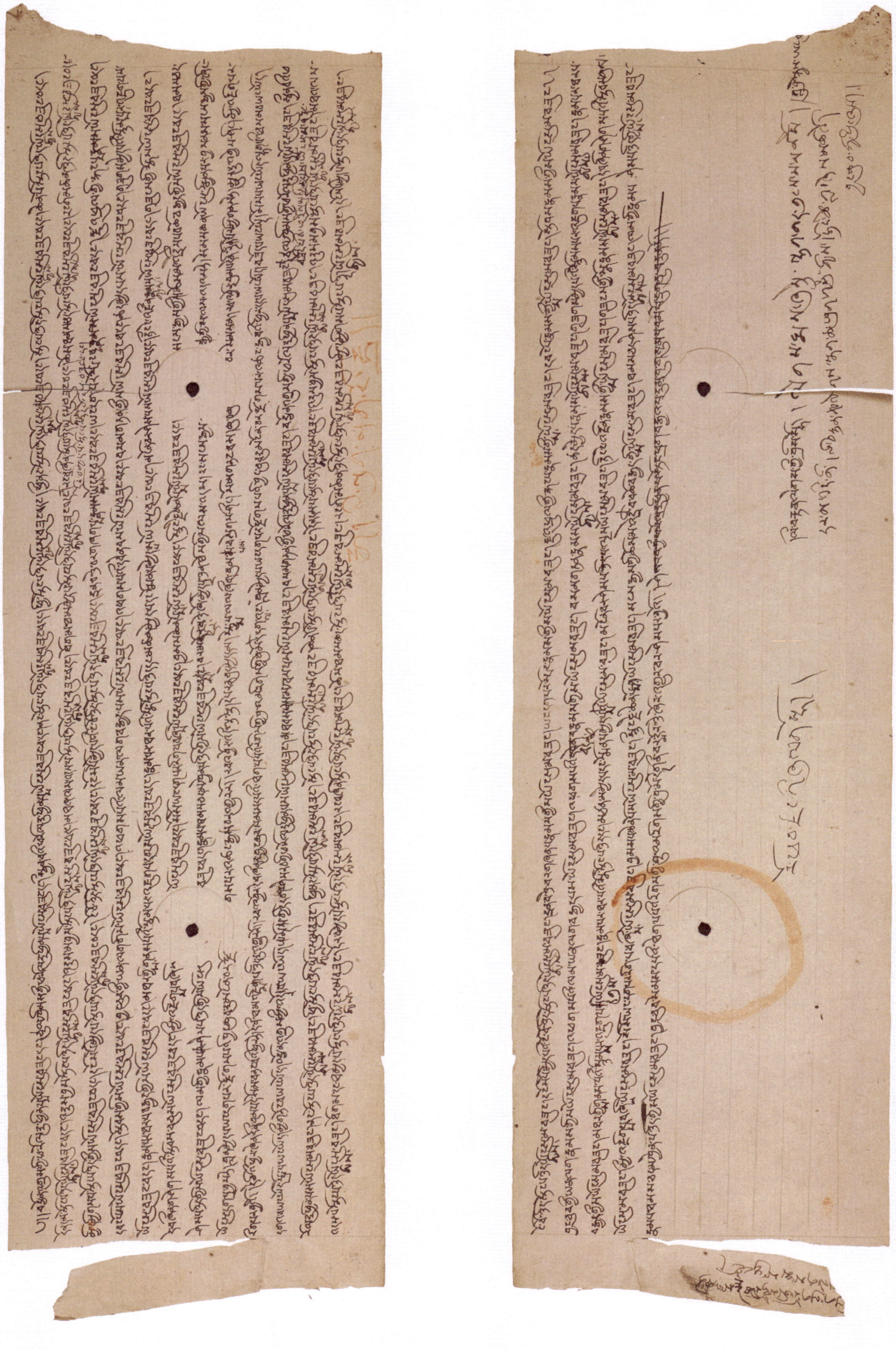

敦博 Db.t.0391 (R-V) ཤེས་རབ་ཀྱི་ཕ་རོལ་ཏུ་ཕྱིན་པ་སྟོང་ཕྲག་བརྒྱ་པ།
十萬頌般若波羅蜜多經

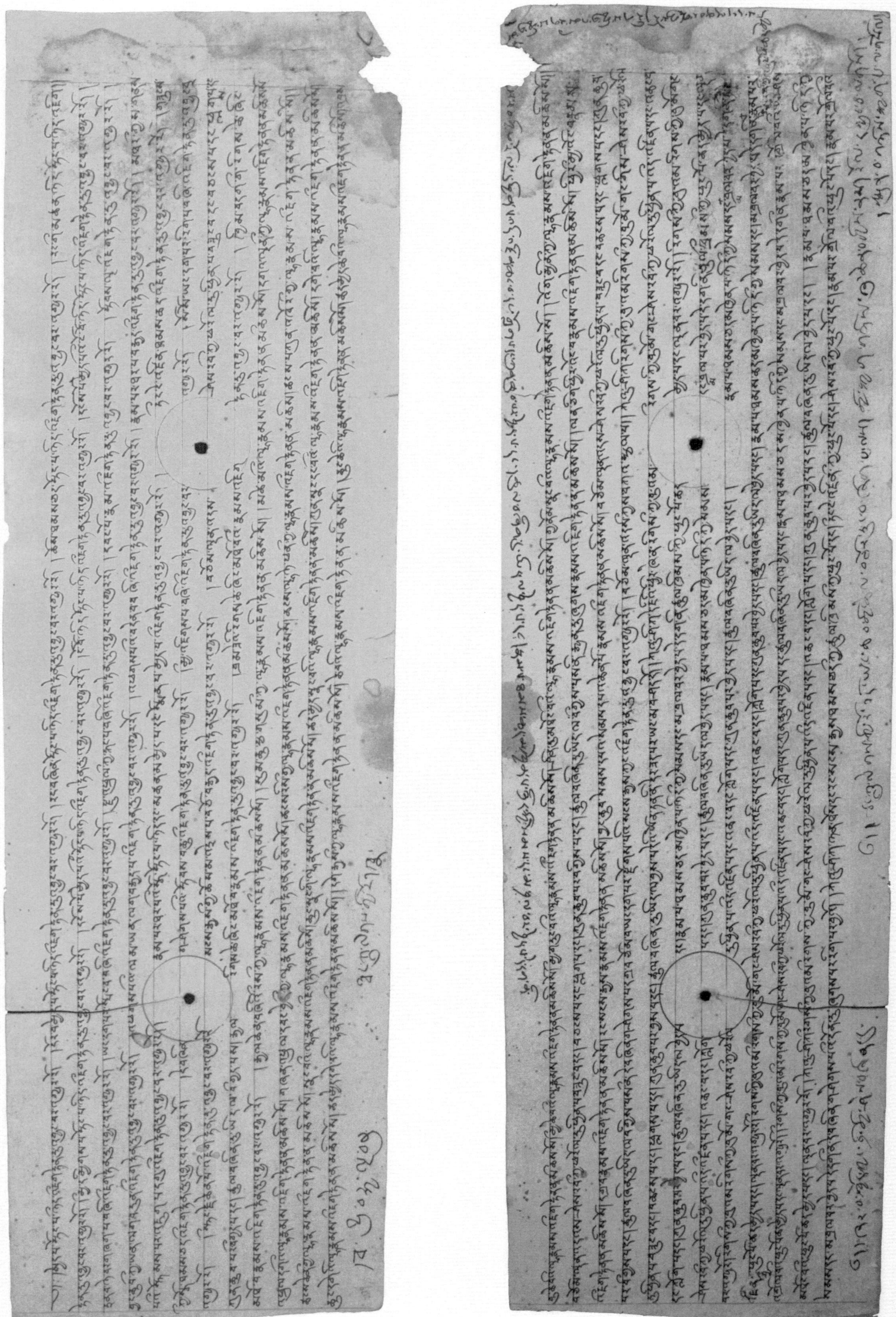

敦博 Db.t.0392 (R-V) ཤེས་རབ་ཀྱི་ཕ་རོལ་ཏུ་ཕྱིན་པ་སྟོང་ཕྲག་བརྒྱ་པ།
十萬頌般若波羅蜜多經

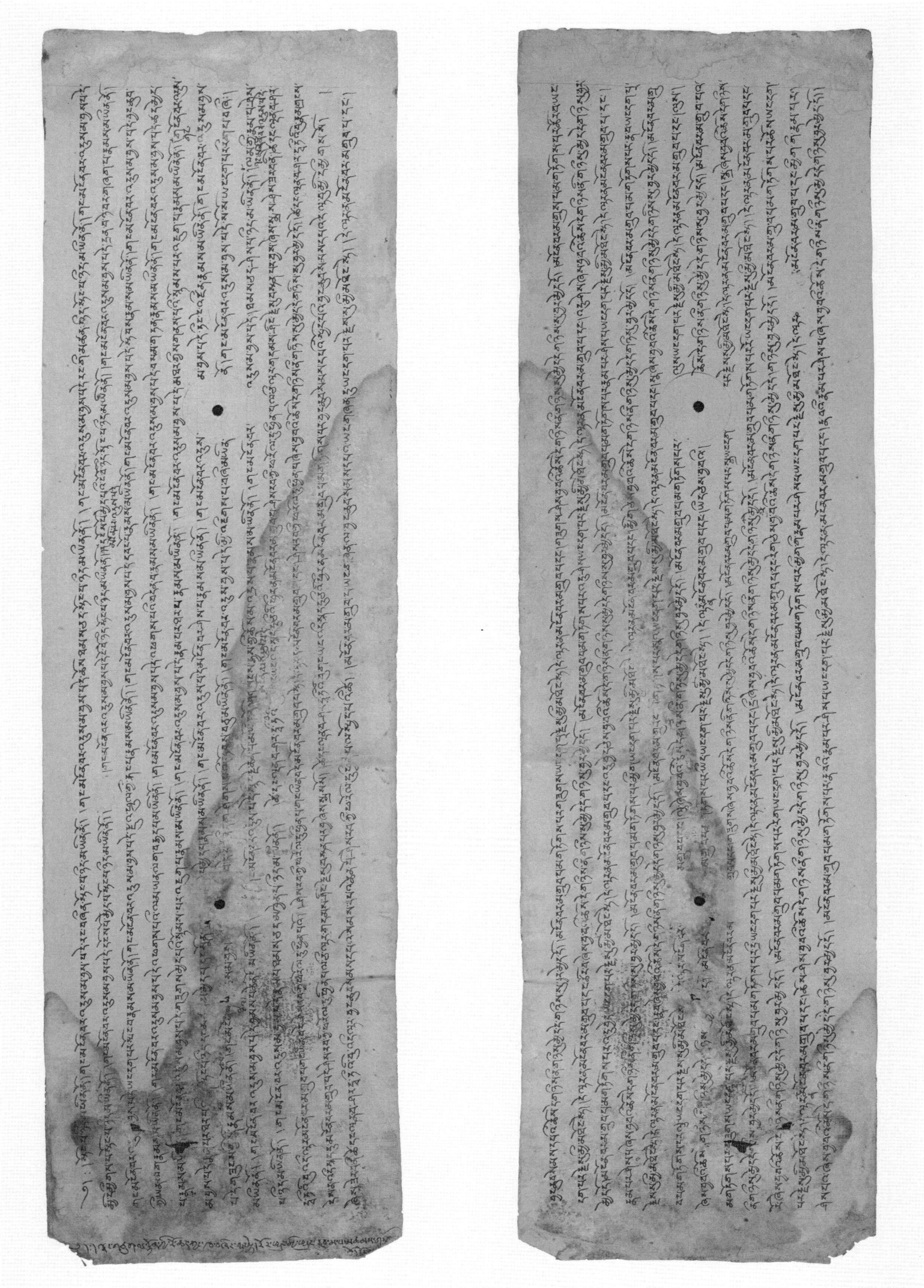

敦博 Db.t.0393 (R-V) ཤེས་རབ་ཀྱི་ཕ་རོལ་ཏུ་ཕྱིན་པ་སྟོང་ཕྲག་བརྒྱ་པ།
十萬頌般若波羅蜜多經

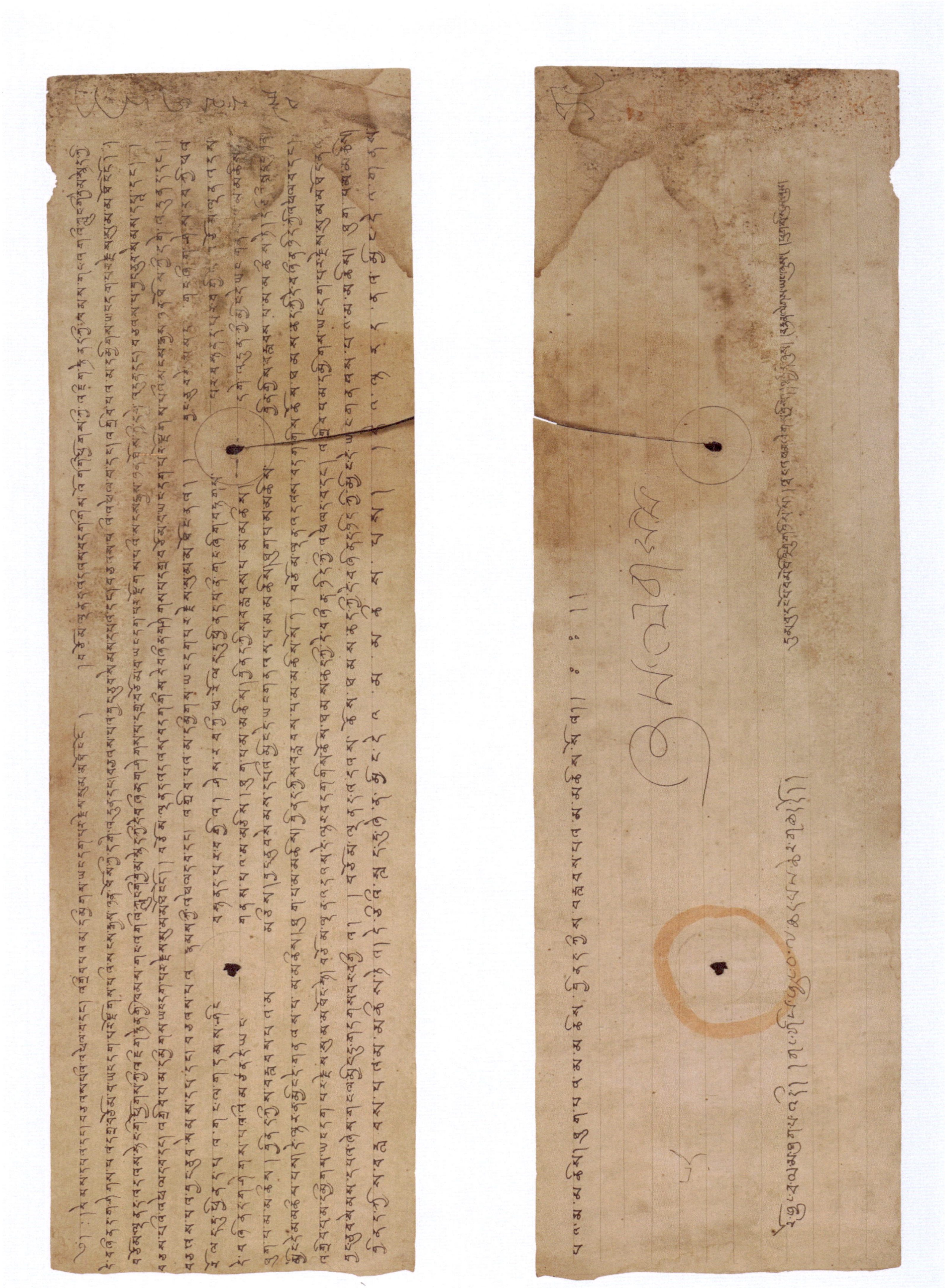

敦博 Db.t.0394 (R-V) ཤེས་རབ་ཀྱི་ཕ་རོལ་ཏུ་ཕྱིན་པ་སྟོང་ཕྲག་བརྒྱ་པ་དུམ་བུ་དང་པོ་བམ་པོ་ཉི་ཤུ་སོ།།
十萬頌般若波羅蜜多經第一卷第二十二品

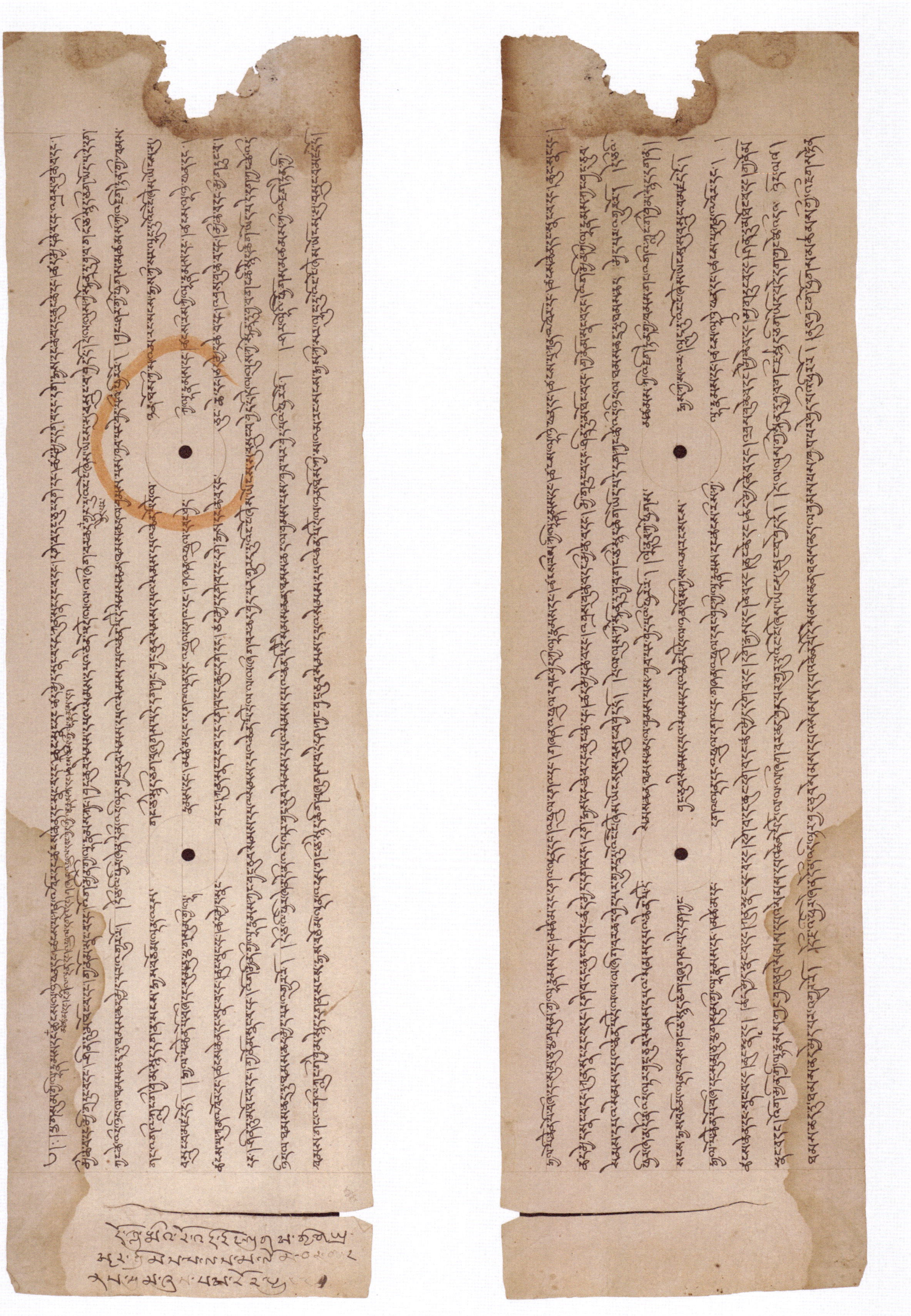

敦博 Db.t.0395 (R-V) ཤེས་རབ་ཀྱི་ཕ་རོལ་ཏུ་ཕྱིན་པ་སྟོང་ཕྲག་བརྒྱ་པ།
十萬頌般若波羅蜜多經

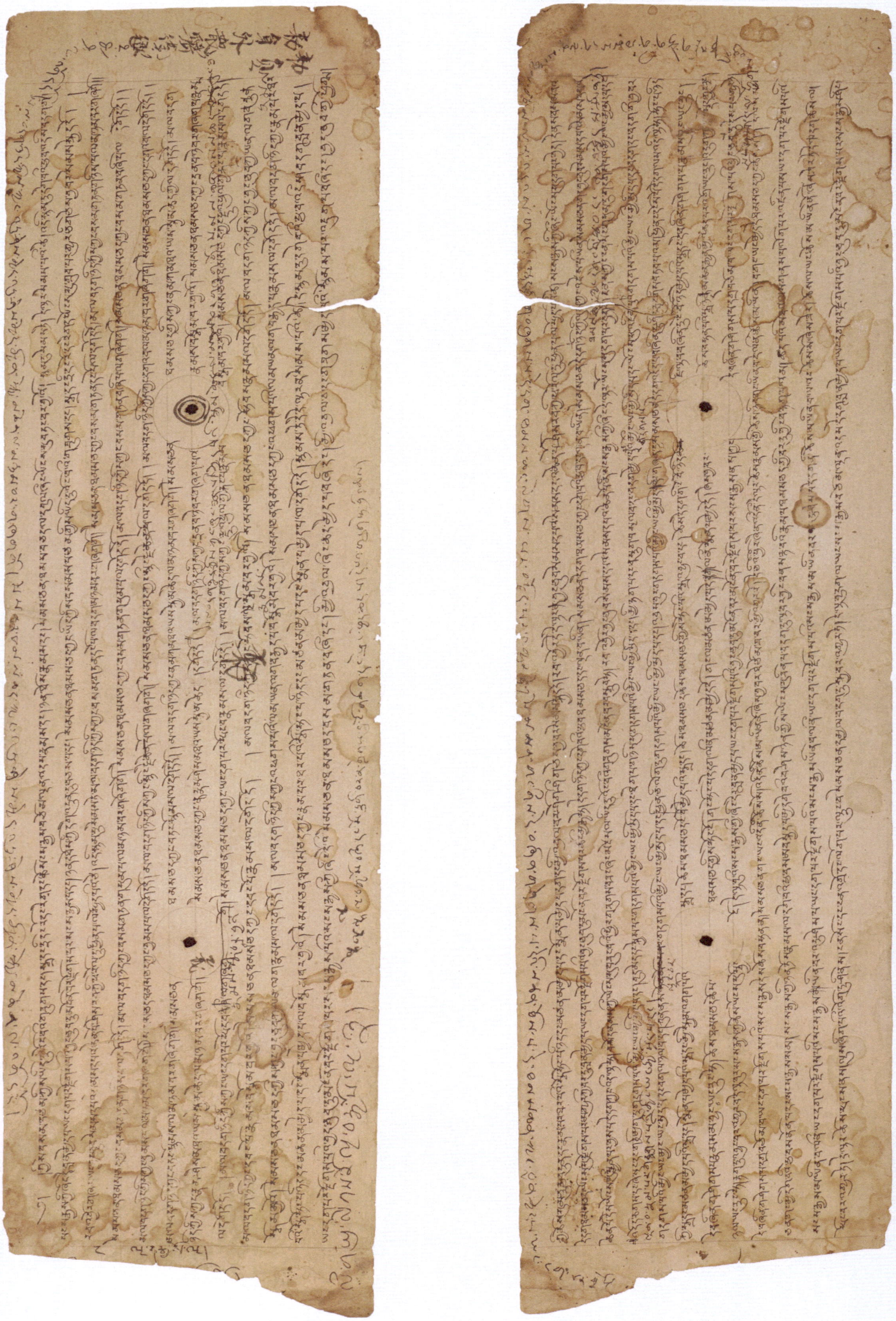

敦博 Db.t.0396 (R-V) ཤེས་རབ་ཀྱི་ཕ་རོལ་ཏུ་ཕྱིན་པ་སྟོང་ཕྲག་བརྒྱ་པ།
十萬頌般若波羅蜜多經

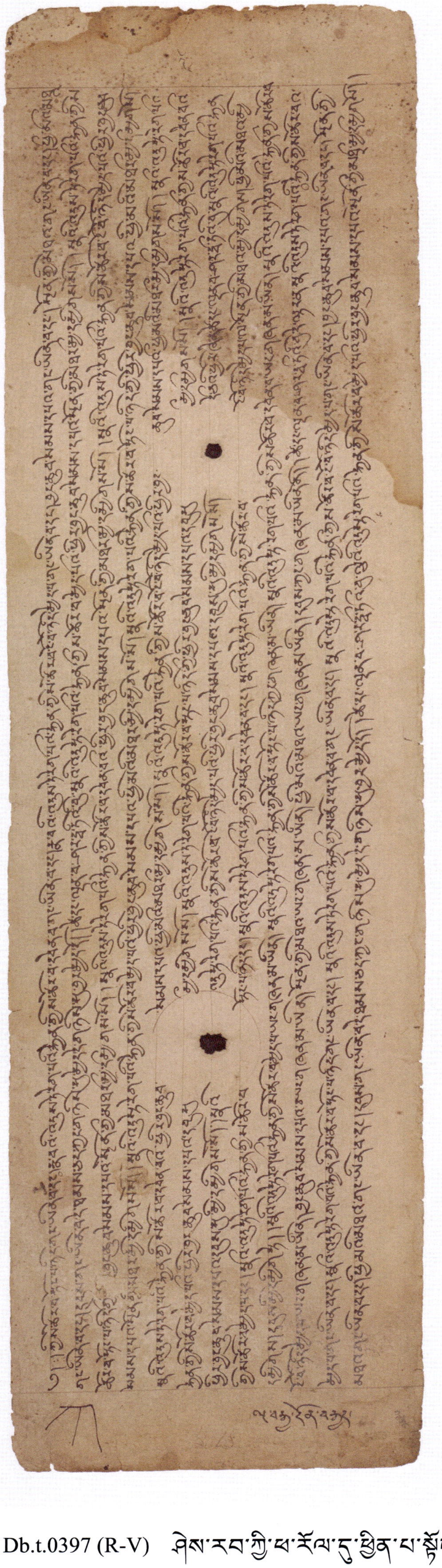

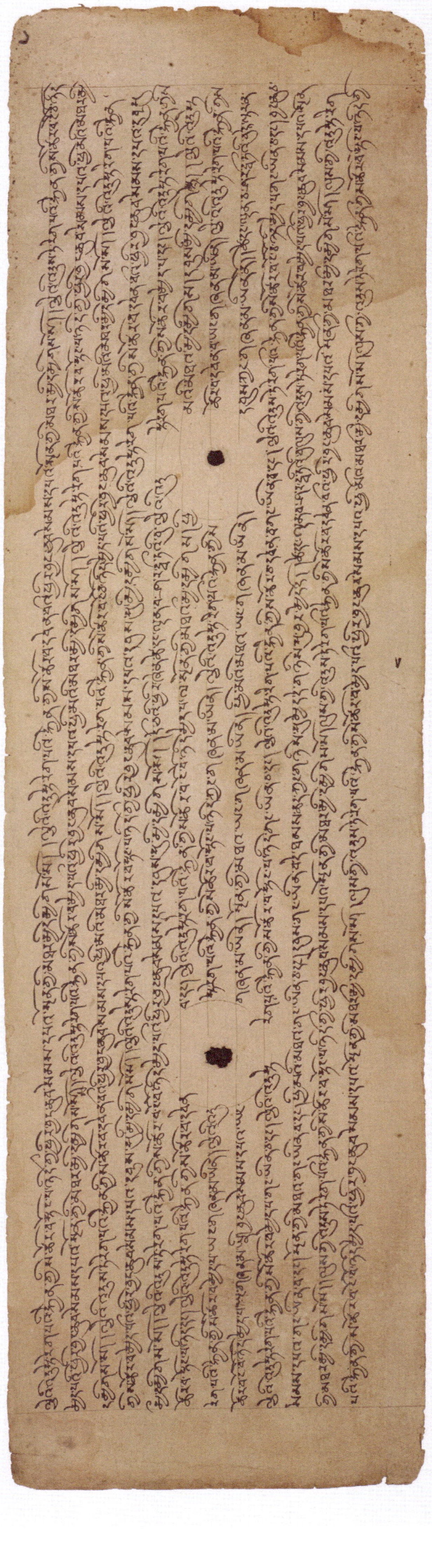

敦博 Db.t.0397 (R-V) ཤེས་རབ་ཀྱི་ཕ་རོལ་ཏུ་ཕྱིན་པ་སྟོང་ཕྲག་བརྒྱ་པ།
十萬頌般若波羅蜜多經 (2—1)

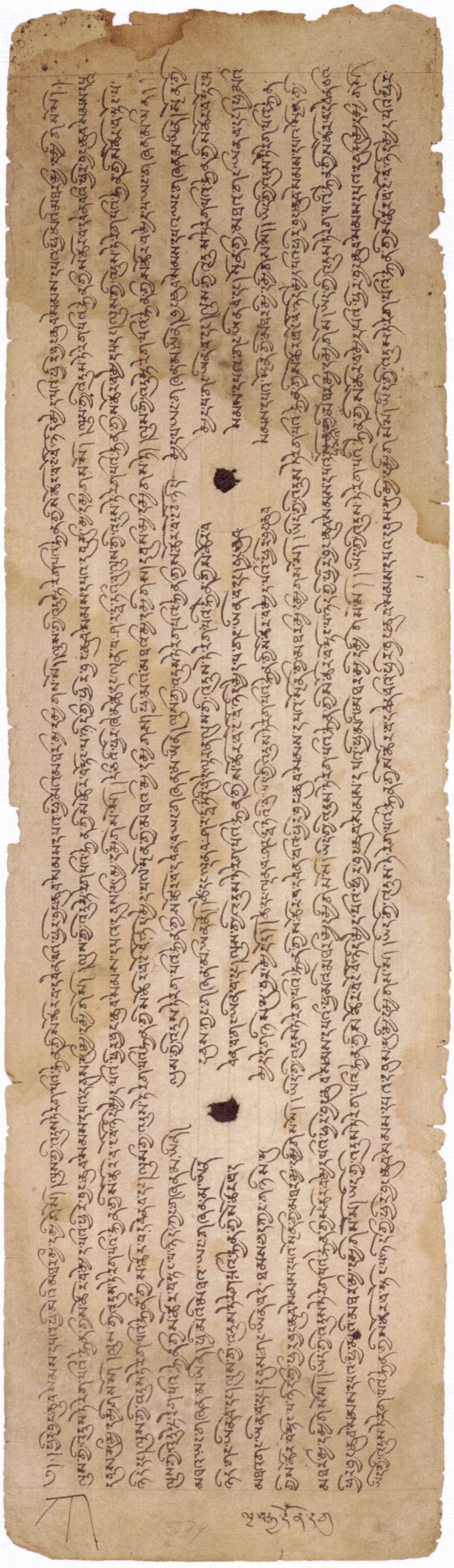

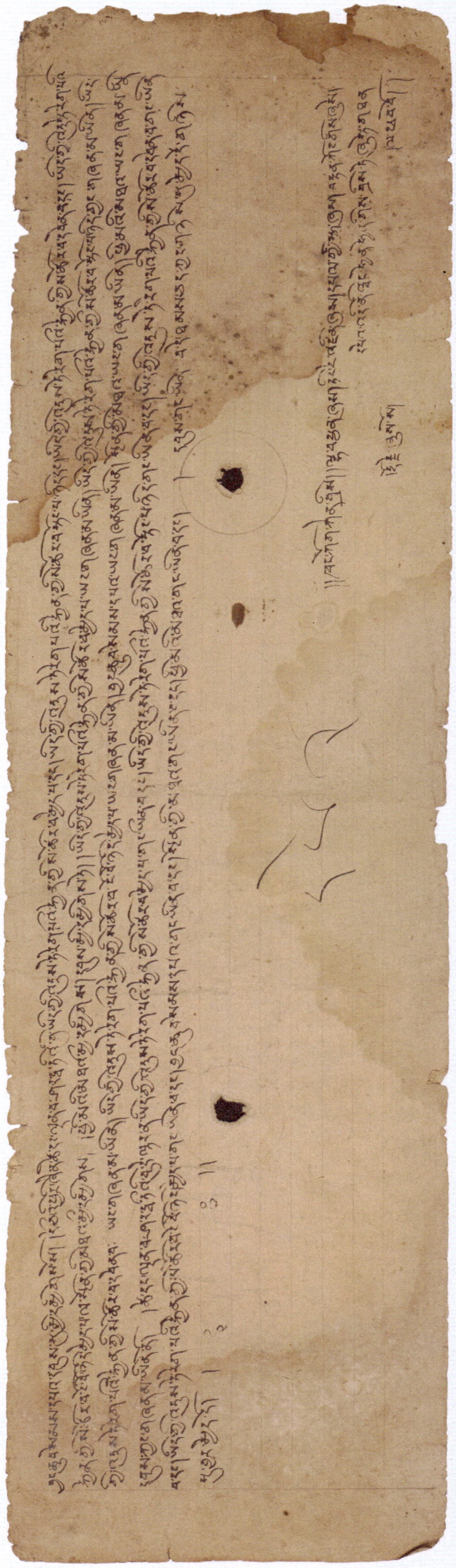

敦博 Db.t.0397 (R-V) ཤེས་རབ་ཀྱི་ཕ་རོལ་ཏུ་ཕྱིན་པ་སྟོང་ཕྲག་བརྒྱ་པ།
十萬頌般若波羅蜜多經 (2—2)

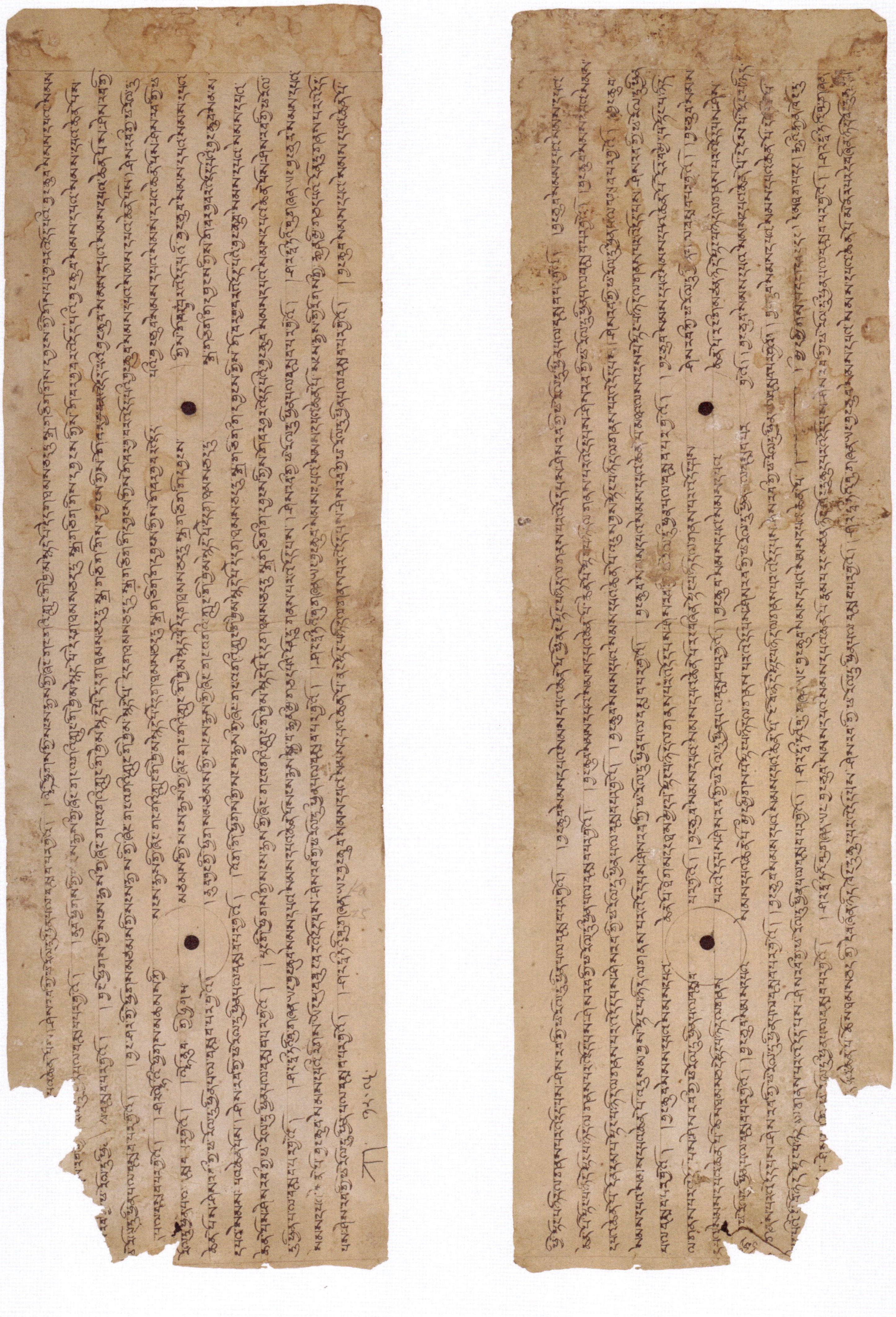

敦博 Db.t.0398 (R-V) ཤེས་རབ་ཀྱི་ཕ་རོལ་ཏུ་ཕྱིན་པ་སྟོང་ཕྲག་བརྒྱ་པ།
十萬頌般若波羅蜜多經

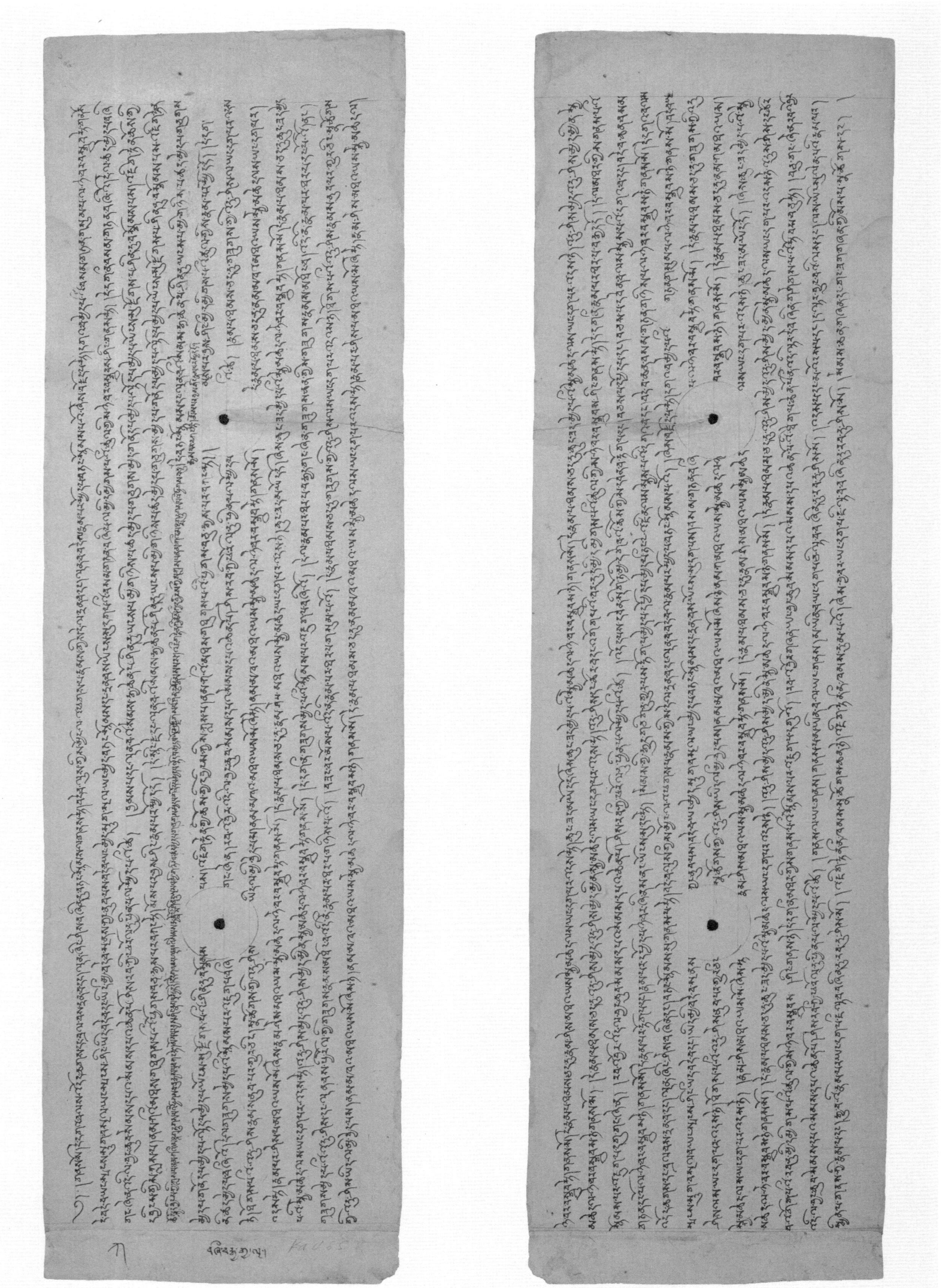

敦博 Db.t.0399 (R-V) ཤེས་རབ་ཀྱི་ཕ་རོལ་ཏུ་ཕྱིན་པ་སྟོང་ཕྲག་བརྒྱ་པ།
十萬頌般若波羅蜜多經

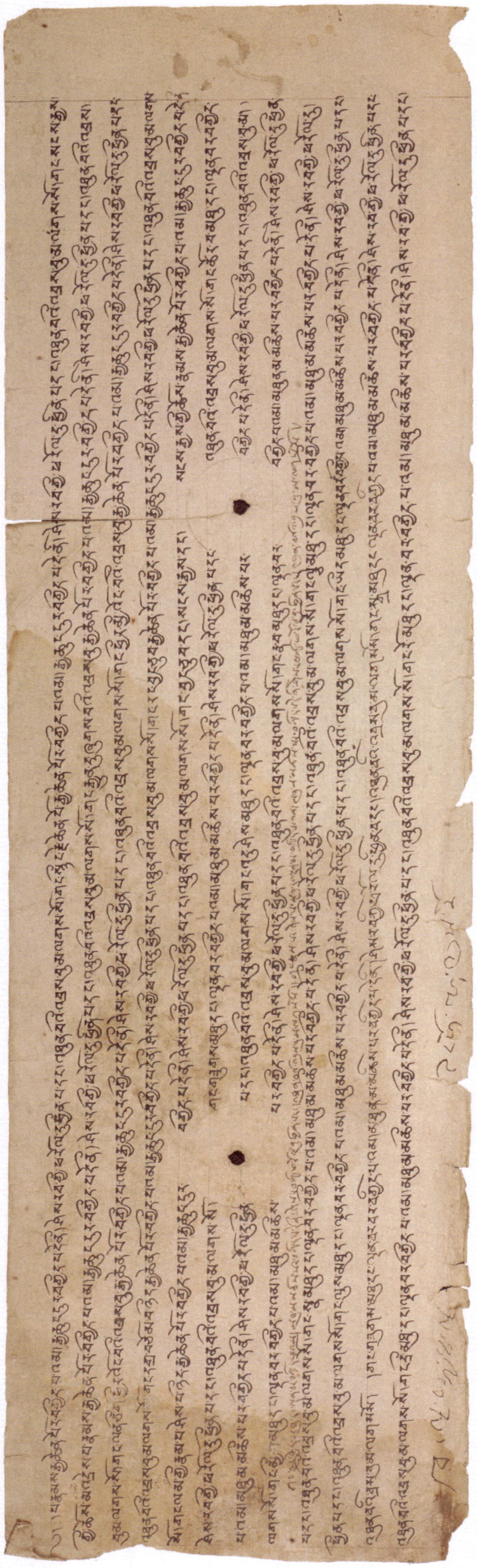

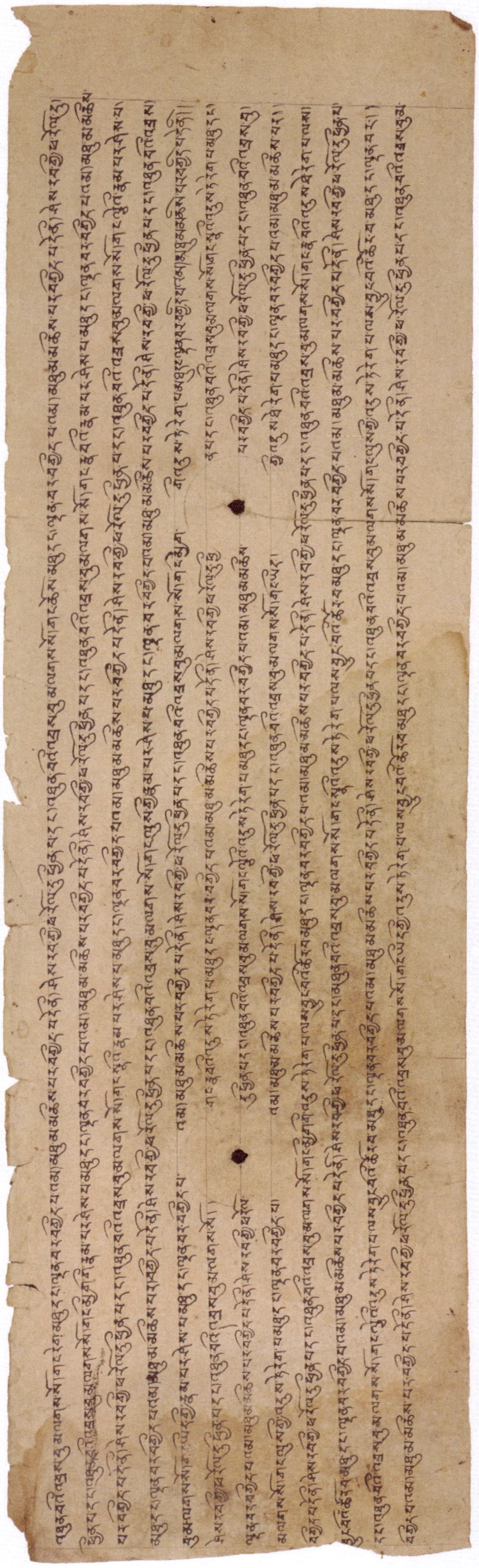

敦博 Db.t.0400 (R-V) ཤེས་རབ་ཀྱི་ཕ་རོལ་ཏུ་ཕྱིན་པ་སྟོང་ཕྲག་བརྒྱ་པ།
十萬頌般若波羅蜜多經

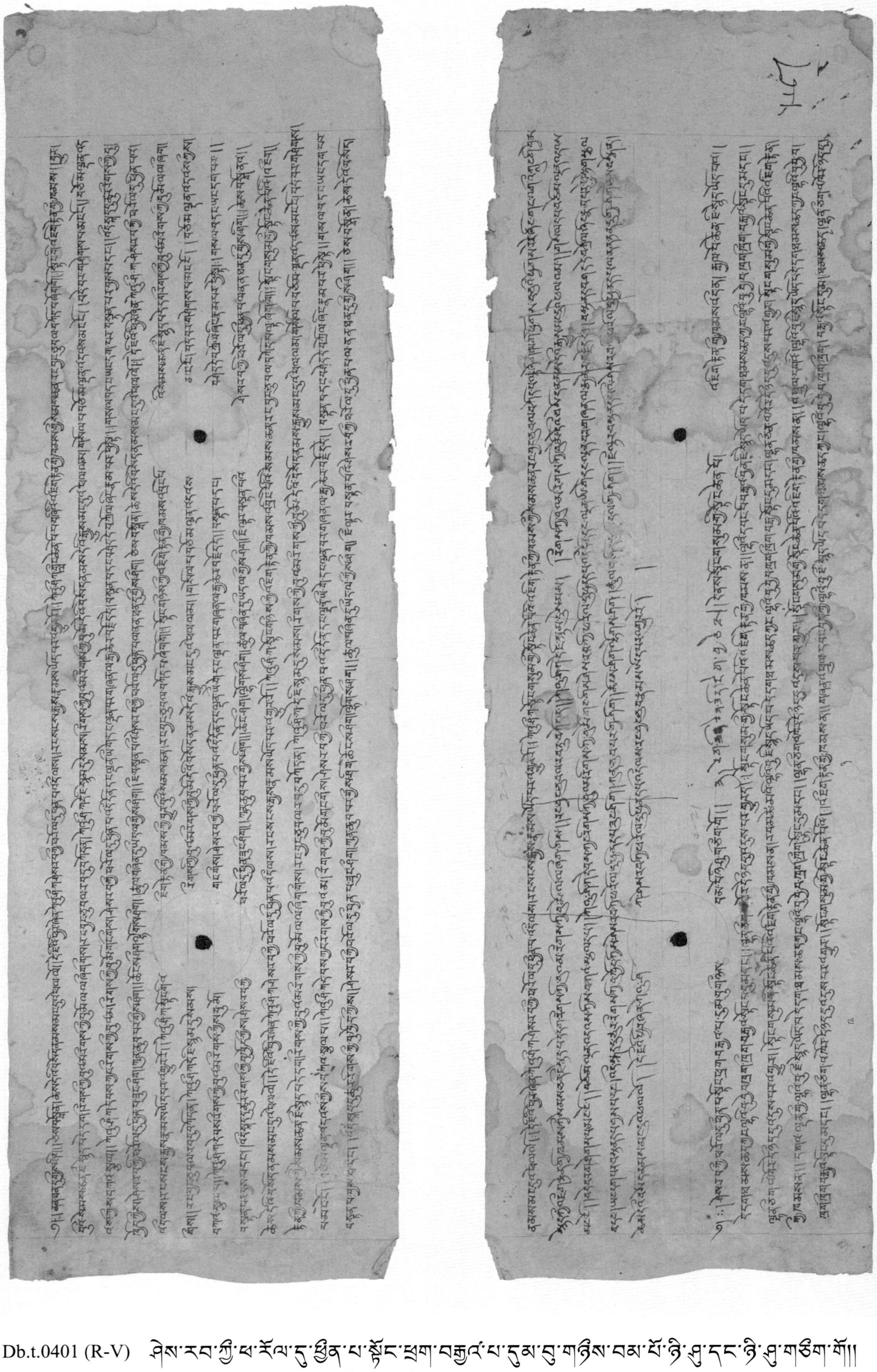

敦博 Db.t.0401 (R-V) ཤེས་རབ་ཀྱི་ཕ་རོལ་ཏུ་ཕྱིན་པ་སྟོང་ཕྲག་བརྒྱ་པ་དུམ་བུ་གཉིས་པ་བམ་པོ་ཉི་ཤུ་དང་ཉི་ཤུ་གཅིག་པོ།།
十萬頌般若波羅蜜多經第二卷第二十、二十一品

敦博 Db.t.0402 (R-V) ཤེས་རབ་ཀྱི་ཕ་རོལ་ཏུ་ཕྱིན་པ་སྟོང་ཕྲག་བརྒྱའ་པ་དུམ་བུ་གཉིས་པ་བམ་པོ་ཉི་ཤུ་བརྒྱད་དོ།།
十萬頌般若波羅蜜多經第二卷第二十八品

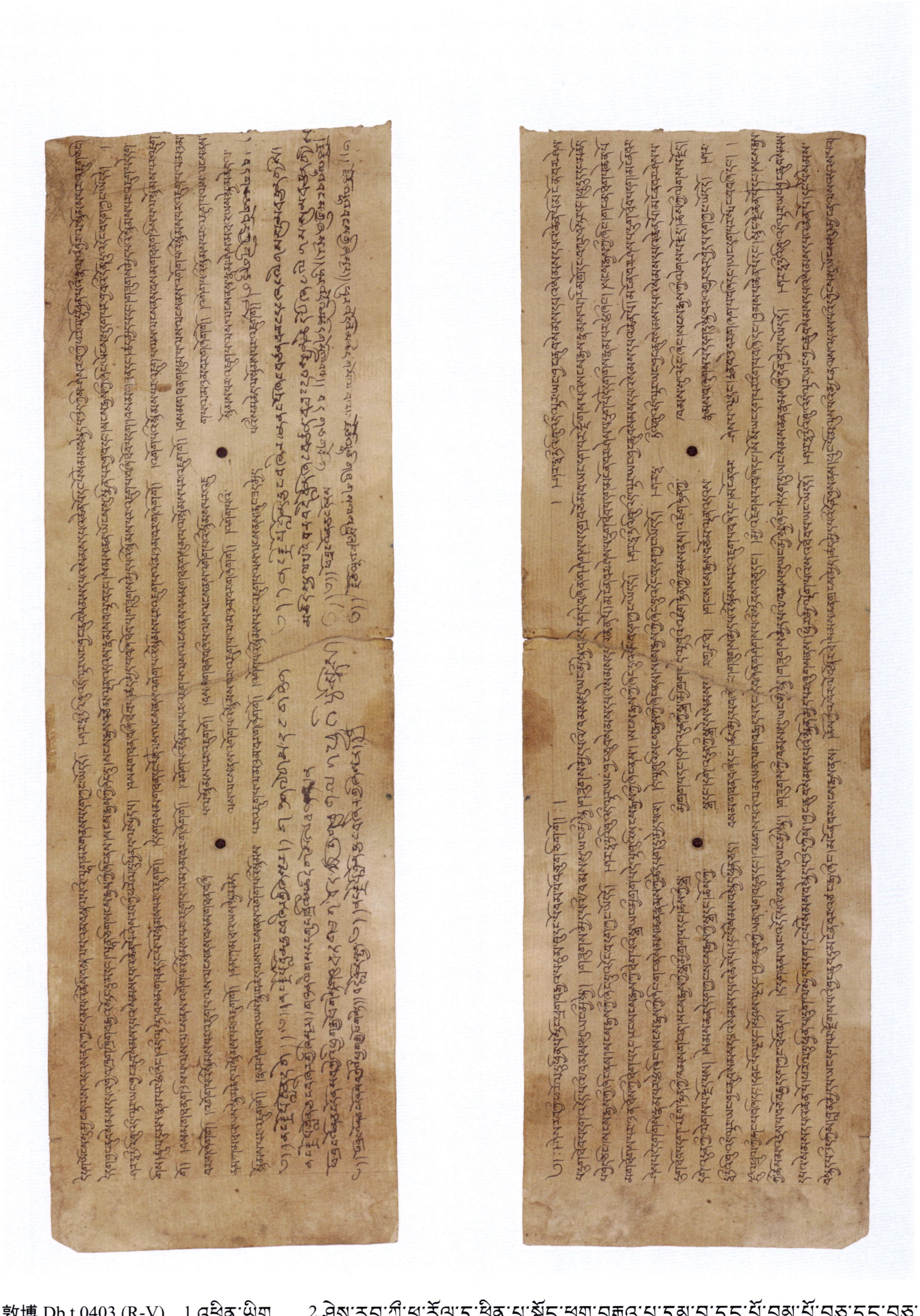

敦博 Db.t.0403 (R-V)　1.འཕྲིན་ཡིག　2.ཤེས་རབ་ཀྱི་ཕ་རོལ་ཏུ་ཕྱིན་པ་སྟོང་ཕྲག་བརྒྱ་པ་དུམ་བུ་དང་པོ་བམ་པོ་བཅུ་དང་བཅུ་གཅིག་གོ།།

1. 書信　2. 十萬頌般若波羅蜜多經第一卷第十、十一品

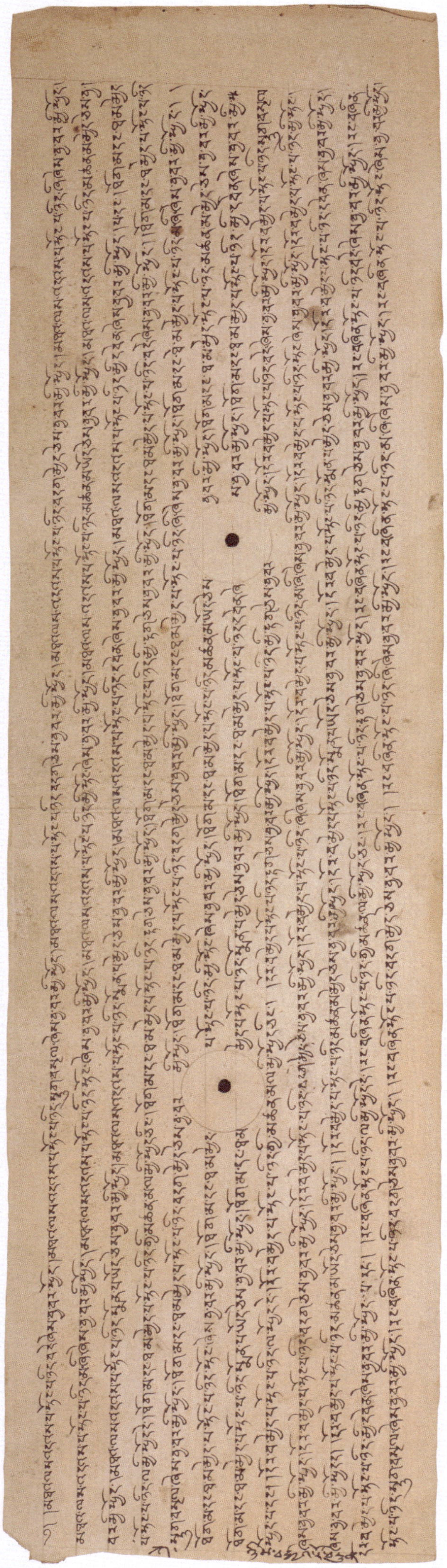

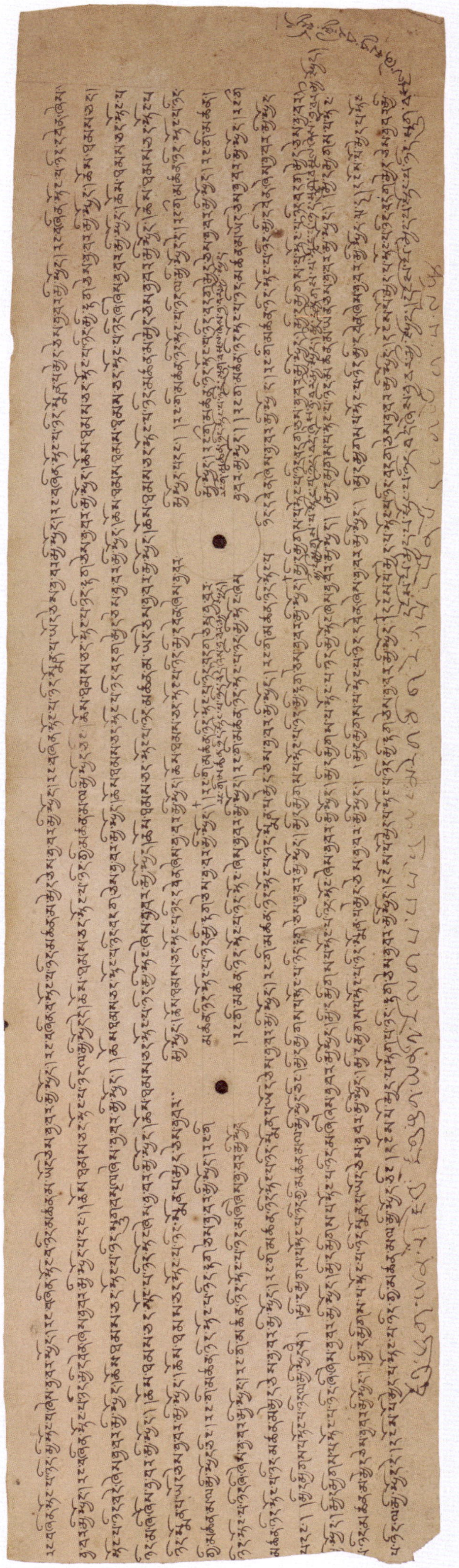

敦博 Db.t.0404 (R-V) ཤེས་རབ་ཀྱི་ཕ་རོལ་ཏུ་ཕྱིན་པ་སྟོང་ཕྲག་བརྒྱ་པ།

十萬頌般若波羅蜜多經

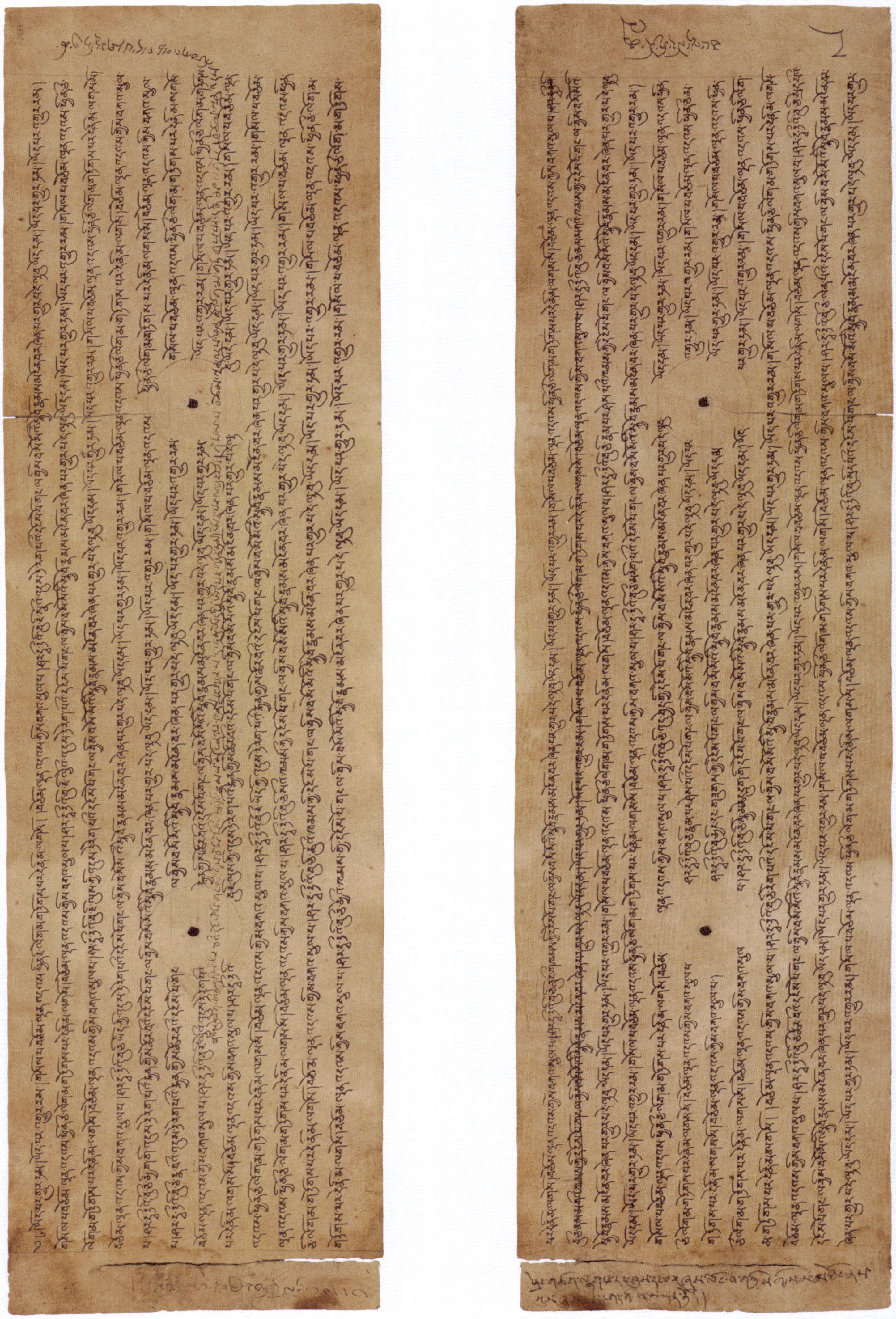

敦博 Db.t.0405 (R-V) ཤེས་རབ་ཀྱི་ཕ་རོལ་ཏུ་ཕྱིན་པ་སྟོང་ཕྲག་བརྒྱ་པ།
十萬頌般若波羅蜜多經

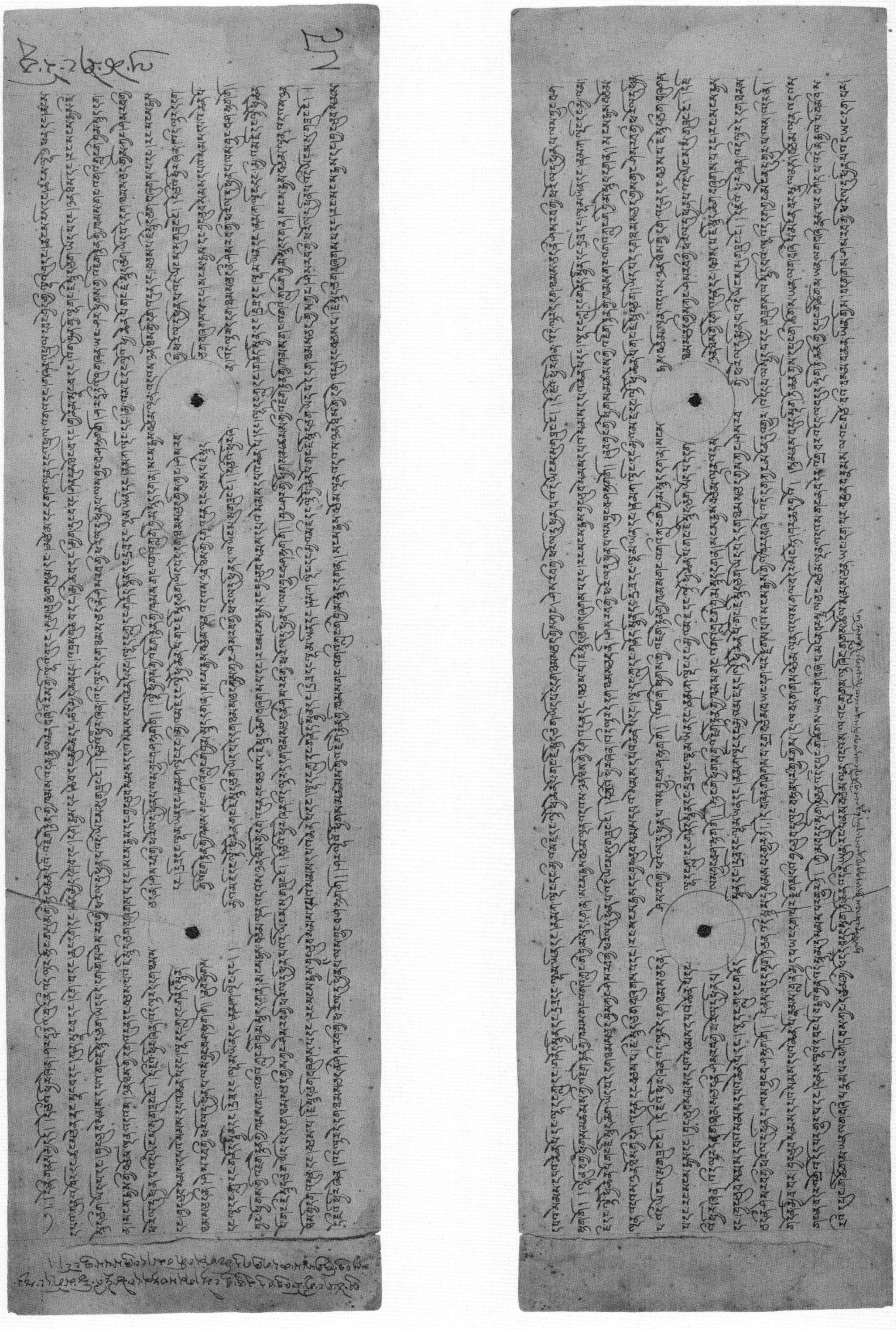

敦博 Db.t.0406 (R-V) ཤེས་རབ་ཀྱི་ཕ་རོལ་ཏུ་ཕྱིན་པ་སྟོང་ཕྲག་བརྒྱ་པ།
十萬頌般若波羅蜜多經

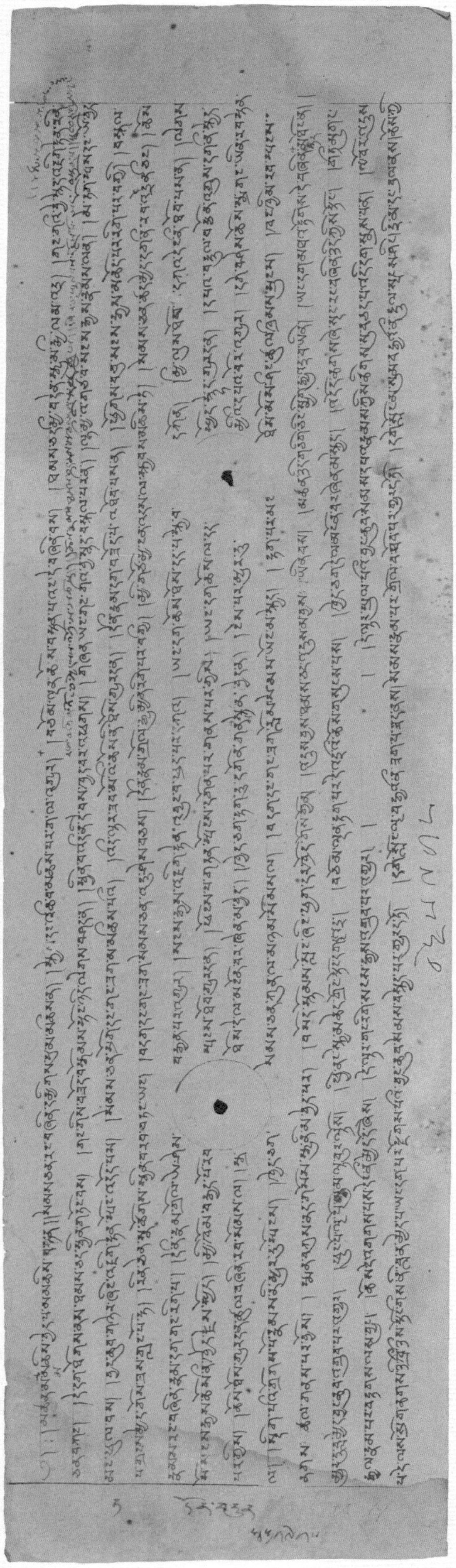

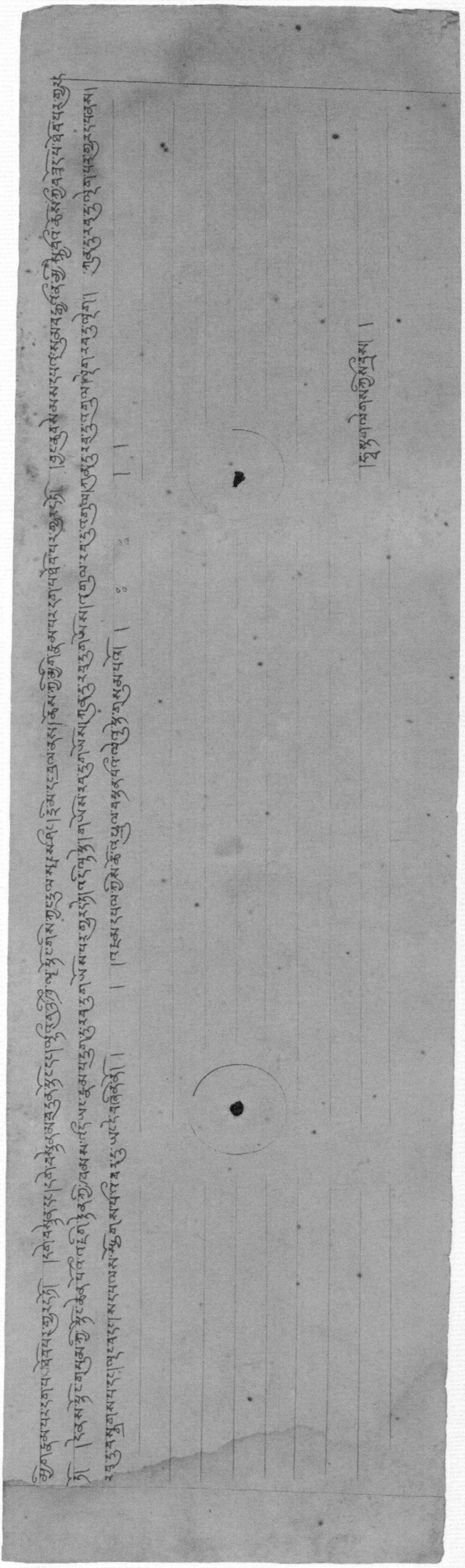

敦博 Db.t.0407 (R-V) ཤེས་རབ་ཀྱི་ཕ་རོལ་ཏུ་ཕྱིན་པ་སྟོང་ཕྲག་བརྒྱ་པ།
十萬頌般若波羅蜜多經

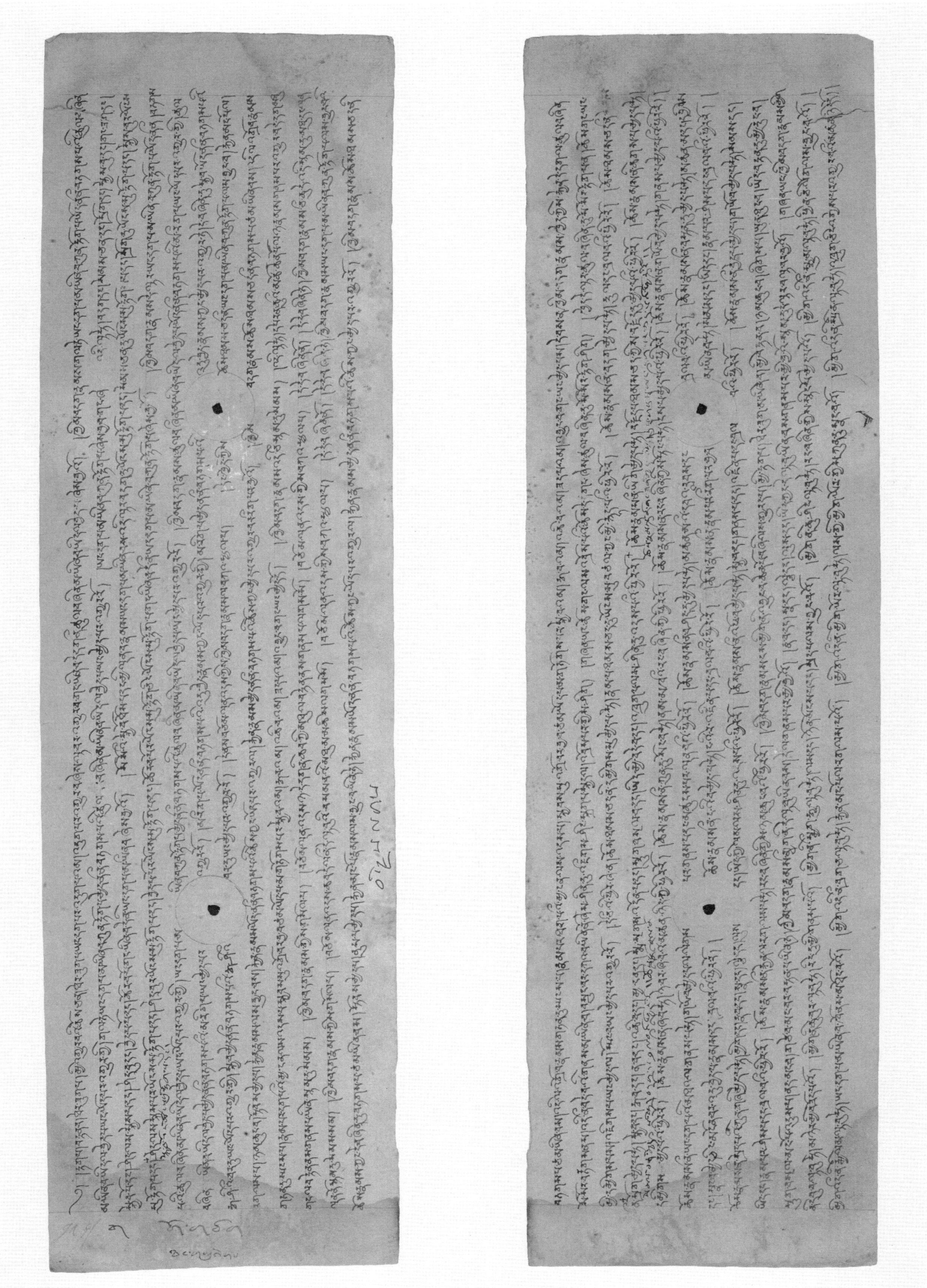

敦博 Db.t.0408 (R-V) ཤེས་རབ་ཀྱི་ཕ་རོལ་ཏུ་ཕྱིན་པ་སྟོང་ཕྲག་བརྒྱ་པ།
十萬頌般若波羅蜜多經

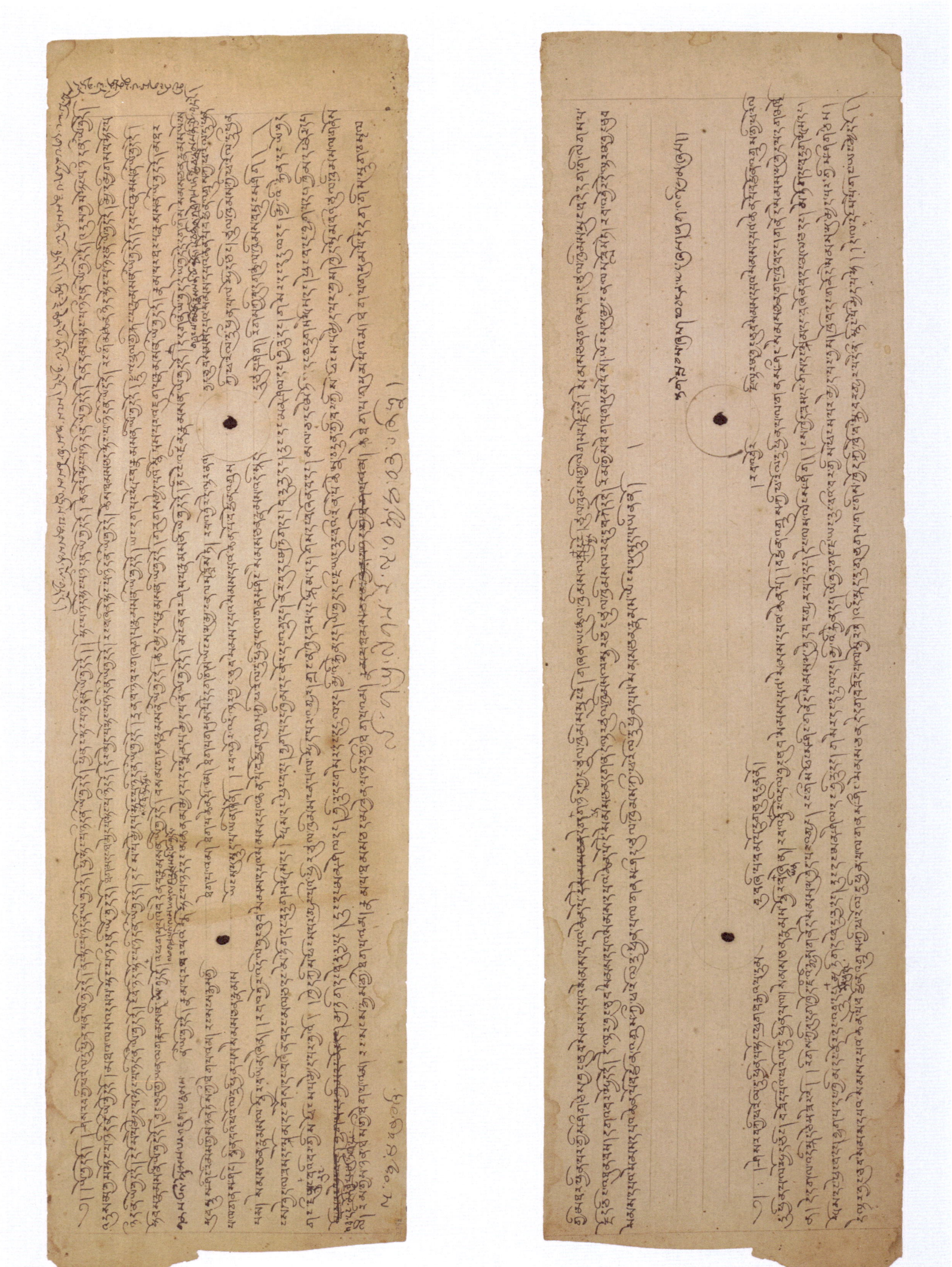

敦博 Db.t.0409 (R-V) ཤེས་རབ་ཀྱི་ཕ་རོལ་ཏུ་ཕྱིན་པ་སྟོང་ཕྲག་བརྒྱའ་པ་དུམ་བུ་བཞི་པ་བམ་པོ་དྲུག་ཅུ་དྲུག་དང་དྲུག་ཅུ་བདུན་ནོ།།
十萬頌般若波羅蜜多經第四卷第六十六、六十七品

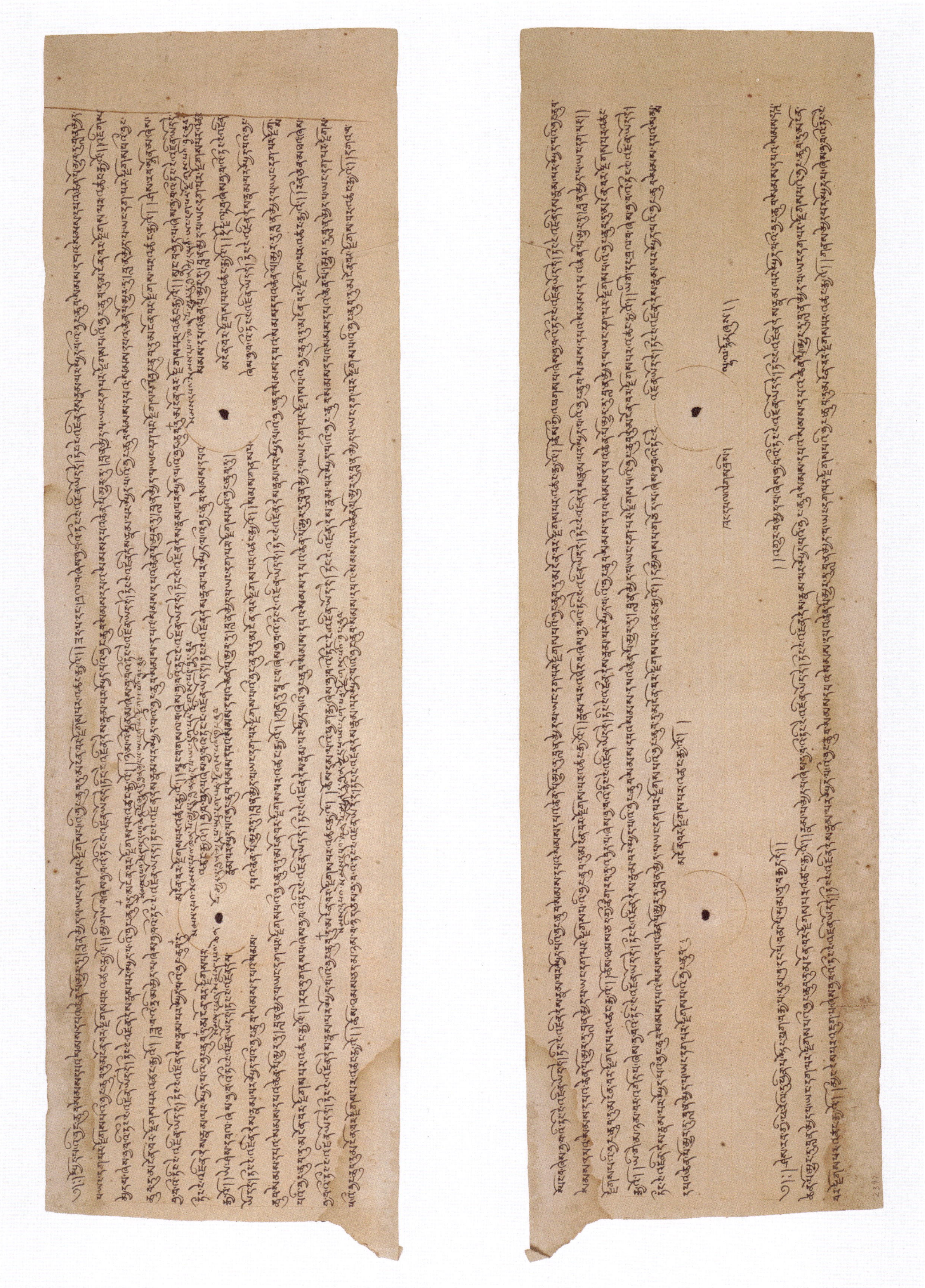

敦博 Db.t.0410 (R-V) ཤེས་རབ་ཀྱི་ཕ་རོལ་ཏུ་ཕྱིན་པ་སྟོང་ཕྲག་བརྒྱ་པ་དུམ་བུ་དང་པོ་བམ་པོ་སུམ་ཅུ་བདུན་དང་སུམ་ཅུ་བརྒྱད་དོ།།
十萬頌般若波羅蜜多經第一卷第三十七、三十八品

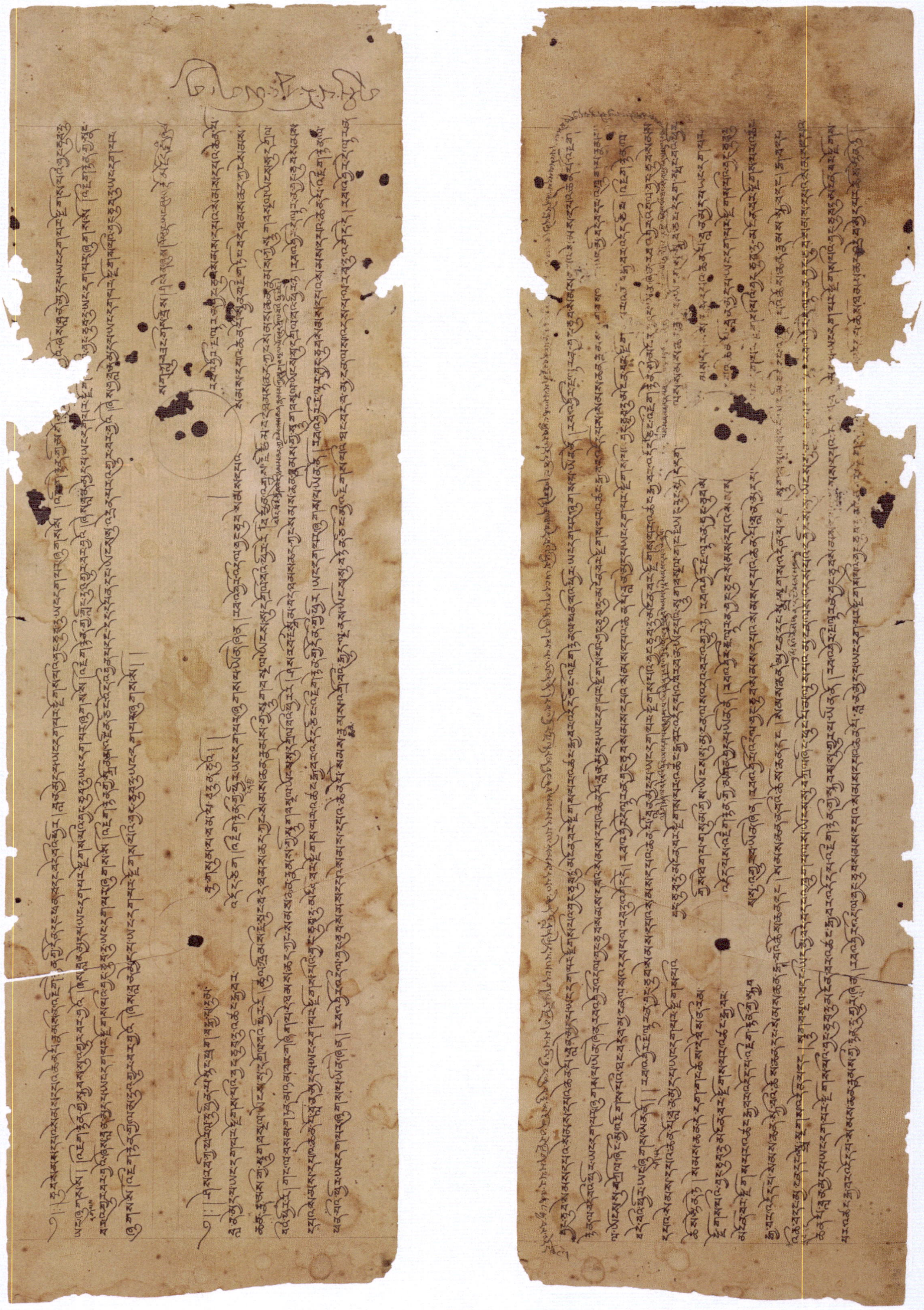

敦博 Db.t.0411 (R-V) ཤེས་རབ་ཀྱི་ཕ་རོལ་ཏུ་ཕྱིན་པ་སྟོང་ཕྲག་བརྒྱ་པ་དུམ་བུ་གསུམ་པ་བམ་པོ་དྲུག་ཅུ་དགུ་དང་བདུན་ཅུའོ།།

十萬頌般若波羅蜜多經第三卷第六十九、七十品

敦博 Db.t.0412 (R-V) ཤེས་རབ་ཀྱི་ཕ་རོལ་ཏུ་ཕྱིན་པ་སྟོང་ཕྲག་བརྒྱ་པ།
十萬頌般若波羅蜜多經

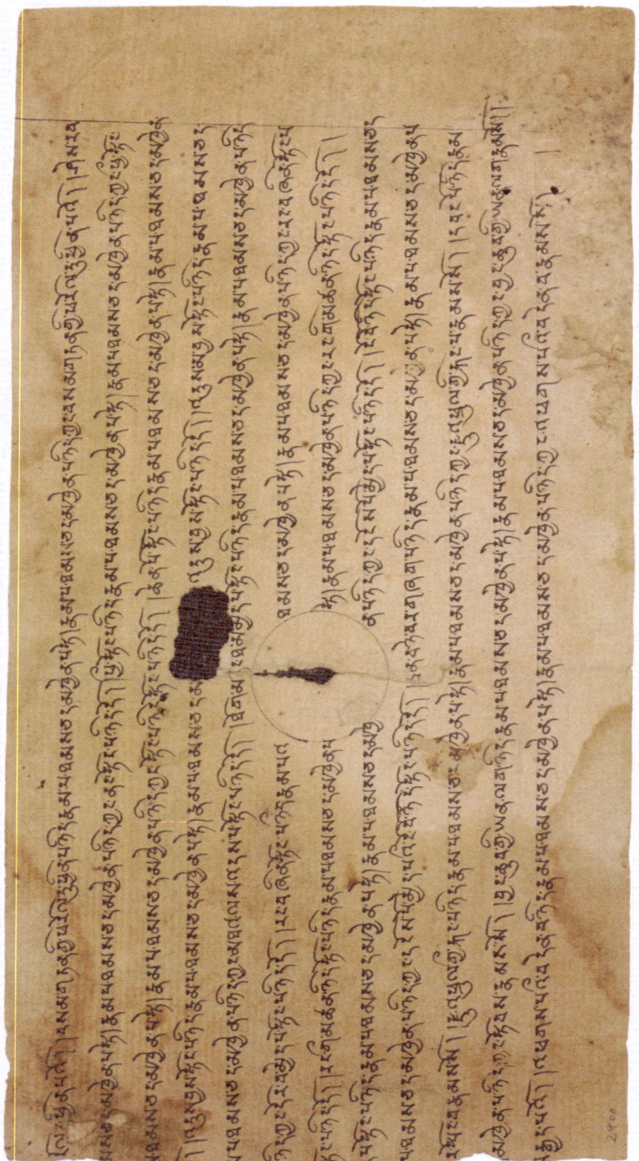

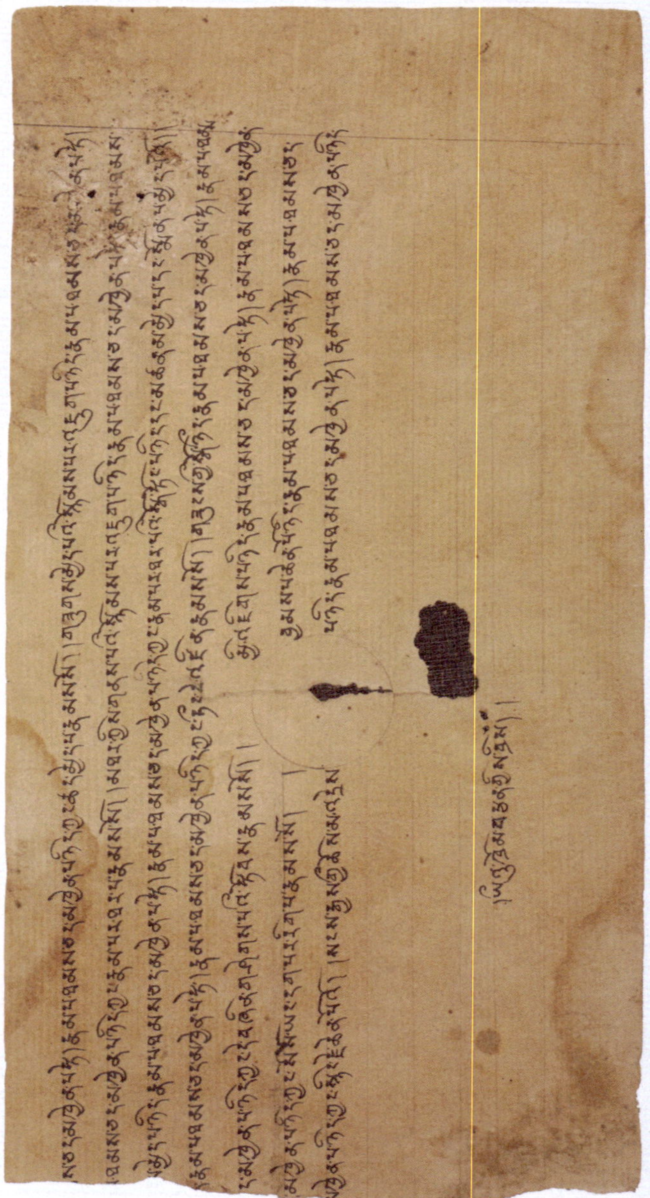

敦博 Db.t.0413 (R-V) ཤེས་རབ་ཀྱི་ཕ་རོལ་དུ་ཕྱིན་པ་སྟོང་ཕྲག་བརྒྱ་པ།
十萬頌般若波羅蜜多經

敦博 Db.t.0414 (R-V) ཤེས་རབ་ཀྱི་ཕ་རོལ་ཏུ་ཕྱིན་པ་སྟོང་ཕྲག་བརྒྱའ་པ་དུམ་བུ་དང་པོ་བམ་པོ་གཅིག་གོ།།
十萬頌般若波羅蜜多經第一卷第一品 (5—1)

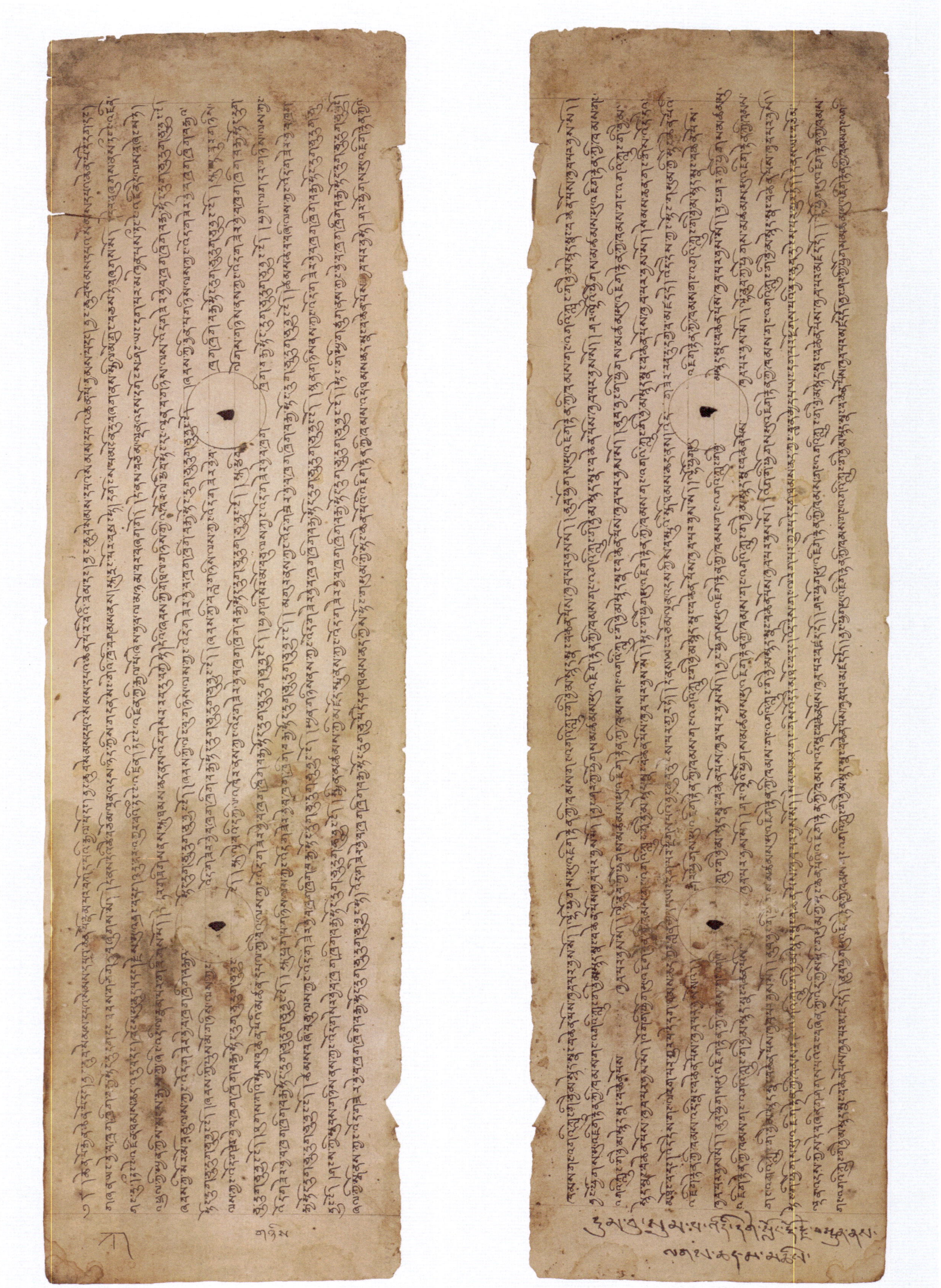

敦博 Db.t.0414 (R-V) ཤེས་རབ་ཀྱི་ཕ་རོལ་དུ་ཕྱིན་པ་སྟོང་ཕྲག་བརྒྱའ་པ་དུམ་བུ་དང་པོ་བམ་པོ་གཅིག་གོ།།
十萬頌般若波羅蜜多經第一卷第一品 (5—2)

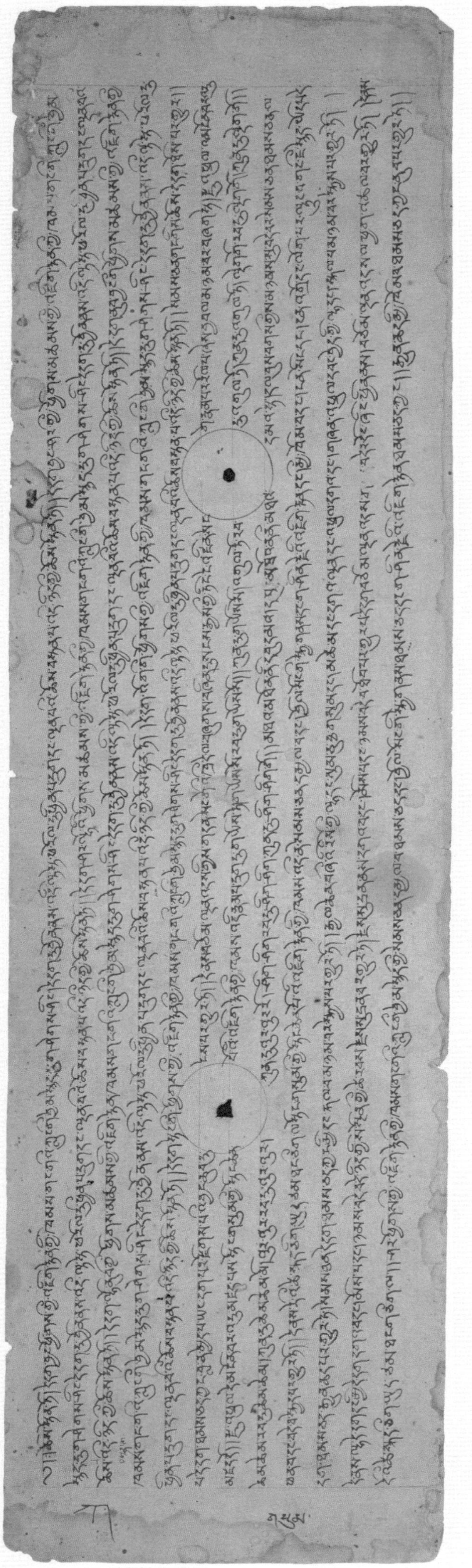

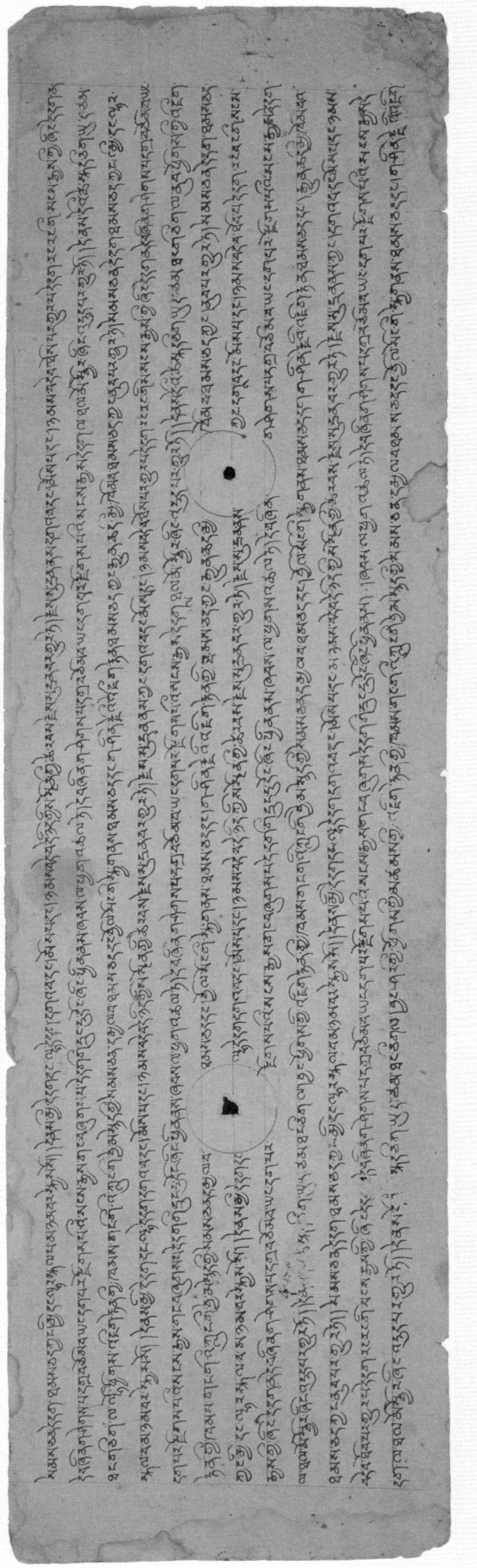

敦博 Db.t.0414 (R-V) ཤེས་རབ་ཀྱི་ཕ་རོལ་ཏུ་ཕྱིན་པ་སྟོང་ཕྲག་བརྒྱའ་པ་དུམ་བུ་དང་པོ་བམ་པོ་གཅིག་གོ།།

十萬頌般若波羅蜜多經第一卷第一品 (5—3)

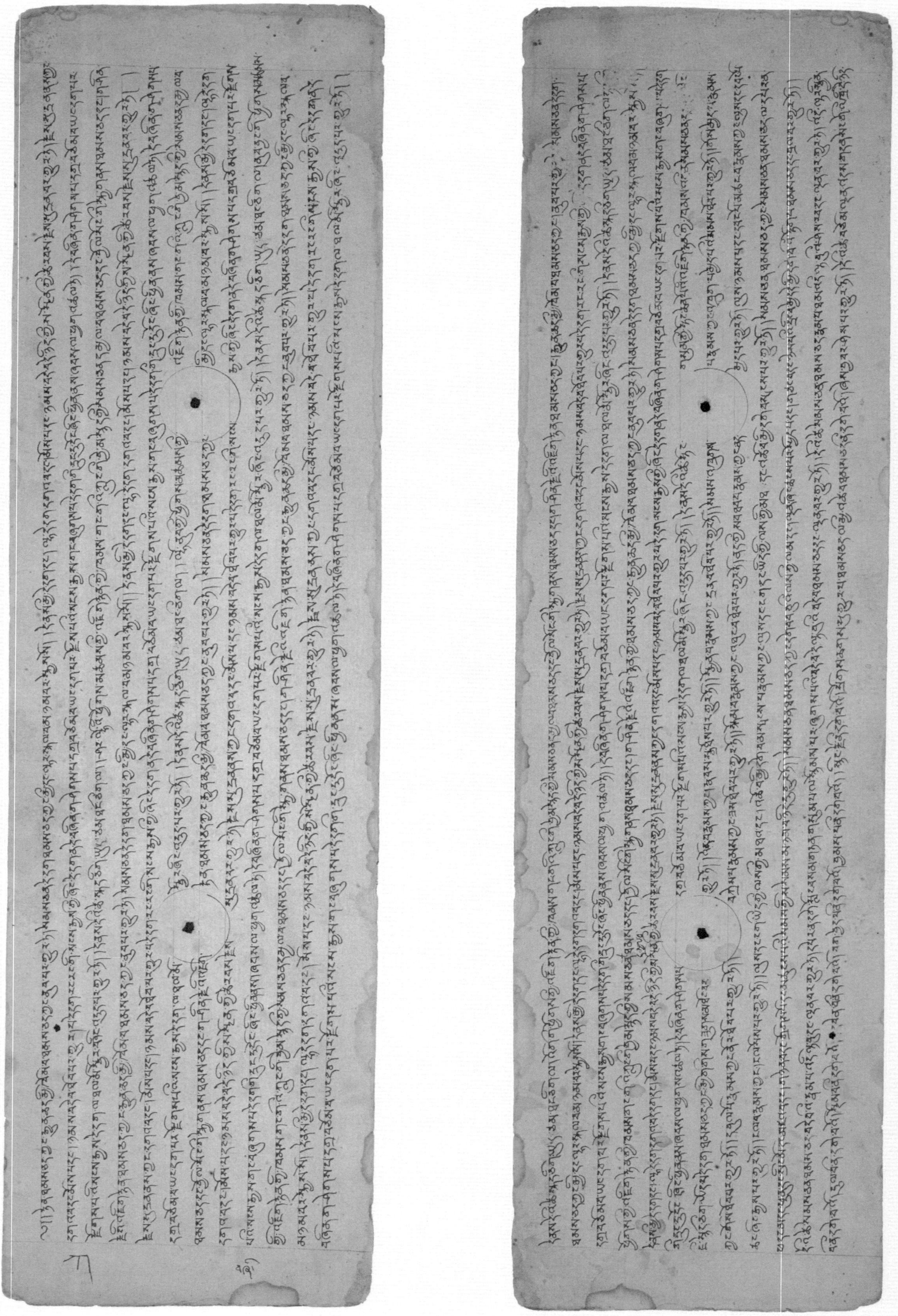

敦博 Db.t.0414 (R-V) ཤེས་རབ་ཀྱི་ཕ་རོལ་ཏུ་ཕྱིན་པ་སྟོང་ཕྲག་བརྒྱའ་པ་དུམ་བུ་དང་པོ་བམ་པོ་གཅིག་པོ།།

十萬頌般若波羅蜜多經第一卷第一品 (5—4)

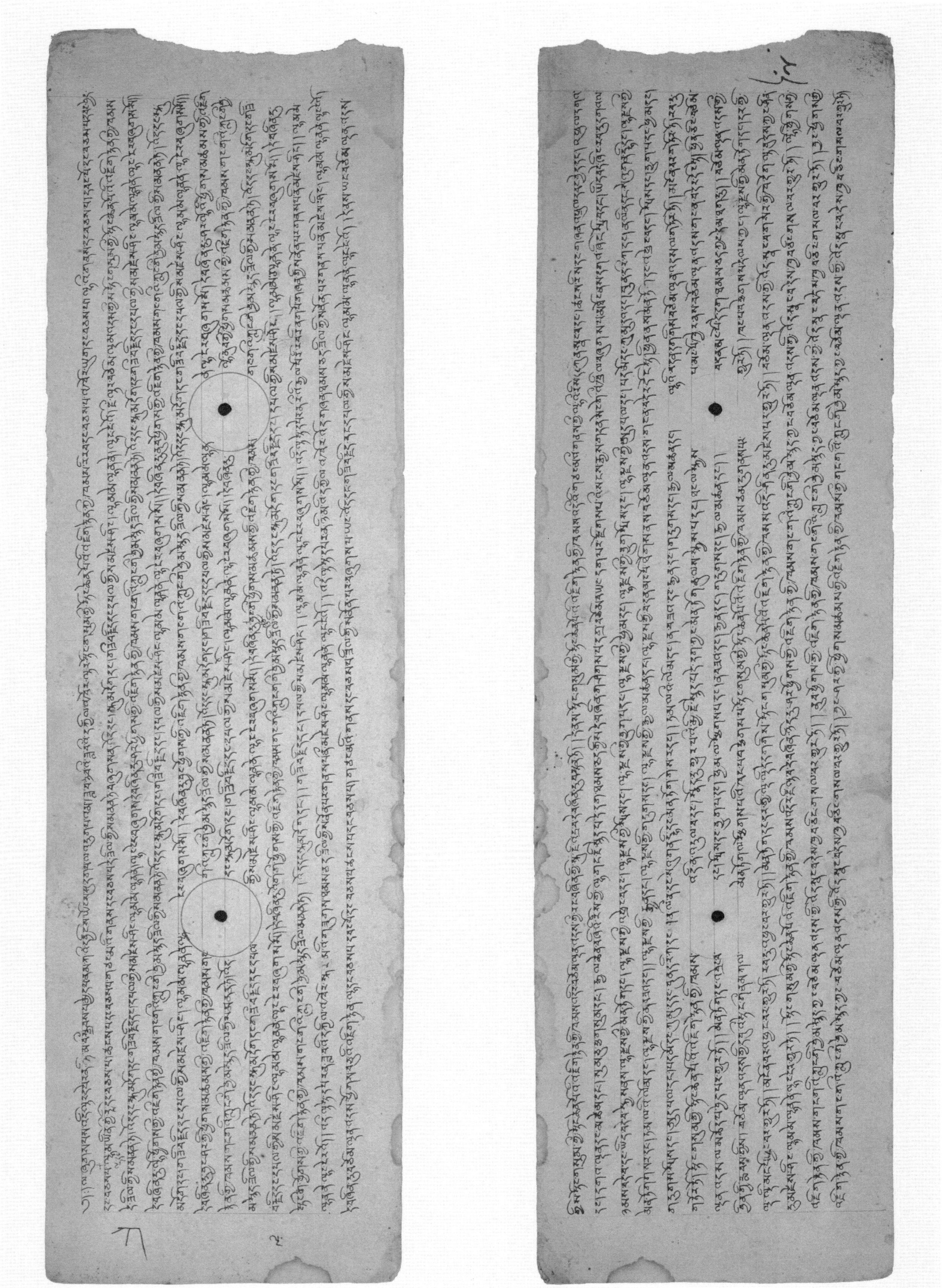

敦博 Db.t.0414 (R-V)　ཤེས་རབ་ཀྱི་ཕ་རོལ་ཏུ་ཕྱིན་པ་སྟོང་ཕྲག་བརྒྱད་པ་དུམ་བུ་དང་པོ་བམ་པོ་གཅིག་གོ།།

十萬頌般若波羅蜜多經第一卷第一品　　(5—5)

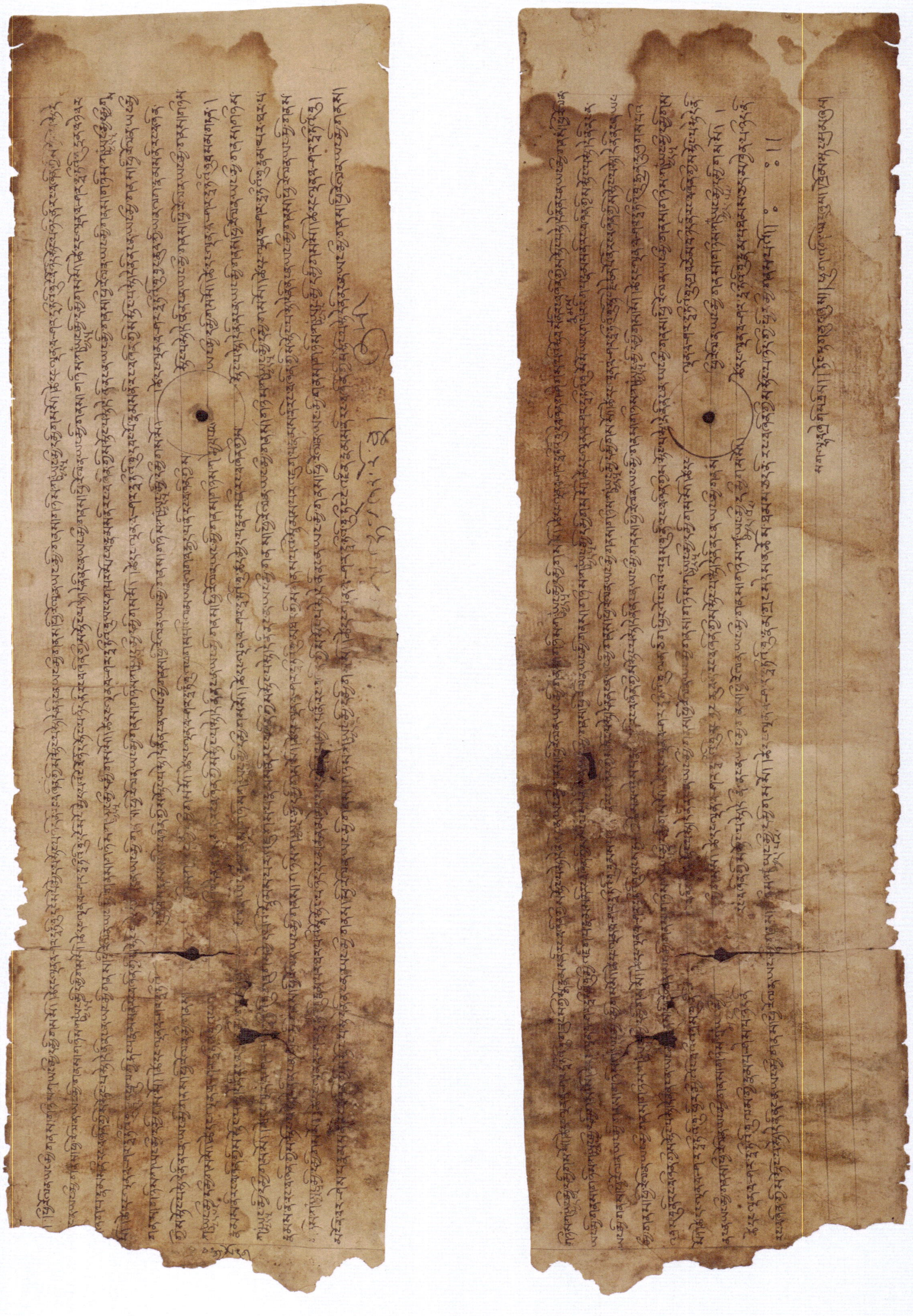

敦博 Db.t.0415 (R-V) ཤེས་རབ་ཀྱི་ཕ་རོལ་ཏུ་ཕྱིན་པ་སྟོང་ཕྲག་བརྒྱ་པ།
十萬頌般若波羅蜜多經

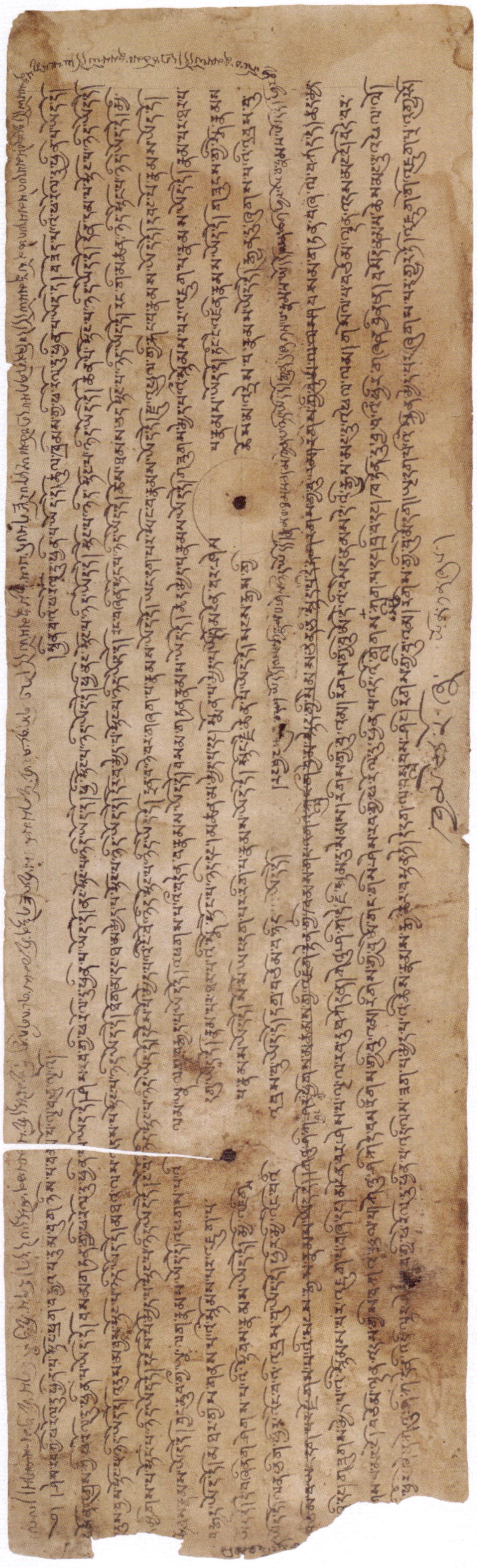

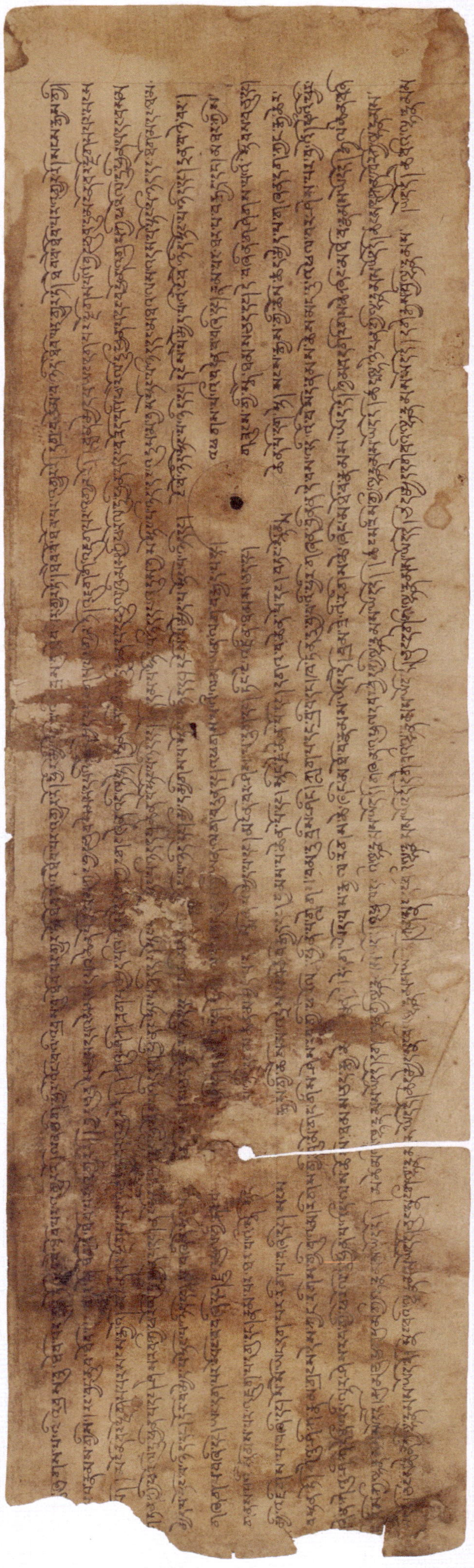

敦博 Db.t.0416 (R-V) ཤེས་རབ་ཀྱི་ཕ་རོལ་ཏུ་ཕྱིན་པ་སྟོང་ཕྲག་བརྒྱ་པ་དུམ་བུ་གཉིས་པ་བམ་པོ་ལྔ་བཅུ་ལྔ་པོ།།
十萬頌般若波羅蜜多經第二卷第五十五品

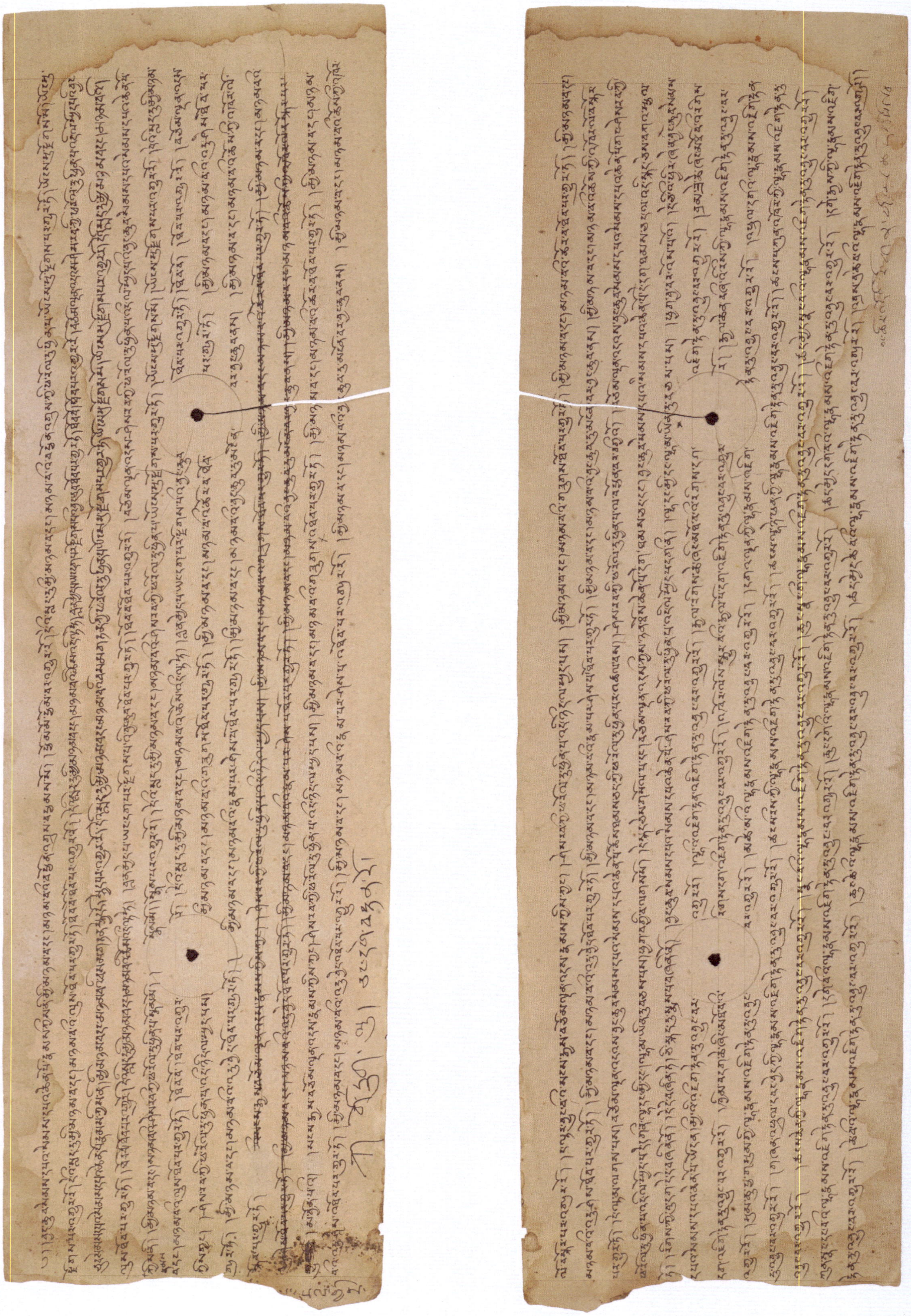

敦博 Db.t.0417 (R-V) ཤེས་རབ་ཀྱི་ཕ་རོལ་ཏུ་ཕྱིན་པ་སྟོང་ཕྲག་བརྒྱ་པ།
十萬頌般若波羅蜜多經

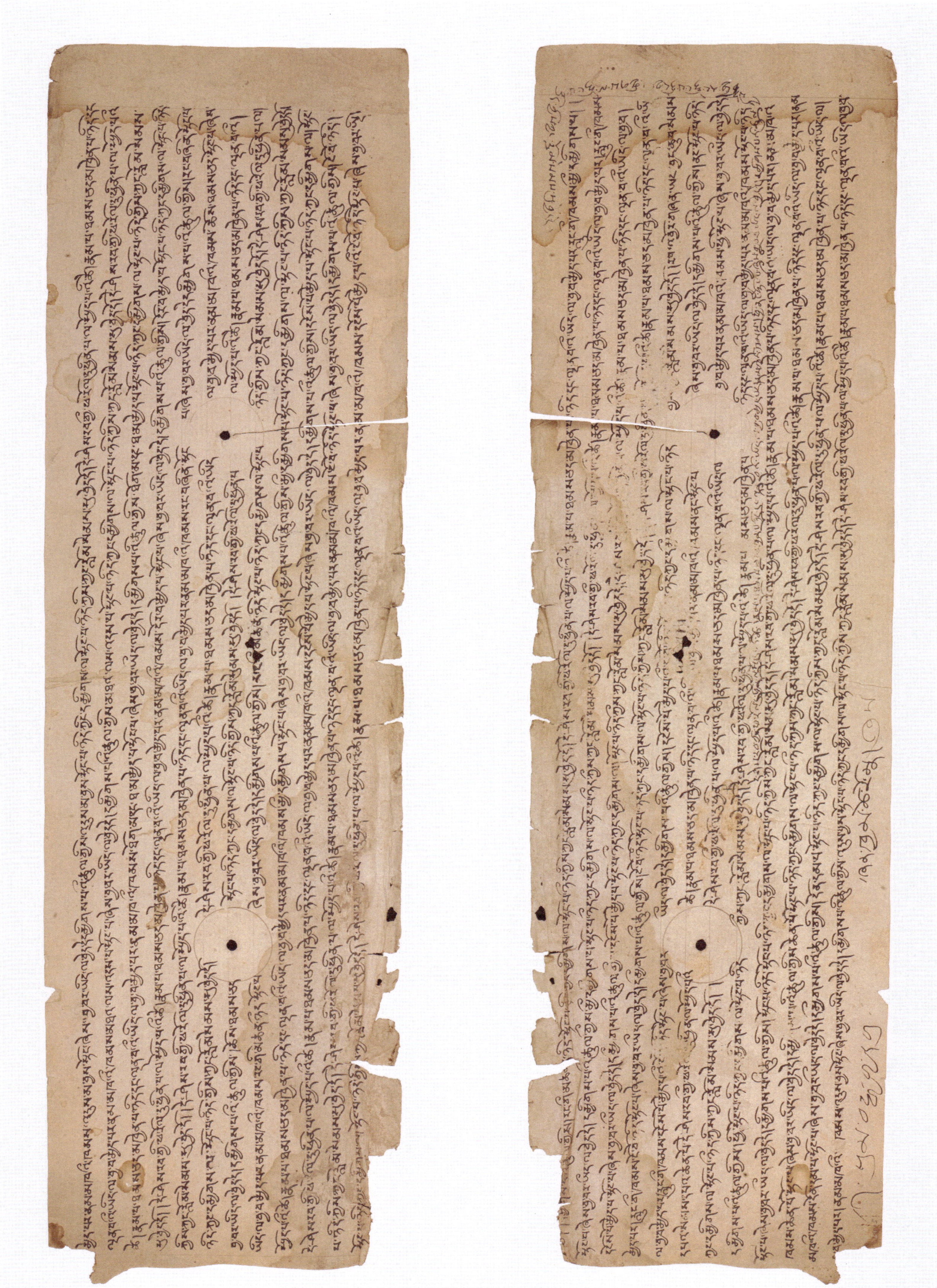

敦博 Db.t.0418 (R-V) ཤེས་རབ་ཀྱི་ཕ་རོལ་ཏུ་ཕྱིན་པ་སྟོང་ཕྲག་བརྒྱ་པ།
十萬頌般若波羅蜜多經

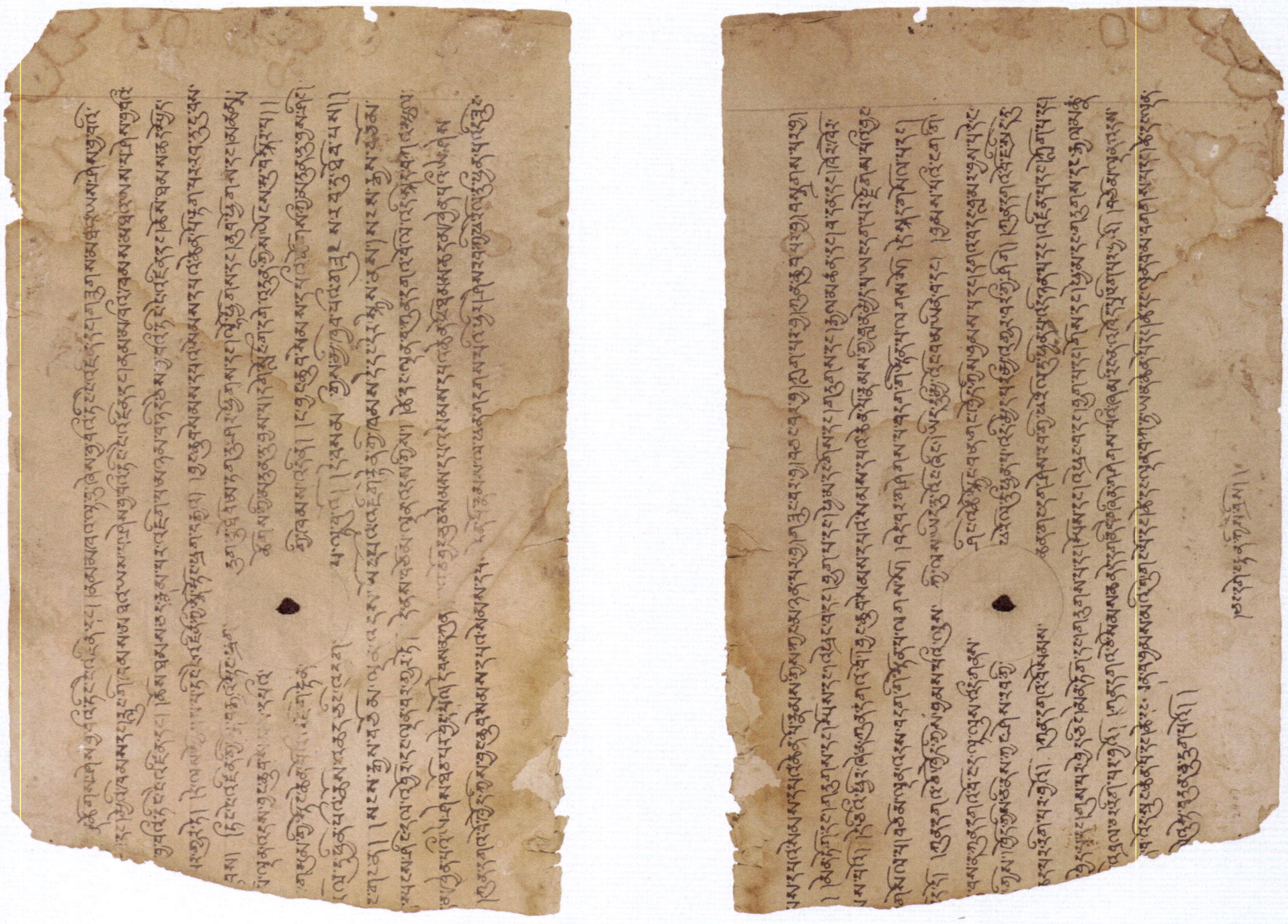

敦博 Db.t.0419 (R-V) ཤེས་རབ་ཀྱི་ཕ་རོལ་ཏུ་ཕྱིན་པ་སྟོང་ཕྲག་བརྒྱ་པ།
十萬頌般若波羅蜜多經

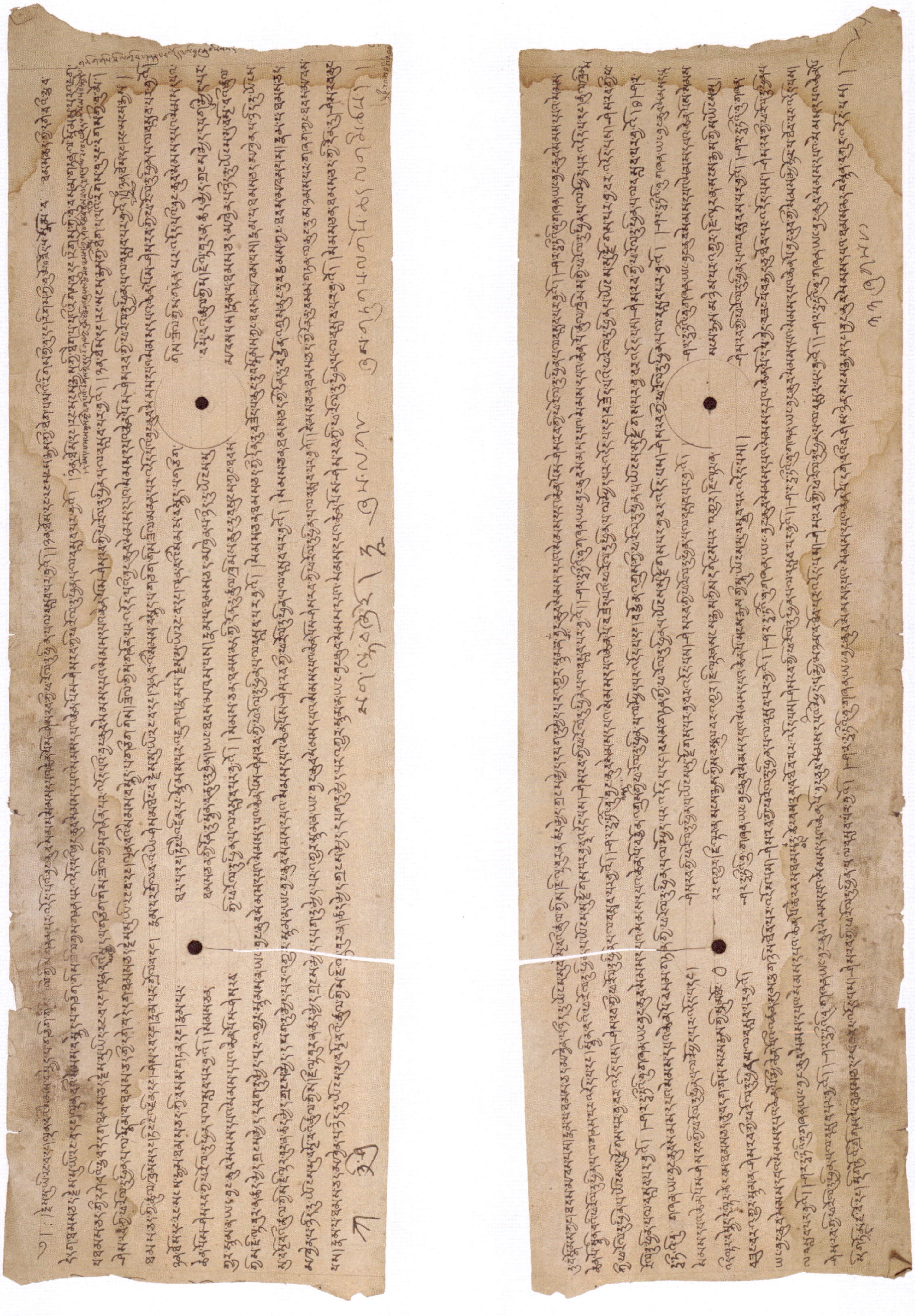

敦博 Db.t.0420 (R-V)　ཤེས་རབ་ཀྱི་ཕ་རོལ་ཏུ་ཕྱིན་པ་སྟོང་ཕྲག་བརྒྱ་པ།

十萬頌般若波羅蜜多經

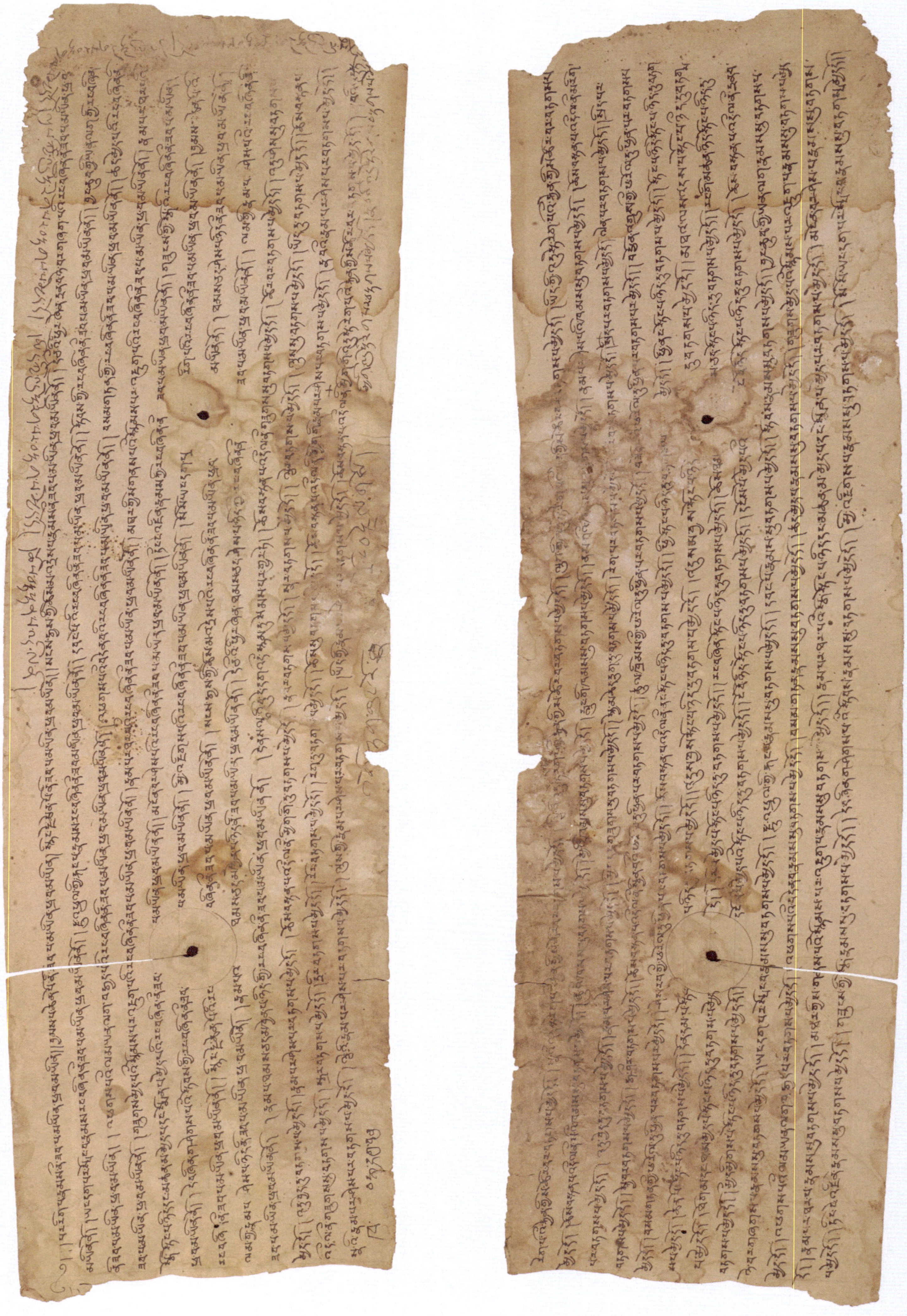

敦博 Db.t.0421 (R-V) ཤེས་རབ་ཀྱི་ཕ་རོལ་ཏུ་ཕྱིན་པ་སྟོང་ཕྲག་བརྒྱ་པ།
十萬頌般若波羅蜜多經

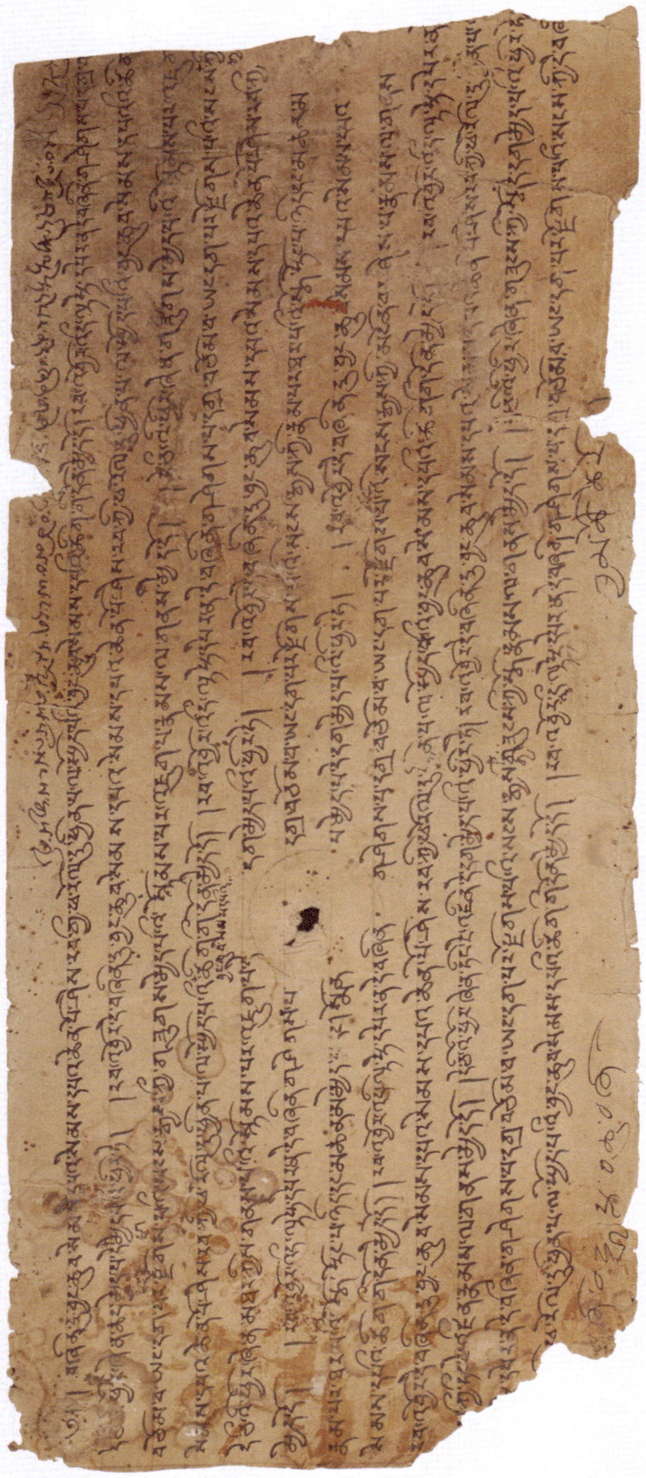

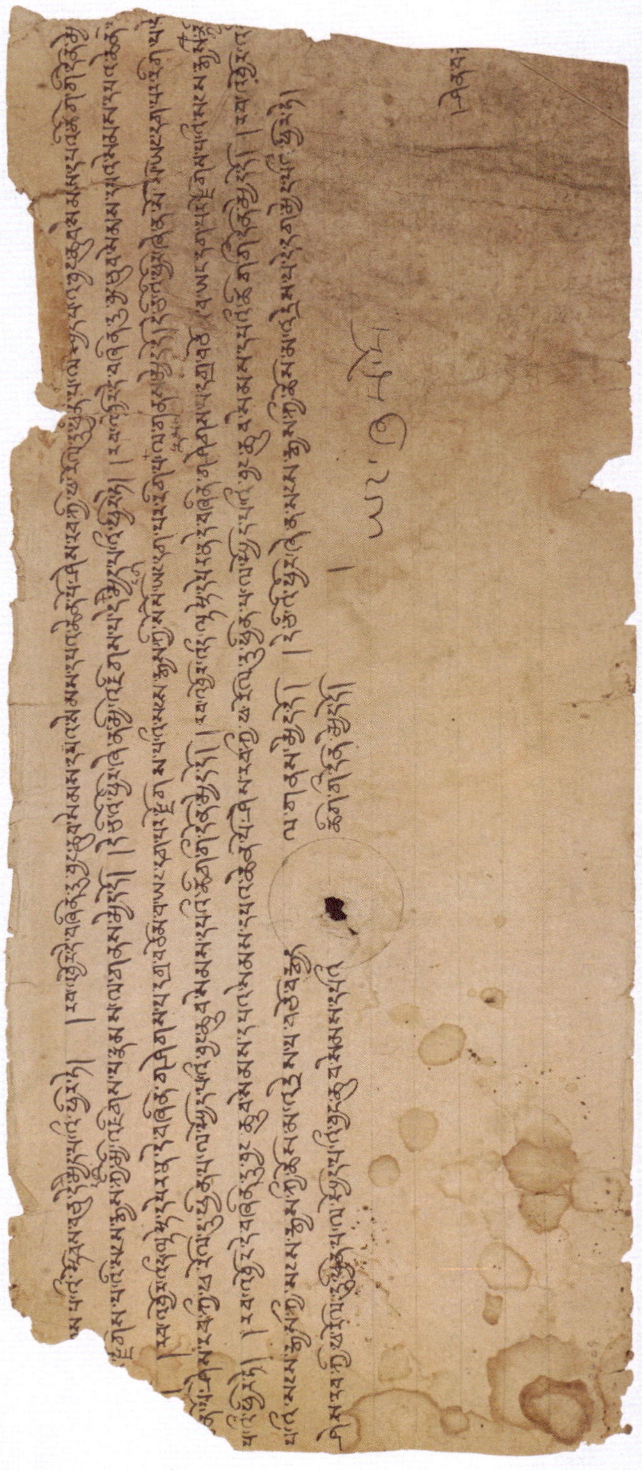

敦博 Db.t.0422 (R-V) ཤེས་རབ་ཀྱི་ཕ་རོལ་ཏུ་ཕྱིན་པ་སྟོང་ཕྲག་བརྒྱ་པ།
十萬頌般若波羅蜜多經

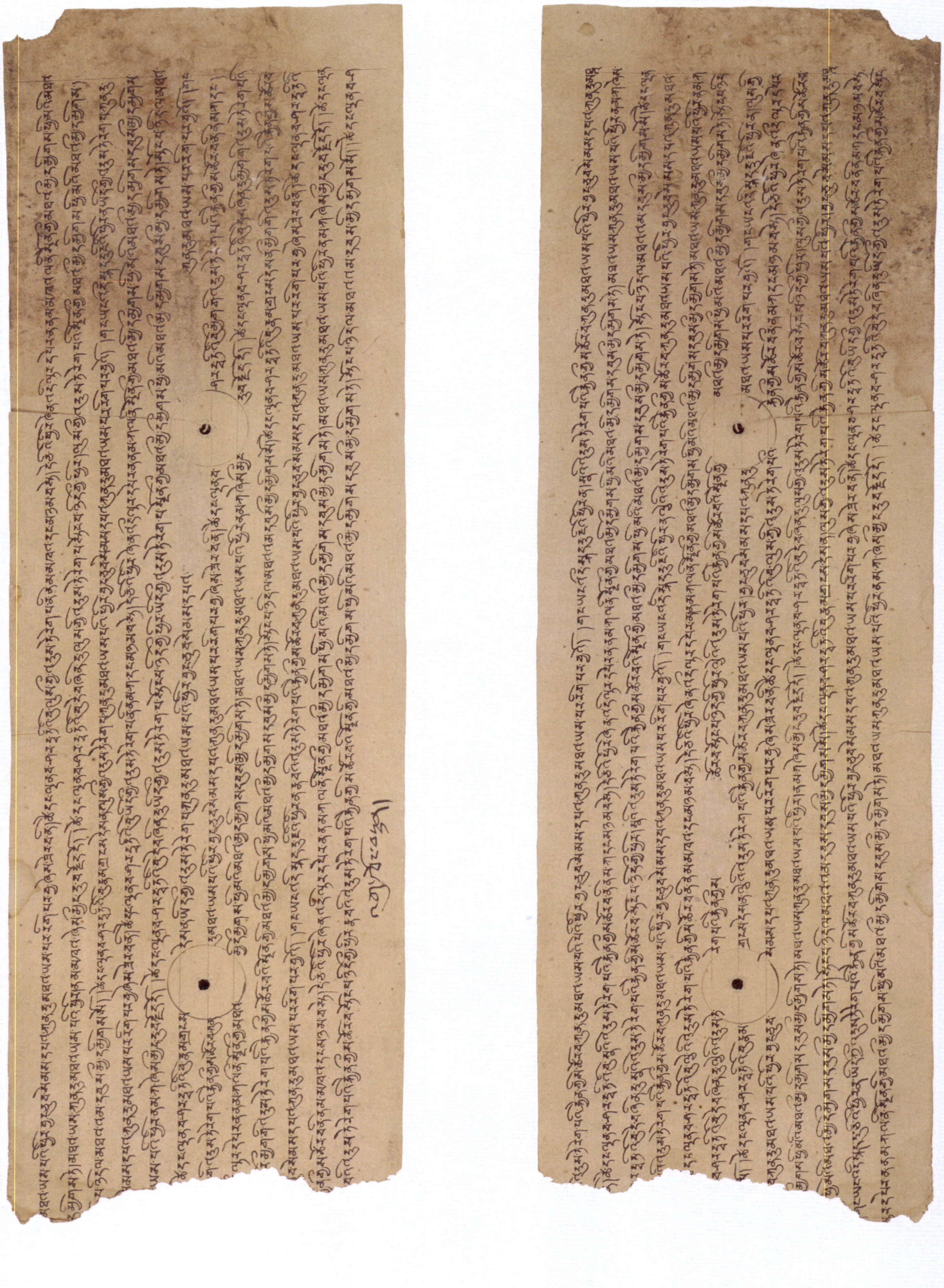

敦博 Db.t.0423 (R-V) ཤེས་རབ་ཀྱི་ཕ་རོལ་ཏུ་ཕྱིན་པ་སྟོང་ཕྲག་བརྒྱ་པ།
十萬頌般若波羅蜜多經

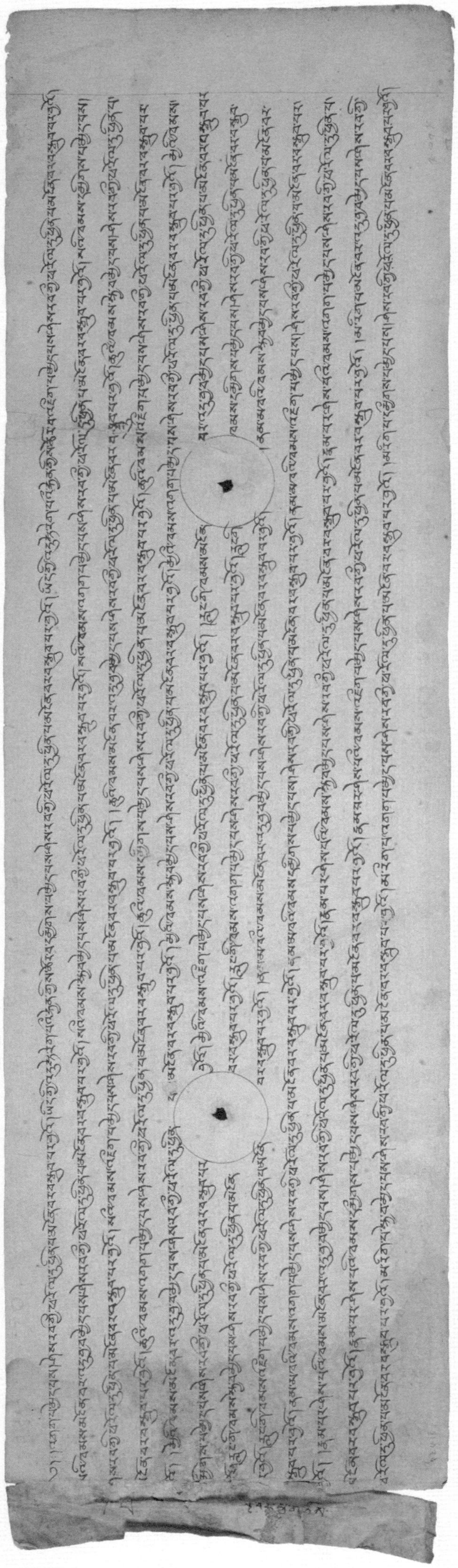

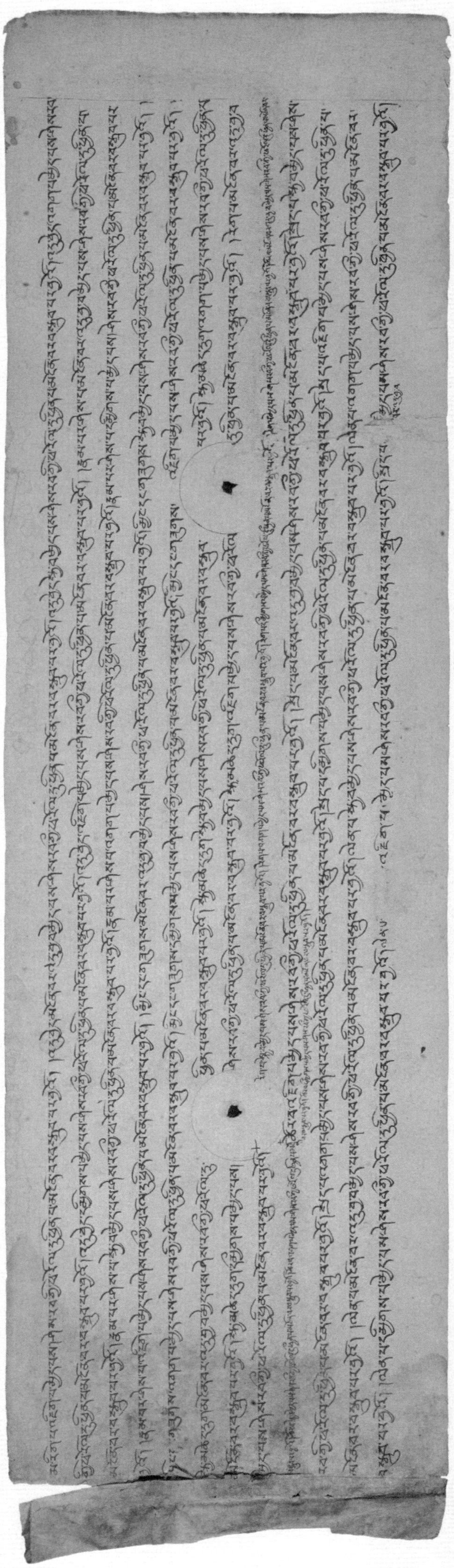

敦博 Db.t.0424 (R-V) ཤེས་རབ་ཀྱི་ཕ་རོལ་ཏུ་ཕྱིན་པ་སྟོང་ཕྲག་བརྒྱ་པ།
十萬頌般若波羅蜜多經

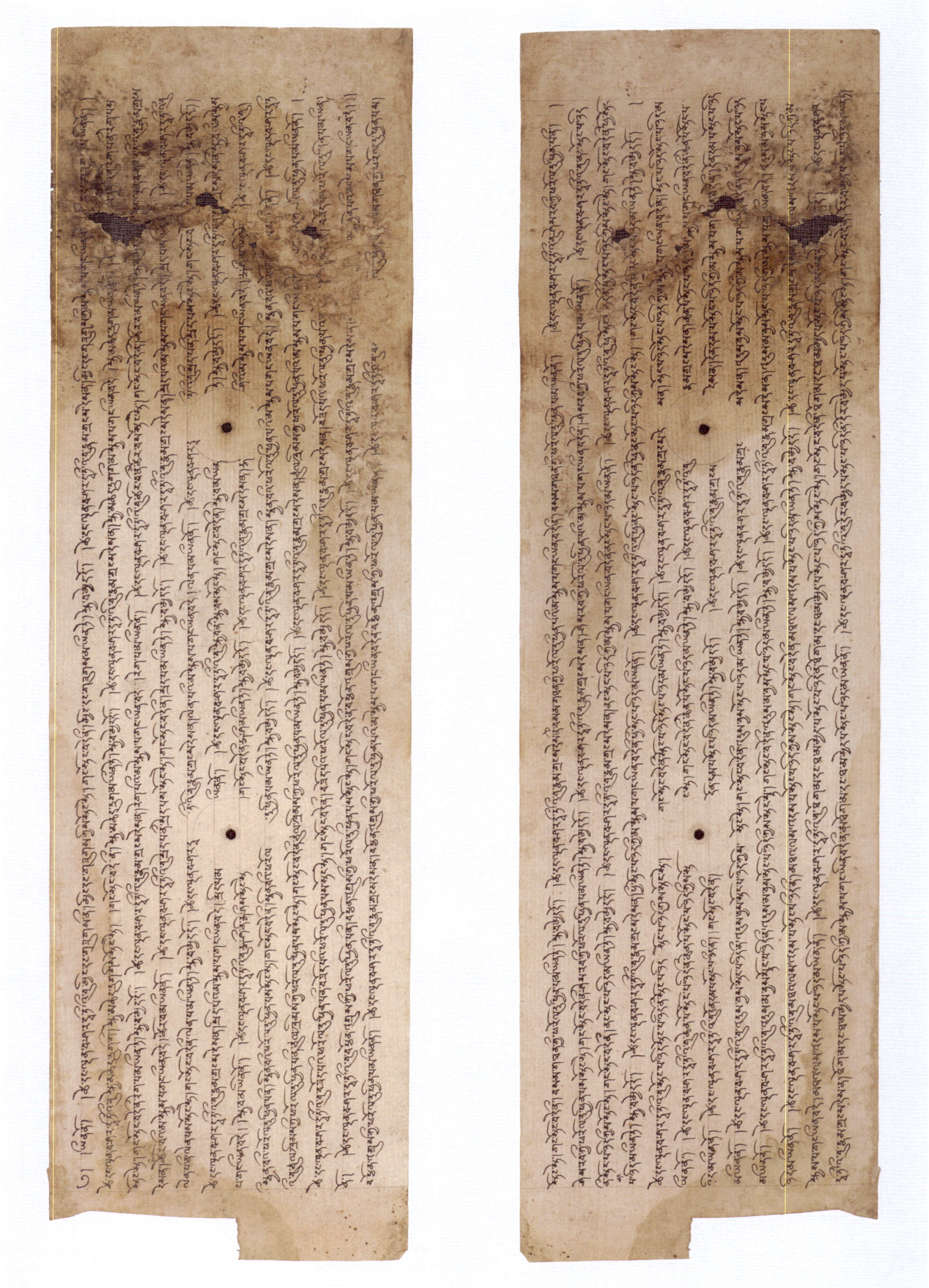

敦博 Db.t.0425 (R-V) ཤེས་རབ་ཀྱི་ཕ་རོལ་ཏུ་ཕྱིན་པ་སྟོང་ཕྲག་བརྒྱ་པ།
十萬頌般若波羅蜜多經

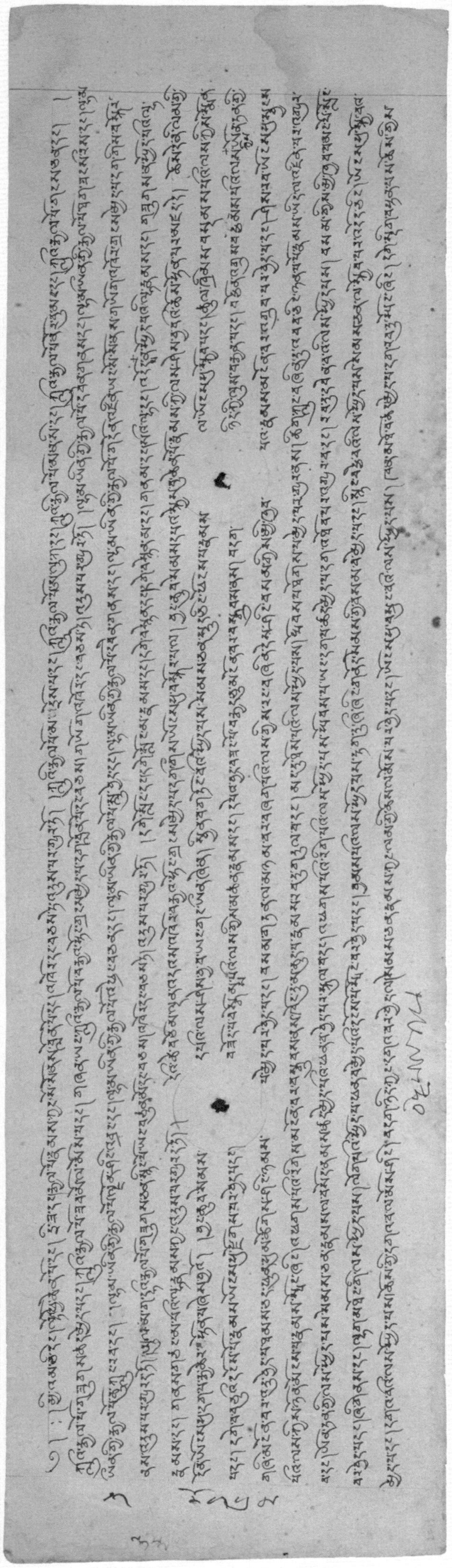

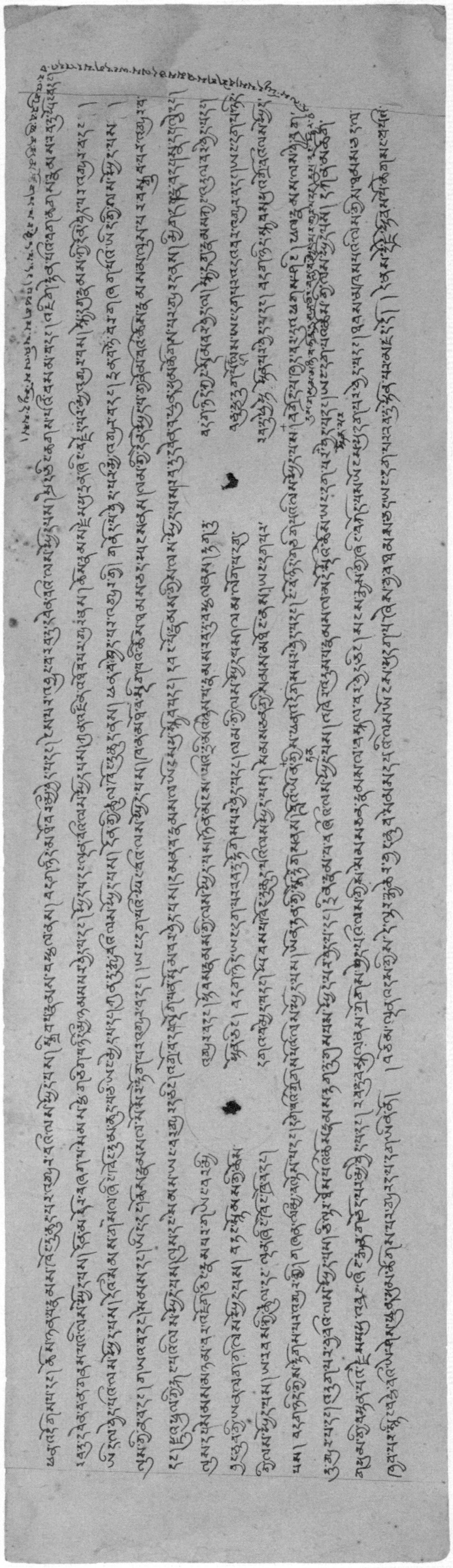

敦博 Db.t.0426 (R-V) ཤེས་རབ་ཀྱི་ཕ་རོལ་ཏུ་ཕྱིན་པ་སྟོང་ཕྲག་བརྒྱ་པ།
十萬頌般若波羅蜜多經

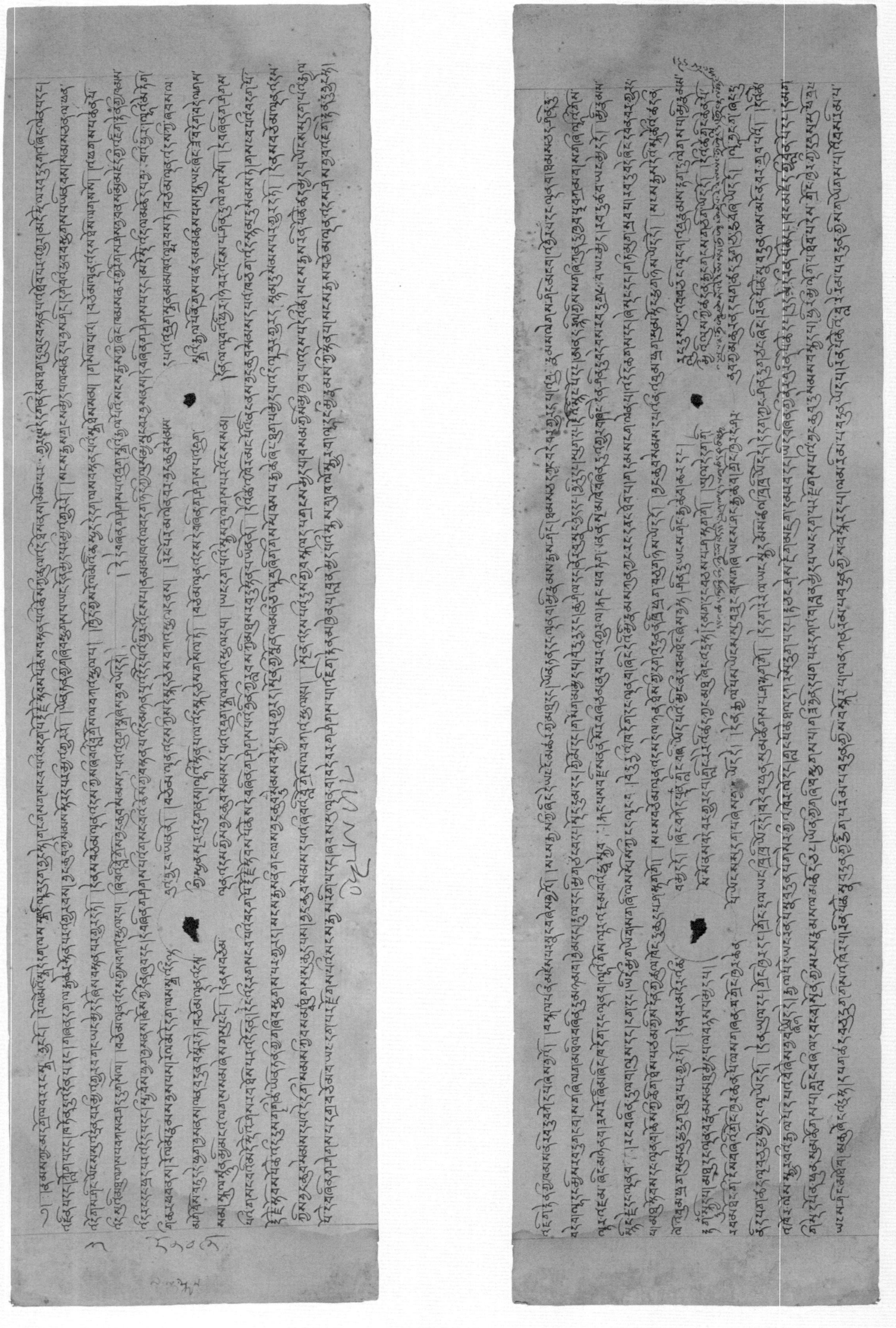

敦博 Db.t.0427 (R-V) ཤེས་རབ་ཀྱི་ཕ་རོལ་ཏུ་ཕྱིན་པ་སྟོང་ཕྲག་བརྒྱ་པ།

十萬頌般若波羅蜜多經

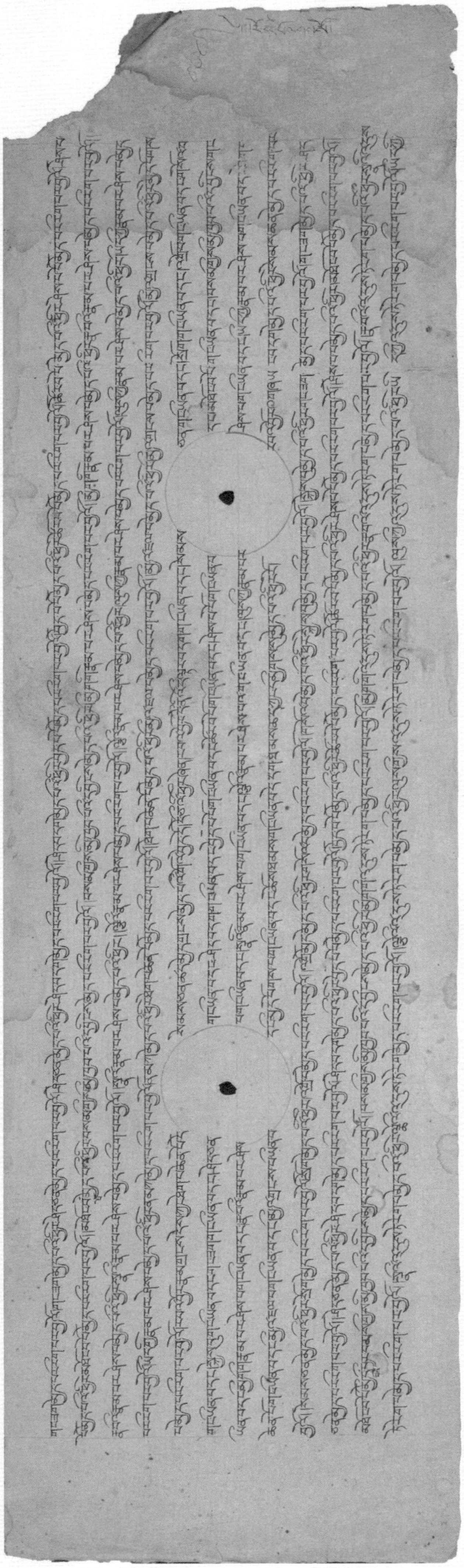

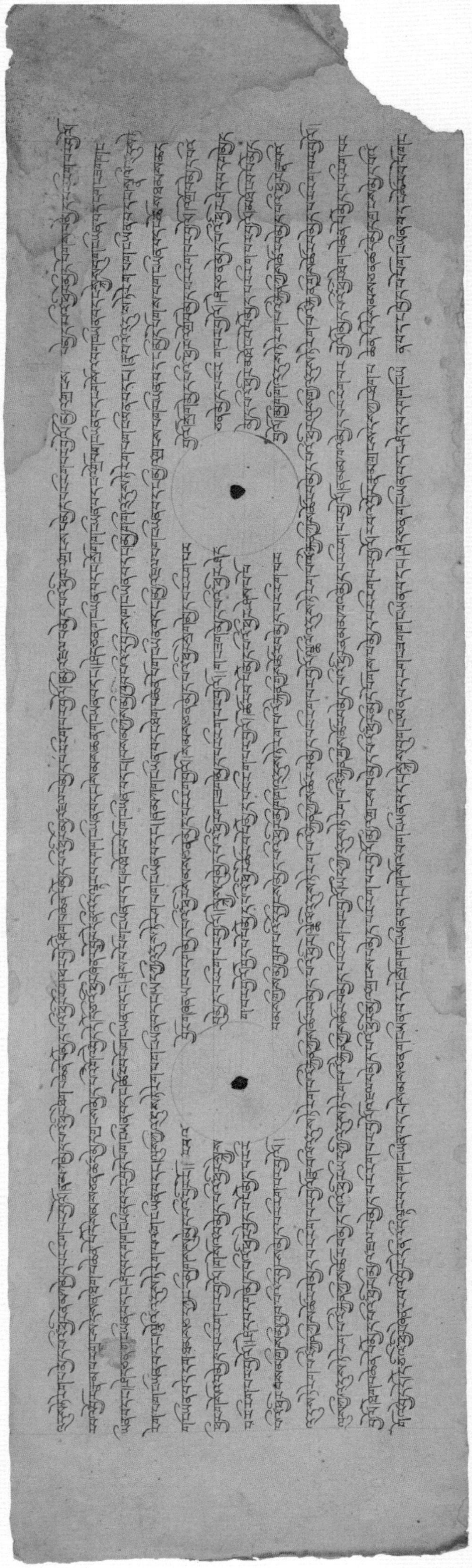

敦博 Db.t.0428 (R-V) ཤེས་རབ་ཀྱི་ཕ་རོལ་ཏུ་ཕྱིན་པ་སྟོང་ཕྲག་བརྒྱ་པ།
十萬頌般若波羅蜜多經

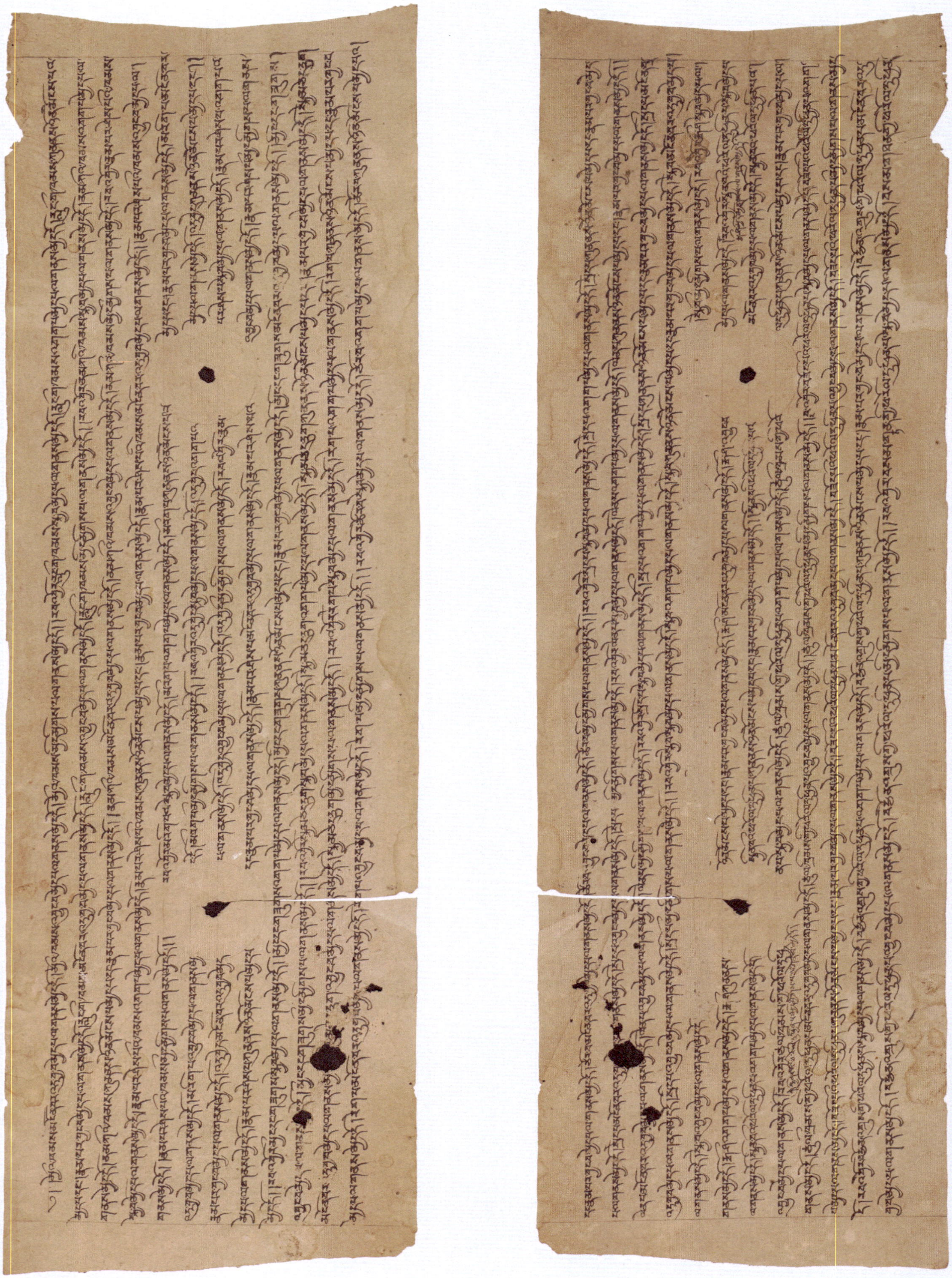

敦博 Db.t.0429 (R-V) ཤེས་རབ་ཀྱི་ཕ་རོལ་ཏུ་ཕྱིན་པ་སྟོང་ཕྲག་བརྒྱ་པ།
十萬頌般若波羅蜜多經

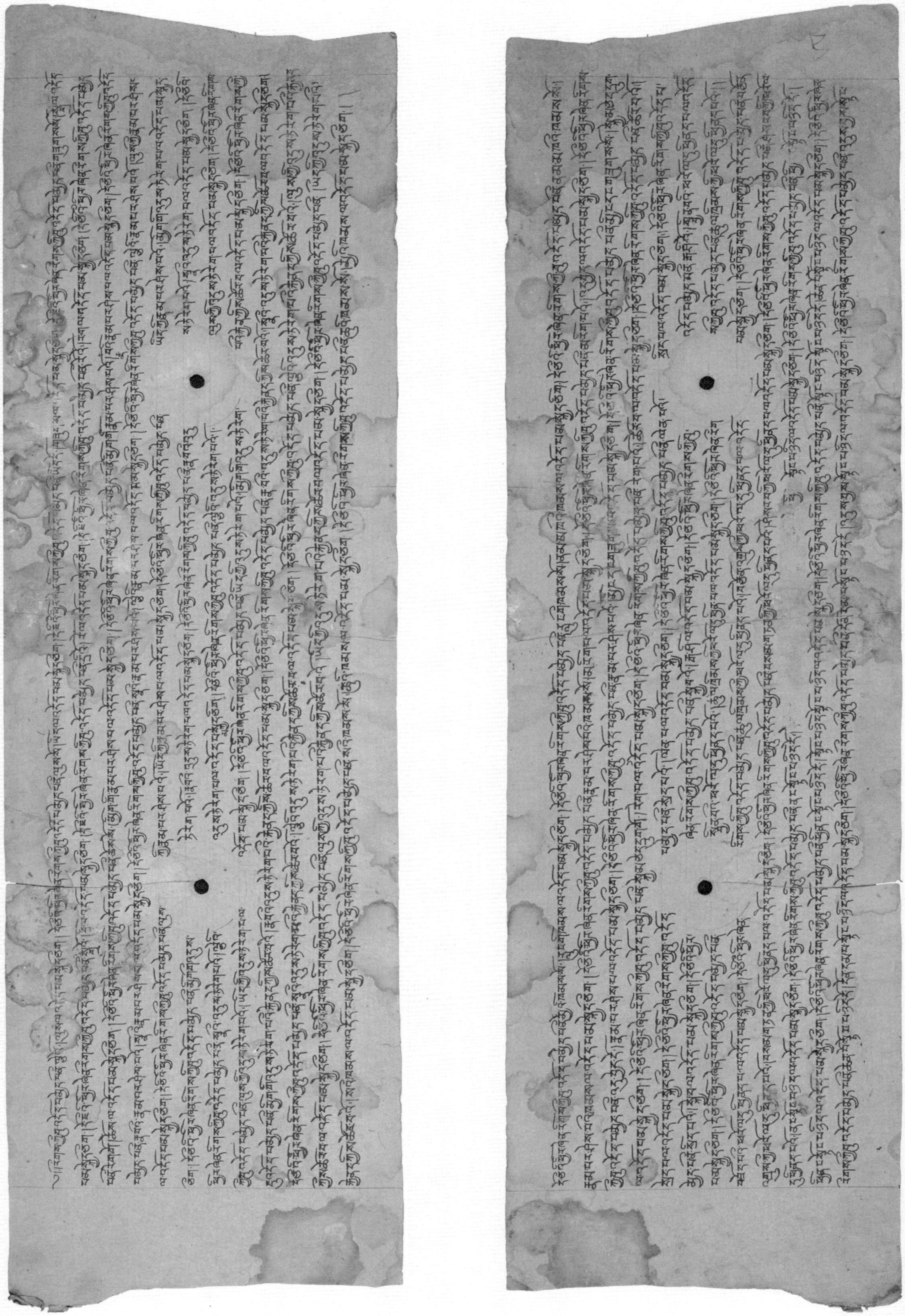

敦博 Db.t.0430 (R-V) ཤེས་རབ་ཀྱི་ཕ་རོལ་ཏུ་ཕྱིན་པ་སྟོང་ཕྲག་བརྒྱ་པ།
十萬頌般若波羅蜜多經

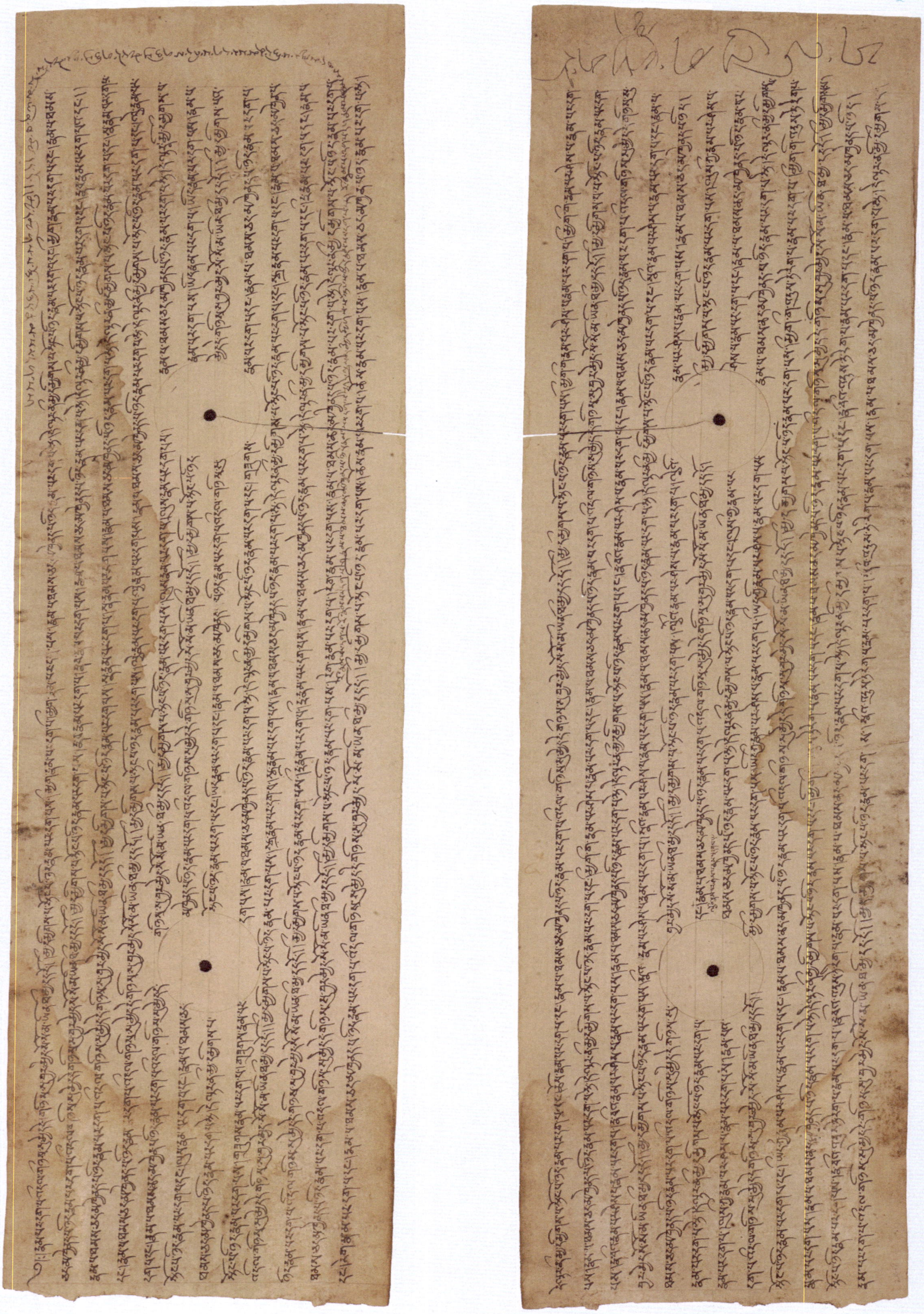

敦博 Db.t.0431 (R-V) ཤེས་རབ་ཀྱི་ཕ་རོལ་ཏུ་ཕྱིན་པ་སྟོང་ཕྲག་བརྒྱ་པ།
十萬頌般若波羅蜜多經

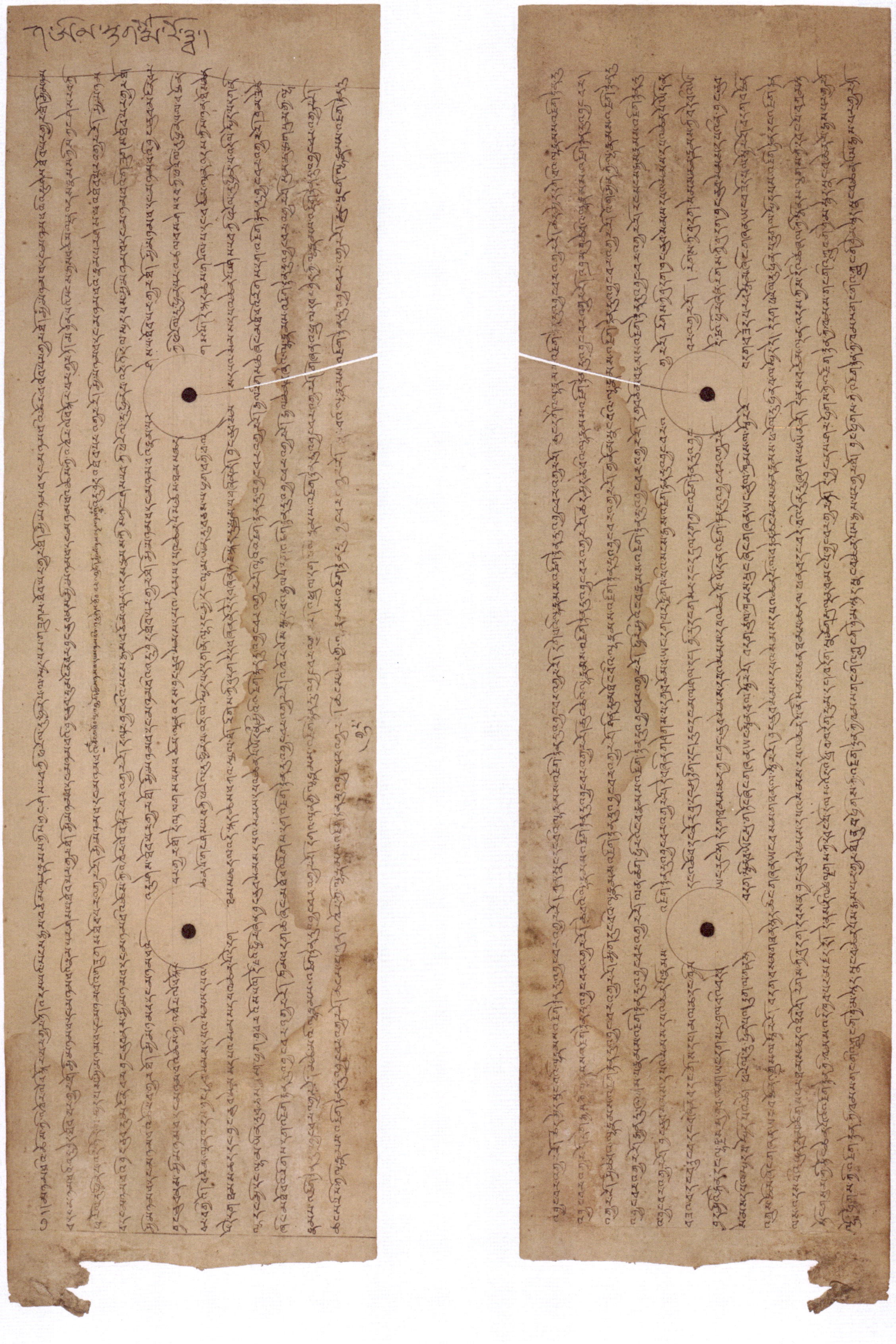

敦博 Db.t.0432 (R-V) ཤེས་རབ་ཀྱི་ཕ་རོལ་ཏུ་ཕྱིན་པ་སྟོང་ཕྲག་བརྒྱ་པ།
十萬頌般若波羅蜜多經

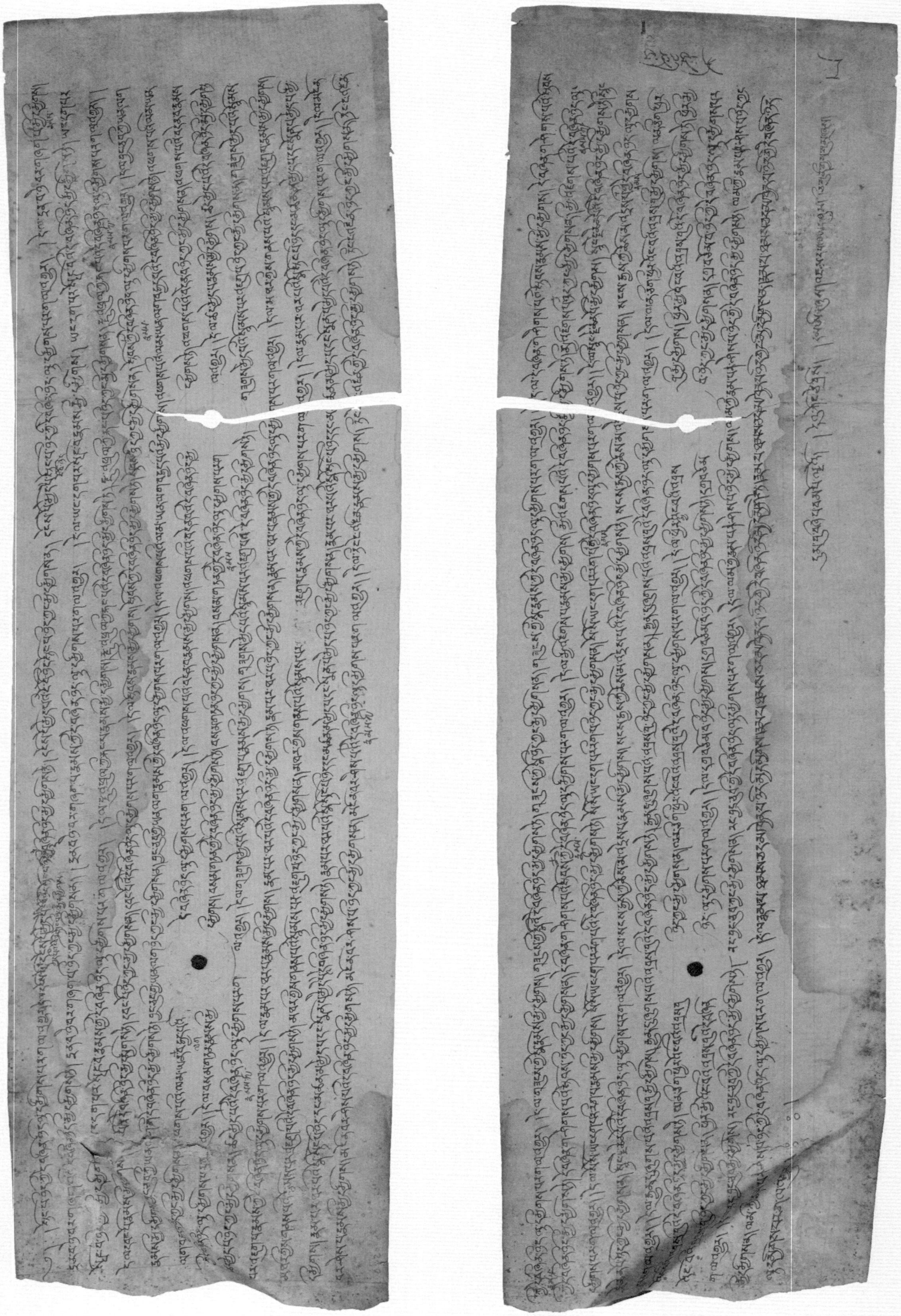

敦博 Db.t.0433 (R-V) ཤེས་རབ་ཀྱི་པ་རོལ་ཏུ་ཕྱིན་པ་སྟོང་ཕྲག་བརྒྱ་པ་དུམ་བུ་བཞི་པ་བམ་པོ་ལྔ་པ།།
十萬頌般若波羅蜜多經第四卷第五品

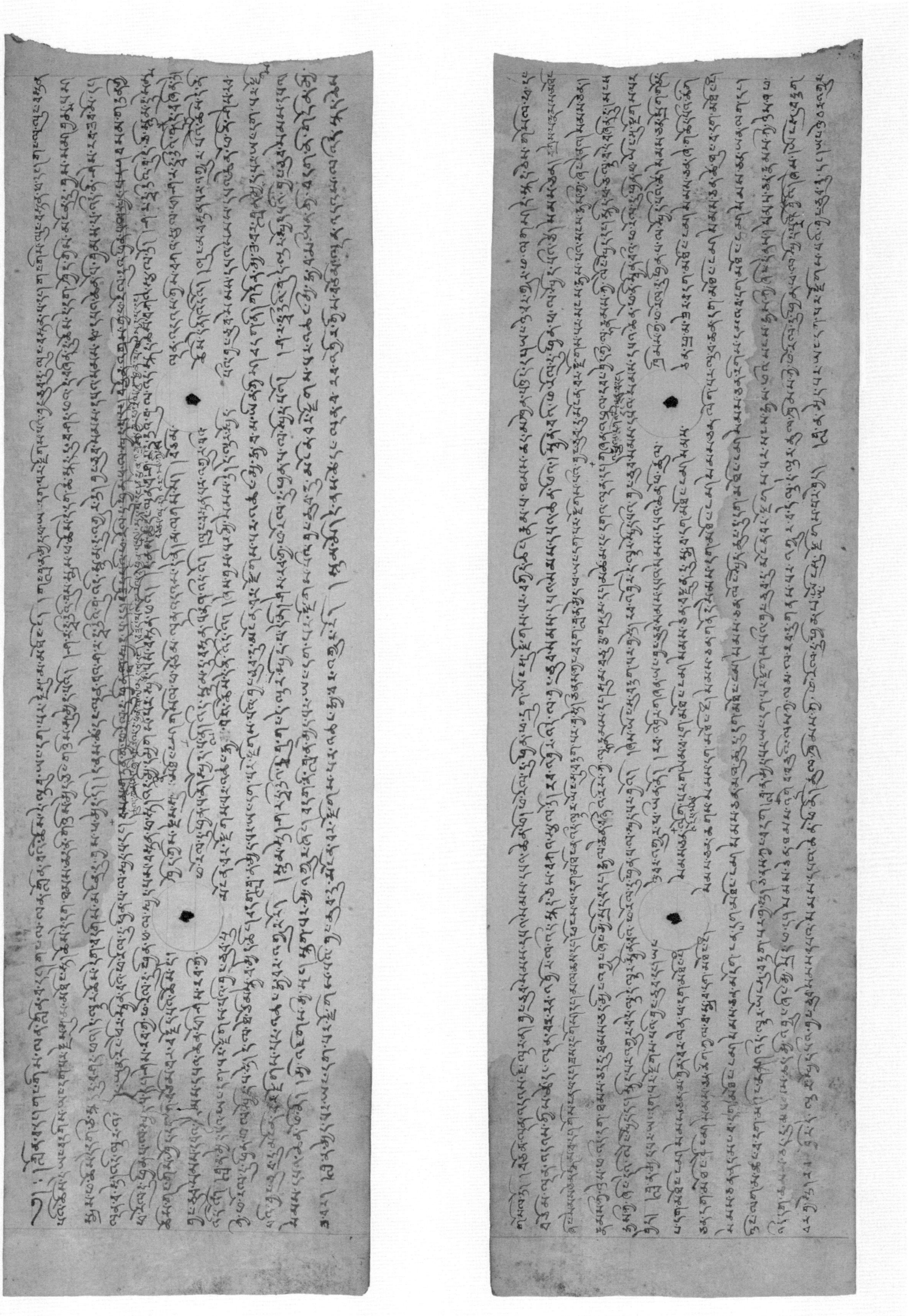

敦博 Db.t.0434 (R-V) ཤེས་རབ་ཀྱི་ཕ་རོལ་ཏུ་ཕྱིན་པ་སྟོང་ཕྲག་བརྒྱ་པ།
十萬頌般若波羅蜜多經

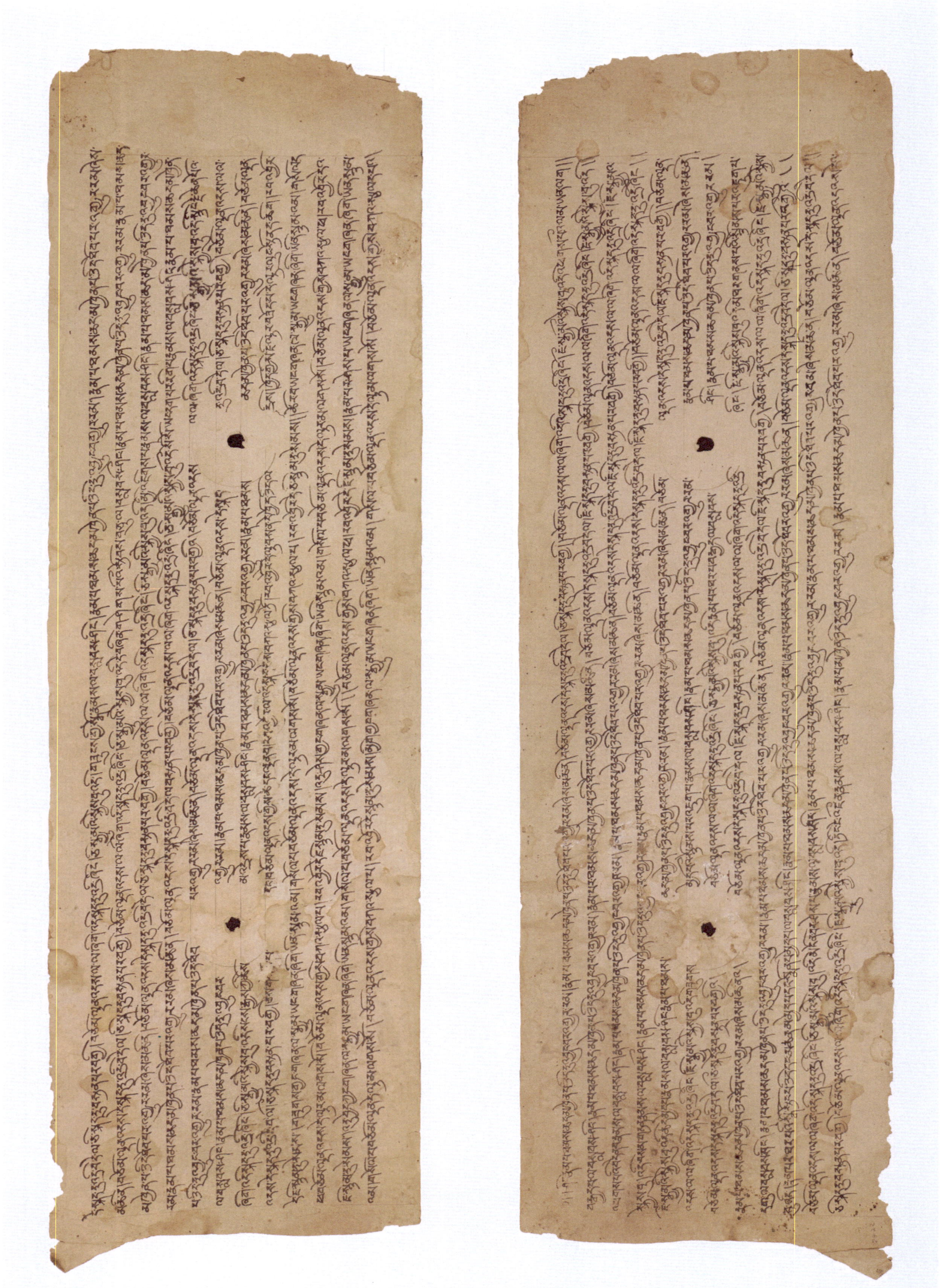

敦博 Db.t.0435 (R-V) ཤེས་རབ་ཀྱི་ཕ་རོལ་ཏུ་ཕྱིན་པ་སྟོང་ཕྲག་བརྒྱ་པ།
十萬頌般若波羅蜜多經

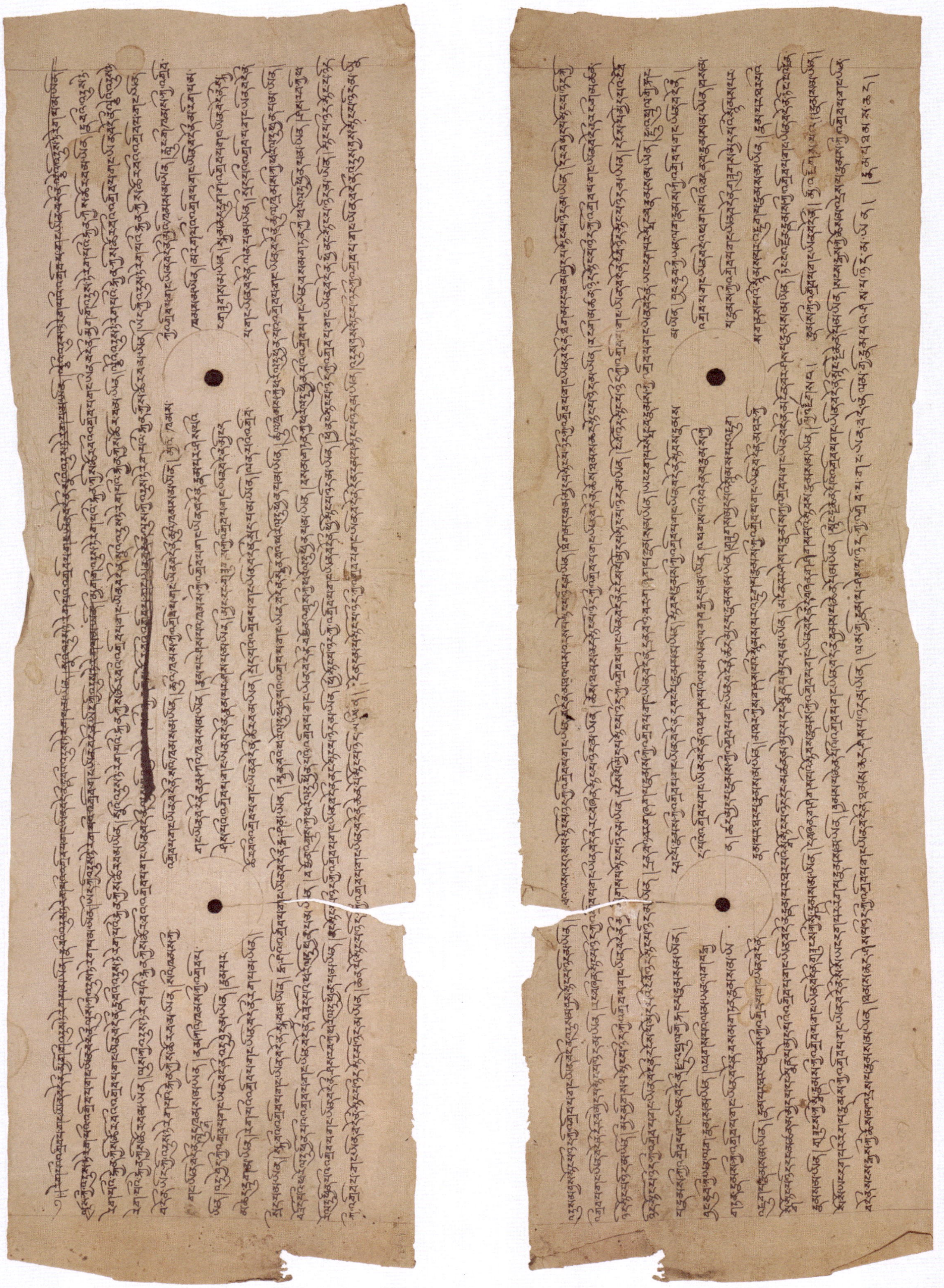

敦博 Db.t.0436 (R-V) ཤེས་རབ་ཀྱི་ཕ་རོལ་ཏུ་ཕྱིན་པ་སྟོང་ཕྲག་བརྒྱ་པ།
十萬頌般若波羅蜜多經

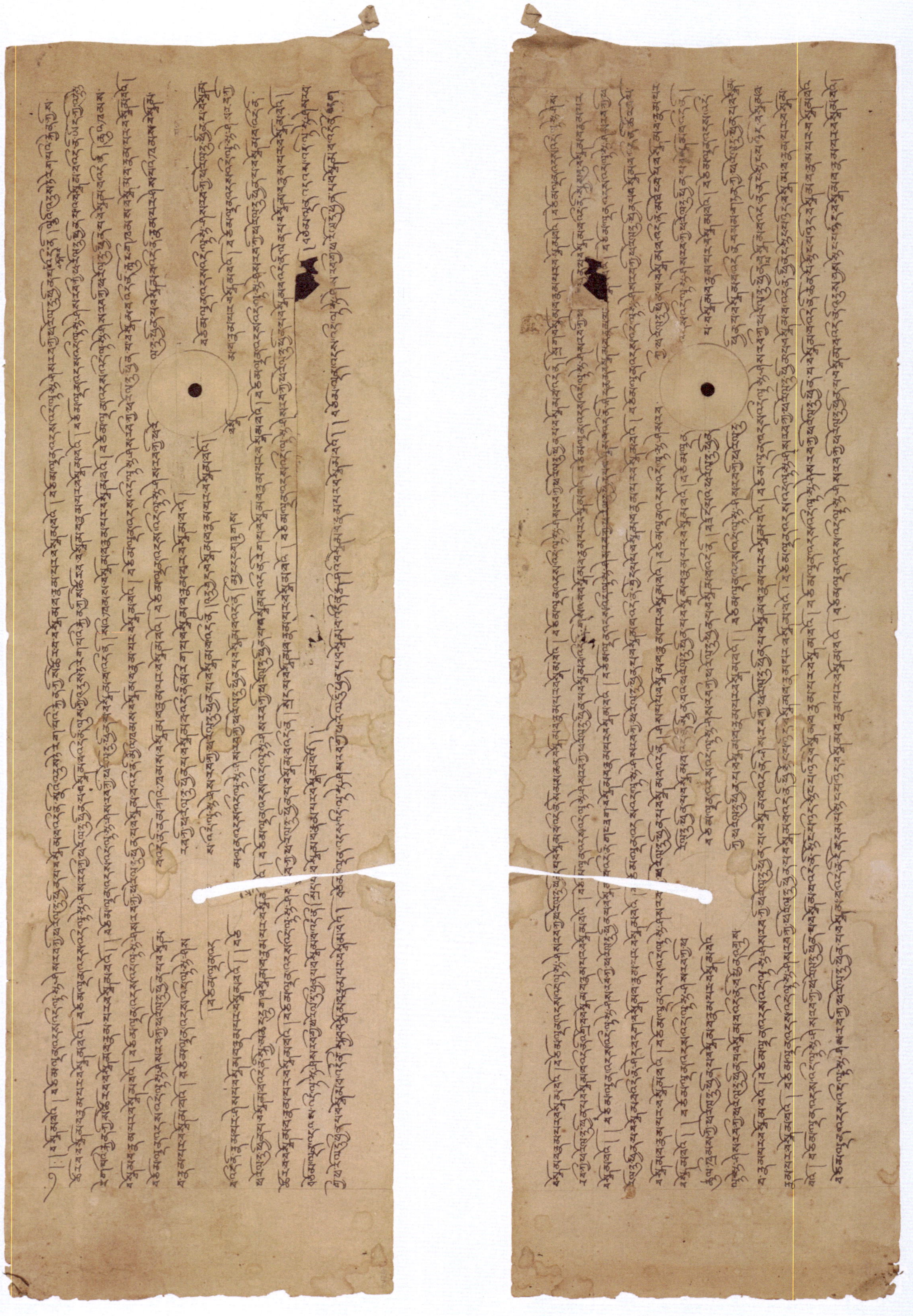

敦博 Db.t.0437 (R-V) ཤེས་རབ་ཀྱི་ཕ་རོལ་ཏུ་ཕྱིན་པ་སྟོང་ཕྲག་བརྒྱ་པ།
十萬頌般若波羅蜜多經

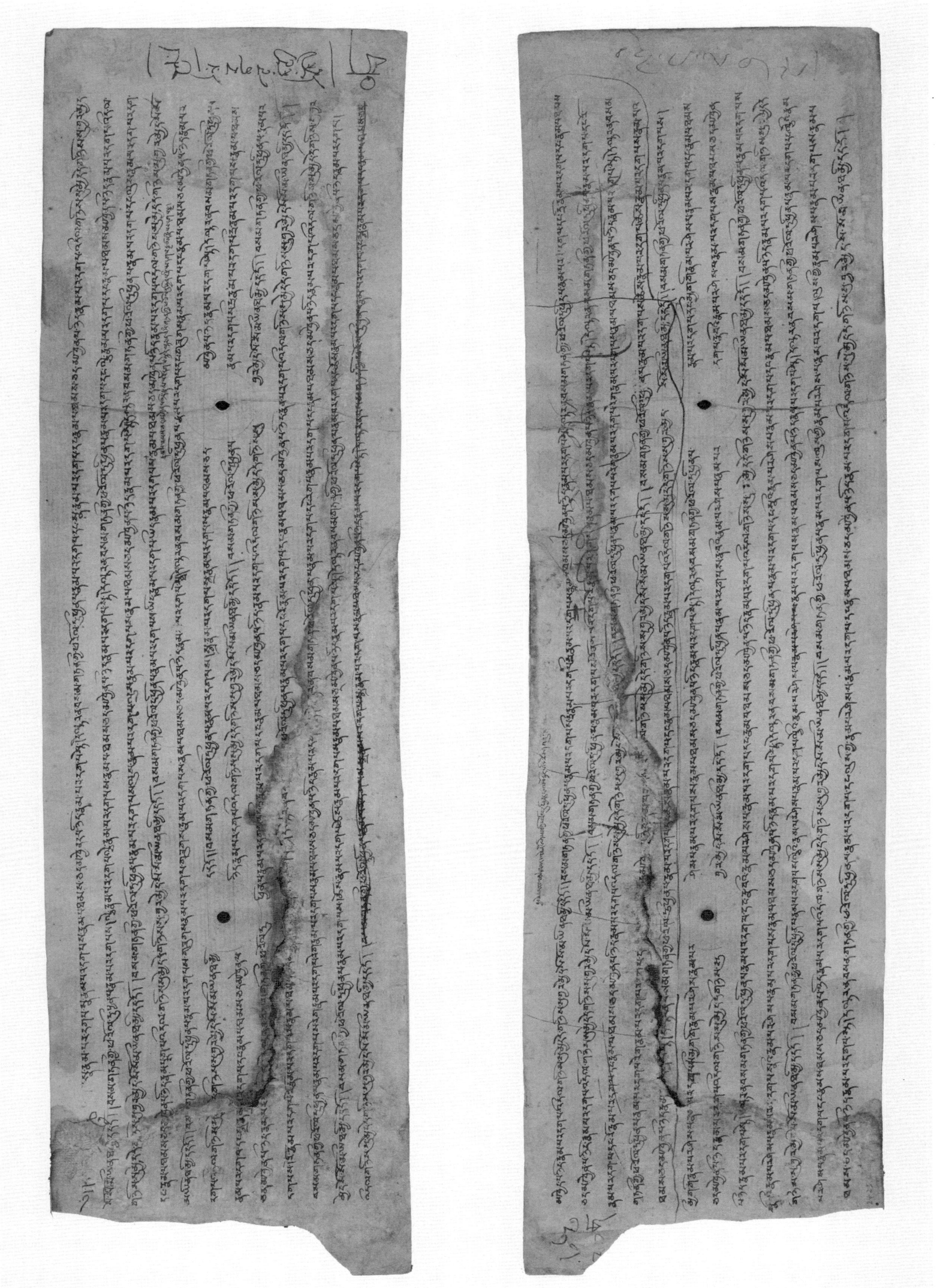

敦博 Db.t.0438 (R-V) ཤེས་རབ་ཀྱི་ཕ་རོལ་ཏུ་ཕྱིན་པ་སྟོང་ཕྲག་བརྒྱ་པ།
十萬頌般若波羅蜜多經

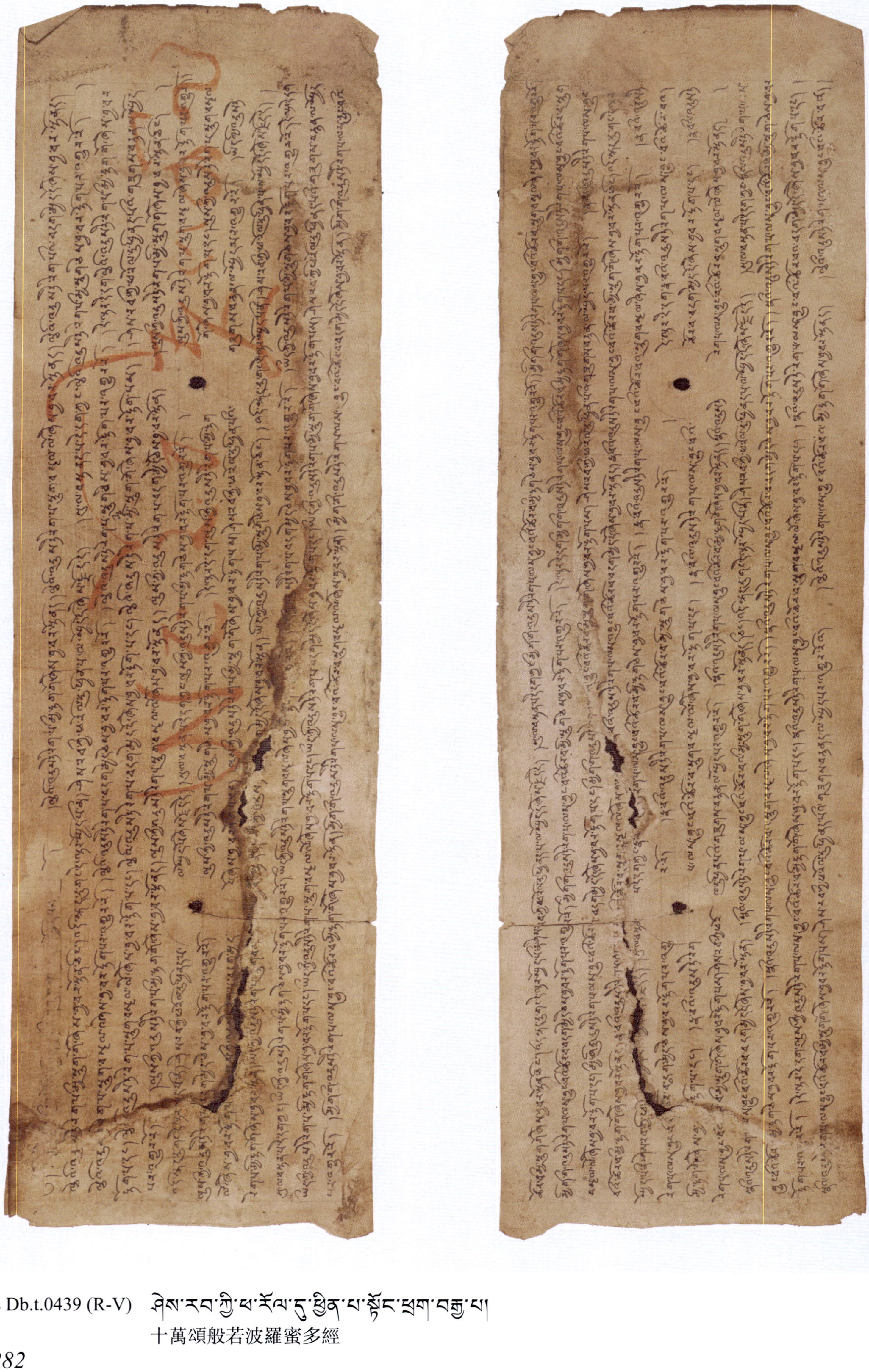

敦博 Db.t.0439 (R-V) ཤེས་རབ་ཀྱི་ཕ་རོལ་ཏུ་ཕྱིན་པ་སྟོང་ཕྲག་བརྒྱ་པ།

十萬頌般若波羅蜜多經

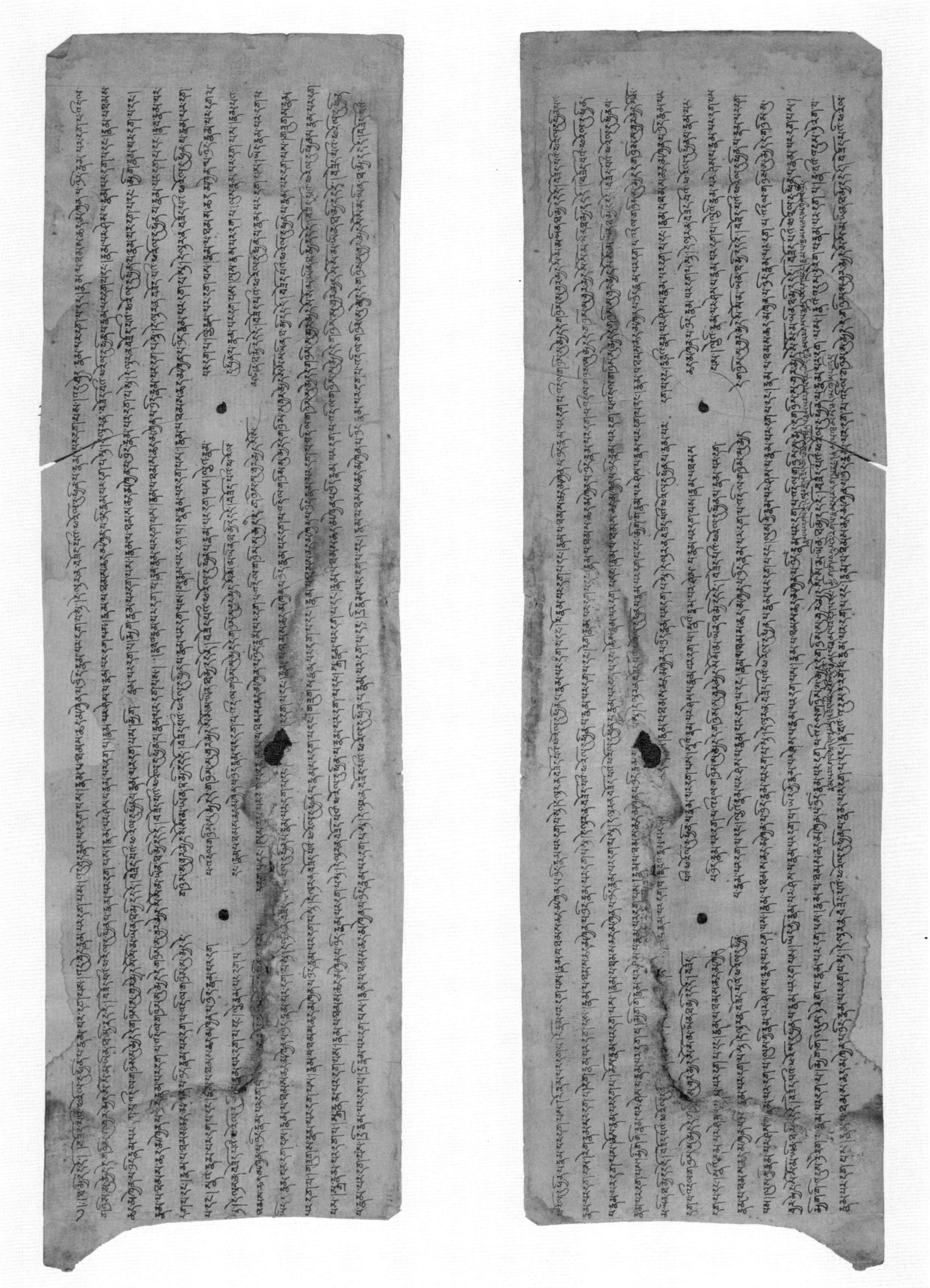

敦博 Db.t.0440 (R-V) ཤེས་རབ་ཀྱི་པ་རོལ་ཏུ་ཕྱིན་པ་སྟོང་ཕྲག་བརྒྱ་པ།
十萬頌般若波羅蜜多經

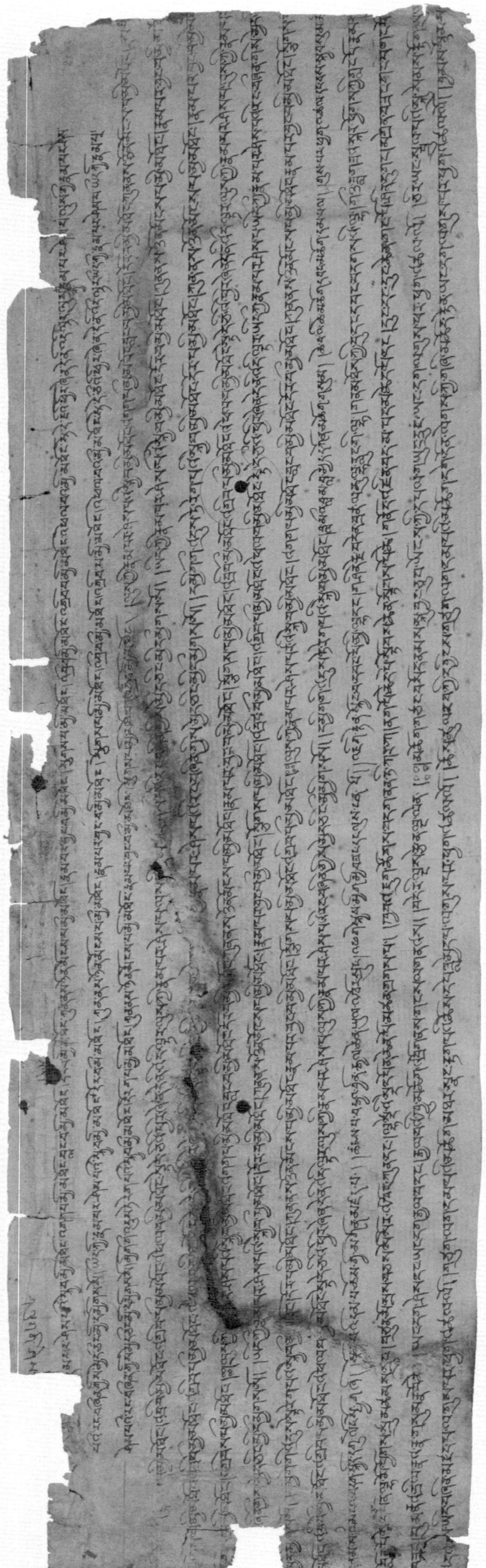

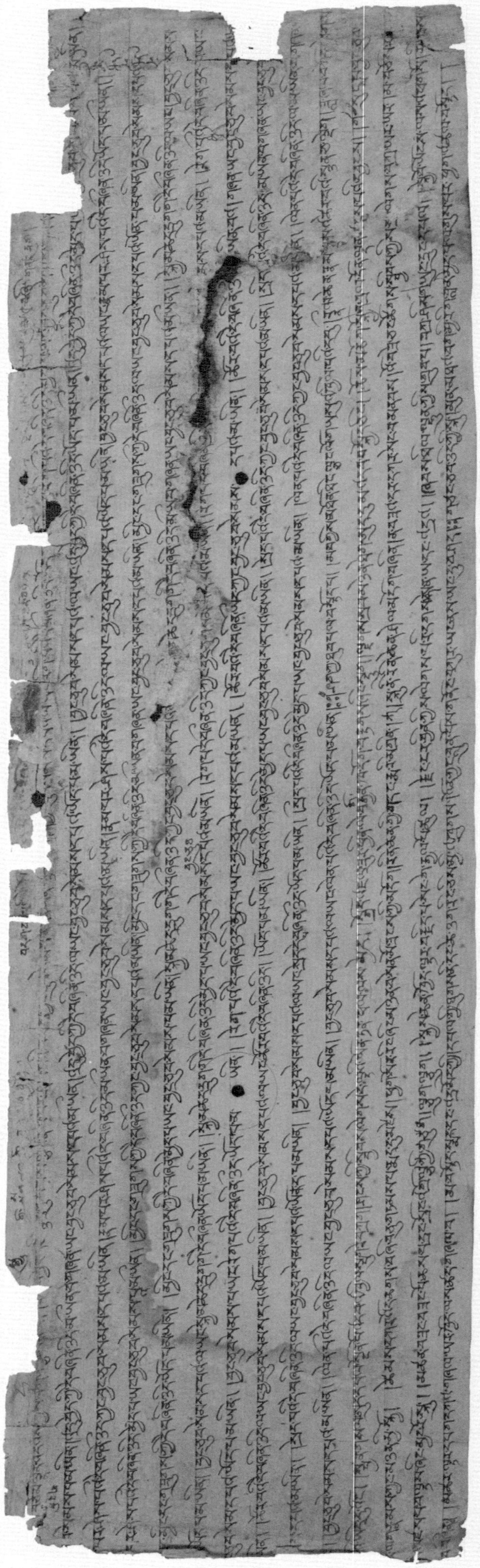

敦博 Db.t.0441 (R-V) ཤེས་རབ་ཀྱི་ཕ་རོལ་ཏུ་ཕྱིན་པ་སྟོང་ཕྲག་བརྒྱ་པ།
十萬頌般若波羅蜜多經

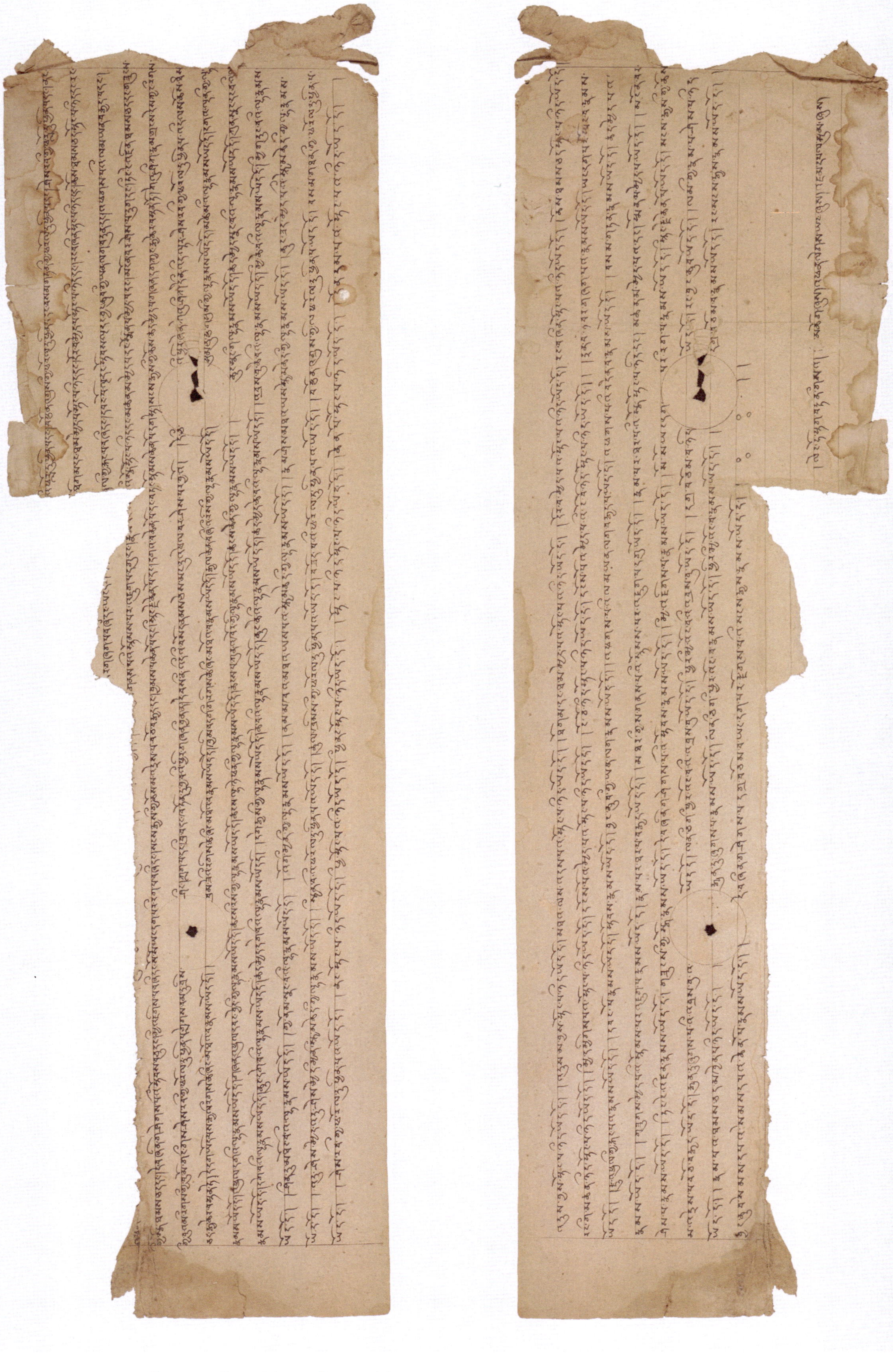

敦博 Db.t.0442 (R-V)　ཤེས་རབ་ཀྱི་ཕ་རོལ་ཏུ་ཕྱིན་པ་སྟོང་ཕྲག་བརྒྱ་པ།
十萬頌般若波羅蜜多經

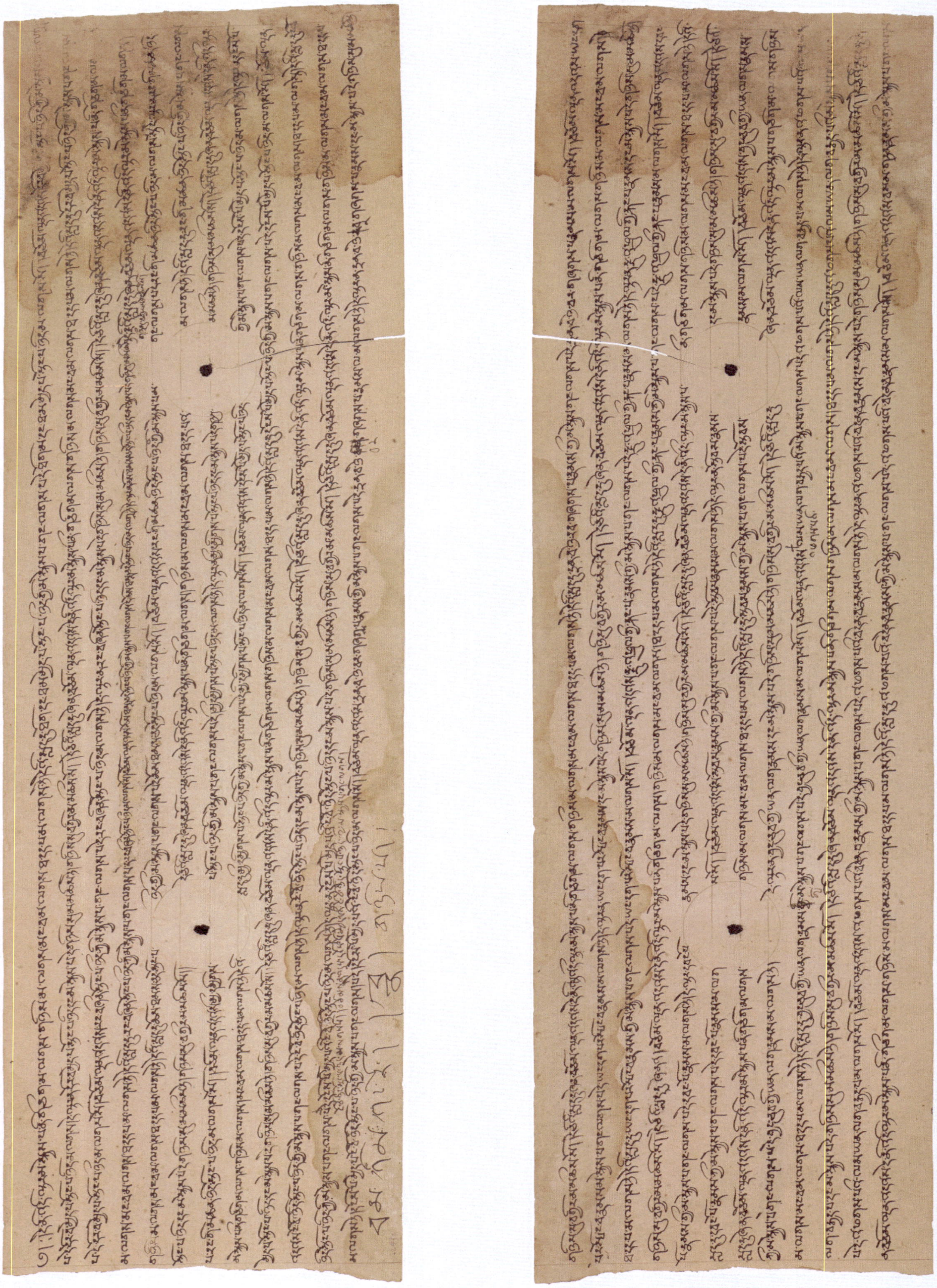

敦博 Db.t.0443 (R-V) ཤེས་རབ་ཀྱི་ཕ་རོལ་ཏུ་ཕྱིན་པ་སྟོང་ཕྲག་བརྒྱ་པ།
十萬頌般若波羅蜜多經

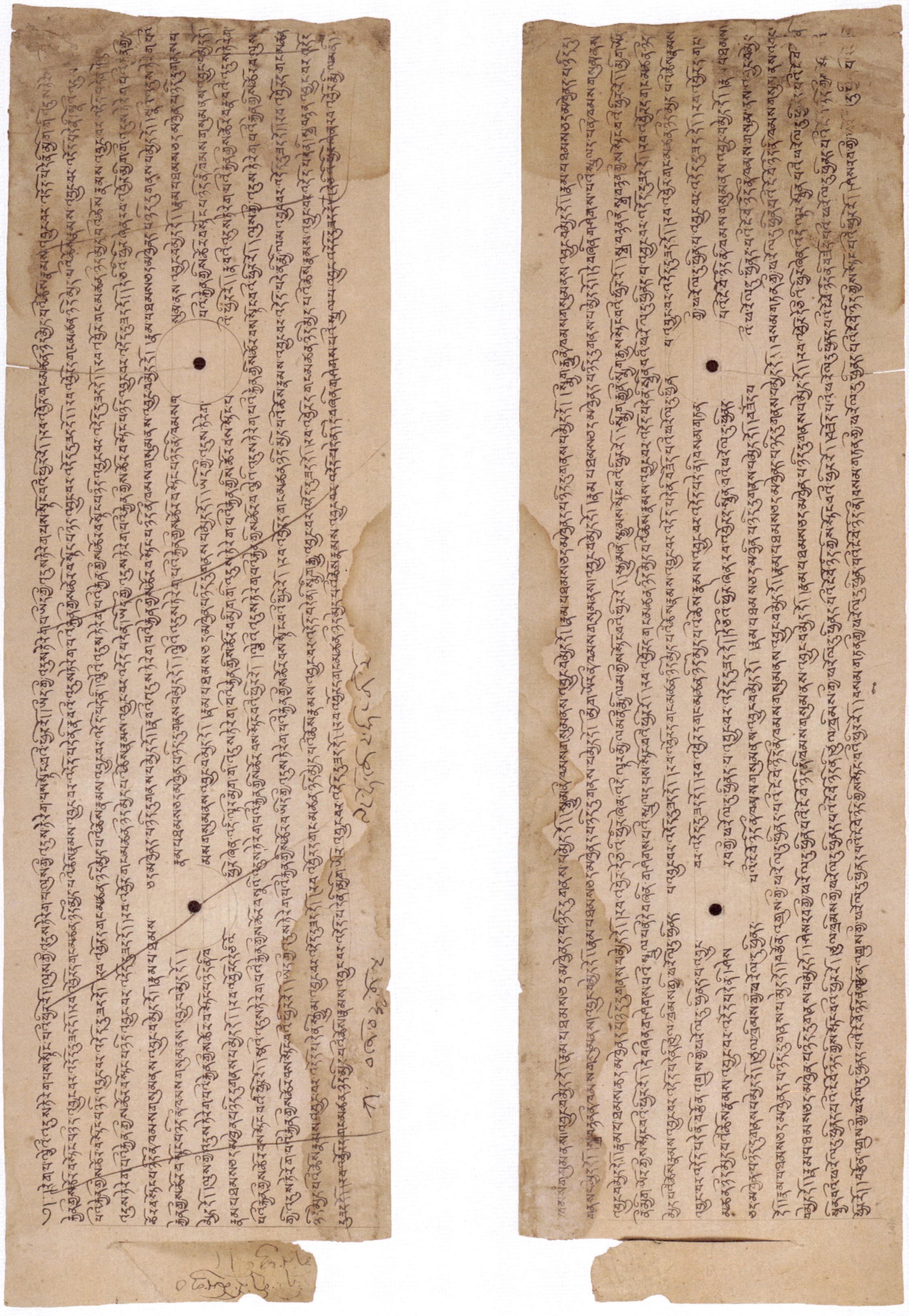

敦博 Db.t.0444 (R-V) ཤེས་རབ་ཀྱི་ཕ་རོལ་ཏུ་ཕྱིན་པ་སྟོང་ཕྲག་བརྒྱ་པ།
十萬頌般若波羅蜜多經

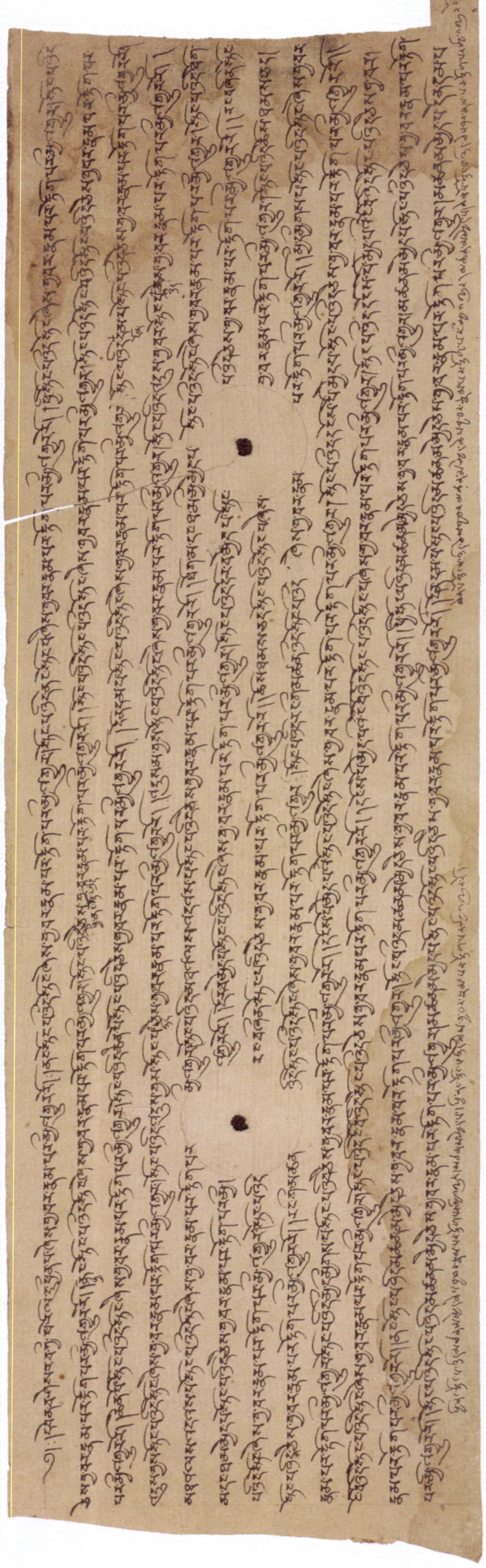

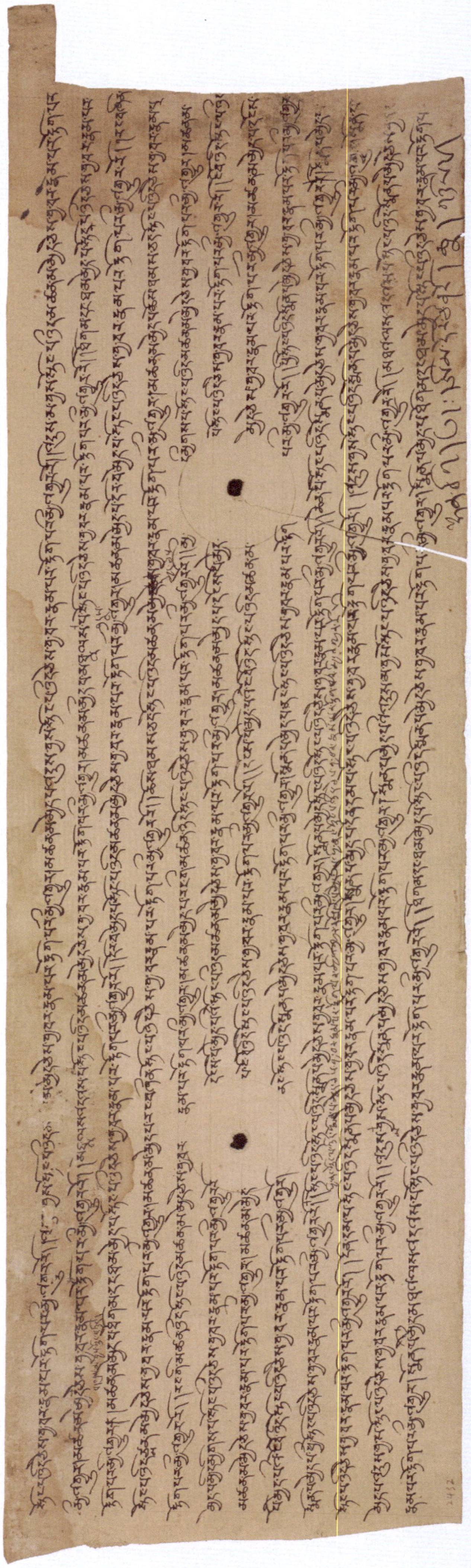

敦博 Db.t.0445 (R-V) ཤེས་རབ་ཀྱི་ཕ་རོལ་ཏུ་ཕྱིན་པ་སྟོང་ཕྲག་བརྒྱ་པ།

十萬頌般若波羅蜜多經

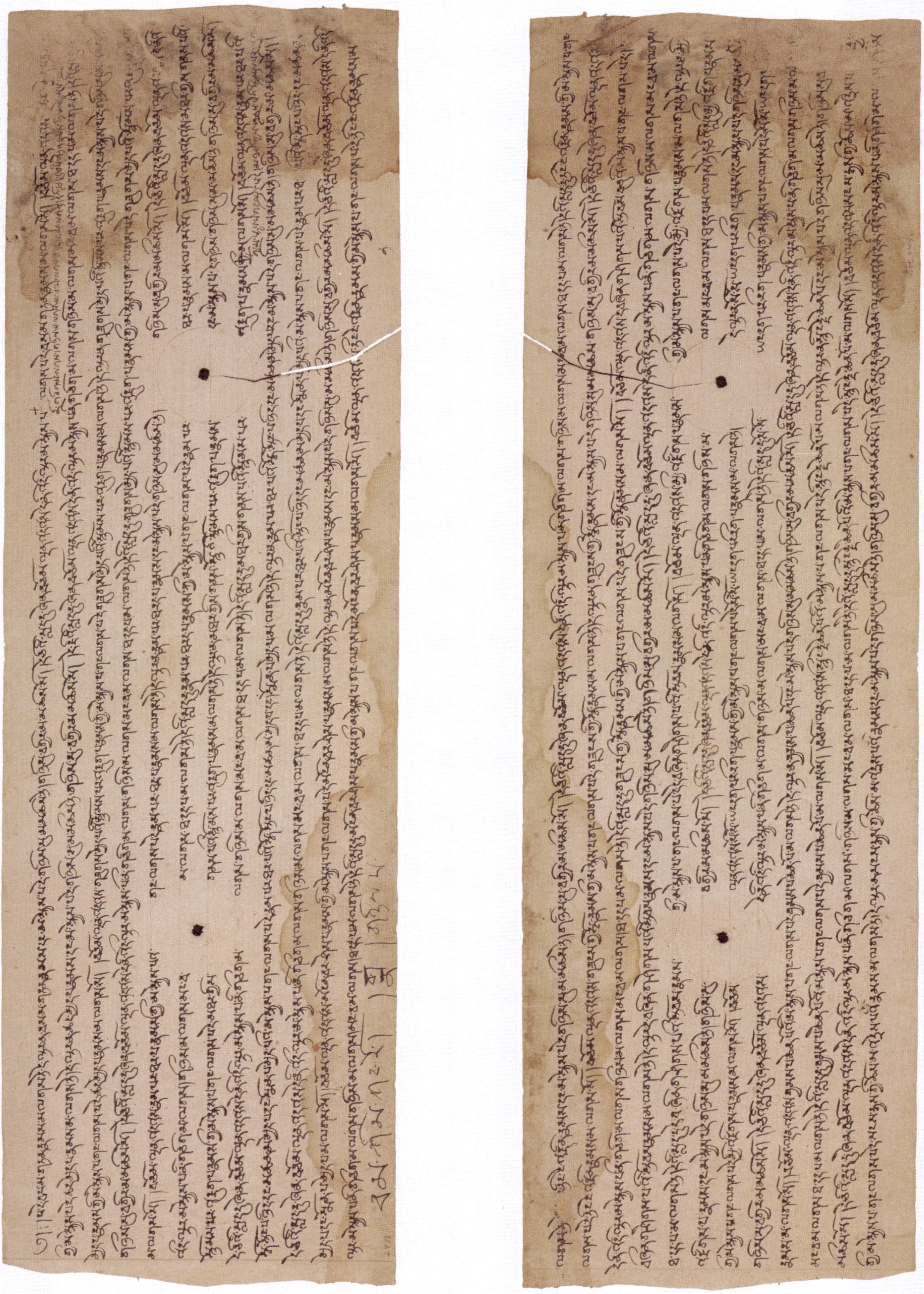

敦博 Db.t.0446 (R-V) ཤེས་རབ་ཀྱི་ཕ་རོལ་ཏུ་ཕྱིན་པ་སྟོང་ཕྲག་བརྒྱ་པ།
十萬頌般若波羅蜜多經

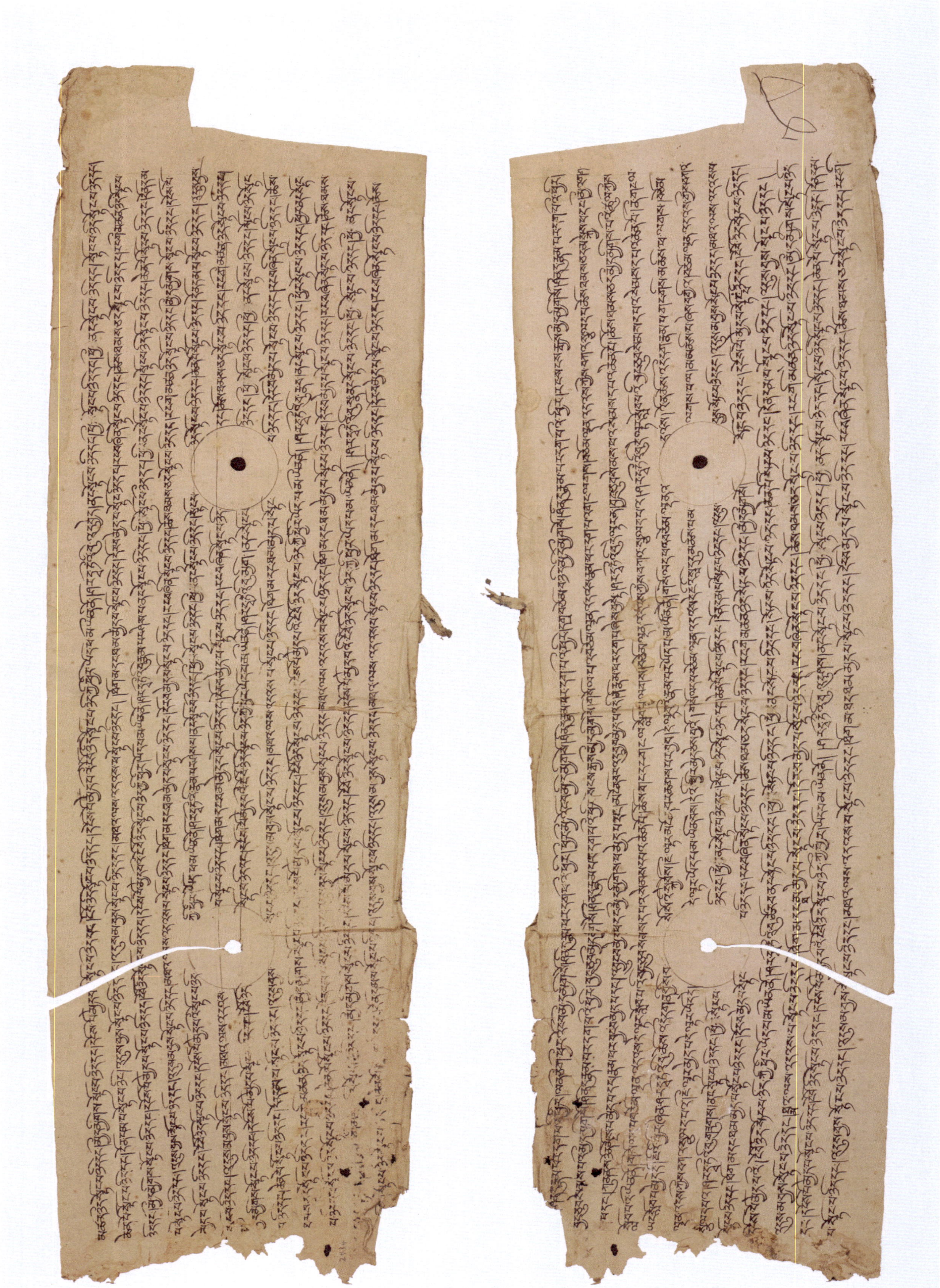

敦博 Db.t.0447 (R-V) ཤེས་རབ་ཀྱི་ཕ་རོལ་ཏུ་ཕྱིན་པ་སྟོང་ཕྲག་བརྒྱ་པ།
十萬頌般若波羅蜜多經

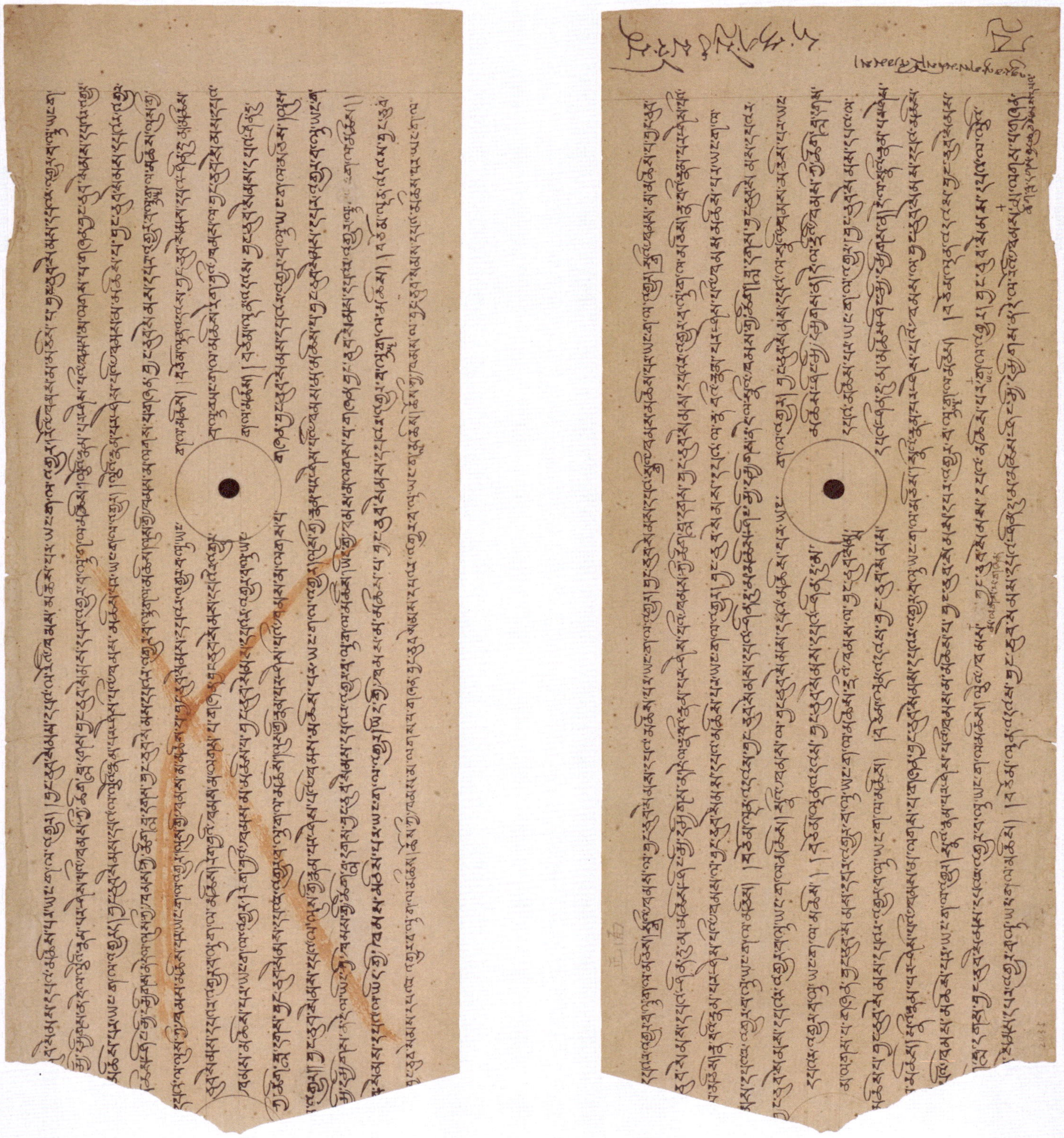

敦博 Db.t.0448 (R-V) ཤེས་རབ་ཀྱི་ཕ་རོལ་ཏུ་ཕྱིན་པ་སྟོང་ཕྲག་བརྒྱ་པ།
十萬頌般若波羅蜜多經

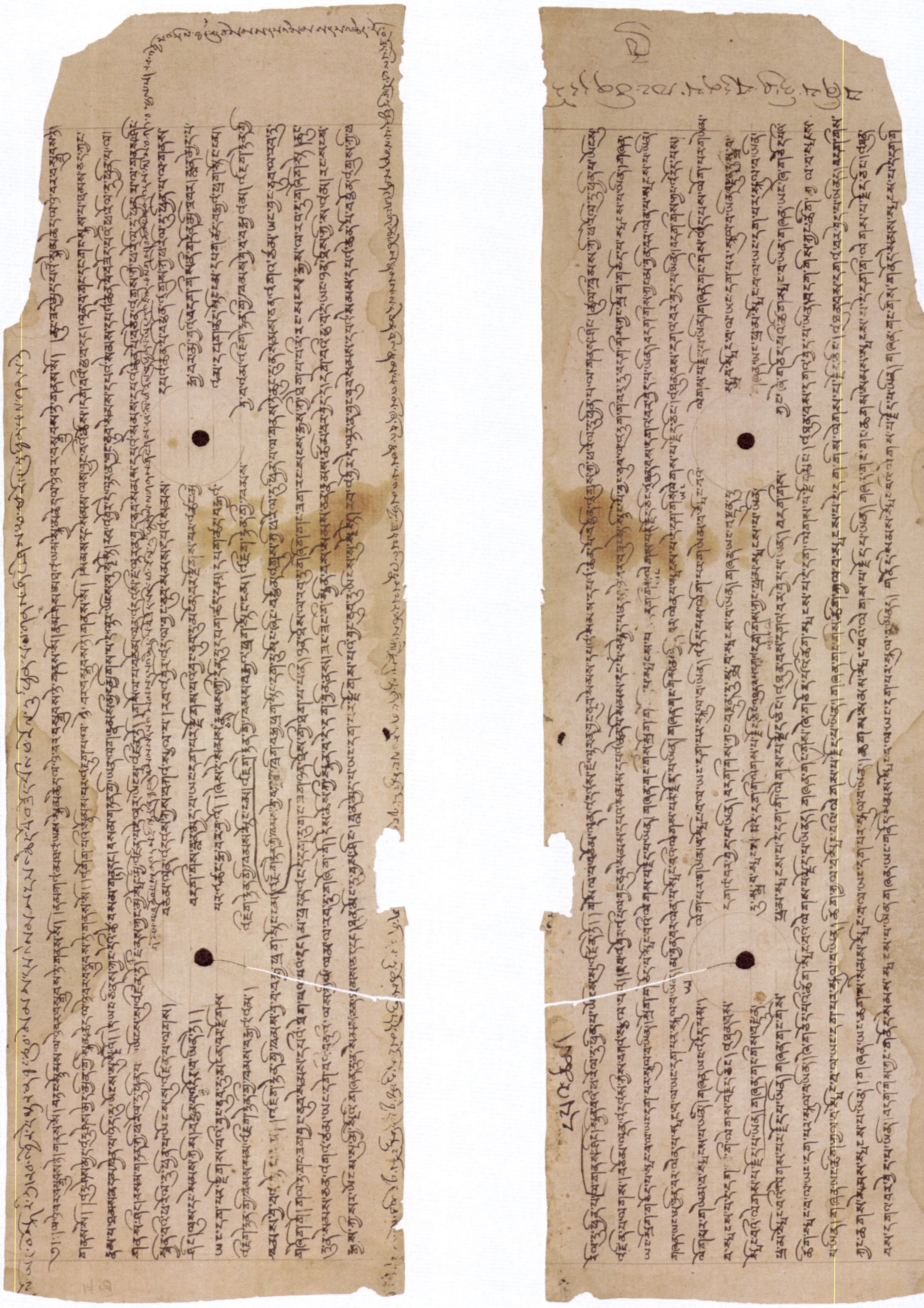

敦博 Db.t.0449 (R-V) ཤེས་རབ་ཀྱི་ཕ་རོལ་ཏུ་ཕྱིན་པ་སྟོང་ཕྲག་བརྒྱ་པ།
十萬頌般若波羅蜜多經

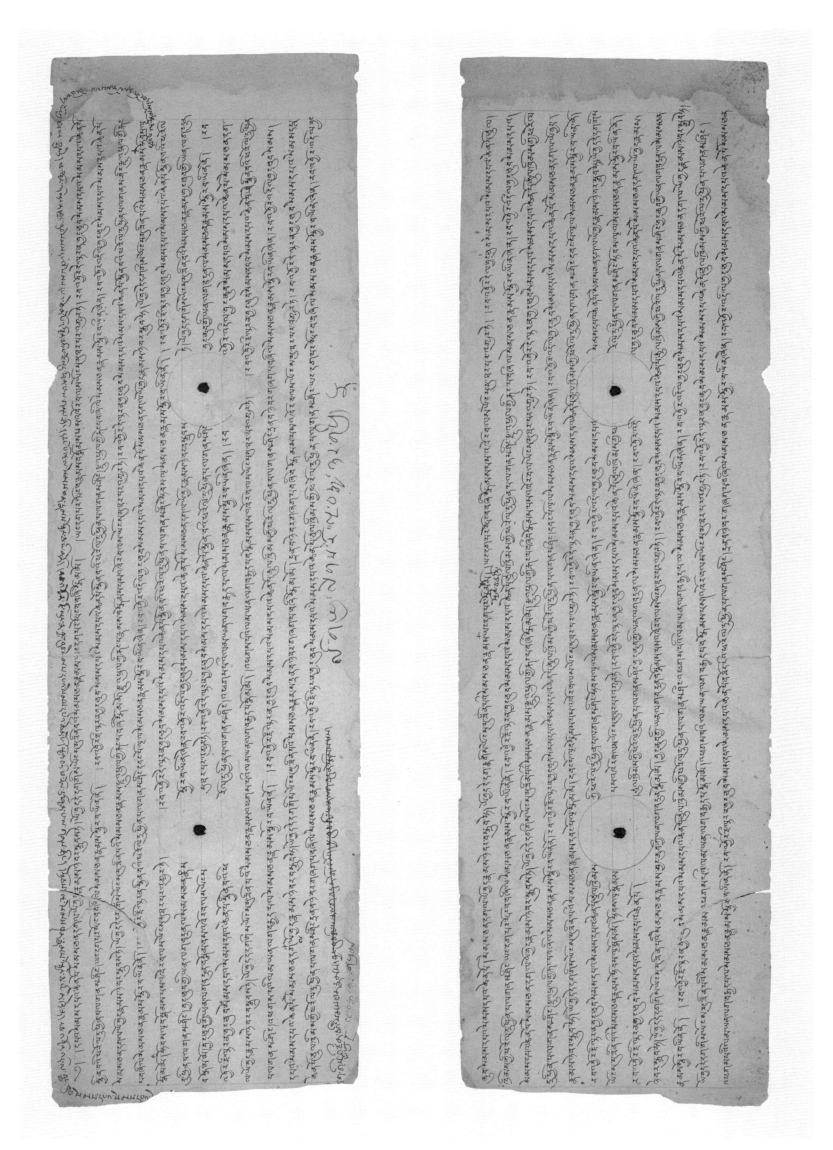

敦博 Db.t.0450 (R-V) ཤེས་རབ་ཀྱི་ཕ་རོལ་ཏུ་ཕྱིན་པ་སྟོང་ཕྲག་བརྒྱ་པ།
十萬頌般若波羅蜜多經

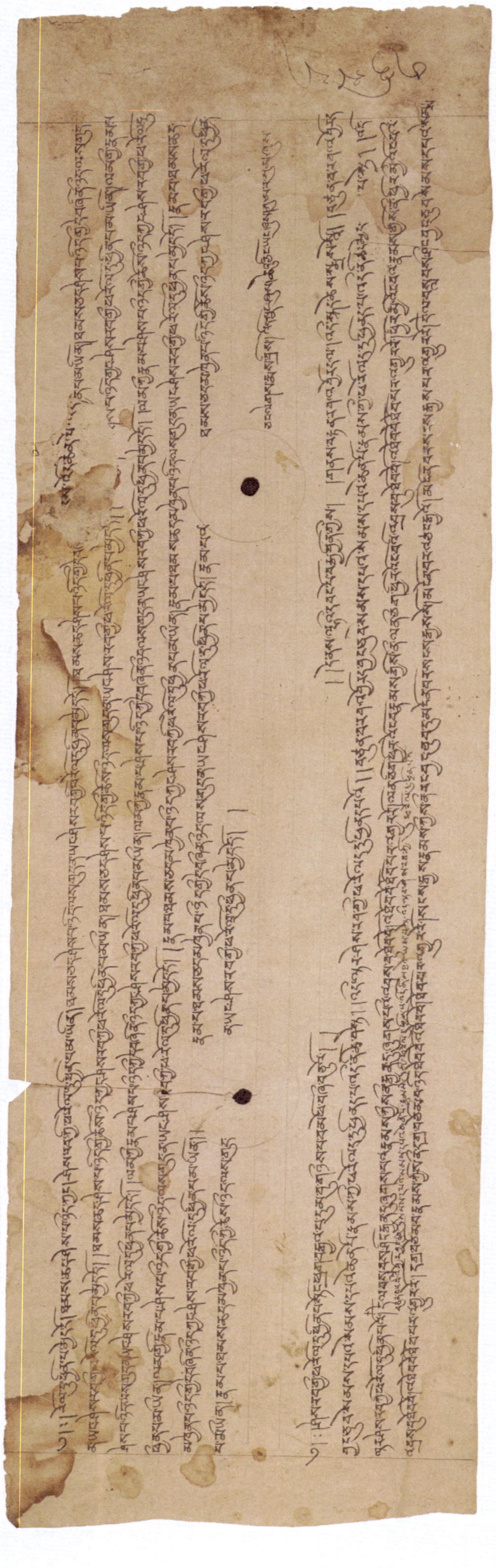 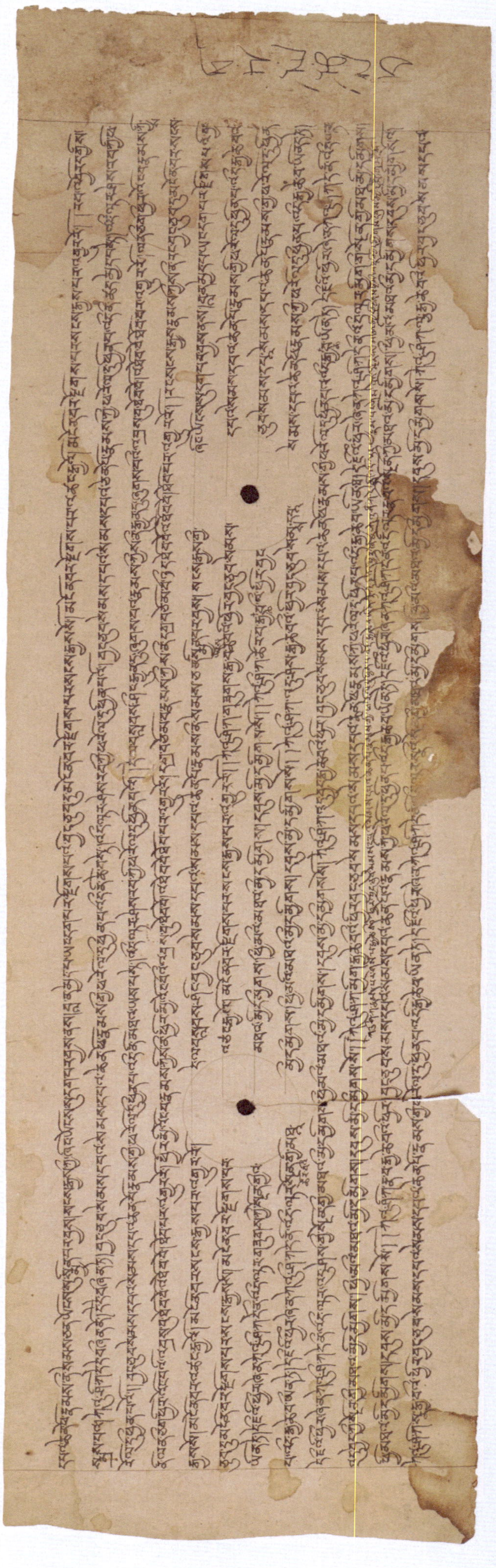

敦博 Db.t.0451 (R-V) ཤེས་རབ་ཀྱི་ཕ་རོལ་ཏུ་ཕྱིན་པ་སྟོང་ཕྲག་བརྒྱ་པ་བམ་པོ་གཉིས་པ་བམ་པོ་བཞི་བཅུ་པ།།
十萬頌般若波羅蜜多經第二卷第三十九、四十品

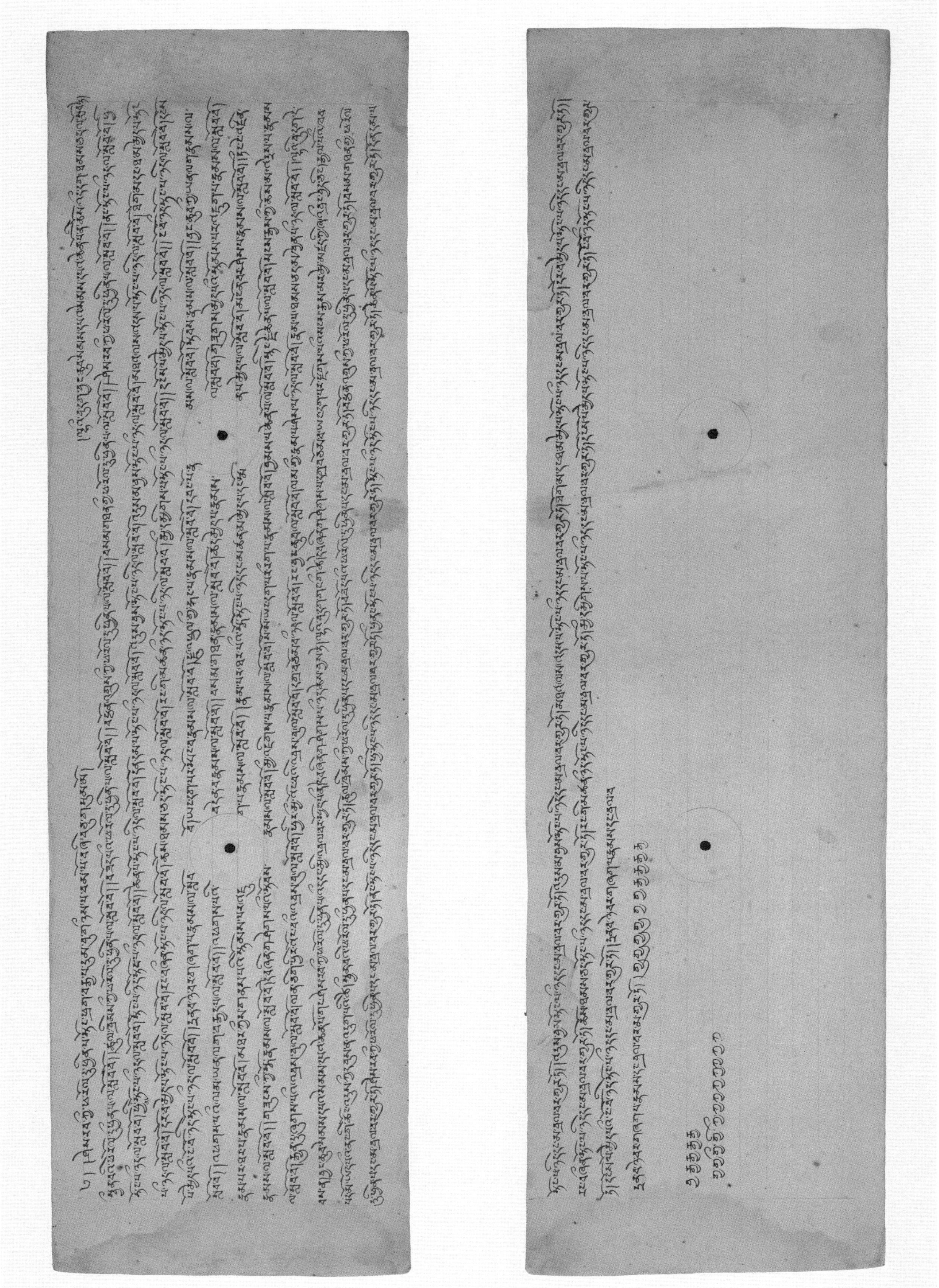

敦博 Db.t.0452 (R-V) ཤེས་རབ་ཀྱི་ཕ་རོལ་ཏུ་ཕྱིན་པ་སྟོང་ཕྲག་བརྒྱ་པ་དུམ་བུ་གཉིས་པ་བམ་པོ་བཞི་བཅུ་གསུམ་པོ།།
十萬頌般若波羅蜜多經第二卷第四十三品

敦博 Db.t.0453 (R-V) ཤེས་རབ་ཀྱི་ཕ་རོལ་ཏུ་ཕྱིན་པ་སྟོང་ཕྲག་བརྒྱ་པ་དུམ་བུ་གཉིས་པ་བམ་པོ་གཅིག་གོ།།

十萬頌般若波羅蜜多經第二卷第一品

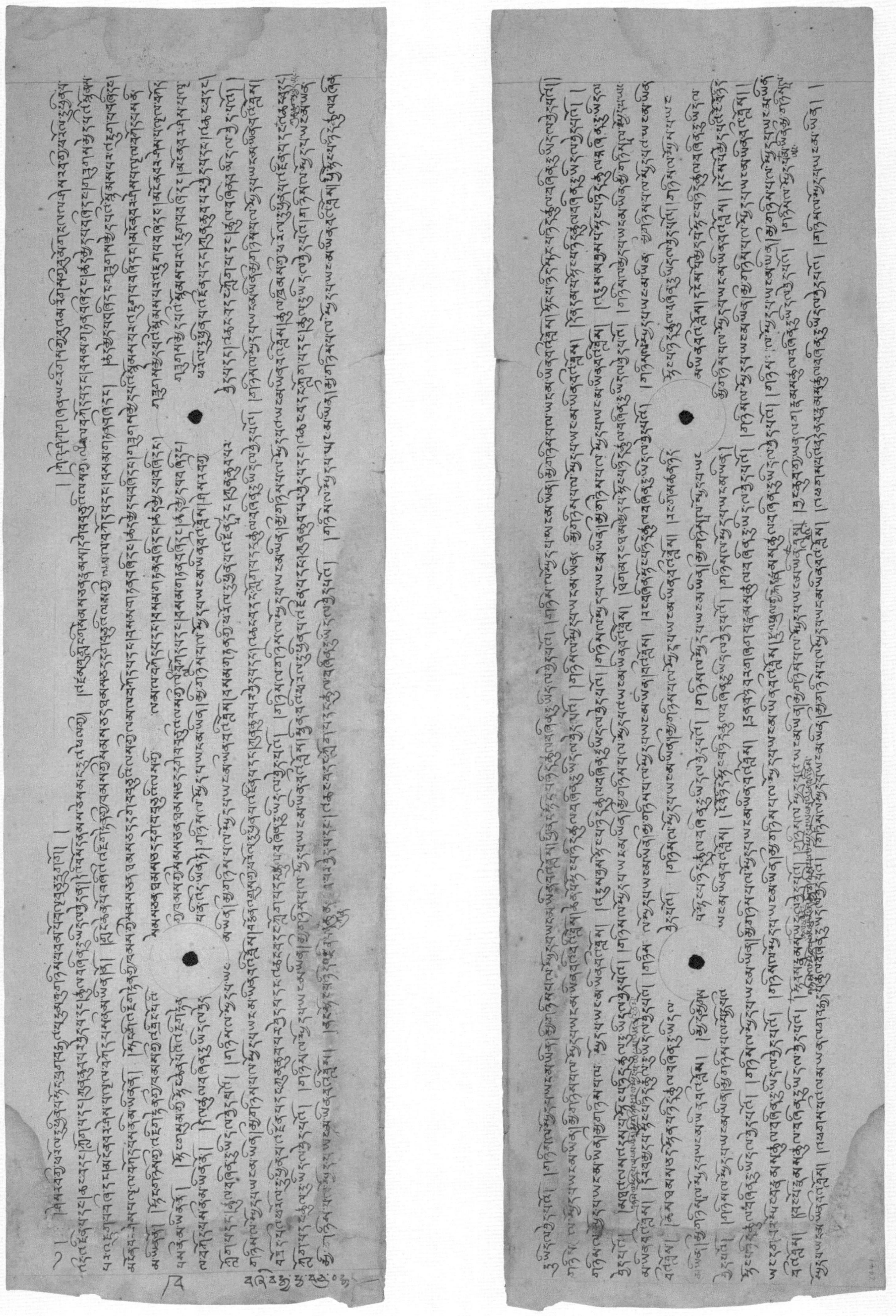

敦博 Db.t.0454 (R-V) ཤེས་རབ་ཀྱི་ཕ་རོལ་ཏུ་ཕྱིན་པ་སྟོང་ཕྲག་བརྒྱ་པ་དུམ་བུ་གཉིས་པ་བམ་པོ་ལྔ་བཅུ་དྲུག་གོ།།
十萬頌般若波羅蜜多經第二卷第五十六品

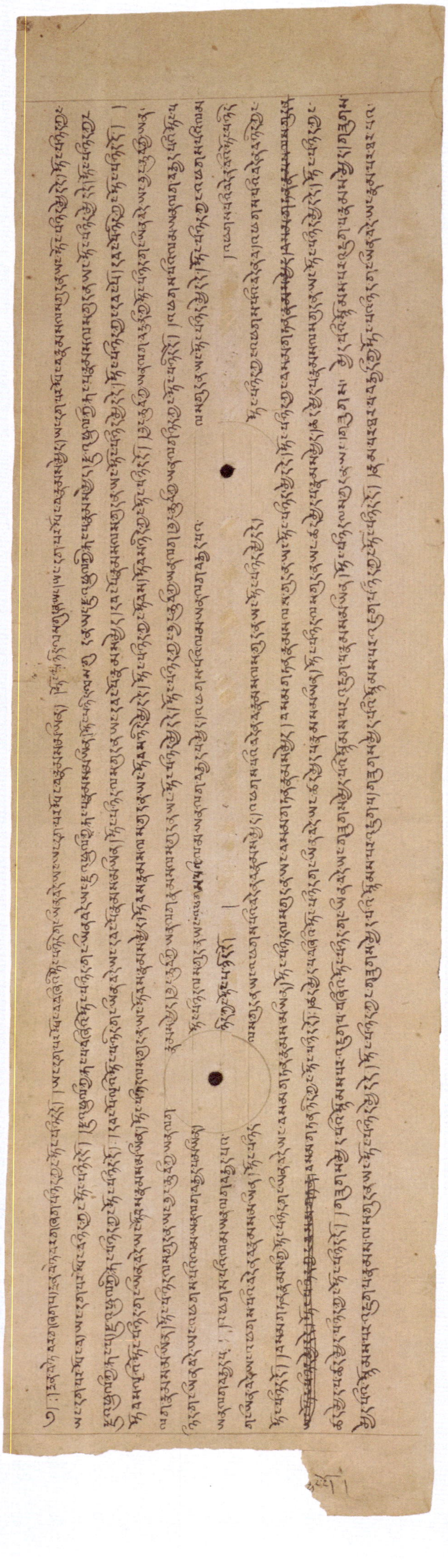

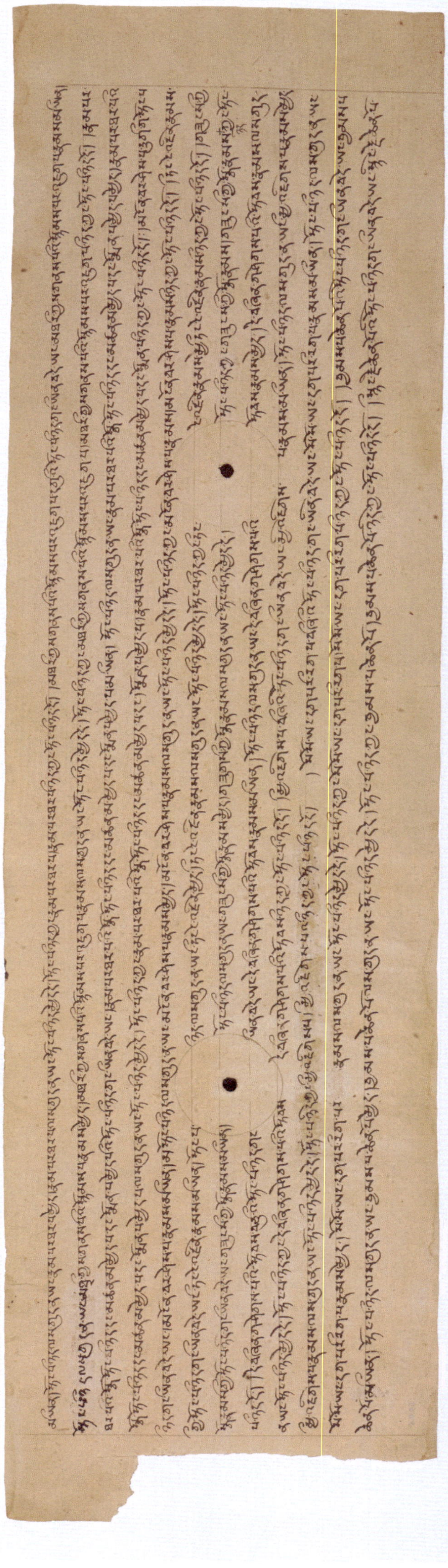

敦博 Db.t.0455 (R-V) ཤེས་རབ་ཀྱི་ཕ་རོལ་ཏུ་ཕྱིན་པ་སྟོང་ཕྲག་བརྒྱ་པ།
十萬頌般若波羅蜜多經

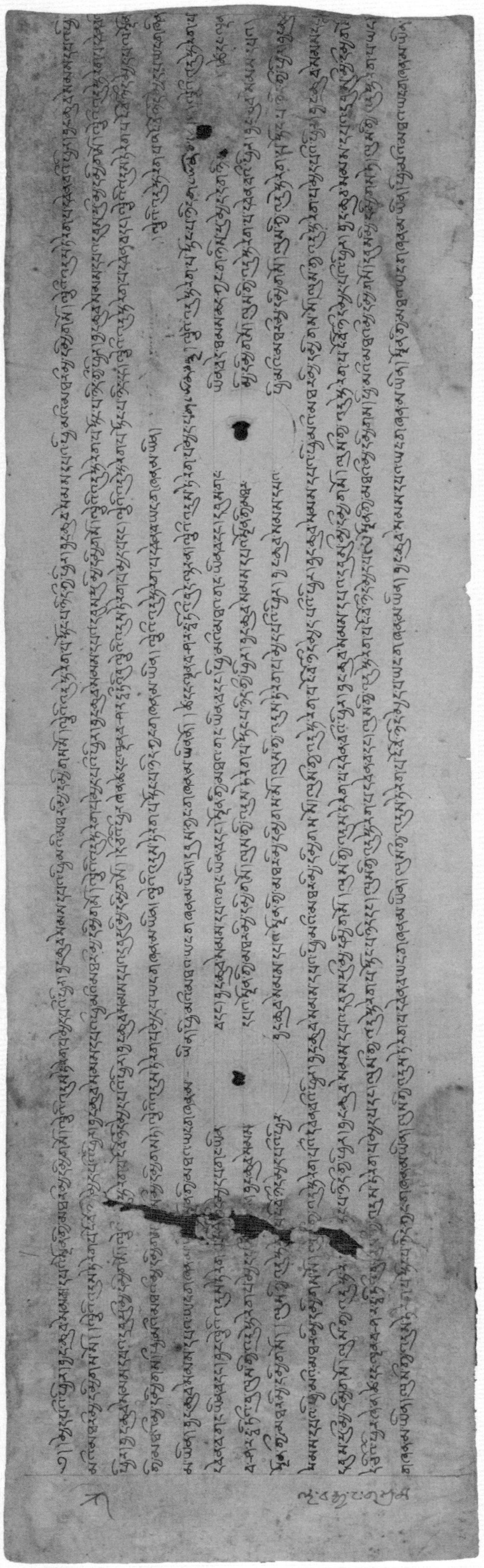

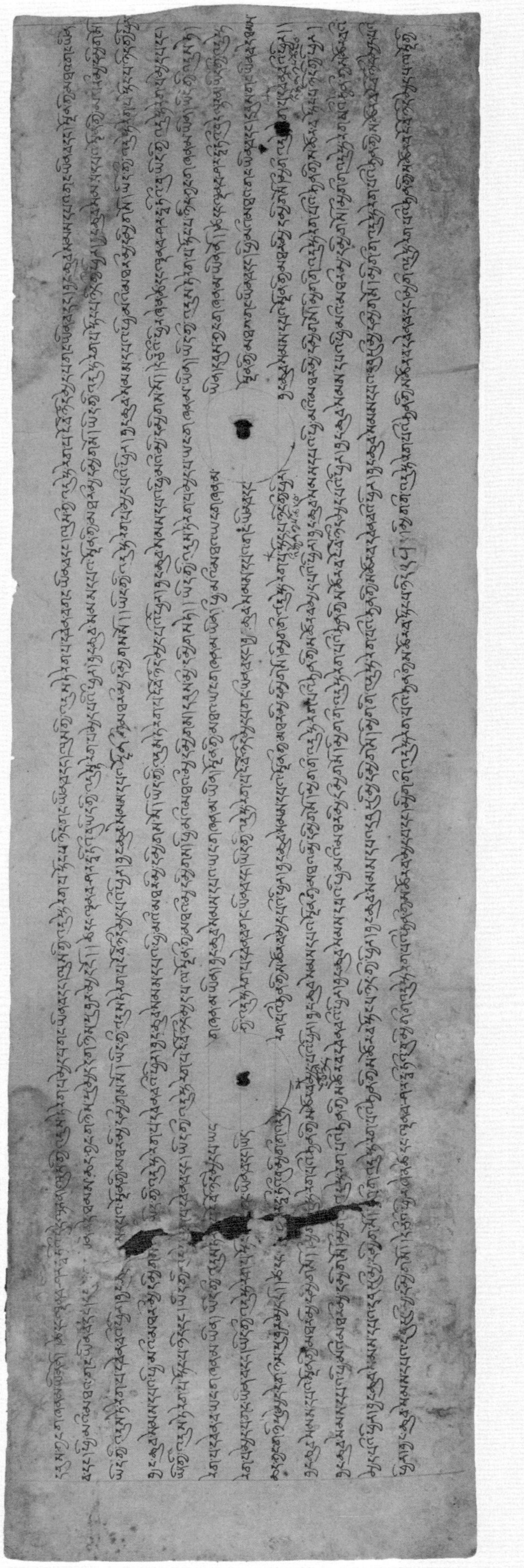

敦博 Db.t.0456 (R-V) ཤེས་རབ་ཀྱི་ཕ་རོལ་ཏུ་ཕྱིན་པ་སྟོང་ཕྲག་བརྒྱ་པ།
十萬頌般若波羅蜜多經

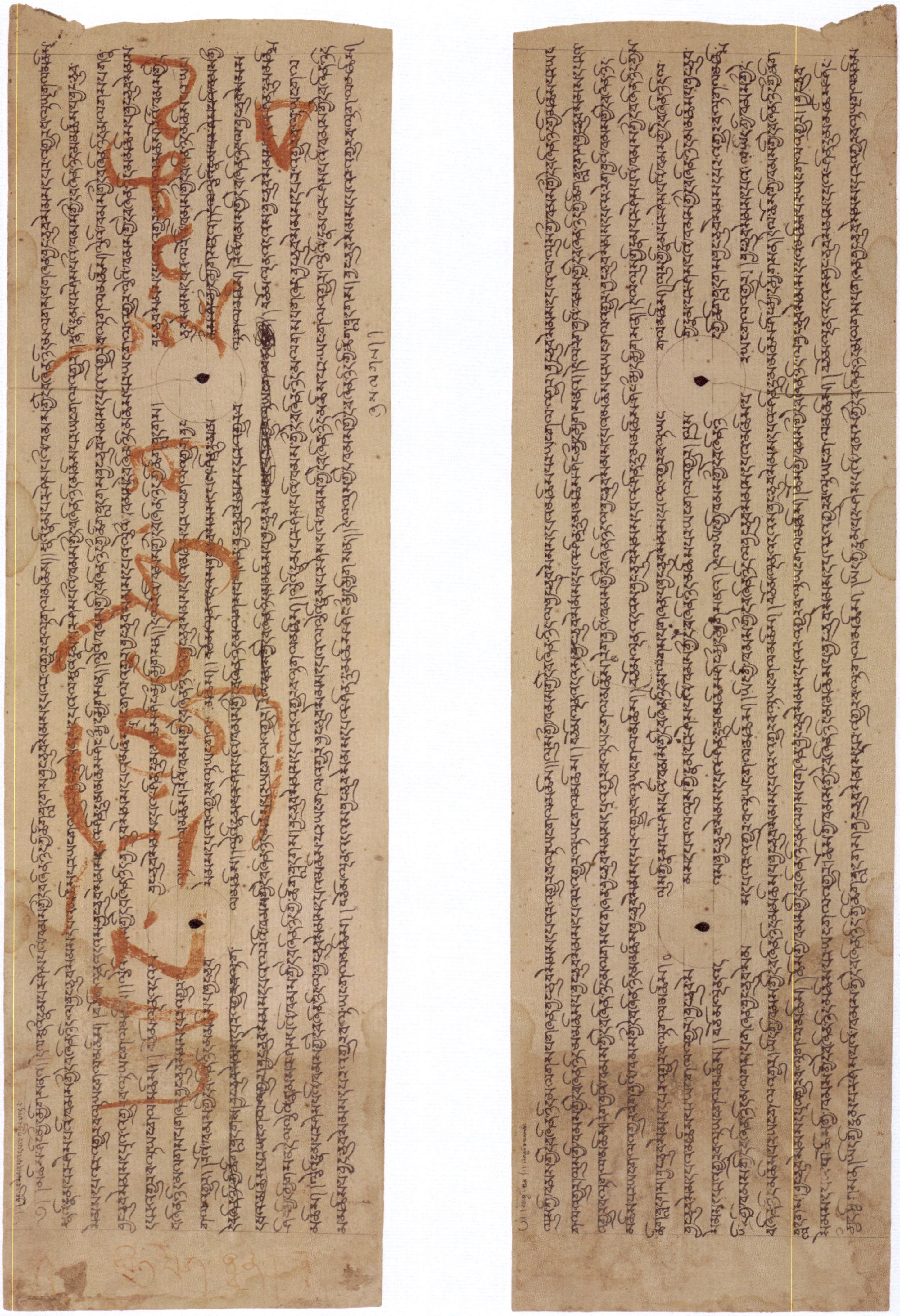

敦博 Db.t.0457 (R-V) ཤེས་རབ་ཀྱི་ཕ་རོལ་ཏུ་ཕྱིན་པ་སྟོང་ཕྲག་བརྒྱ་པ།
十萬頌般若波羅蜜多經

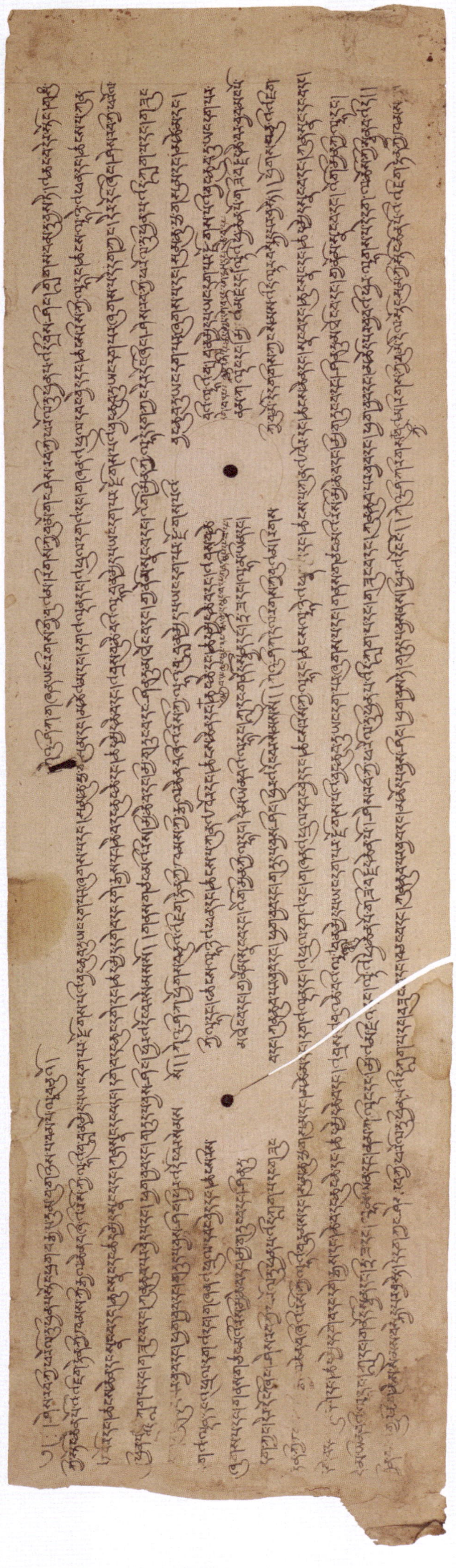

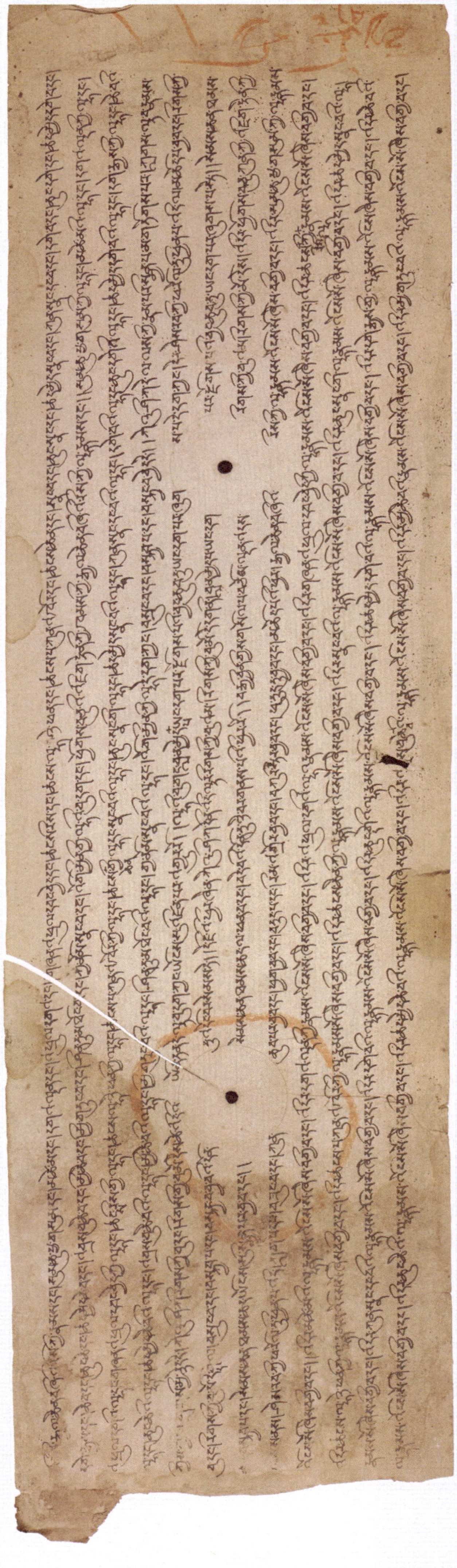

敦博 Db.t.0458 (R-V) ཤེས་རབ་ཀྱི་ཕ་རོལ་ཏུ་ཕྱིན་པ་སྟོང་ཕྲག་བརྒྱ་པ་དུམ་བུ་གཉིས་པ་བམ་པོ་ལྔ་བཅུ་པོ།།
十萬頌般若波羅蜜多經第二卷第五十品

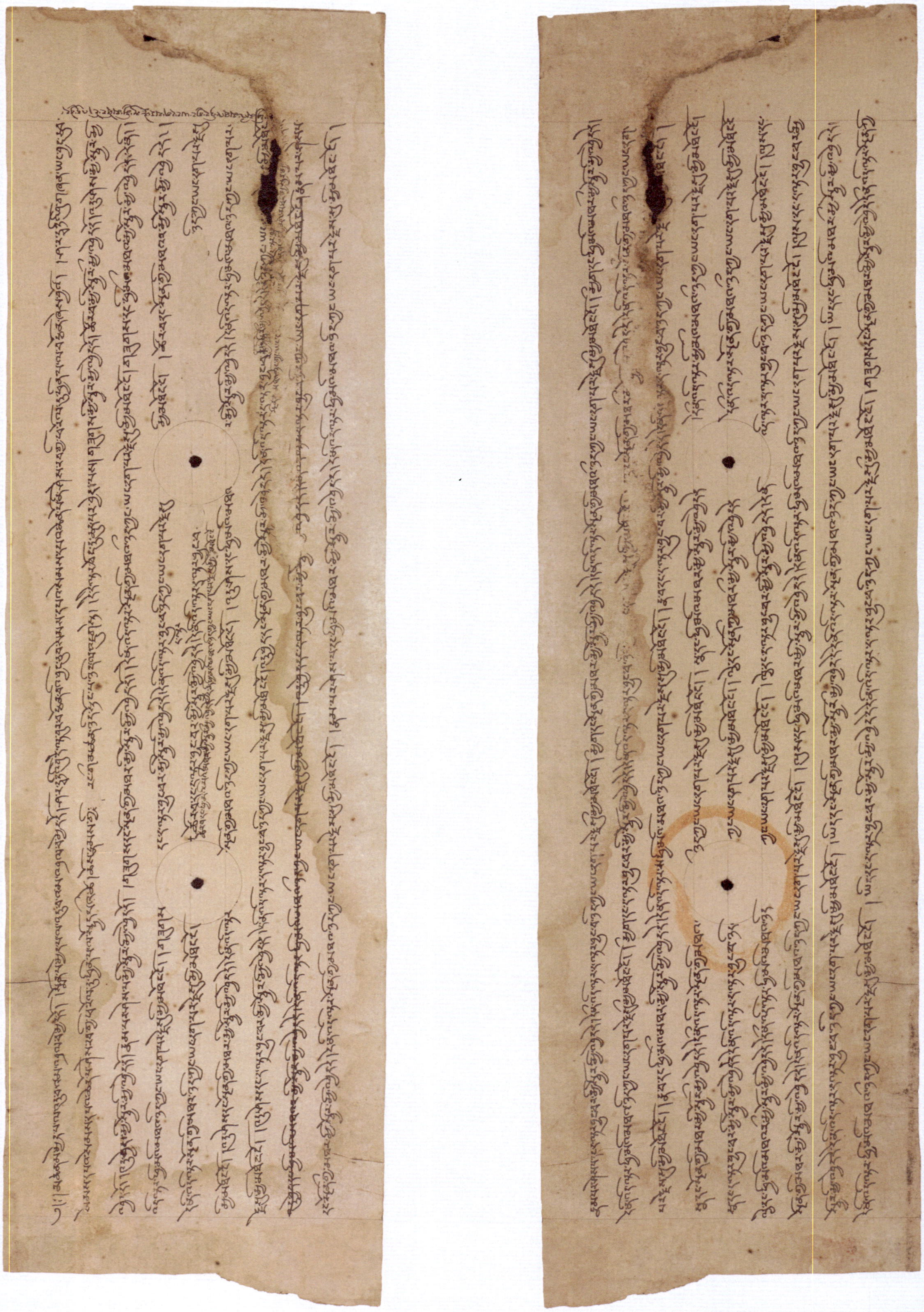

敦博 Db.t.0459 (R-V) ཤེས་རབ་ཀྱི་པ་རོལ་ཏུ་ཕྱིན་པ་སྟོང་ཕྲག་བརྒྱ་པ།
十萬頌般若波羅蜜多經

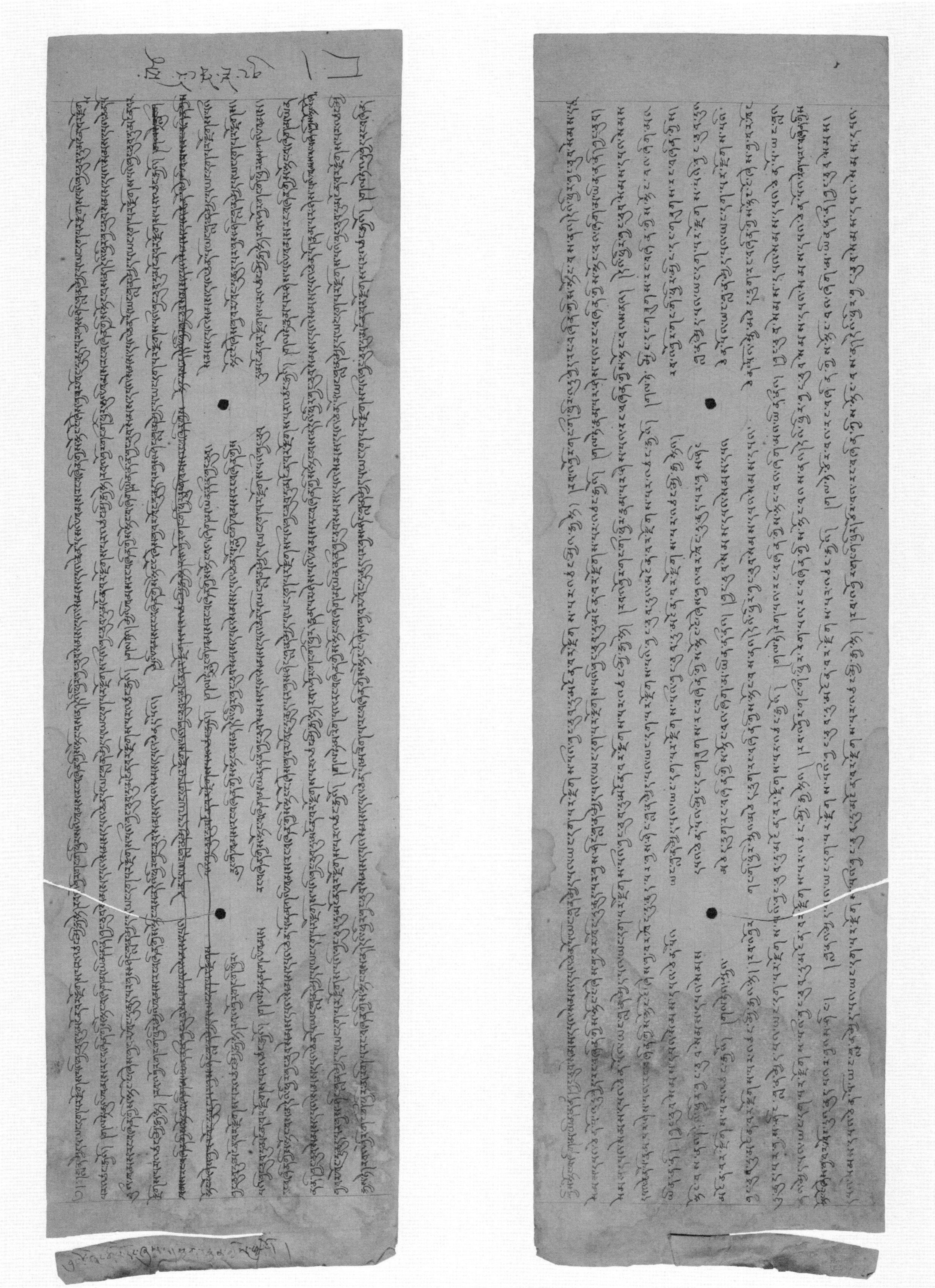

敦博 Db.t.0460 (R-V) ཤེས་རབ་ཀྱི་ཕ་རོལ་ཏུ་ཕྱིན་པ་སྟོང་ཕྲག་བརྒྱ་པ།
十萬頌般若波羅蜜多經

敦博 Db.t.0461 (R-V) ཤེས་རབ་ཀྱི་ཕ་རོལ་ཏུ་ཕྱིན་པ་སྟོང་ཕྲག་བརྒྱའ་པ་དུམ་བུ་བཞི་པ་བམ་པོ་བདུན་ཅུ་ལྔའོ།།
十萬頌般若波羅蜜多經第四卷第七十五品

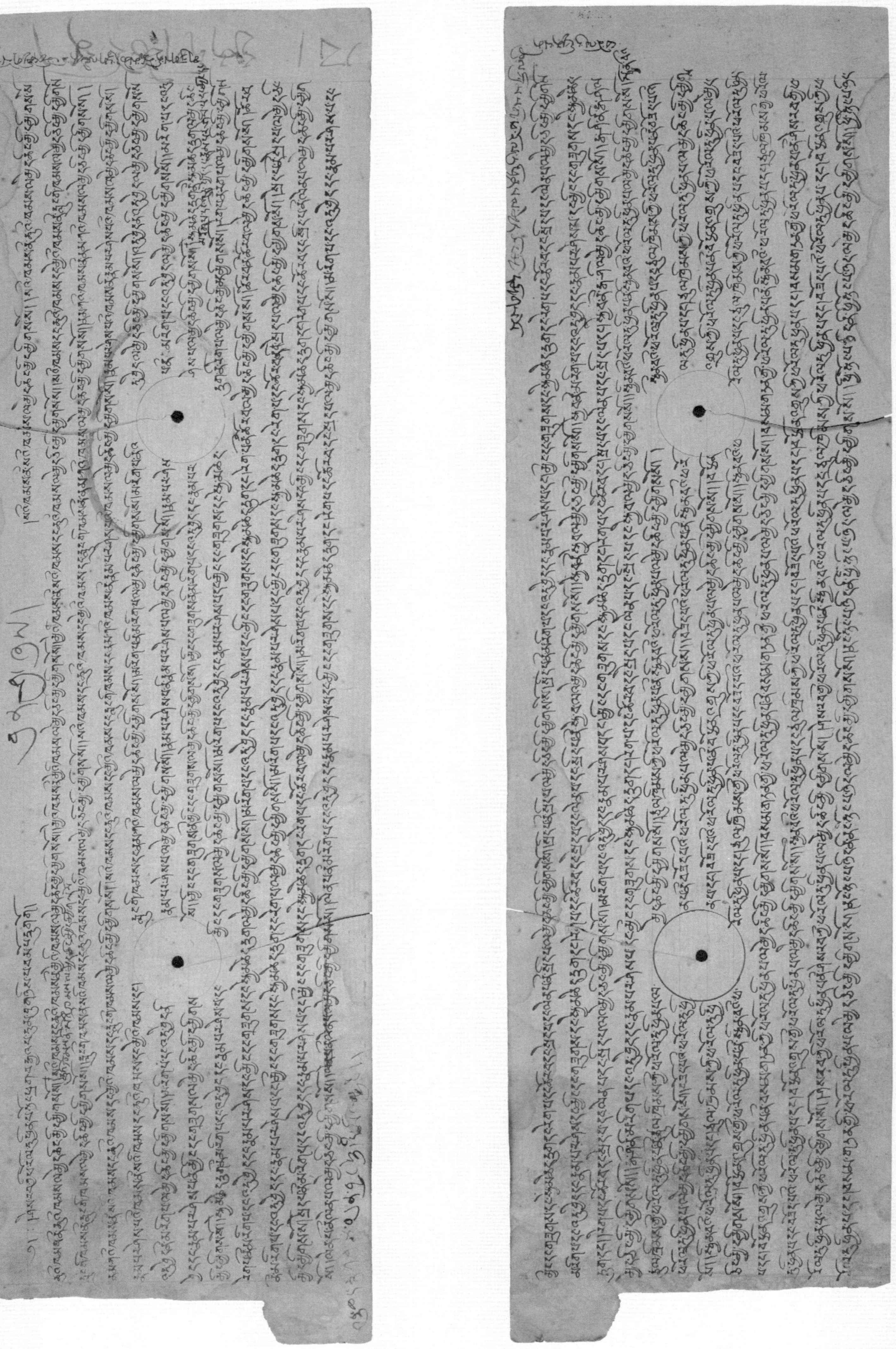

敦博 Db.t.0462 (R-V) ཤེས་རབ་ཀྱི་ཕ་རོལ་ཏུ་ཕྱིན་པ་སྟོང་ཕྲག་བརྒྱ་པ་དུམ་བུ་གཉིས་པ་བམ་པོ་དྲུག་པོ།།

十萬頌般若波羅蜜多經第二卷第六品

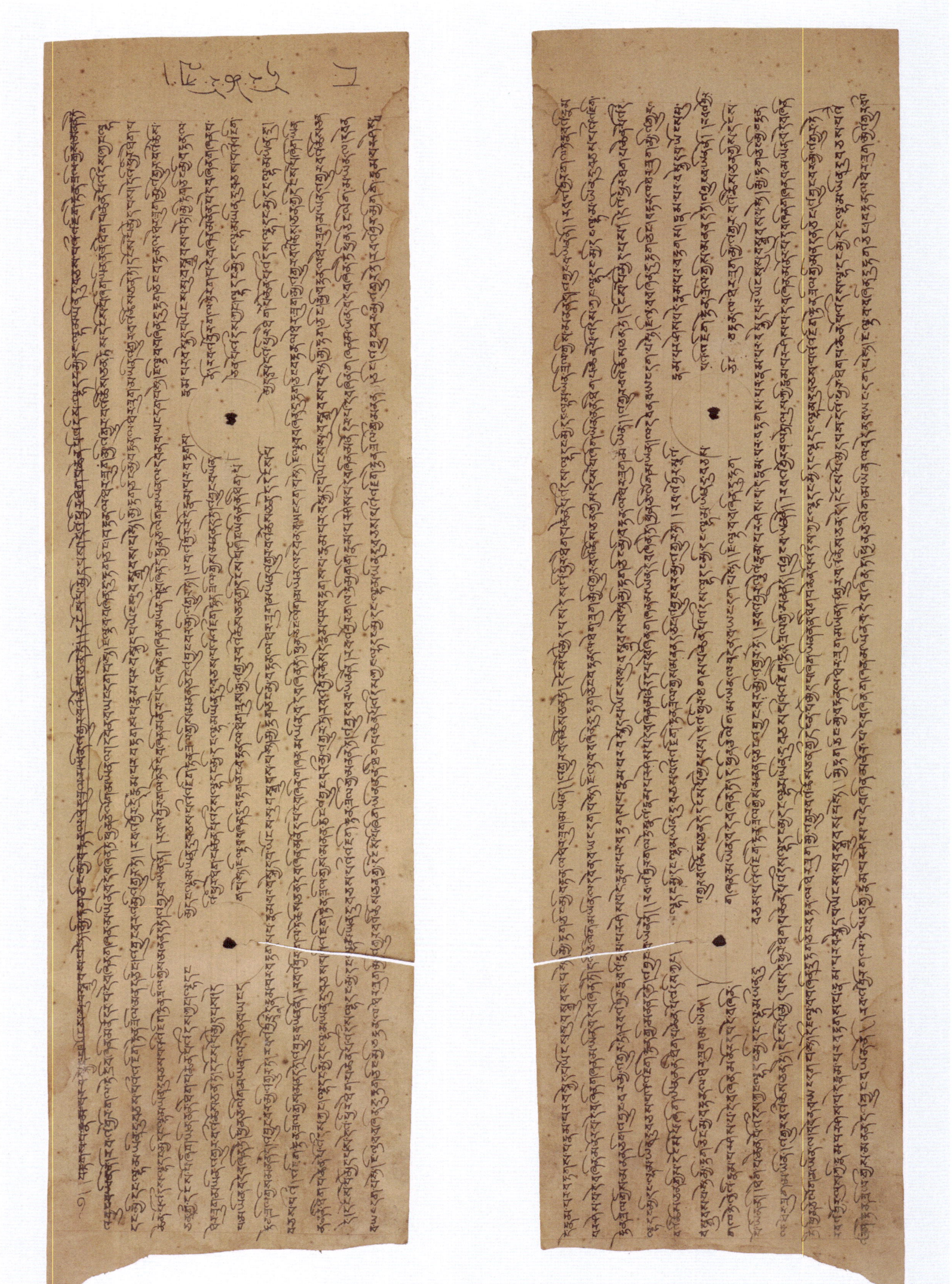

敦博 Db.t.0463 (R-V) ཤེས་རབ་ཀྱི་ཕ་རོལ་ཏུ་ཕྱིན་པ་སྟོང་ཕྲག་བརྒྱ་པ།
十萬頌般若波羅蜜多經

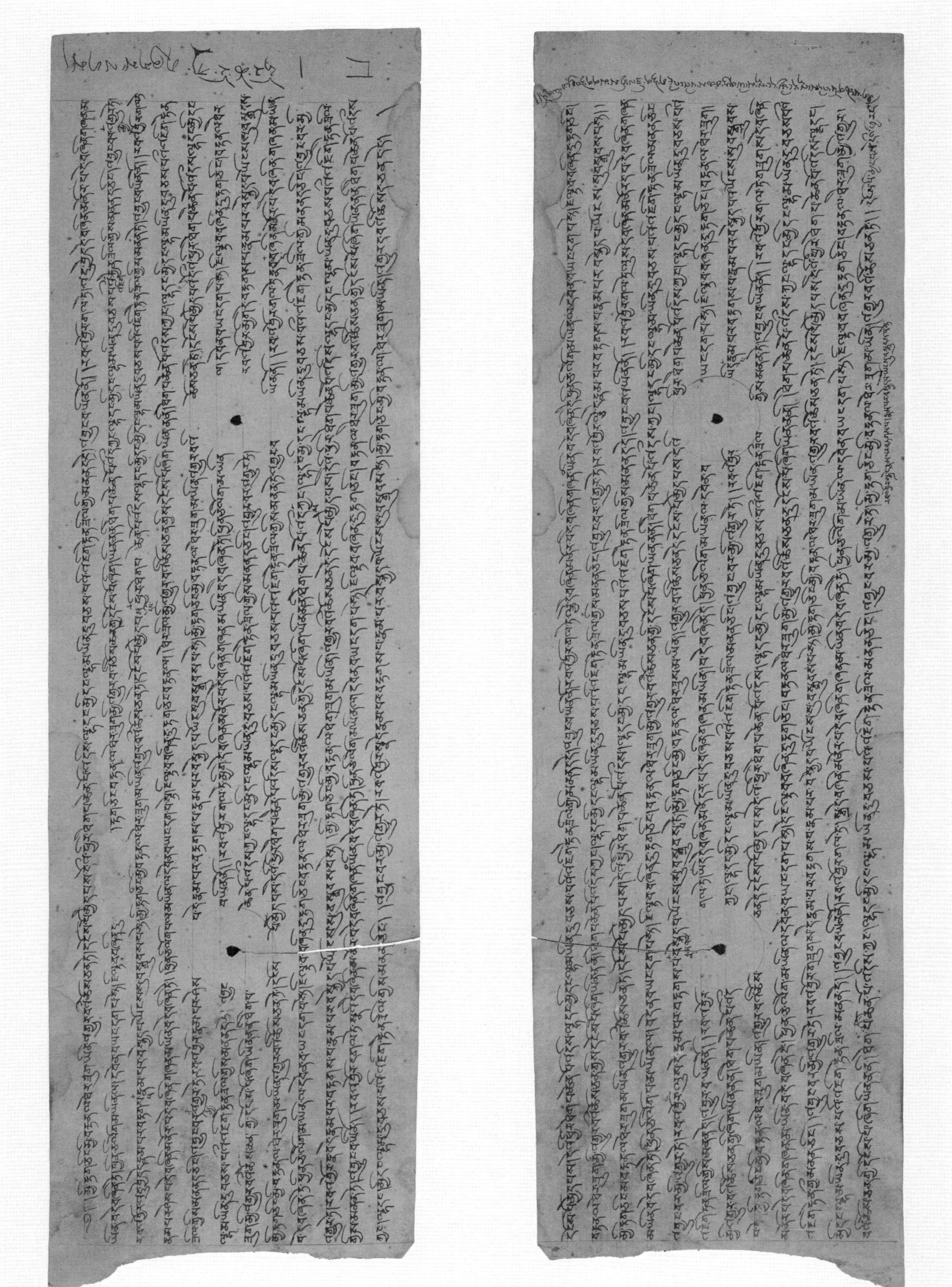

敦博 Db.t.0464 (R-V) ཤེས་རབ་ཀྱི་ཕ་རོལ་ཏུ་ཕྱིན་པ་སྟོང་ཕྲག་བརྒྱ་པ།
十萬頌般若波羅蜜多經

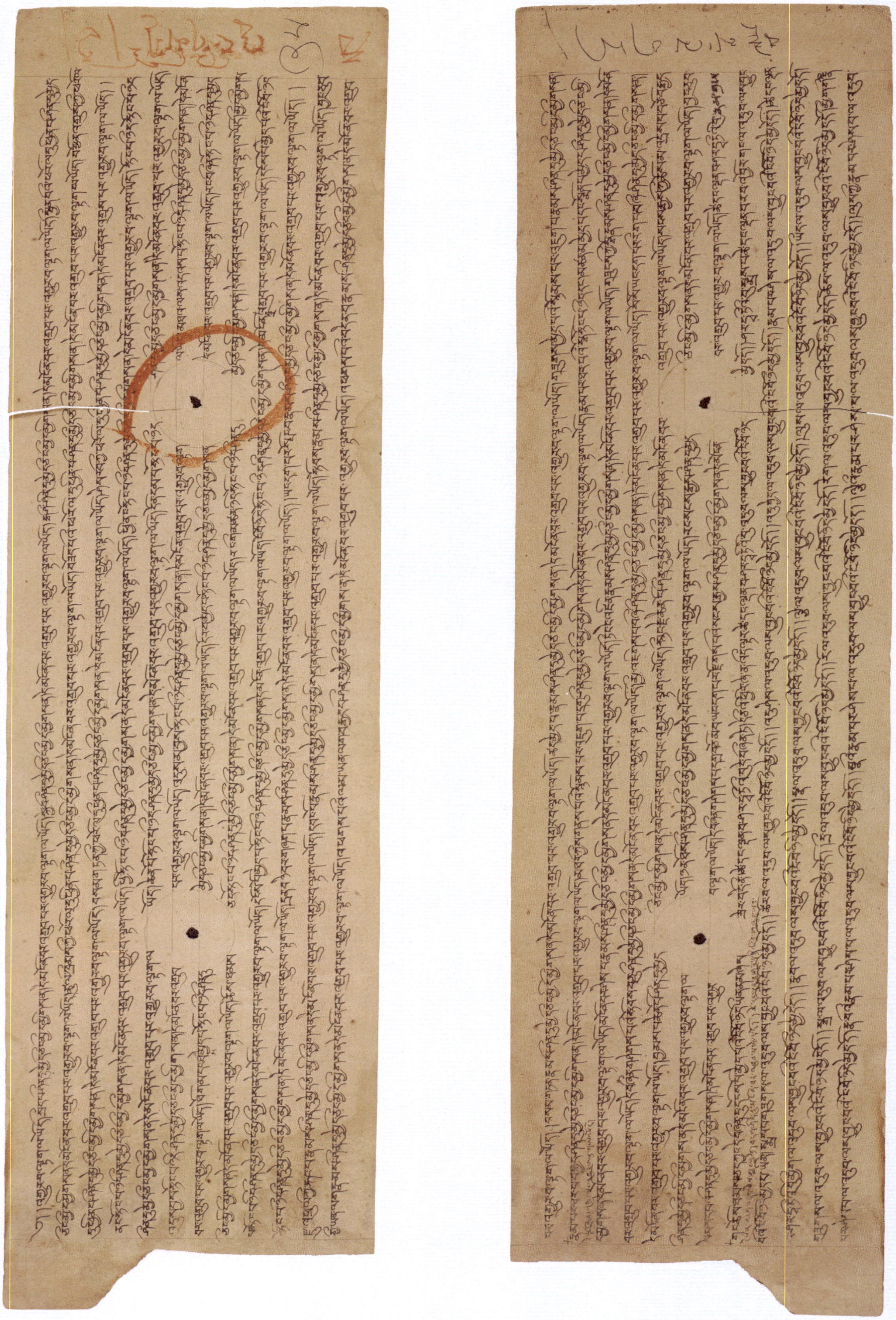

敦博 Db.t.0465 (R-V) ཤེས་རབ་ཀྱི་ཕ་རོལ་ཏུ་ཕྱིན་པ་སྟོང་ཕྲག་བརྒྱ་པ།
十萬頌般若波羅蜜多經

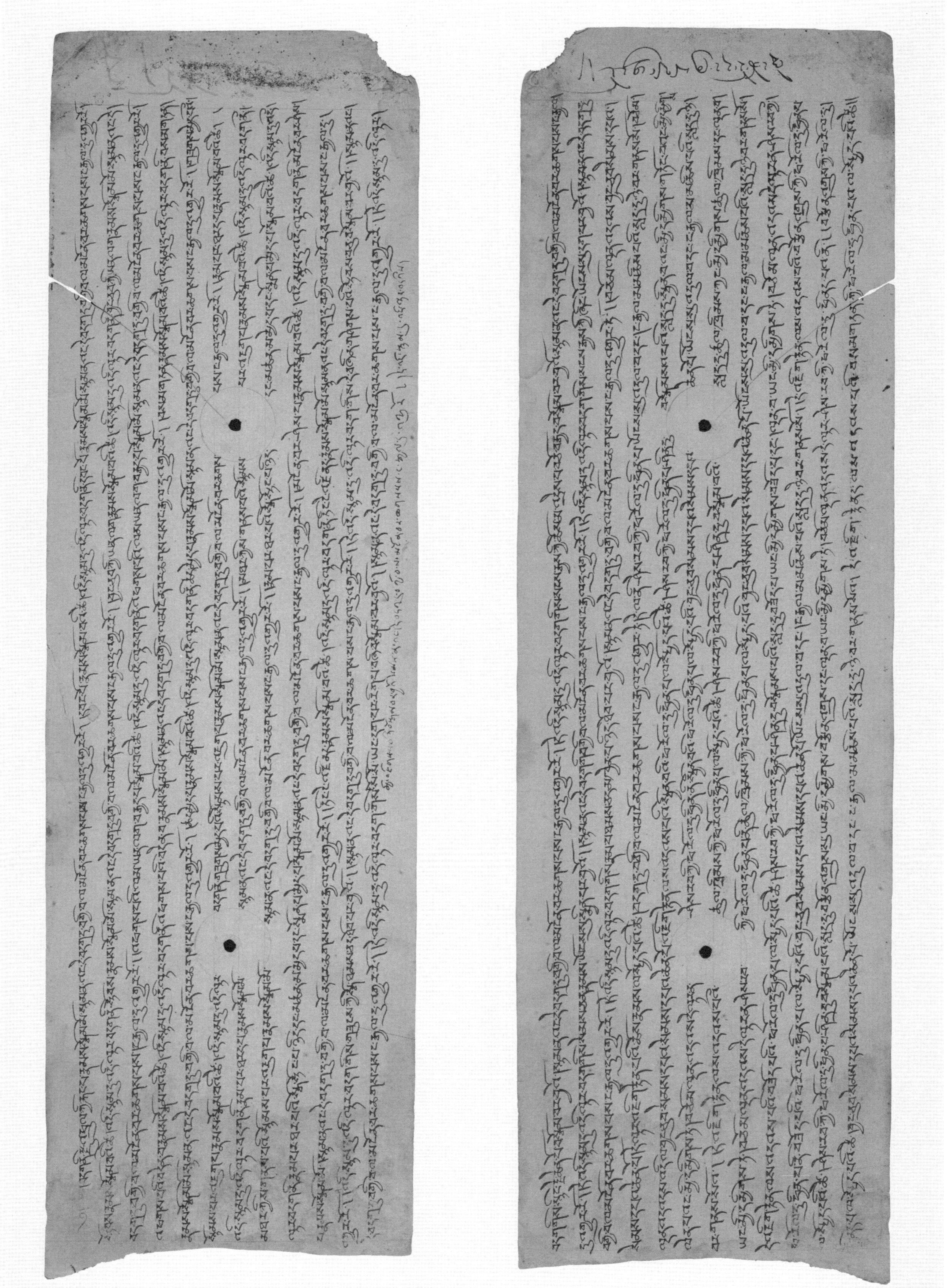

敦博 Db.t.0466 (R-V)　ཤེས་རབ་ཀྱི་ཕ་རོལ་ཏུ་ཕྱིན་པ་སྟོང་ཕྲག་བརྒྱ་པ།
十萬頌般若波羅蜜多經

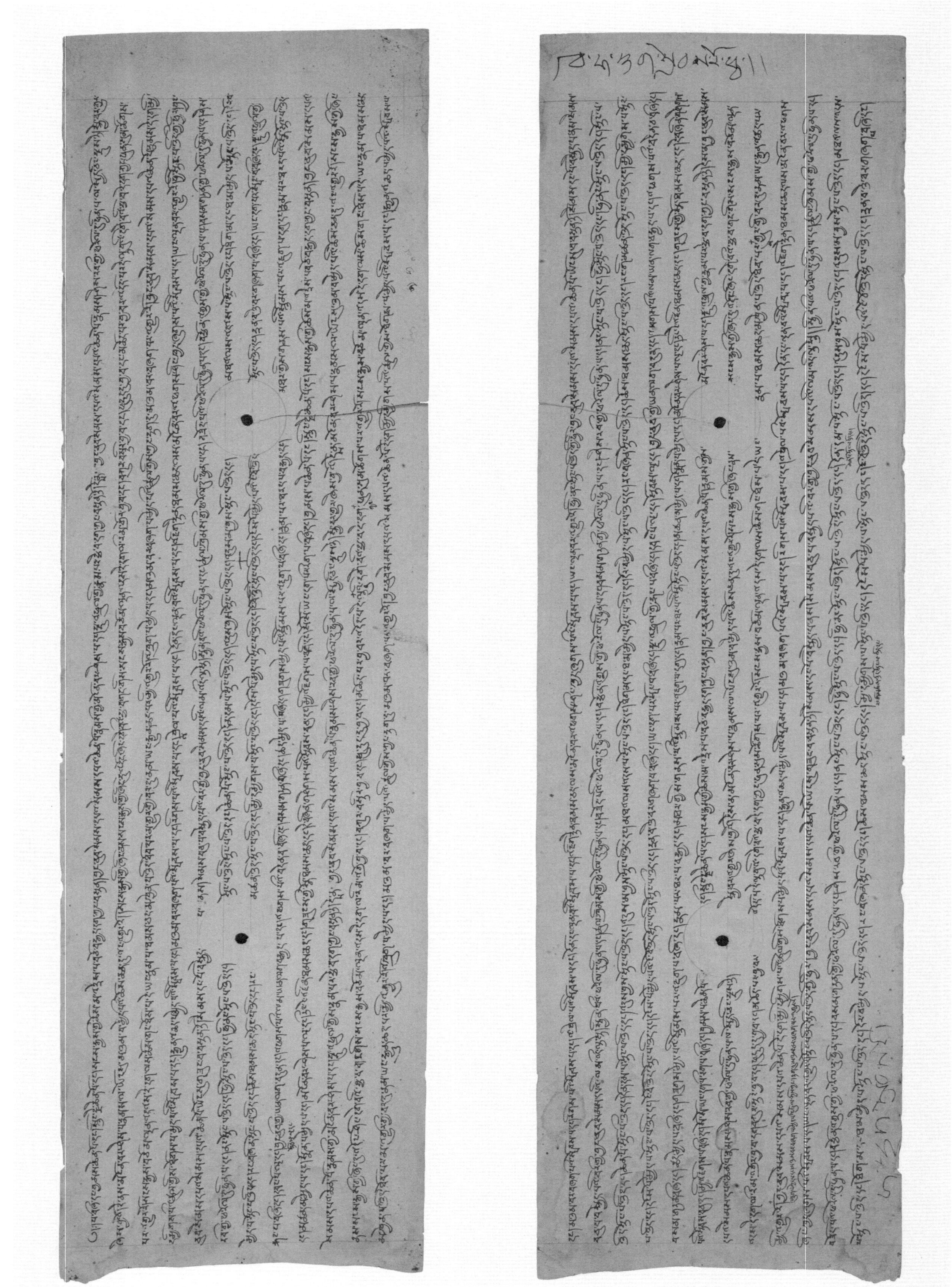

敦博 Db.t.0467 (R-V) ཤེས་རབ་ཀྱི་ཕ་རོལ་ཏུ་ཕྱིན་པ་སྟོང་ཕྲག་བརྒྱ་པ།
十萬頌般若波羅蜜多經

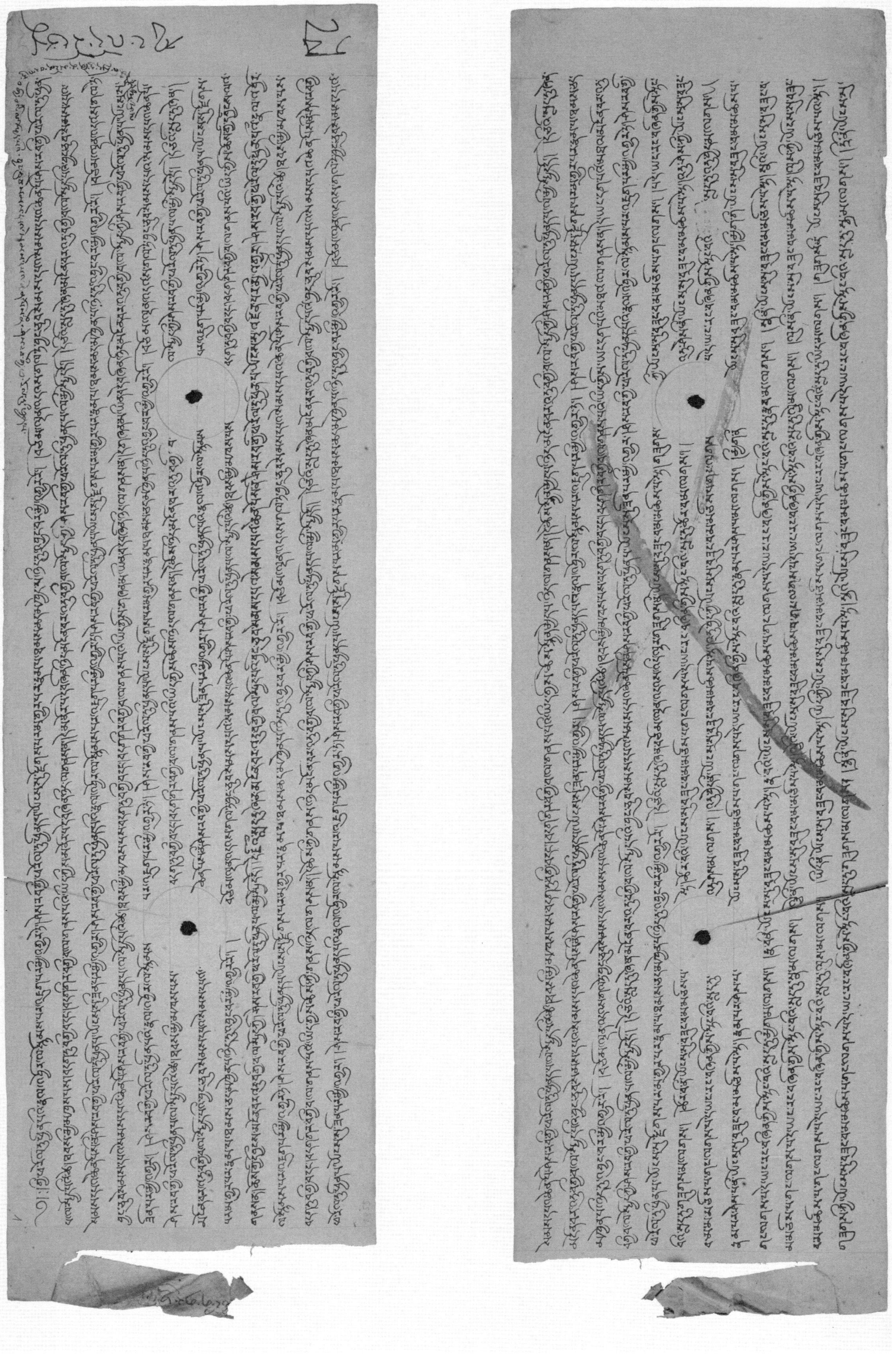

敦博 Db.t.0468 (R-V) ཤེས་རབ་ཀྱི་ཕ་རོལ་ཏུ་ཕྱིན་པ་སྟོང་ཕྲག་བརྒྱ་པ།
十萬頌般若波羅蜜多經

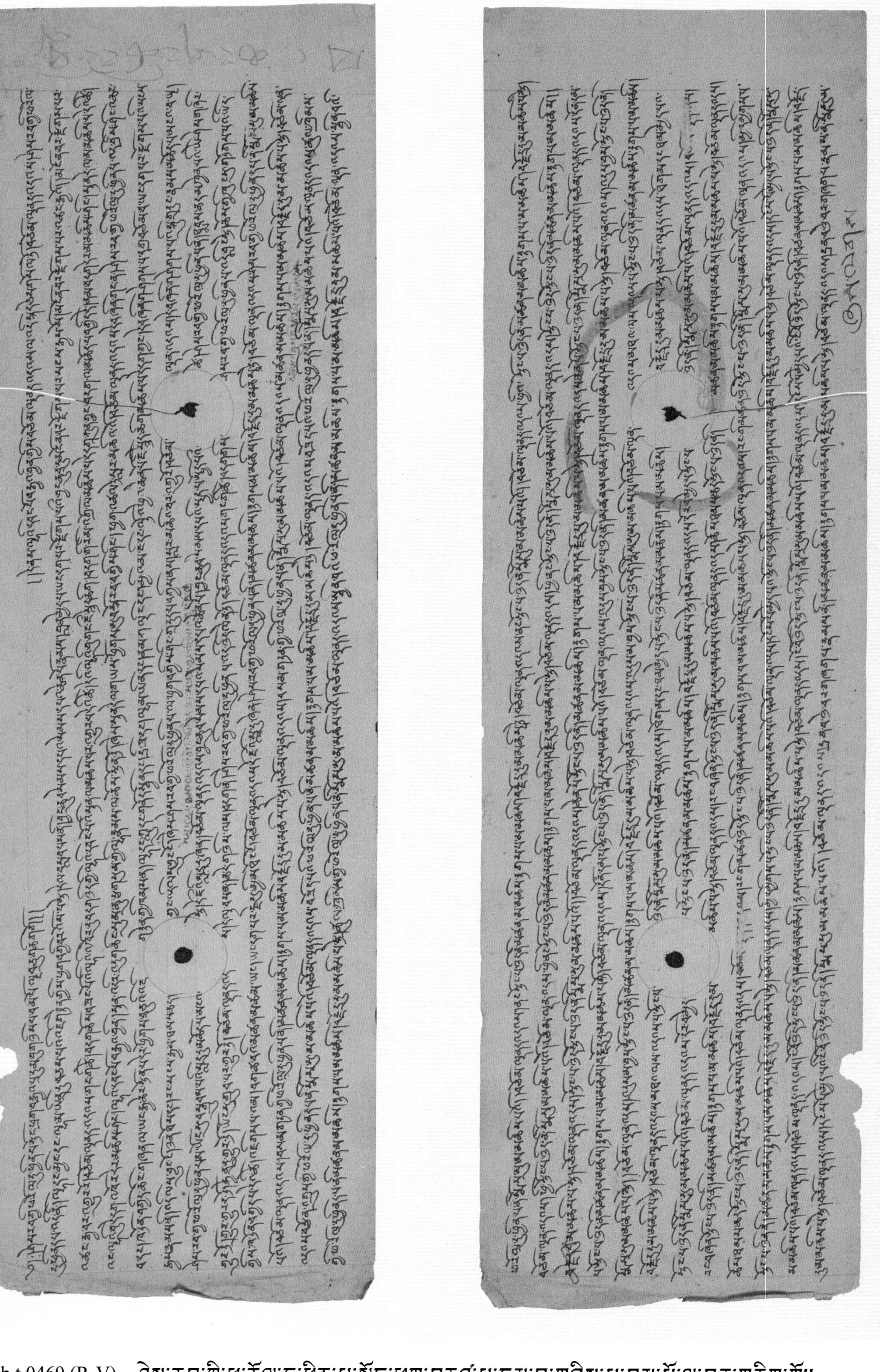

敦博 Db.t.0469 (R-V) ཤེས་རབ་ཀྱི་ཕ་རོལ་ཏུ་ཕྱིན་པ་སྟོང་ཕྲག་བརྒྱའ་པ་དུམ་བུ་གཉིས་པ་བམ་པོ་ལྔ་བཅུ་གཅིག་པོ།།
十萬頌般若波羅蜜多經第二卷第五十一品

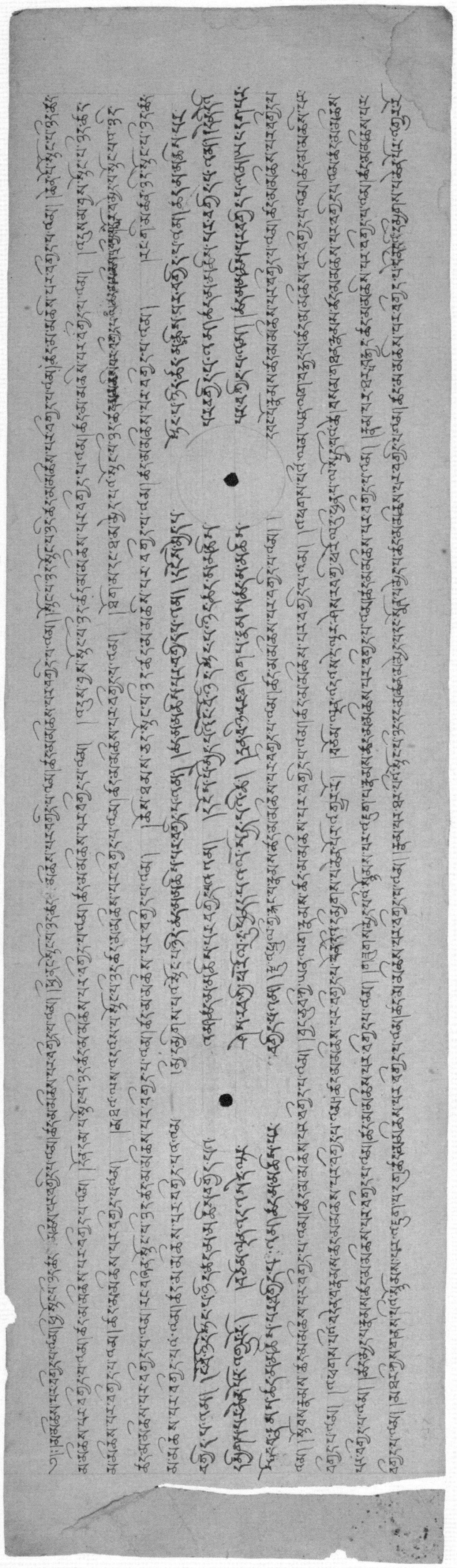

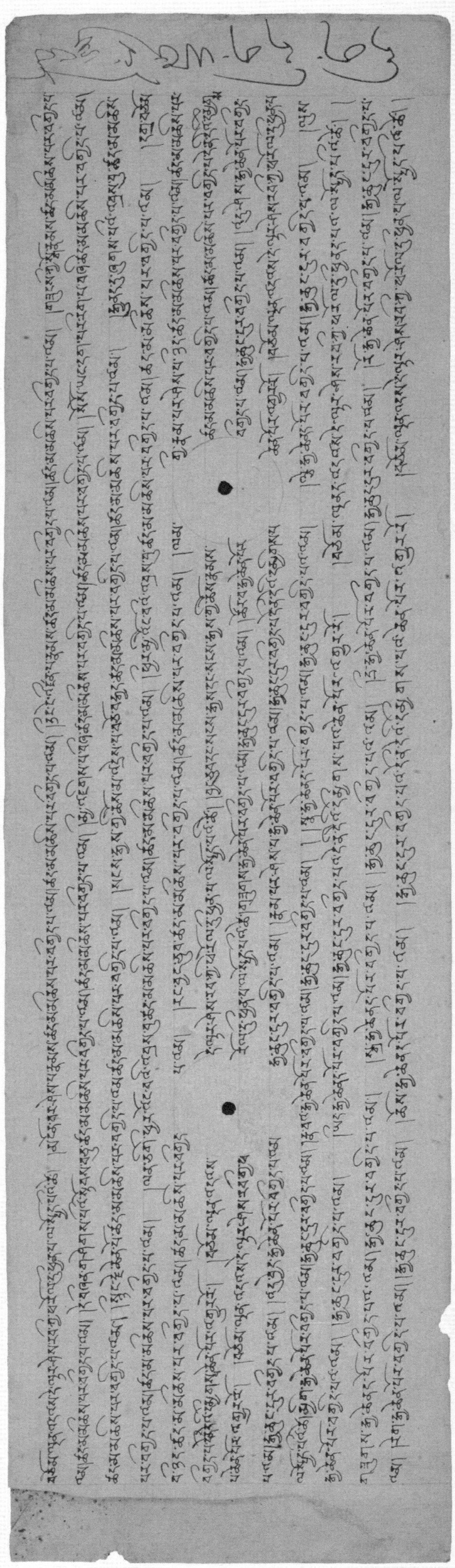

敦博 Db.t.0470 (R-V) ཤེས་རབ་ཀྱི་ཕ་རོལ་ཏུ་ཕྱིན་པ་སྟོང་ཕྲག་བརྒྱ་པ།
十萬頌般若波羅蜜多經

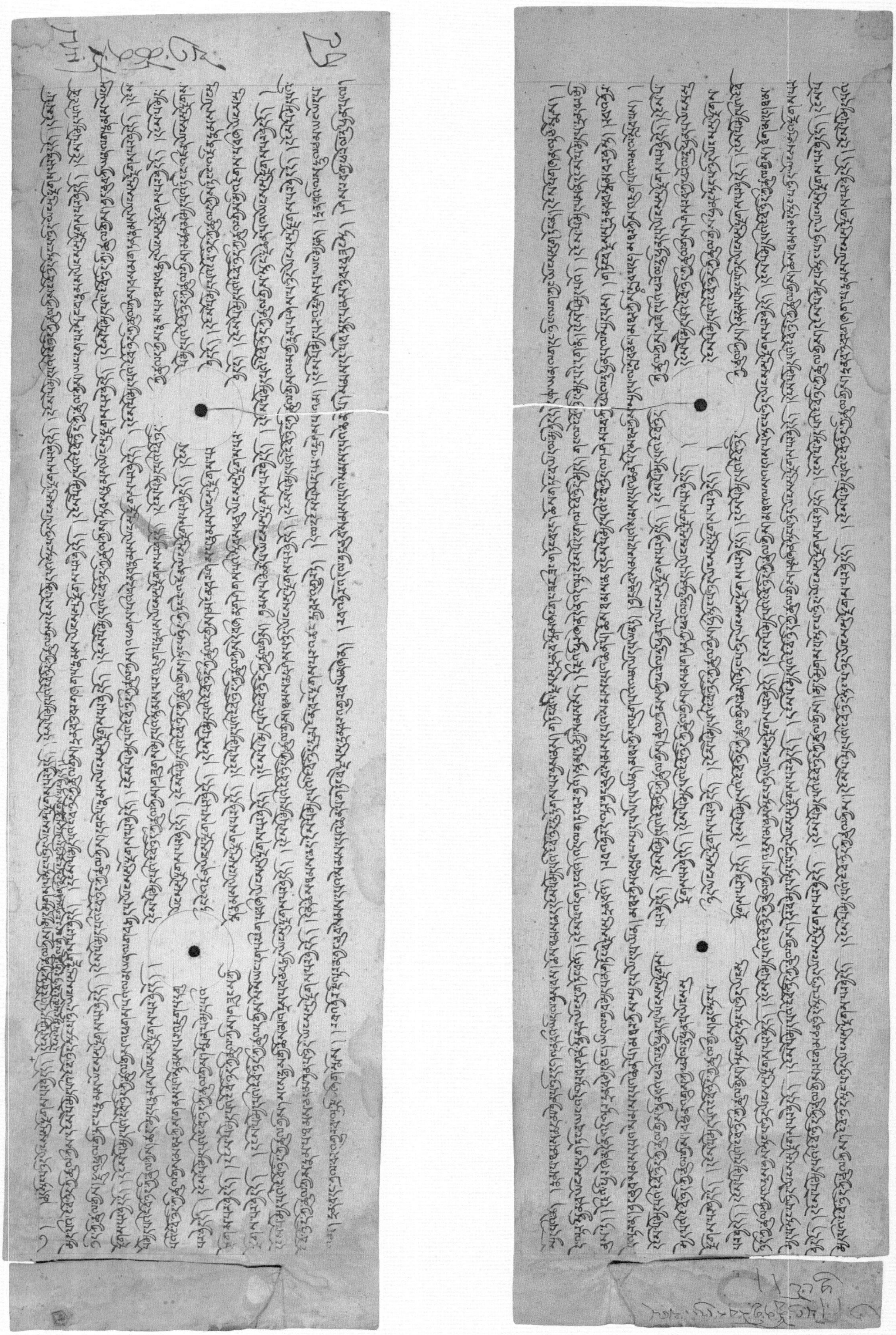

敦博 Db.t.0471 (R-V) ཤེས་རབ་ཀྱི་ཕ་རོལ་ཏུ་ཕྱིན་པ་སྟོང་ཕྲག་བརྒྱ་པ།
十萬頌般若波羅蜜多經

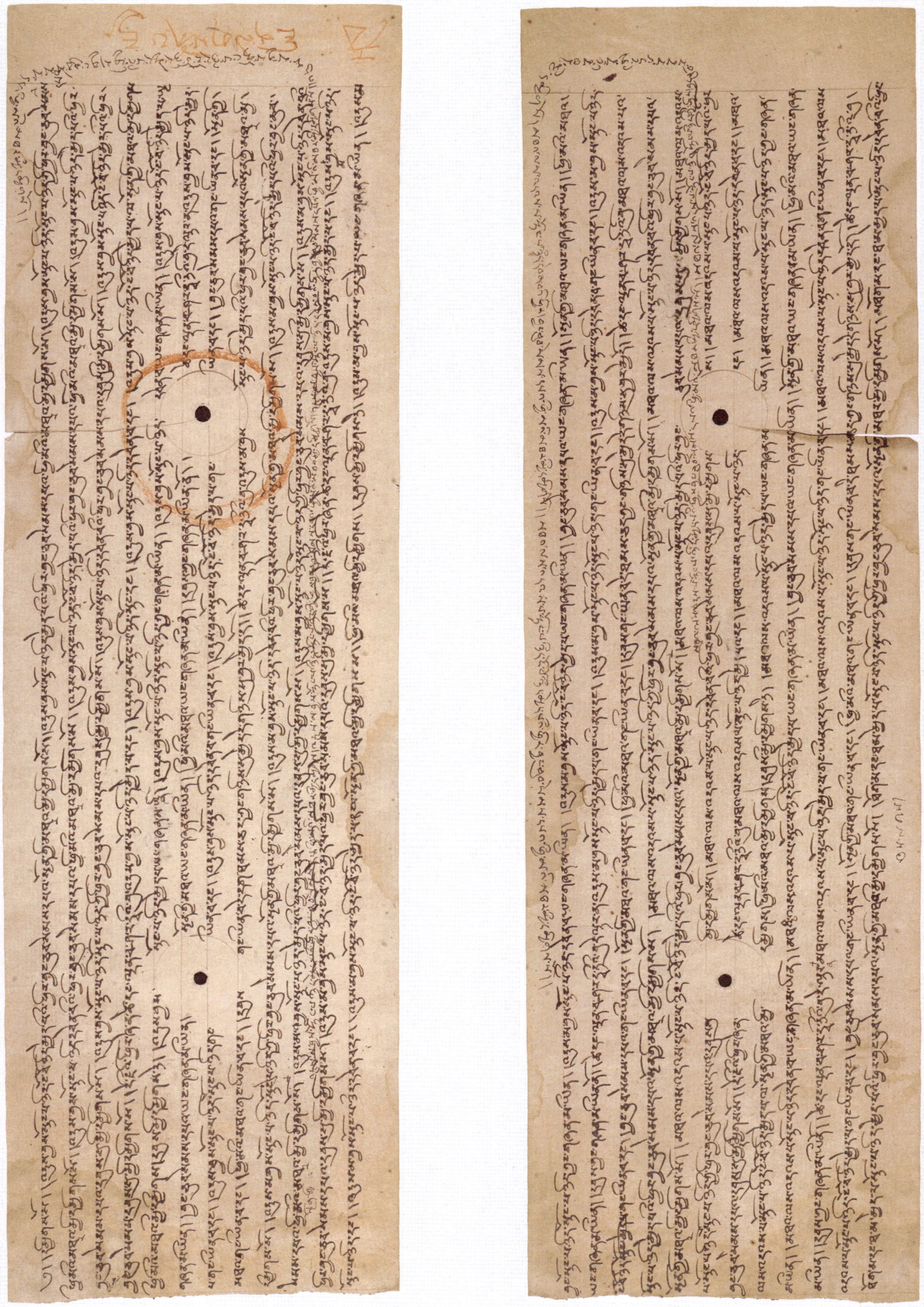

敦博 Db.t.0472 (R-V) ཤེས་རབ་ཀྱི་ཕ་རོལ་ཏུ་ཕྱིན་པ་སྟོང་ཕྲག་བརྒྱ་པ།

十萬頌般若波羅蜜多經

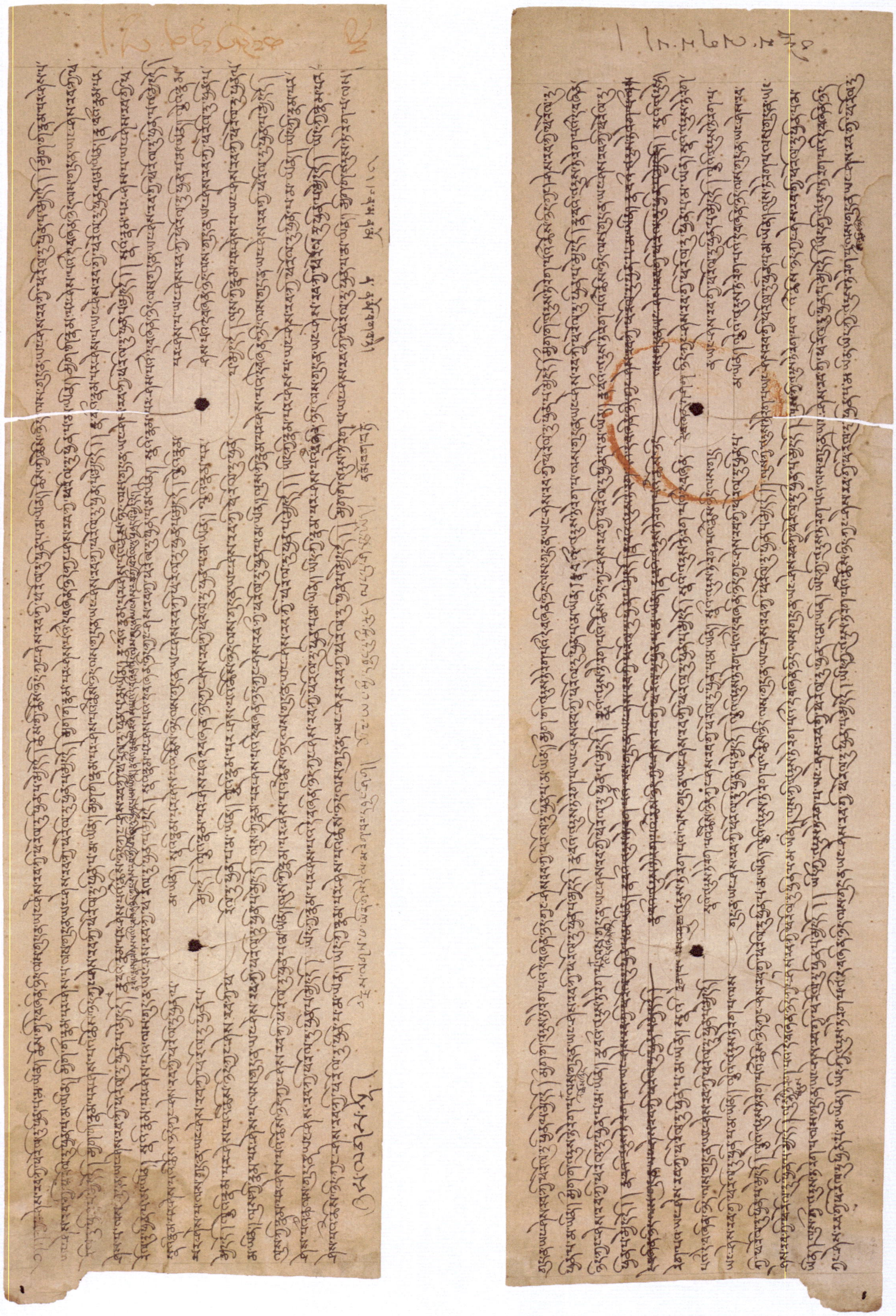

敦博 Db.t.0473 (R-V) ཤེས་རབ་ཀྱི་ཕ་རོལ་ཏུ་ཕྱིན་པ་སྟོང་ཕྲག་བརྒྱ་པ།
十萬頌般若波羅蜜多經

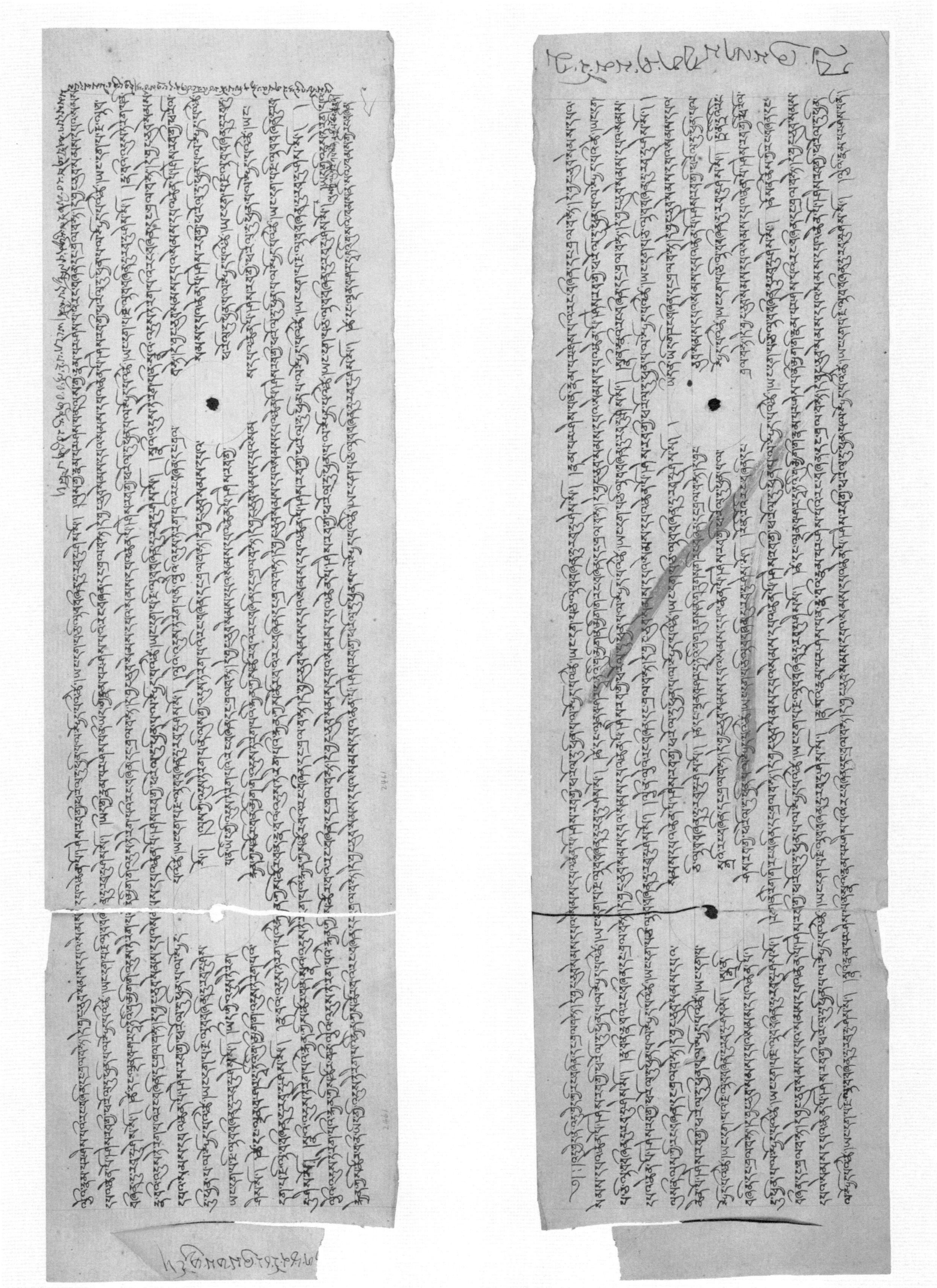

敦博 Db.t.0474 (R-V) ཤེས་རབ་ཀྱི་ཕ་རོལ་ཏུ་ཕྱིན་པ་སྟོང་ཕྲག་བརྒྱ་པ།
十萬頌般若波羅蜜多經

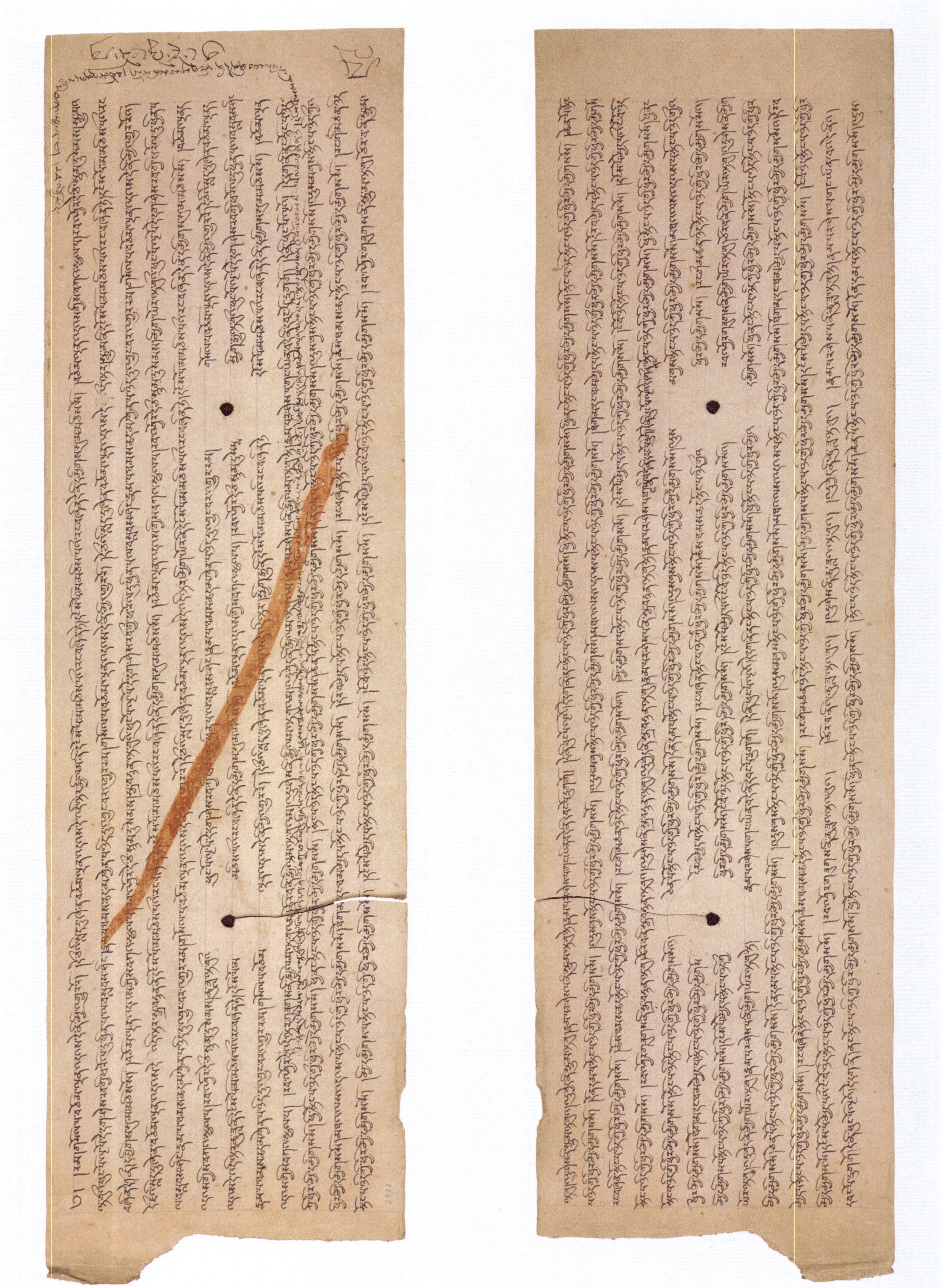

敦博 Db.t.0475 (R-V) ཤེས་རབ་ཀྱི་ཕ་རོལ་ཏུ་ཕྱིན་པ་སྟོང་ཕྲག་བརྒྱ་པ།
十萬頌般若波羅蜜多經

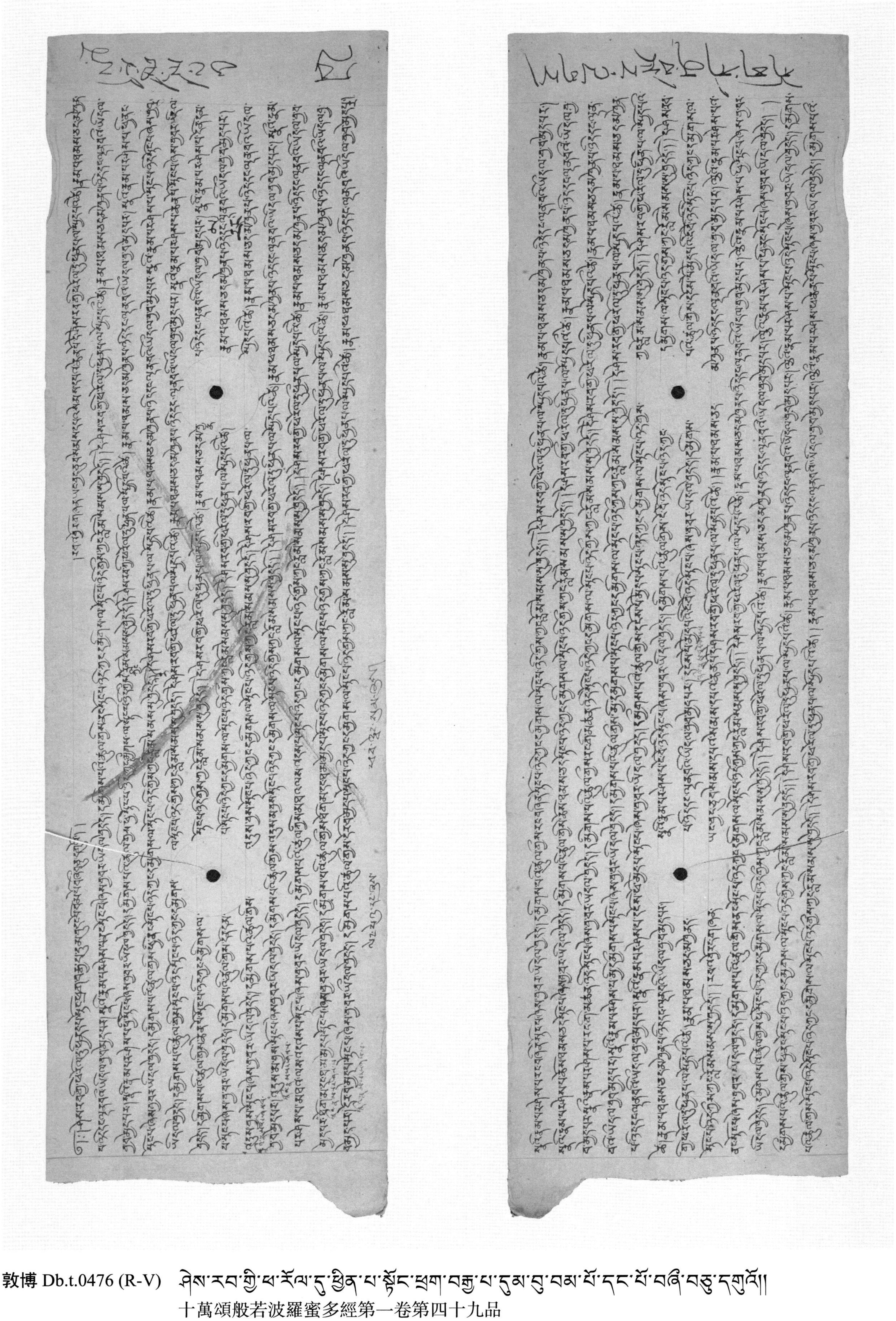

敦博 Db.t.0476 (R-V) ཤེས་རབ་ཀྱི་ཕ་རོལ་ཏུ་ཕྱིན་པ་སྟོང་ཕྲག་བརྒྱ་པ་དུམ་བུ་བམ་པོ་དང་པོ་བཞི་བཅུ་དགུ་པ།།
十萬頌般若波羅蜜多經第一卷第四十九品

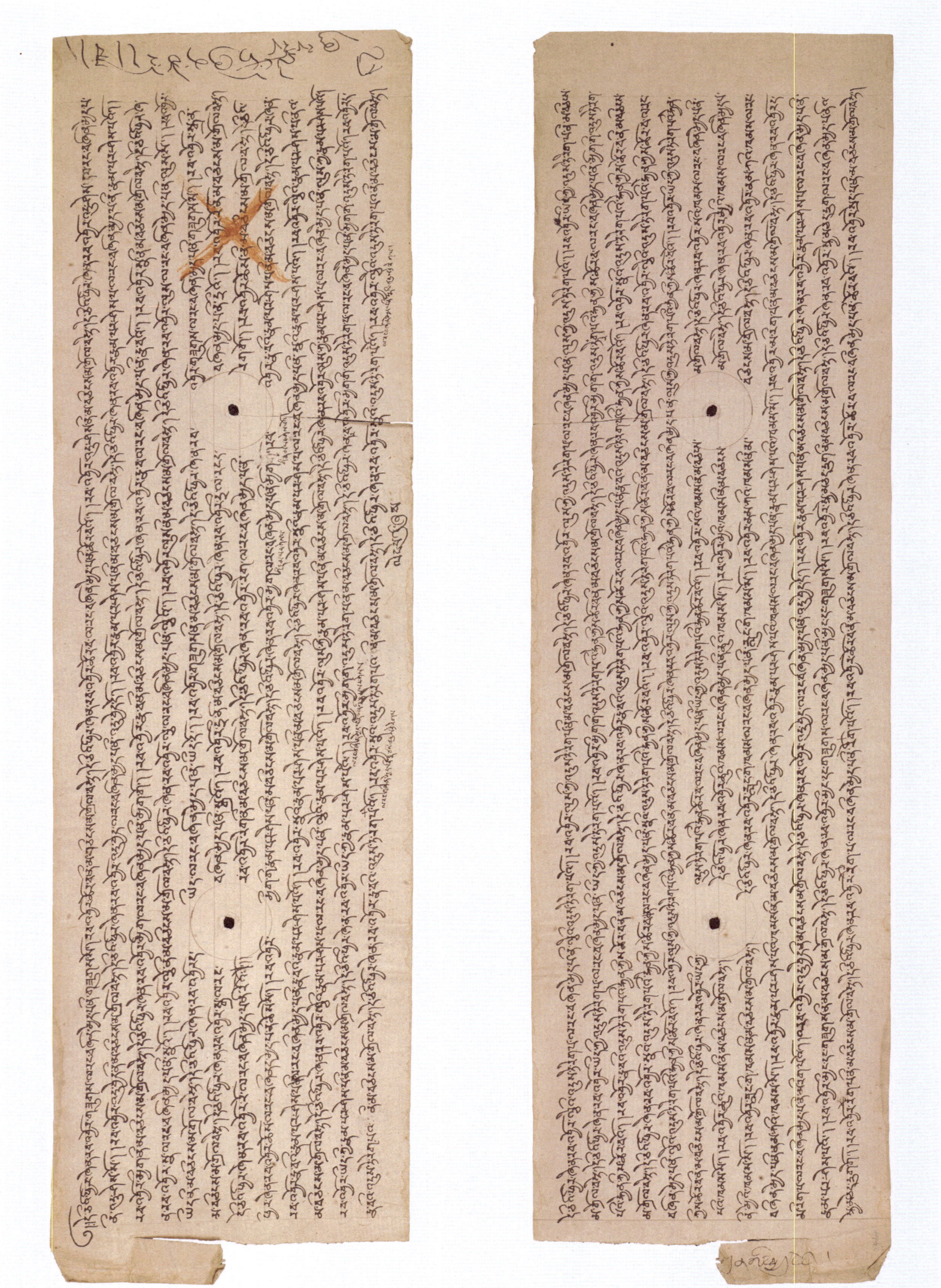

敦博 Db.t.0477 (R-V) ཤེས་རབ་ཀྱི་ཕ་རོལ་ཏུ་ཕྱིན་པ་སྟོང་ཕྲག་བརྒྱ་པ།
十萬頌般若波羅蜜多經

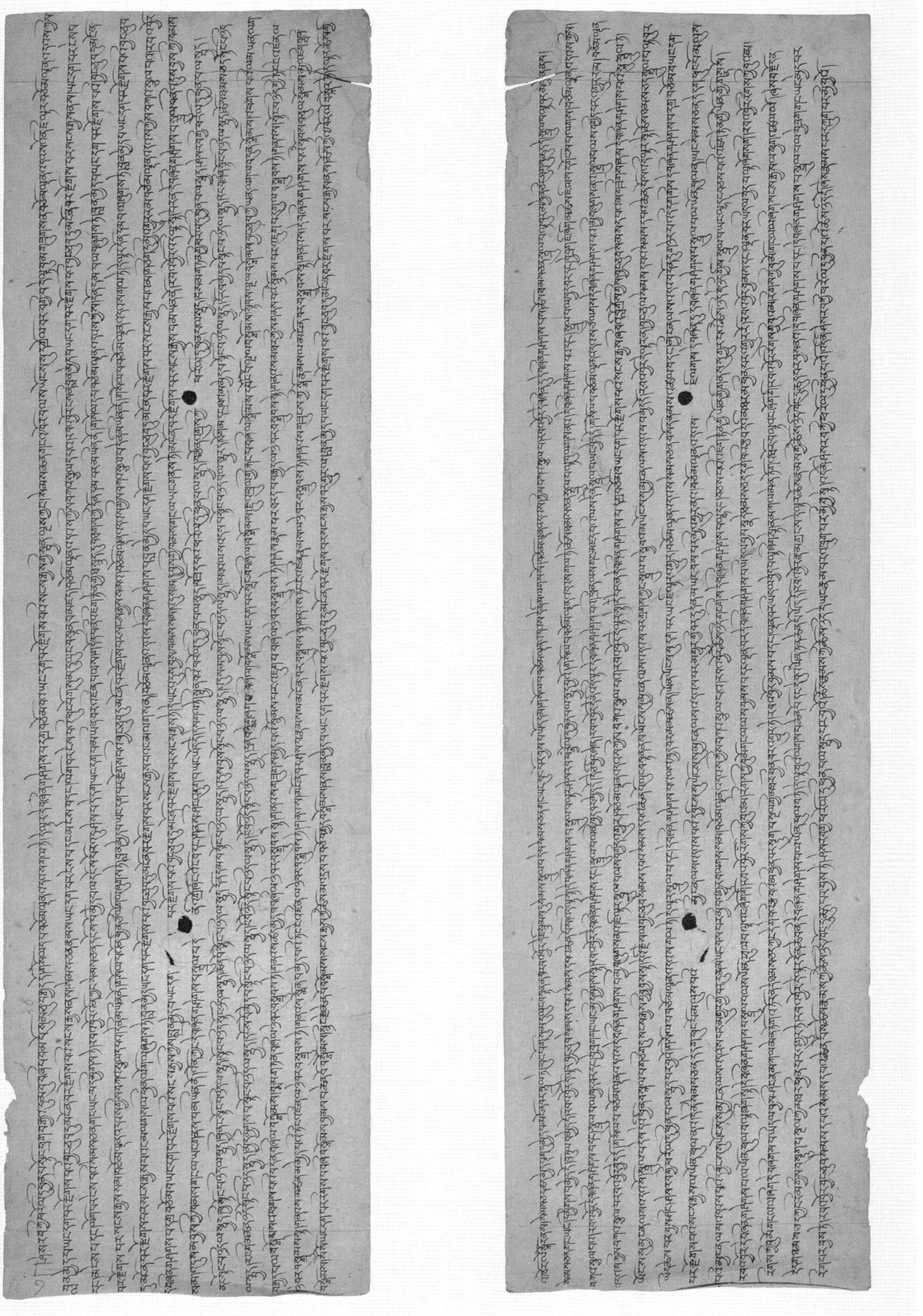

敦博 Db.t.0478 (R-V) ཤེས་རབ་ཀྱི་ཕ་རོལ་ཏུ་ཕྱིན་པ་སྟོང་ཕྲག་བརྒྱའ་པ་དུམ་བུ་བཞི་པ་བམ་པོ་སུམ་ཅུ་བརྒྱད་དོ།།
十萬頌般若波羅蜜多經

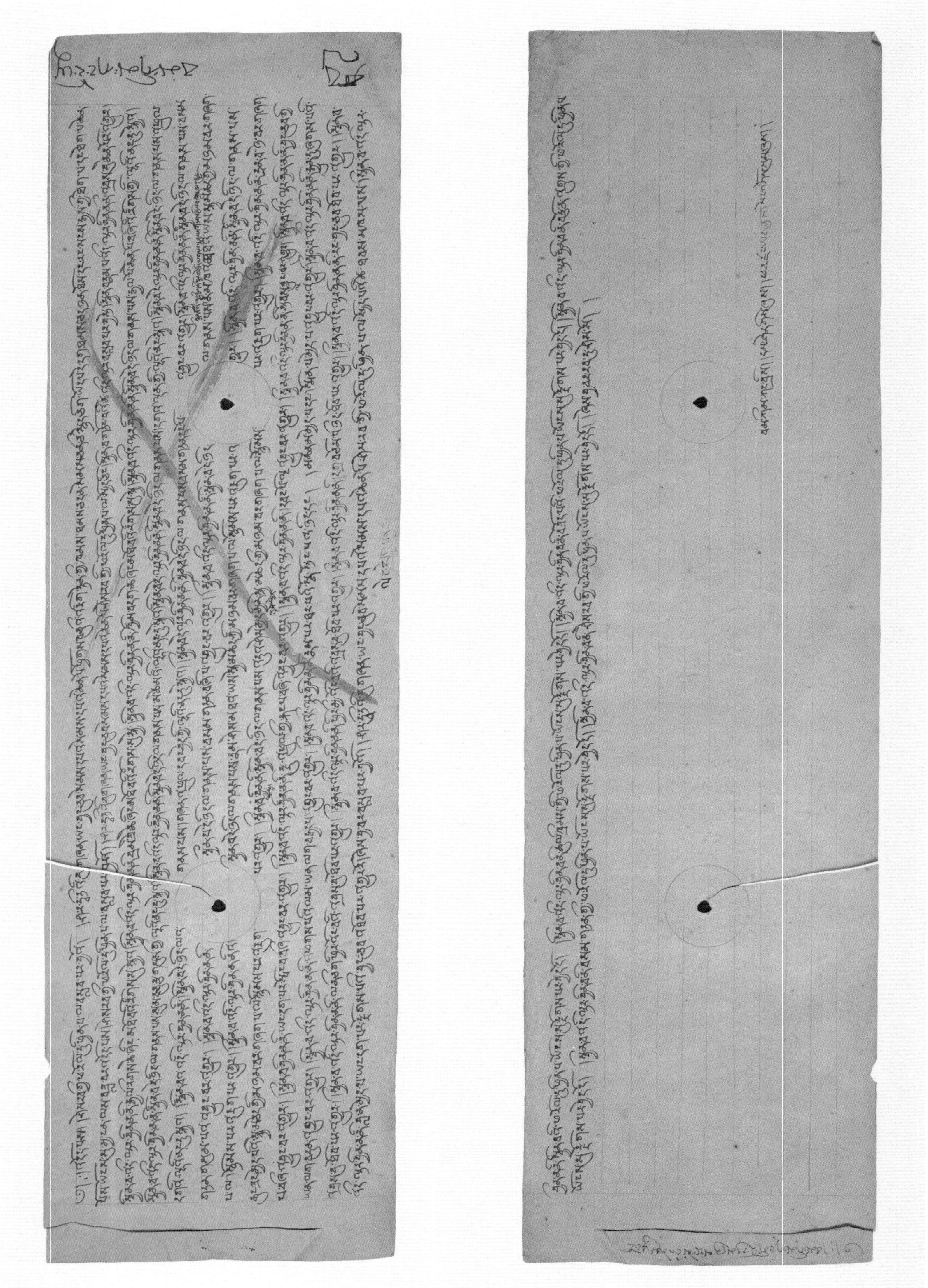

敦博 Db.t.0479 (R-V) ཤེས་རབ་ཀྱི་ཕ་རོལ་ཏུ་ཕྱིན་པ་སྟོང་ཕྲག་བརྒྱ་པ།
十萬頌般若波羅蜜多經

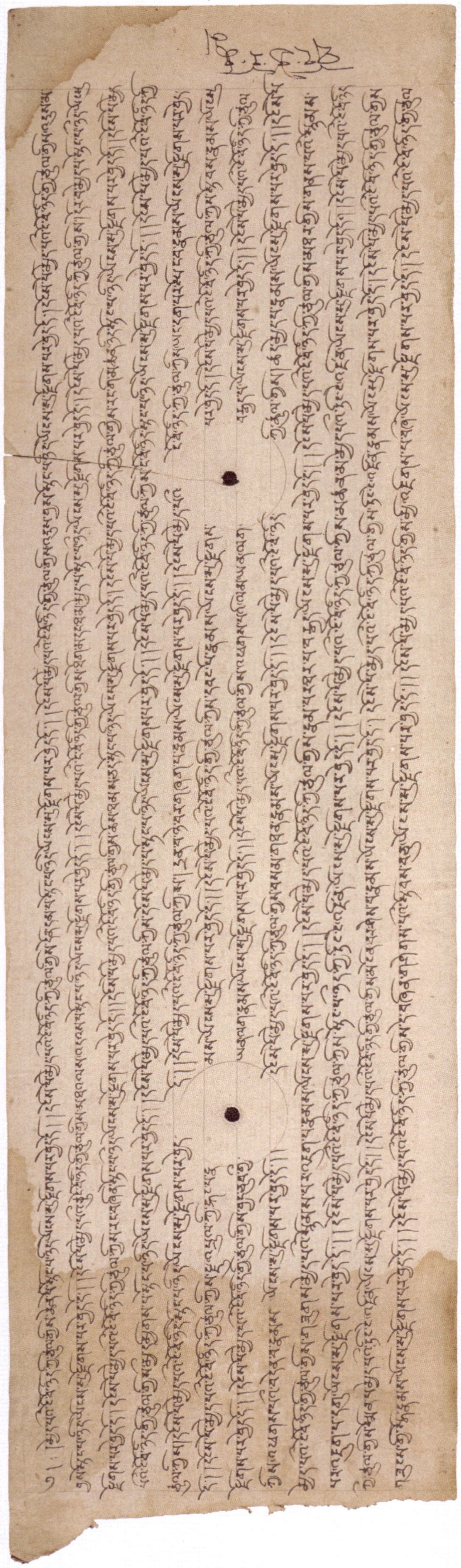

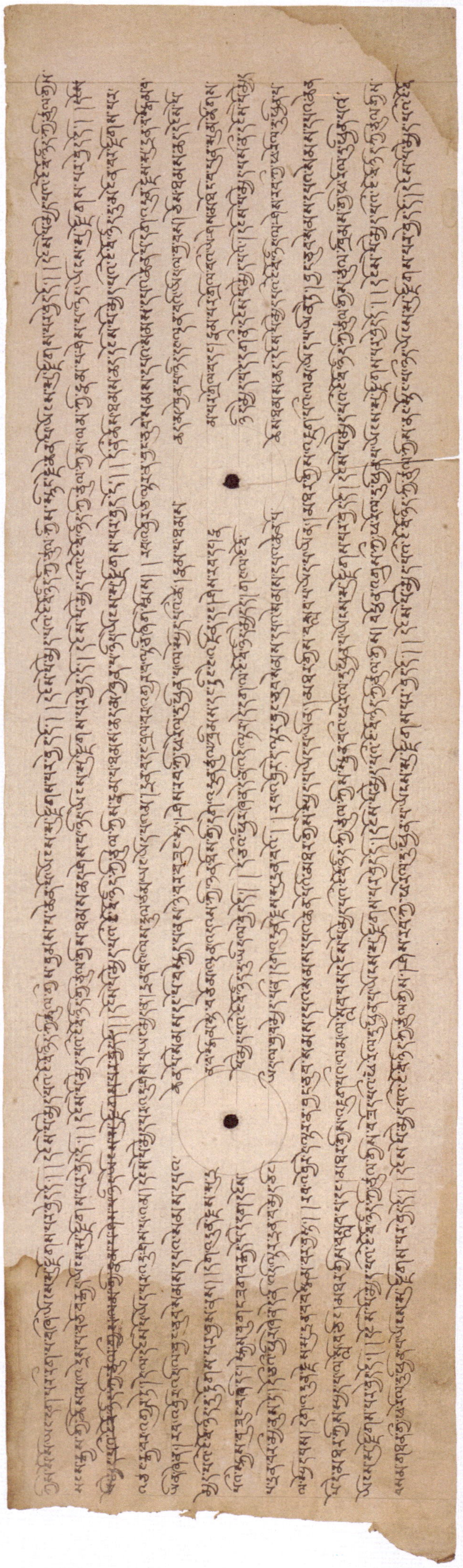

敦博 Db.t.0480 (R-V) ཤེས་རབ་ཀྱི་ཕ་རོལ་ཏུ་ཕྱིན་པ་སྟོང་ཕྲག་བརྒྱ་པ།
十萬頌般若波羅蜜多經

敦博 Db.t.0481 (R-V) ཤེས་རབ་ཀྱི་ཕ་རོལ་ཏུ་ཕྱིན་པ་སྟོང་ཕྲག་བརྒྱ་པ།
十萬頌般若波羅蜜多經

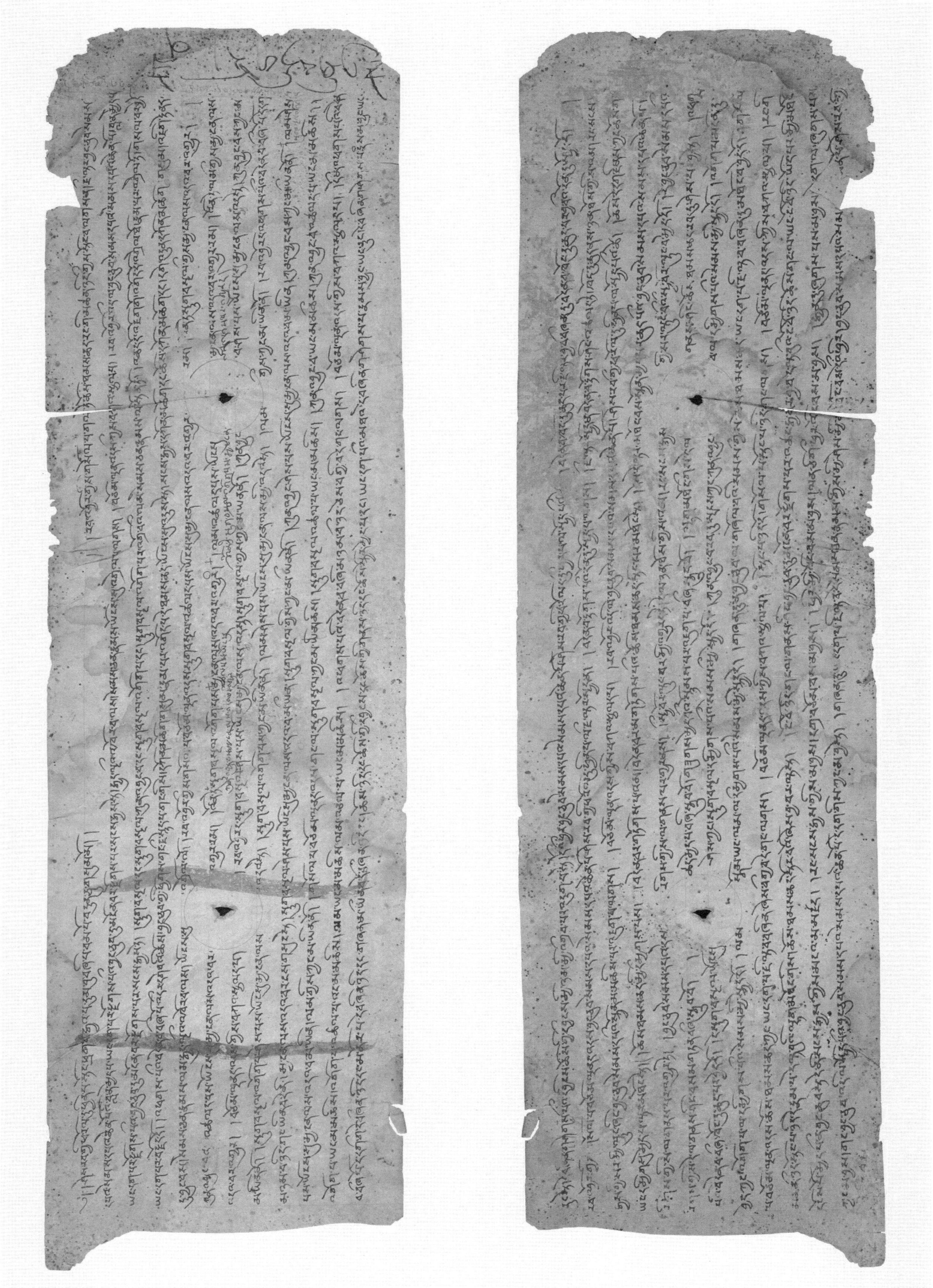

敦博 Db.t.0482 (R-V) ཤེས་རབ་ཀྱི་ཕ་རོལ་ཏུ་ཕྱིན་པ་སྟོང་ཕྲག་བརྒྱ་པ་དུམ་བུ་བཞི་པ་བམ་པོ་བདུན་ཅུ་གསུམ་མོ།།
十萬頌般若波羅蜜多經第四卷第七十三品

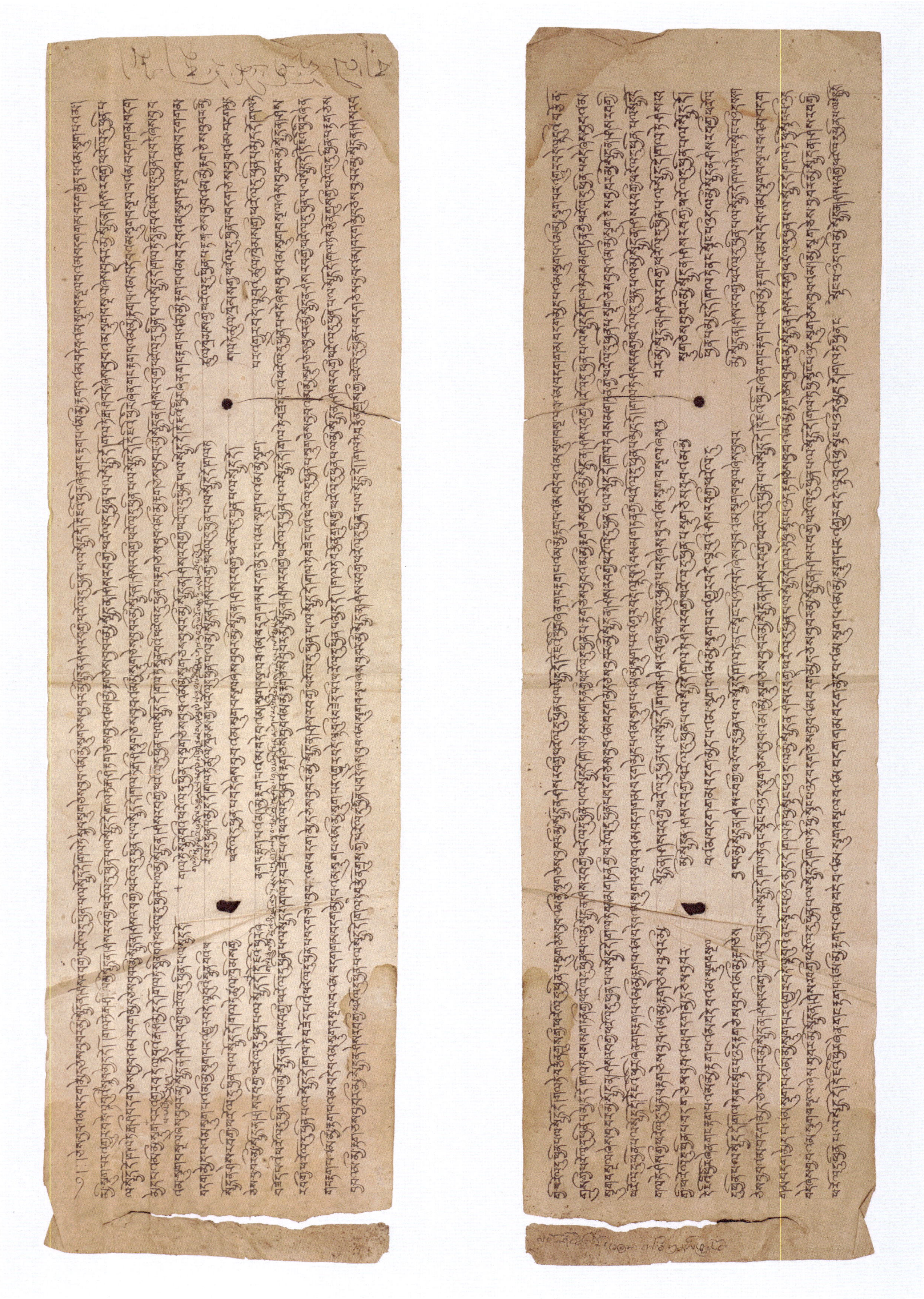

敦博 Db.t.0483 (R-V) ཤེས་རབ་ཀྱི་ཕ་རོལ་ཏུ་ཕྱིན་པ་སྟོང་ཕྲག་བརྒྱ་པ།
十萬頌般若波羅蜜多經

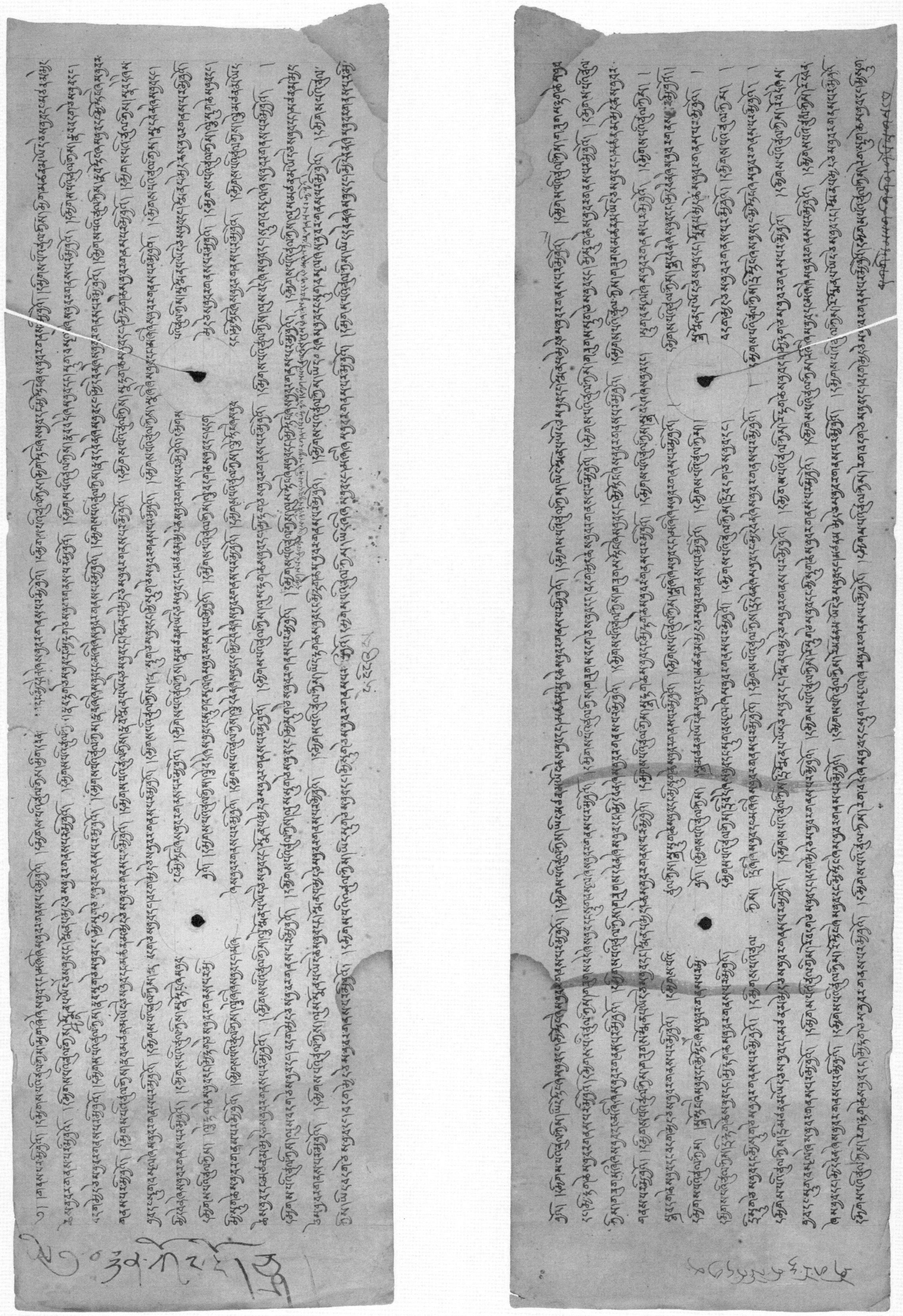

敦博 Db.t.0484 (R-V) ཤེས་རབ་ཀྱི་ཕ་རོལ་ཏུ་ཕྱིན་པ་སྟོང་ཕྲག་བརྒྱ་པ།
十萬頌般若波羅蜜多經

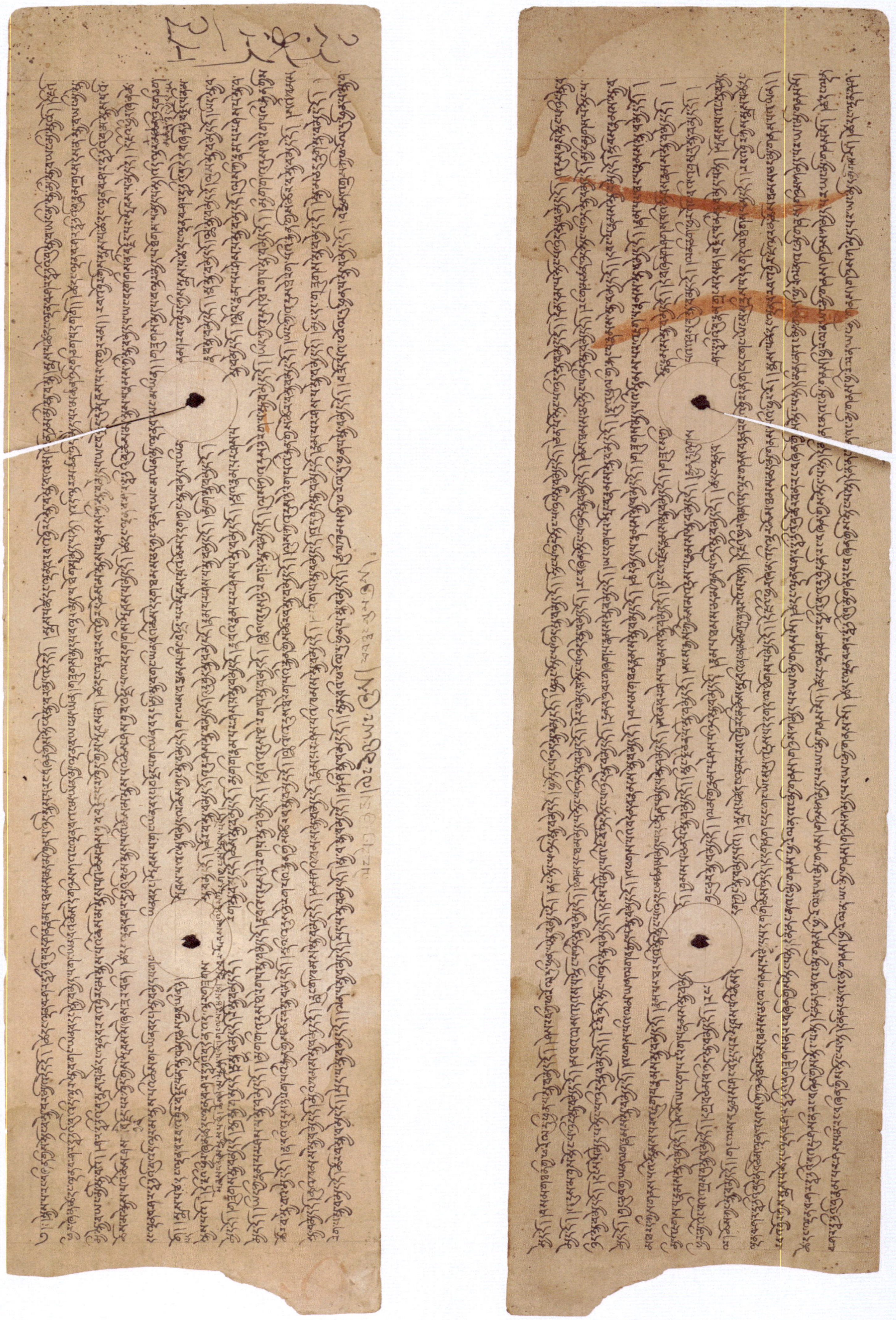

敦博 Db.t.0485 (R-V)　ཤེས་རབ་ཀྱི་ཕ་རོལ་ཏུ་ཕྱིན་པ་སྟོང་ཕྲག་བརྒྱ་པ།

十萬頌般若波羅蜜多經

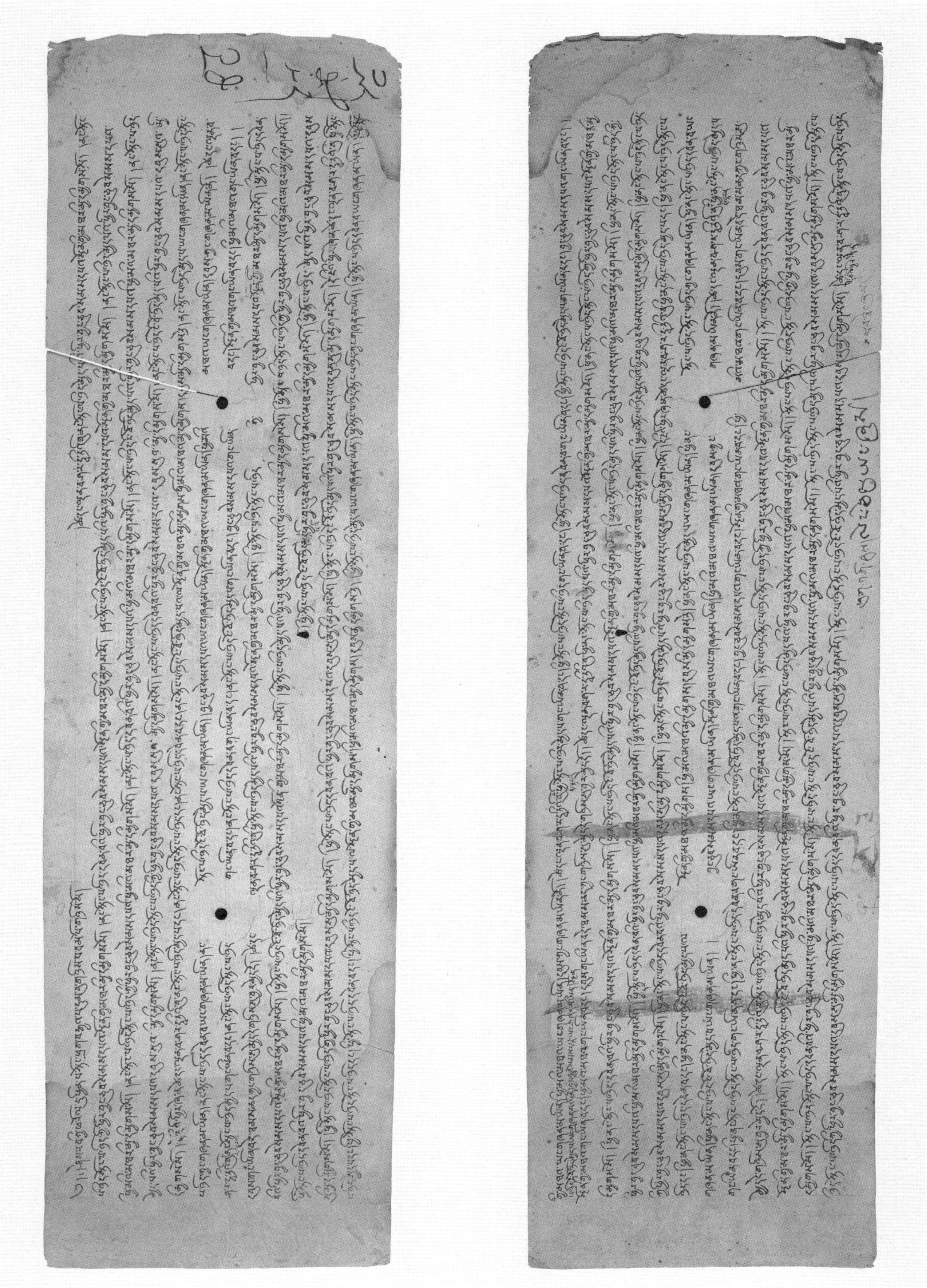

敦博 Db.t.0486 (R-V) ཤེས་རབ་ཀྱི་ཕ་རོལ་ཏུ་ཕྱིན་པ་སྟོང་ཕྲག་བརྒྱ་པ་དུམ་བུ་གཉིས་པ་བམ་པོ་གཉིས་སོ།།
十萬頌般若波羅蜜多經第二卷第二品

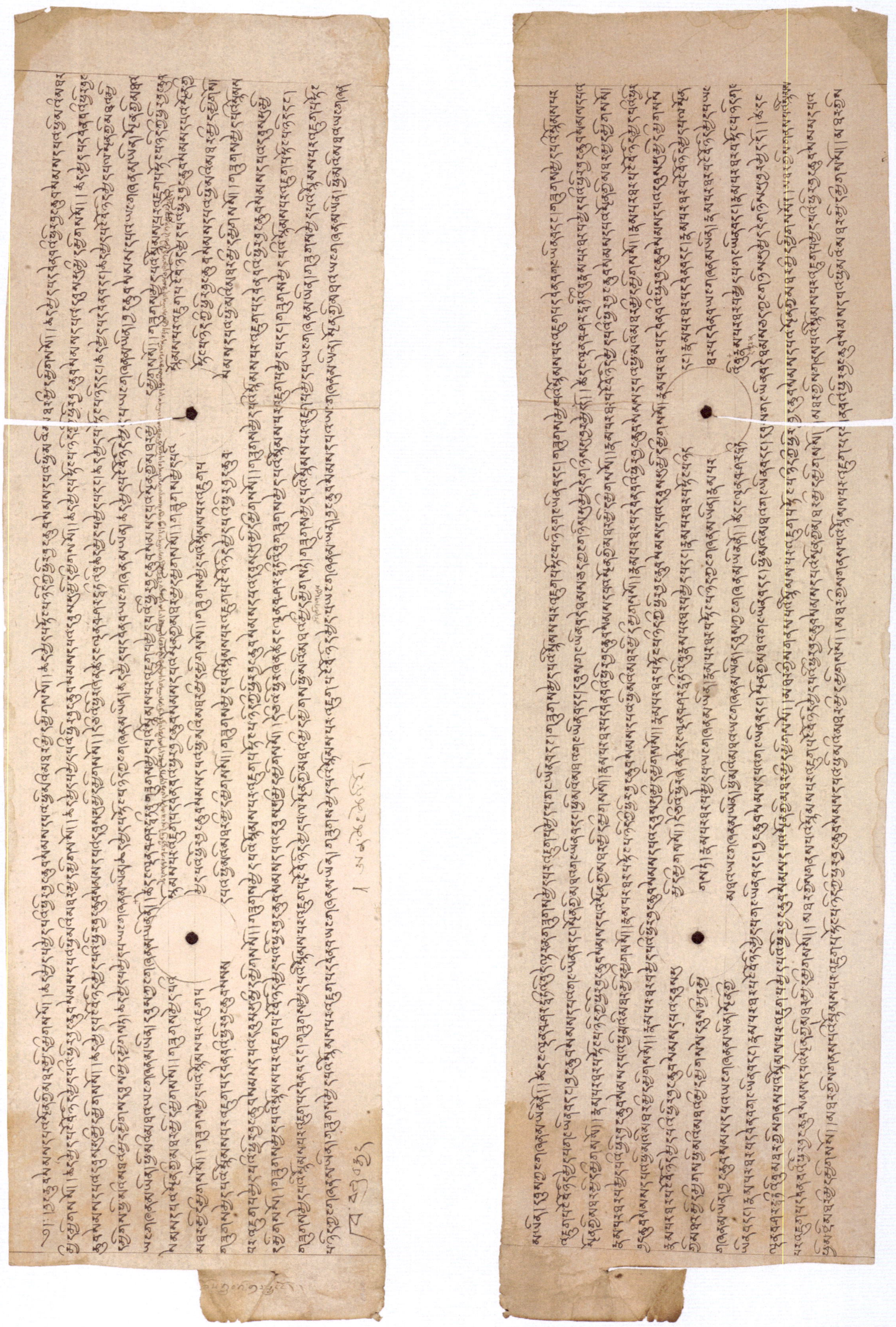

敦博 Db.t.0487 (R-V) ཤེས་རབ་ཀྱི་ཕ་རོལ་ཏུ་ཕྱིན་པ་སྟོང་ཕྲག་བརྒྱ་པ།
十萬頌般若波羅蜜多經

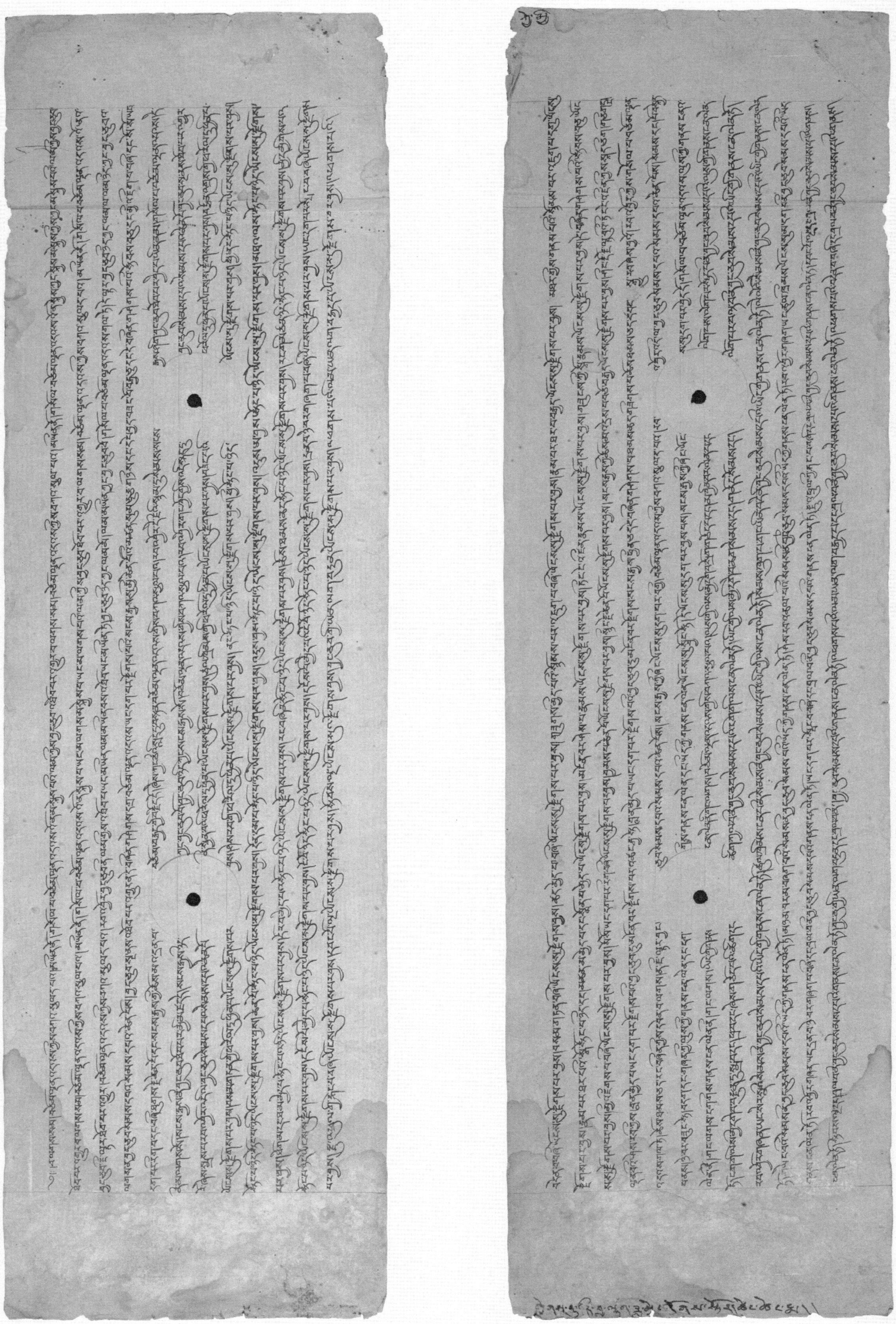

敦博 Db.t.0488 (R-V) ཤེས་རབ་ཀྱི་ཕ་རོལ་ཏུ་ཕྱིན་པ་སྟོང་ཕྲག་བརྒྱ་པ།
十萬頌般若波羅蜜多經

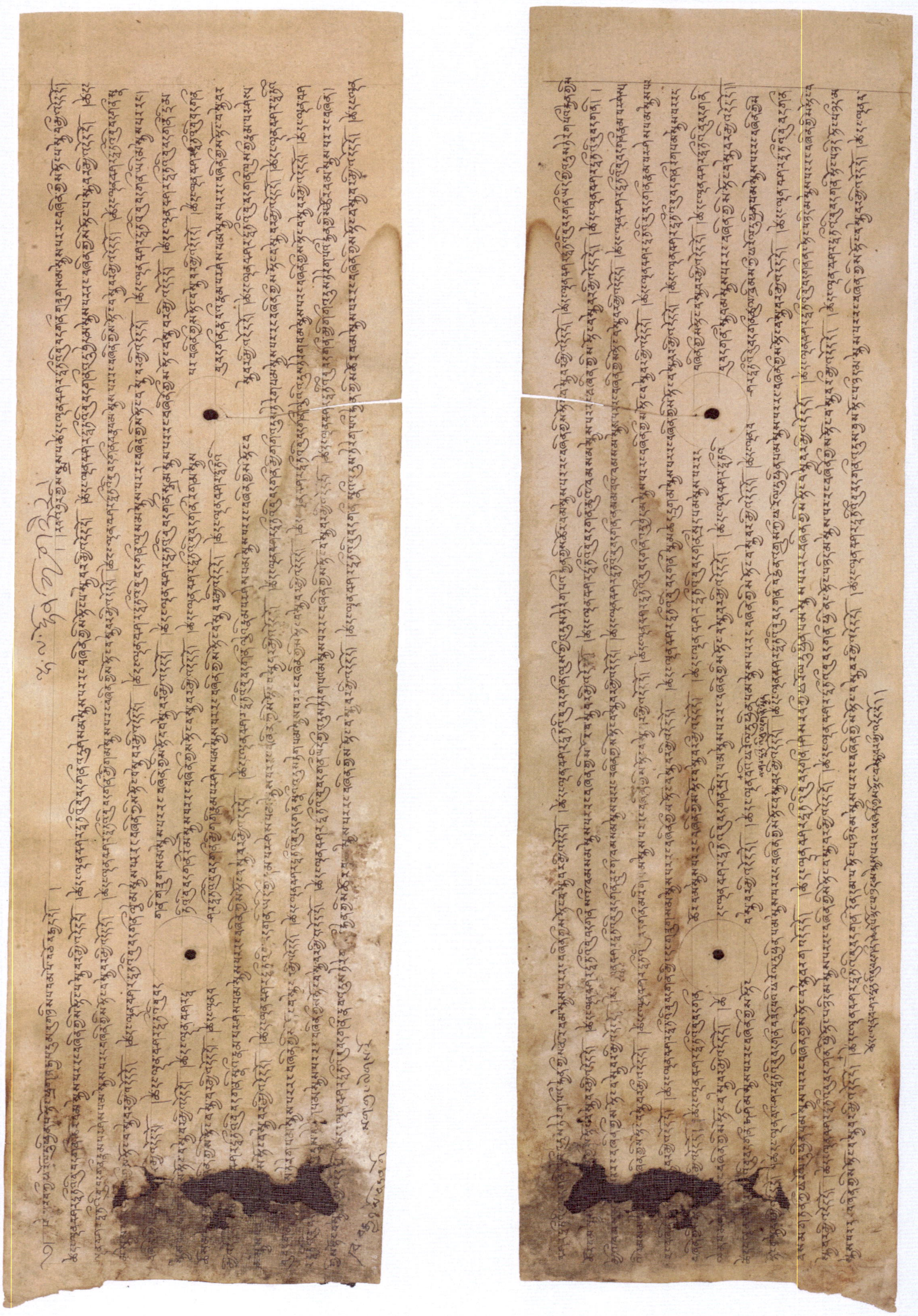

敦博 Db.t.0489 (R-V) ཤེས་རབ་ཀྱི་ཕ་རོལ་ཏུ་ཕྱིན་པ་སྟོང་ཕྲག་བརྒྱ་པ་དུམ་བུ་གཉིས་པ་བམ་པོ་བཅོ་བརྒྱད་དོ།།
十萬頌般若波羅蜜多經第二卷第十八品

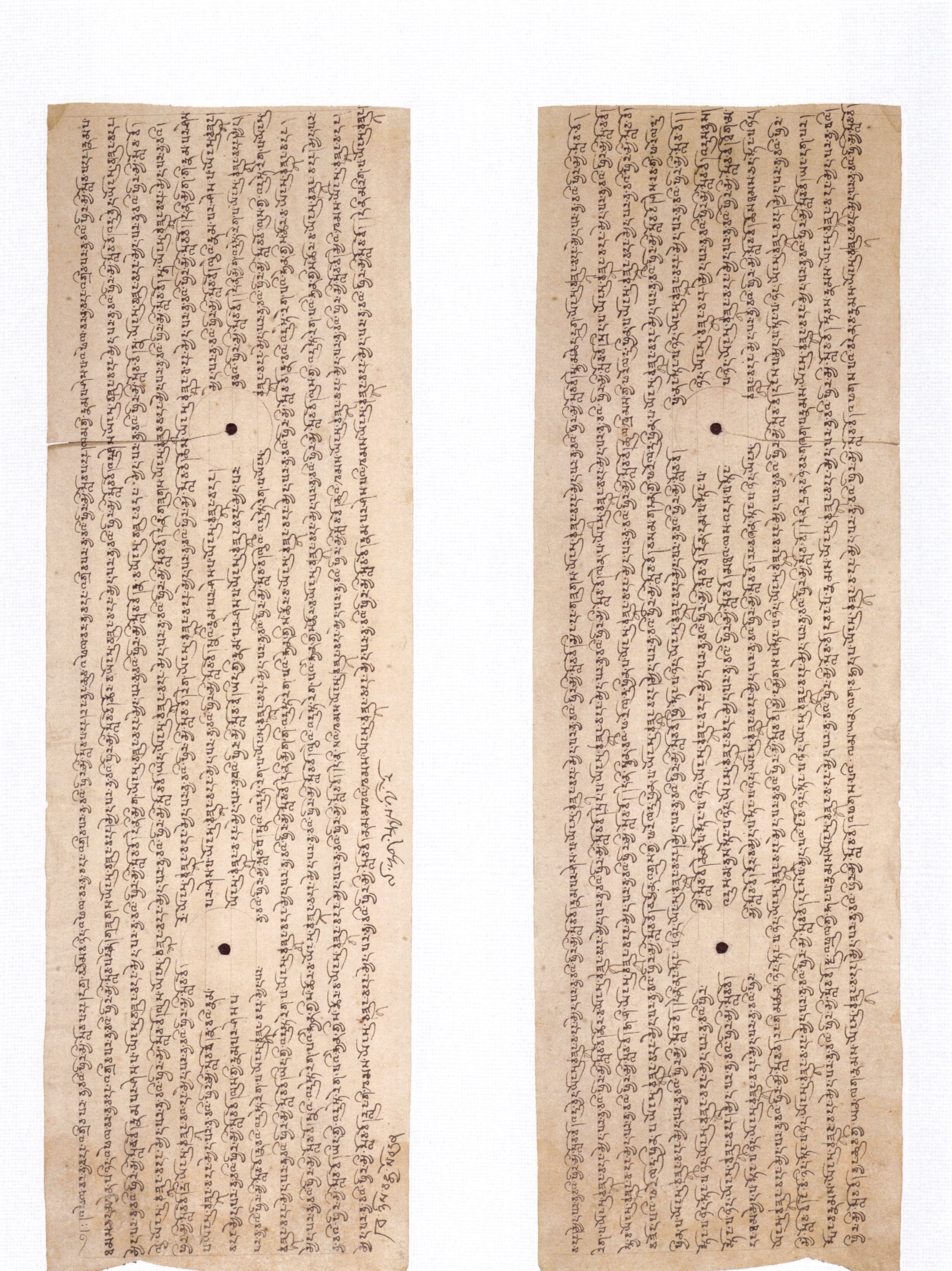

敦博 Db.t.0490 (R-V) ཤེས་རབ་ཀྱི་ཕ་རོལ་ཏུ་ཕྱིན་པ་སྟོང་ཕྲག་བརྒྱ་པ།
十萬頌般若波羅蜜多經

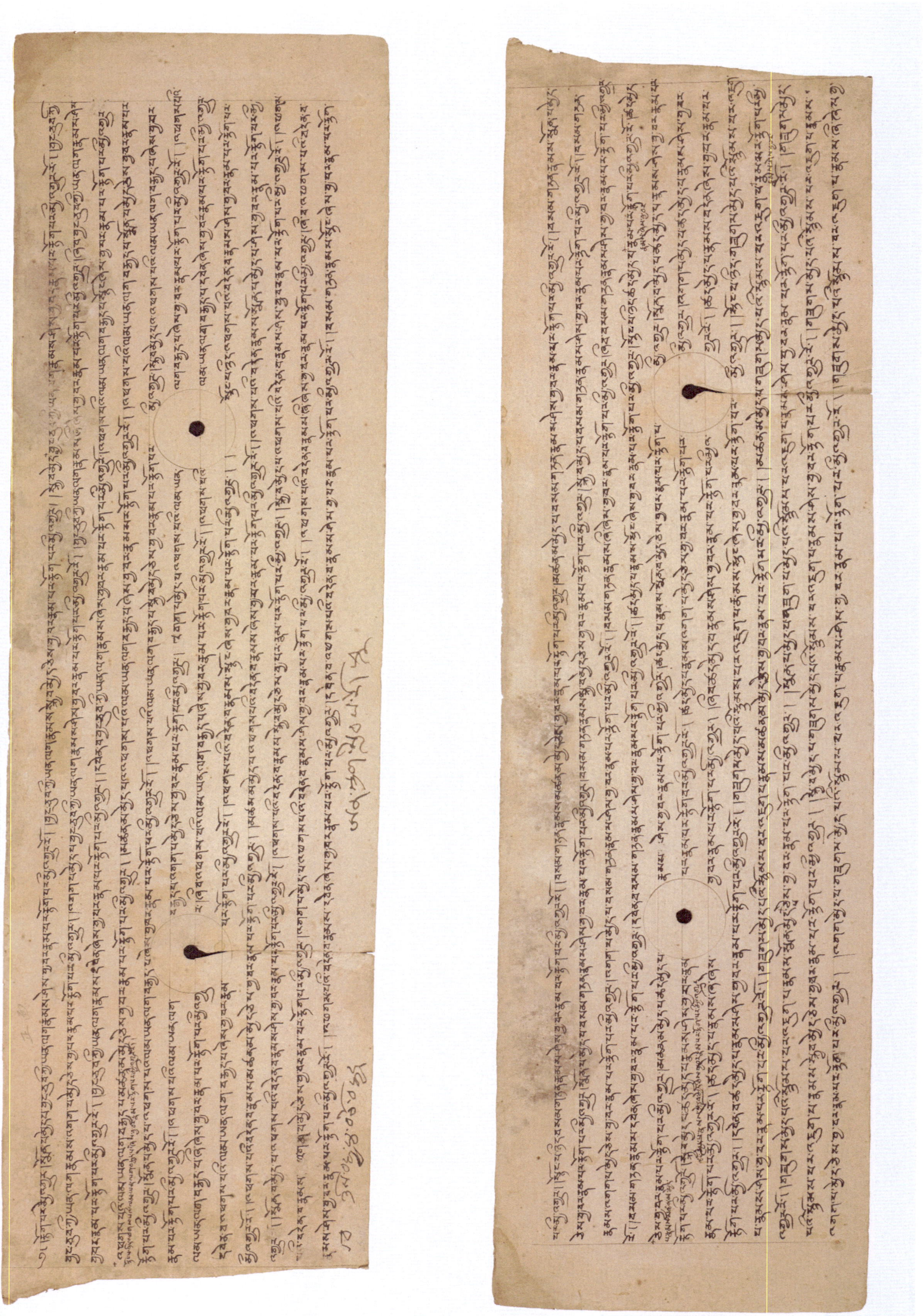

敦博 Db.t.0491 (R-V) ཤེས་རབ་ཀྱི་ཕ་རོལ་ཏུ་ཕྱིན་པ་སྟོང་ཕྲག་བརྒྱ་པ།

十萬頌般若波羅蜜多經

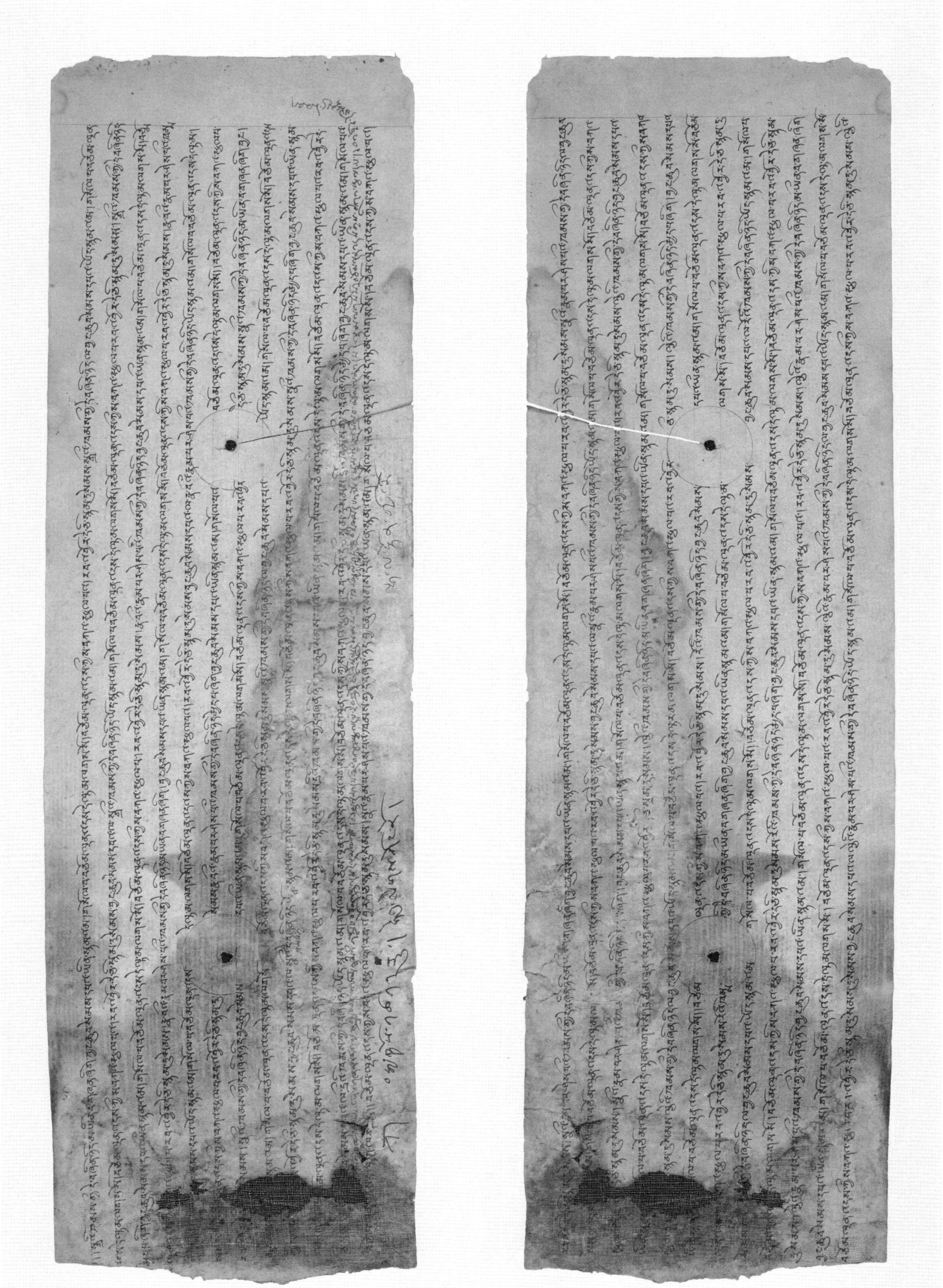

敦博 Db.t.0492 (R-V) ཤེས་རབ་ཀྱི་ཕ་རོལ་ཏུ་ཕྱིན་པ་སྟོང་ཕྲག་བརྒྱ་པ།
十萬頌般若波羅蜜多經

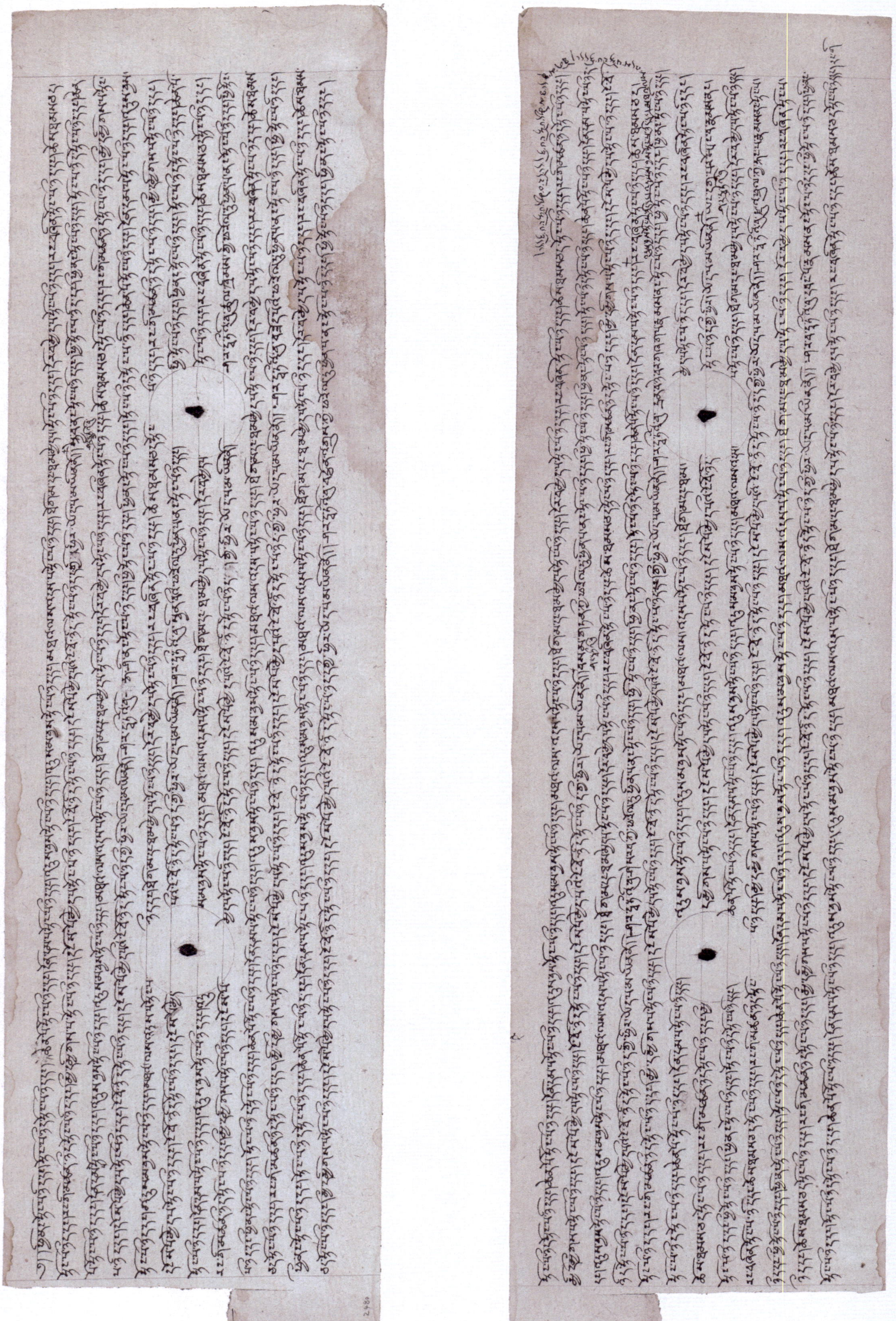

敦博 Db.t.0493 (R-V) ཤེས་རབ་ཀྱི་ཕ་རོལ་ཏུ་ཕྱིན་པ་སྟོང་ཕྲག་བརྒྱ་པ།
十萬頌般若波羅蜜多經

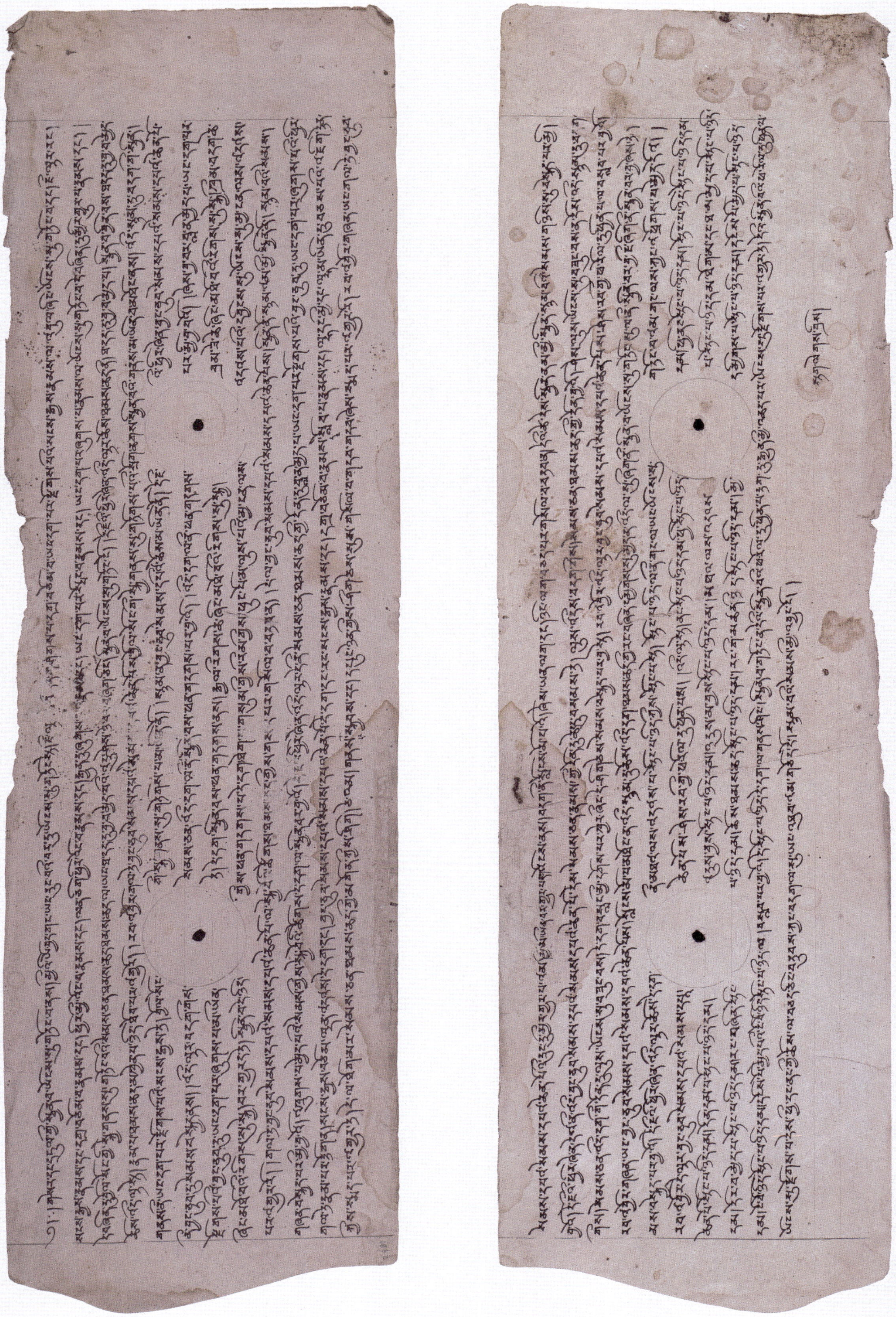

敦博 Db.t.0494 (R-V) ཤེས་རབ་ཀྱི་ཕ་རོལ་ཏུ་ཕྱིན་པ་སྟོང་ཕྲག་བརྒྱ་པ།
十萬頌般若波羅蜜多經

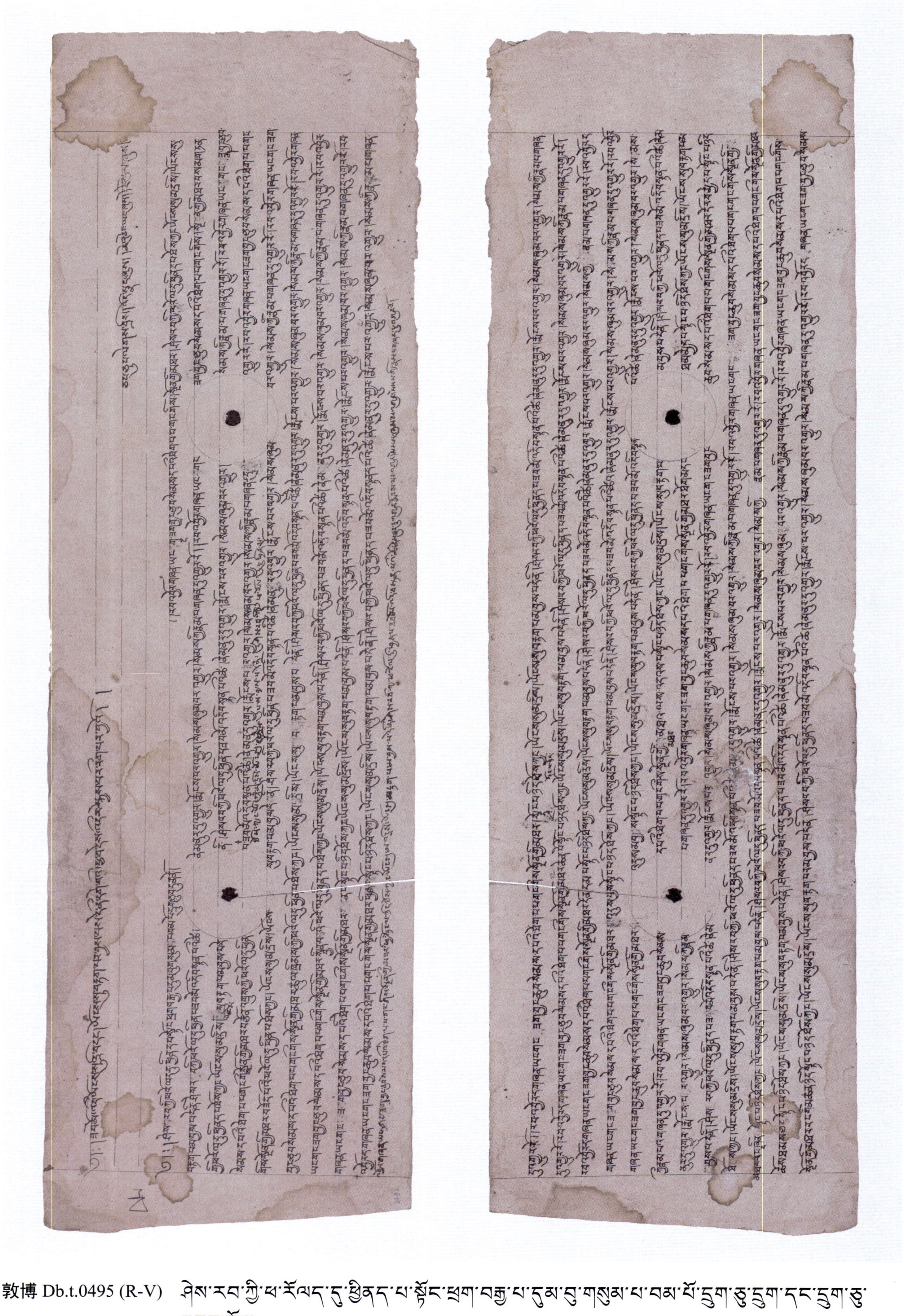

敦博 Db.t.0495 (R-V) ཤེས་རབ་ཀྱི་ཕ་རོལད་ཏུ་ཕྱིནད་པ་སྟོང་ཕྲག་བརྒྱ་པ་དུམ་བུ་གསུམ་པ་བམ་པོ་དྲུག་ཅུ་དྲུག་དང་དྲུག་ཅུ་བདུན་ནོ།།

十萬頌般若波羅蜜多經第三卷第六十六、六十七品

敦博 Db.t.0496 (R-V) ཤེས་རབ་ཀྱི་ཕ་རོལ་ཏུ་ཕྱིན་པ་སྟོང་ཕྲག་བརྒྱ་པ།
十萬頌般若波羅蜜多經

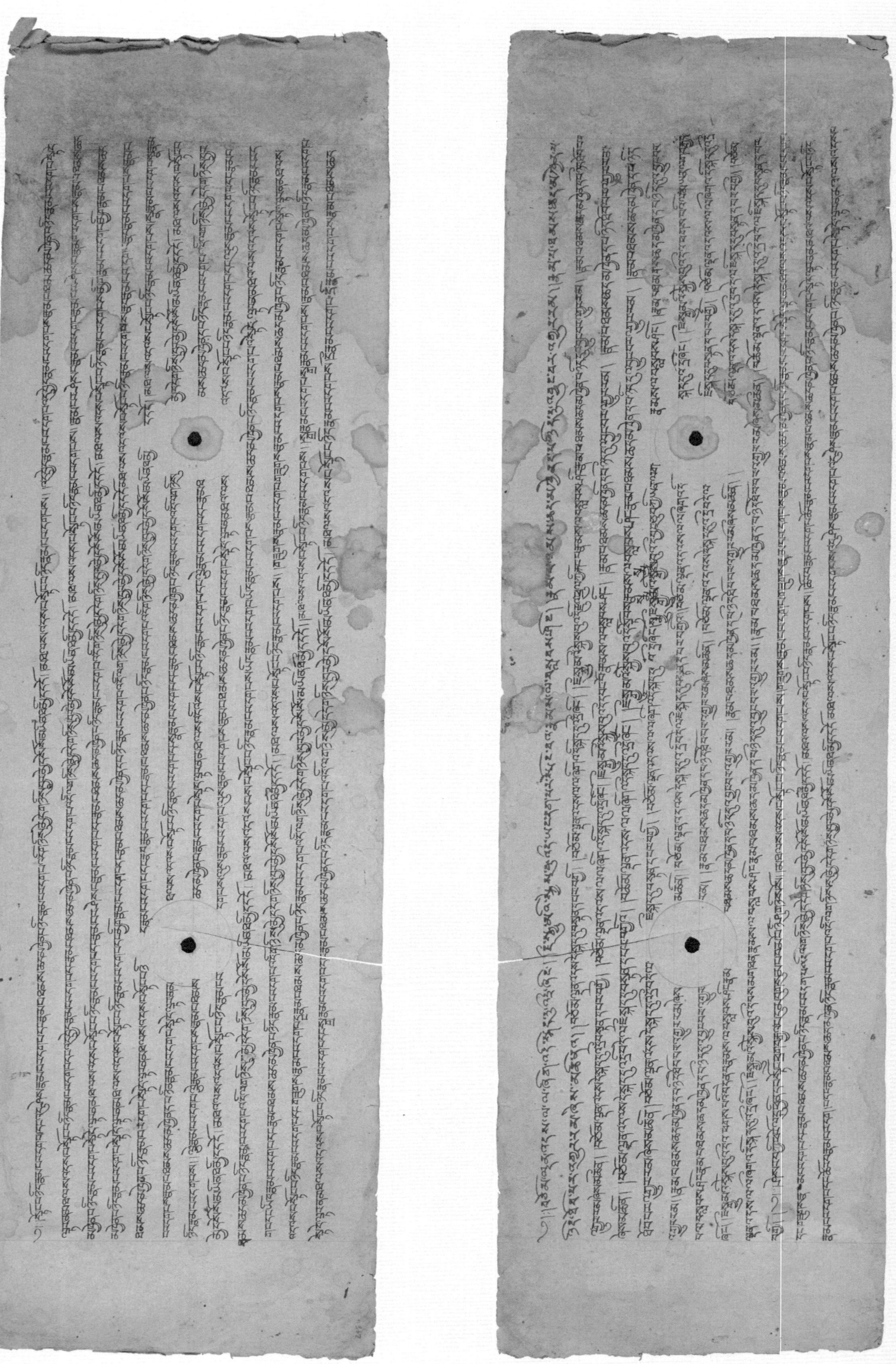

敦博 Db.t.0497 (R-V) ཤེས་རབ་ཀྱི་ཕ་རོལ་ཏུ་ཕྱིན་པ་སྟོང་ཕྲག་བརྒྱའ་པ་དུམ་བུ་གསུམ་པ་བམ་པོ་ཉི་ཤུ་གཉིས་སོ།།
十萬頌般若波羅蜜多經第三卷第二十二品

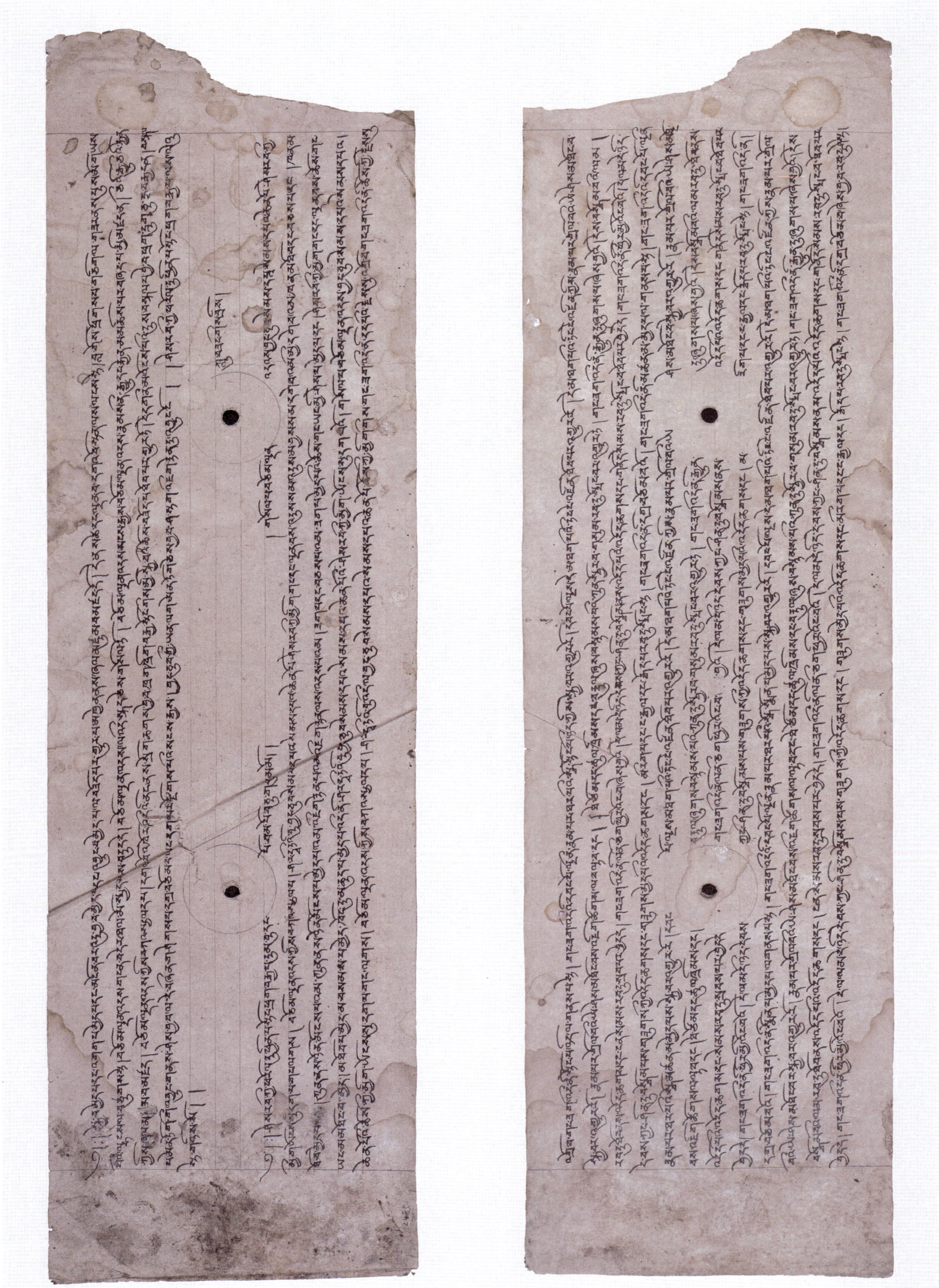

敦博 Db.t.0498 (R-V) ཤེས་རབ་ཀྱི་ཕ་རོལ་ཏུ་ཕྱིན་པ་སྟོང་ཕྲག་བརྒྱ་པ་དུམ་བུ་དང་པོ་བམ་པོ་བཅུ་གཉིས་དང་བཅུ་གསུམ་མོ།།
十萬頌般若波羅蜜多經第一卷第十二、十三品

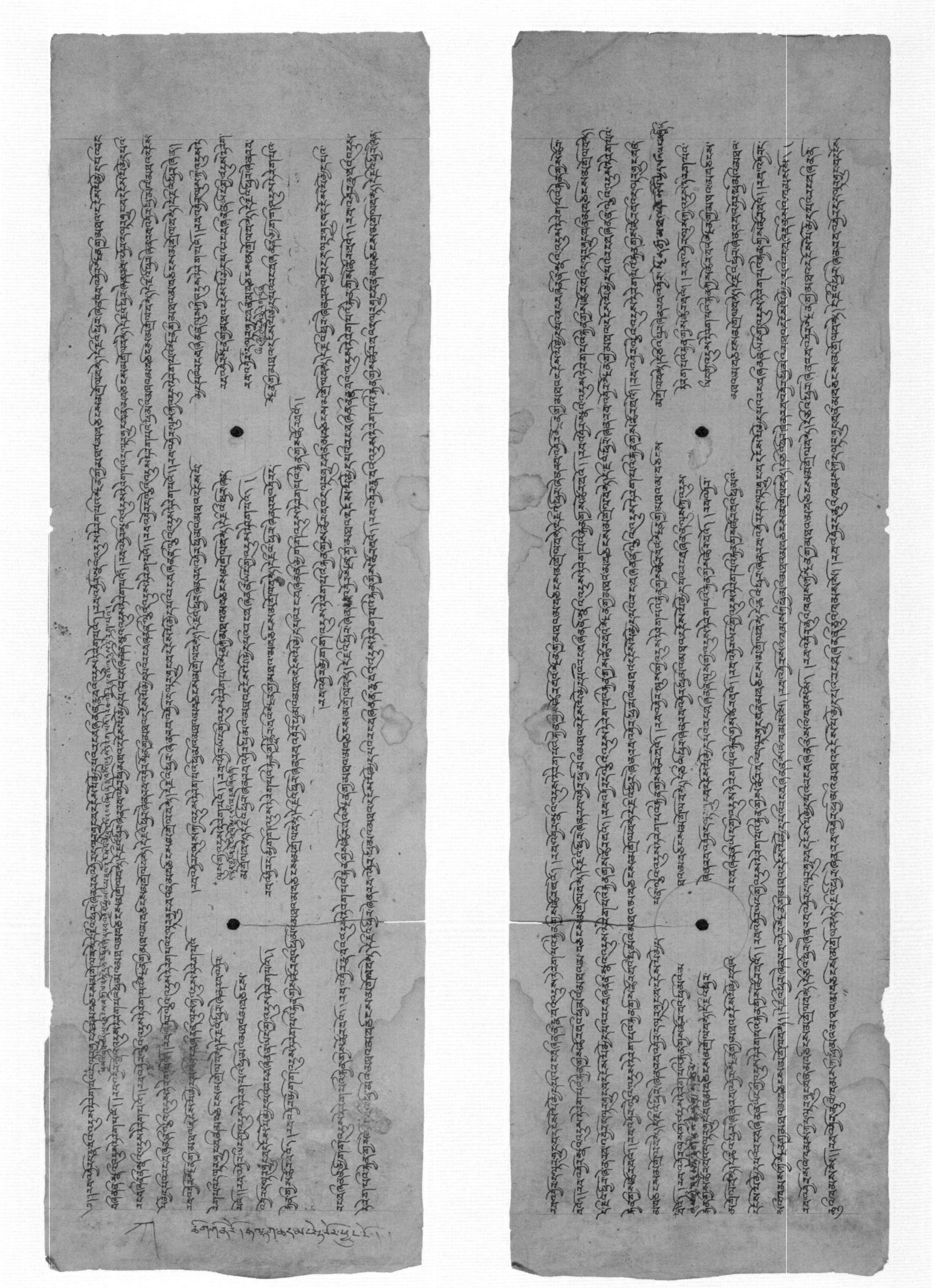

敦博 Db.t.0499 (R-V) ཤེས་རབ་ཀྱི་ཕ་རོལ་ཏུ་ཕྱིན་པ་སྟོང་ཕྲག་བརྒྱ་པ།
十萬頌般若波羅蜜多經

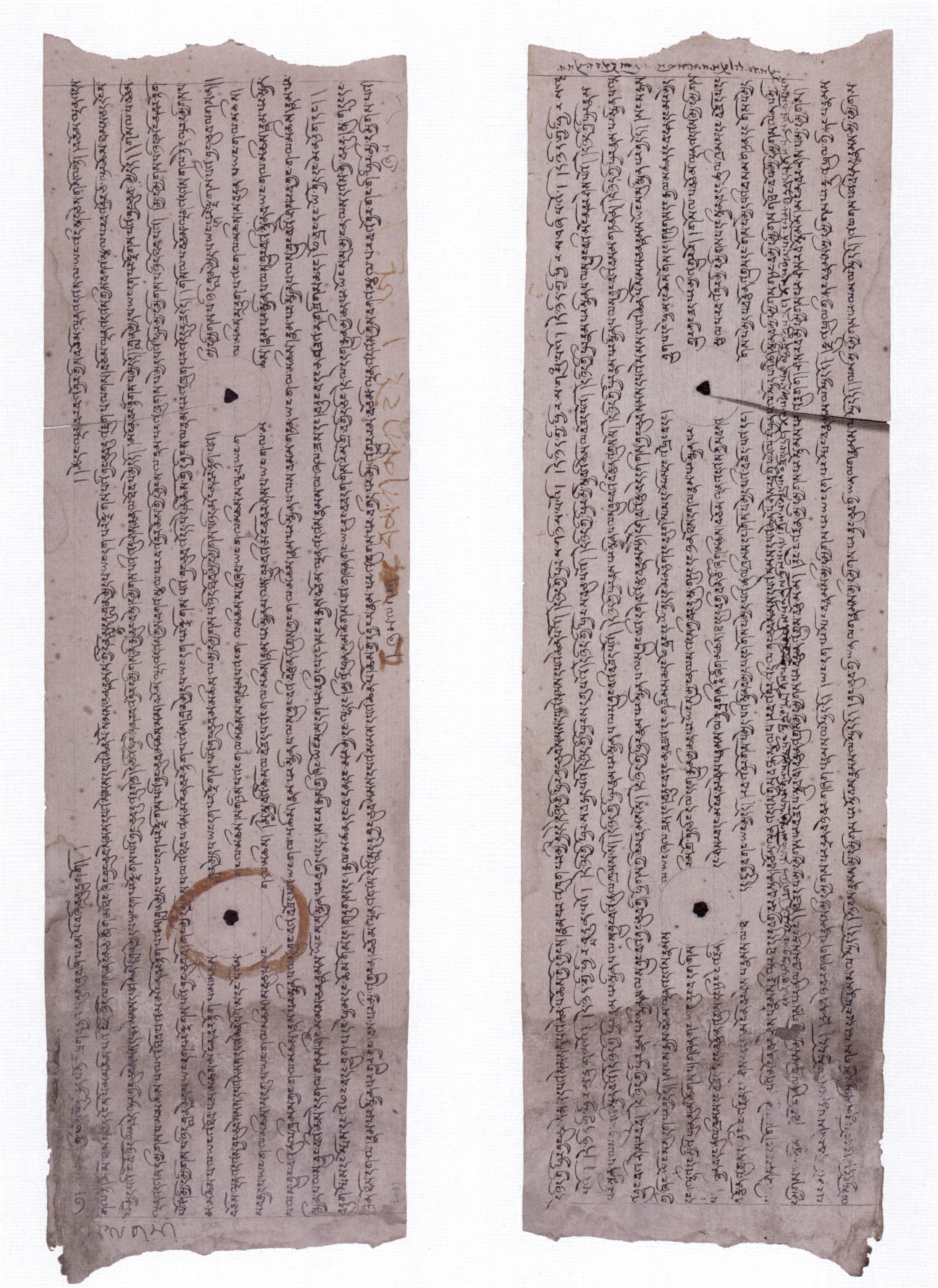

敦博 Db.t.0500 (R-V) ཤེས་རབ་ཀྱི་ཕ་རོལ་ཏུ་ཕྱིན་པ་སྟོང་ཕྲག་བརྒྱ་པ་དུམ་བུ་བཞི་པ་བམ་པོ་བཅུ་དྲུག་གོ།།
十萬頌般若波羅蜜多經第一卷第四十六品

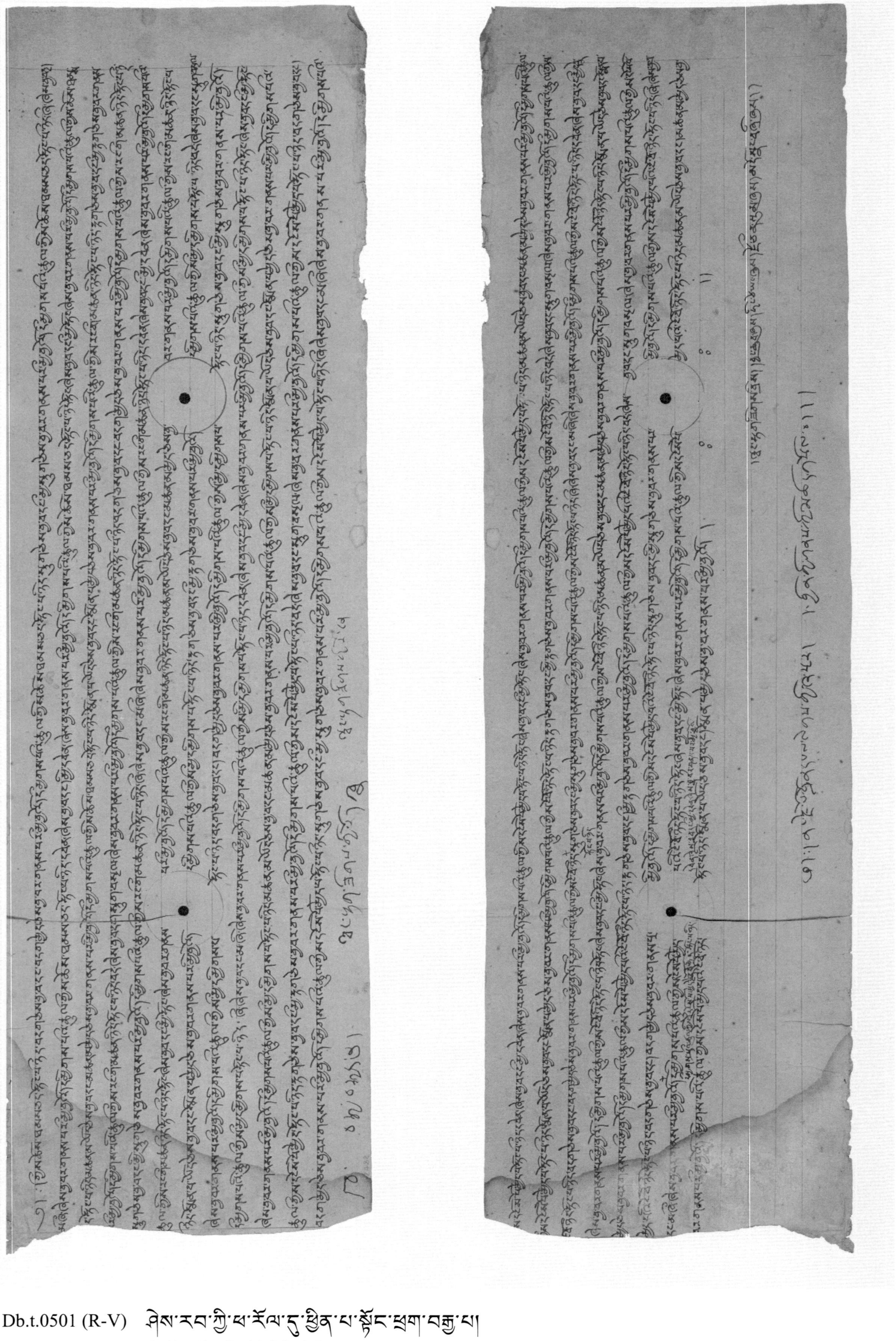

敦博 Db.t.0501 (R-V) ཤེས་རབ་ཀྱི་ཕ་རོལ་ཏུ་ཕྱིན་པ་སྟོང་ཕྲག་བརྒྱ་པ།
十萬頌般若波羅蜜多經

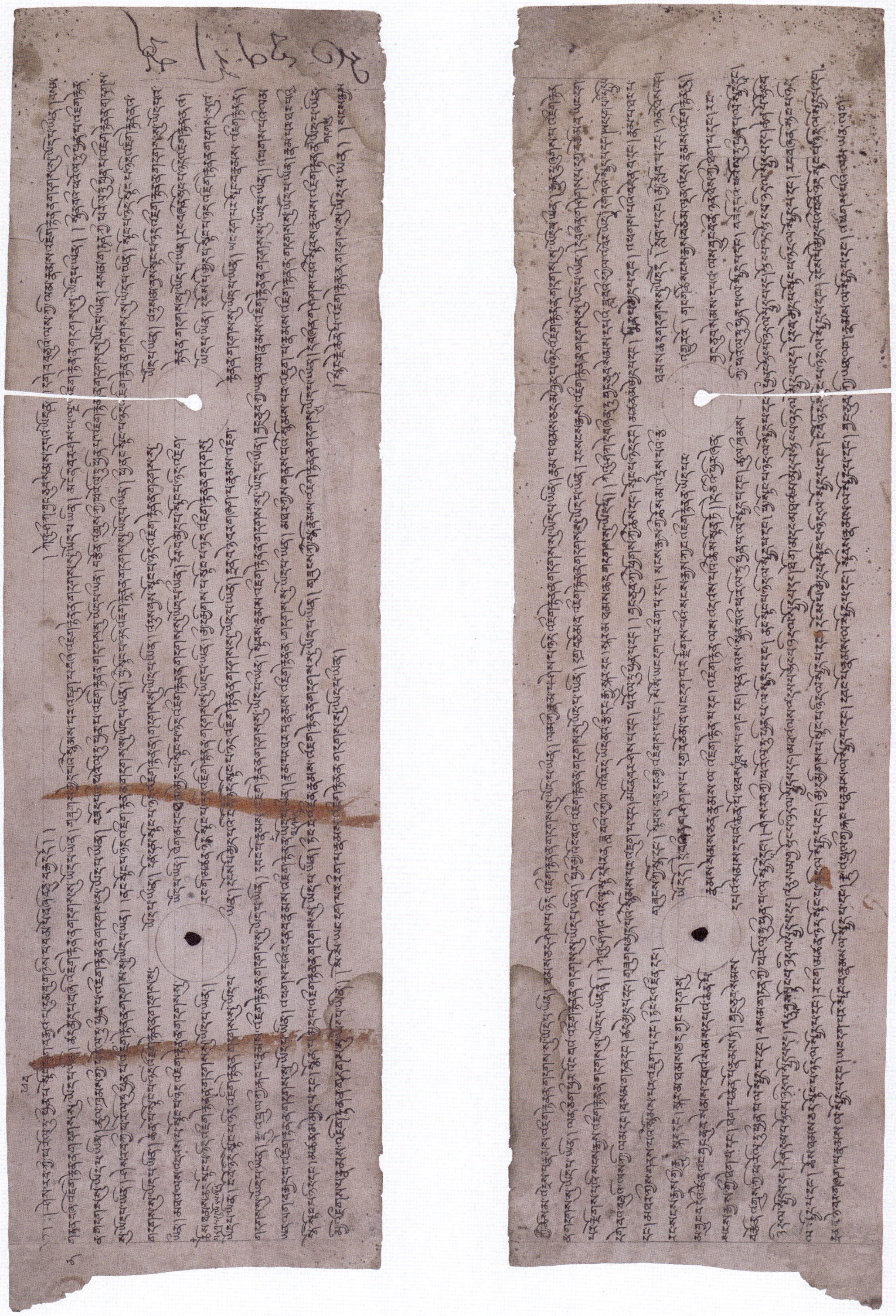

敦博 Db.t.0502 (R-V) ཤེས་རབ་ཀྱི་ཕ་རོལ་ཏུ་ཕྱིན་པ་སྟོང་ཕྲག་བརྒྱ་པ་དུམ་བུ་གཉིས་པ་བམ་པོ་བཞི་བཅུ་བརྒྱད་དོ།།
十萬頌般若波羅蜜多經第二卷第四十八品

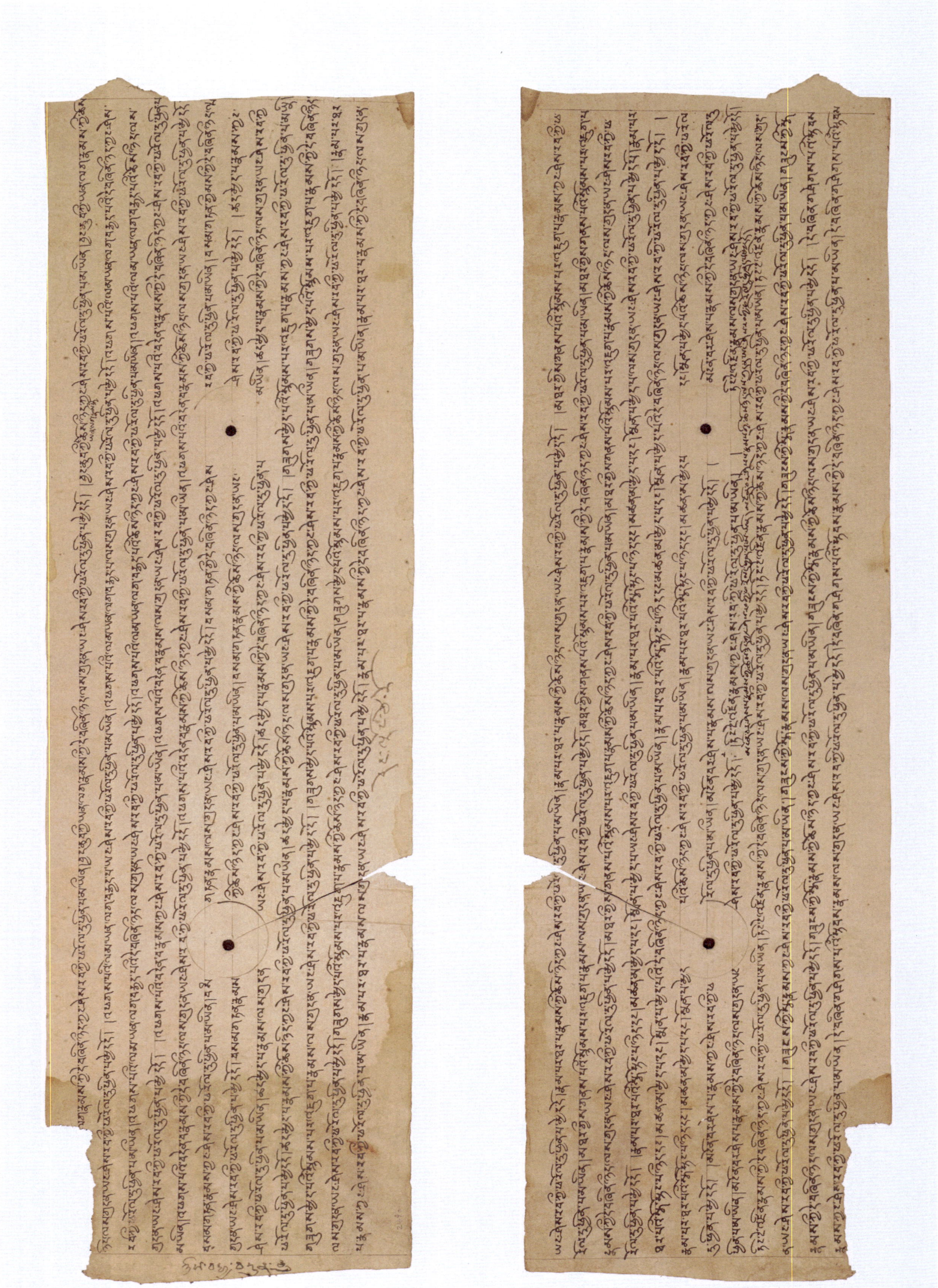

敦博 Db.t.0503 (R-V) ཤེས་རབ་ཀྱི་ཕ་རོལ་ཏུ་ཕྱིན་པ་སྟོང་ཕྲག་བརྒྱ་པ།
十萬頌般若波羅蜜多經

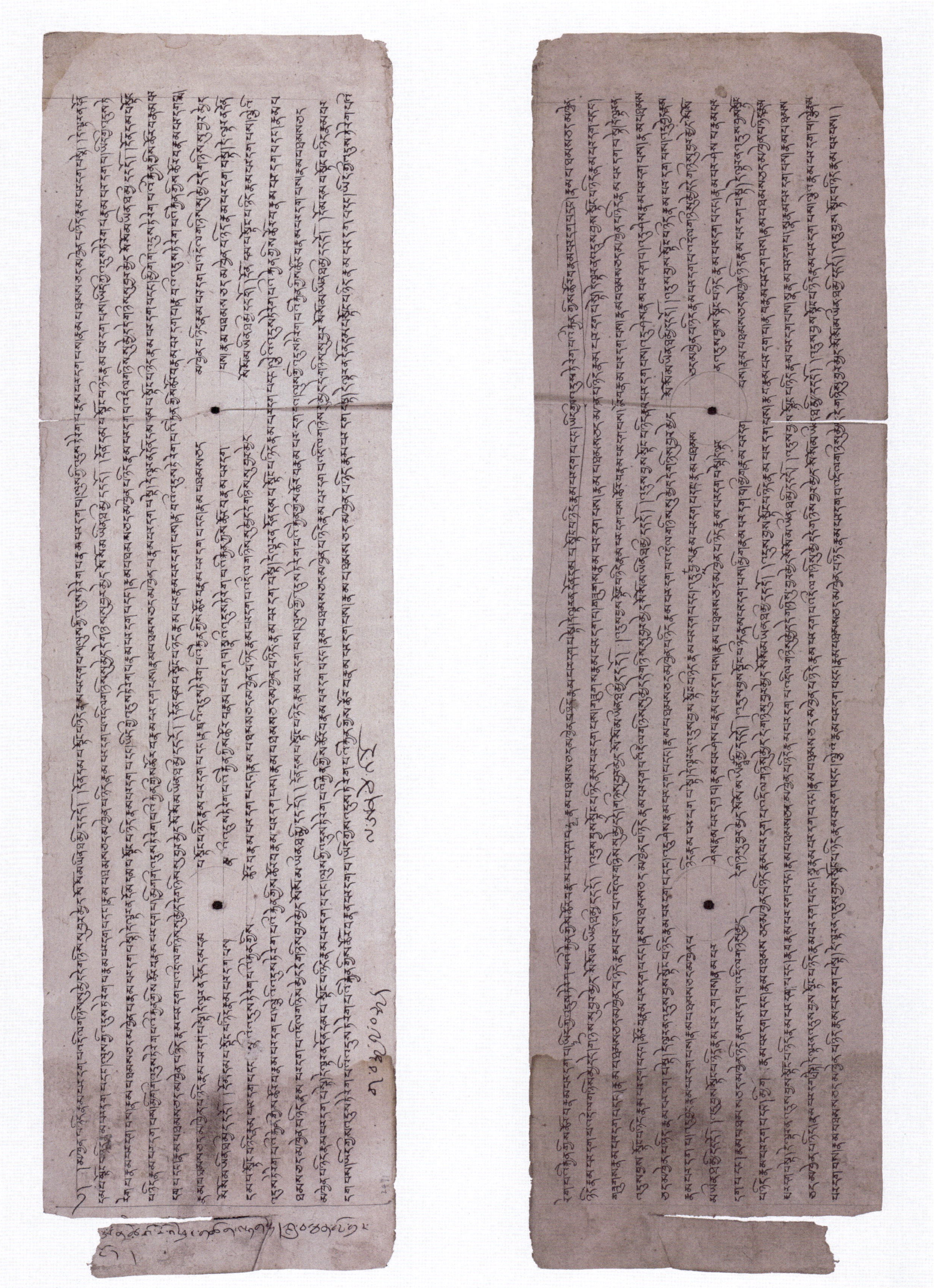

敦博 Db.t.0504 (R-V) ཤེས་རབ་ཀྱི་ཕ་རོལ་ཏུ་ཕྱིན་པ་སྟོང་ཕྲག་བརྒྱ་པ།
十萬頌般若波羅蜜多經

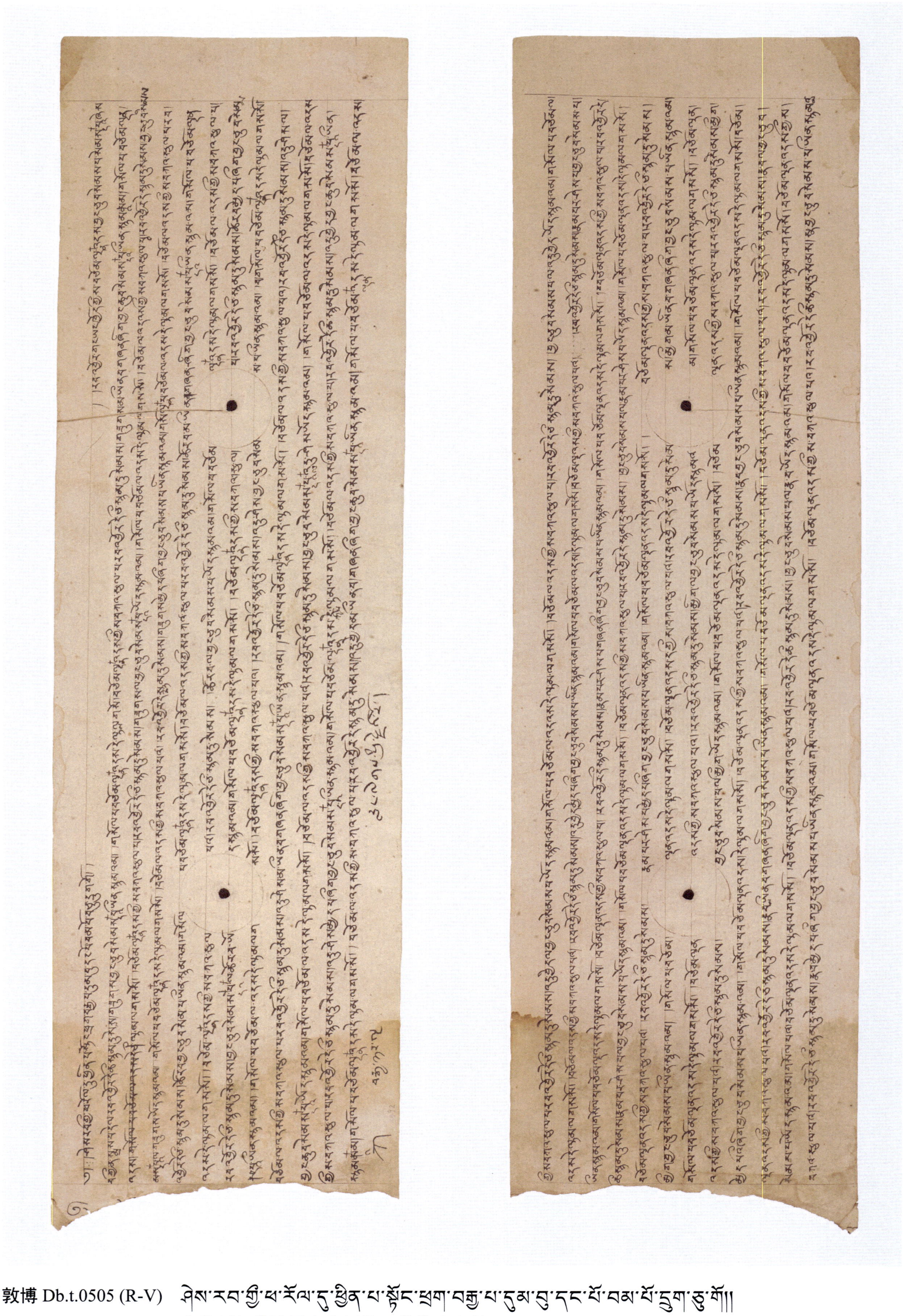

敦博 Db.t.0505 (R-V) ཤེས་རབ་ཀྱི་ཕ་རོལ་ཏུ་ཕྱིན་པ་སྟོང་ཕྲག་བརྒྱ་པ་དུམ་བུ་དང་པོ་བམ་པོ་དྲུག་ཅུ་གོ།།
十萬頌般若波羅蜜多經第一卷第十六品

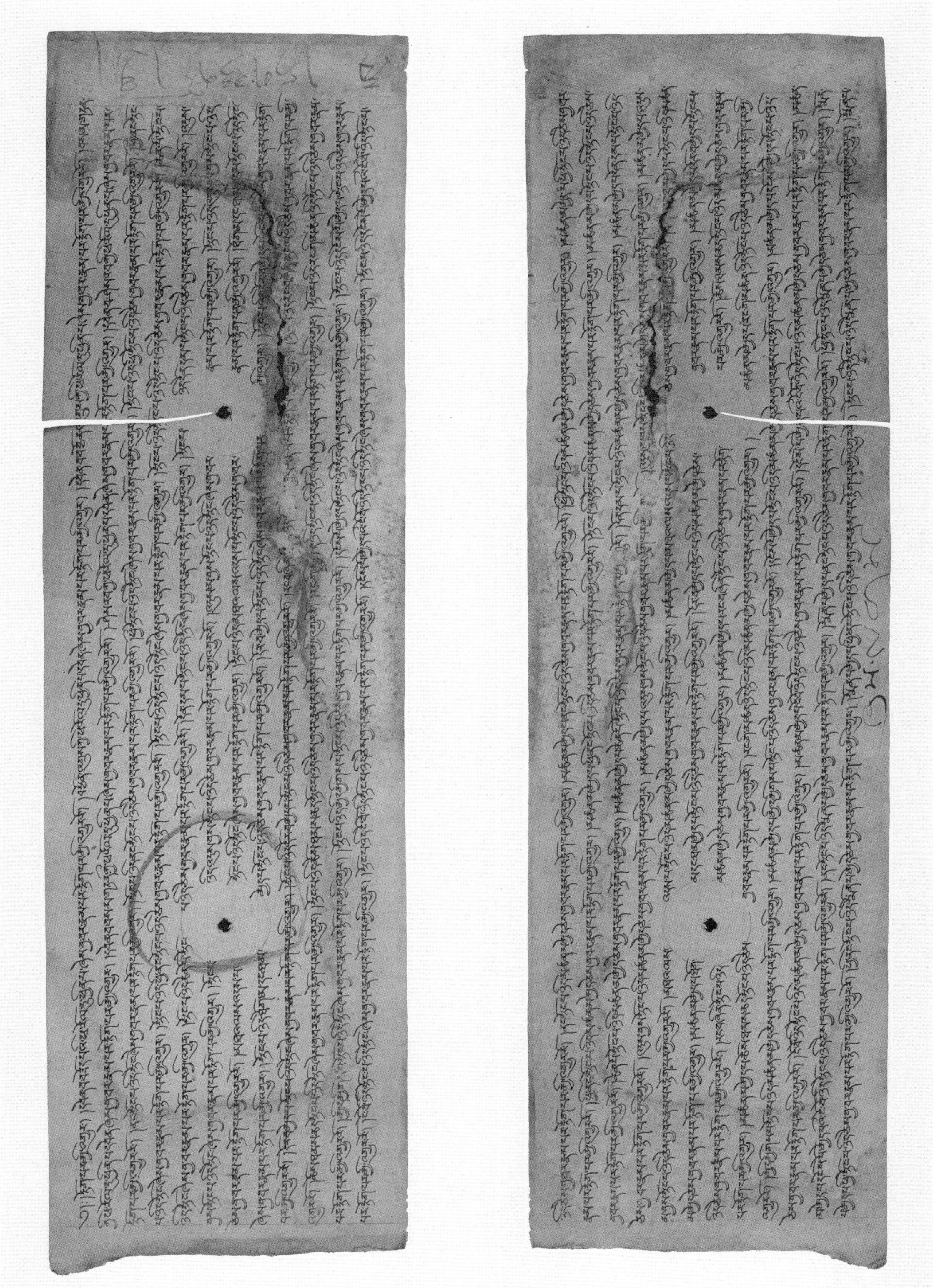

敦博 Db.t.0506 (R-V) ཤེས་རབ་ཀྱི་ཕ་རོལ་ཏུ་ཕྱིན་པ་སྟོང་ཕྲག་བརྒྱ་པ།
十萬頌般若波羅蜜多經

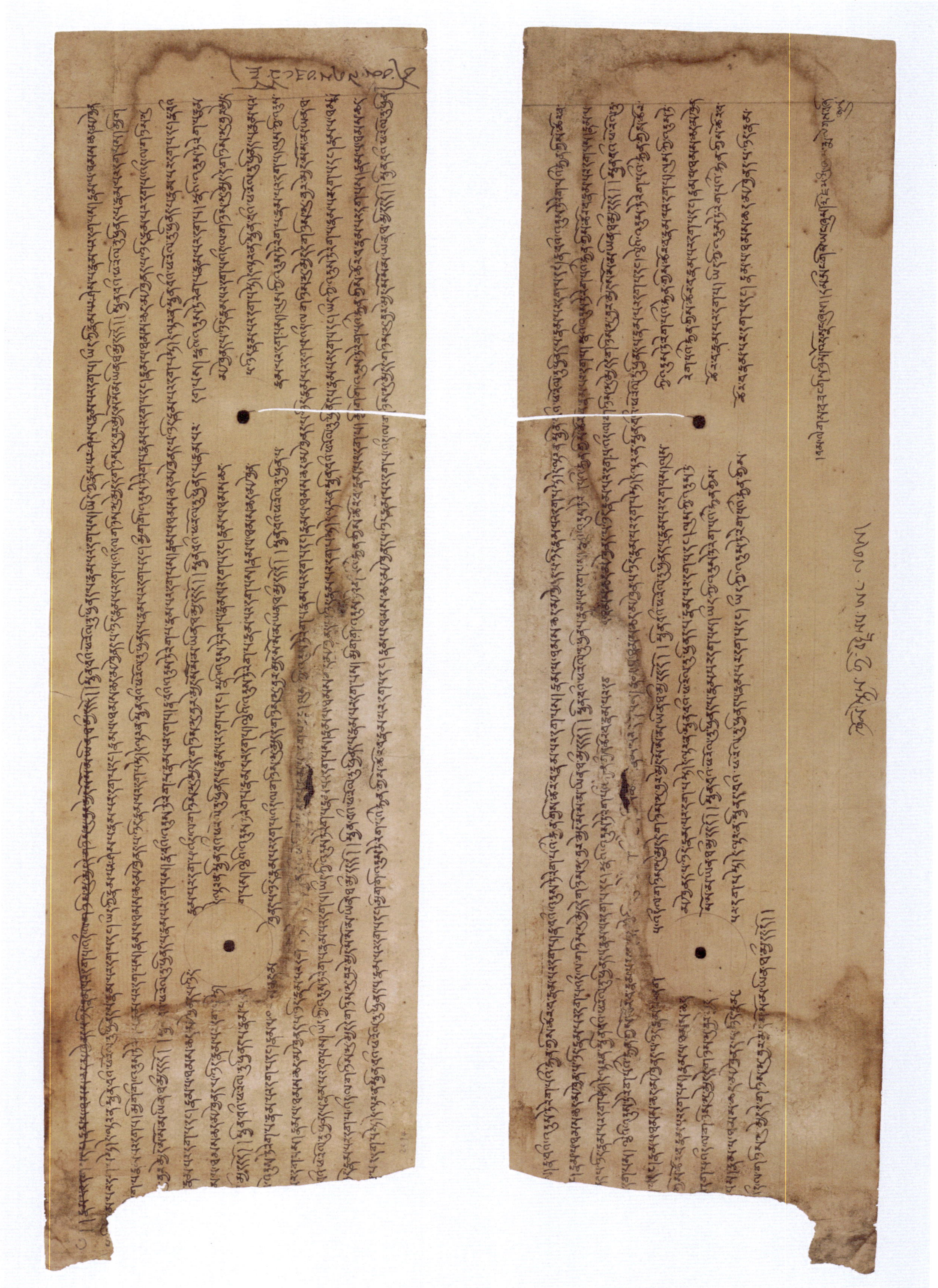

敦博 Db.t.0507 (R-V) ཤེས་རབ་ཀྱི་ཕ་རོལ་ཏུ་ཕྱིན་པ་སྟོང་ཕྲག་བརྒྱ་པ།

十萬頌般若波羅蜜多經

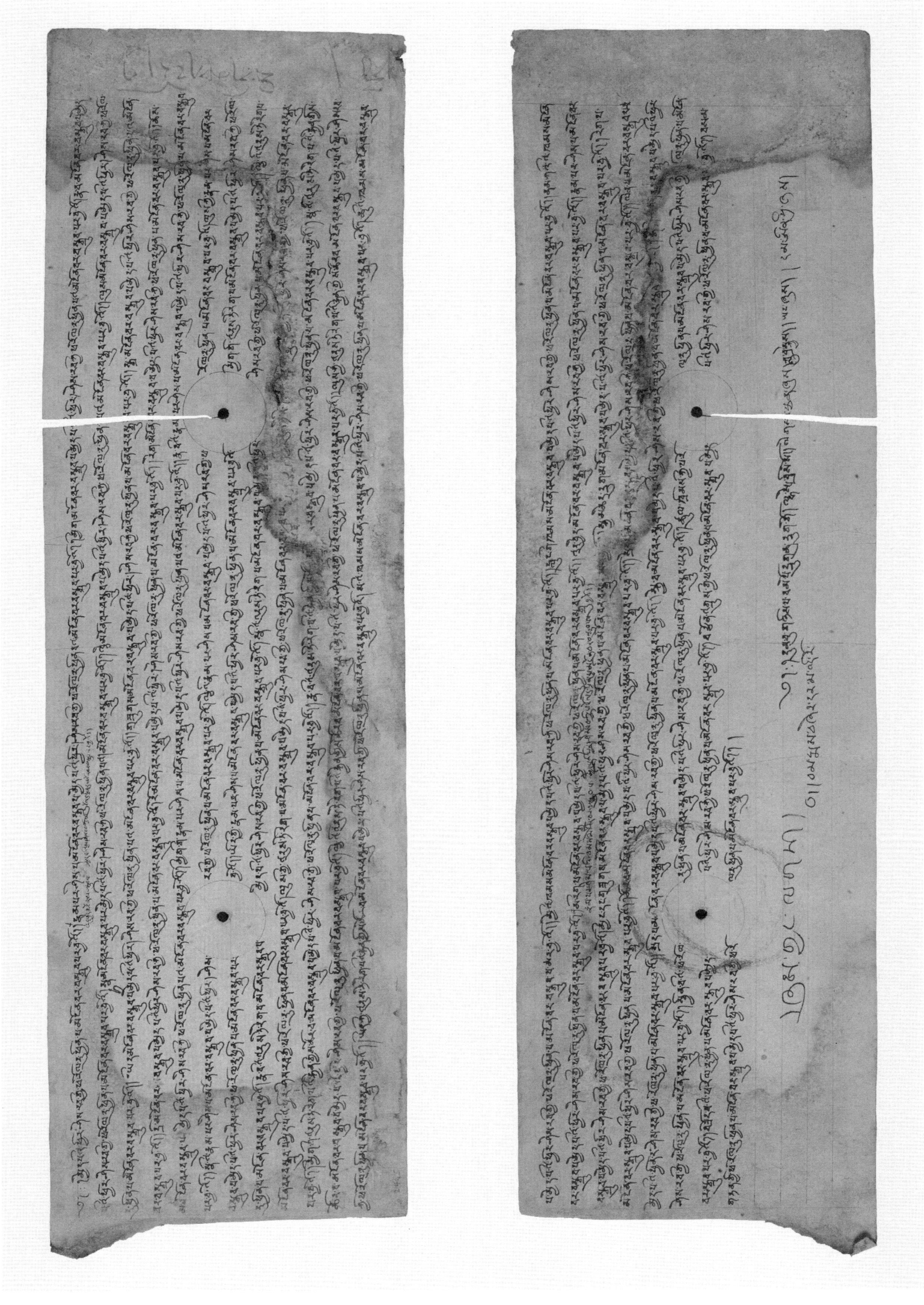

敦博 Db.t.0508 (R-V) ཤེས་རབ་ཀྱི་ཕ་རོལ་ཏུ་ཕྱིན་པ་སྟོང་ཕྲག་བརྒྱ་པ་དུམ་བུ་གཉིས་པ་བམ་པོ་དྲུག་ཅུ་དྲུག་གོ།།
十萬頌般若波羅蜜多經第二卷第六十六品

敦博 Db.t.0509 (R-V) ཤེས་རབ་ཀྱི་ཕ་རོལ་ཏུ་ཕྱིན་པ་སྟོང་ཕྲག་བརྒྱ་པ།
十萬頌般若波羅蜜多經

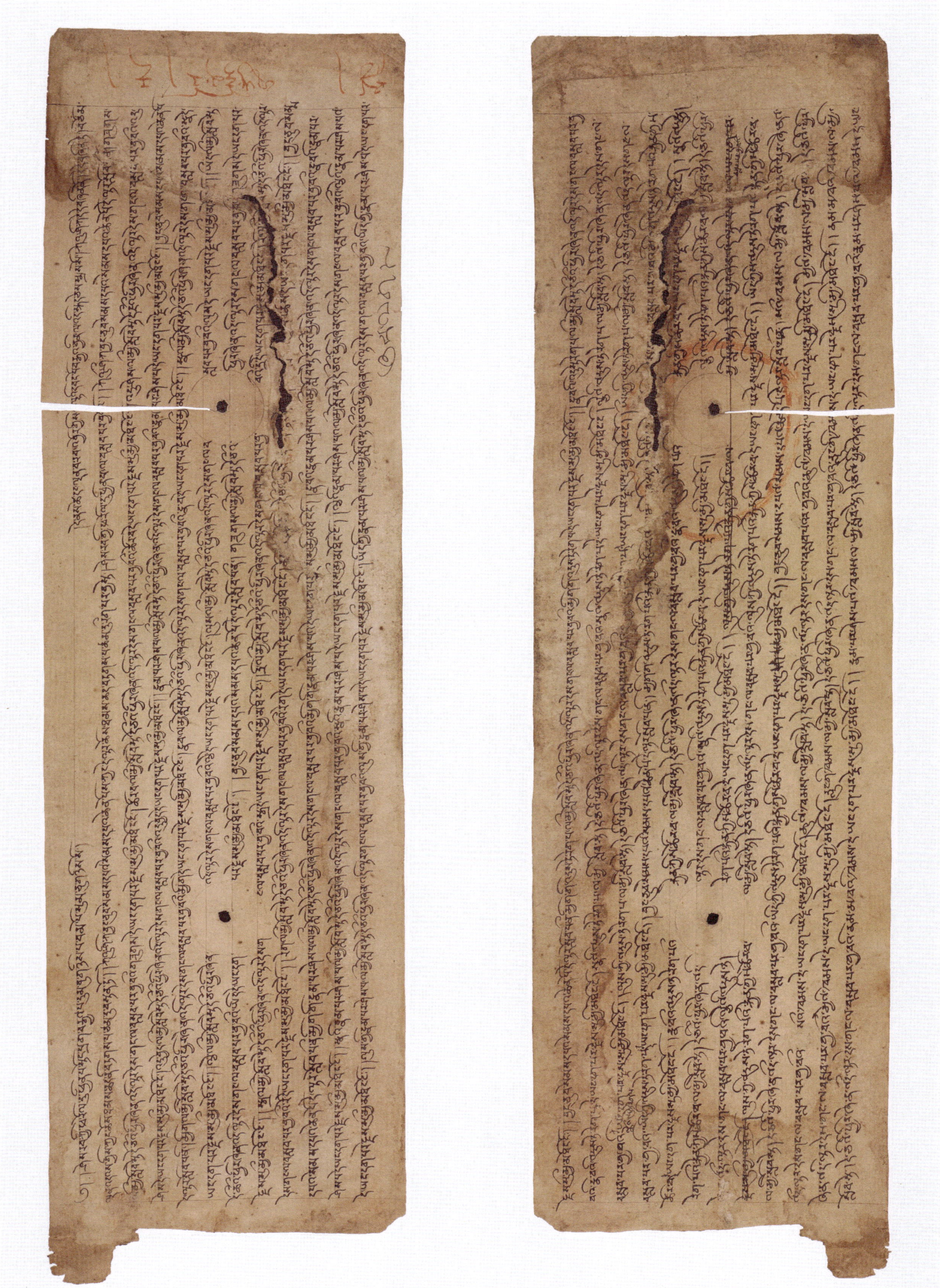

敦博 Db.t.0510 (R-V) ཤེས་རབ་ཀྱི་ཕ་རོལ་ཏུ་ཕྱིན་པ་སྟོང་ཕྲག་བརྒྱའ་པ་དུམ་བུ་གཉིས་པ་བམ་པོ་སུམ་ཅུ་གཉིས་སོ།།
十萬頌般若波羅蜜多經第二卷第三十二品

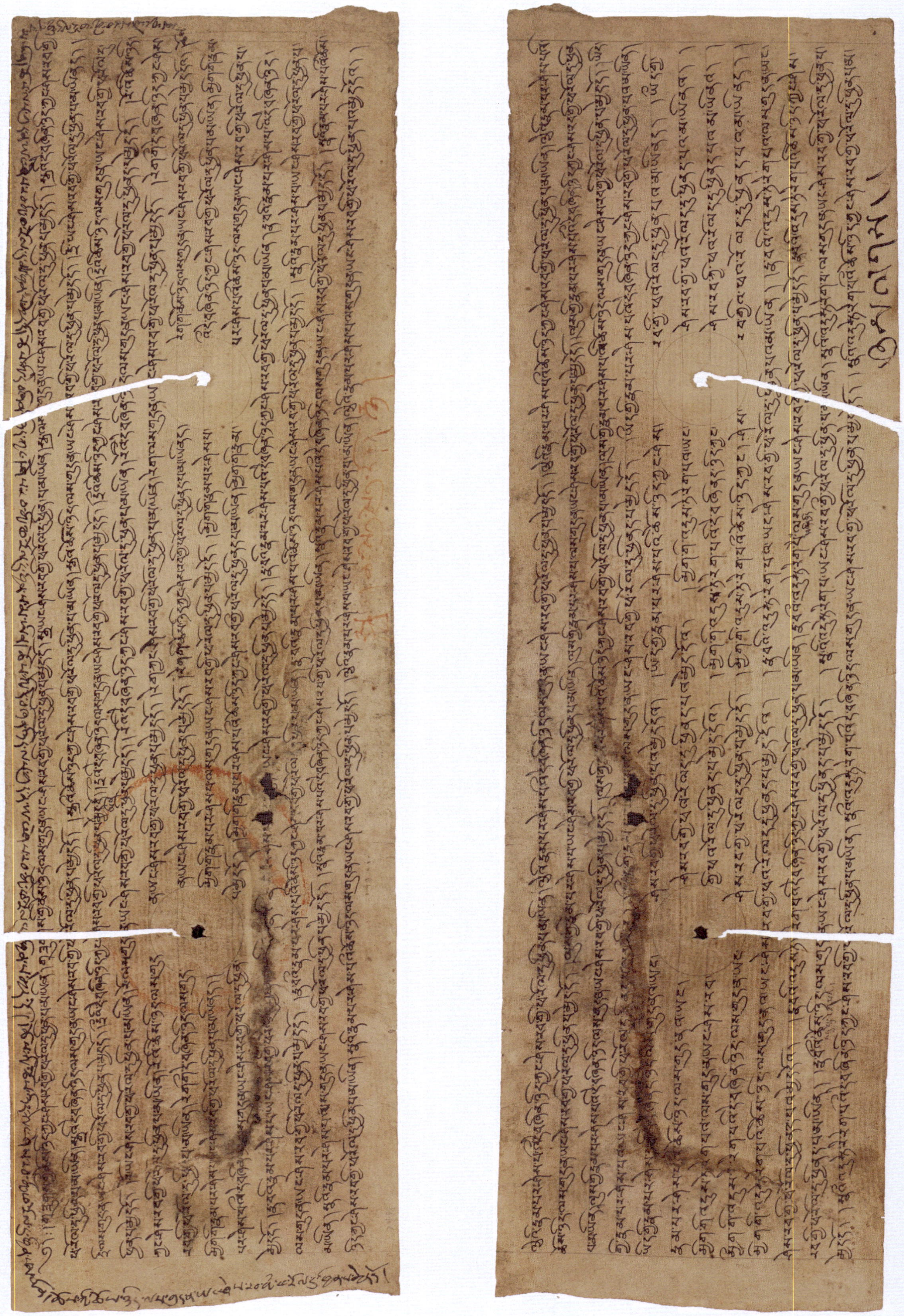

敦博 Db.t.0511 (R-V) ཤེས་རབ་ཀྱི་ཕ་རོལ་ཏུ་ཕྱིན་པ་སྟོང་ཕྲག་བརྒྱ་པ།
十萬頌般若波羅蜜多經

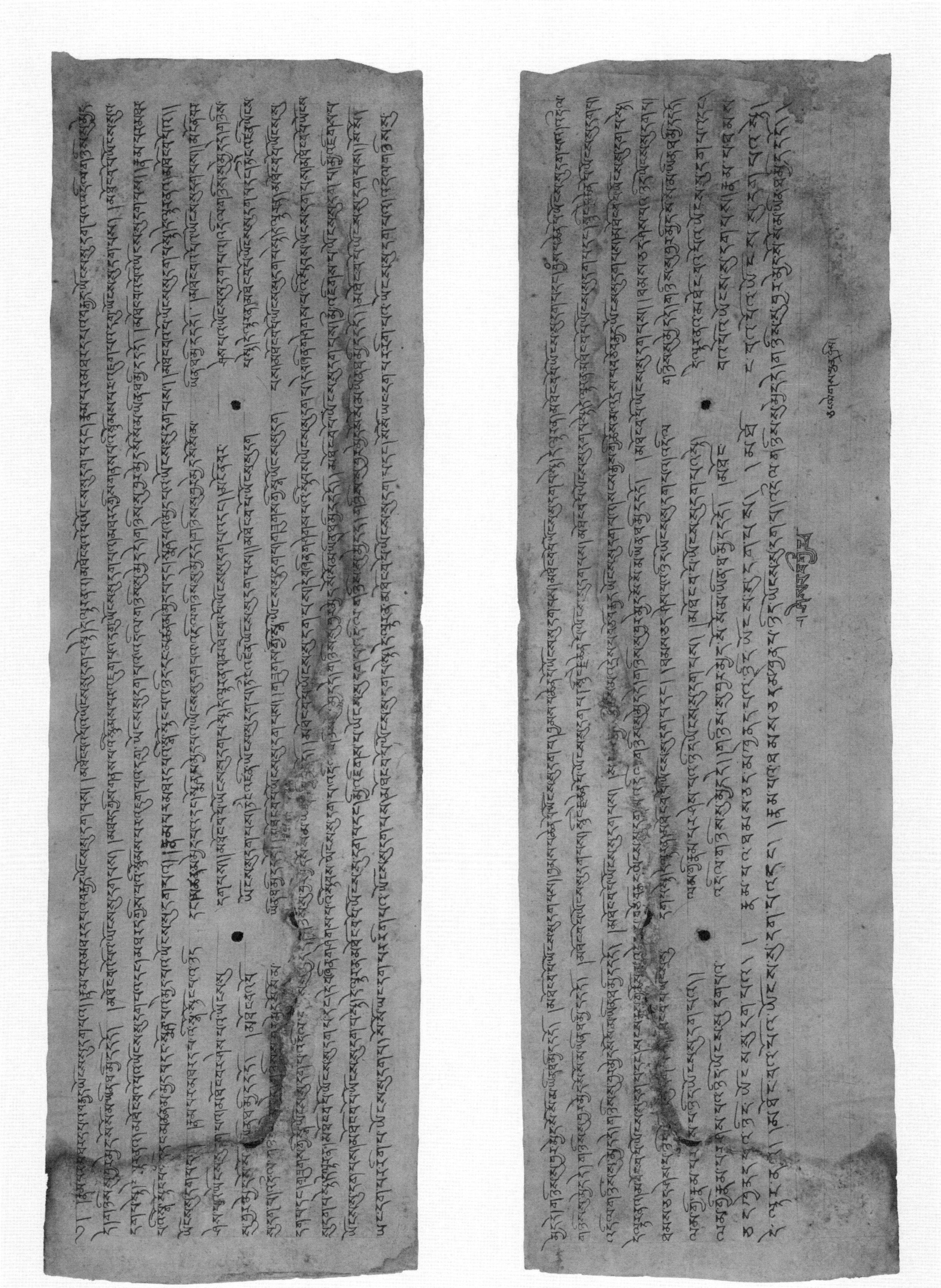

敦博 Db.t.0512 (R-V) ཤེས་རབ་ཀྱི་ཕ་རོལ་ཏུ་ཕྱིན་པ་སྟོང་ཕྲག་བརྒྱ་པ།
十萬頌般若波羅蜜多經

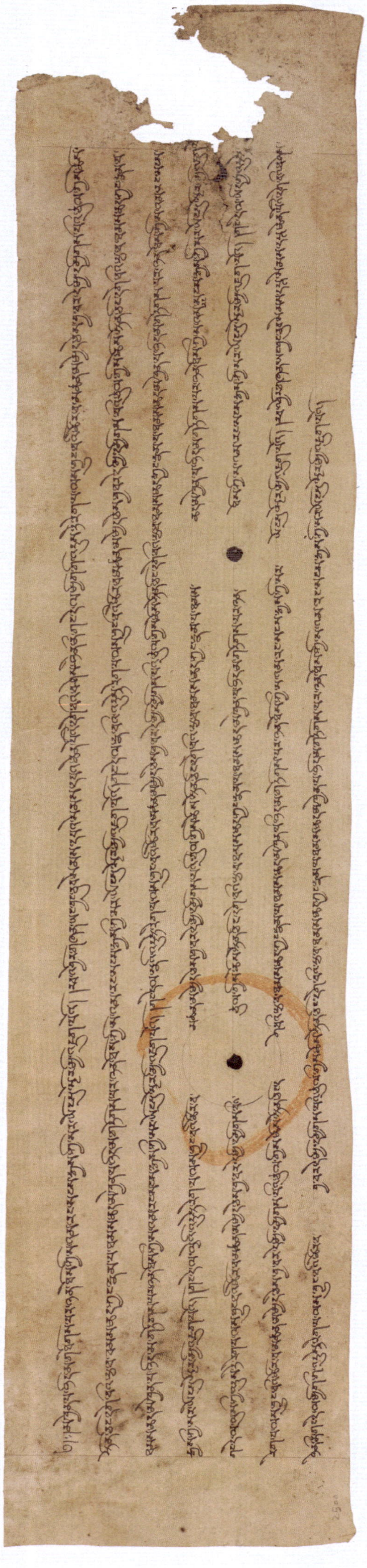

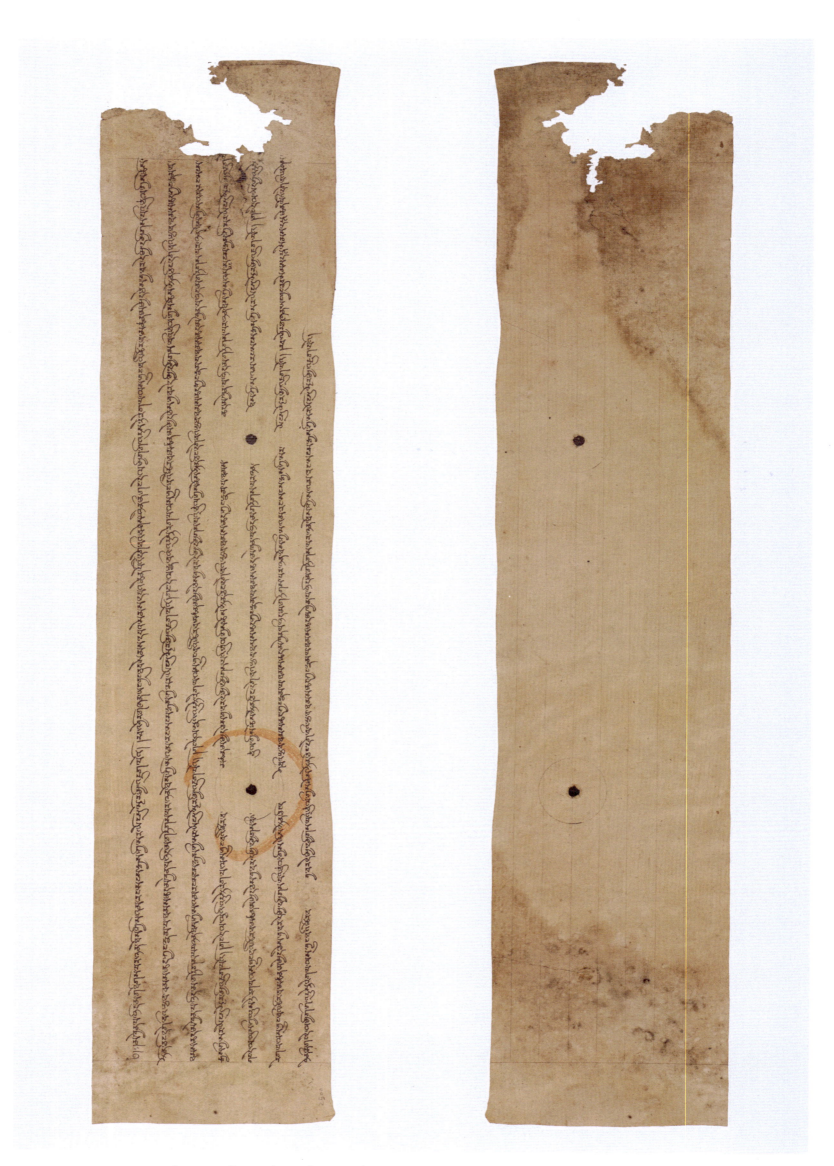

敦博 Db.t.0513 (R-V) ཤེས་རབ་ཀྱི་ཕ་རོལ་ཏུ་ཕྱིན་པ་སྟོང་ཕྲག་བརྒྱ་པ།
十萬頌般若波羅蜜多經

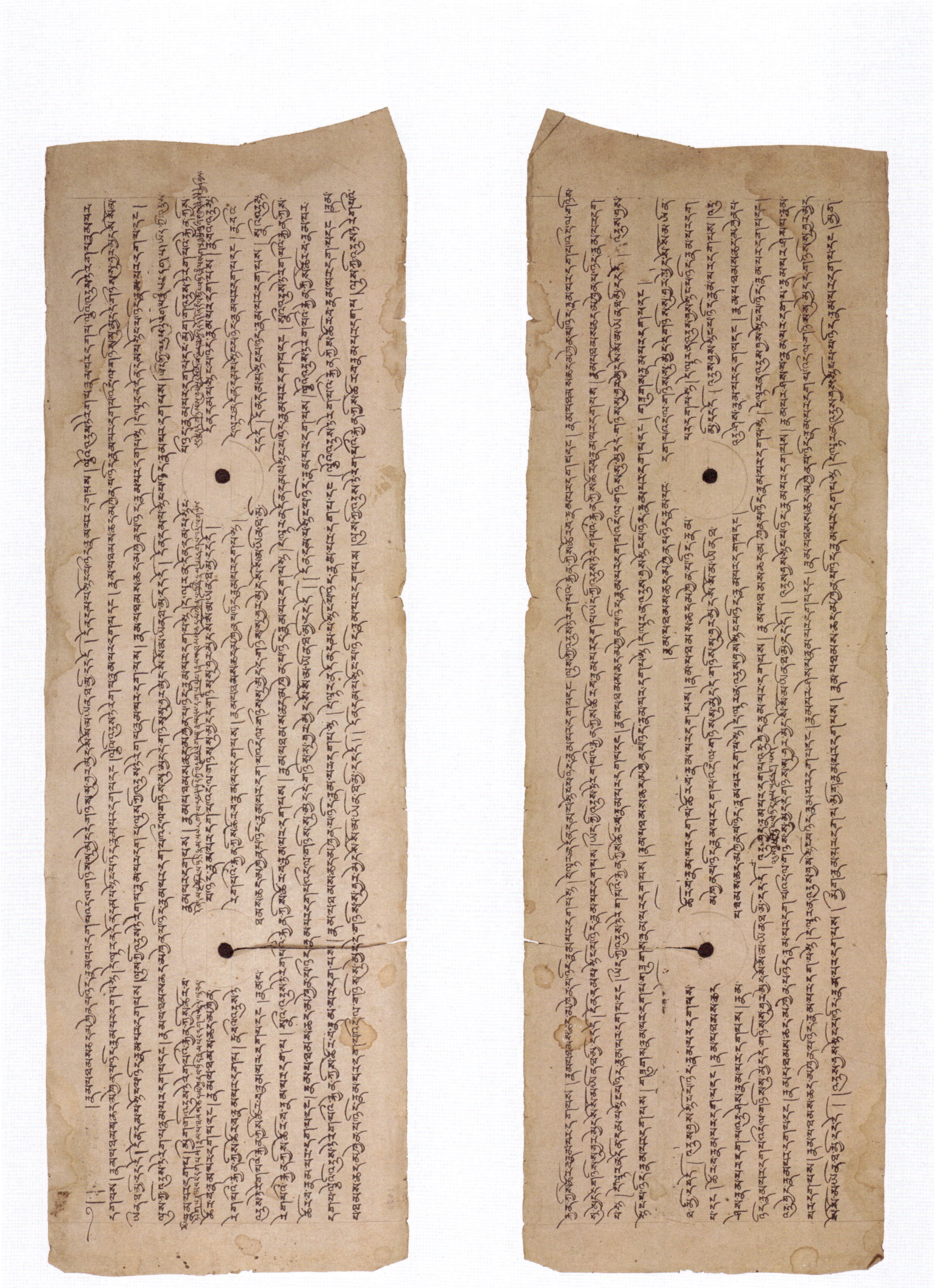

敦博 Db.t.0514 (R-V) ཤེས་རབ་ཀྱི་ཕ་རོལ་ཏུ་ཕྱིན་པ་སྟོང་ཕྲག་བརྒྱ་པ།
十萬頌般若波羅蜜多經

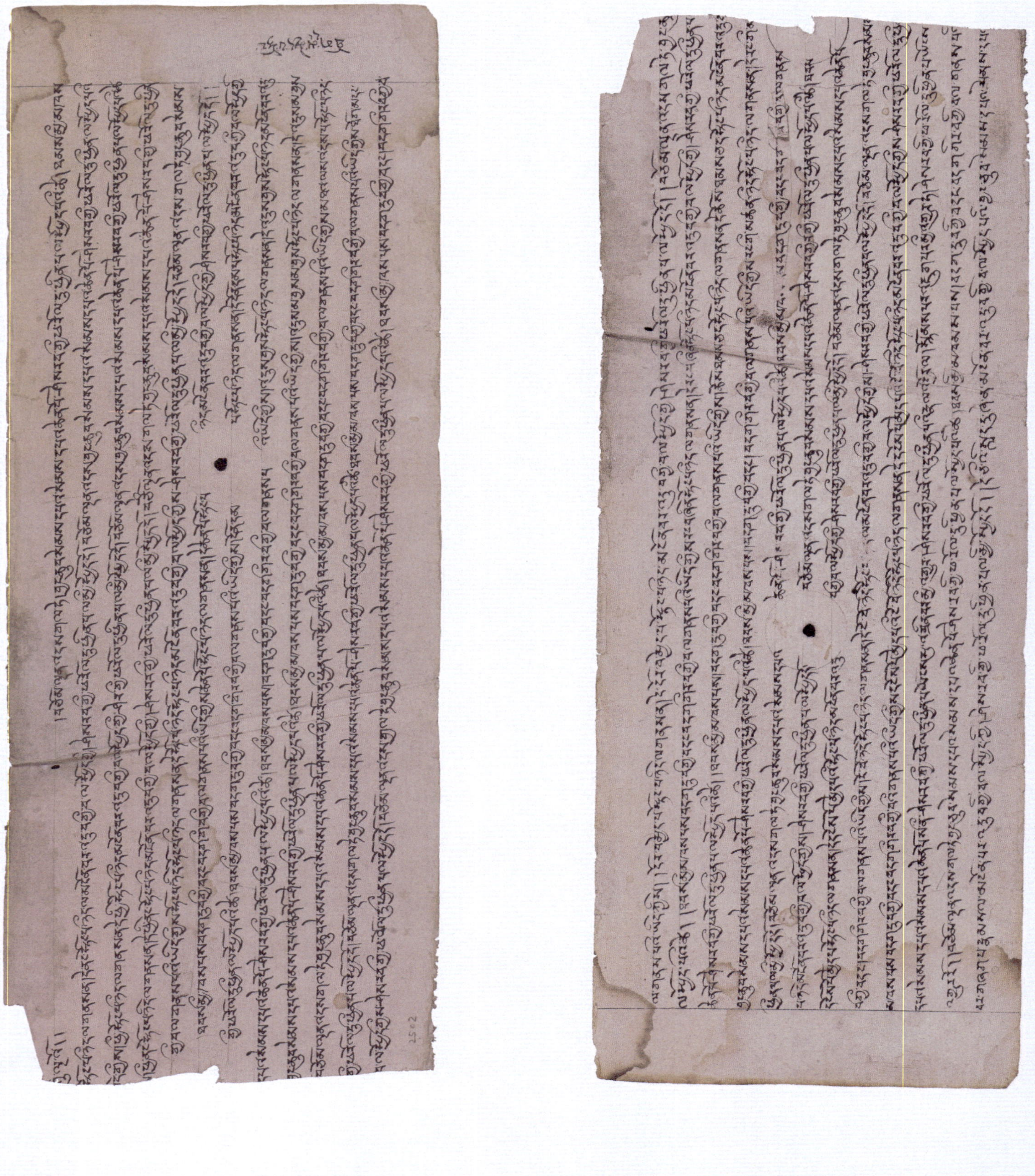

敦博 Db.t.0515 (R-V) ཤེས་རབ་ཀྱི་ཕ་རོལ་ཏུ་ཕྱིན་པ་སྟོང་ཕྲག་བརྒྱ་པ།
十萬頌般若波羅蜜多經

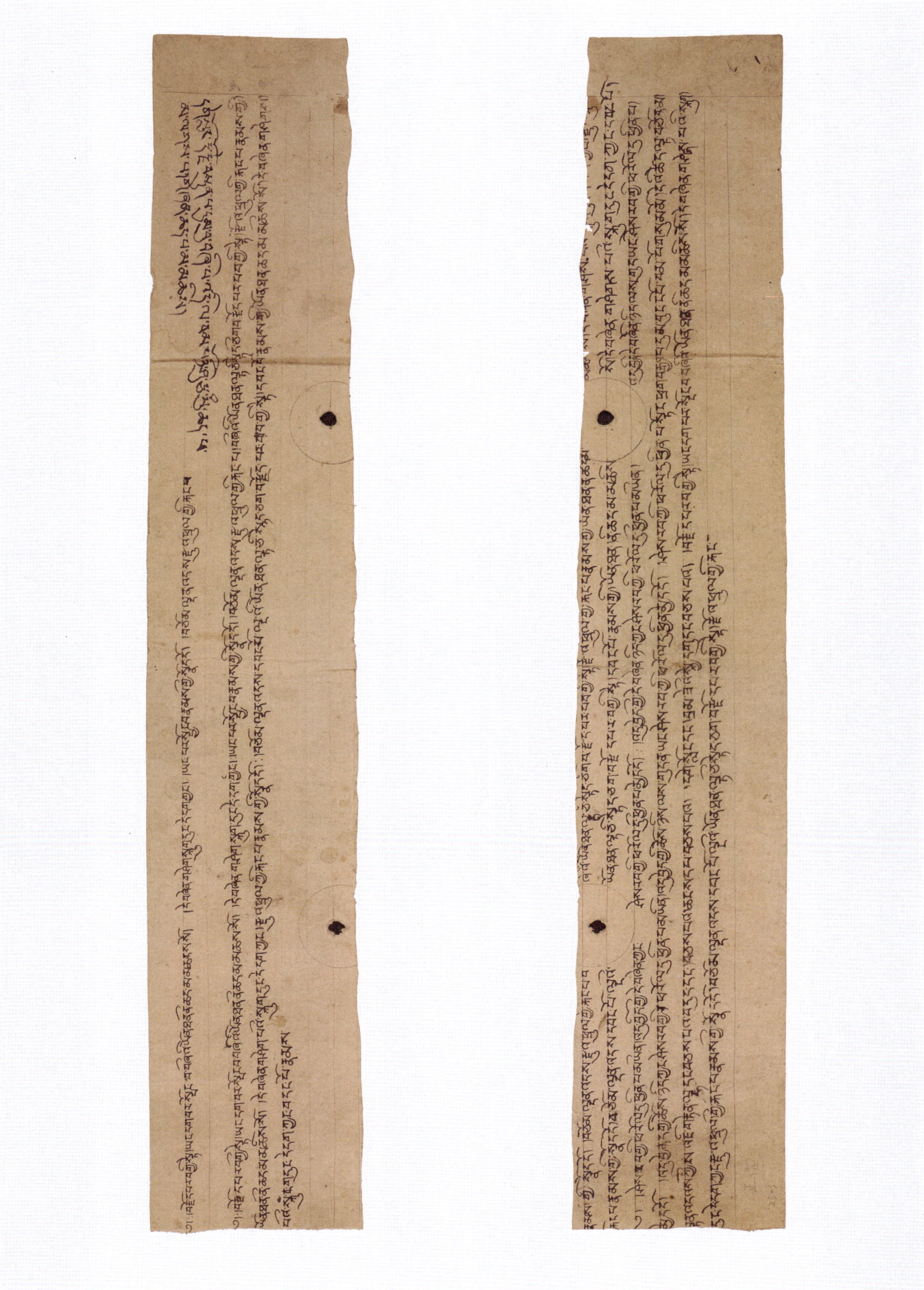

敦博 Db.t.0516 (R-V) ཤེས་རབ་ཀྱི་ཕ་རོལ་ཏུ་ཕྱིན་པ་སྟོང་ཕྲག་བརྒྱ་པ།
十萬頌般若波羅蜜多經

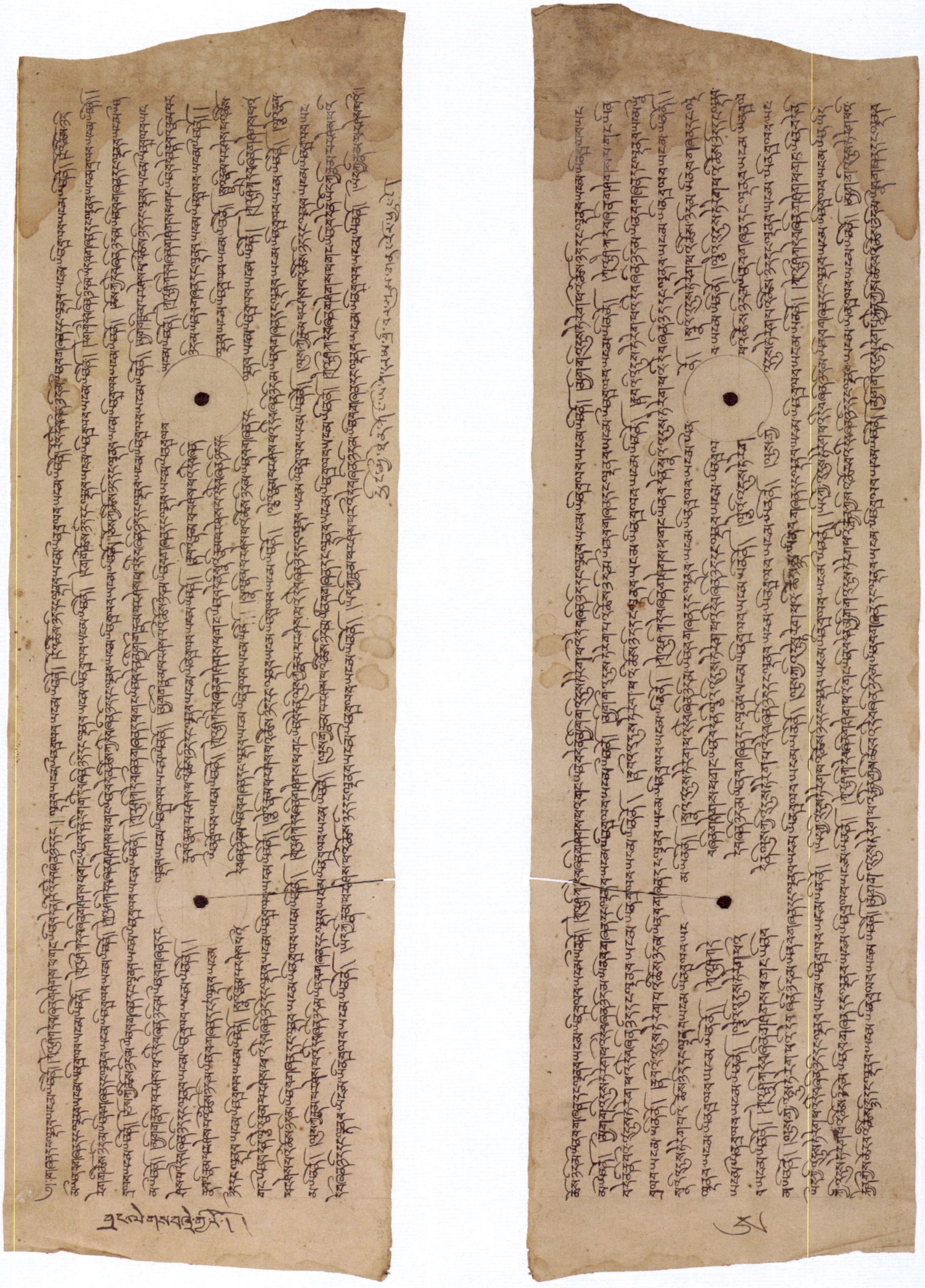

敦博 Db.t.0517 (R-V) ཤེས་རབ་ཀྱི་ཕ་རོལ་ཏུ་ཕྱིན་པ་སྟོང་ཕྲག་བརྒྱ་པ།
十萬頌般若波羅蜜多經

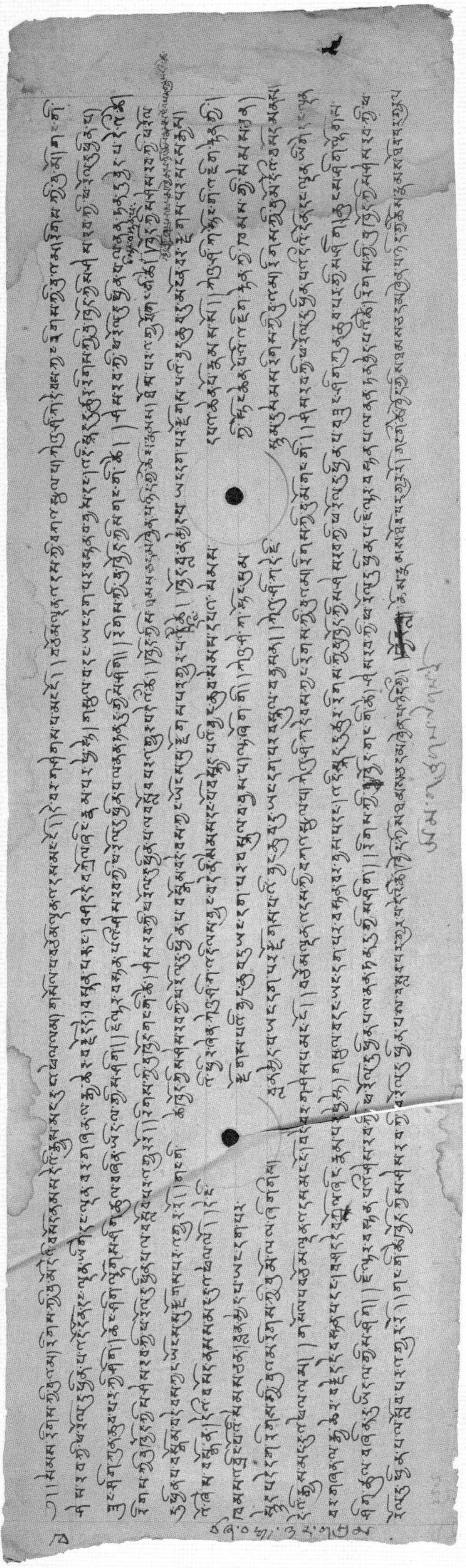

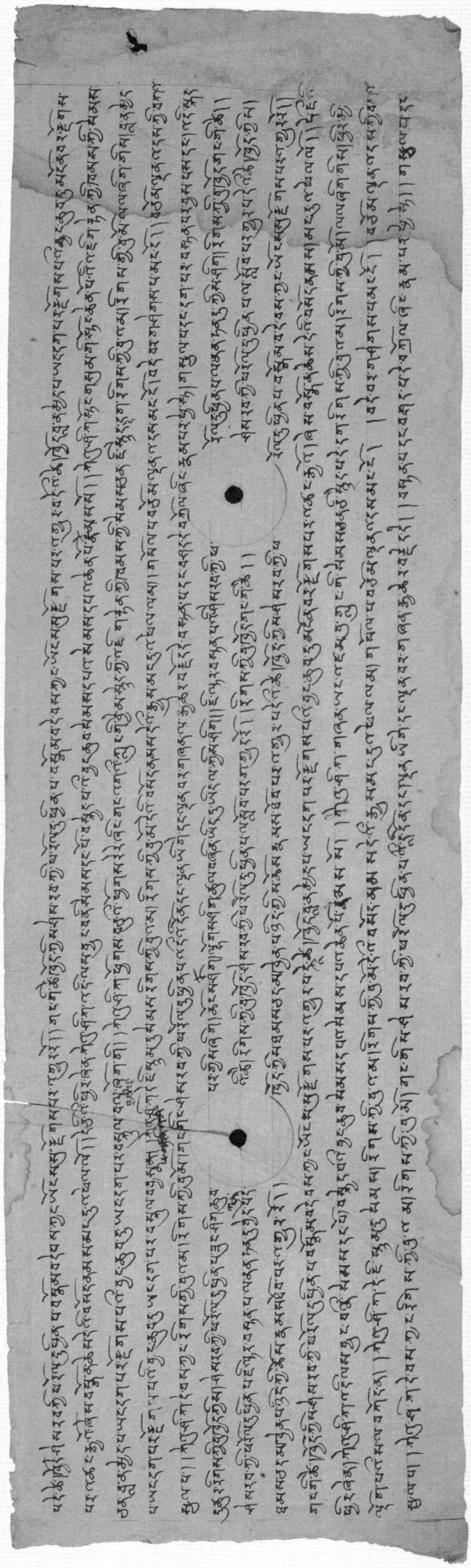

敦博 Db.t.0518 (R-V) ཤེས་རབ་ཀྱི་ཕ་རོལ་ཏུ་ཕྱིན་པ་སྟོང་ཕྲག་བརྒྱ་པ།

十萬頌般若波羅蜜多經

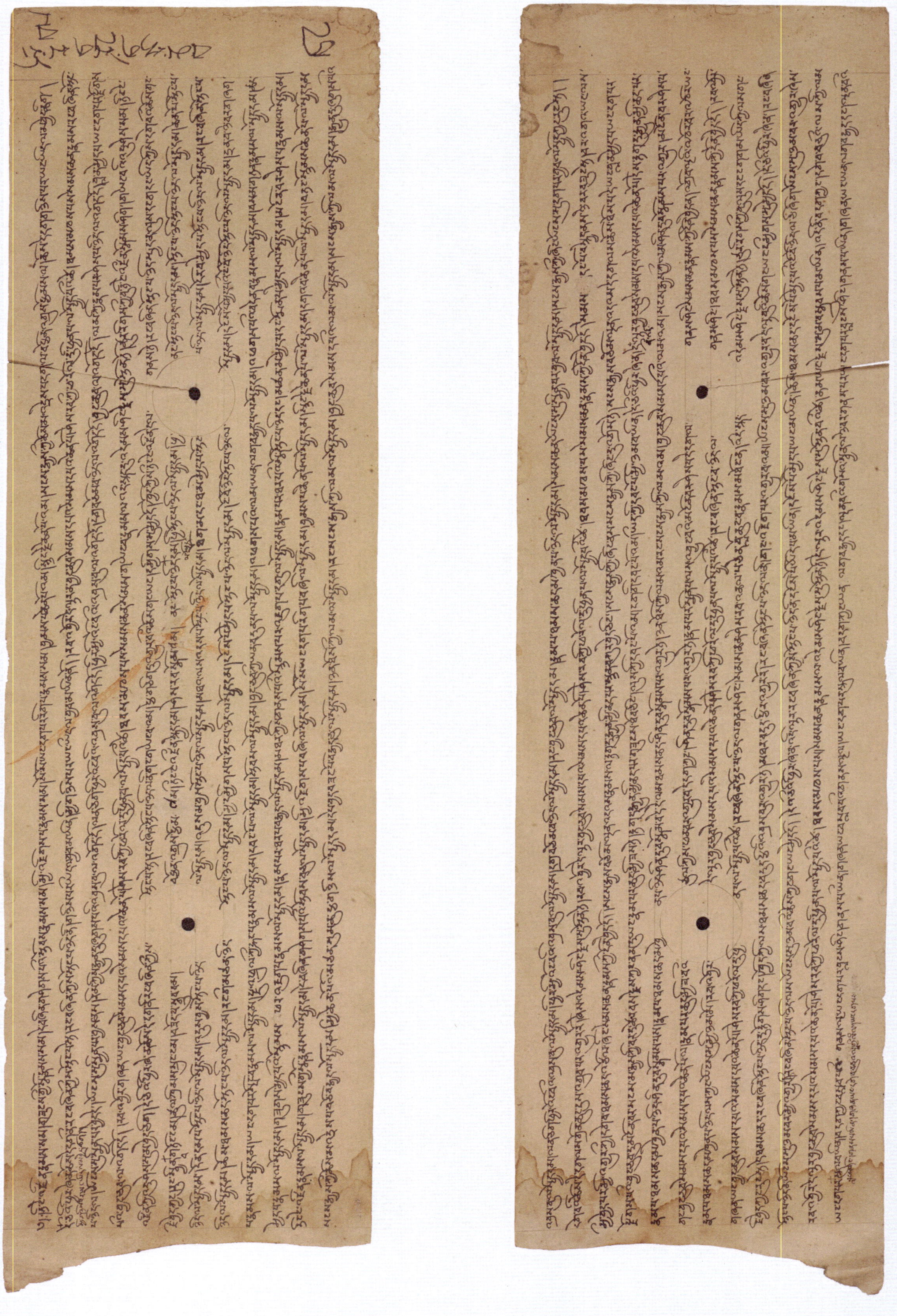

敦博 Db.t.0519 (R-V) ཤེས་རབ་ཀྱི་ཕ་རོལ་ཏུ་ཕྱིན་པ་སྟོང་ཕྲག་བརྒྱ་པ།
十萬頌般若波羅蜜多經

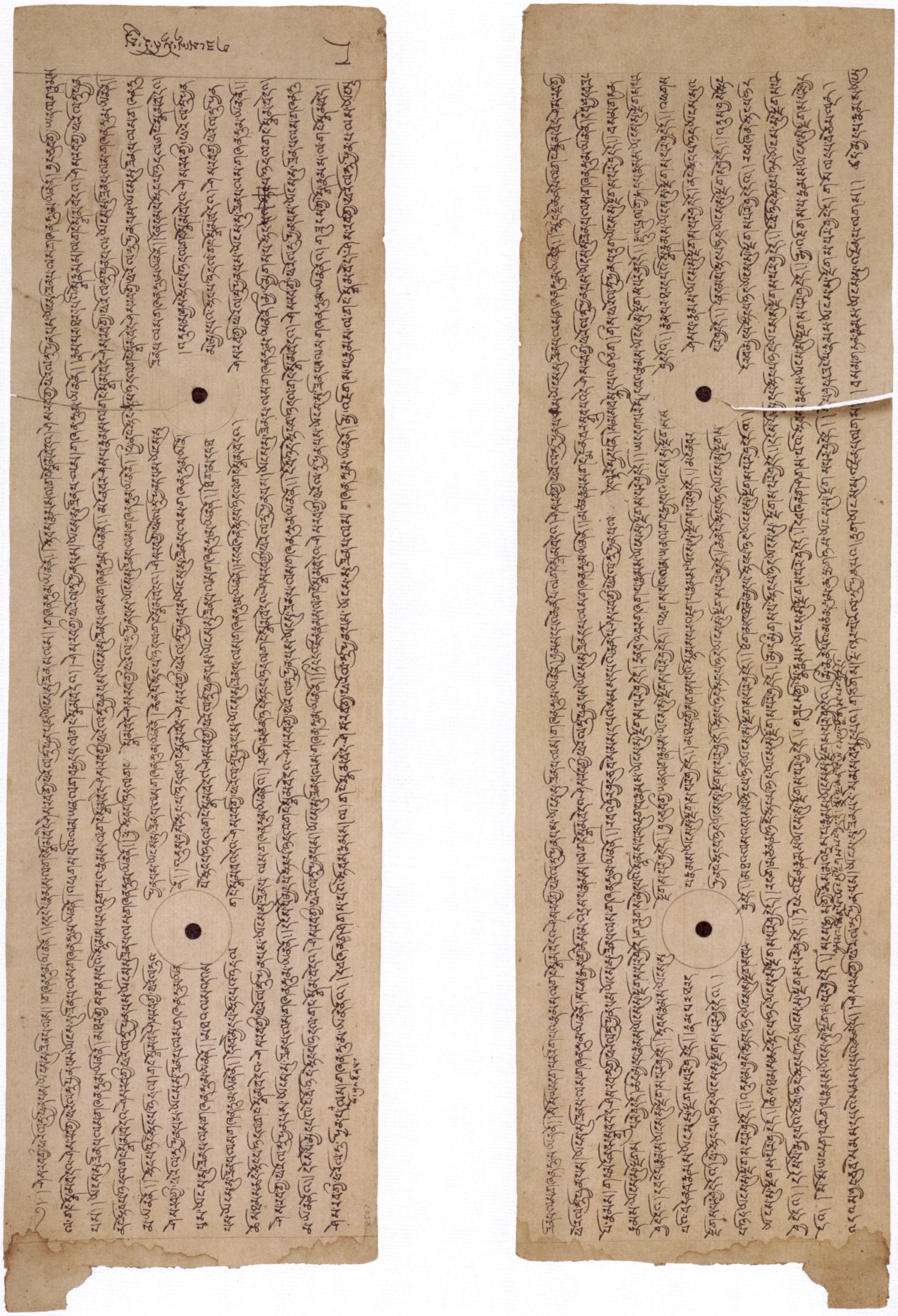

敦博 Db.t.0520 (R-V) ཤེས་རབ་ཀྱི་ཕ་རོལ་ཏུ་ཕྱིན་པ་སྟོང་ཕྲག་བརྒྱ་པ།
十萬頌般若波羅蜜多經

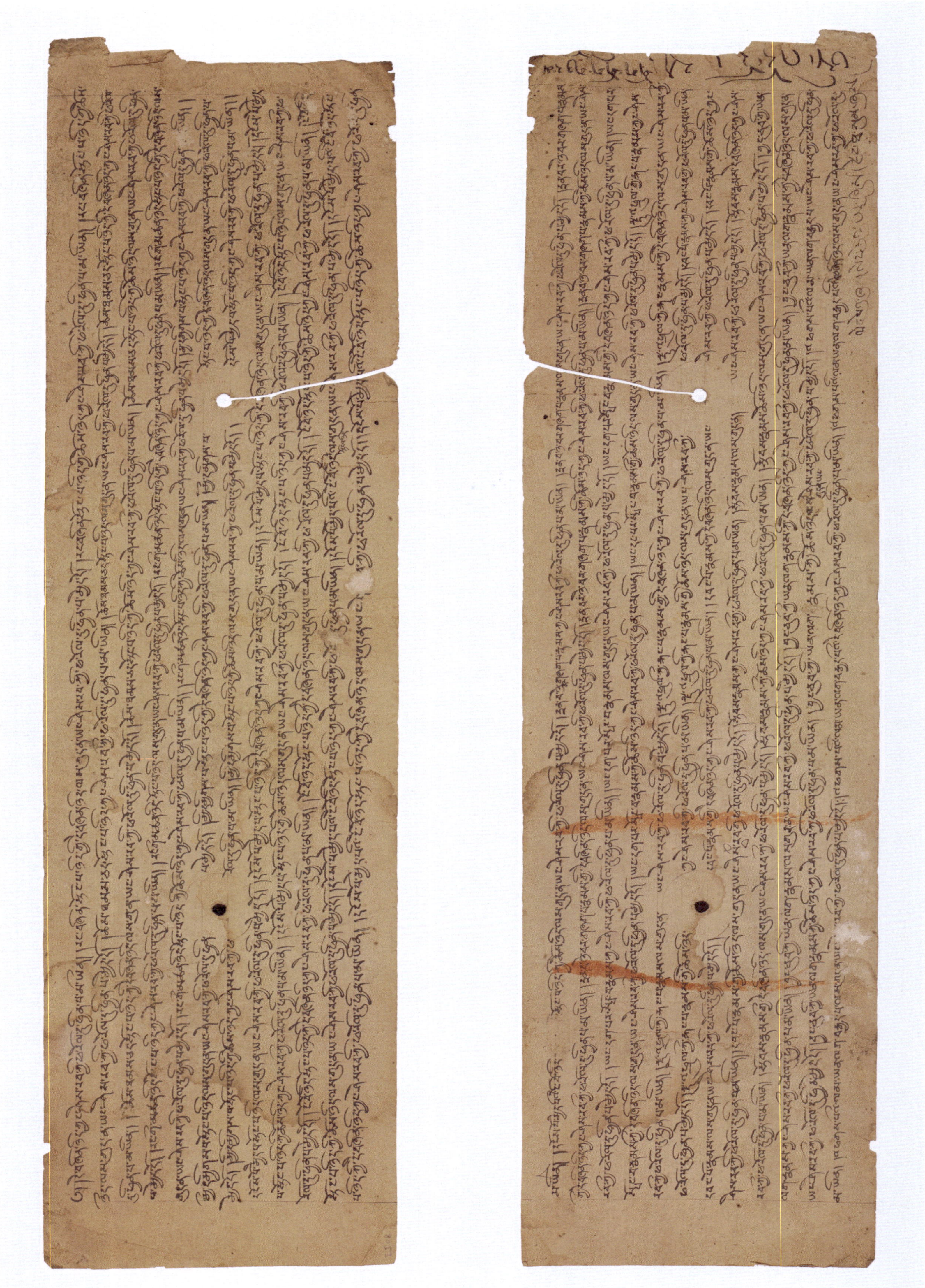

敦博 Db.t.0521 (R-V) ཤེས་རབ་ཀྱི་ཕ་རོལ་ཏུ་ཕྱིན་པ་སྟོང་ཕྲག་བརྒྱ་པ།
十萬頌般若波羅蜜多經

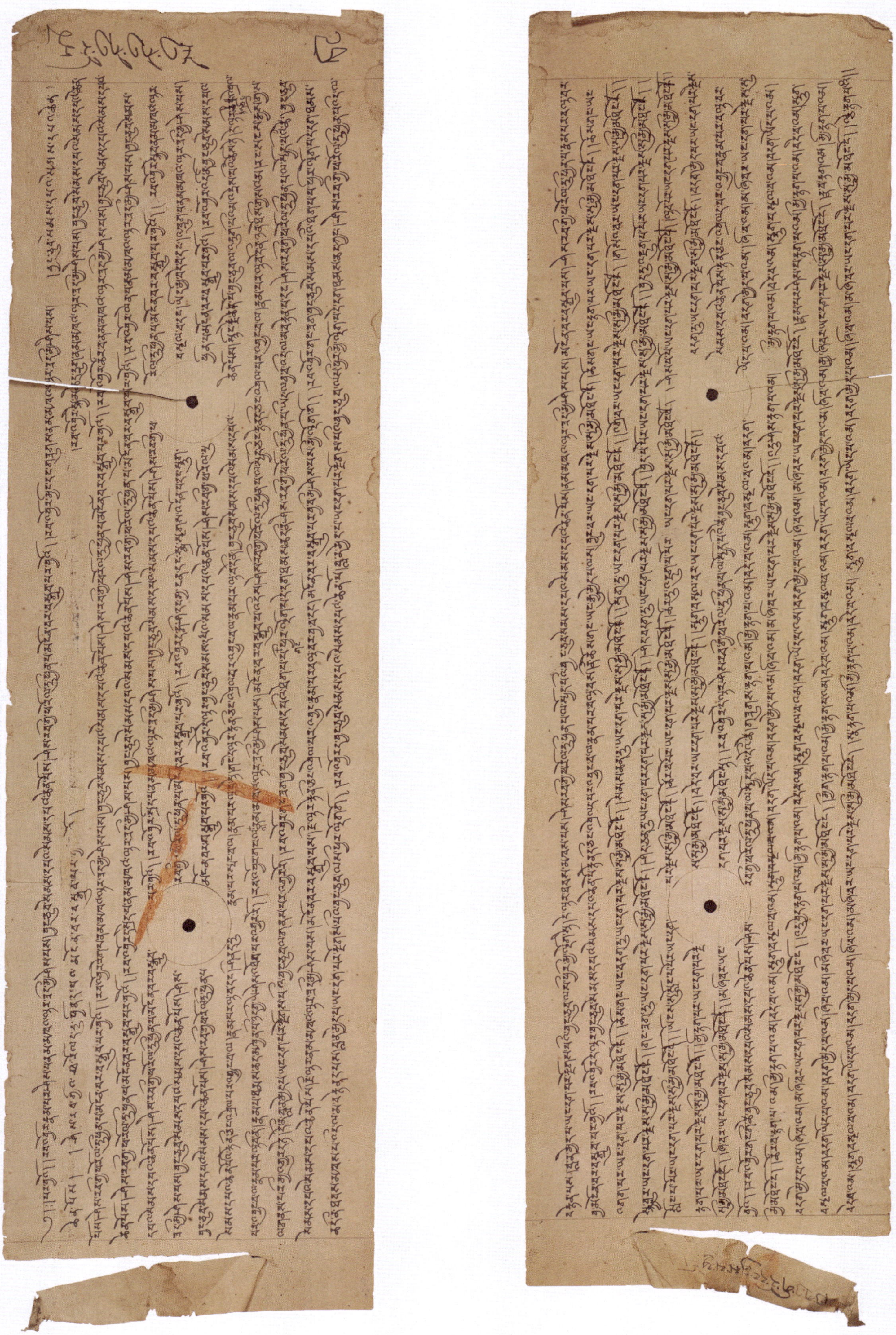

敦博 Db.t.0522 (R-V) ཤེས་རབ་ཀྱི་ཕ་རོལ་ཏུ་ཕྱིན་པ་སྟོང་ཕྲག་བརྒྱ་པ།
十萬頌般若波羅蜜多經

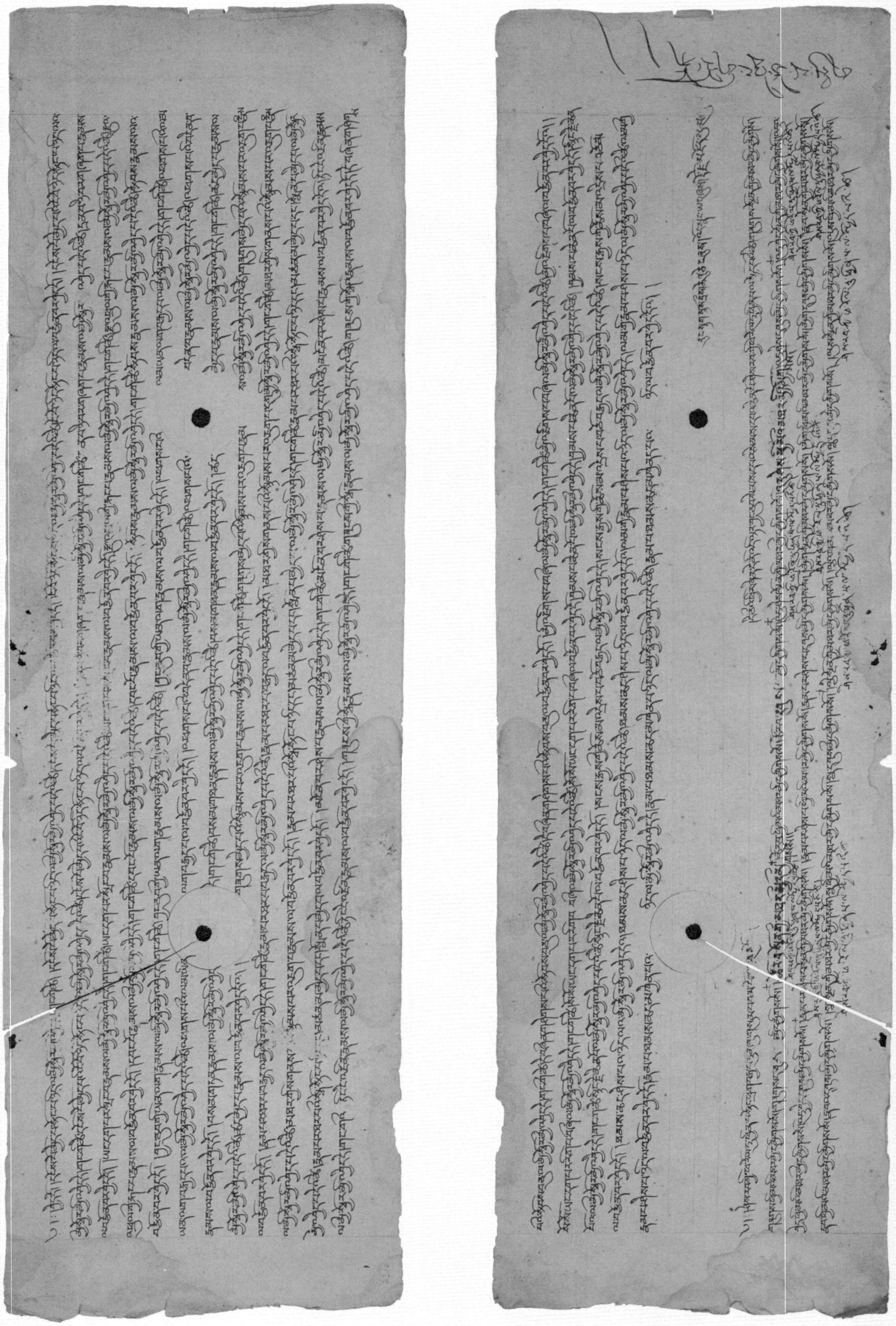

敦博 Db.t.0523 (R-V) ཤེས་རབ་ཀྱི་ཕ་རོལ་ཏུ་ཕྱིན་པ་སྟོང་ཕྲག་བརྒྱ་པ་དུམ་བུ་གསུམ་པ་བམ་པོ་བཞི་བཅུ་དགུ་དང་ལྔ་བཅུའོ།།
十萬頌般若波羅蜜多經第三卷第四十九、五十品

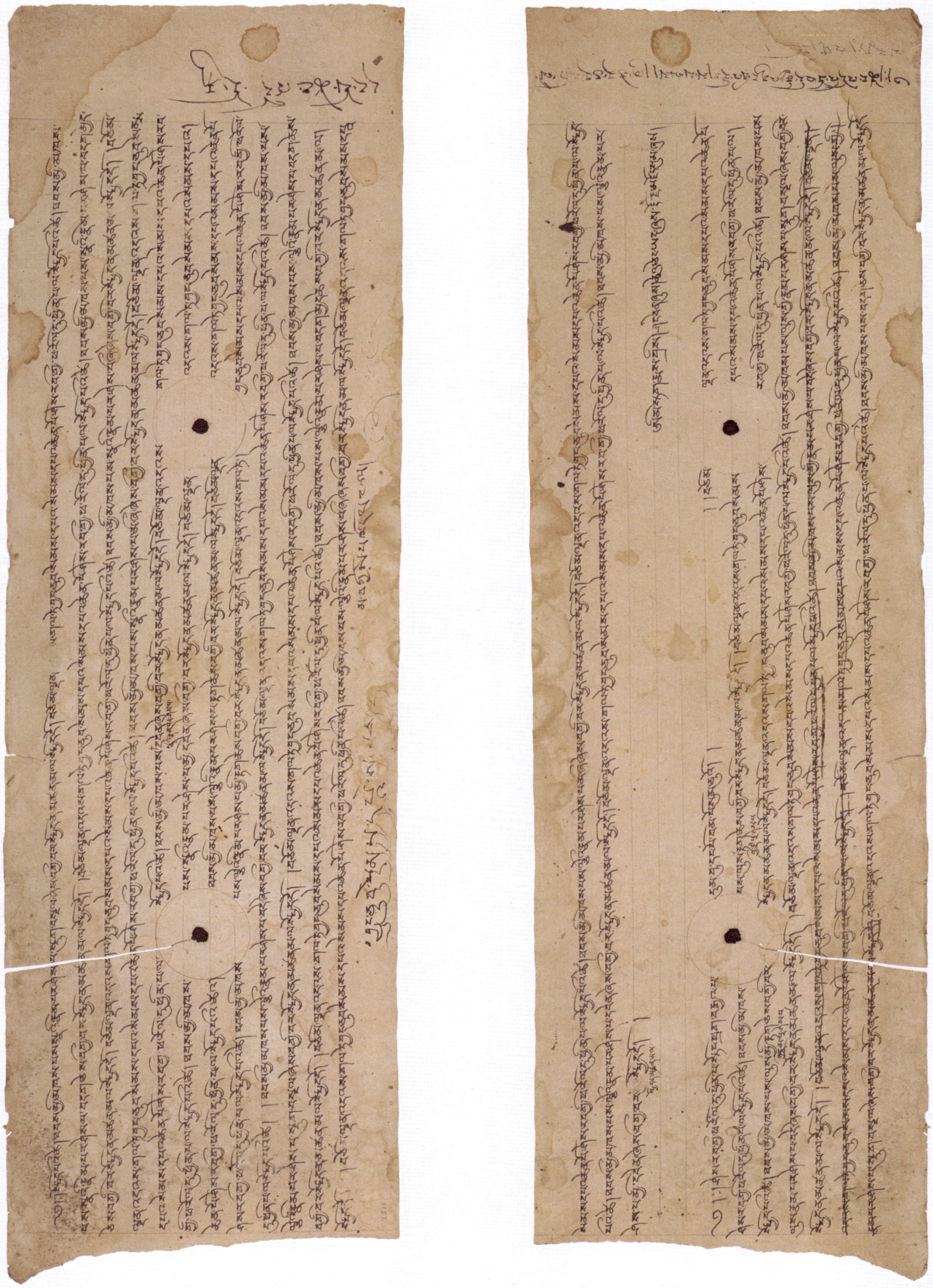

敦博 Db.t.0524 (R-V) ཤེས་རབ་ཀྱི་པ་རོལ་དུ་ཕྱིན་པ་སྟོང་ཕྲག་བརྒྱའ་པ་དུམ་བུ་བམ་པོ་ཞི་ཤུ་དགུ་དང་སུམ་ཅུའོ།།
十萬頌般若波羅蜜多經第一卷第二十九、三十品

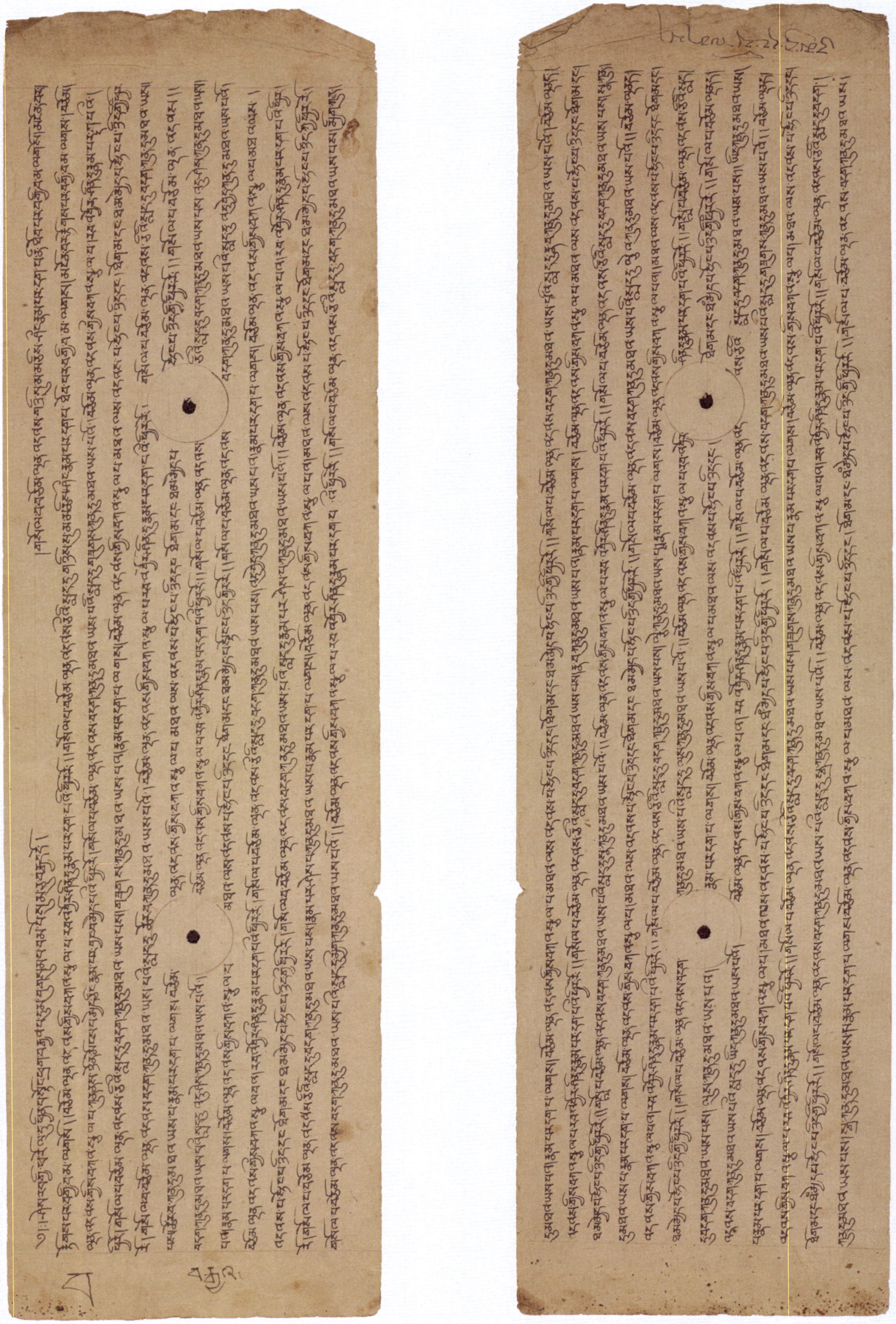

敦博 Db.t.0525 (R-V) ཤེས་རབ་ཀྱི་ཕ་རོལ་ཏུ་ཕྱིན་པ་སྟོང་ཕྲག་བརྒྱའ་པ་དུམ་བུ་གསུམ་པ་བམ་པོ་སུམ་ཅུ་བརྒྱད་དོ།།
十萬頌般若波羅蜜多經第三卷第三十八品

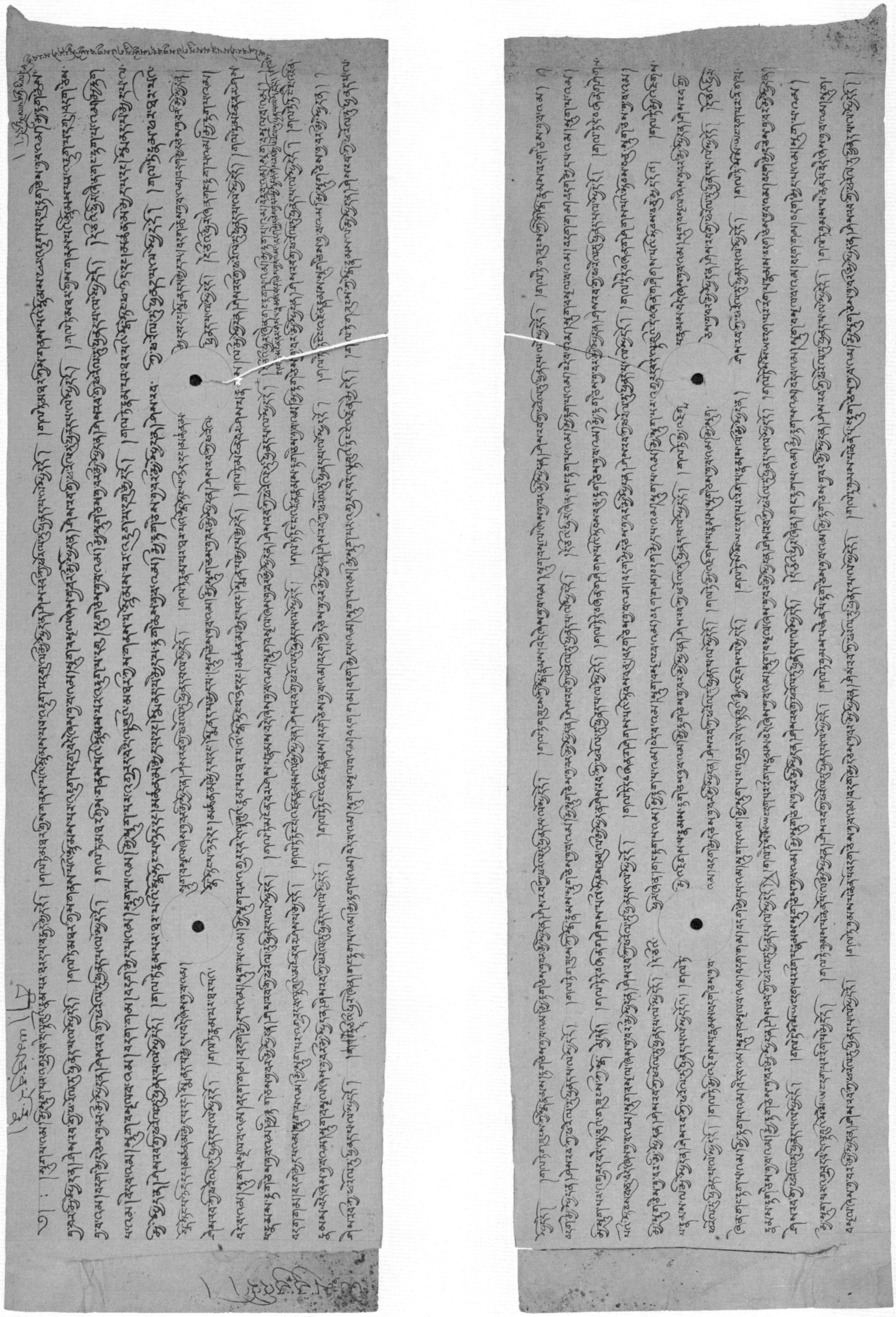

敦博 Db.t.0526 (R-V) ཤེས་རབ་ཀྱི་ཕ་རོལ་ཏུ་ཕྱིན་པ་སྟོང་ཕྲག་བརྒྱ་པ།
十萬頌般若波羅蜜多經

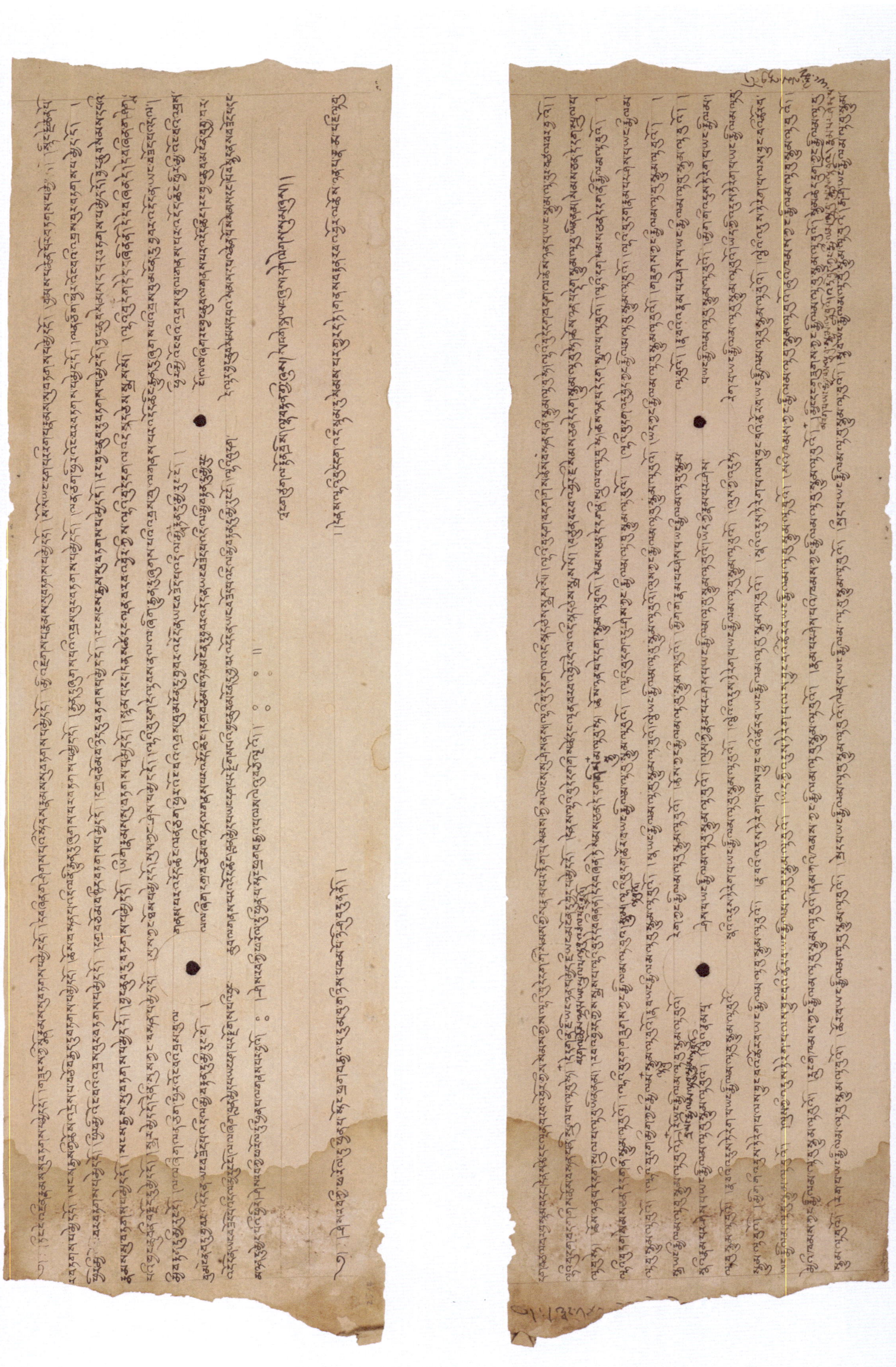

敦博 Db.t.0527 (R-V) ཤེས་རབ་ཀྱི་ཕ་རོལ་ཏུ་ཕྱིན་པ་སྟོང་ཕྲག་བརྒྱ་པ་དུམ་བུ་གཉིས་པ་བམ་པོ་ཉི་ཤུ་དྲུག་དང་ཉི་ཤུ་བདུན་ནོ།།
十萬頌般若波羅蜜多經第二卷第二十六、二十七品

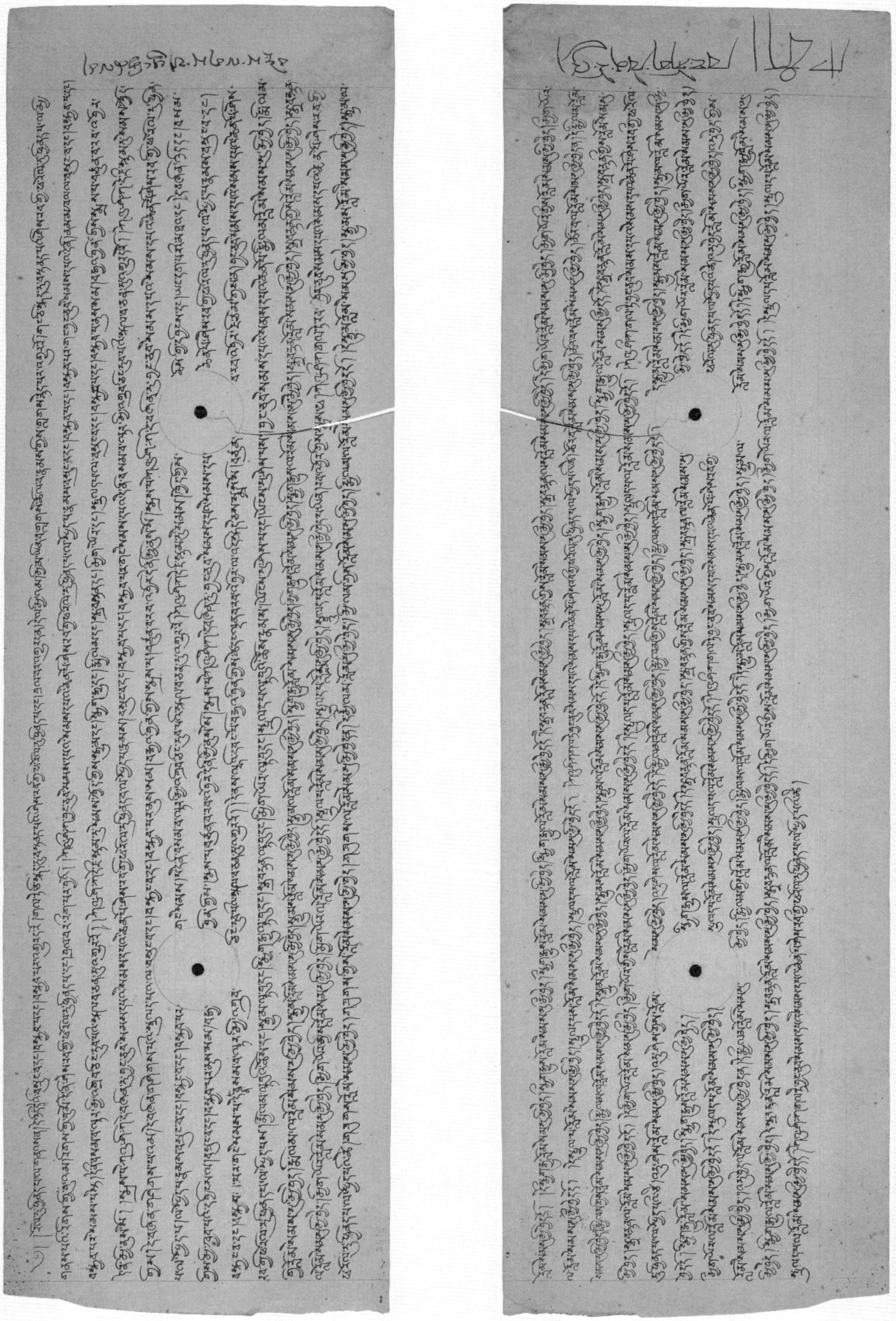

敦博 Db.t.0528 (R-V) ཤེས་རབ་ཀྱི་ཕ་རོལ་ཏུ་ཕྱིན་པ་སྟོང་ཕྲག་བརྒྱ་པ།
十萬頌般若波羅蜜多經

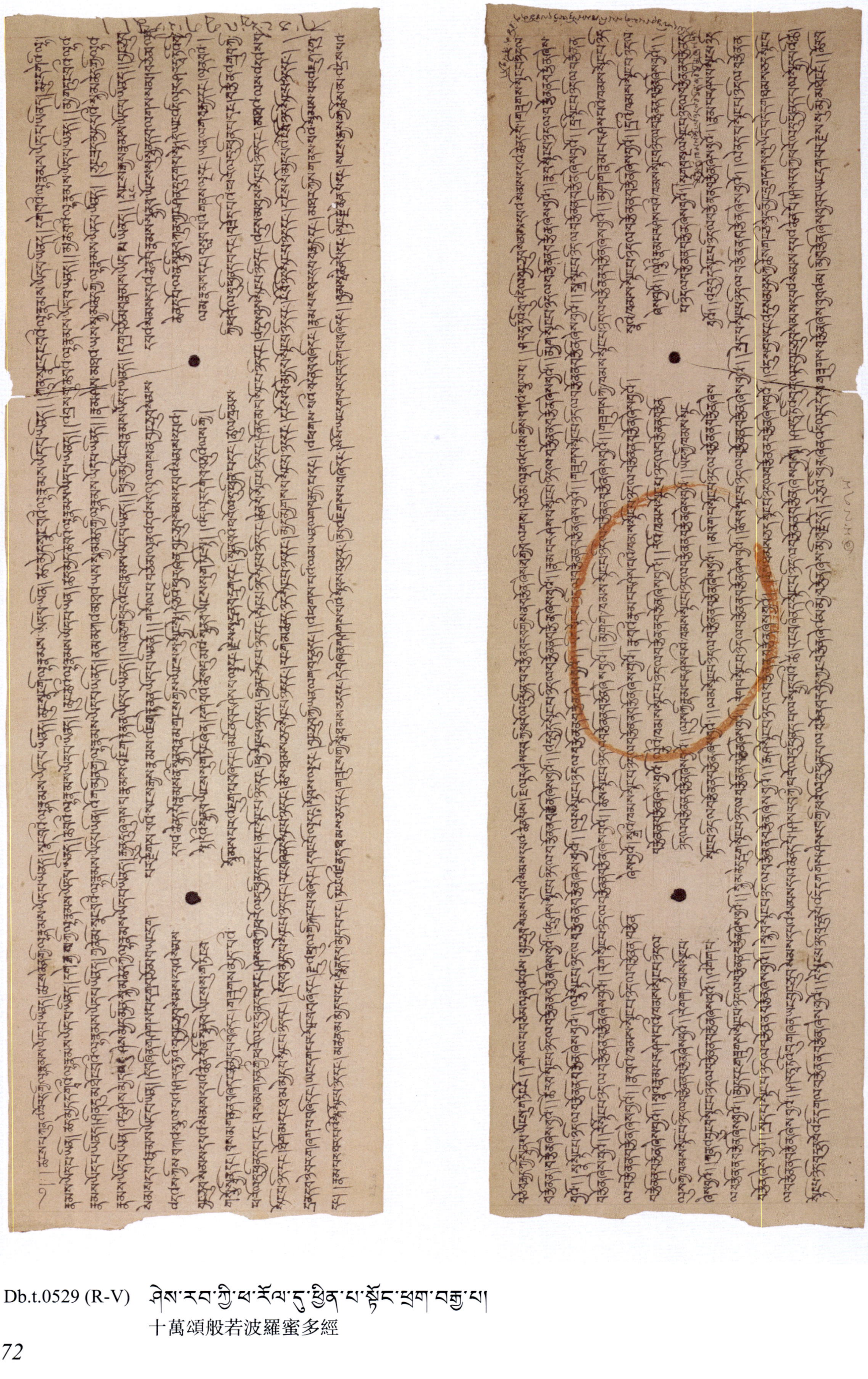

敦博 Db.t.0529 (R-V) ཤེས་རབ་ཀྱི་ཕ་རོལ་ཏུ་ཕྱིན་པ་སྟོང་ཕྲག་བརྒྱ་པ།
十萬頌般若波羅蜜多經

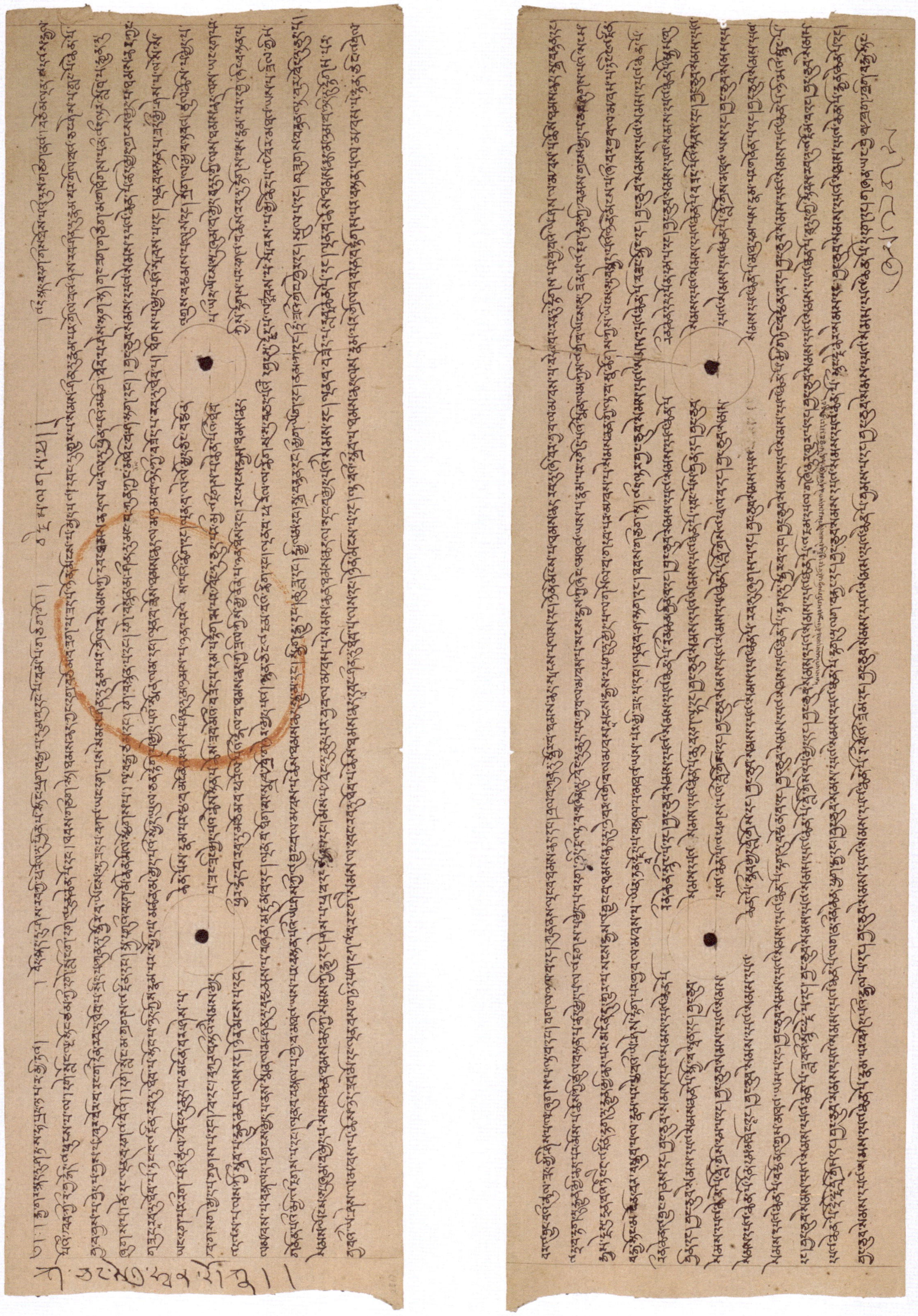

敦博 Db.t.0530 (R-V) ཤེས་རབ་ཀྱི་ཕ་རོལ་ཏུ་ཕྱིན་པ་སྟོང་ཕྲག་བརྒྱ་པ་དུམ་བུ་དང་པོ་བམ་པོ་གཅིག་གོ།།
十萬頌般若波羅蜜多經第一卷第一品

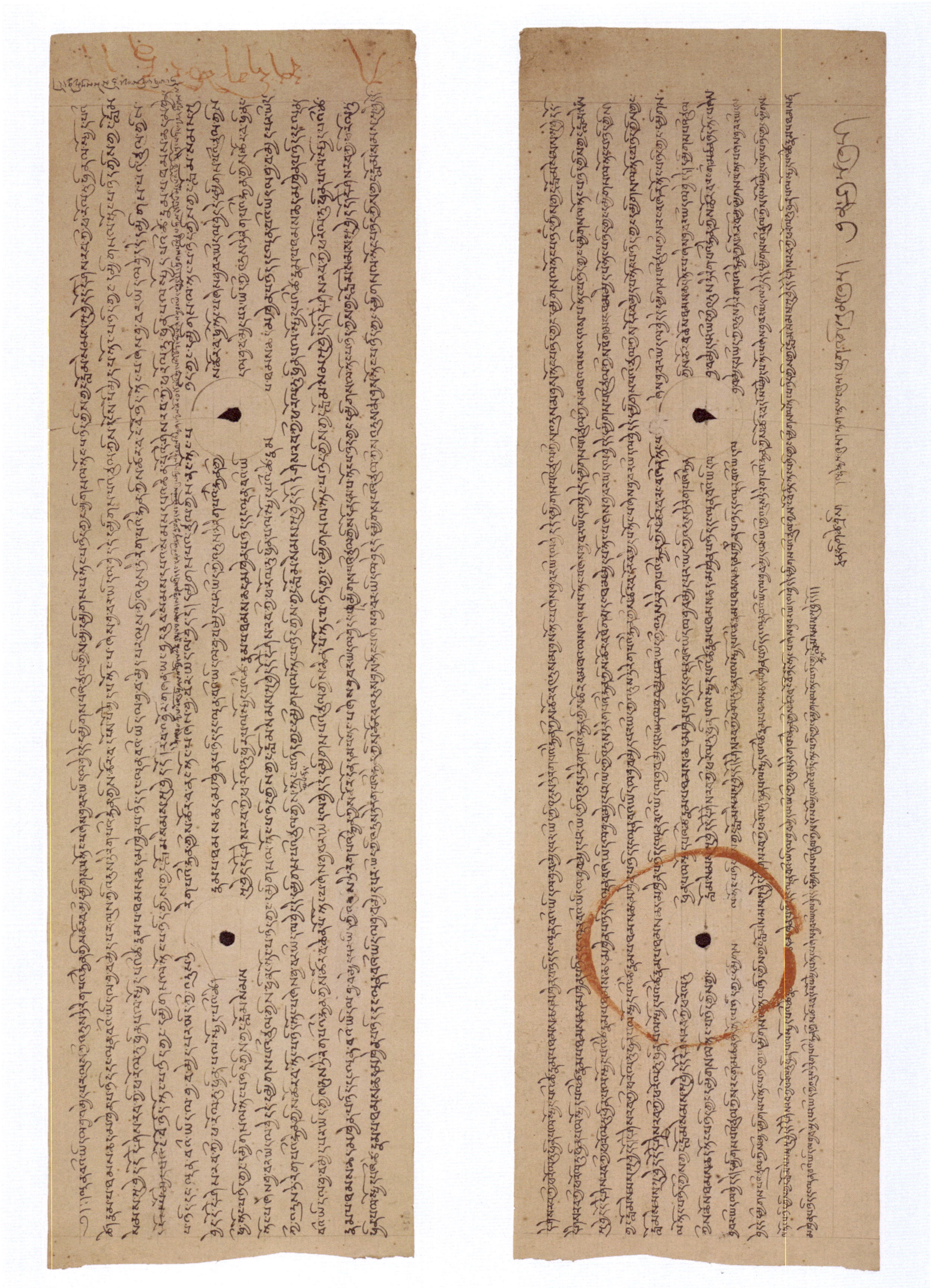

敦博 Db.t.0531 (R-V) ཤེས་རབ་ཀྱི་ཕ་རོལ་ཏུ་ཕྱིན་པ་སྟོང་ཕྲག་བརྒྱ་པ།
十萬頌般若波羅蜜多經

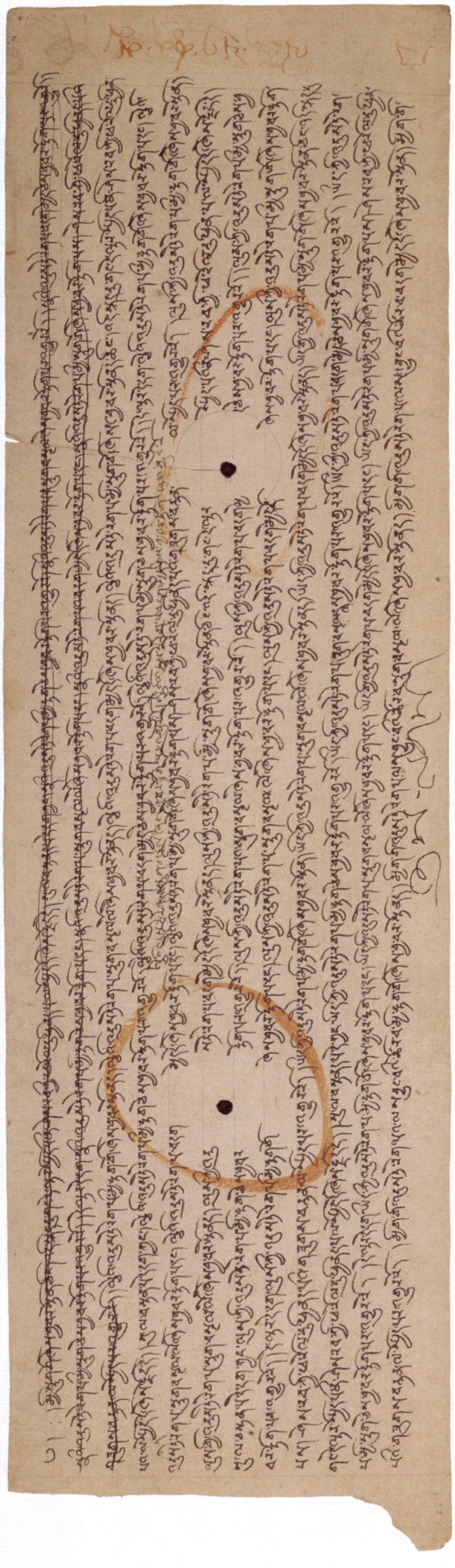

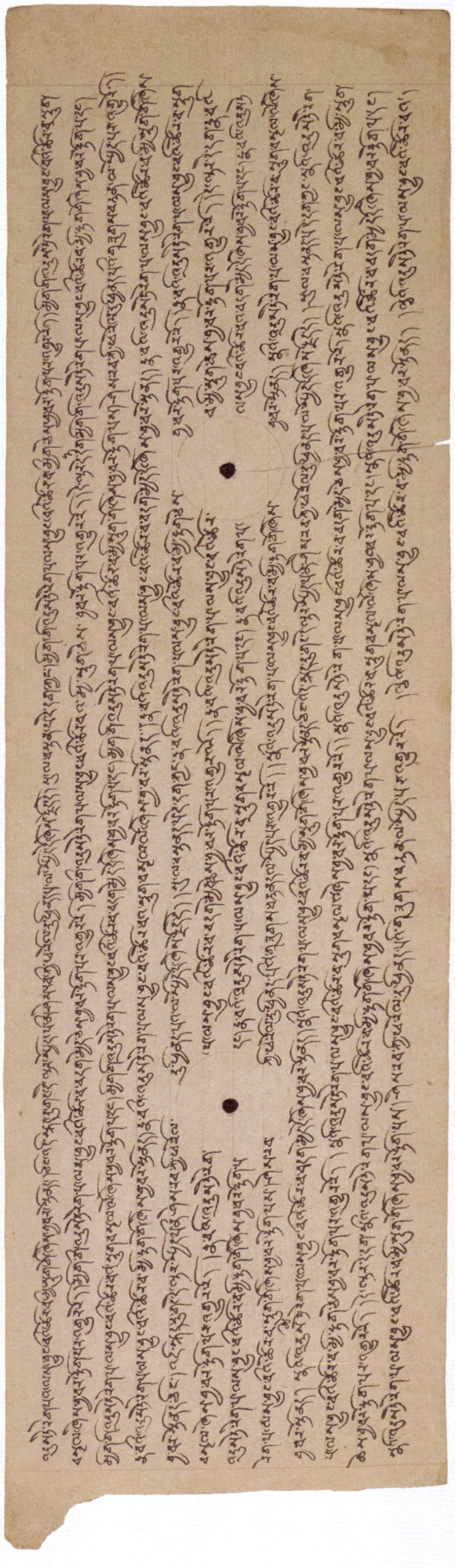

敦博 Db.t.0532 (R-V) ཤེས་རབ་ཀྱི་ཕ་རོལ་ཏུ་ཕྱིན་པ་སྟོང་ཕྲག་བརྒྱ་པ།
十萬頌般若波羅蜜多經

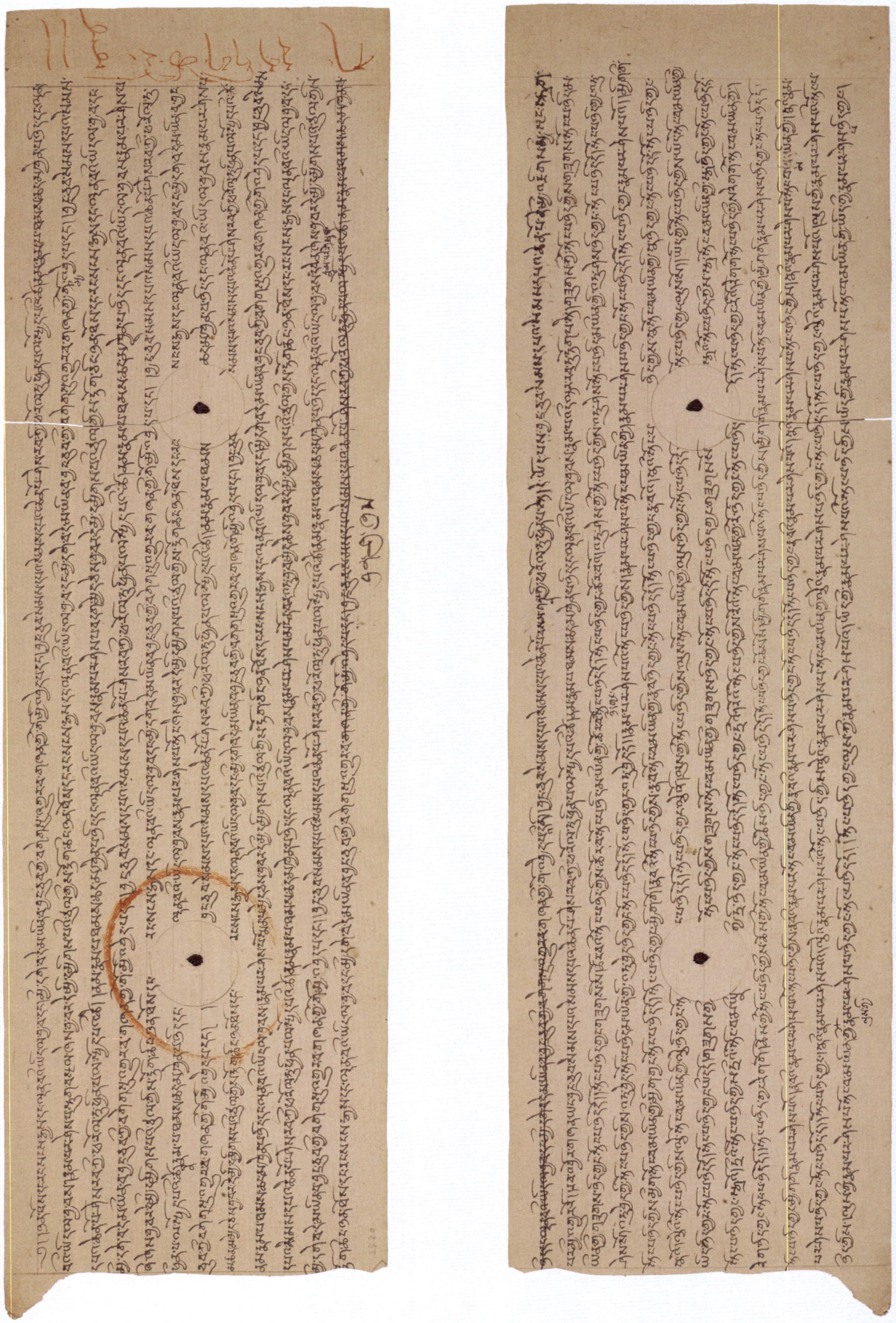

敦博 Db.t.0533 (R-V) ཤེས་རབ་ཀྱི་ཕ་རོལ་ཏུ་ཕྱིན་པ་སྟོང་ཕྲག་བརྒྱ་པ།
十萬頌般若波羅蜜多經

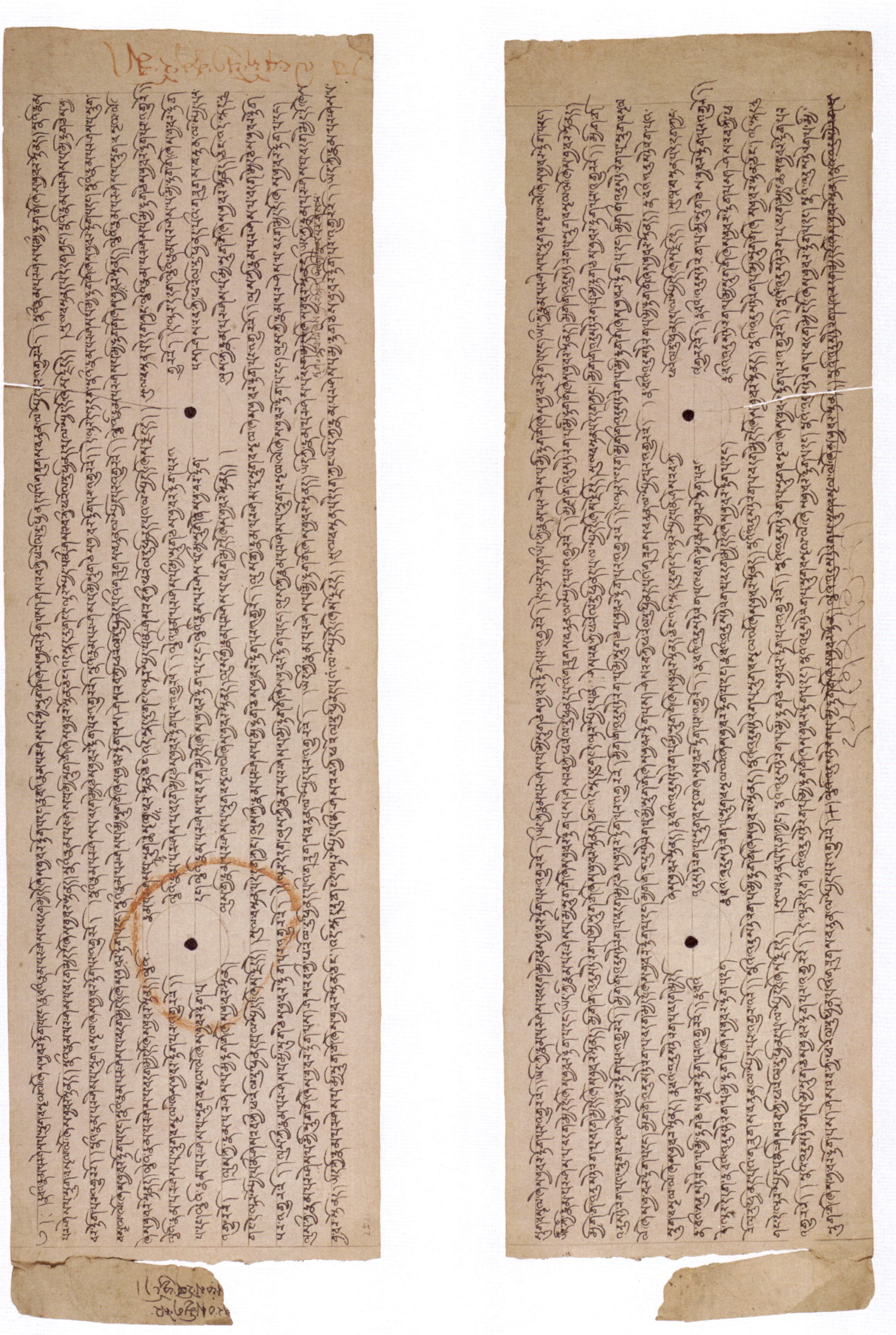

敦博 Db.t.0534 (R-V) ཤེས་རབ་ཀྱི་ཕ་རོལ་ཏུ་ཕྱིན་པ་སྟོང་ཕྲག་བརྒྱ་པ།
十萬頌般若波羅蜜多經

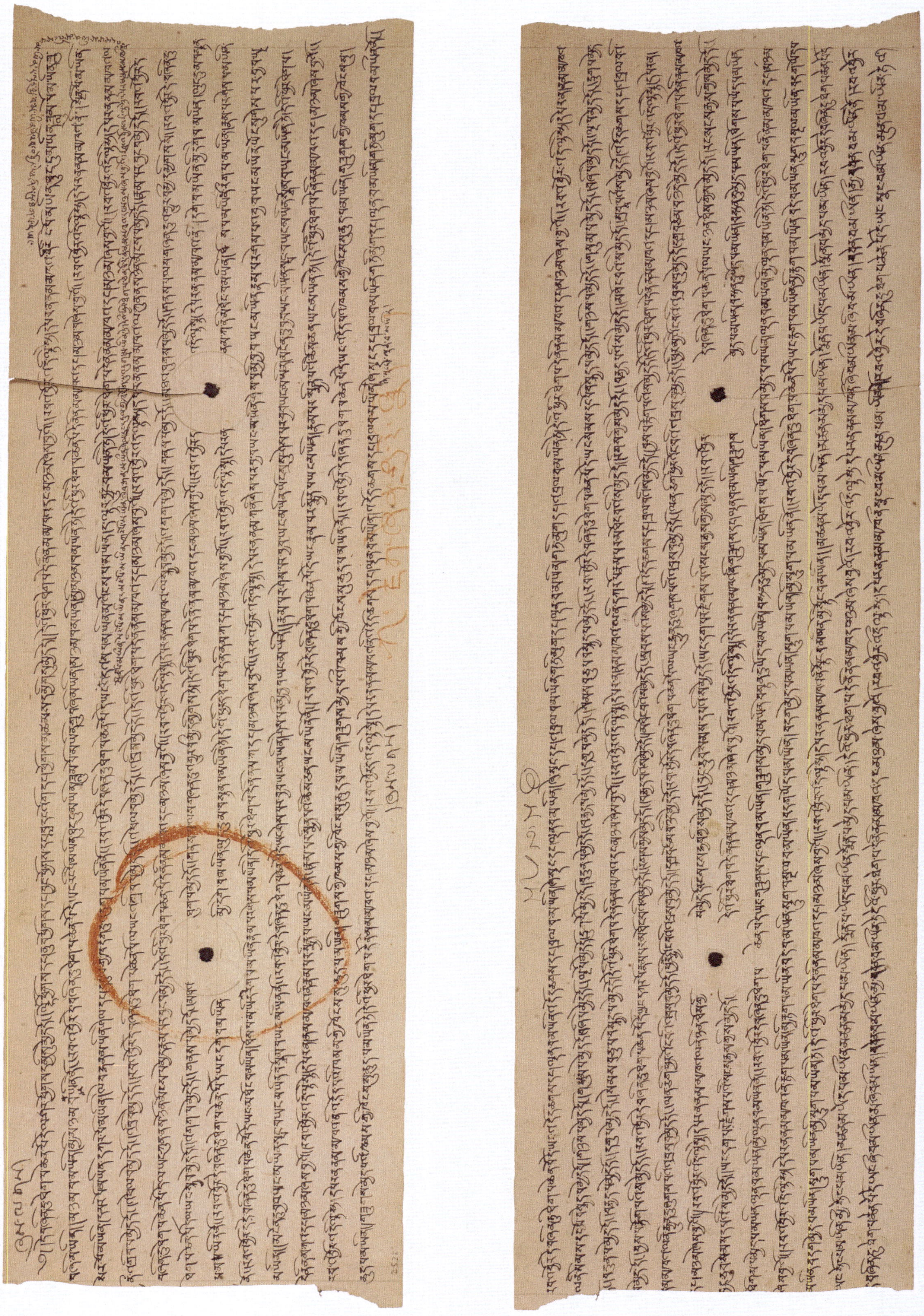

敦博 Db.t.0535 (R-V) ཤེས་རབ་ཀྱི་ཕ་རོལ་ཏུ་ཕྱིན་པ་སྟོང་ཕྲག་བརྒྱ་པ།
十萬頌般若波羅蜜多經

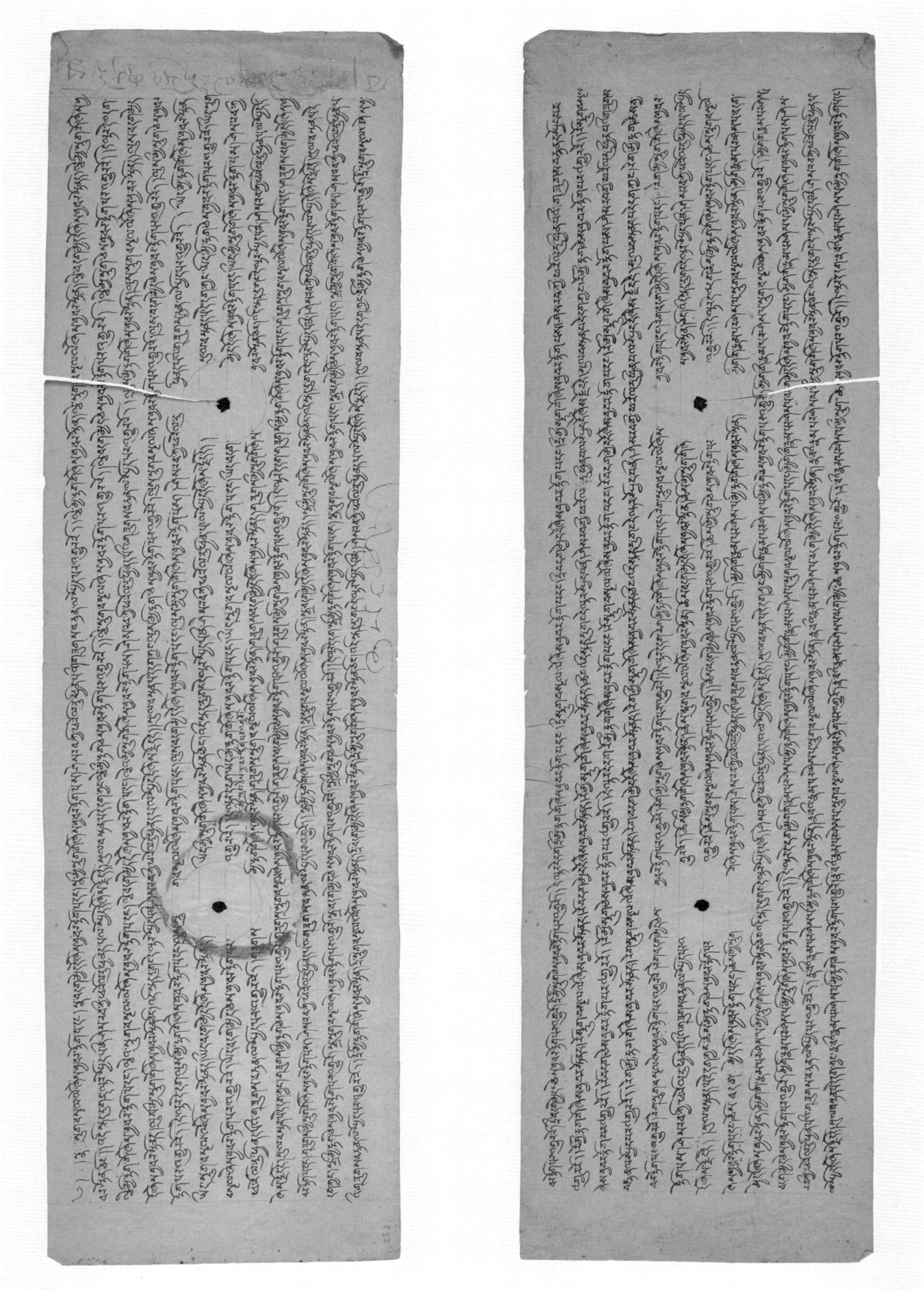

敦博 Db.t.0536 (R-V) ཤེས་རབ་ཀྱི་ཕ་རོལ་ཏུ་ཕྱིན་པ་སྟོང་ཕྲག་བརྒྱ་པ།
十萬頌般若波羅蜜多經

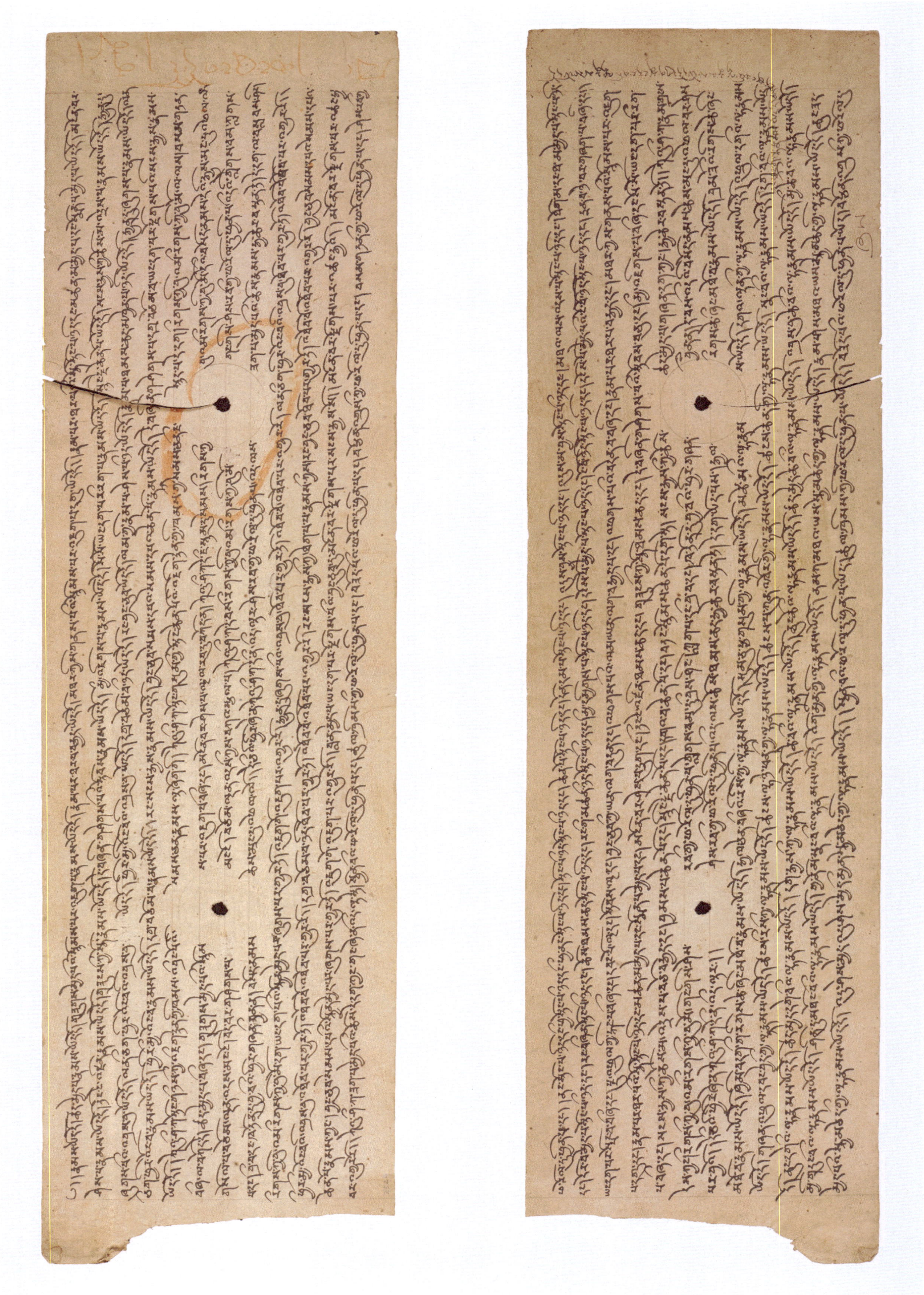

敦博 Db.t.0537 (R-V) ཤེས་རབ་ཀྱི་ཕ་རོལ་ཏུ་ཕྱིན་པ་སྟོང་ཕྲག་བརྒྱ་པ།
十萬頌般若波羅蜜多經

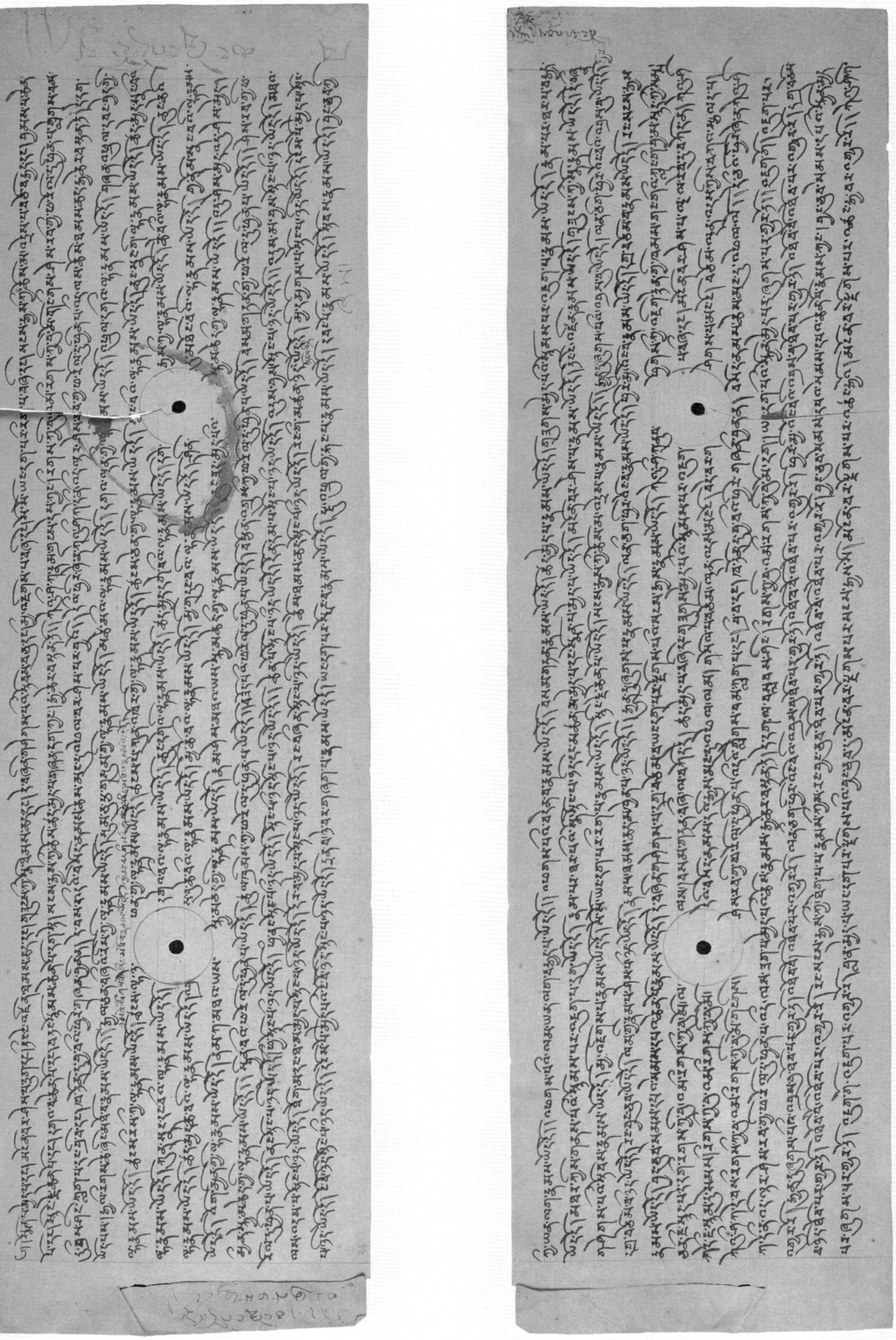

敦博 Db.t.0538 (R-V) ཤེས་རབ་ཀྱི་ཕ་རོལ་ཏུ་ཕྱིན་པ་སྟོང་ཕྲག་བརྒྱ་པ།
十萬頌般若波羅蜜多經

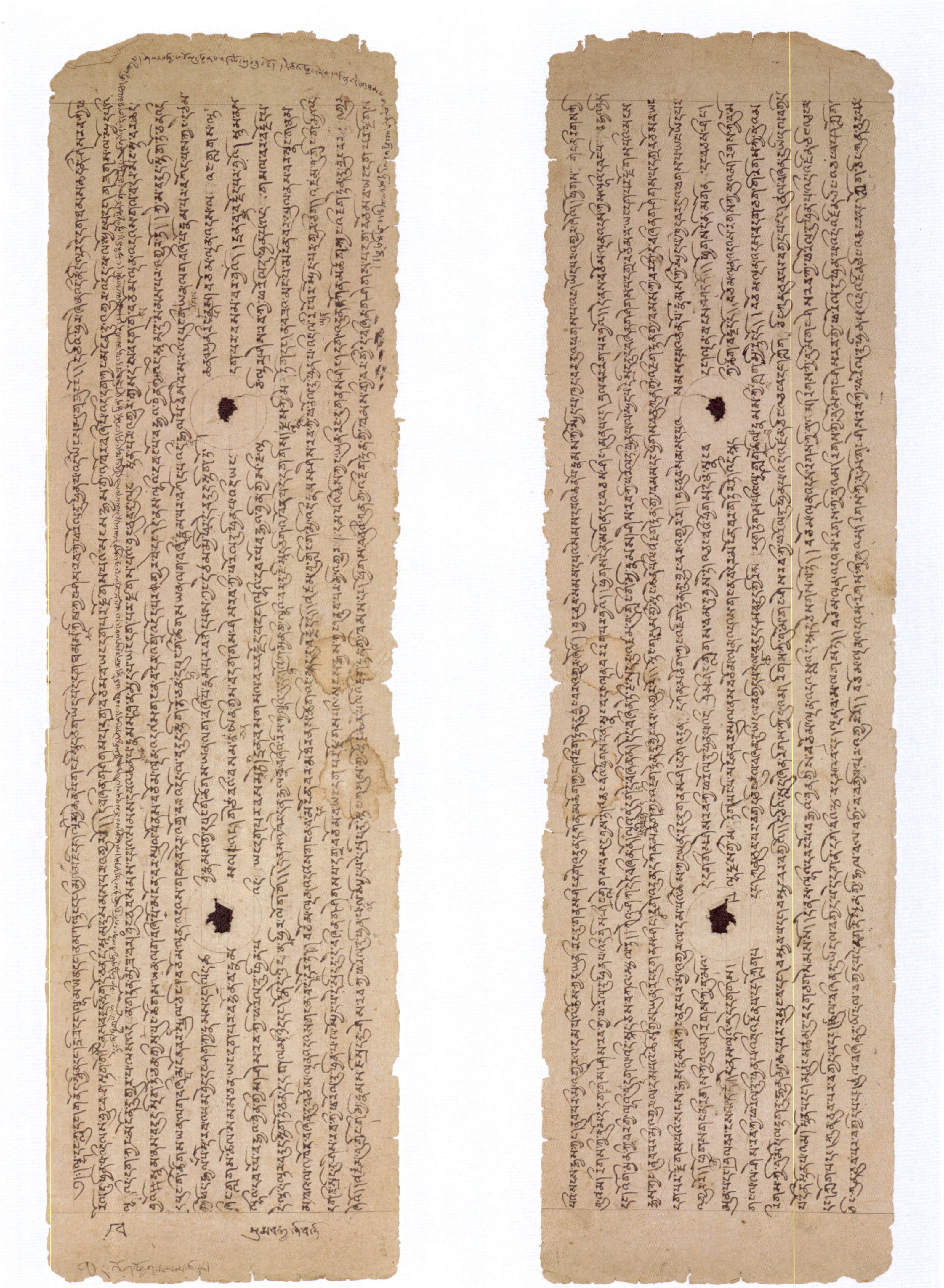

敦博 Db.t.0539 (R-V) ཤེས་རབ་ཀྱི་པ་རོལ་ཏུ་ཕྱིན་པ་སྟོང་ཕྲག་བརྒྱ་པ།
十萬頌般若波羅蜜多經

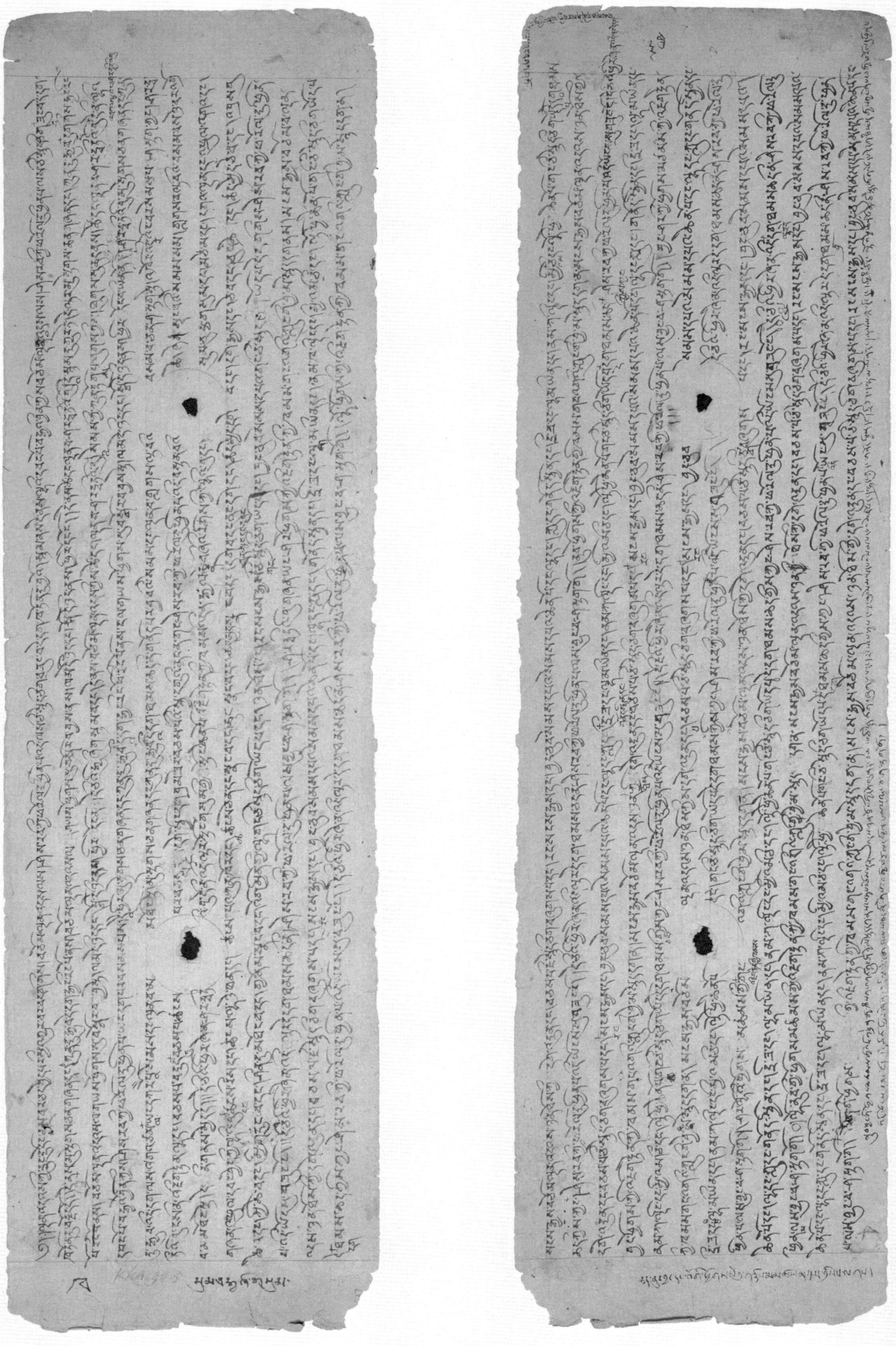

敦博 Db.t.0540 (R-V) ཤེས་རབ་ཀྱི་ཕ་རོལ་ཏུ་ཕྱིན་པ་སྟོང་ཕྲག་བརྒྱ་པ།
十萬頌般若波羅蜜多經

敦博 Db.t.0541 (R-V) ཤེས་རབ་ཀྱི་ཕ་རོལ་ཏུ་ཕྱིན་པ་སྟོང་ཕྲག་བརྒྱ་པ།
十萬頌般若波羅蜜多經

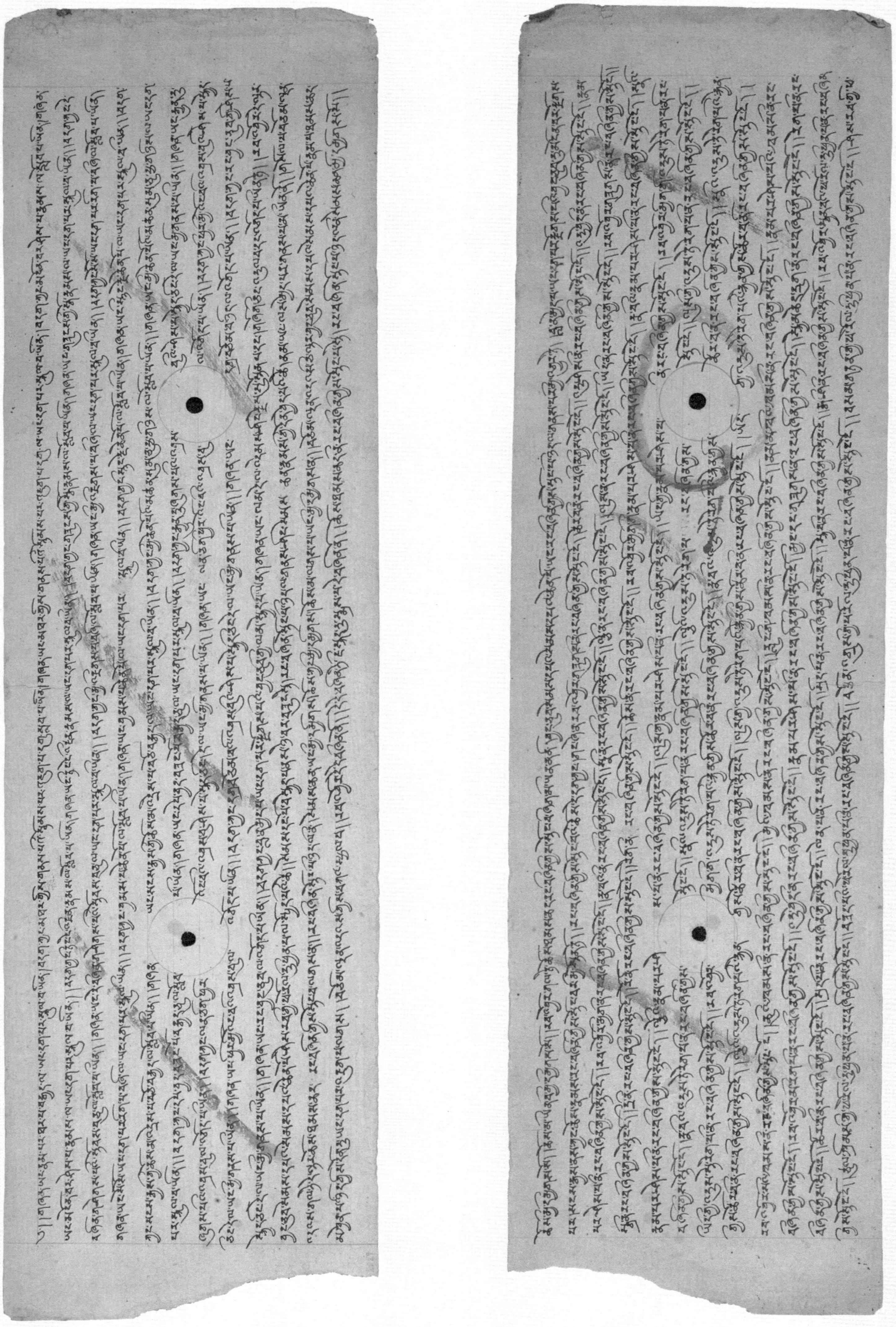

敦博 Db.t.0542 (R-V) ཤེས་རབ་ཀྱི་ཕ་རོལ་ཏུ་ཕྱིན་པ་སྟོང་ཕྲག་བརྒྱ་པ།
十萬頌般若波羅蜜多經

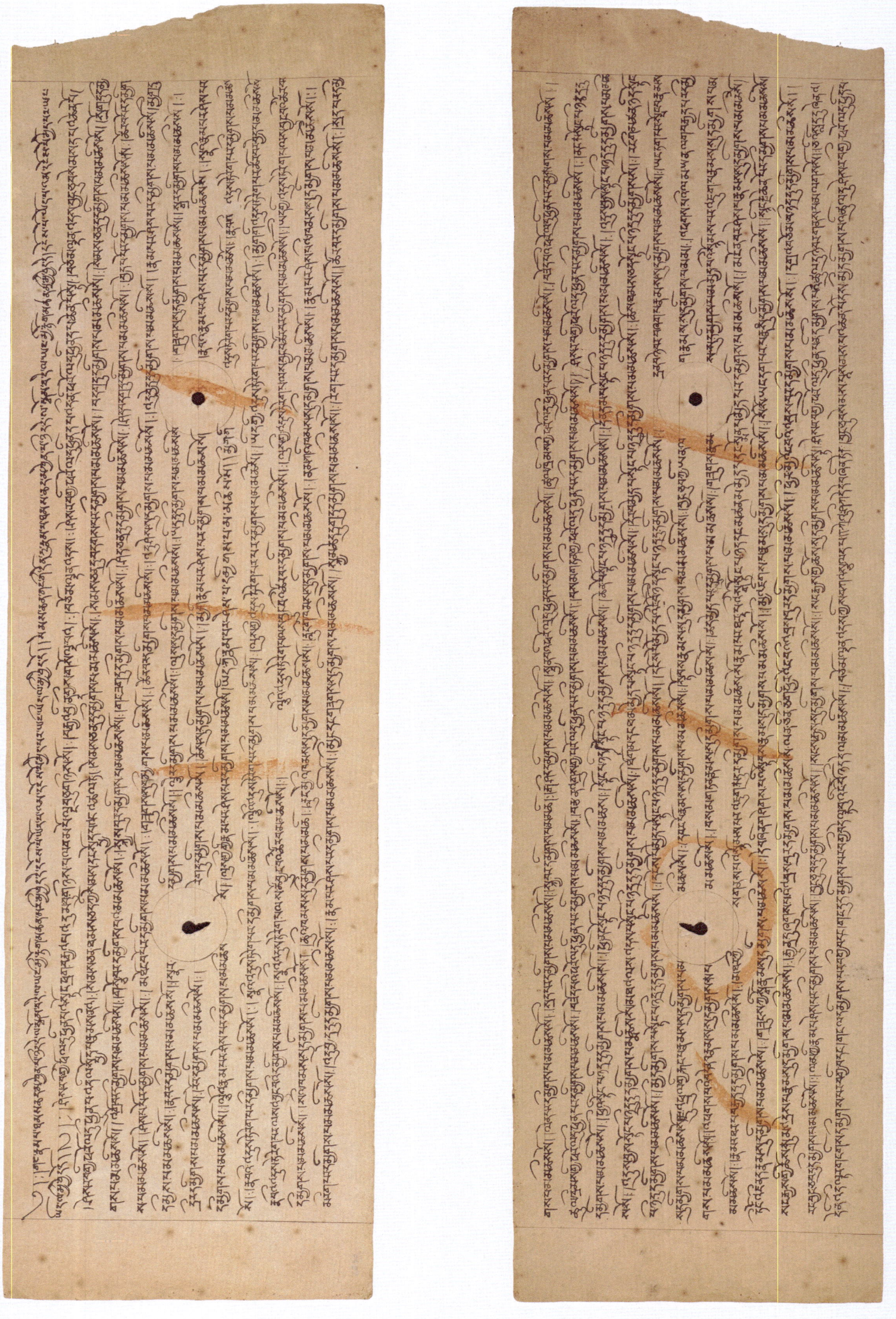

敦博 Db.t.0543 (R-V) ཤེས་རབ་ཀྱི་ཕ་རོལ་ཏུ་ཕྱིན་པ་སྟོང་ཕྲག་བརྒྱ་པ།
十萬頌般若波羅蜜多經

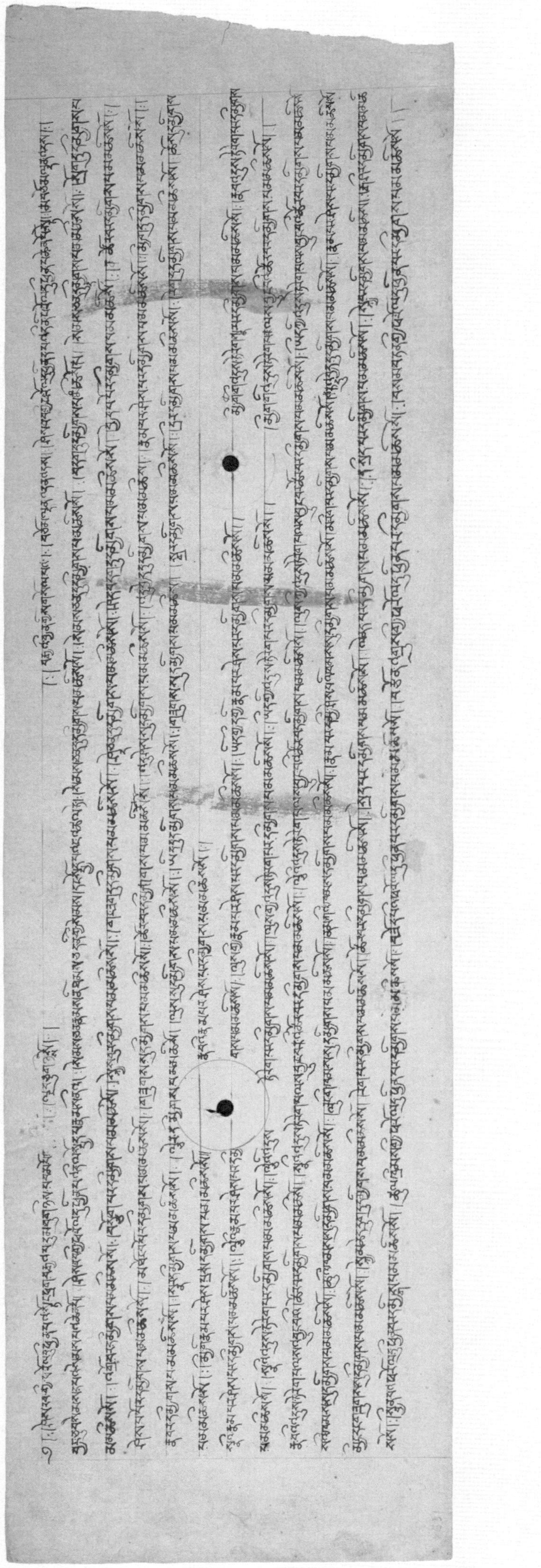

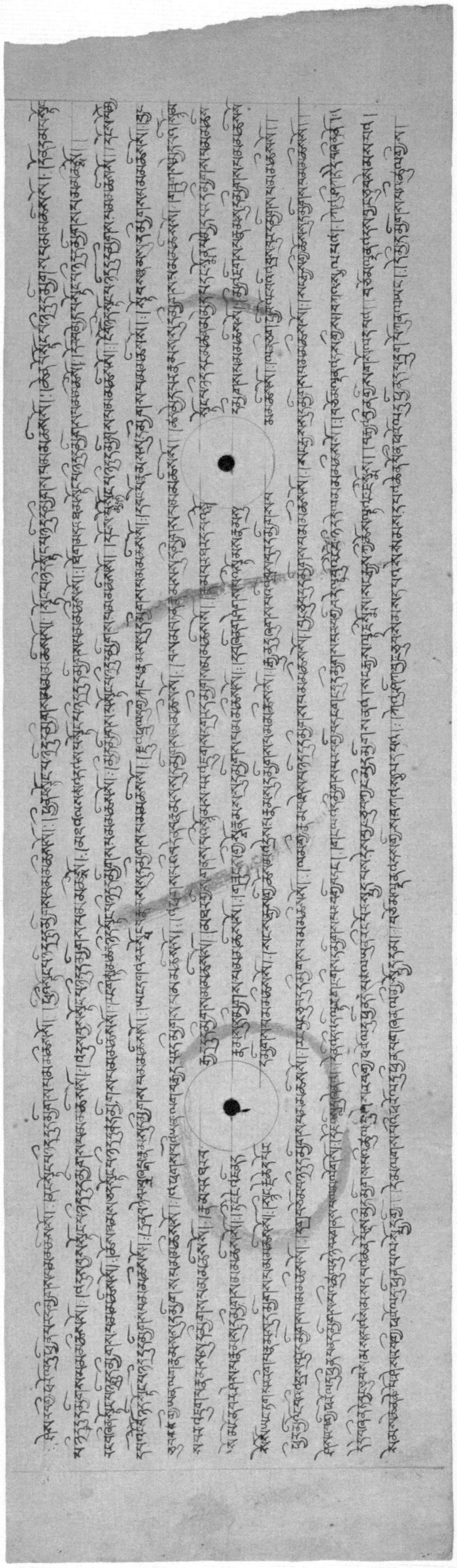

敦博 Db.t.0544 (R-V) ཤེས་རབ་ཀྱི་ཕ་རོལ་ཏུ་ཕྱིན་པའི་སྟོང་ཕྲག་བརྒྱའི་པ་དུམ་བུ་གཉིས་པ་བམ་པོ་ལྔ་བཅུ་གཉིས་སོ།།

十萬頌般若波羅蜜多經第二卷第五十二品

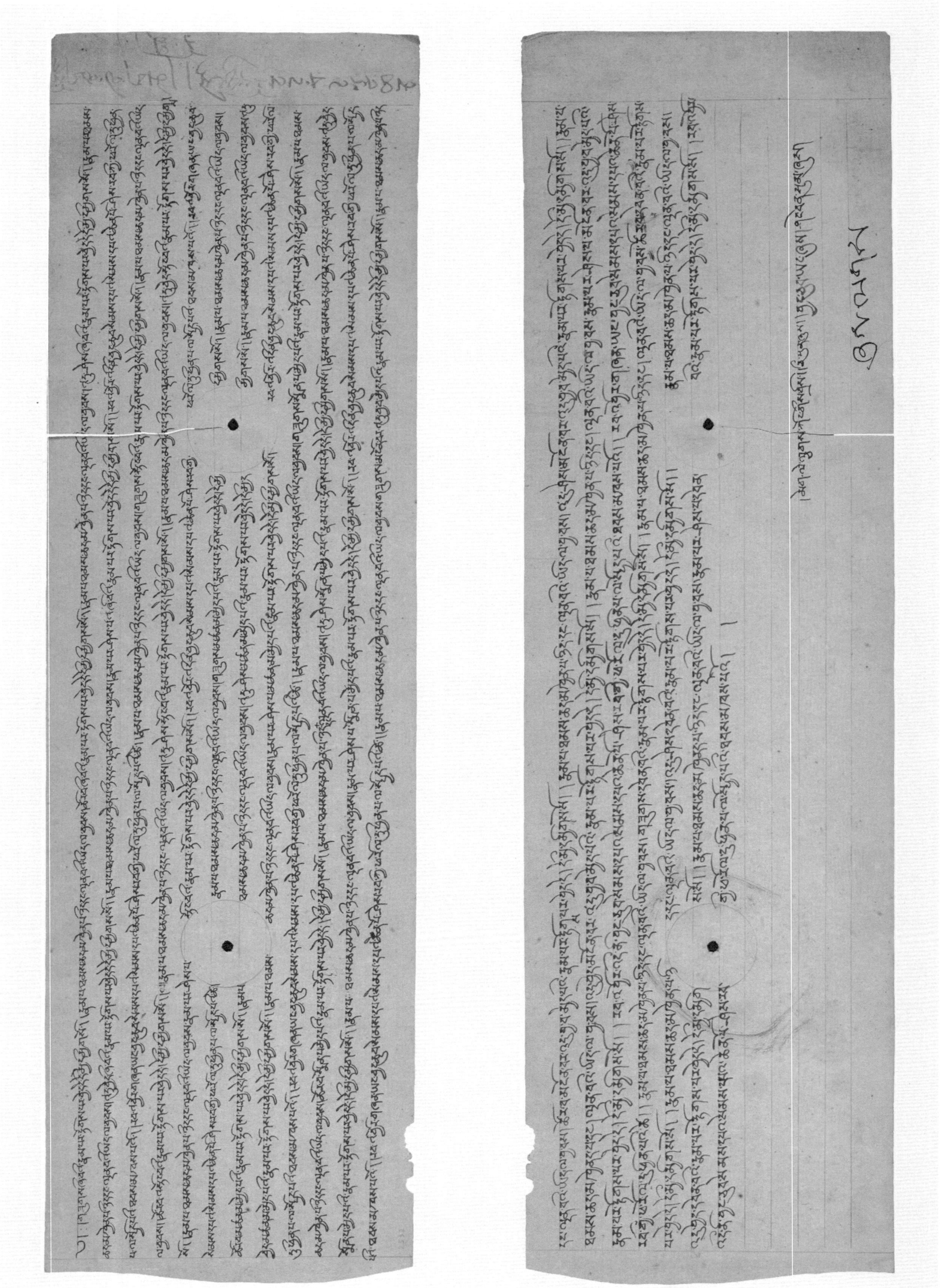

敦博 Db.t.0545 (R-V) ཤེས་རབ་ཀྱི་ཕ་རོལ་ཏུ་ཕྱིན་པ་སྟོང་ཕྲག་བརྒྱ་པ།
十萬頌般若波羅蜜多經

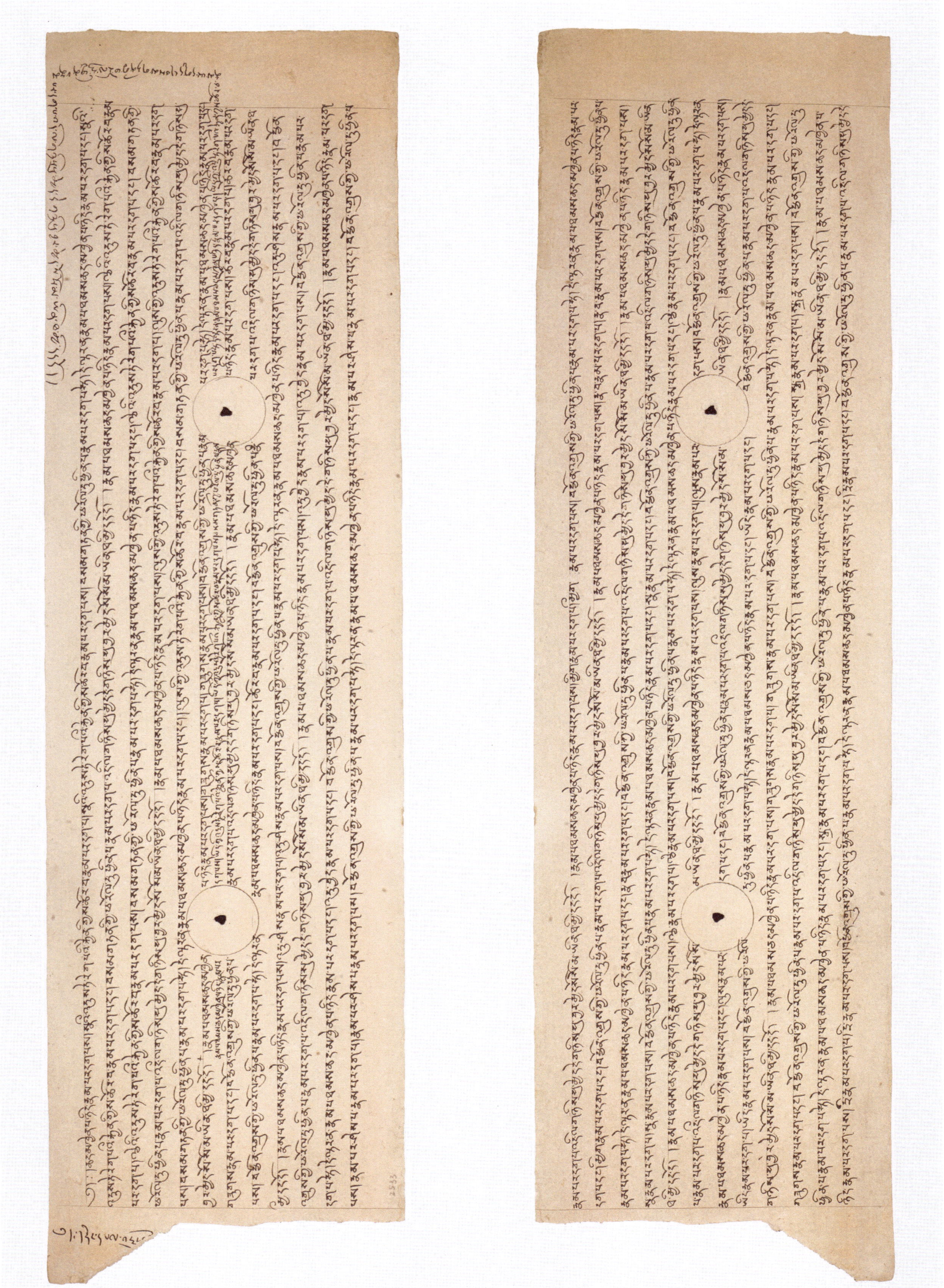

敦博 Db.t.0546 (R-V) ཤེས་རབ་ཀྱི་ཕ་རོལ་ཏུ་ཕྱིན་པ་སྟོང་ཕྲག་བརྒྱ་པ།
十萬頌般若波羅蜜多經

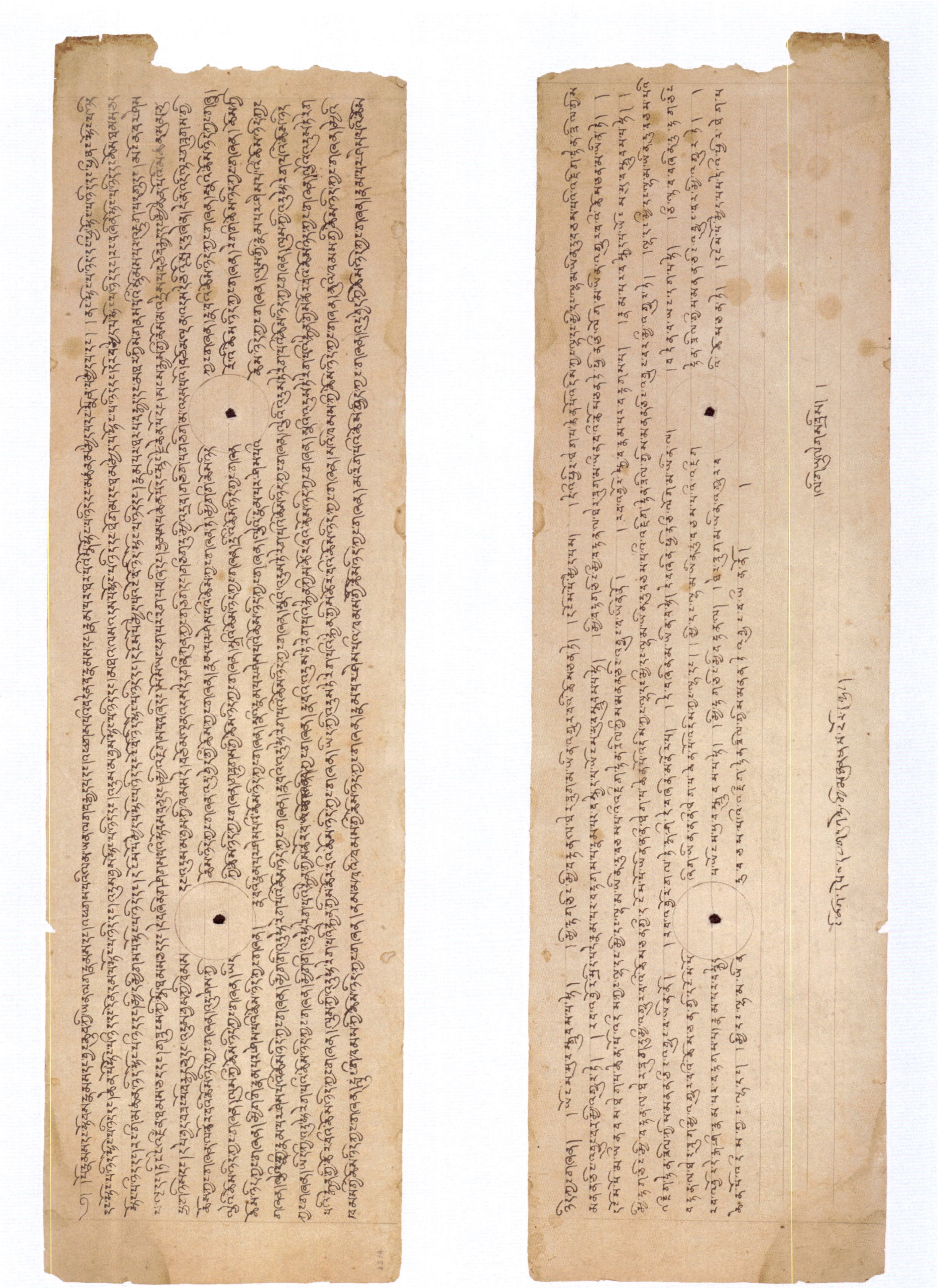

敦博 Db.t.0547 (R-V) ཤེས་རབ་ཀྱི་ཕ་རོལ་ཏུ་ཕྱིན་པ་སྟོང་ཕྲག་བརྒྱ་པ།
十萬頌般若波羅蜜多經

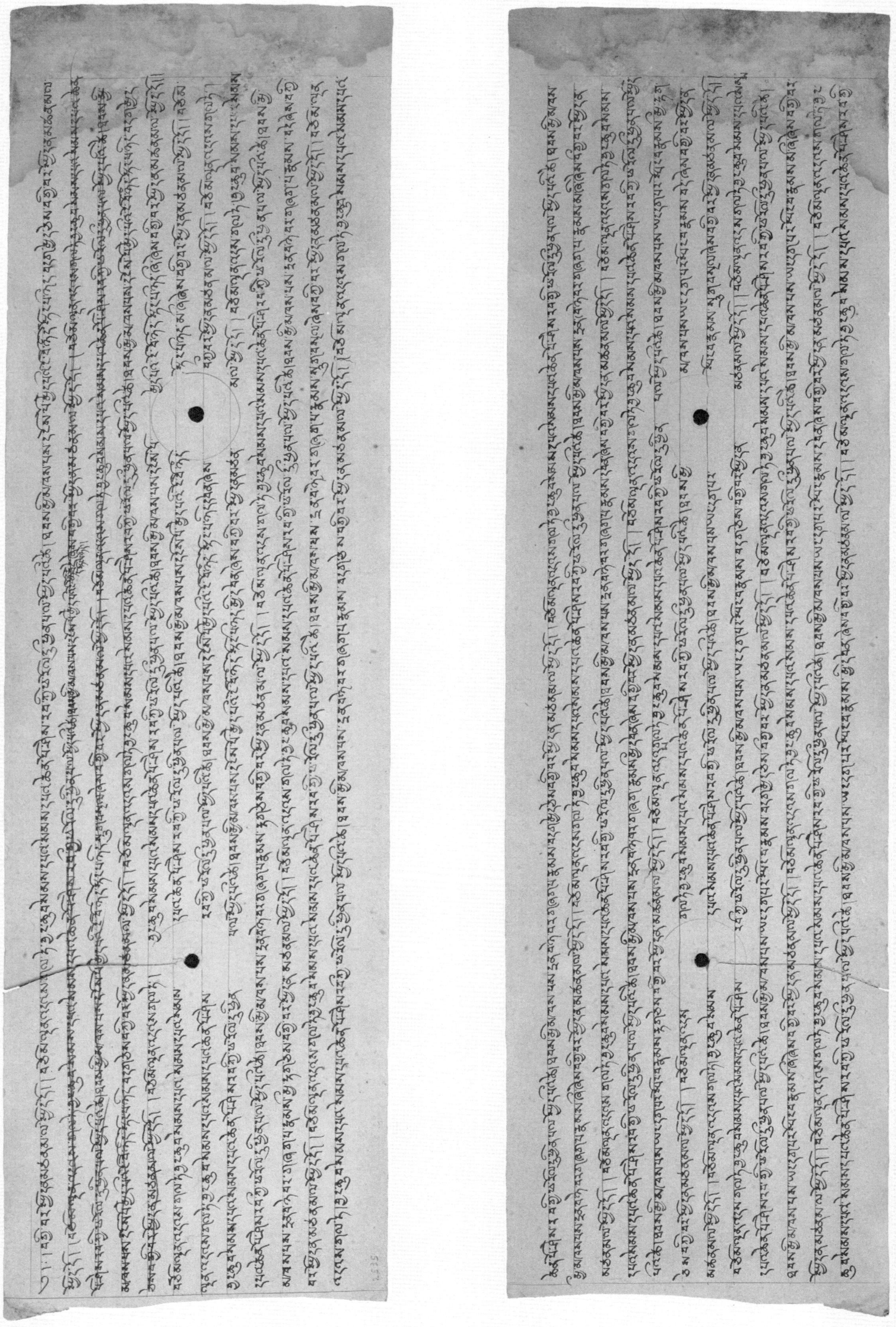

敦博 Db.t.0548 (R-V) ཤེས་རབ་ཀྱི་ཕ་རོལ་ཏུ་ཕྱིན་པ་སྟོང་ཕྲག་བརྒྱ་པ།
十萬頌般若波羅蜜多經

敦博 Db.t.0549 (R-V) ཤེས་རབ་ཀྱི་ཕ་རོལ་ཏུ་ཕྱིན་པ་སྟོང་ཕྲག་བརྒྱ་པ།
十萬頌般若波羅蜜多經

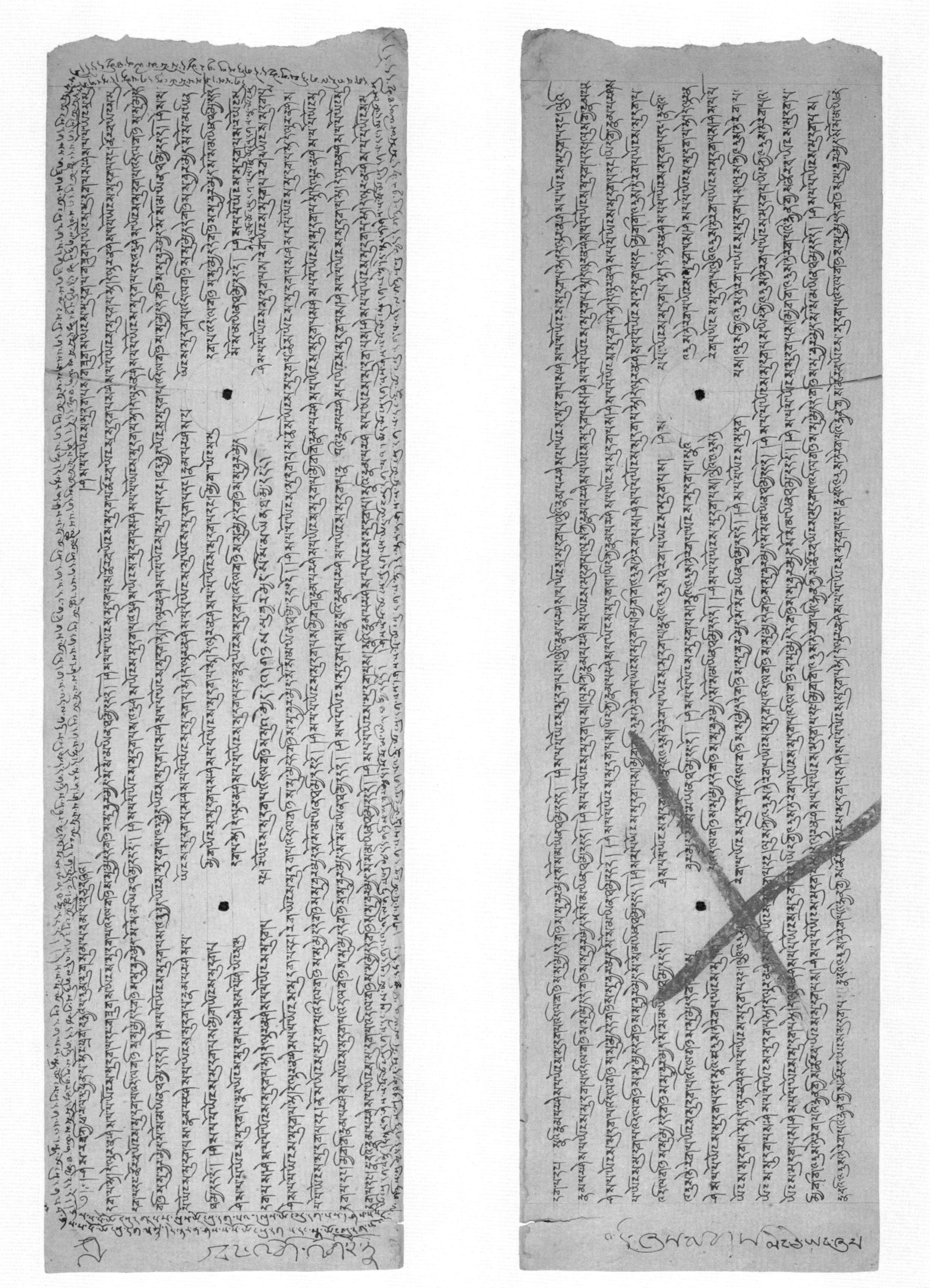

敦博 Db.t.0550 (R-V) ཤེས་རབ་ཀྱི་ཕ་རོལ་ཏུ་ཕྱིན་པ་སྟོང་ཕྲག་བརྒྱའ་པ་དུམ་བུ་གསུམ་པ་བམ་པོ་བཅུ་བཞིའོ།།
十萬頌般若波羅蜜多經第三卷第十四品

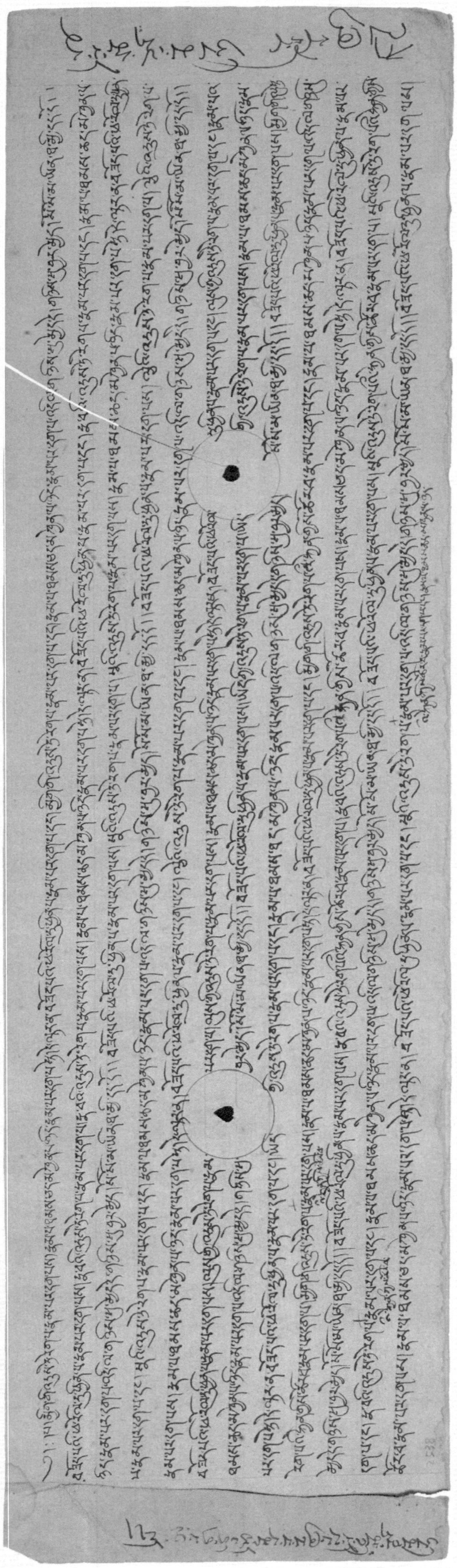

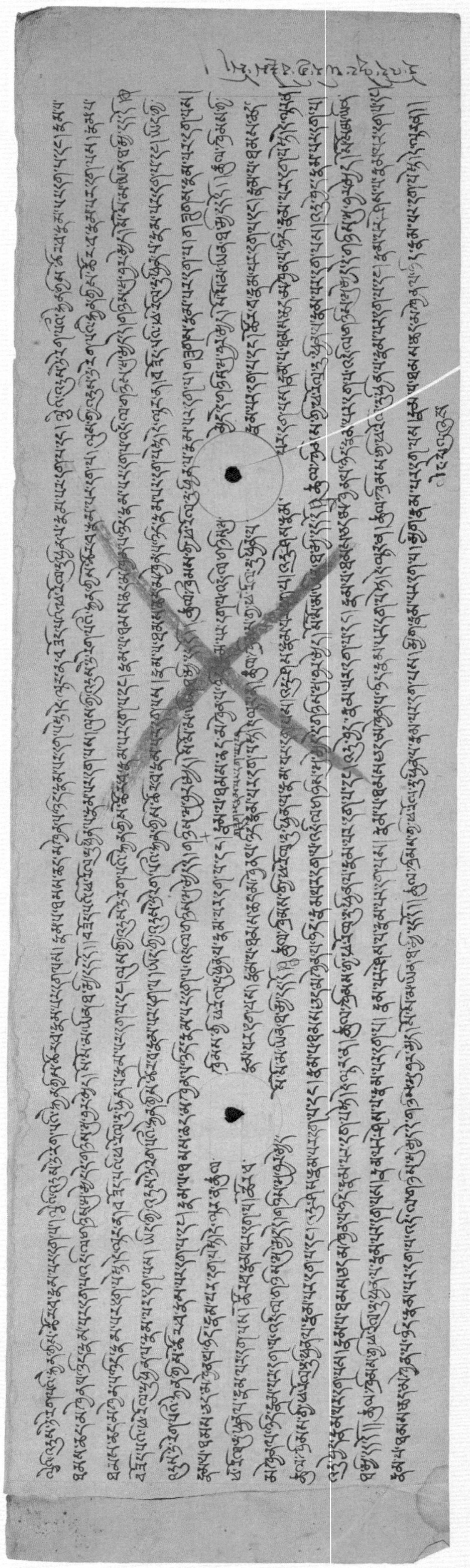

敦博 Db.t.0551 (R-V) ཤེས་རབ་ཀྱི་ཕ་རོལ་ཏུ་ཕྱིན་པ་སྟོང་ཕྲག་བརྒྱ་པ།

十萬頌般若波羅蜜多經

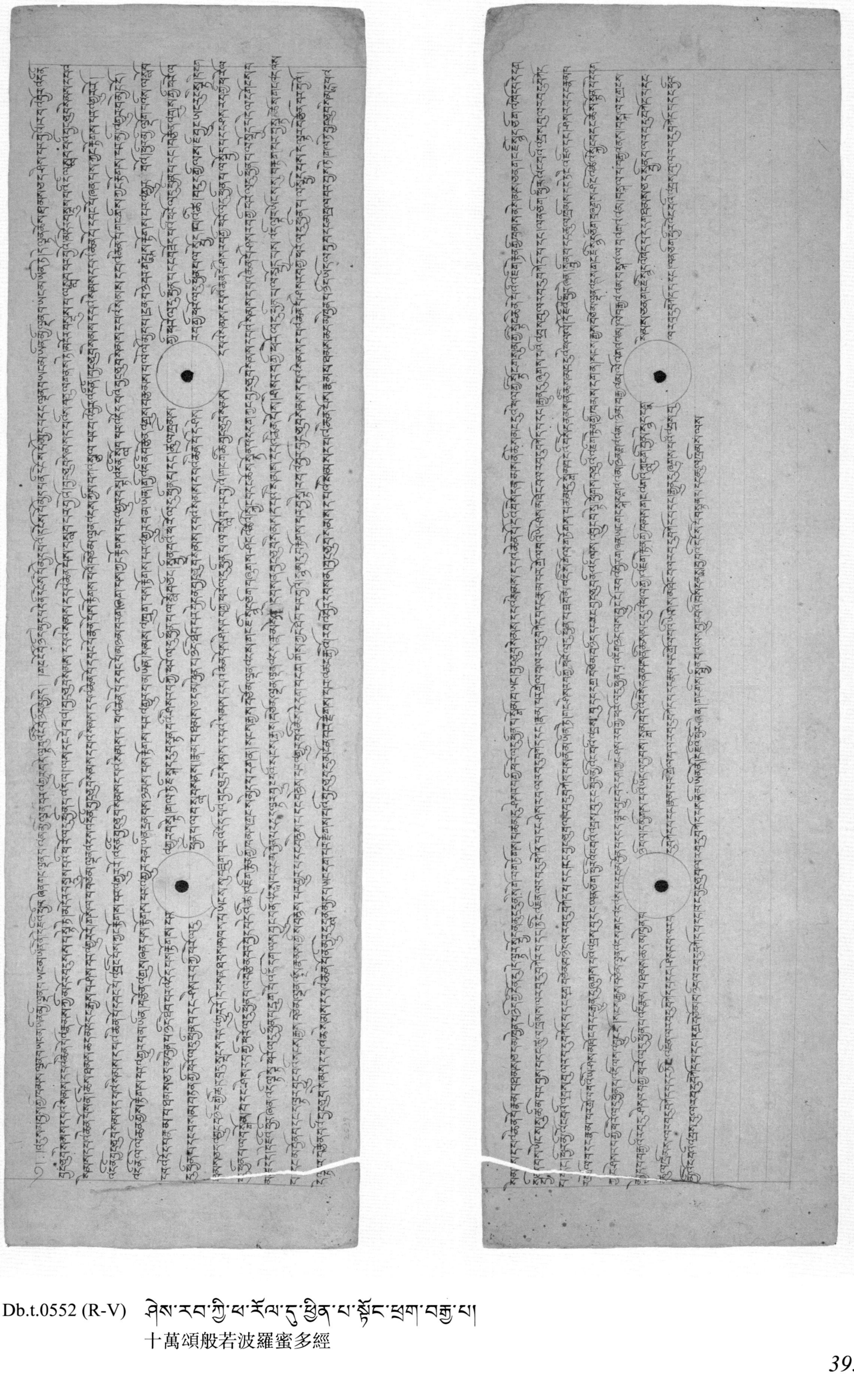

敦博 Db.t.0552 (R-V) ཤེས་རབ་ཀྱི་ཕ་རོལ་ཏུ་ཕྱིན་པ་སྟོང་ཕྲག་བརྒྱ་པ།
十萬頌般若波羅蜜多經

敦博 Db.t.0553 (R-V) ཤེས་རབ་ཀྱི་ཕ་རོལ་ཏུ་ཕྱིན་པ་སྟོང་ཕྲག་བརྒྱ་པ།
十萬頌般若波羅蜜多經

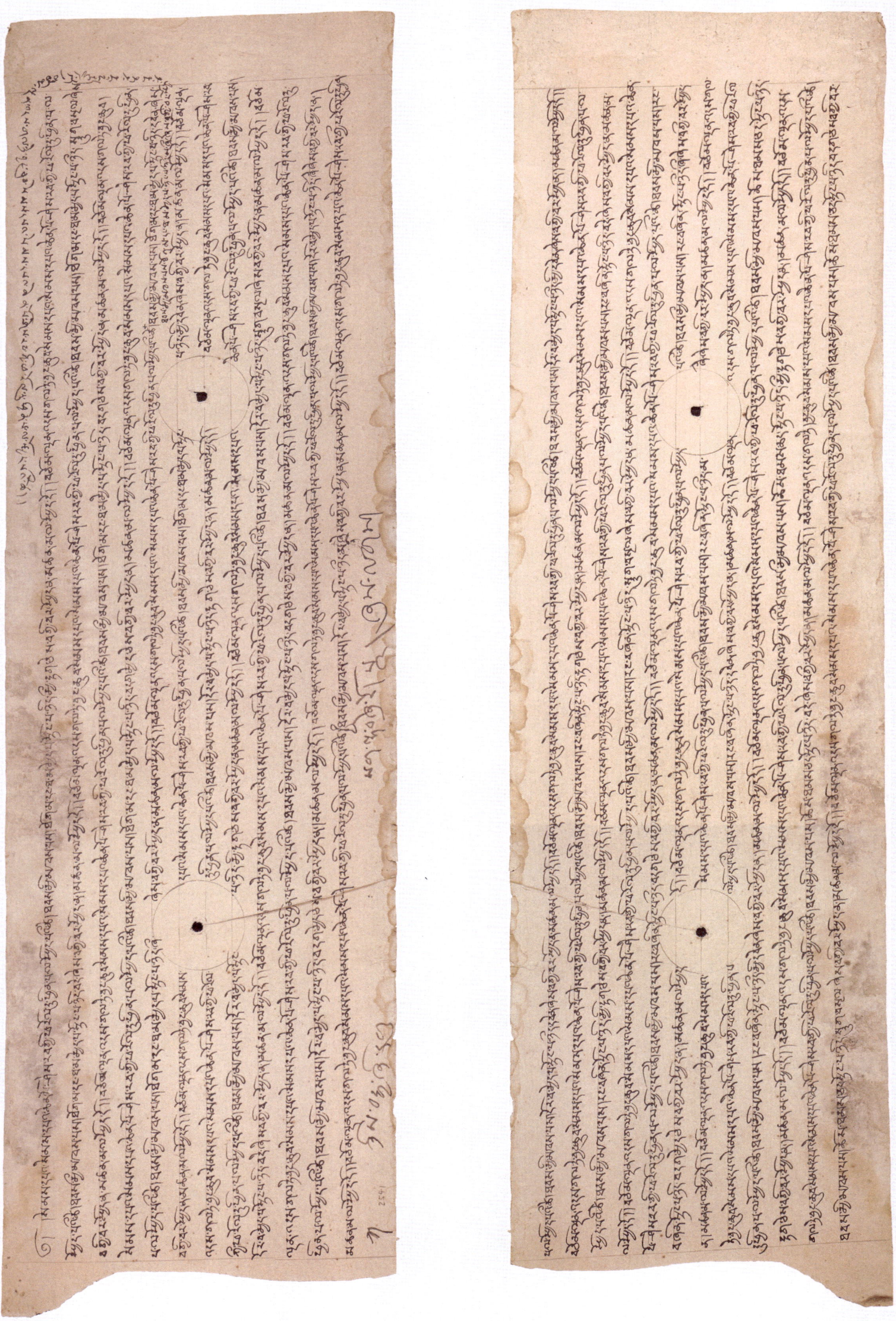

敦博 Db.t.0554 (R-V) ཤེས་རབ་ཀྱི་ཕ་རོལ་ཏུ་ཕྱིན་པ་སྟོང་ཕྲག་བརྒྱ་པ།

十萬頌般若波羅蜜多經

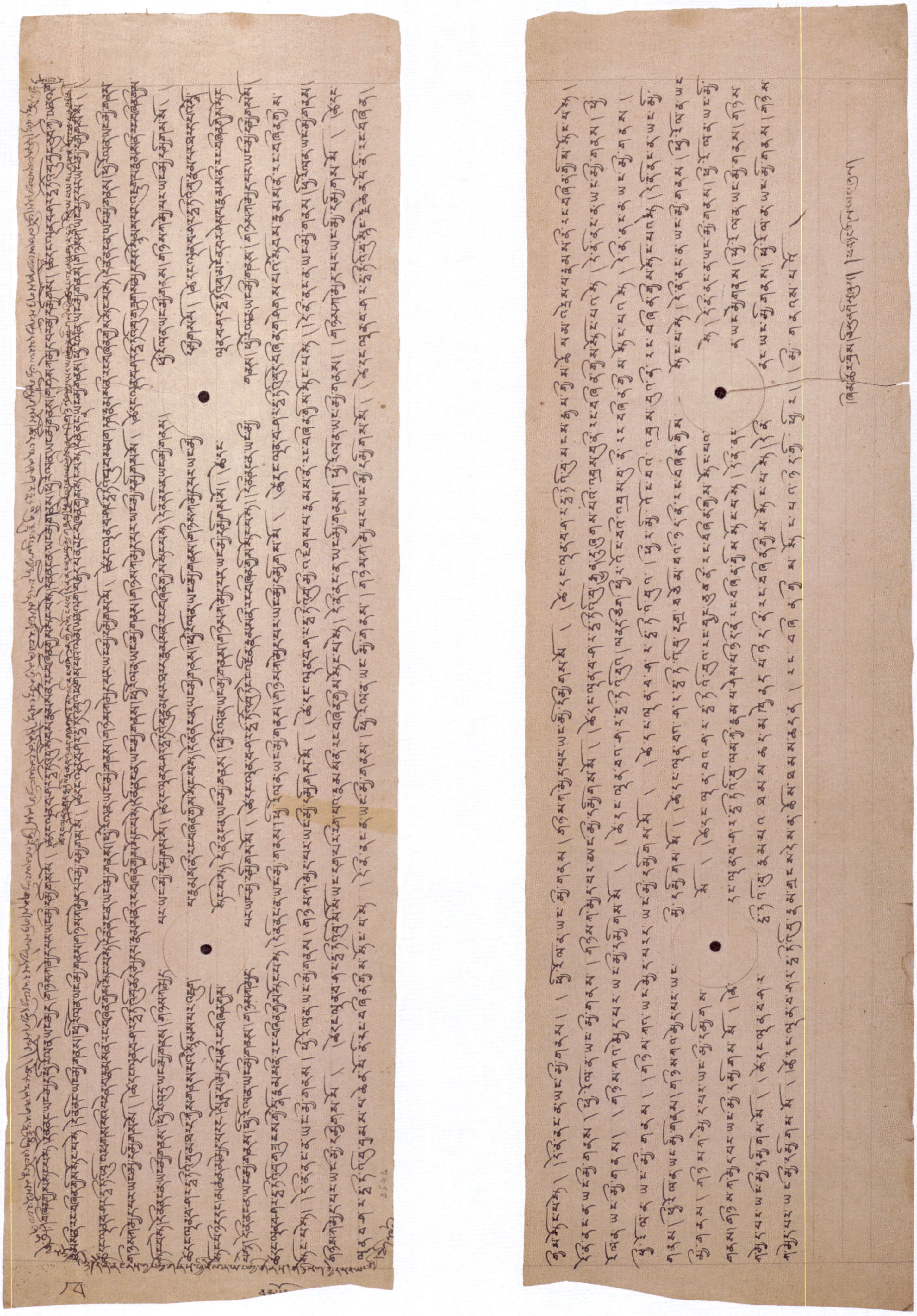

敦博 Db.t.0555 (R-V) ཤེས་རབ་ཀྱི་པ་རོལ་ཏུ་ཕྱིན་པ་སྟོང་ཕྲག་བརྒྱ་པ།
十萬頌般若波羅蜜多經

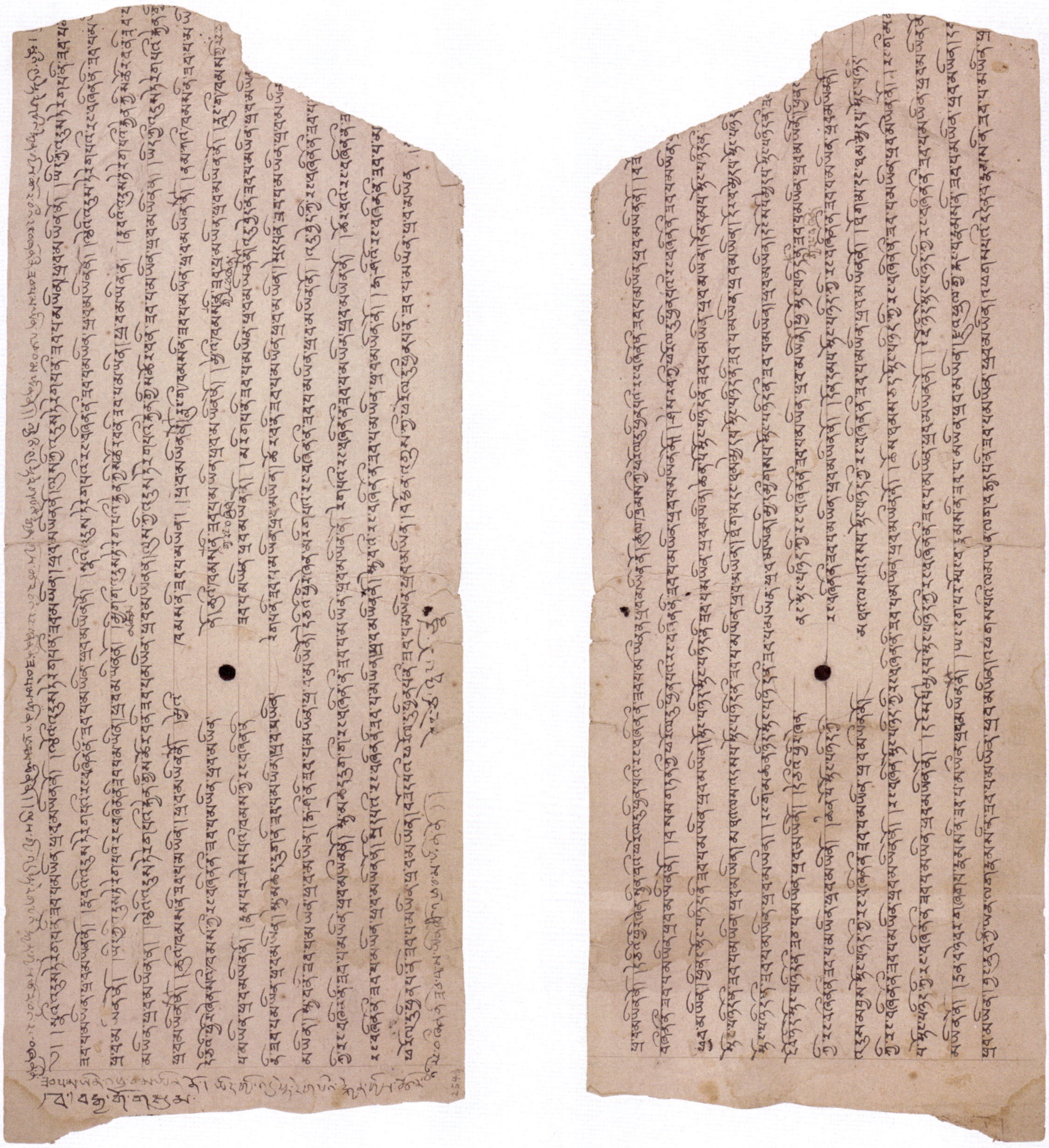

敦博 Db.t.0556 (R-V)　ཤེས་རབ་ཀྱི་ཕ་རོལ་ཏུ་ཕྱིན་པ་སྟོང་ཕྲག་བརྒྱ་པ།
十萬頌般若波羅蜜多經

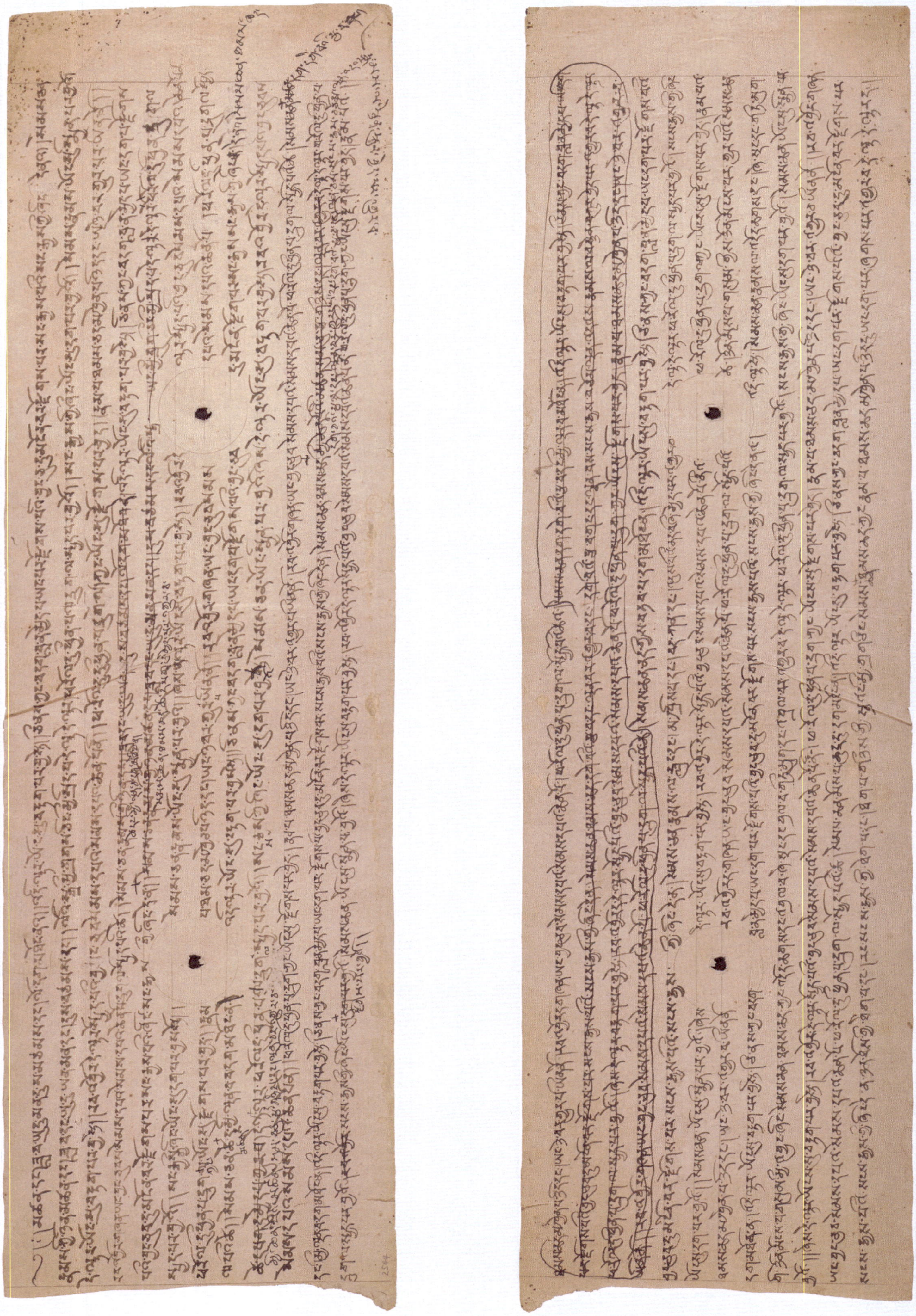

敦博 Db.t.0557 (R-V) ཤེས་རབ་ཀྱི་པ་རོལ་ཏུ་ཕྱིན་པ་སྟོང་ཕྲག་བརྒྱ་པ།
十萬頌般若波羅蜜多經

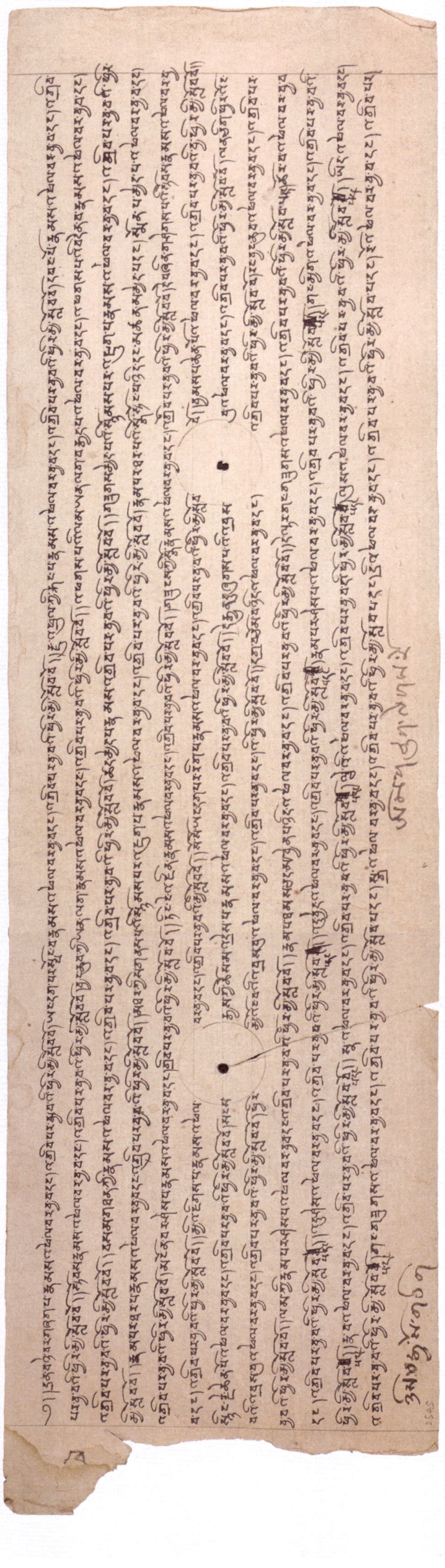

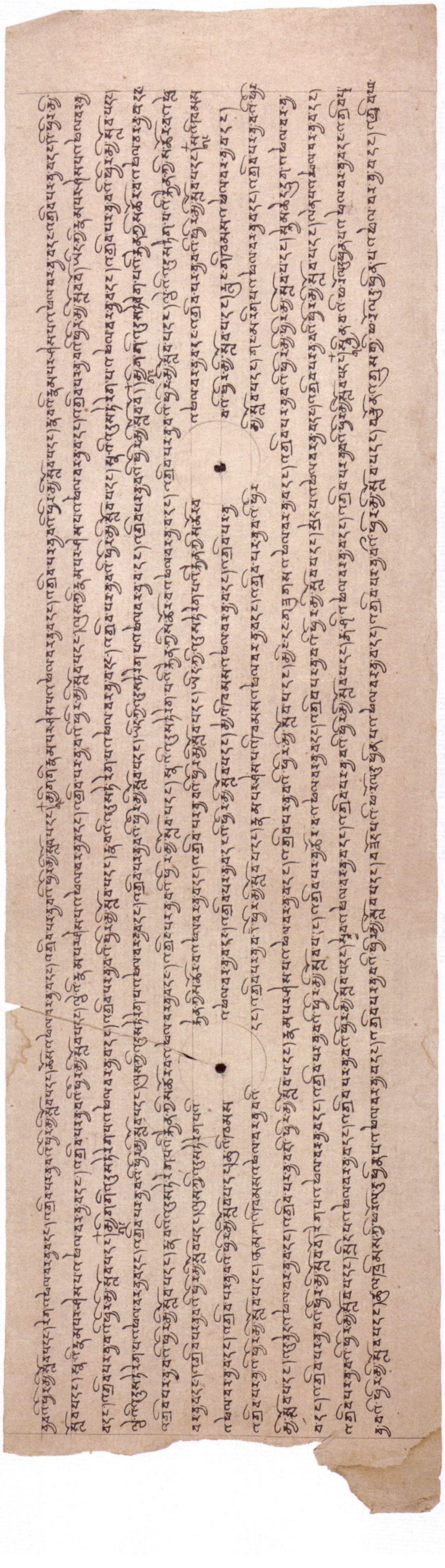

敦博 Db.t.0558 (R-V) ཤེས་རབ་ཀྱི་ཕ་རོལ་དུ་ཕྱིན་པ་སྟོང་ཕྲག་བརྒྱ་པ།
十萬頌般若波羅蜜多經

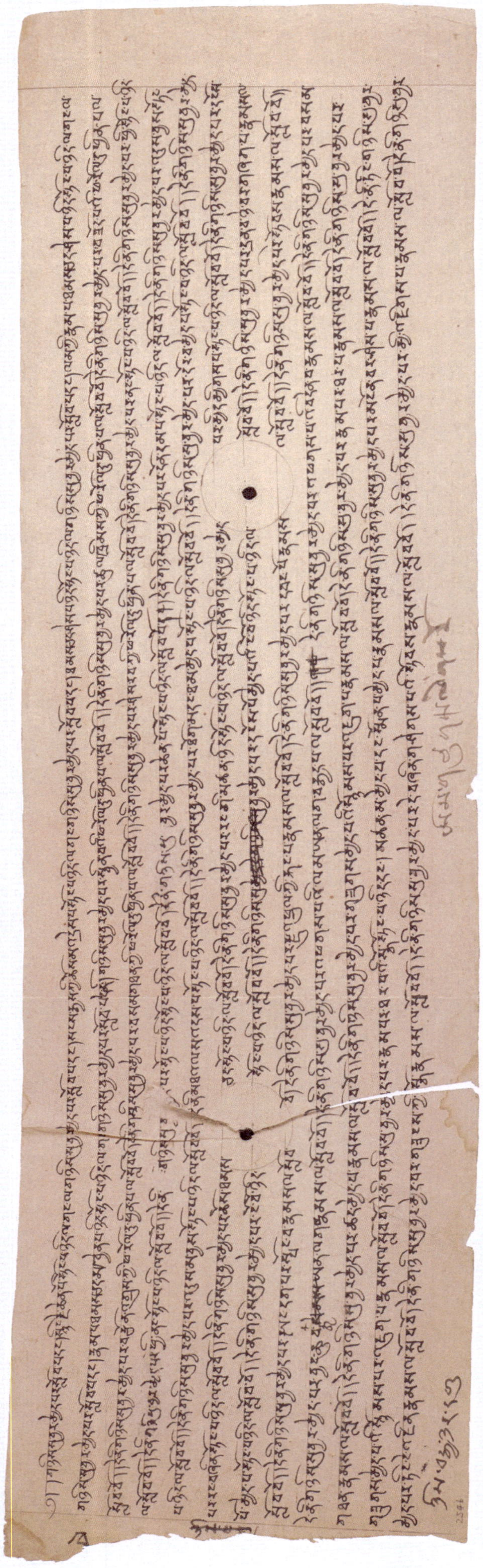

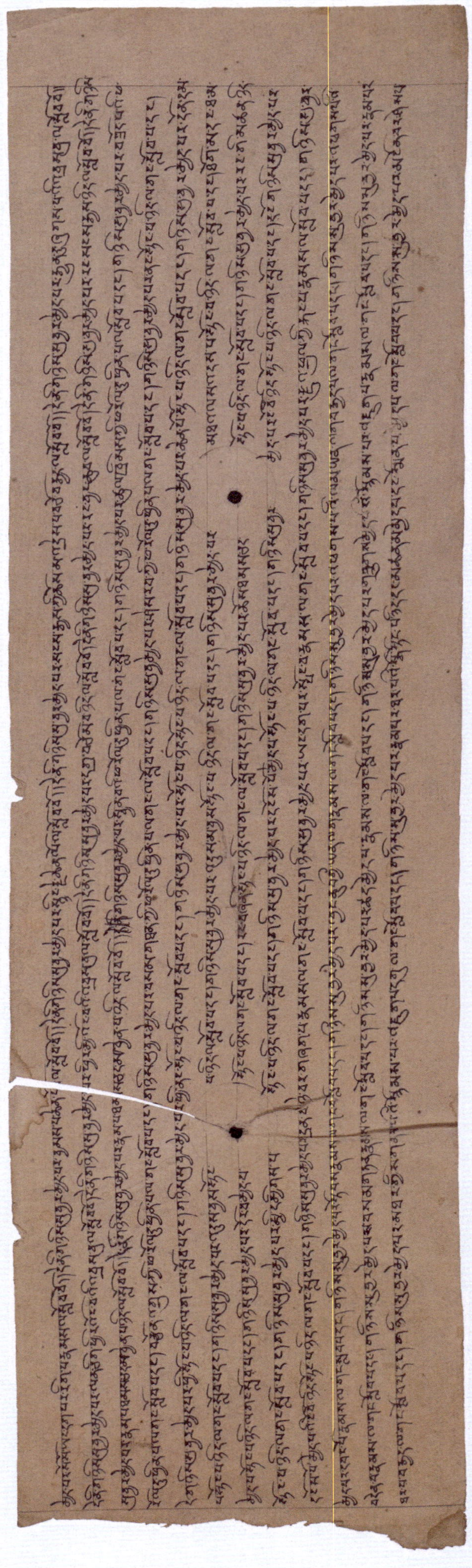

敦博 Db.t.0559 (R-V) ཤེས་རབ་ཀྱི་ཕ་རོལ་ཏུ་ཕྱིན་པ་སྟོང་ཕྲག་བརྒྱ་པ།
十萬頌般若波羅蜜多經

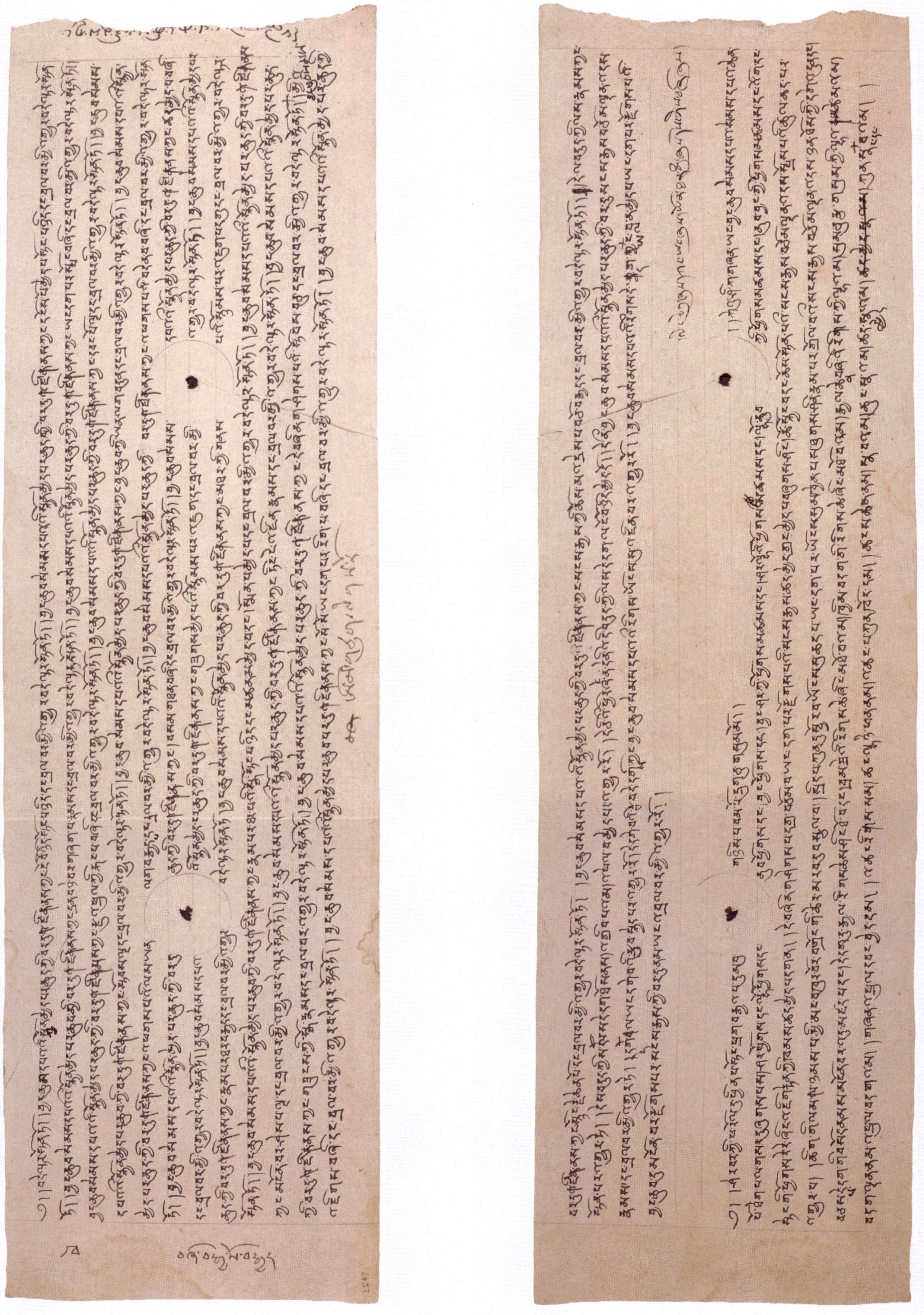

敦博 Db.t.0560 (R-V) ཤེས་རབ་ཀྱི་ཕ་རོལ་ཏུ་ཕྱིན་པ་སྟོང་ཕྲག་བརྒྱ་པ་དུམ་བུ་གཉིས་པ་བམ་པོ་དྲུག་ཅུ་གཉིས་དང་དྲུག་ཅུ་གསུམ་པོ།།
十萬頌般若波羅蜜多經第二卷第六十二、六十三品

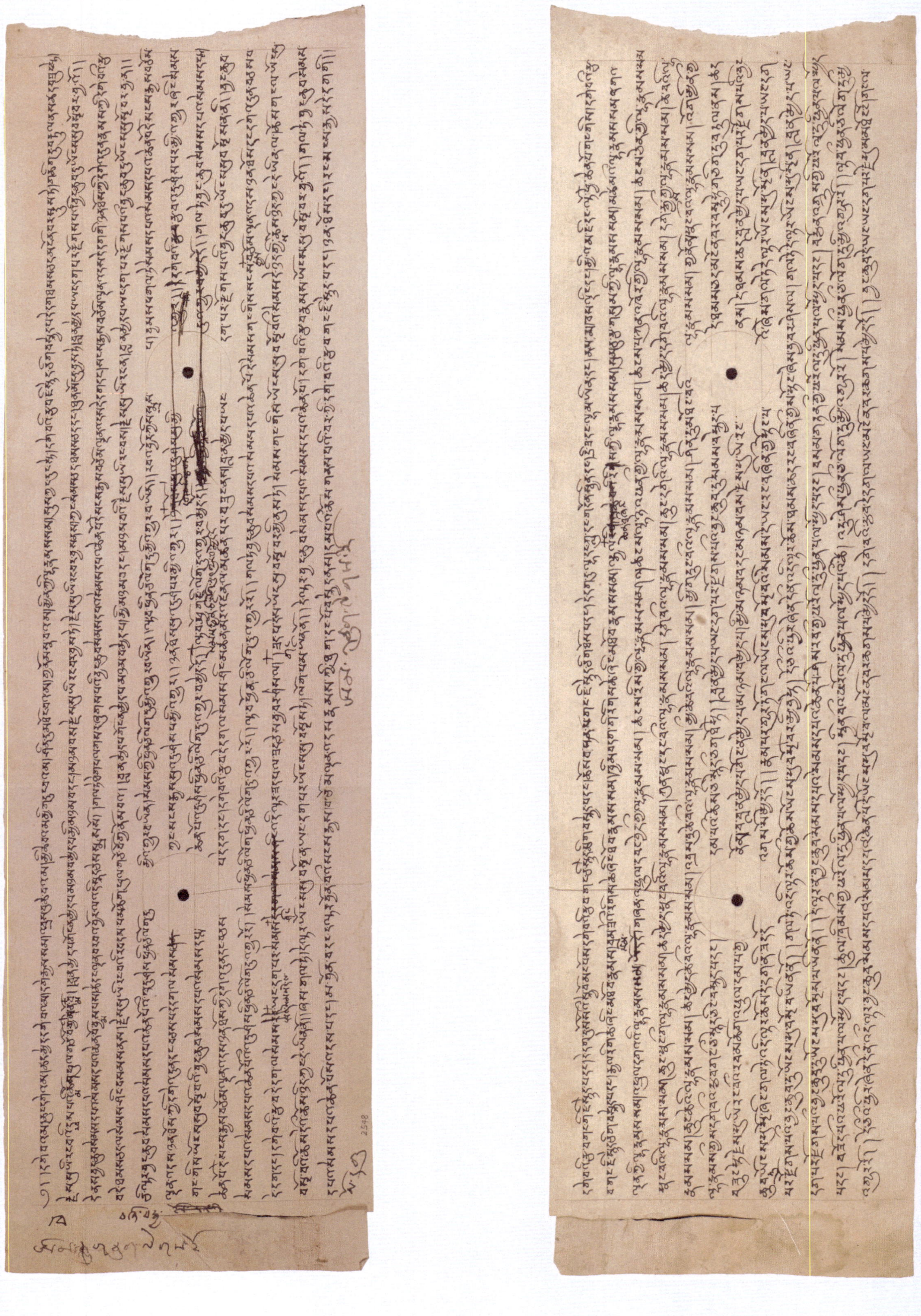

敦博 Db.t.0561 (R-V) ཤེས་རབ་ཀྱི་ཕ་རོལ་ཏུ་ཕྱིན་པ་སྟོང་ཕྲག་བརྒྱ་པ།
十萬頌般若波羅蜜多經

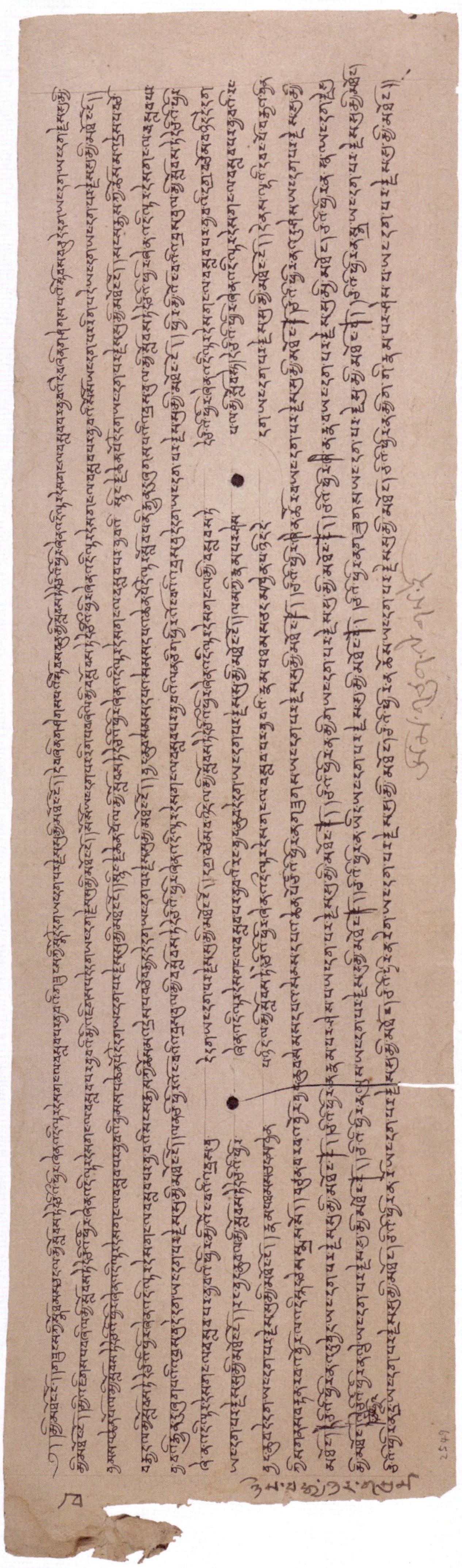

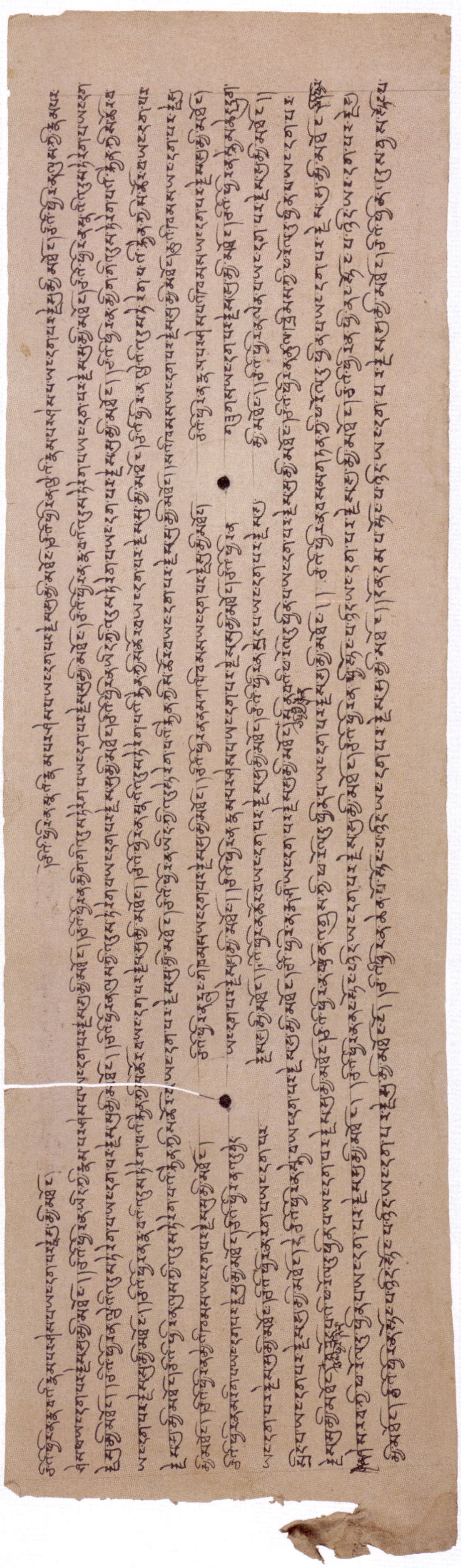

敦博 Db.t.0562 (R-V) ཤེས་རབ་ཀྱི་ཕ་རོལ་ཏུ་ཕྱིན་པ་སྟོང་ཕྲག་བརྒྱ་པ།
十萬頌般若波羅蜜多經

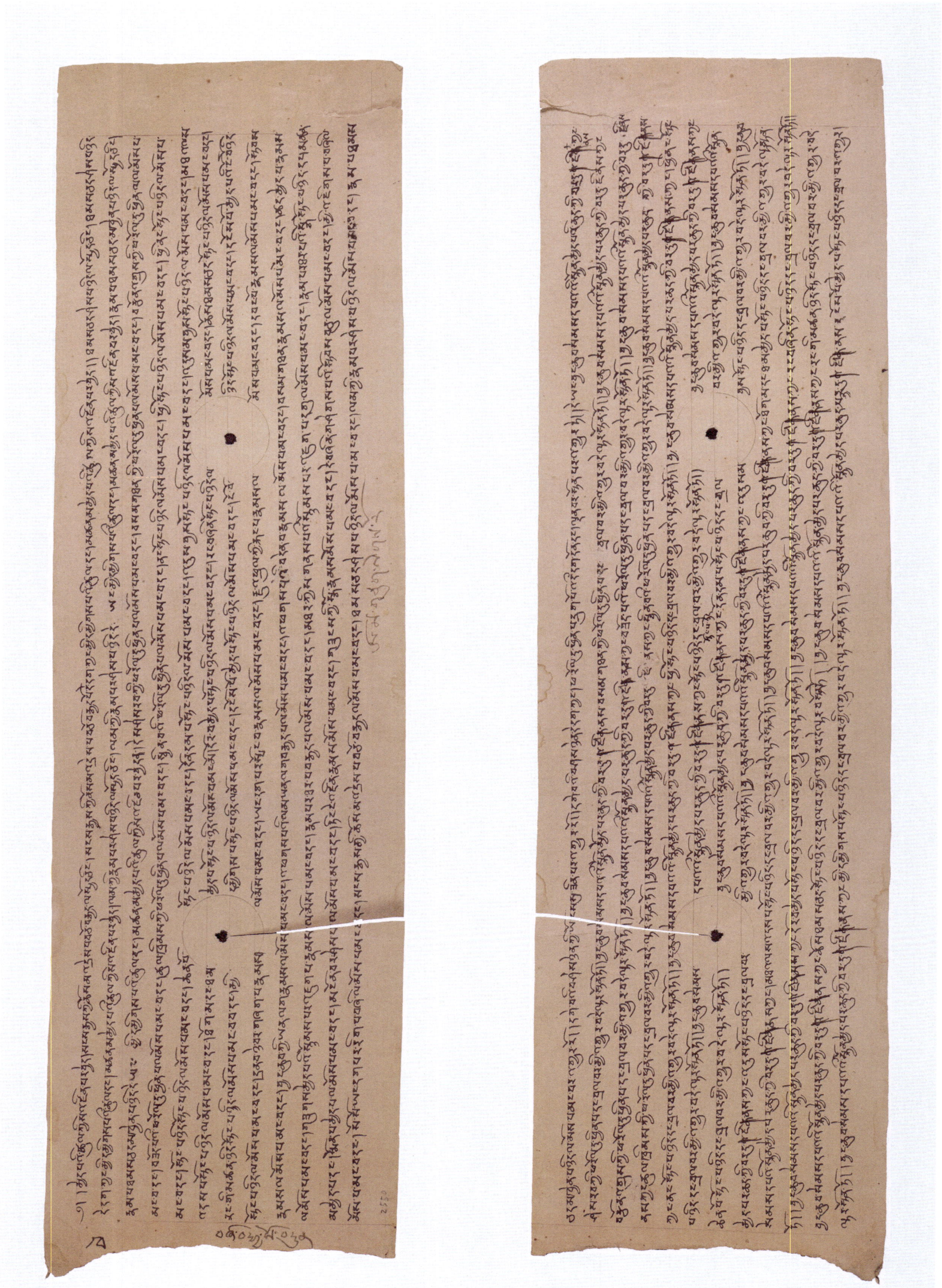

敦博 Db.t.0563 (R-V) ཤེས་རབ་ཀྱི་ཕ་རོལ་ཏུ་ཕྱིན་པ་སྟོང་ཕྲག་བརྒྱ་པ།
十萬頌般若波羅蜜多經

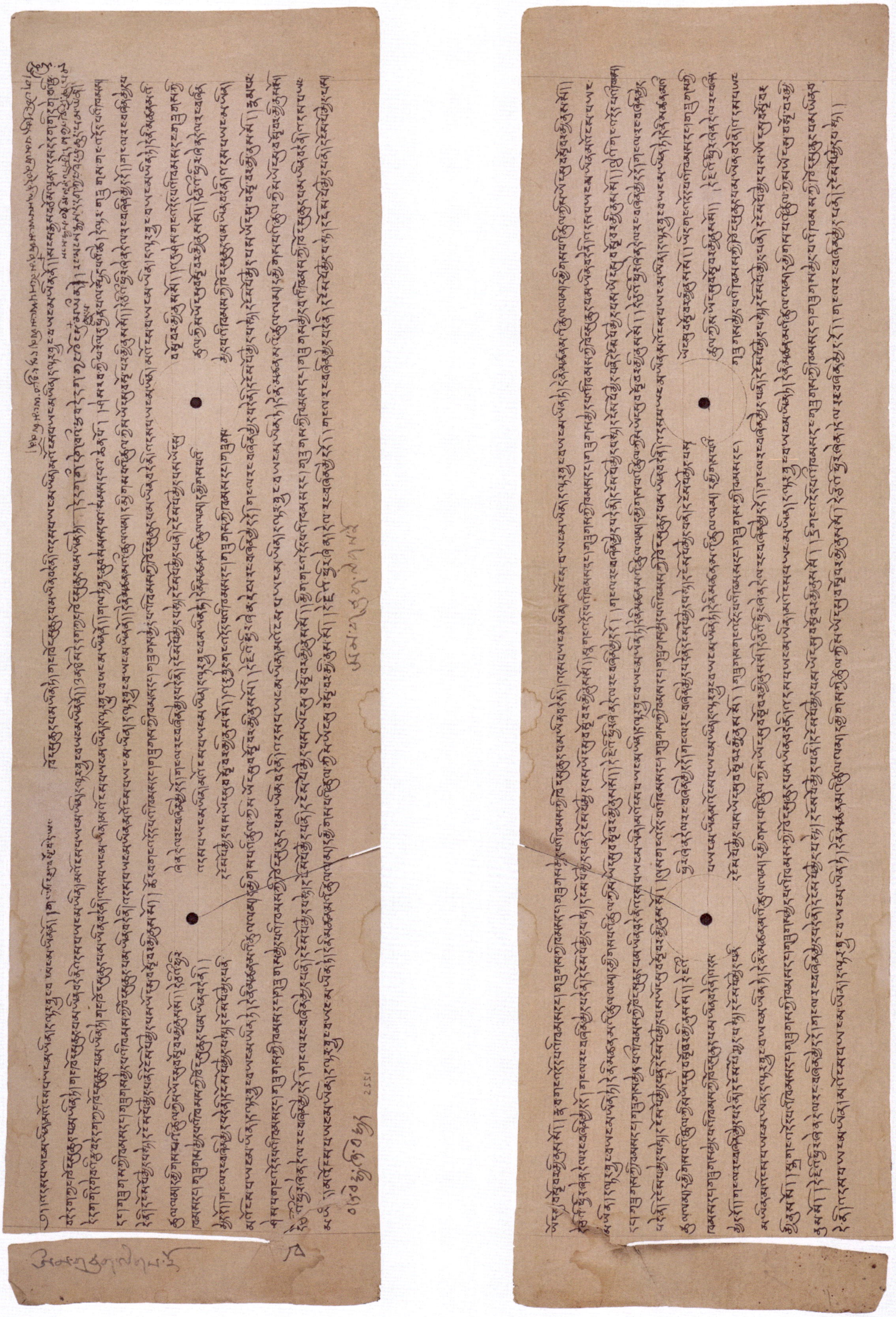

敦博 Db.t.0564 (R-V) ཤེས་རབ་ཀྱི་ཕ་རོལ་ཏུ་ཕྱིན་པ་སྟོང་ཕྲག་བརྒྱ་པ།
十萬頌般若波羅蜜多經

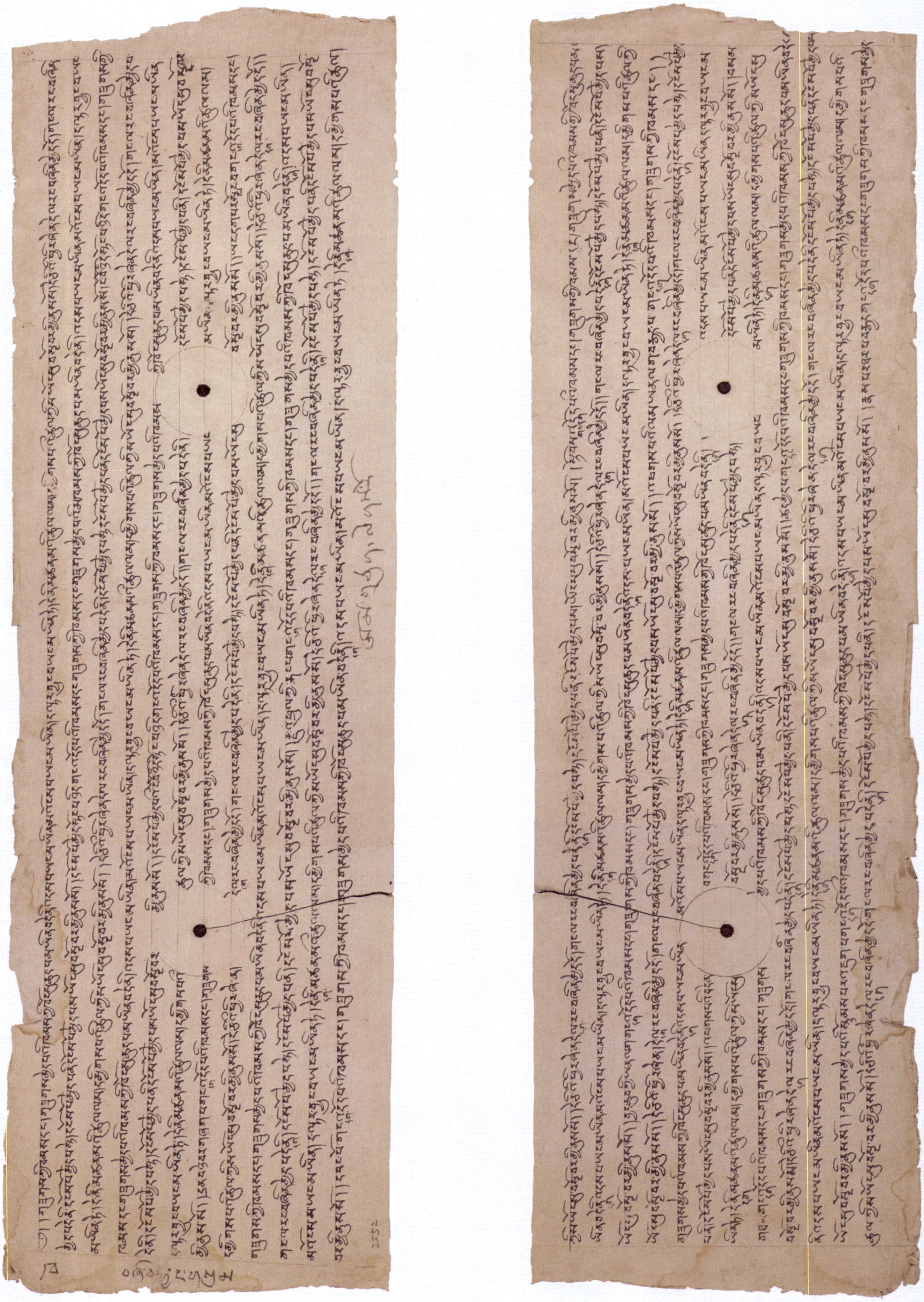

敦博 Db.t.0565 (R-V) ཤེས་རབ་ཀྱི་ཕ་རོལ་ཏུ་ཕྱིན་པ་སྟོང་ཕྲག་བརྒྱ་པ།
十萬頌般若波羅蜜多經

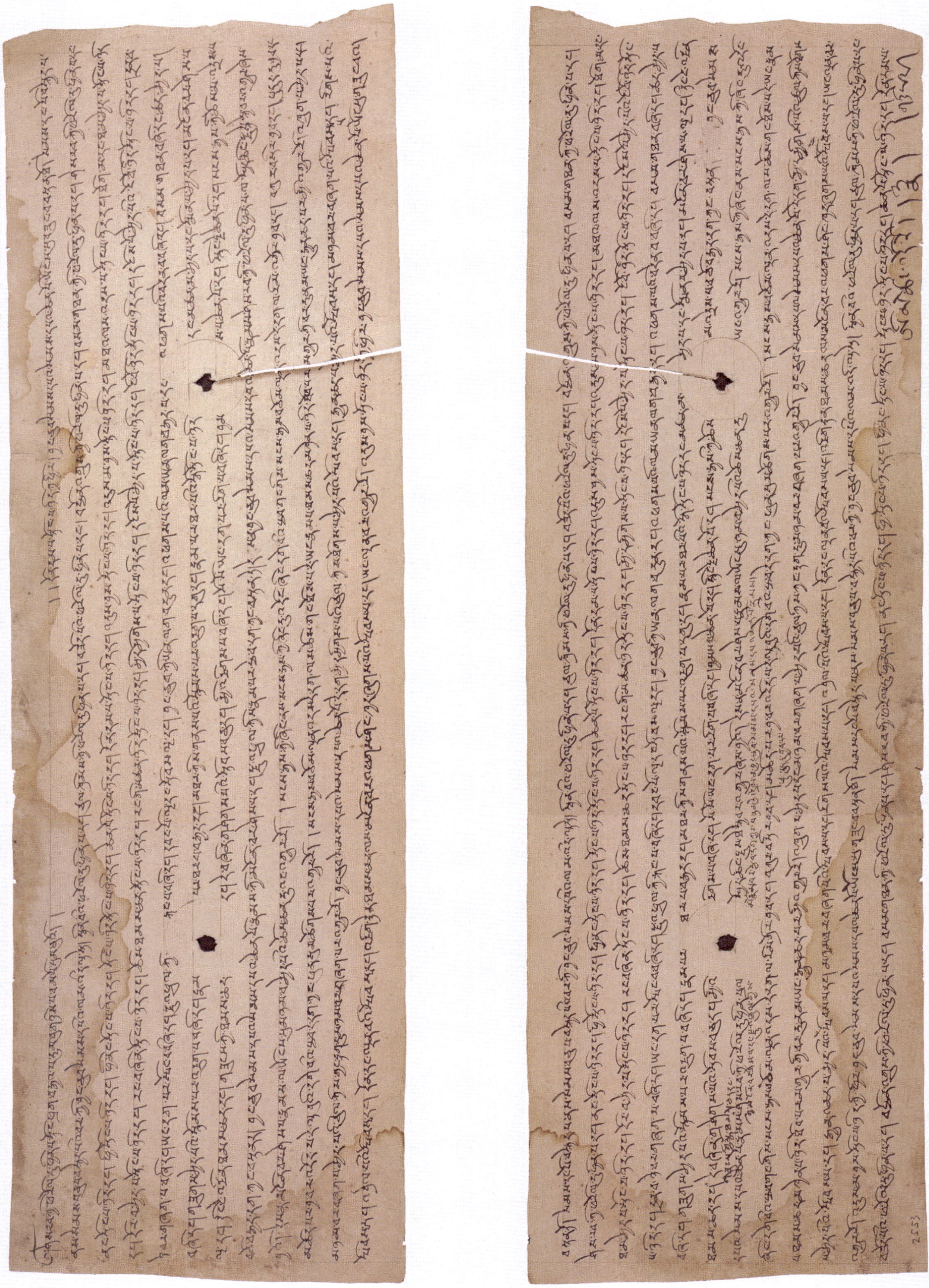

敦博 Db.t.0566 (R-V) ཤེས་རབ་ཀྱི་ཕ་རོལ་ཏུ་ཕྱིན་པ་སྟོང་ཕྲག་བརྒྱ་པ་དུམ་བུ་གཉིས་པ་བམ་པོ་སུམ་ཅུ་བོ།།
十萬頌般若波羅蜜多經第二卷第三十品

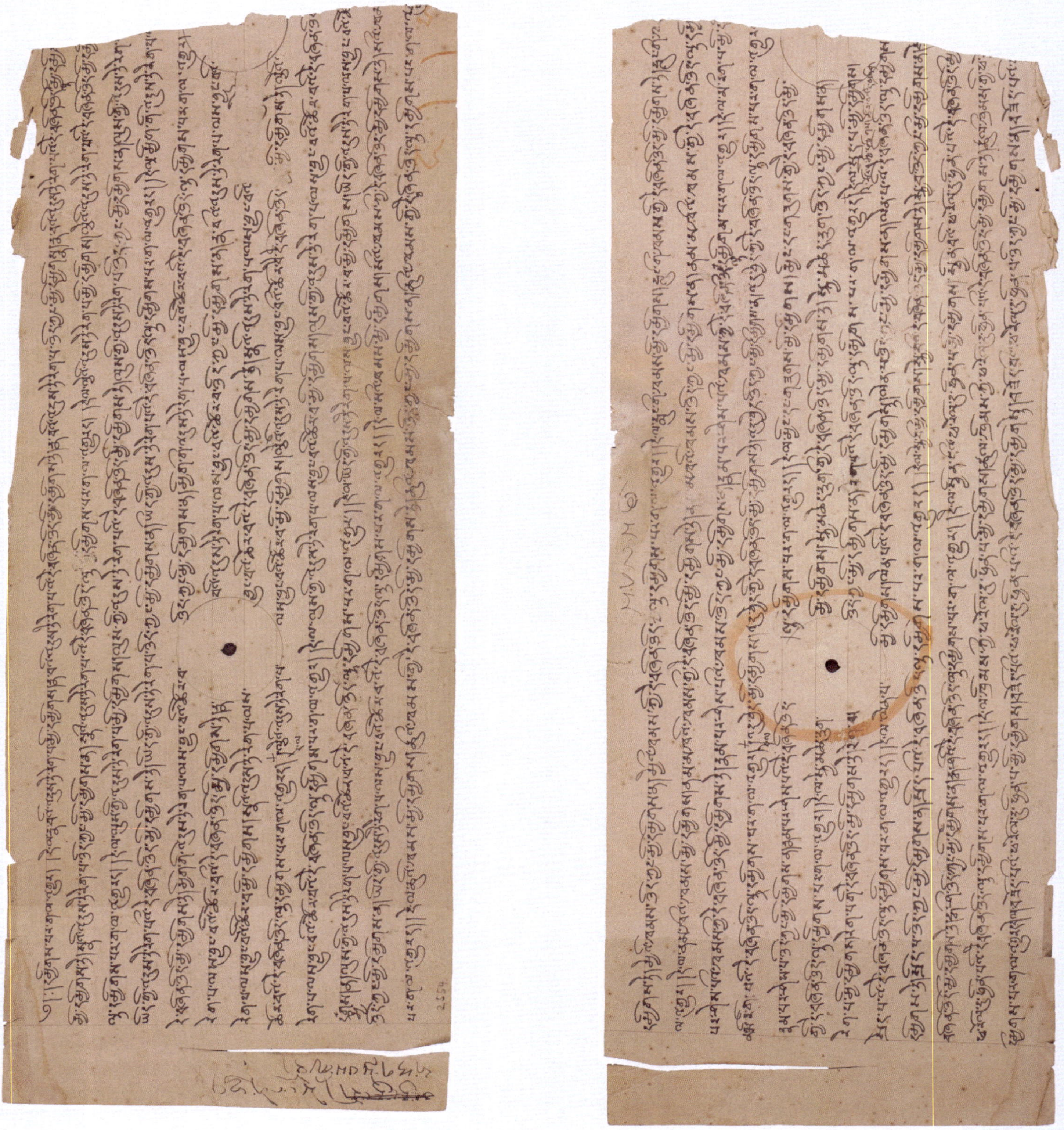

敦博 Db.t.0567 (R-V) ཤེས་རབ་ཀྱི་ཕ་རོལ་ཏུ་ཕྱིན་པ་སྟོང་ཕྲག་བརྒྱ་པ།
十萬頌般若波羅蜜多經

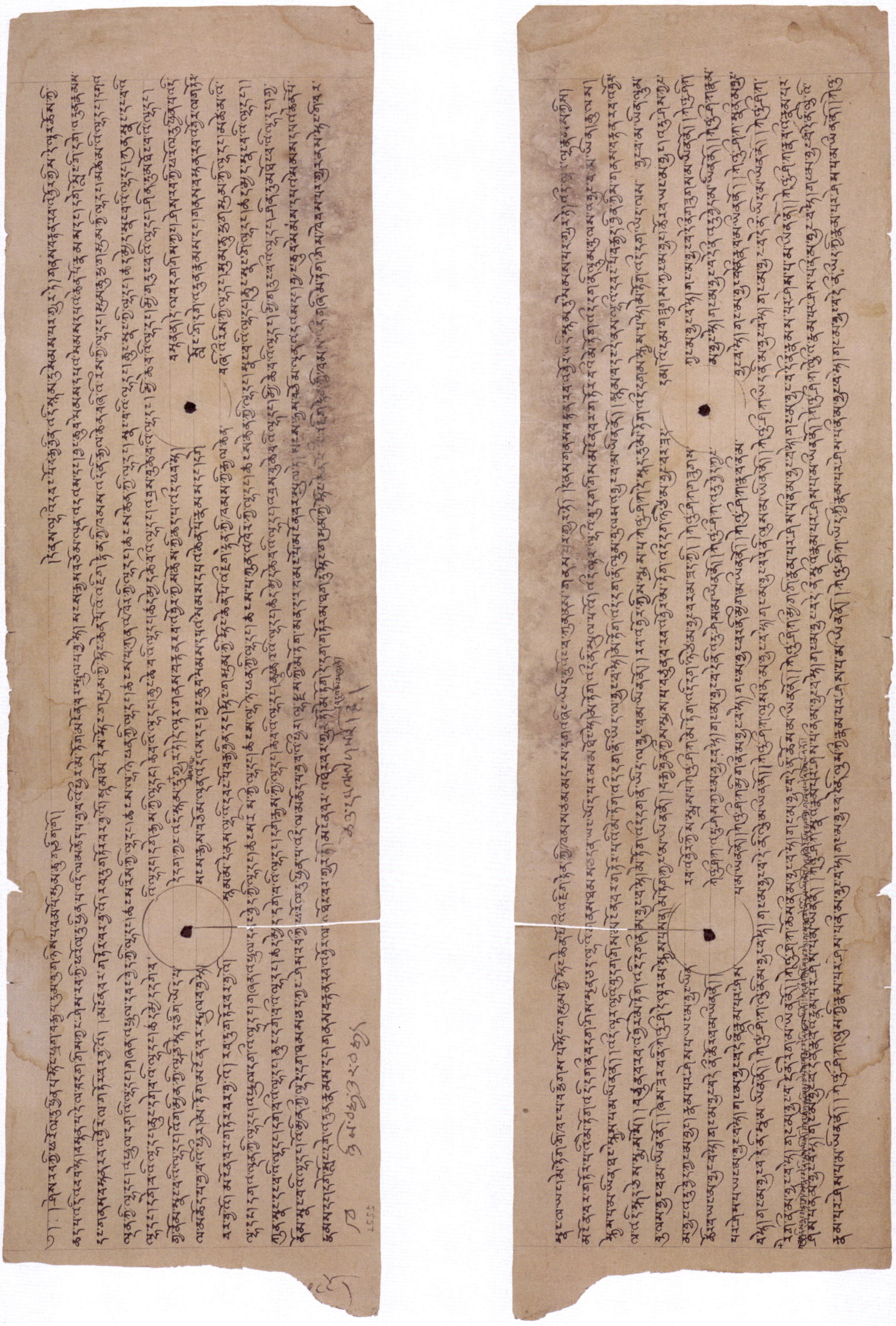

敦博 Db.t.0568 (R-V) ཤེས་རབ་ཀྱི་ཕ་རོལ་ཏུ་ཕྱིན་པ་སྟོང་ཕྲག་བརྒྱ་པ་དུམ་བུ་གཉིས་པ་བམ་པོ་སུམ་ཅུ་གཅིག་གོ།།
十萬頌般若波羅蜜多經第二卷第三十一品

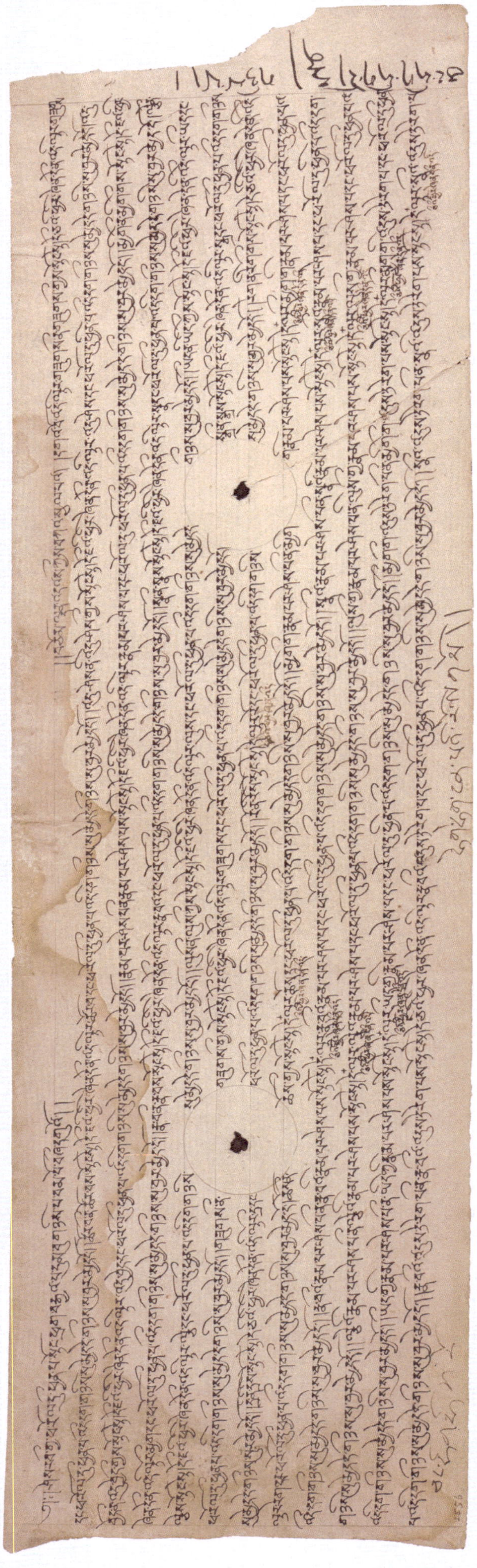

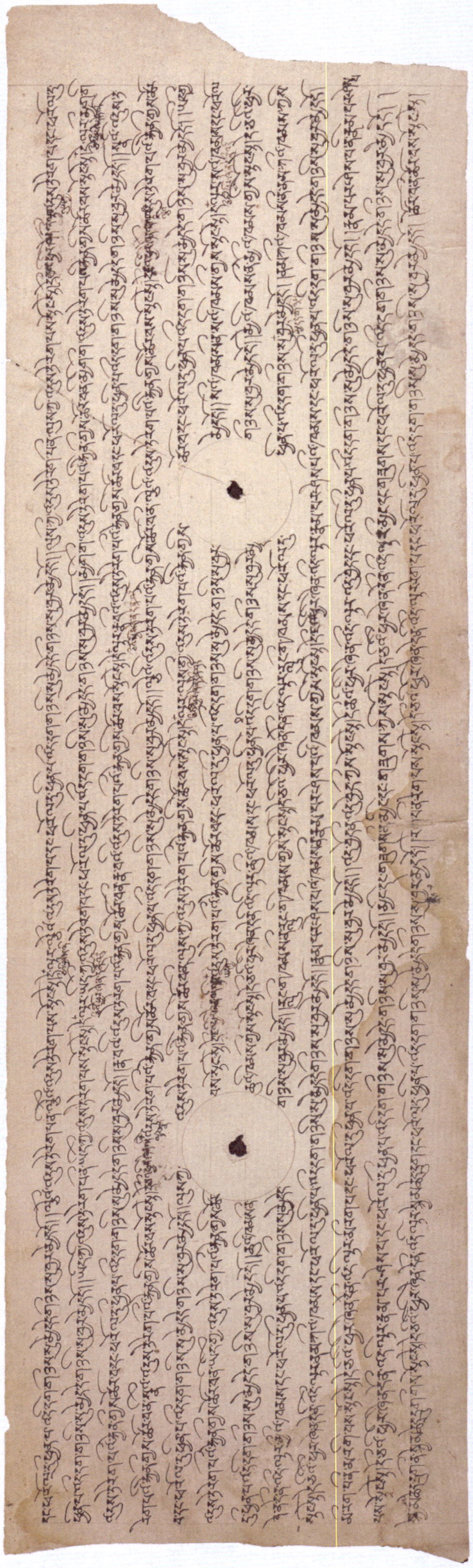

敦博 Db.t.0569 (R-V) ཤེས་རབ་ཀྱི་ཕ་རོལ་ཏུ་ཕྱིན་པ་སྟོང་ཕྲག་བརྒྱ་པ་བམ་པོ་གཉིས་པ་བམ་པོ་བཞི་དགུ་བོ།།
十萬頌般若波羅蜜多經第二卷第四十九品

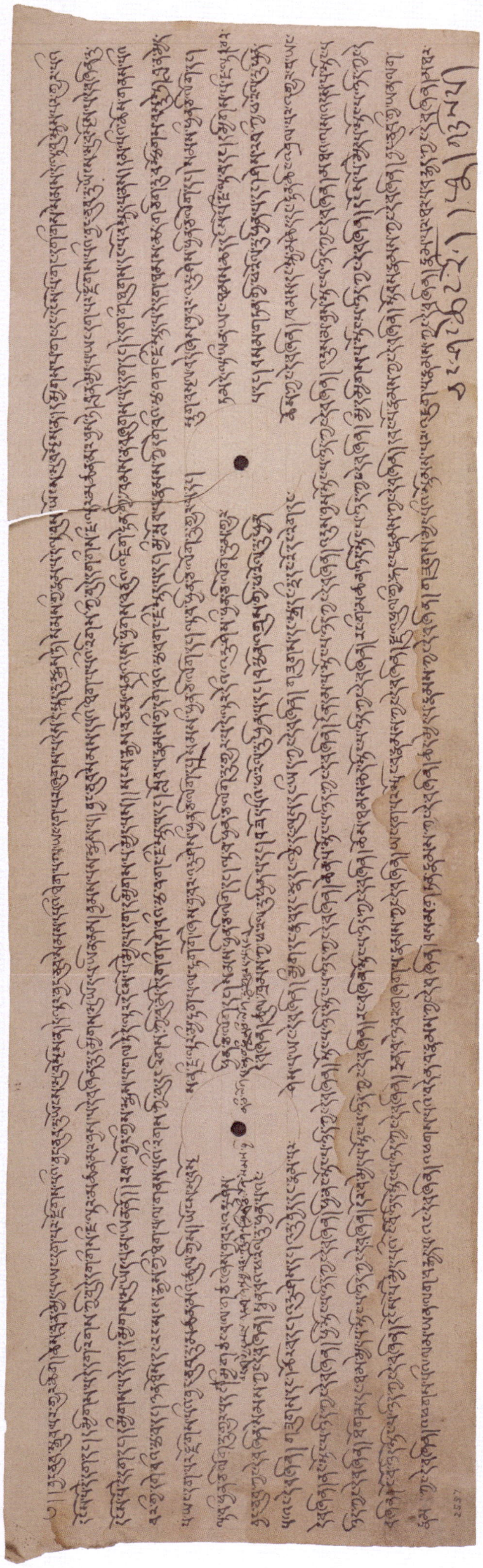

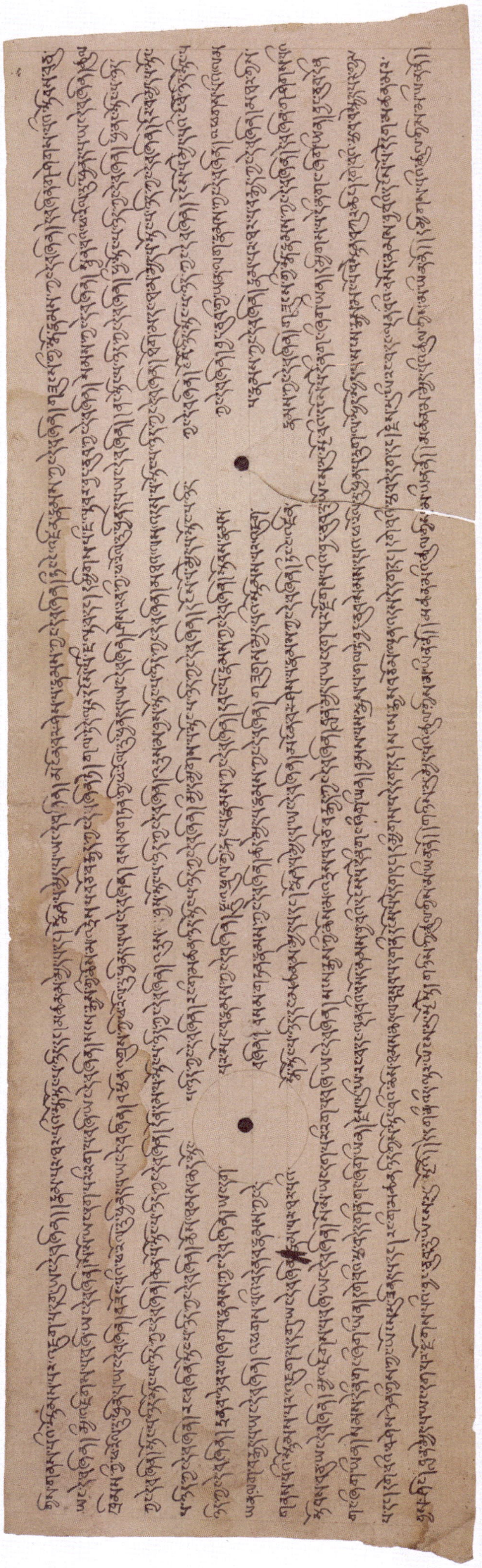

敦博 Db.t.0570 (R-V) ཤེས་རབ་ཀྱི་ཕ་རོལ་ཏུ་ཕྱིན་པ་སྟོང་ཕྲག་བརྒྱ་པ།
十萬頌般若波羅蜜多經

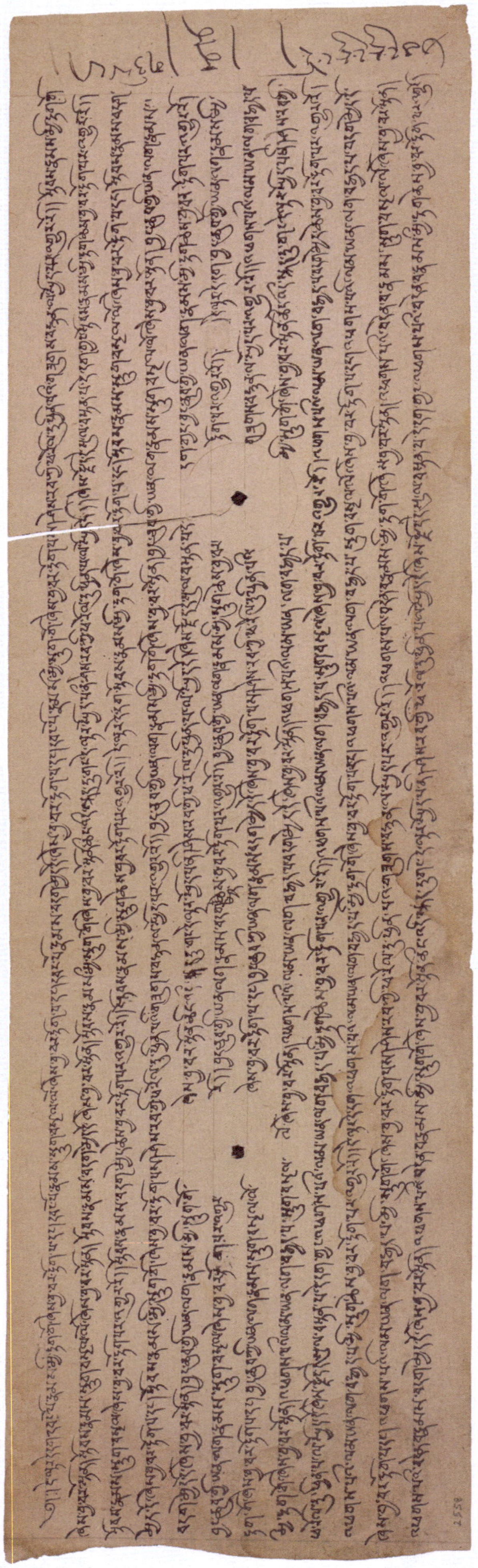

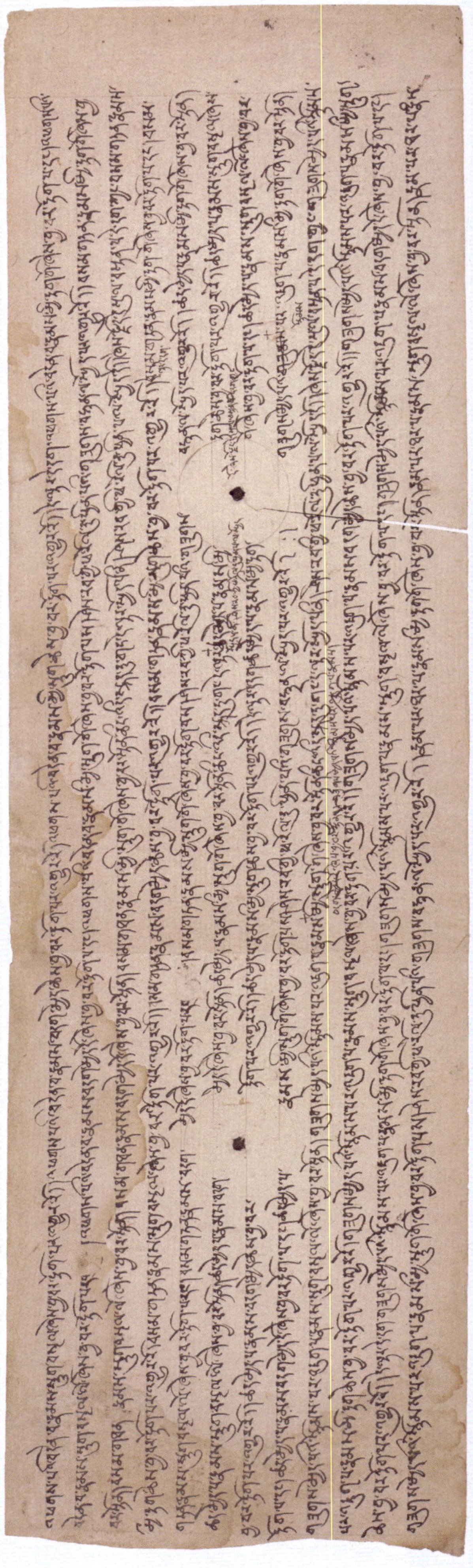

敦博 Db.t.0571 (R-V) ཤེས་རབ་ཀྱི་ཕ་རོལ་ཏུ་ཕྱིན་པ་སྟོང་ཕྲག་བརྒྱ་པ།
十萬頌般若波羅蜜多經

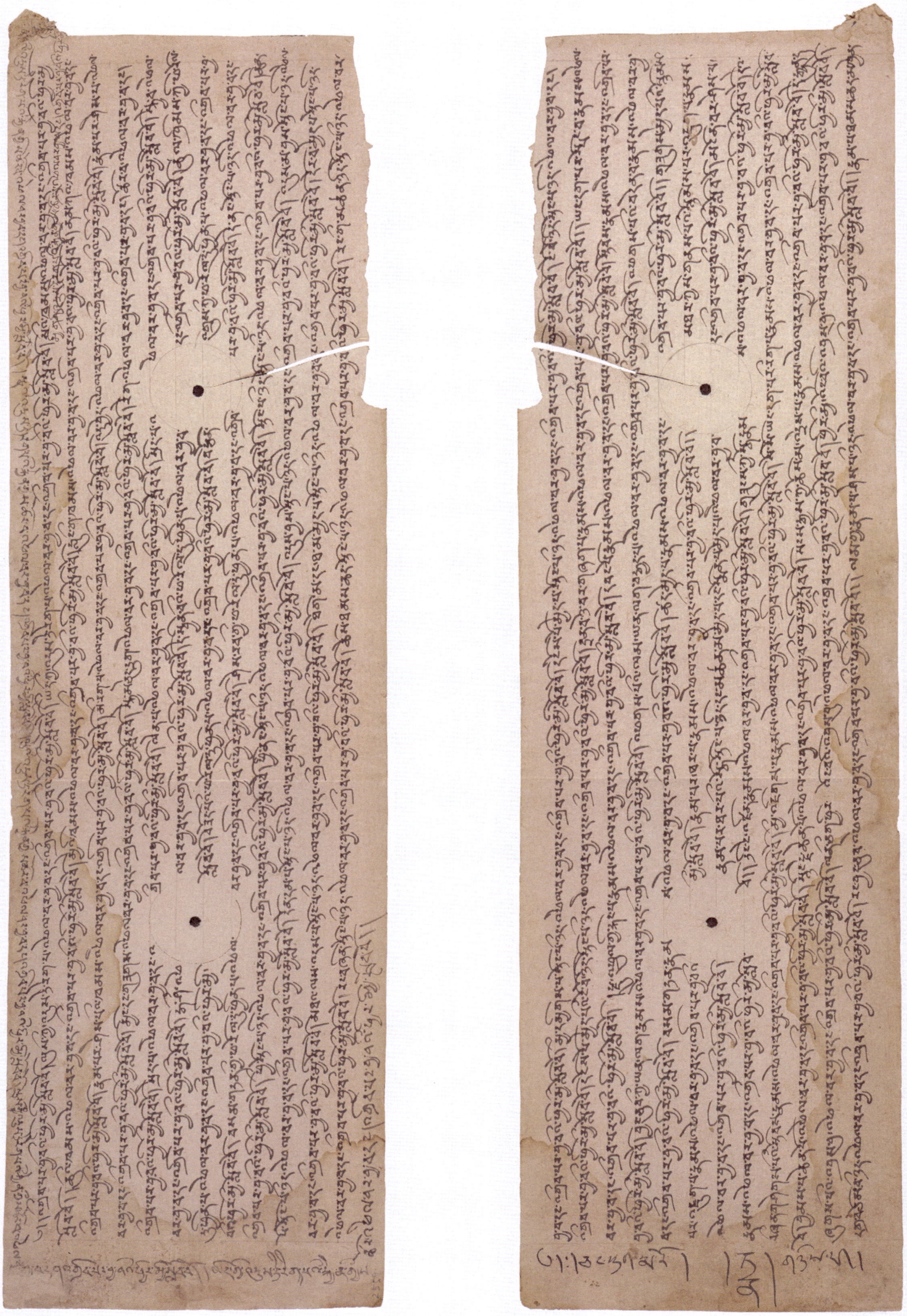

敦博 Db.t.0572 (R-V) ཤེས་རབ་ཀྱི་ཕ་རོལ་ཏུ་ཕྱིན་པ་སྟོང་ཕྲག་བརྒྱ་པ།
十萬頌般若波羅蜜多經

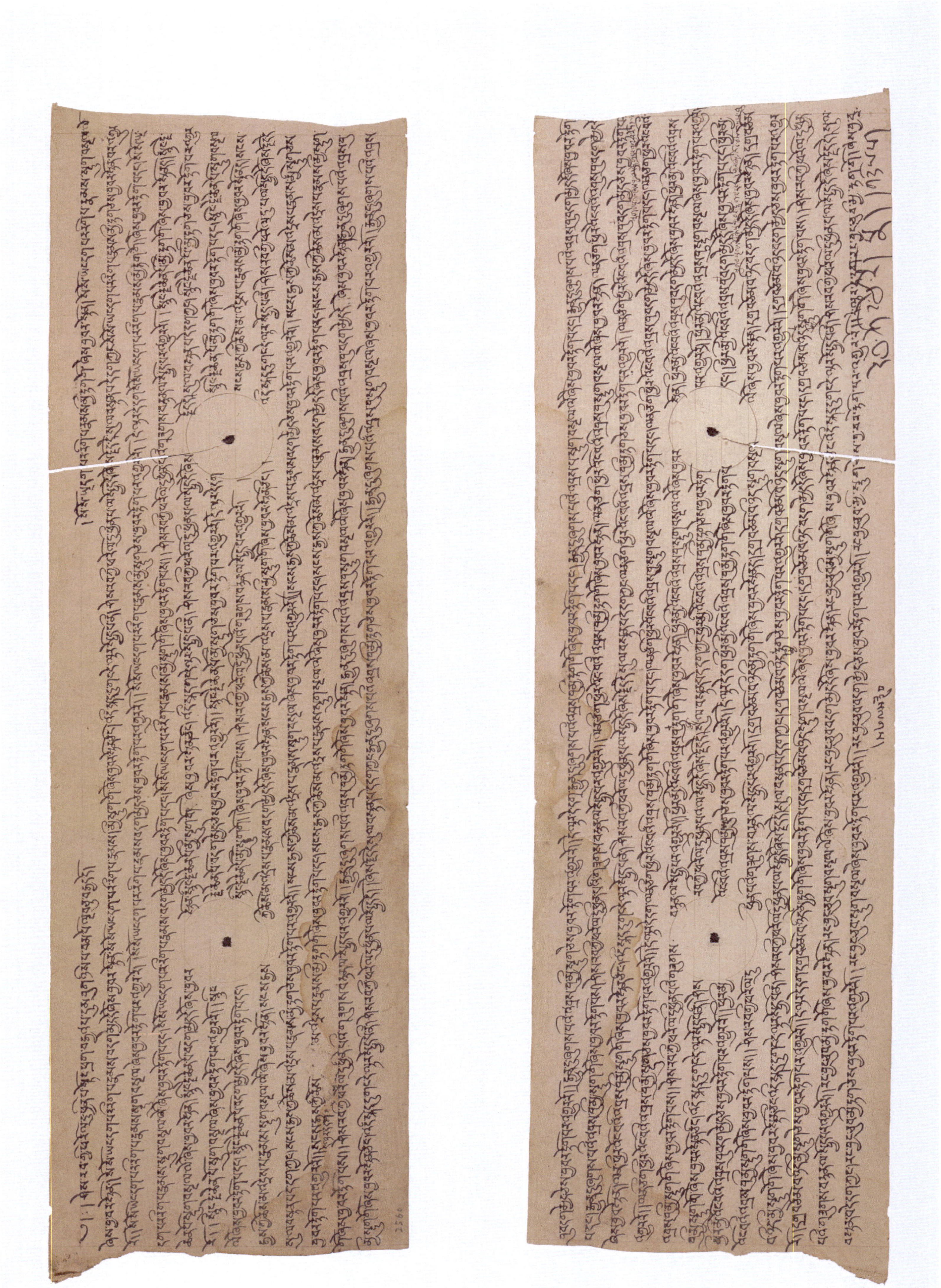

敦博 Db.t.0573 (R-V) ཤེས་རབ་ཀྱི་ཕ་རོལ་ཏུ་ཕྱིན་པ་སྟོང་ཕྲག་བརྒྱའ་པ་དུམ་བུ་གཉིས་པ་བམ་པོ་ལྔ་བཅུ་བརྒྱད་དོ།།
十萬頌般若波羅蜜多經第二卷第五十八品

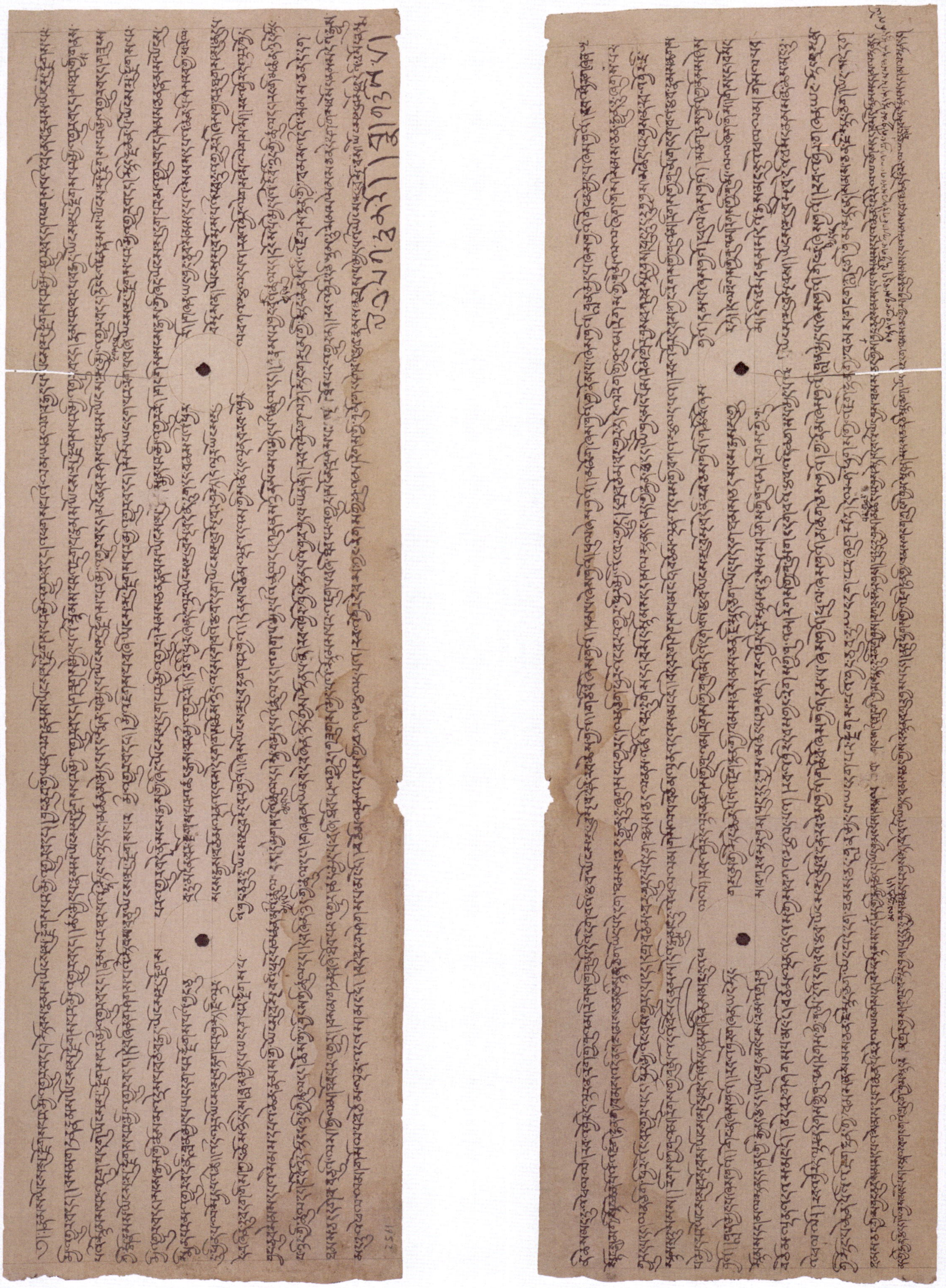

敦博 Db.t.0574 (R-V)　ཤེས་རབ་ཀྱི་ཕ་རོལ་ཏུ་ཕྱིན་པ་སྟོང་ཕྲག་བརྒྱ་པ།
十萬頌般若波羅蜜多經

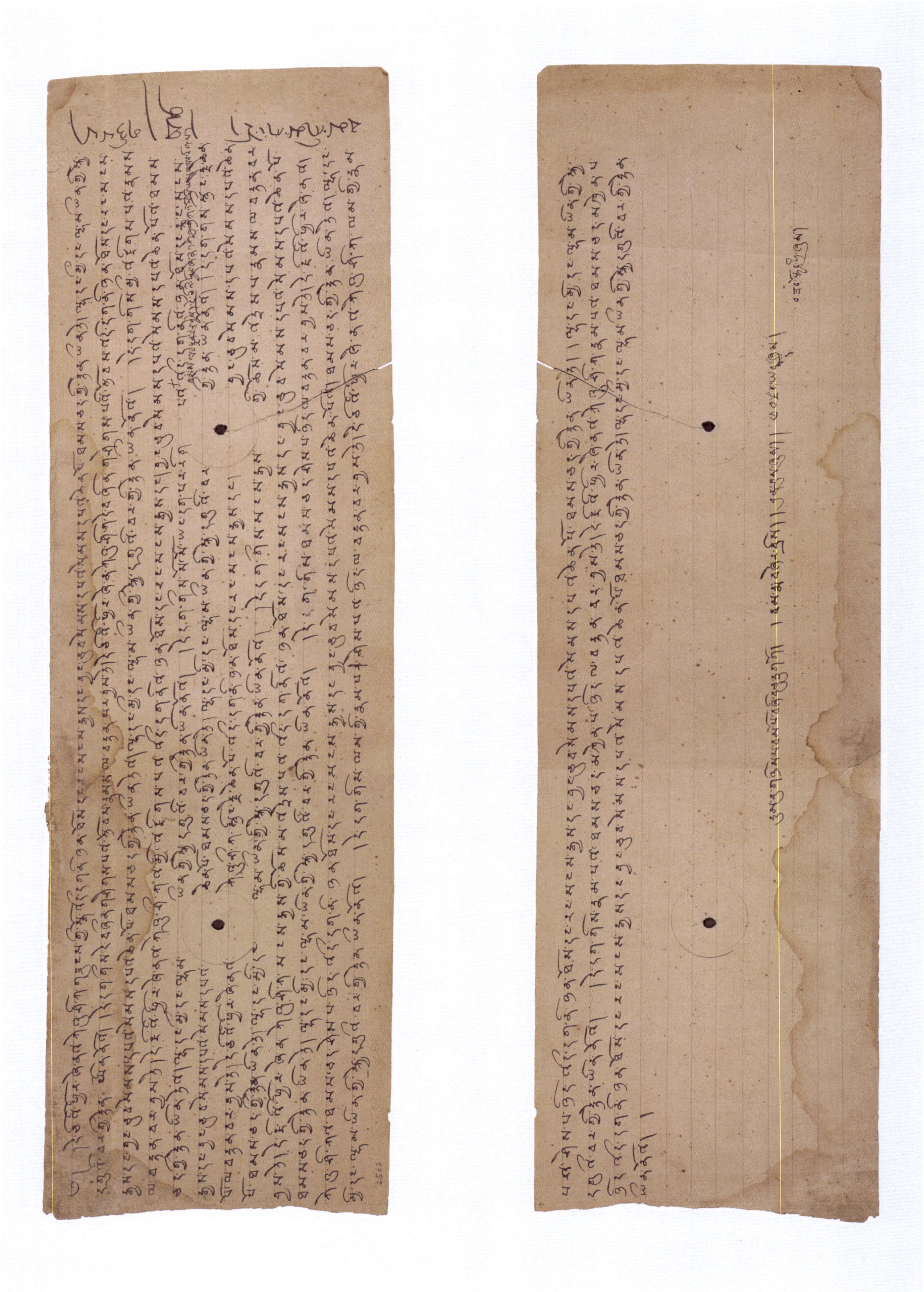

敦博 Db.t.0575 (R-V) ཤེས་རབ་ཀྱི་ཕ་རོལ་ཏུ་ཕྱིན་པ་སྟོང་ཕྲག་བརྒྱ་པ་དུམ་བུ་གཉིས་པ་བམ་པོ་བཞི་བཅུ་དྲུག་པོ།།
十萬頌般若波羅蜜多經第二卷第四十六品

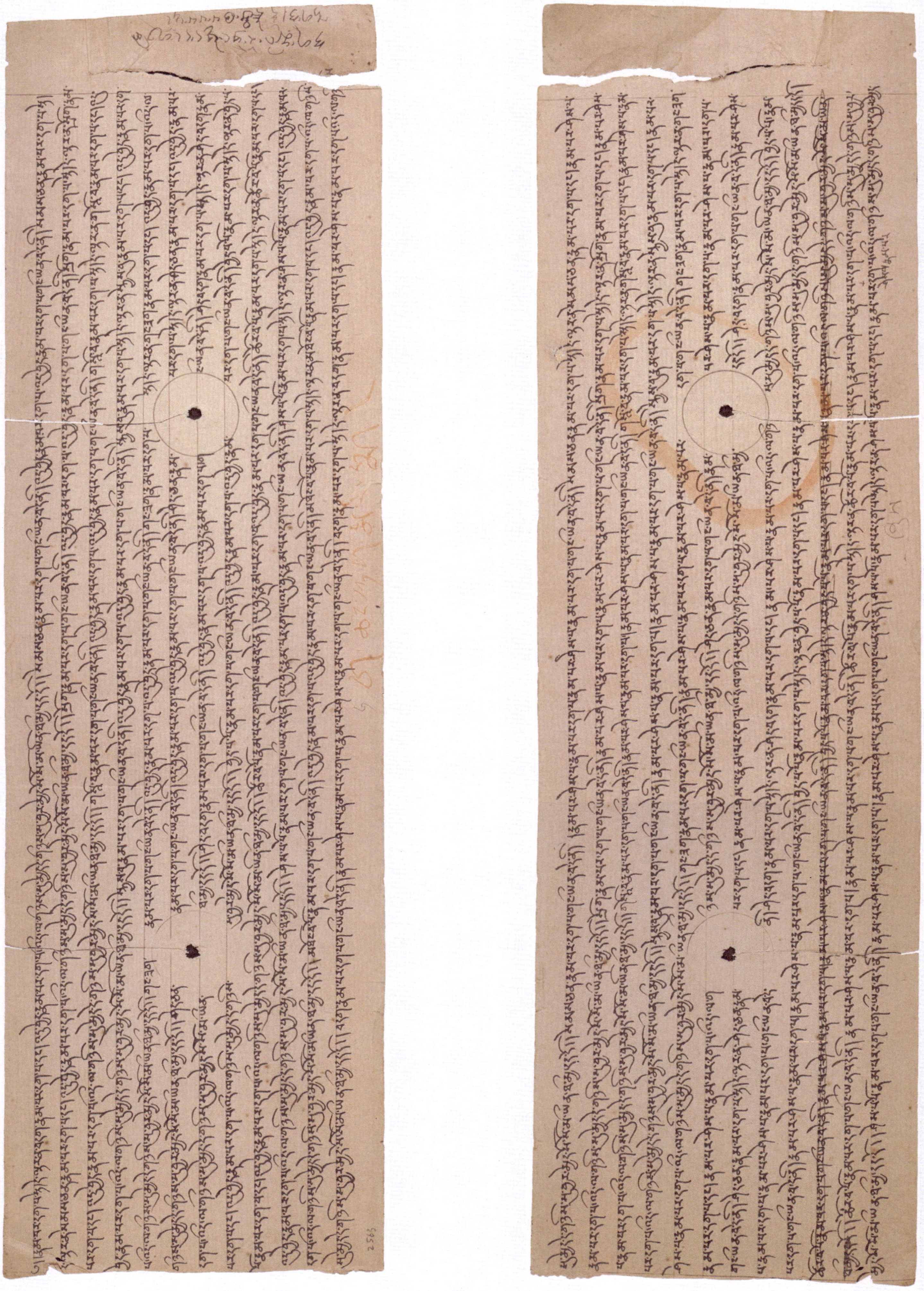

敦博 Db.t.0576 (R-V) ཤེས་རབ་ཀྱི་ཕ་རོལ་ཏུ་ཕྱིན་པ་སྟོང་ཕྲག་བརྒྱ་པ།
十萬頌般若波羅蜜多經

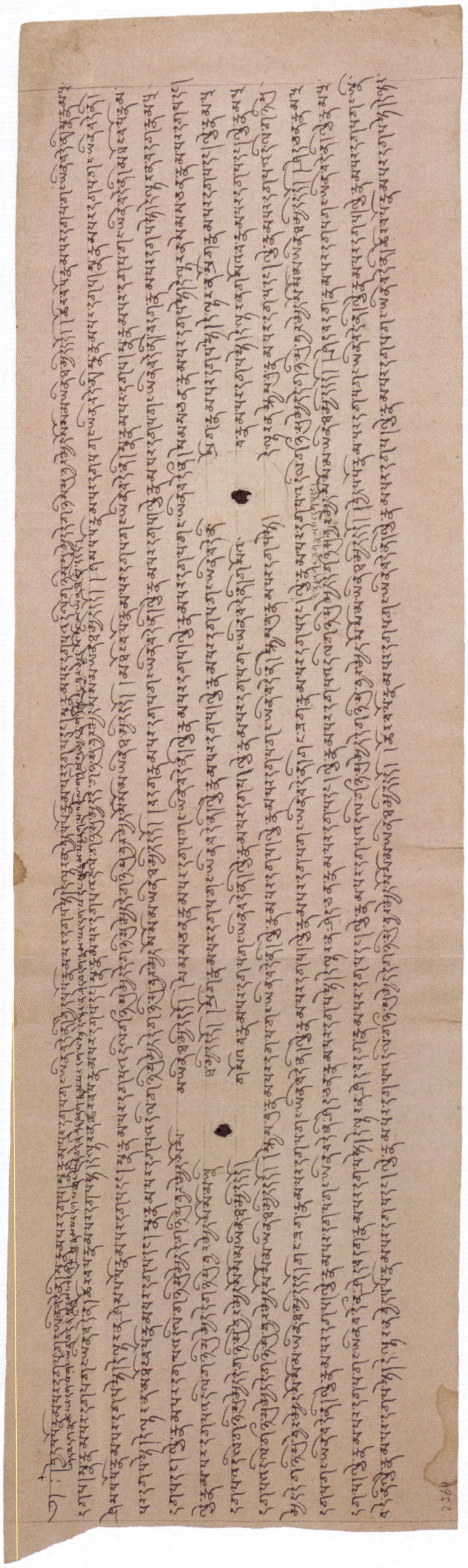 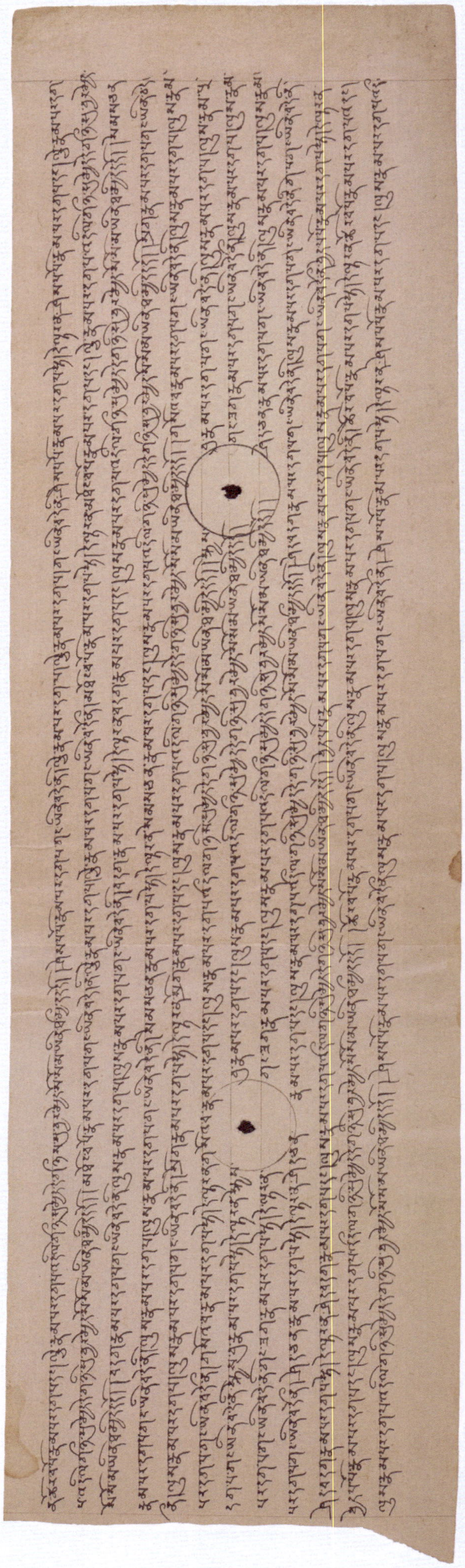

敦博 Db.t.0577 (R-V) ཤེས་རབ་ཀྱི་ཕ་རོལ་ཏུ་ཕྱིན་པ་སྟོང་ཕྲག་བརྒྱ་པ།
十萬頌般若波羅蜜多經

敦博 Db.t.0578 (R-V) ཤེས་རབ་ཀྱི་ཕ་རོལ་ཏུ་ཕྱིན་པ་སྟོང་ཕྲག་བརྒྱ་པ།
十萬頌般若波羅蜜多經

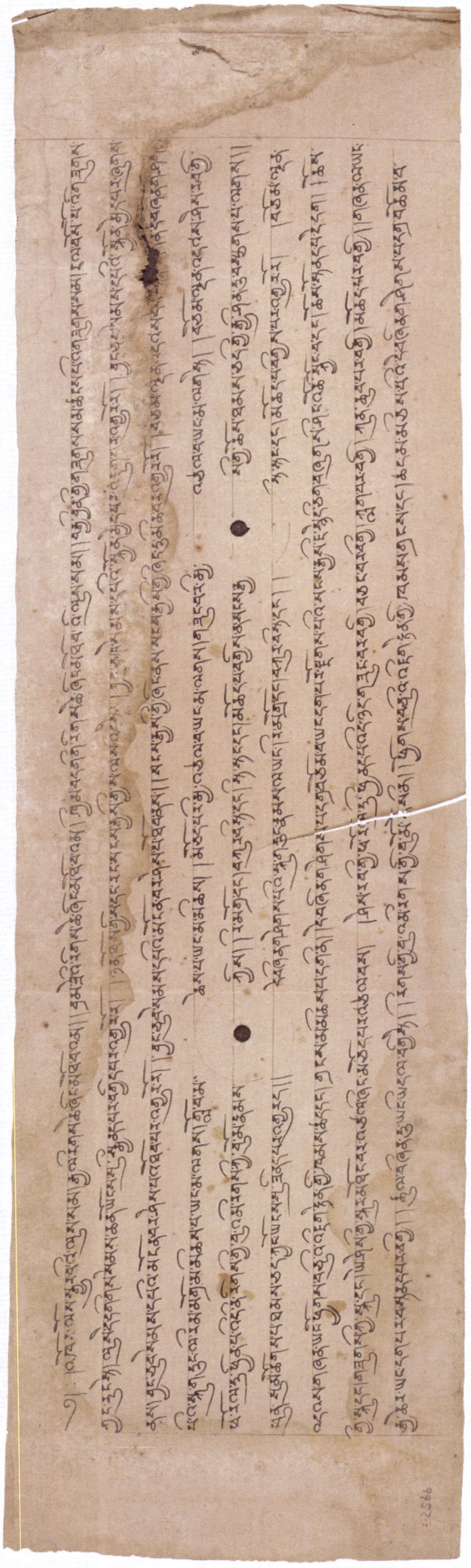

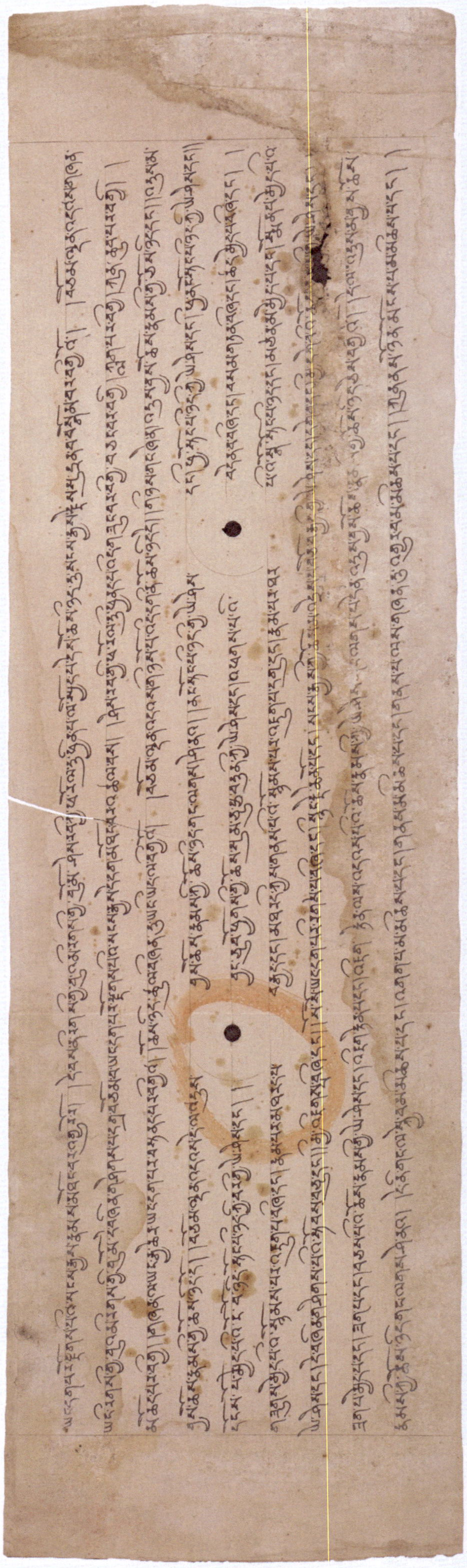

敦博 Db.t.0579 (R-V) ཤེས་རབ་ཀྱི་ཕ་རོལ་ཏུ་ཕྱིན་པ་སྟོང་ཕྲག་བརྒྱ་པ།
十萬頌般若波羅蜜多經

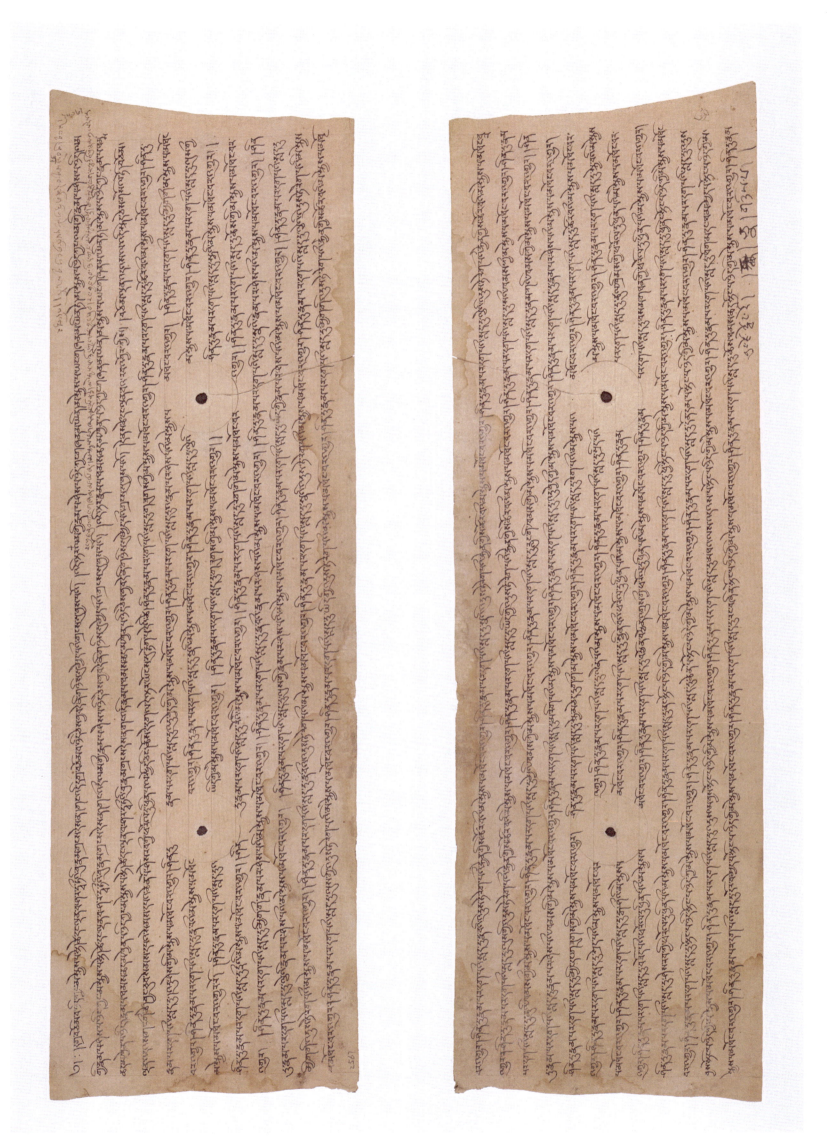

敦博 Db.t.0580 (R-V) ཤེས་རབ་ཀྱི་ཕ་རོལ་ཏུ་ཕྱིན་པ་སྟོང་ཕྲག་བརྒྱ་པ།
十萬頌般若波羅蜜多經

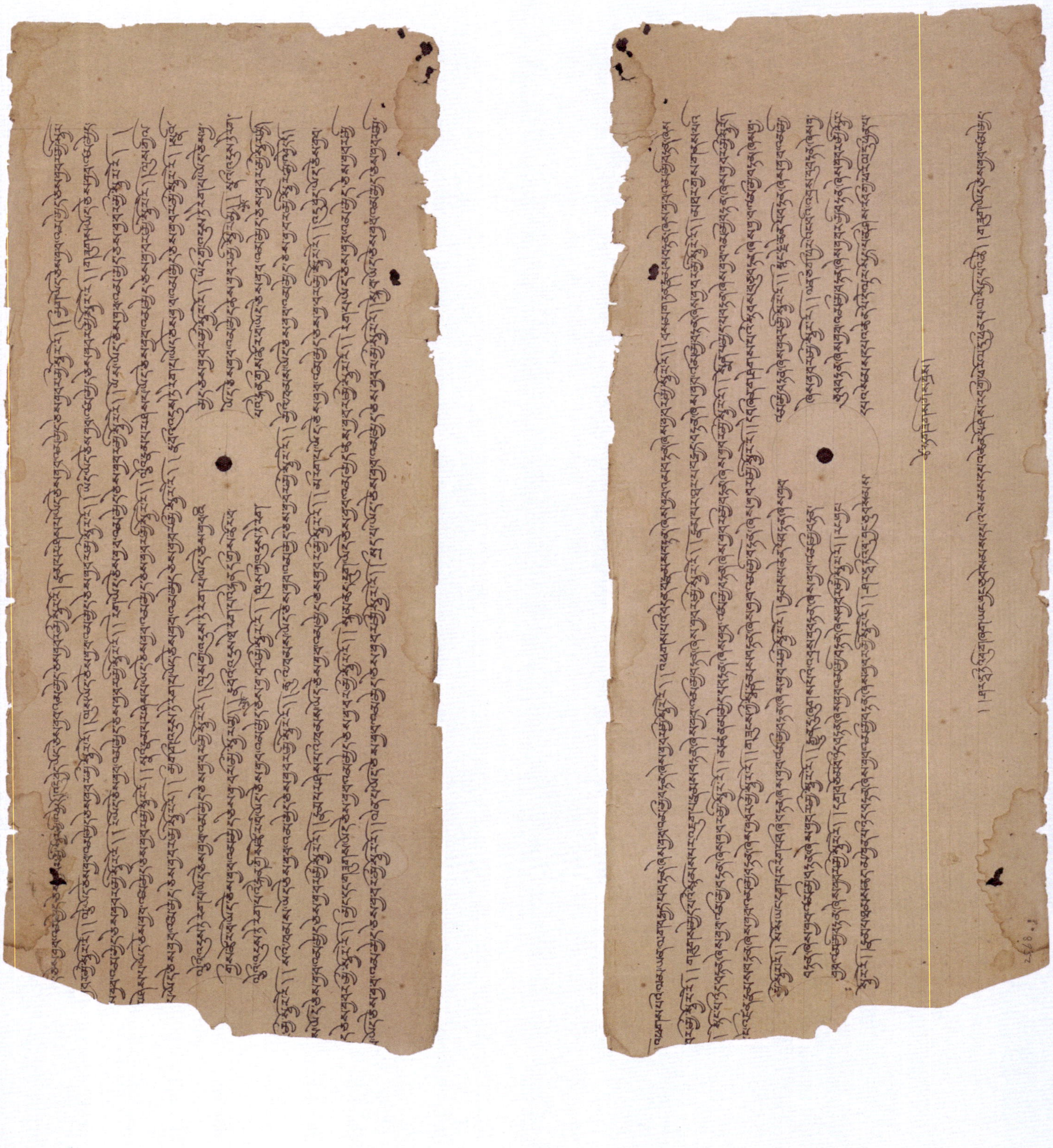

敦博 Db.t.0581 (R-V) ཤེས་རབ་ཀྱི་ཕ་རོལ་ཏུ་ཕྱིན་པ་སྟོང་ཕྲག་བརྒྱ་པ།
十萬頌般若波羅蜜多經

圖書在版編目（CIP）數據

甘肅藏敦煌藏文文獻：敦煌市博物館卷．4 /
甘肅省文物局，敦煌研究院編纂；馬德、勘措吉主編．
－上海：上海古籍出版社，2019.11（2023.7 重印）
ISBN 978-7-5325-9369-9

Ⅰ.①甘… Ⅱ.①甘… ②敦… ③馬… ④勘… Ⅲ.①敦煌學－文獻－藏語
Ⅳ.①K870.6

中國版本圖書館 CIP 數據核字（2019）第 225842 號

本書爲

“十三五”國家重點圖書出版規劃項目

國家出版基金資助項目

甘肅藏敦煌藏文文獻④

主編

馬 德 勘措吉

編纂

甘肅省文物局 敦煌研究院

出版發行

上海古籍出版社

上海市閔行區號景路 159 弄 1-5 號 A 座 5F

郵編 201101 傳真（86－21）53201888

網址：www.guji.com.cn

電子郵件：guji1@guji.com.cn

易文網：www.ewen.co

印刷

上海世紀嘉晉數字信息技術有限公司

開本：787×1092 1/8 印張：58.5 插頁：4

版次：2019 年 11 月第 1 版 印次：2023 年 7 月第 3 次印刷

ISBN 978-7-5325-9369-9/K.2714

定價：2800.00圓

ཏུན་ཧོང་མའོ་ཀའོ་བྲག་ཕུག་གི་བྱང་ཁུལ་བྲག་ཕུག

敦煌莫高窟北區石窟

བྱམས་པ་འབུམ་གླིང་དུ་བཞུགས་པའི་ཐང་རྒྱལ་རབས་དུས་ཀྱི་རྒྱལ་བ་བྱམས་པ།
永靖炳靈寺唐代彌勒大佛

ཇོ་མོ་གླང་མ།
珠穆朗瑪峰